中国民用机场发展蓝皮书

CHINA CIVIL AIRPORTS DEVELOPMENT BLUE BOOK

2020

中国民用机场协会
中国民航大学
编

中国民航出版社有限公司

图书在版编目（CIP）数据

中国民用机场发展蓝皮书 . 2020/中国民用机场协会，中国民航大学编 . —北京：中国民航出版社有限公司，2020. 9
ISBN 978-7-5128-0863-8

Ⅰ. ①中…　Ⅱ. ①中…　②中…　Ⅲ. ①民用机场-研究报告-中国-2020　Ⅳ. ①F562. 6

中国版本图书馆 CIP 数据核字（2020）第 162271 号

中国民用机场发展蓝皮书 2020

中国民用机场协会　中国民航大学　编

责任编辑　王迎霞　赵 益
出　　版　中国民航出版社有限公司（010）64279457
地　　址　北京市朝阳区光熙门北里甲 31 号楼（100028）
排　　版　中国民航出版社有限公司录排室
印　　刷　北京博海升彩色印刷有限公司
发　　行　中国民航出版社有限公司（010）64297307　64290477
开　　本　889×1194　1/16
印　　张　29. 25
字　　数　742 千字
版 印 次　2020 年 9 月第 1 版　2020 年 9 月第 1 次印刷

书　　号　ISBN 978-7-5128-0863-8
定　　价　248. 00 元

官方微博　http://weibo. com/phcaac
淘宝网店　https://shop142257812. taobao. com
电子邮箱　phcaac@sina. com

《中国民用机场发展蓝皮书2020》编辑委员会

序

2019 年，全国民用机场业发展良好，民用机场数量达到 484 个，新增 48 个，同比增长 11.01%。其中，运输机场 238 个（含南苑机场），占全国民用机场 49.17%，新增运输机场 4 个，同比增长 1.70%；通用机场 246 个，占全国民用机场 50.83%，新增通用机场 44 个，同比增长 21.78%。

2019 年，全国运输机场旅客吞吐量达到 13.52 亿人次、货邮吞吐量达到 1 710 万吨、飞机起降 1 166 万架次，同比分别增长 6.87%、2.15%、5.16%。旅客吞吐量千万级大型机场有 39 个，占全国运输机场 16.38%，同比增长 5.41%；旅客吞吐量 4 000 万人次以上运输机场有 9 个，北京首都、上海浦东、广州白云、成都双流、深圳宝安、昆明长水、西安咸阳、上海虹桥、重庆江北 9 个国际航空枢纽旅客吞吐量进入全球排名前 50 位。百万级运输机场有 67 个，占全国运输机场 28.15%，增长 15.52%。

2019 年，全国运输机场货邮运输发展仍然薄弱，在三项主要经济指标中，货邮吞吐量平均增长率最低，进入全球排名的运输机场较少，可以看出与飞机起降架次增长速度相比，大部分航班载运率、航线载运率有待提高。全国各类运输机场中，29 个区域航空枢纽、7 个 500 万~1 000 万人次运输机场（不含南苑机场）、59 个 100 万~500 万人次运输机场货邮吞吐量增长较快，同比分别增长 6.8%、12.53%、19.76%，均高于全国平均增长水平。虽然上海浦东、北京首都、广州白云、深圳宝安 4 个国际航空枢纽货邮吞吐量进入全球排名前 30 位，但全国 11 个国际航空枢纽货邮吞吐量同比下降 0.15%。132 个 100 万人次以下运输机场中有 10 个尚未开展货邮业务，占此类运输机场 7.58%，2019 年此类支线机场货邮吞吐量同比下降 3.70%。

2019 年，中小机场航空业务量发展迅速，百万级支线机场保持良好增长势头。全国 59 个 100 万~500 万人次运输机场旅客吞吐量、货邮吞吐量、飞机起降架次同比分别增长 22.71%、19.76%、11.20%，远高于全国运输机场同比平均增长率。132 个 100 万人次以下支线机场旅客吞吐量、飞机起降架次同比分别增长 20.42%、10.04%，其中 17 个支线机场旅客吞吐量在 70 万~100 万人次之间，占此类运输机场 12.78%。

2019 年，中西部地区发展趋势良好，区域发展协调性有所增强。全国有 21 个省（区、市）旅客吞吐量增速高于全国同比平均水平，中、西部地区占 15 个；有 12 个省（区、市）货邮吞吐量增速超过 10%，中、西部地区占 9 个。

2019年11月，中国民用航空局在大连召开全国民用机场工作会议，提出“在更高起点上构建现代化国家机场体系”，从规模、容量、结构、定位4个方面阐述了现代化国家机场体系的基本要求。2019年，全国有4个新建运输机场投入使用，运输机场网络建设进一步完善。统计数据显示，截至2019年12月（该节点我国在运营的运输机场数量为237个）：

——华北地区运输机场有35个，占全国运输机场14.77%。其中，国际航空枢纽2个，区域航空枢纽4个，旅客吞吐量100万~500万人次运输机场7个，100万人次以下运输机场22个，分别占全国同类运输机场16.67%、13.79%、12.28%、16.67%。

——东北地区运输机场有27个，占全国运输机场11.39%。其中国际航空枢纽1个，区域航空枢纽3个，100万~500万人次运输机场2个，100万人次以下运输机场21个，分别占全国同类运输机场8.33%、10.34%、3.51%、15.91%。

——中南地区运输机场有37个，占全国运输机场15.61%。其中国际航空枢纽2个，区域航空枢纽7个，旅客吞吐量500万~1 000万人次运输机场2个，100万~500万人次运输机场13个，100万人次以下运输机场13个，分别占全国同类运输机场16.67%、24.14%、28.57%、22.81%、9.85%。

——华东地区运输机场有44个，占全国运输机场18.57%。其中，国际航空枢纽2个，区域航空枢纽10个，旅客吞吐量500万~1 000万人次运输机场3个，100万~500万人次运输机场15个，100万人次以下运输机场14个，分别占全国同类运输机场16.67%、34.48%、42.86%、26.32%、10.61%。

——西南地区运输机场有50个，占全国运输机场21.10%。其中，国际航空枢纽3个，区域航空枢纽2个，旅客吞吐量500万~1 000万人次运输机场2个，100万~500万人次运输机场14个，100万人次以下运输机场29个，占全国同类运输机场25%、6.90%、28.57%、24.56%、21.97%。

——西北地区运输机场有24个，占全国运输机场10.08%。其中，国际航空枢纽1个，区域航空枢纽3个，旅客吞吐量100万~500万人次运输机场1个，100万人次以下运输机场19个，占全国同类运输机场8.33%、10.34%、1.75%、14.29%。

——新疆地区运输机场有21个，占全国运输机场8.86%。其中，国际航空枢纽1个，旅客吞吐量100万~500万人次运输机场5个，100万人次以下运输机场15个，分别占全国同类运输机场8.33%、8.77%、11.36%。

从以上统计数据固然可见区域间发达与欠发达之别，不论是运输机场数量或密度，还是航空业务量发展规模大小，归根到底是区域经济社会发展差异。运输机场作为公共基础设施，其网络功能强弱不是简单的数量或密度堆积，数量或密度仅仅是特定发展阶段的大致轮廓，运输机场的疏密、多少、大小仅仅是质量、结构、功能、效率的基础，我们不能以此推断发展质量高低。各项经济指标并不靠前的新疆地区，其航空枢纽与支线机场之间的网络结构及功能相对健康；地处欠发达北部地区的黑龙江省，支线机场布局已见端倪，普遍航空服务基础已经奠定。构建现代化国家机场体系及高质量发展，都不是语词或话术的改变，而是发展思想的转变，高质量发展要求的也不是单纯的平面统计数据，其发展路径选择及发展质量评价，必须融入公共性、基础性、先导性等多维度综合把握。运输机场业应当创造反映发展质量的更深层的功能性数据，譬如，《全国民用机场布局规划》（2017）中规划的12个国际航空枢纽、29个区域航空枢纽中转比率，这是直接揭示全国运输机网络发展水平、健康程度以及国际认可的关键数据，也是我国航空枢纽与国际同类运输机场主要差距之一。这个数据一旦变化，一定是整个航空运输业若干重大问题的解决以及一系列经济指标变化。

2019年6月，中国民用机场协会（CCAA）召开《民用机场管理条例》实施10周年研讨会，业内专家学者及19个省市23家运输机场集团领导及法务负责人近60名代表参加会议。与会专家围绕《条例》立法成就、历史贡献及存在问题作了深入研讨，就进一步引领属地管理体制全面落实，强化《条例》各条款与公共属性内在关系；进一步引领民用机场生产关系变革及公共性、管理型发展方向；进一步规范机场管理机构法定职责公共属性，加快管理与经营分离；进一步引领机场管理机构提供公共服务、市场提供商业服务等基本问题达成共识。我国改革开放已有40年历史，但我国运输机场业的改革之力快速发展只有不到20年的时间，我们需要不断审视自己的优势、劣势和脚步，谨慎判明通向健康发展的路径和方向，尽快结束广种薄收的粗放发展期。

2020年6月16日

编者的话

为了更好地满足会员单位及广大读者需求，《中国民用机场发展蓝皮书2020》内容及编辑技术做了如下调整。

一、本报告延续既定内容及体例，便于读者从纵横两个方面了解我国民用机场业年度发展概况。

二、运输机场服务质量部分，介绍了2019年度参加全国服务质量评价的93家运输机场服务亮点和痛点，给出旅客、航空公司和专业评审对不同量级运输机场服务感知情况。

三、本报告新增中小机场空中交通管制员发展一节，以期读者了解我国中小机场空中交通管制员数量、分布、执业及需求情况。

四、针对全国运输机场收益能力、航空枢纽建设、运输机场市场化程度、数字化转型及通航机场发展等主要问题，本报告充分利用中国民用机场协会专家库资源，加重“专家视角”分量，扩大选题范围，篇目16篇，篇幅72 000字。

五、本报告90%的图表统一采用全球最先进的可视化工具Tableau处理，进一步增强版面美观性。

2017年以来，中国民用机场协会联合业内学界创办了两本定期刊物，一本是《中国民用机场发展蓝皮书》，另一本是《内部参考》。前者为年度综合报告，后者是信息交流季刊。两刊编辑体例不同，内容互为补充，主要目的是为会员单位及有关机构提供信息服务。

本报告编制得到中国民航局机关、中国民航空中交通管理局和业内学界及全体会员单位鼎力支持，谨此一并致谢！

编　者

2020年6月18日

目　录

序

编者的话

综合篇

第一章　全球运输机场发展概况 3

第一节　运输规模与增速 3
第二节　全球分区域运输机场发展概况 6
第三节　全球主要运输机场客货运输概况 21

第二章　我国运输机场发展概况 29

第一节　运输生产 29
第二节　安全管理 45
第三节　服务质量 47
第四节　航班正常性 51
第五节　上市运输机场收入结构 54
第六节　中小机场管制员概况 56

第三章　我国通用机场发展概况 60

第一节　通用航空政策 60
第二节　通用航空产业与通用机场规划 61
第三节　通用机场等级分布 66

区域篇

第四章　华北地区 77

第一节　运输机场运营概况 77

第二节 经济社会发展概况 …… 84
第三节 航线网络布局 …… 86
第四节 北京首都国际机场 …… 91
第五节 北京大兴国际机场 …… 96
第六节 天津滨海国际机场 …… 99
第七节 太原武宿国际机场 …… 104
第八节 呼和浩特白塔国际机场 …… 108
第九节 石家庄正定国际机场 …… 112
第十节 华北地区小结 …… 116

第五章 东北地区 …… 119

第一节 运输机场运营概况 …… 119
第二节 经济社会发展概况 …… 125
第三节 航线网络布局 …… 127
第四节 哈尔滨太平国际机场 …… 131
第五节 沈阳桃仙国际机场 …… 135
第六节 大连周水子国际机场 …… 139
第七节 长春龙嘉国际机场 …… 143
第八节 东北地区小结 …… 147

第六章 华东地区 …… 150

第一节 运输机场运营概况 …… 151
第二节 经济社会发展概况 …… 158
第三节 航线网络布局 …… 160
第四节 上海浦东国际机场 …… 164
第五节 上海虹桥国际机场 …… 168
第六节 杭州萧山国际机场 …… 172
第七节 南京禄口国际机场 …… 176
第八节 厦门高崎国际机场 …… 180
第九节 青岛流亭国际机场 …… 184
第十节 济南遥墙国际机场 …… 188
第十一节 福州长乐国际机场 …… 192
第十二节 南昌昌北国际机场 …… 196
第十三节 宁波栎社国际机场 …… 200
第十四节 温州龙湾国际机场 …… 204
第十五节 合肥新桥国际机场 …… 208

第十六节　烟台蓬莱国际机场…………………………………………………… 212
第十七节　华东地区小结………………………………………………………… 216

第七章　中南地区…………………………………………………………………… 218

第一节　运输机场运营概况……………………………………………………… 218
第二节　社会经济发展概况……………………………………………………… 225
第三节　航线网络布局…………………………………………………………… 228
第四节　广州白云国际机场……………………………………………………… 231
第五节　深圳宝安国际机场……………………………………………………… 235
第六节　郑州新郑国际机场……………………………………………………… 240
第七节　武汉天河国际机场……………………………………………………… 244
第八节　长沙黄花国际机场……………………………………………………… 248
第九节　海口美兰国际机场……………………………………………………… 252
第十节　三亚凤凰国际机场……………………………………………………… 256
第十一节　南宁吴圩国际机场…………………………………………………… 260
第十二节　珠海金湾机场………………………………………………………… 264
第十三节　中南地区小结………………………………………………………… 267

第八章　西南地区…………………………………………………………………… 269

第一节　运输机场运营概况……………………………………………………… 269
第二节　经济社会发展概况……………………………………………………… 277
第三节　航线网络布局…………………………………………………………… 280
第四节　成都双流国际机场……………………………………………………… 283
第五节　昆明长水国际机场……………………………………………………… 288
第六节　重庆江北国际机场……………………………………………………… 292
第七节　贵阳龙洞堡国际机场…………………………………………………… 296
第八节　拉萨贡嘎国际机场……………………………………………………… 300
第九节　西南地区小结…………………………………………………………… 304

第九章　西北地区…………………………………………………………………… 306

第一节　运输机场运营概况……………………………………………………… 306
第二节　经济社会发展概况……………………………………………………… 311
第三节　航线网络布局…………………………………………………………… 313
第四节　西安咸阳国际机场……………………………………………………… 317
第五节　兰州中川国际机场……………………………………………………… 321
第六节　银川河东国际机场……………………………………………………… 324

第七节　西宁曹家堡国际机场 …… 328
第八节　西北地区小结 …… 332

第十章　新疆地区 …… 334

第一节　运输机场运营概况 …… 334
第二节　经济社会发展概况 …… 339
第三节　航线网络布局 …… 341
第四节　乌鲁木齐地窝堡国际机场 …… 345
第五节　新疆地区小结 …… 349

专家视角

在更高起点上构建现代化国家机场体系 …… 冯正霖 353
正确认识和把握四型机场建设几个基本关系 …… 董志毅 356
推进中国通用航空业高质量发展 …… 李　健 358
建设“四强空管” …… 车进军 361
运输机场收益能力分析视角与实践 …… 王瑞萍 363
东北亚国际航空枢纽之争 …… 李艳伟 378
全球主要国际航空枢纽主基地承运人市场份额启示 …… 陈文来 382
建设国际航空枢纽五个着力点 …… 宿百岩 388
大型航空枢纽货运区功能布局与规划 …… 周力行 391
一市多场与世界级机场群 …… 任利民 396
关于航站楼旅客服务几点思考 …… 司瑞玲　高　阳 402
四个转变与高质量发展 …… 彭　峥 405
加快构建国际航空枢纽发展政策体系 …… 彭　峥 408
我国运输机场管理模式转型基本条件 …… 王云访 412
关于大型运输机场数字化转型的思考 …… 邹建军 417
运输机场研究中有关问题几点思考 …… 王瑞萍 423

附录一　《中国民用机场发展蓝皮书 2020》数据来源与使用说明 …… 426

附录二　中国民用机场协会（CCAA）会员名录 …… 427

附录三　中国民用机场协会（CCAA）部分会员标识 …… 434

综 合 篇

第一章　全球运输机场发展概况

第一节　运输规模与增速

一、整体情况

2018 年全球运输机场业发展态势较好，旅客吞吐量、货邮吞吐量、飞机起降架次均呈递增趋势。全球运输机场旅客吞吐量达到 88. 1 亿人次，同比增长 6. 4%；货邮吞吐量达到 122. 7 百万吨，同比增长 3. 4%；飞机起降 99. 9 百万架次，同比增长 3. 1%。如表 1-1 所示。

表 1-1　2015—2018 年全球运输机场发展概况

年份	旅客吞吐量（亿人次）	旅客吞吐量增速（%）	货邮吞吐量（百万吨）	货邮吞吐量增速（%）	起降架次（百万架次）	起降架次增速（%）
2015	72. 0	6. 4	105. 5	2. 6	88. 5	2. 0
2016	77. 0	6. 5	110. 3	4. 0	91. 8	2. 7
2017	82. 7	6. 6	118. 6	7. 9	95. 7	2. 4
2018	88. 1	6. 4	122. 7	3. 4	99. 9	3. 1

数据来源：ACI，项目组处理。

二、旅客吞吐量

在 2015—2018 年全球各区域运输机场旅客吞吐量占比中，亚太地区旅客吞吐量占全球比重逐年增加，2018 年达到 37%。欧洲地区和北美地区旅客吞吐量占全球份额较上年基本没有变化，在 20%以上。自 2017 年开始，拉美地区运输机场旅客吞吐量占全球比例下降，但一直维持在 7%。中东运输机场份额占比降到 4%，非洲地区运输机场份额最小，近 3 年一直维持在 2%水平。如图 1. 1 所示。

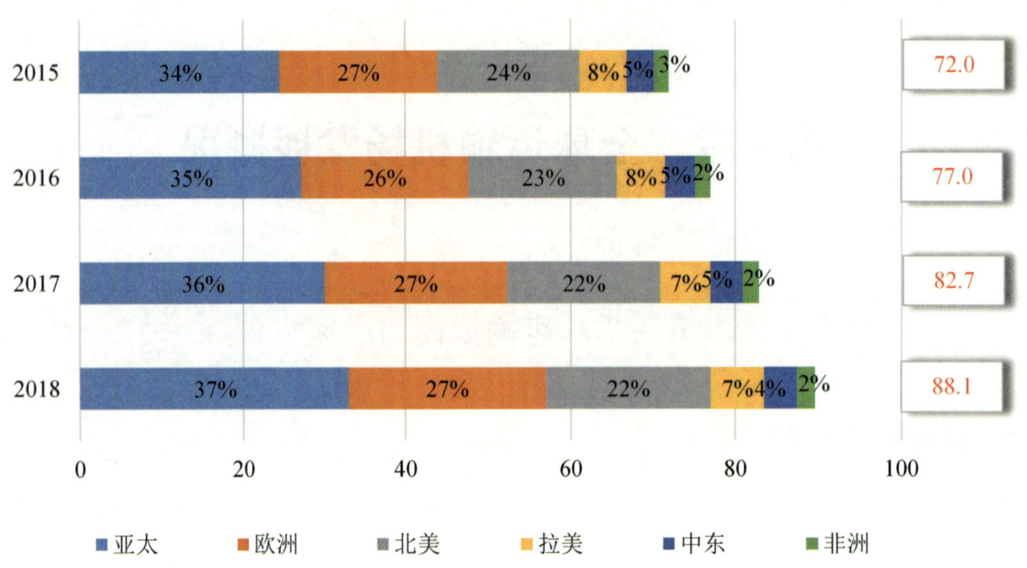

数据来源：ACI，项目组处理。

图 1.1　2015—2018 年全球运输机场旅客吞吐量概况

从全球各区域运输机场旅客吞吐量增速可以看出：全球旅客吞吐量平均增长速度减缓，非洲 2018 年增速最快；除非洲增速加快外，其他区域旅客吞吐量增速均有所放缓，中东下降最显著。自 2016 年起，亚太地区和拉美地区旅客吞吐量增速持续下滑，亚太地区增速不再居于世界榜首。2015—2018 年，欧洲旅客吞吐量增速相对其他地区较平缓，但略有下降趋势。北美地区增速波动较大，2018 年，其旅客吞吐量增速下降为 5%。如图 1.2 所示。

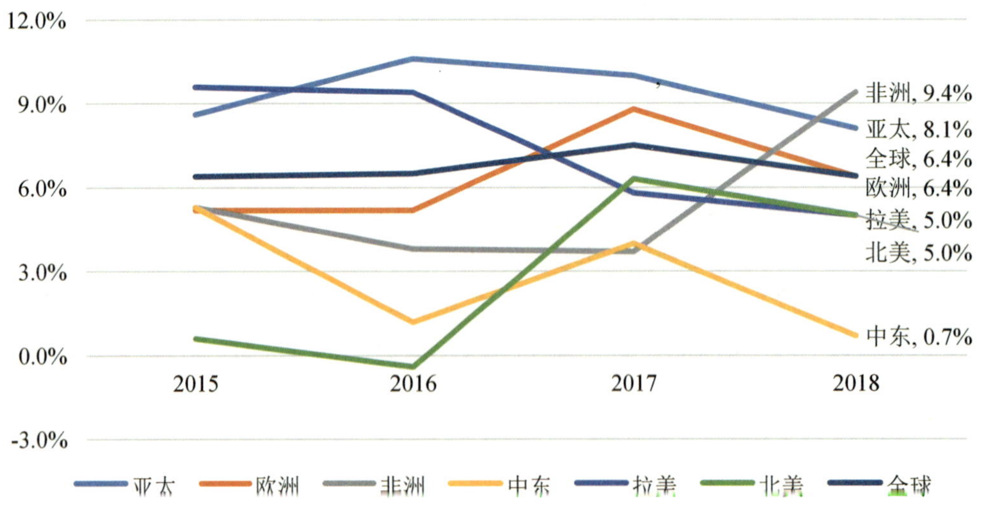

数据来源：ACI，项目组处理。

图 1.2　2015—2018 年全球运输机场旅客吞吐量增速概况

三、货邮吞吐量

全球各区域运输机场货邮吞吐量比重与旅客吞吐量相似，亚太地区仍是最大市场。2015—2018年数据显示，过去4年，全球货邮总吞吐量持续增长，各地区比重基本不变，2018年同比增加390万吨。如图1.3所示。

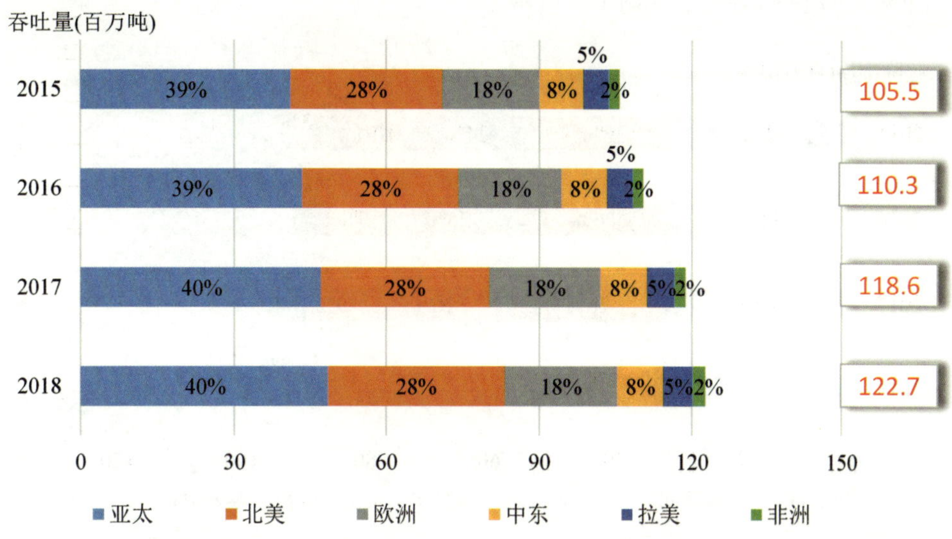

数据来源：ACI，项目组处理。

图1.3 2015—2018年全球运输机场货邮吞吐量概况

从全球各区域运输机场货邮吞吐量增速可以看出，除中东地区外，其他地区货邮吞吐量发展态势基本一致。同旅客吞吐量发展一样，非洲增速继续居世界榜首，中东地区增速下降最大，出现负增长。如图1.4所示。

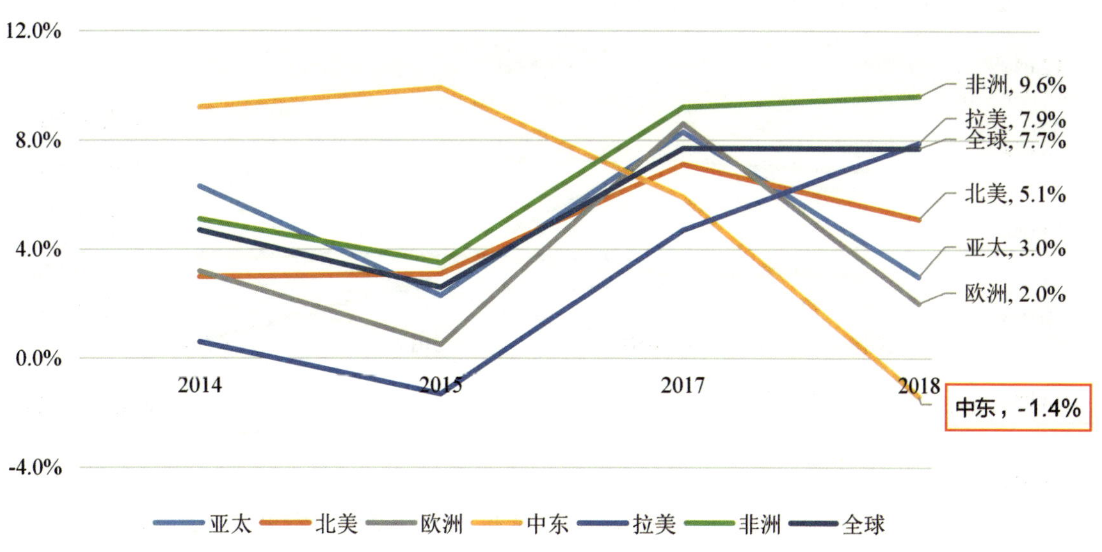

数据来源：ACI，项目组处理。

图1.4 2015—2018年全球运输机场货邮吞吐量增速概况

四、起降架次

从 2015—2018 年全球各区域运输机场飞机起降架次比重看，北美地区飞机起降架次最多，占 33%左右，维持稳定。其次是亚太地区和欧洲地区，欧洲地区飞机起降架次占全球份额保持稳定，亚太地区飞机起降架次占全球份额增加。近 4 年，拉美、非洲、中东地区飞机起降架次比重较稳定，分别占 9%、3%、3%左右。如图 1.5 所示。

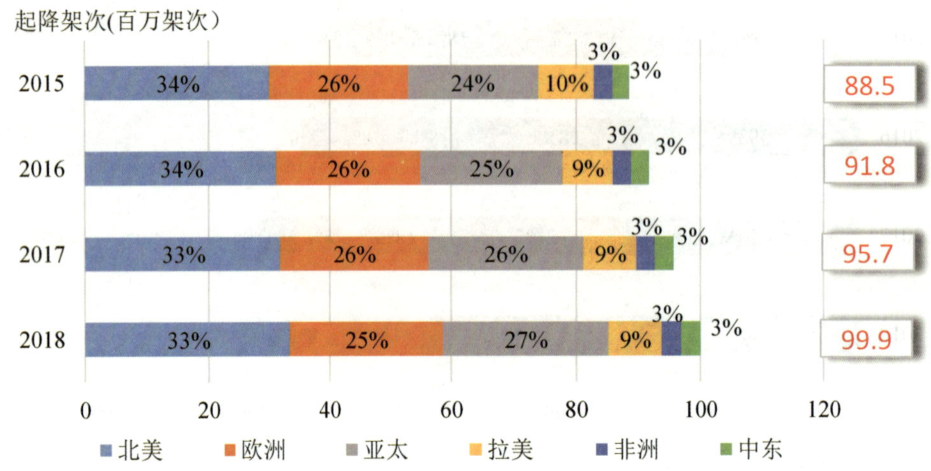

数据来源：ACI，项目组处理。

图 1.5　2015—2018 年全球运输机场起降架次概况

数据显示：亚太、欧洲和北美飞机起降架次增速基本稳定。其中，亚太地区增速最高，高于全球平均水平。非洲自 2016 年以来飞机起降架次增速持续上升，也高于全球平均水平。中东地区自 2016 年以来增速持续下降，2018 年变成减速。拉美地区飞机起降架次增速自 2016 年以来持续上升，但增速依然很低，只有 0.7%。如图 1.6 所示。

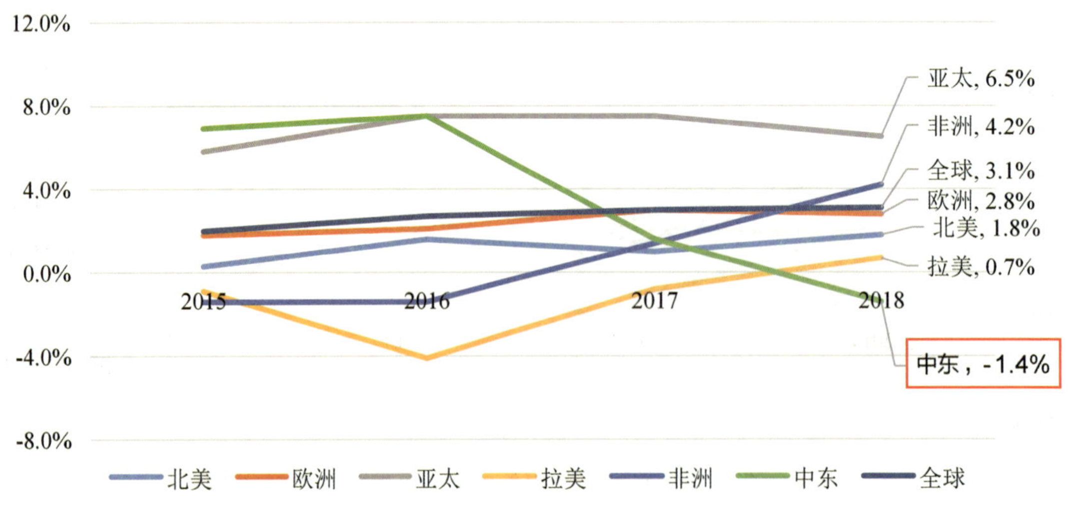

数据来源：ACI，项目组处理。

图 1.6　2015—2018 年全球运输机场起降架次增速概况

第二节 全球分区域运输机场发展概况

一、概况

从全球各区域运输机场运营情况看，亚太地区、欧洲地区、北美地区旅客吞吐量、货邮吞吐量、飞机起降架次总量显著。亚太地区旅客吞吐量、货邮吞吐量最多，其中货邮吞吐量远超其他地区。如图 1.7 所示。

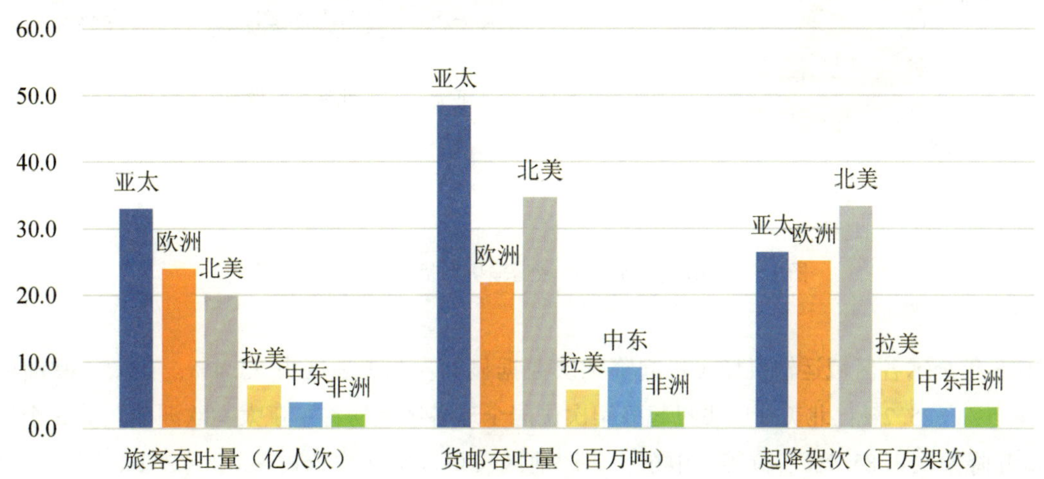

数据来源：ACI，项目组处理。

图 1.7　2018 年全球各区域运输机场运营概况

2018 年全球各区域运输机场旅客吞吐量数据显示：亚太地区占 36.8%，位居第 1；其次是欧洲地区和北美地区，分别占 26.8%、22.3%；亚太、欧洲、北美 3 个区域旅客吞吐量合计高达 85.7%；拉美、中东、非洲地区旅客吞吐量依次占 7.3%、4.4%、2.4%。如图 1.8 所示。

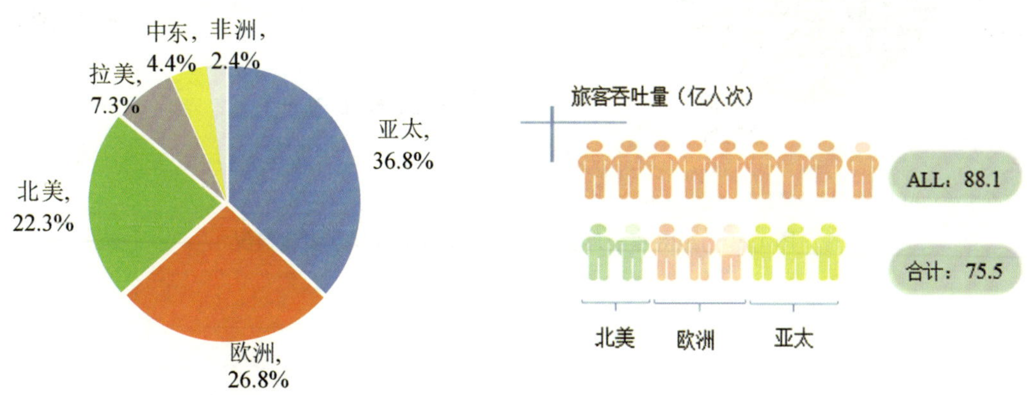

数据来源：ACI，项目组处理。

图 1.8　2018 年全球各区域运输机场旅客吞吐量占比概况

2018 年全球各区域运输机场货邮吞吐量数据显示：亚太地区占 39.6%；北美、欧洲地区分别占 28.3%、17.9%；亚太、北美、欧洲 3 个区域合计货邮吞吐量占 85.8%。中东、拉美、非洲地区货邮吞吐量依次占 7.5%、4.7%、2.0%。如图 1.9 所示。

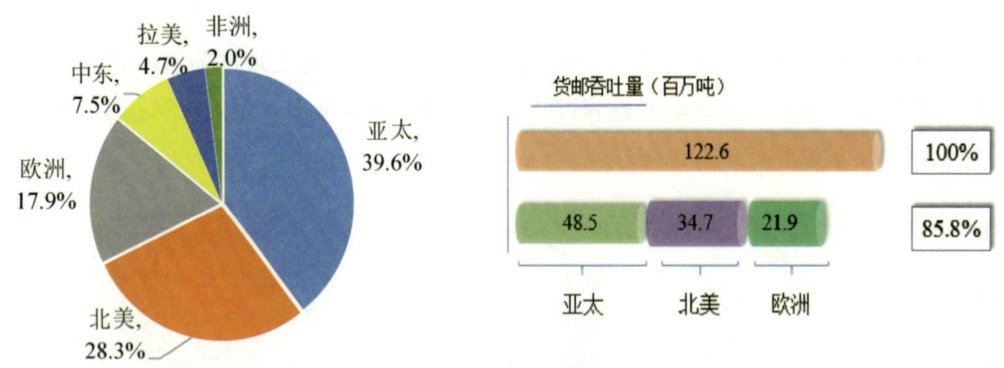

数据来源：ACI，项目组处理。

图 1.9　2018 年全球各区域运输机场货邮吞吐量占比概况

2018 年全球各区域运输机场飞机起降架次数据显示：北美地区占 33.4%；亚太、欧洲地区分别占 26.5%、25.2%；北美地区飞机起降架次位居全球各区域榜首。亚太、欧洲、北美 3 个区域合计飞机起降架次占 85.1%。拉美、中东、非洲地区飞机起降架次依占 8.6%、3.1%、3.2%。如图 1.10 所示。

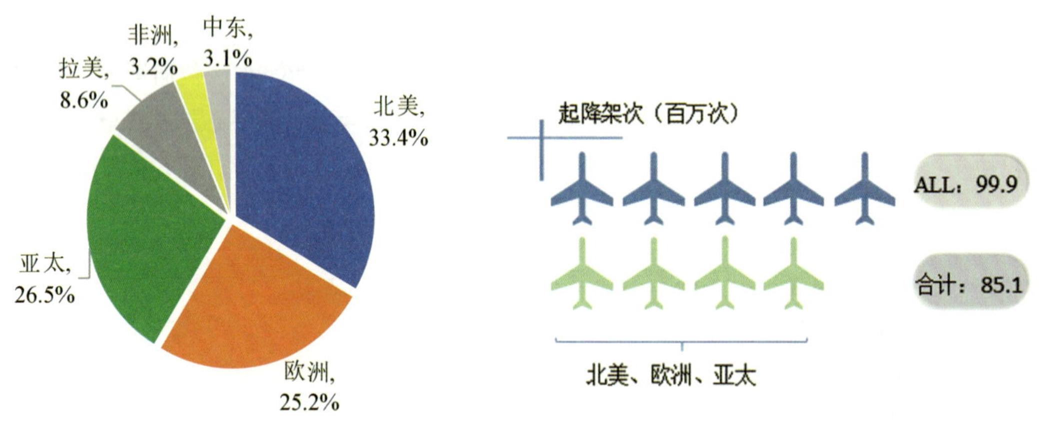

数据来源：ACI，项目组处理。

图 1.10　2018 年全球各区域运输机场起降架次占比概况

二、六大区域概况

（一）亚太地区

1. 与其他区域连通概况

2019 年，亚太地区与中东连通最为紧密，可用座位有 11 675. 3 万个，占 39. 6%；其次是与欧洲连通紧密，可用座位有 11 497. 1 万个，占 39. 0%，与 2018 年相比，只有欧洲航线投入的可用座位比重增加，增幅较明显。可见，2019 年，亚太地区与欧洲地区来往更为紧密。亚太—中东、亚太—欧洲、亚太—北美合计可用座位占 97. 7%，可见亚太地区与非洲、拉美往来较少。如图 1. 11 所示。

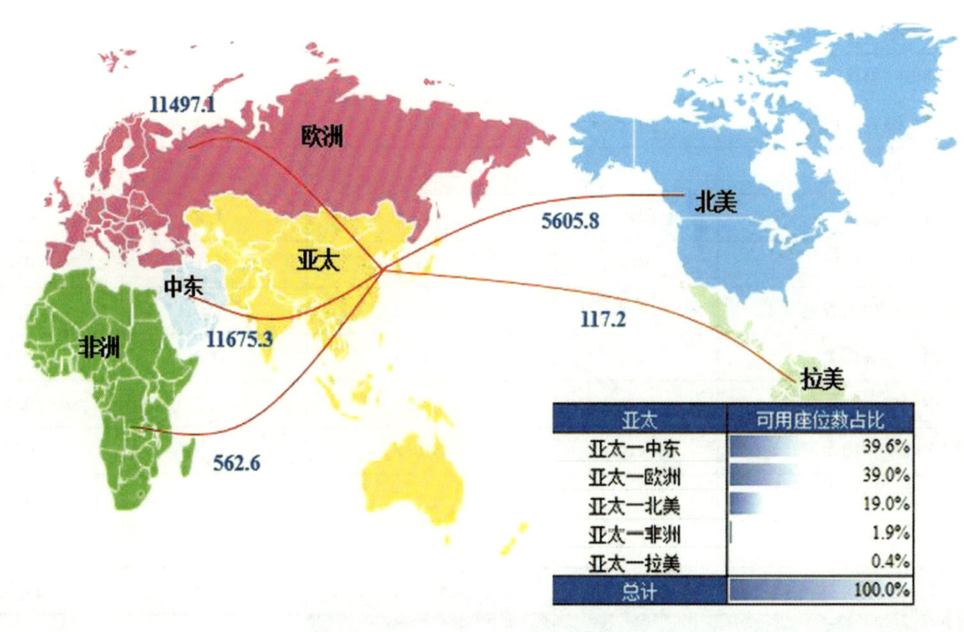

亚太	可用座位数占比
亚太一中东	39.6%
亚太一欧洲	39.0%
亚太一北美	19.0%
亚太一非洲	1.9%
亚太一拉美	0.4%
总计	100.0%

单位：（万个）

数据来源：OAG 数据库，项目组处理。

注：仅统计定期航班可用座位数。

图 1. 11　2019 年亚太地区与其他区域连通概况

2. 区域内部连通概况

2019 年，中国大陆地区国内航线数量最多，可用座位 73 359. 9 万个，占亚太地区 34. 9%，占全球 12. 71%。亚太地区内部 Top20 通航国家（地区）对可用座位占亚太地区通航国家（地区）可用座位 80. 2%。如表 1-2 所示。

表 1-2　2019 年亚太内部国家（地区）Top20 国家（地区）对座位运力

航线范围	航线性质	可用座位数（万个）	占比（%）	全球占比（%）
中国大陆—中国大陆	国内	73 359.9	34.9	12.71
印度—印度	国内	17 121.9	8.1	2.97
日本—日本	国内	14 993.8	7.1	2.60
印度尼西亚—印度尼西亚	国内	12 988.0	6.2	2.25
澳大利亚—澳大利亚	国内	7 992.6	3.8	1.39
泰国—泰国	国内	4 721.2	2.2	0.82
越南—越南	国内	4 651.3	2.2	0.81
菲律宾—菲律宾	国内	3 787.4	1.8	0.66
马来西亚—马来西亚	国内	3 736.3	1.8	0.65
韩国—韩国	国内	3 655.9	1.7	0.63
中国大陆—泰国	国际	4 973.5	2.4	0.86
中国大陆—日本	国际	2 567.5	1.2	0.44
日本—韩国	国际	2 447.1	1.2	0.42
中国大陆—韩国	国际	2 341.1	1.1	0.41
中国大陆—中国香港	国内地区	2 048.4	1.0	0.35
新西兰—新西兰	国内	1 703.1	0.8	0.30
日本—中国台湾	国际	2 542.5	1.2	0.44
中国大陆—中国台湾	国内地区	1 516.8	0.7	0.26
中国台湾—中国台湾	国内地区	783.1	0.4	0.14
俄罗斯联邦—俄罗斯联邦	国内	669.8	0.3	0.12
Top20 合计		168 601.4	80.2	29.22
总计		210 188.6	100.0	36.43

数据来源：OAG 数据库，项目组处理。

注：仅统计定期航班可用座位数。

3. 繁忙航线

2019 年，首尔—济州（GMP-CJU）是亚太地区最繁忙航线，可用座位有 1 742.7 万个，比排名第 2 位的千岁市—东京（CTS-HND）航线可用座位高出 492.9 万个；Top20 航线可用座位占亚太所有航线可用座位 6.8%。前 20 条航线可用座位同比增加 376 万个，亚太地区所有航线可用座位增加 8 651.13 万个。前 20 条航线可用座位占比减少 0.1 个百分点。如图 1.12 所示。

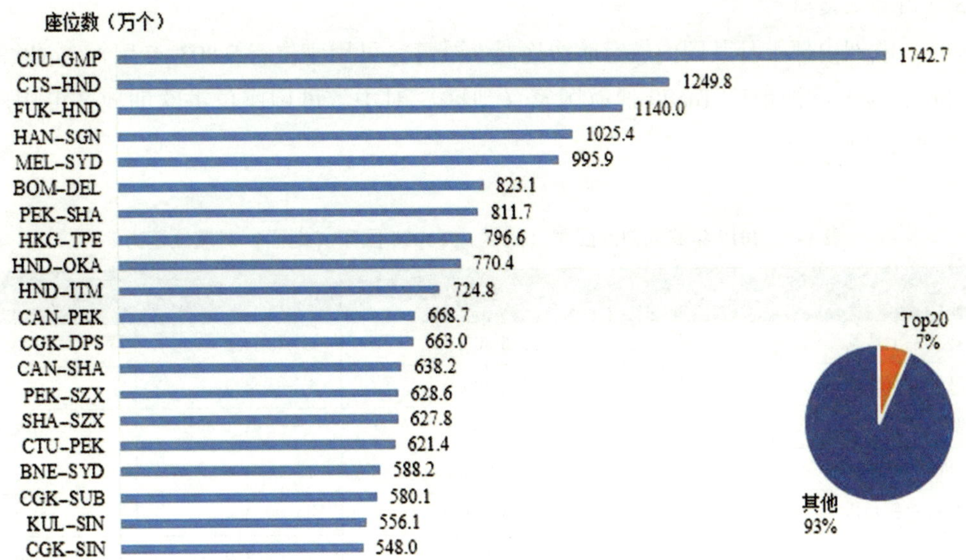

数据来源：OAG 数据库，项目组处理。

注：仅统计定期航班可用座位数。

图 1.12 2019 年亚太地区繁忙航线概况

（二）欧洲地区

1. 与其他区域连通概况

2019 年，欧洲地区与亚太地区连通最紧密，可用座位占欧洲跨洲航线份额 25.4%。其次是与中东地区、北美地区之间连通紧密，可用座位分别占其跨洲航线 24.7%和 24.1%。如图 1.13 所示。

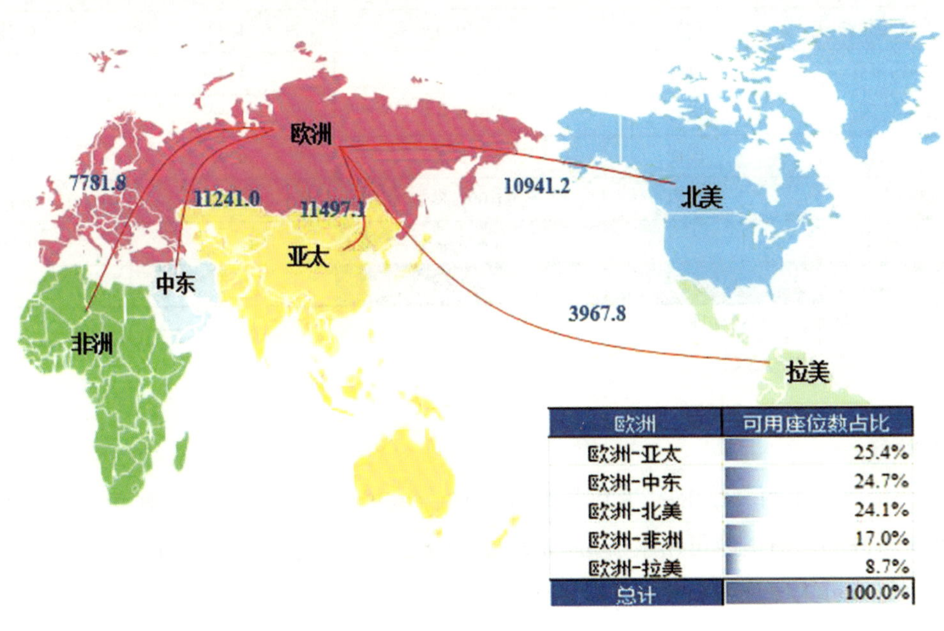

欧洲	可用座位数占比
欧洲-亚太	25.4%
欧洲-中东	24.7%
欧洲-北美	24.1%
欧洲-非洲	17.0%
欧洲-拉美	8.7%
总计	100.0%

单位：（万个）

数据来源：OAG 数据库，项目组处理。

注：仅统计定期航班可用座位数。

图 1.13 2019 年欧洲地区与其他区域连通概况

2. 区域内部连通概况

2019 年，欧洲内部土耳其国内航空航线连通性最高，可用座位有 5 803.4 万个，占欧洲地区内部可用座位 4.8%。欧洲地区 Top20 通航国家（地区）对中，可用座位占欧洲地区可用座位总量 47.1%。如表 1-3 所示。

表 1-3　2019 年欧洲内部国家（地区）Top20 国家（地区）对座位运力

航线范围	航线性质	可用座位数（万个）	占比（%）	全球占比（%）
土耳其—土耳其	国内	5 803.4	4.8	1.01
西班牙—西班牙	国内	5 290.9	4.4	0.92
俄罗斯—俄罗斯	国内	4 941.5	4.1	0.86
西班牙—英国	国际	4 916.2	4.1	0.85
意大利—意大利	国内	4 117.9	3.4	0.71
德国—德国	国内	3 505.2	2.9	0.61
法国—法国	国内	3 305.3	2.7	0.57
西班牙—德国	国际	3 238.9	2.7	0.56
英国—英国	国内	2 879.3	2.4	0.50
挪威—挪威	国内	2 456.9	2.0	0.43
德国—意大利	国际	1 988.8	1.6	0.34
德国—土耳其	国际	1 892.9	1.6	0.33
德国—英国	国际	1 850.5	1.5	0.32
意大利—英国	国际	1 850.5	1.5	0.32
西班牙—意大利	国际	1 847.1	1.5	0.32
英国—爱尔兰共和国	国际	1 640.0	1.4	0.28
法国—西班牙	国际	1 630.4	1.4	0.28
法国—英国	国际	1 504.0	1.2	0.26
瑞典—瑞典	国内	1 113.7	0.9	0.19
希腊—希腊	国内	1 099.8	0.9	0.19
Top20 合计		56 873.4	47.1	9.86
总计		120 689.9	100.0	20.92

数据来源：OAG 数据库，项目组处理。

注：仅统计定期航班可用座位数。

3. 繁忙航线

2019 年，伦敦—纽约（LHR-JFK）是欧洲地区最繁忙航线，可用座位有 383.4 万个，Top20 航线可用座位占欧洲所有航线可用座位 3.0%，与 2018 年相比，前 20 的可用座位减少 185.7 万个，但是欧洲所有航线可用座位增加了 4 974.9 万个。如图 1.14 所示。

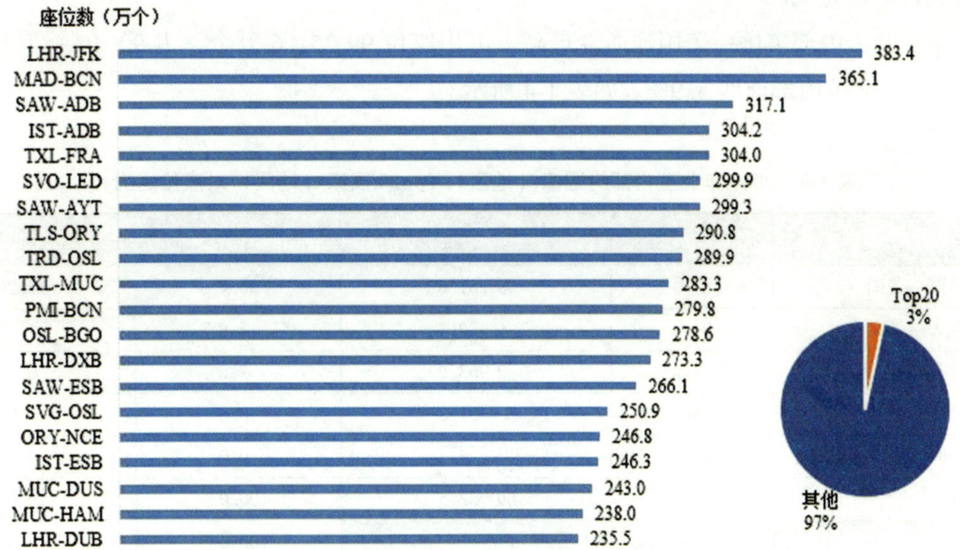

数据来源：OAG 数据库，项目组处理。

注：仅统计定期航班可用座位数。

图 1. 14　2019 年欧洲地区繁忙航线概况

(三) 北美地区

1. 与其他区域连通概况

2019 年，北美地区与拉美地区之间连通所占份额最高，可用座位 12 975. 9 万个，占 41. 9%；北美—拉美、北美—欧洲、北美—亚太合计可用座位占 95. 2%。如图 1. 15 示。

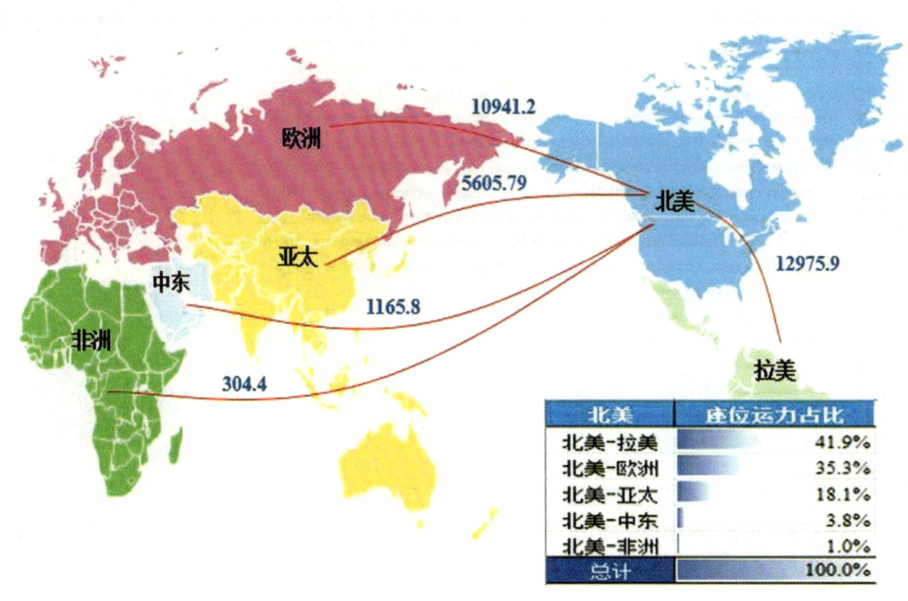

北美	座位运力占比
北美-拉美	41.9%
北美-欧洲	35.3%
北美-亚太	18.1%
北美-中东	3.8%
北美-非洲	1.0%
总计	100.0%

单位：(万个)

数据来源：OAG 数据库，项目组处理。

注：仅统计定期航班可用座位数。

图 1. 15　2019 年北美地区与其他区域连通概况

2. 区域内部连通概况

2019 年，北美内部美国—美国连通性最高，可用座位 99 251.6 万个，占 90.4%；其次是加拿大国内航班，占北美内部航线 5.9%。如表 1-4 所示。

表 1-4　2019 年北美内部的国家（地区）Top20 国家（地区）对座位运力

航线范围	航线性质	可用座位数（万个）	占比（%）	全球占比（%）
美国—美国	国内	99 251.6	90.4	17.20
加拿大—加拿大	国内	6 482.1	5.9	1.12
美国—加拿大	国际	3 963.5	3.6	0.69
格陵兰岛—格陵兰岛	国内	51.2	0.0	0.01
圣皮埃尔和密克隆—加拿大	国际	4.1	0.0	0.00
Top7 合计		109 752.5	100.0	19.02
合计		109 752.5	100.0	19.02

数据来源：OAG 数据库，项目组处理。

注：仅统计定期航班可用座位数。

3. 繁忙航线

2019 年，洛杉矶—旧金山（LAX-SFO）是北美地区最繁忙航线，可用座位投入 465.84 万个；Top20 航线可用座位占北美所有航线可用座位 5.0%。与 2018 年相比，前 20 名的可用座位所占比例保持稳定，其中 15 条航线是美国本土国内航线，如图 1.16 所示。

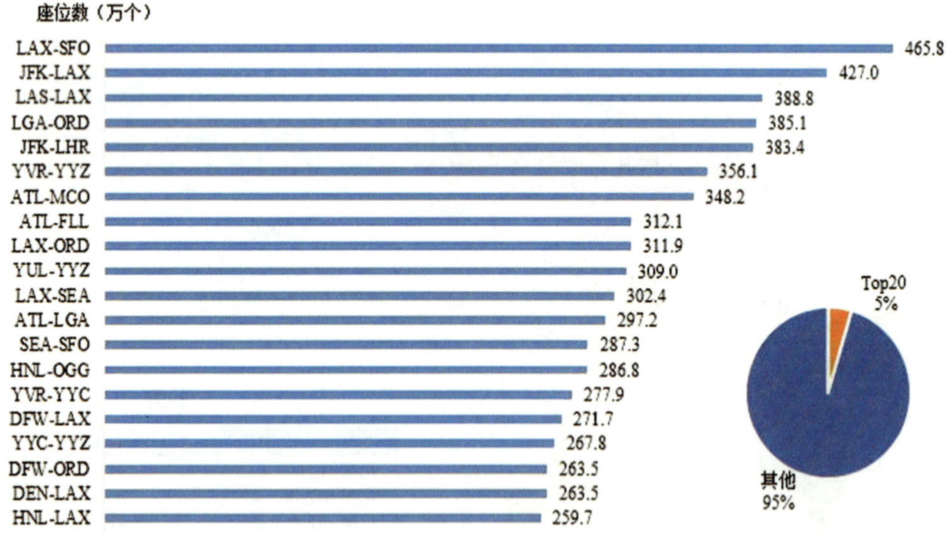

数据来源：OAG 数据库，项目组处理。

注：仅统计定期航班可用座位数。

图 1.16　2019 年北美地区繁忙航线概况

（四）拉美地区

1. 与其他区域连通概况

2019 年，拉美地区与北美连通最紧密，可用座位 12 975.9 万个，占 75.2%；拉美—北美、拉美—欧洲合计座位占 98.2%。如图 1.17 所示。

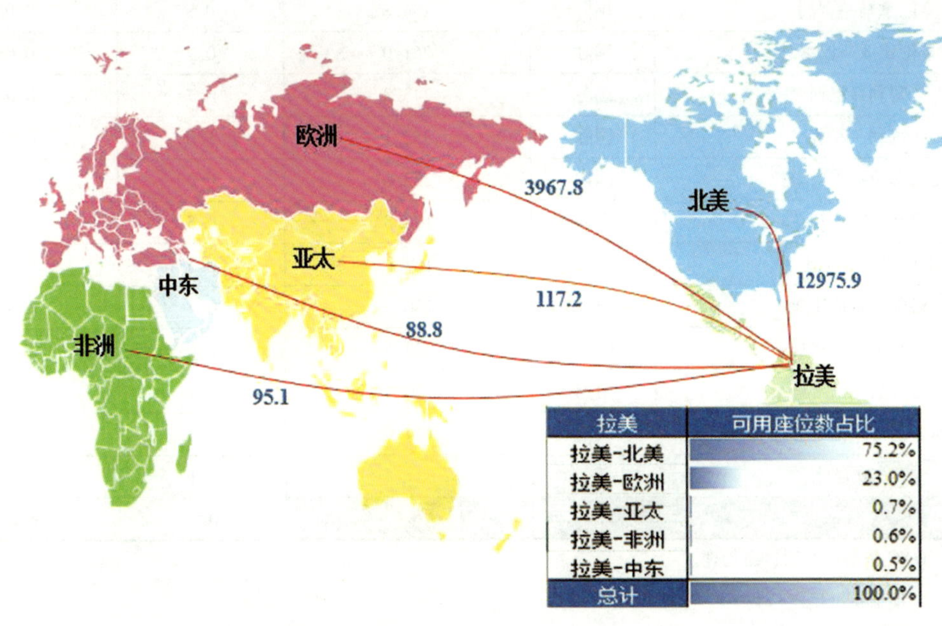

单位：（万个）

数据来源：OAG 数据库，项目组处理。

注：仅统计定期航班可用座位数。

图 1.17　2019 年拉美地区与其他区域连通概况

2. 区域内部连通概况

2019 年，拉美内部巴西—巴西连通性最高，可用座位 11 936.9 万个，占 32.9%。拉美地区 Top20 通航国家（地区）对中，可用座位合计占拉美地区内部通航国家（地区）可用座位 88.1%。如表 1-5 所示。

表 1-5　2019 年拉美内部国家（地区）Top20 国家（地区）对座位运力

航线范围	航线性质	可用座位数（万个）	占比（%）	全球占比（%）
巴西—巴西	国内	11 936.9	32.9	2.07
墨西哥—墨西哥	国内	6 692.1	18.5	1.16
哥伦比亚—哥伦比亚	国内	3 490.8	9.6	0.60
阿根廷—阿根廷	国内	1 947.6	5.4	0.34
智利—智利	国内	1 885.8	5.2	0.33
秘鲁—秘鲁	国内	1 789.1	4.9	0.31
玻利维亚—玻利维亚	国内	579.8	1.6	0.10

续表

航线范围	航线性质	可用座位数（万个）	占比（%）	全球占比（%）
巴西—阿根廷	国际	833.9	2.3	0.14
厄瓜多尔—厄瓜多尔	国内	417.5	1.2	0.07
巴拿马—智利	国际	284.8	0.8	0.05
哥伦比亚—巴拿马	国际	261.0	0.7	0.05
智利—巴西	国际	243.2	0.7	0.04
智利—秘鲁	国际	352.1	1.0	0.06
委内瑞拉—委内瑞拉	国内	232.6	0.6	0.04
伯利兹—伯利兹	国内	178.8	0.5	0.03
墨西哥—哥伦比亚	国际	167.4	0.5	0.03
秘鲁—哥伦比亚	国际	160.3	0.4	0.03
墨西哥—巴拿马	国际	228.5	0.6	0.04
巴哈马—巴哈马	国内	150.4	0.4	0.03
特立尼达和多巴哥—特立尼达和多巴哥	国内	114.9	0.3	0.02
Top20 合计		31 947.4	88.1	5.54
总计		36 262.8	100.0	6.28

数据来源：OAG 数据库，项目组处理。

注：仅统计定期航班可用座位数。

3. 繁忙航线

2019 年，波哥大—里约热内卢（BOG–SDU）是拉美地区最繁忙航线，可用座位 570.6 万个；Top20 航线可用座位占拉美航线可用座位 12.4%，同比增加 0.02 个百分点，基本稳定。如图 1.18 所示。

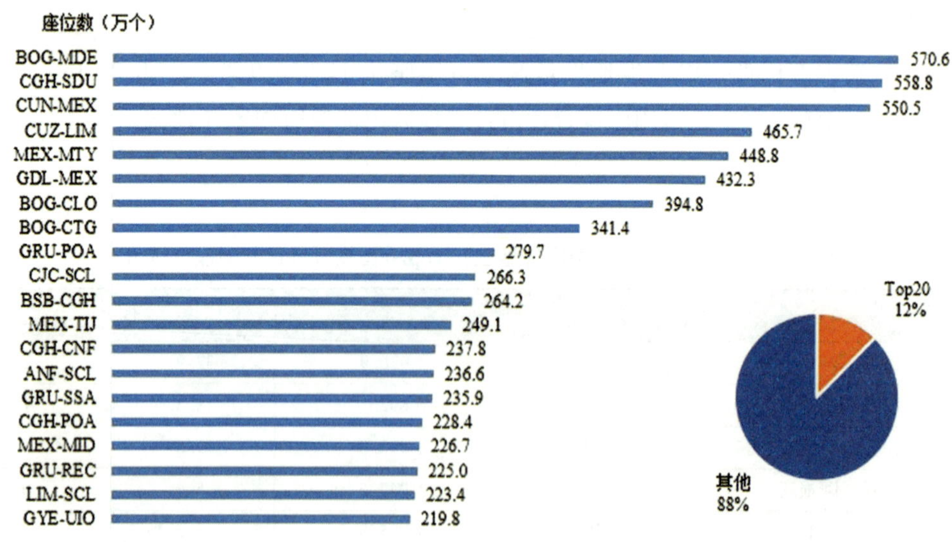

数据来源：OAG 数据库，项目组处理。

注：仅统计定期航班可用座位数。

图 1.18　2019 年拉美地区繁忙航线概况

（五）中东地区

1. 与其他区域连通概况

2019 年，中东地区与亚太连通最紧密，可用座位 11 675.3 万个，占 41.4%；其次是与欧洲地区连通，中东—欧洲、中东—亚太可用座位占 81.3%，与 2018 年相比，中东—亚太可用座位比重超过中东—欧洲。如图 1.19 所示。

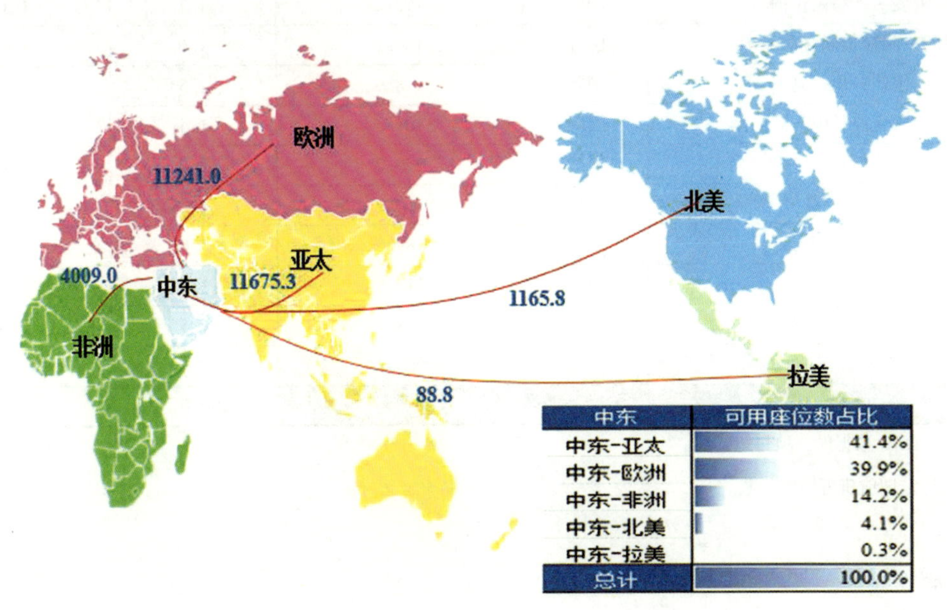

单位：（万个）

数据来源：OAG 数据库，项目组处理。

注：仅统计定期航班可用座位数。

图 1.19　2019 年中东地区与其他区域连通概况

2. 区域内部连通概况

2019 年，中东内部沙特阿拉伯—沙特阿拉伯连通性最高，可用座位 3 602.5 万个，占 30.8%，全球占比 0.62%；前 3 位可用座位合计占 52.9%；中东内部 Top20 通航国家（地区）对中，可用座位占中东地区可用座位 85.4%。如表 1-6 所示。

表 1-6　2019 年中东内部国家（地区）Top20 国家（地区）对座位运力

航线范围	航线性质	可用座位数（万个）	占比（%）	全球占比（%）
沙特阿拉伯—沙特阿拉伯	国内	3 602.5	30.8	0.62
伊朗—伊朗	国内	1 721.7	14.7	0.30
沙特阿拉伯—阿拉伯联合酋长国	国际	858.7	7.4	0.15
科威特—阿拉伯联合酋长国	国际	408.7	3.5	0.07
阿拉伯联合酋长国—阿曼	国际	375.2	3.2	0.07
巴林—阿拉伯联合酋长国	国际	295.3	2.5	0.05
卡塔尔—科威特	国际	242.8	2.1	0.04

续表

航线范围	航线性质	可用座位数（万个）	占比（%）	全球占比（%）
卡塔尔—阿曼	国际	235.0	2.0	0.04
科威特—沙特阿拉伯	国际	231.5	2.0	0.04
沙特阿拉伯—巴林	国际	210.4	1.8	0.04
阿拉伯联合酋长国—约旦	国际	201.2	1.7	0.03
阿曼—沙特阿拉伯	国际	193.2	1.7	0.03
伊朗—阿拉伯联合酋长国	国际	184.1	1.6	0.03
伊朗—伊拉克	国际	178.5	1.5	0.03
阿拉伯联合酋长国—黎巴嫩	国际	167.9	1.4	0.03
阿拉伯联合酋长国—伊拉克	国际	229.2	2.0	0.04
阿曼—阿曼	国内	150.2	1.3	0.03
沙特阿拉伯—约旦	国际	189.6	1.6	0.03
以色列—以色列	国内	118.8	1.0	0.02
巴林—科威特	国际	174.1	1.5	0.03
Top20 合计		9 968.4	85.4	1.73
总计		11 678.2	100.0	2.02

数据来源：OAG 数据库，项目组处理。

注：仅统计定期航班可用座位数。

3. 繁忙航线

2019 年，排名前 20 条航线可用座位占 13.8%，同比减少 0.27 个百分点，可用座位减少 179 万个，中东地区全部航线可用座位减少 503.8 万个。利雅得—吉达（RUH-JED）是中东地区最繁忙航线，可用座位 801.8 万个，同比增加 29.6 万个。第 1 位比第 2 位航线可用座位多出 464.5 万个座位。Top20 航线可用座位占中东所有航线可用座位 13.8%。如图 1.20 所示。

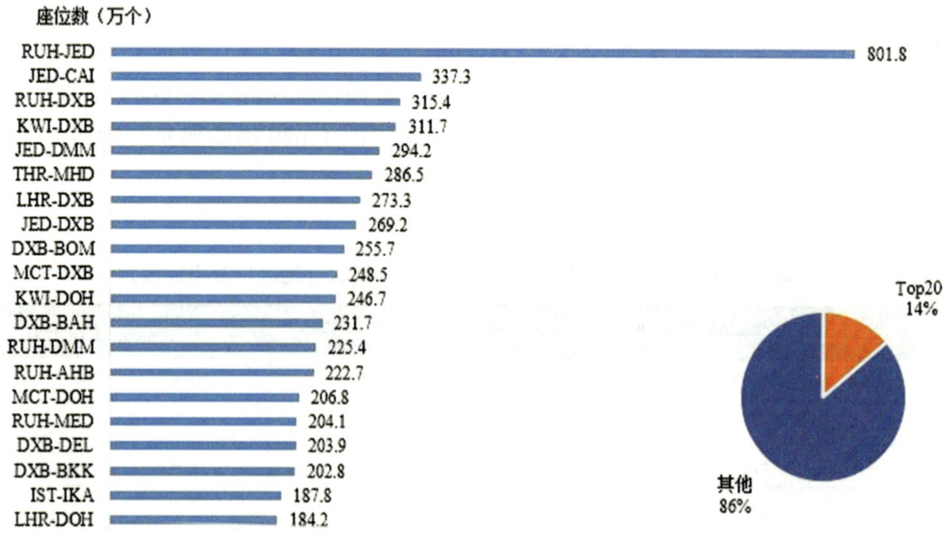

数据来源：OAG 数据库，项目组处理。

注：仅统计定期航班可用座位数。

图 1.20　2019 年中东地区繁忙航线概况

（六）非洲地区

1. 与其他区域连通概况

2019年，非洲地区与欧洲地区连通最密切，可用座位7 781.8万个，占61.0%；其次是与中东地区连通紧密，非洲—欧洲、非洲—中东可用座位占92.4%，如图1.21所示。

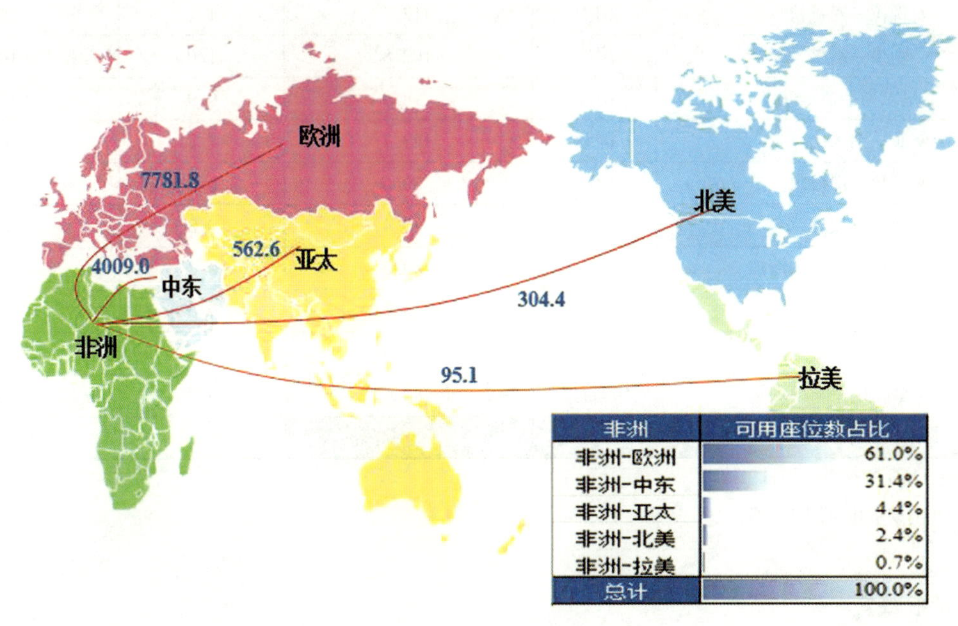

非洲	可用座位数占比
非洲-欧洲	61.0%
非洲-中东	31.4%
非洲-亚太	4.4%
非洲-北美	2.4%
非洲-拉美	0.7%
总计	100.0%

数据来源：OAG数据库，项目组处理。

注：仅统计定期航班可用座位数。

图1.21　2019年非洲地区与其他区域连通概况

2. 区域内部连通概况

2019年，非洲内部南非—南非连通性最高，可用座位2 209.6万个，占21.1%，全球占比0.38%；前5条航线可用座位数合计占39%，非洲内部Top20通航国家（地区）对中，可用座位占非洲地区可用座位60.0%。如表1-7所示。

表1-7　2019年非洲内部国家（地区）Top20国家（地区）对座位运力

航线范围	航线性质	可用座位数（万个）	占比（%）	全球占比（%）
南非—南非	国内	2 209.6	21.1	0.38
尼日利亚—尼日利亚	国内	694.0	6.6	0.12
肯尼亚—肯尼亚	国内	513.2	4.9	0.09
埃及—埃及	国内	332.8	3.2	0.06
坦桑尼亚—坦桑尼亚	国内	332.5	3.2	0.06
阿尔及利亚—阿尔及利亚	国内	322.5	3.1	0.06
埃塞俄比亚—埃塞俄比亚	国内	297.3	2.8	0.05
摩洛哥—摩洛哥	国内	264.7	2.5	0.05

续表

航线范围	航线性质	可用座位数（万个）	占比（%）	全球占比（%）
肯尼亚—坦桑尼亚	国际	181.9	1.7	0.03
莫桑比克—莫桑比克	国内	134.6	1.3	0.02
津巴布韦—南非	国际	201.7	1.9	0.03
安哥拉—安哥拉	国内	112.7	1.1	0.02
刚果—刚果	国内	102.8	1.0	0.02
毛里求斯—留尼旺	国际	98.5	0.9	0.02
南非—纳米比亚	国际	127.7	1.2	0.02
佛得角—佛得角	国内	80.6	0.8	0.01
加纳—加纳	国内	80.4	0.8	0.01
马达加斯加—马达加斯加	国内	69.6	0.7	0.01
苏丹—苏丹	国内	63.7	0.6	0.01
喀麦隆—喀麦隆	国内	59.0	0.6	0.01
Top20 合计		6 280.0	60.0	1.09
总计		10 469.5	100.0	1.81

数据来源：OAG 数据库，项目组处理。

注：仅统计定期航班可用座位数。

3. 繁忙航线

2019 年，约翰内斯堡—开普敦（JNB-CPT）是非洲地区最繁忙航线，可用座位 607.2 万个，与排第 2 位的德班—约翰内斯堡（DUR-JNB）航线相差约 167.6 万个，Top20 航线可用座位占非洲所有航线可用座位 15.5%。如图 1.22 所示。

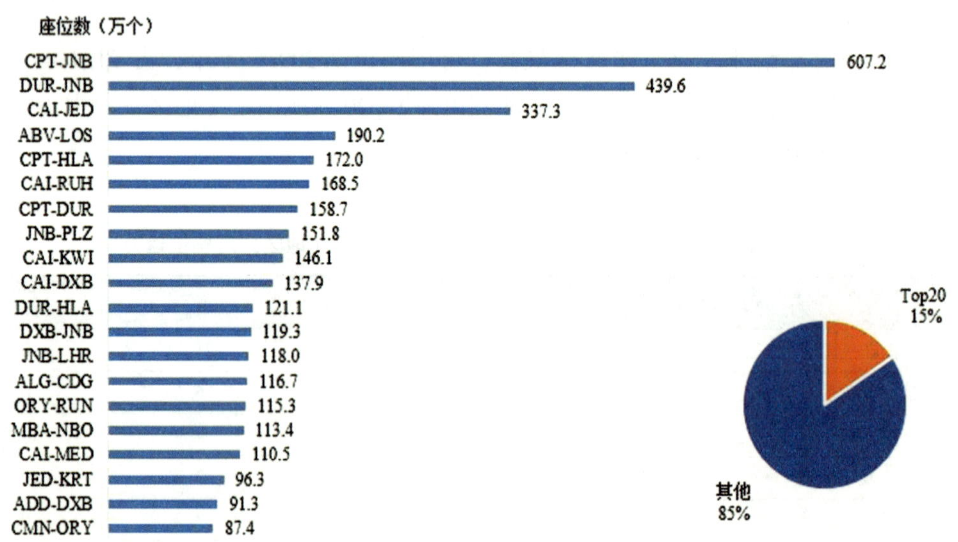

数据来源：OAG 数据库，项目组处理。

注：仅统计定期航班可用座位数。

图 1.22　2019 年非洲地区繁忙航线概况

第三节 全球主要运输机场客货运输概况

一、旅客吞吐量

2015—2019 年，全球旅客吞吐量 Top20 运输机场大多分布于亚太、北美，其次是欧洲，中东地区仅有少数运输机场。拉美、非洲地区没有全球旅客吞吐量 Top20 运输机场。这一分布与各地区经济贸易强弱契合。如图 1.23 所示。

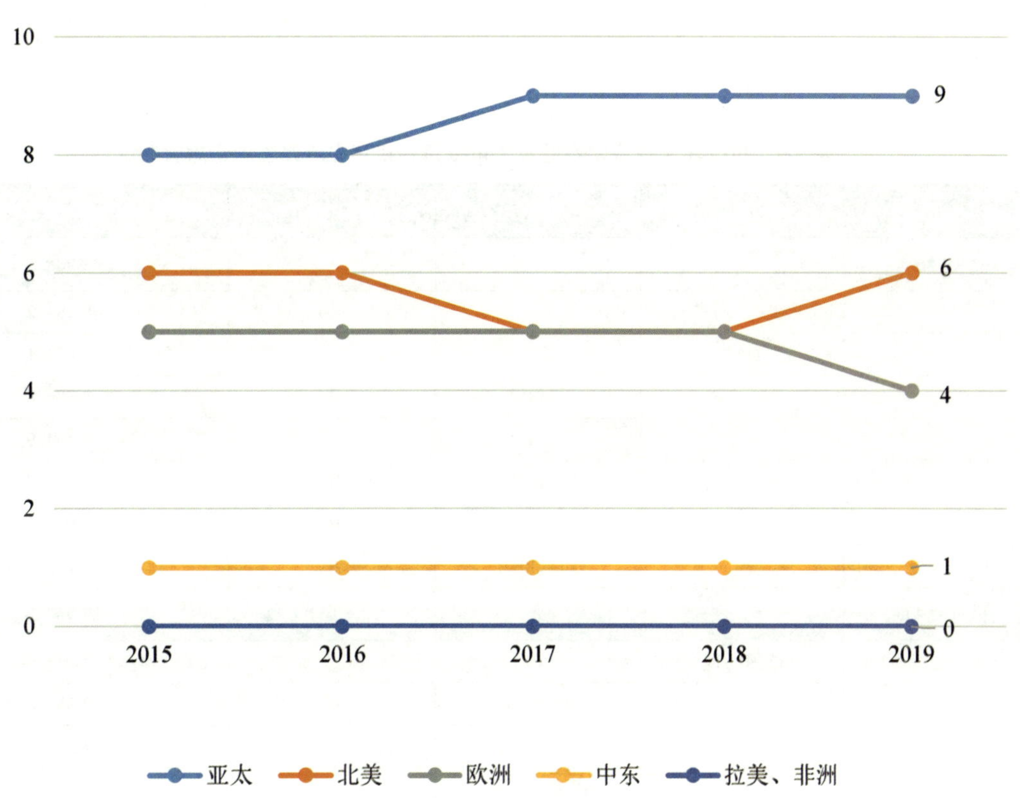

数据来源：ACI，项目组处理。

图 1.23 2015—2019 年全球旅客吞吐量 Top20 运输机场分布

2019 年，全球旅客吞吐量 Top20 运输机场年旅客吞吐量均超过 6 000 万人次。6 000 万 ~ 7 000 万人次 5 个；7 000 万 ~ 8 000 万人次 8 个；8 000 万 ~ 9 000 万人次 5 个；高于 9 000 万人次 2 个。如表 1-8 所示。

表 1-8　2019 年全球旅客吞吐量 Top20 运输机场分类

旅客吞吐量（万人次）	运输机场数量	运输机场
6 000~7 000	5	新德里、新加坡、丹佛、素万那普、纽约
7 000~8 000	8	香港、上海浦东、巴黎戴高乐、阿姆斯特丹、达拉斯、广州白云、首尔仁川、法兰克福
8 000~9 000	5	迪拜、洛杉矶、羽田、希思罗、芝加哥
>9 000	2	亚特兰大、北京首都

数据来源：ACI，项目组处理。

从 Top20 运输机场国家分布看，北美地区 6 个，均在美国；欧洲地区 4 个，分布于德国、法国、荷兰和英国；亚太地区 9 个，中国 4 个，韩国、日本、新加坡、印度和泰国各 1 个；中东地区 1 个，即阿联酋迪拜机场。如表 1-9 所示。

表 1-9　2019 年全球旅客吞吐量 Top20 运输机场在所属国承运旅客概况

地域	国家	运输机场	全球排名	旅客吞吐量（万人次）
北美（6）				48 988. 2
	美国（6）			48 988. 2
		亚特兰大	1	11 053. 1
		洛杉矶	3	8 806. 8
		芝加哥	6	8 464. 9
		达拉斯	10	7 506. 7
		丹佛	16	6 901. 6
		纽约机场	20	6 255. 1
欧洲（4）				29 930. 2
	德国（1）			7 055. 6
		法兰克福	15	7 055. 6
	法国（1）			7 615. 0
		巴黎戴高乐	8	7 615. 0
	荷兰（1）			7 170. 7
		阿姆斯特丹	12	7 170. 7
	英国（1）			8 088. 9
		希斯罗	7	8 088. 9
亚太（9）				67 987. 0
	韩国（1）			7 120. 4
		仁川	14	7 120. 4
	日本（1）			8 550. 5
		羽田	5	8 550. 5
	新加坡（1）			6 828. 3

续表

地域	国家	运输机场	全球排名	旅客吞吐量（万人次）
		新加坡城	18	6 828.3
	印度（1）			6 849.1
		新德里	17	6 849.1
	泰国（1）			6 542.2
		素万那普	19	6 542.2
	中国（4）			32 096.5
		北京首都	2	10 001.1
		香港	13	7 141.5
		上海浦东	9	7 615.3
		广州	11	7 338.6
中东（1）				8 639.7
	阿联酋（1）			8 639.7
		迪拜	4	8 639.7
总计				155 545.1

数据来源：ACI，项目组处理。

二、货邮吞吐量

2015—2019 年，全球货邮吞吐量 Top20 运输机场大多分布于亚太、北美和欧洲地区，其次是中东地区，拉美、非洲地区货邮吞吐量没有进入全球 Top20 的运输机场。如图 1.24 所示。

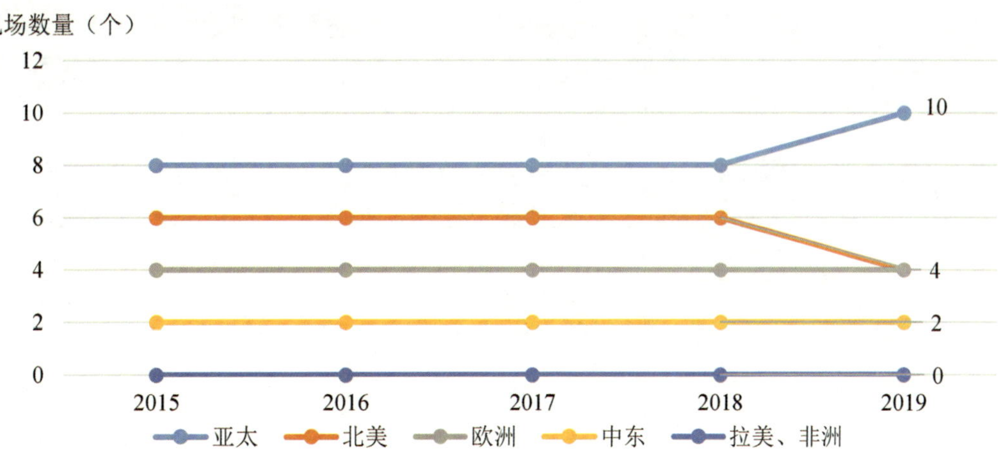

数据来源：ACI，项目组处理。

图 1.24　2015—2019 年全球货邮吞吐量 Top20 运输机场分布

2019 年，全球 11 个货邮吞吐量 Top20 运输机场货邮吞吐量均大于 100 万吨。在 Top20 运输机场中，货邮吞吐量低于 200 万吨 6 个，超过 300 万吨 3 个，Top20 中大多运输机场货邮吞吐量集中在 200 万~300 万吨之间。如表 1-10 所示。

表 1-10　2019 年全球货邮吞吐量 Top20 运输机场分类

货邮吞吐量（万吨）	机场数量	运输机场
<200	6	阿姆斯特丹、肯尼迪、芝加哥、广州白云、北京首都、曼谷
200~300	11	路易斯维尔、仁川、安克雷奇、迪拜、多哈、台北、东京、巴黎戴高乐、迈阿密、法兰克福、新加坡
>300	3	上海浦东、孟菲斯、香港

数据来源：ACI，项目组处理。

从 Top20 运输机场国家分布看，主要分布于美、中、日等 12 个国家，主要集中于美国和中国。如表 1-11 所示。

表 1-11　2019 年全球货邮吞吐量 Top20 运输机场在所属国承运货邮情况

地域	国家	运输机场	排名	货邮吞吐量（万吨）
北美（4）				1 370. 8
	美国（5）			1 370. 9
		安克雷奇	6	274. 5
		路易斯维尔	4	279. 0
		迈阿密	12	209. 2
		芝加哥	17	175. 8
		孟菲斯	2	432. 3
欧洲（4）				745. 9
	德国（1）			209. 1
		法兰克福	13	209. 1
	法国（1）			210. 2
		巴黎戴高乐	11	210. 2
	荷兰（1）			159. 2
		阿姆斯特丹	19	159. 2
	英国（1）			167. 3
		伦敦希斯罗	18	167. 3

续表

地域	国家	运输机场	排名	货邮吞吐量（万吨）
亚太（10）				2 289.0
	韩国（1）			276.4
		仁川	5	276.4
	日本（1）			210.4
		东京	10	210.4
	泰国（1）			132.7
		曼谷	20	132.7
	新加坡（1）			205.7
		新加坡	14	205.7
	中国（5）			1 463.8
		北京首都	15	195.8
		广州白云	16	192.2
		上海浦东	3	376.6
		台北	9	218.2
		香港	1	481.0
中东（2）				473.1
	阿联酋（1）			251.5
		迪拜	7	251.5
	卡塔尔（1）			221.6
		多哈	8	221.6
总计				4 878.887 5

数据来源：ACI，项目组处理。

三、运输机场服务评价

2019 年，ACI 按照全球和区域两个维度对全球运输机场作服务评价（ASQ），分区域按照旅客吞吐量级评出 76 个服务最佳运输机场。其中，亚太 25 个、北美 12 个、欧洲 25 个、非洲 7 个、拉美 7 个。中国上海浦东国际机场、南京禄口国际机场、呼和浩特白塔国际机场、三亚凤凰国际机场被评为服务最佳运输机场。如表 1-12 所示。

表 1-12　2019 年全球旅客服务最佳机场（分区域）

旅客吞吐量规模	地域	运输机场
200 万人次以下	非洲	乔治机场
		金伯利机场
		乌平顿国际机场
	亚太	德帕提·阿米尔机场
		丹戎槟榔机场
		西朗宜机场
	欧洲	奥勒松机场
		艾尔希罗机场
		梅利利亚机场
		圣塞瓦斯蒂安机场
		博多机场
	拉美	厄瓜多尔加拉帕戈斯机场
		丹尼尔·奥杜维尔·基罗斯国际机场
		银港国际机场
	北美	首都地区国际机场
		魁北克让·勒萨热国际机场
200 万～500 万人次	非洲	科特卡国际机场
		西伍萨古尔·拉姆古兰爵士国际机场
	亚太	昌迪加尔机场
		万隆机场
		曼加洛尔机场
		巴达鲁丁二号机场
		北干巴鲁机场
		素帕蒂机场
		特里凡得琅机场
	欧洲	梅诺卡航空公司
		斯科普里国际机场
		塔林机场
		萨格勒布机场
	拉美	卡拉斯科国际机场
		瓜亚基尔机场
	北美	埃尔帕索国际机场
		波特兰国际机场

续表

旅客吞吐量规模	地域	运输机场
500万～1 500万人次	非洲	沙加国王国际机场
		穆罕默德五世国际机场
	亚太	勒克瑙机场
		科钦国际机场
		哈利姆·珀达纳库苏马国际机场
		呼和浩特白塔国际机场
		苏丹哈桑丁国际机场
		塞平根国际机场
	欧洲	阿利坎特-埃尔切机场
		卑尔根机场
		加兹密尔机场
		索契国际机场
		凯夫拉维克国际机场
		马耳他国际机场
		纽卡斯尔国际机场
		波尔图弗朗西斯科萨卡内罗机场
	拉美	蓬塔卡纳国际机场
		洛斯卡沃斯机场
	北美	印第安纳波利斯国际机场
		辛辛那提-北肯塔基国际机场
		杰克逊维尔国际机场
1 500万～2 500万人次	亚太	巴厘国际机场
		拉吉夫·甘地国际机场
		三亚凤凰国际机场
	欧洲	埃森博加机场
		布拉格机场
		普尔科沃机场
	北美	达拉斯爱场机场
		坦帕国际机场
2 500万～4 000万人次	亚太	班加罗尔坎皮高达国际机场
		南京禄口国际机场
	欧洲	哥本哈根机场
		苏黎世机场
		奥斯陆-加德蒙机场
	北美	明尼阿波利斯-圣保罗国际机场

续表

旅客吞吐量规模	地域	运输机场
超过 4 000 万人次	亚太	贾特拉帕蒂・希瓦吉国际机场
		英迪拉・甘地国际机场
		上海浦东国际机场
		新加坡樟宜机场
	欧洲	罗马国际机场
		谢列梅捷沃国际机场
	北美	达拉斯沃斯堡国际机场
		多伦多皮尔森国际机场

数据来源：ACI，项目组处理。

第二章　我国运输机场发展概况

第一节　运输生产

一、概况

2019年，我国（境内）颁证运输机场238个，其中旅客吞吐量千万级运输机场39个。全年旅客吞吐量135 162.9万人次，货邮吞吐量1 710.0万吨，飞机起降1 166.0万架次。

（一）运输机场数量和规模

截至2019年底，我国（境内）颁证运输机场238个，同比净增3个，其中，除陕西安康机场迁建外，237个运输机场开通定期航班，通达234个城市。2015—2019年，我国境内运输机场增加28个，平均增长3.2%。如图2.1所示。

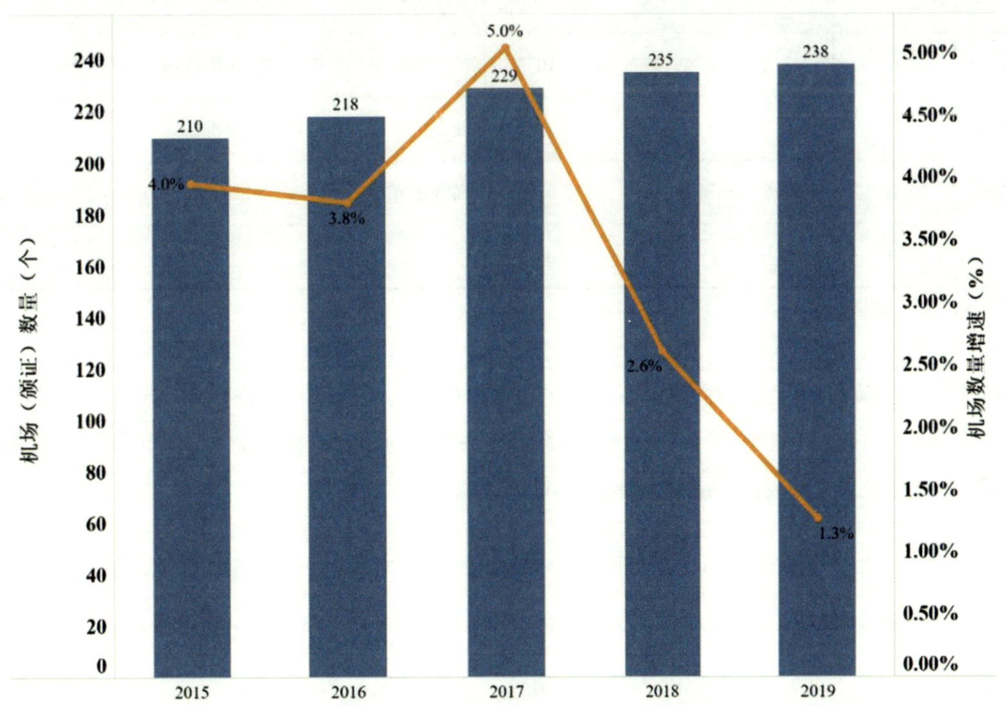

数据来源：2015—2019年机场生产统计公报，项目组处理。

图2.1　2015—2019年中国运输机场数量变化

2019 年，我国（境内）新增运输机场 4 个，分别是北京大兴国际机场、甘孜格萨尔机场、重庆巫山机场和巴中恩阳机场。2019 年，北京南苑机场停航，宜宾菜坝机场迁至宜宾五粮液机场。华北地区新增运输机场 1 个，停航 1 个；西南地区新增运输机场 3 个。

2019 年，西南、华东地区运输机场数量较多，两个地区运输机场占全国（境内）39.5%；新疆、西北、东北地区运输机场偏少，3 个地区运输机场占全国（境内）29.8%（如表 2-1 所示）。

2019 年，我国（境内）旅客吞吐量千万级运输机场 39 个，其中，银川河东国际机场、烟台蓬莱国际机场新晋千万级行列。华东、中南地区千万级运输机场 22 个，占全国（境内）56.4%（如表 2-1 所示）。

表 2-1　2019 年我国境内千万级运输机场地区分布

地域	运输机场总数	比重（%）	千万级运输机场数量	比重（%）	运输机场名称
西南地区	50	21.0	4	10.3	成都机场、昆明机场、重庆机场、贵阳机场
华东地区	44	18.5	13	33.3	上海虹桥机场、上海浦东机场、杭州机场、厦门机场、南京机场、青岛机场、济南机场、福州机场、南昌机场、宁波机场、温州机场、合肥机场、烟台机场
中南地区	37	15.5	9	23.1	广州机场、深圳机场、长沙机场、武汉机场、郑州机场、海口机场、三亚机场、南宁机场、珠海机场
华北地区	36	15.1	5	12.8	北京首都机场、天津机场、太原机场、呼和浩特机场、石家庄机场
东北地区	27	11.3	4	10.3	哈尔滨机场、大连机场、沈阳机场、长春机场
西北地区	23	9.7	3	7.7	西安机场、兰州机场、银川机场
新疆地区	21	8.8	1	2.6	乌鲁木齐机场
合计	238	100.0	39	100.0	

数据来源：2019 年机场生产统计公报，项目组处理。

2019 年，旅客吞吐量 200 万人次以下运输机场 164 个，占全国运输机场 68.9%。旅客吞吐量集中于千万级运输机场，39 个千万级运输机场旅客吞吐量占全国 83.3%。货邮吞吐量万吨以上运输机场 59 个，占全国货邮吞吐量 98.4%。如图 2.2 所示。

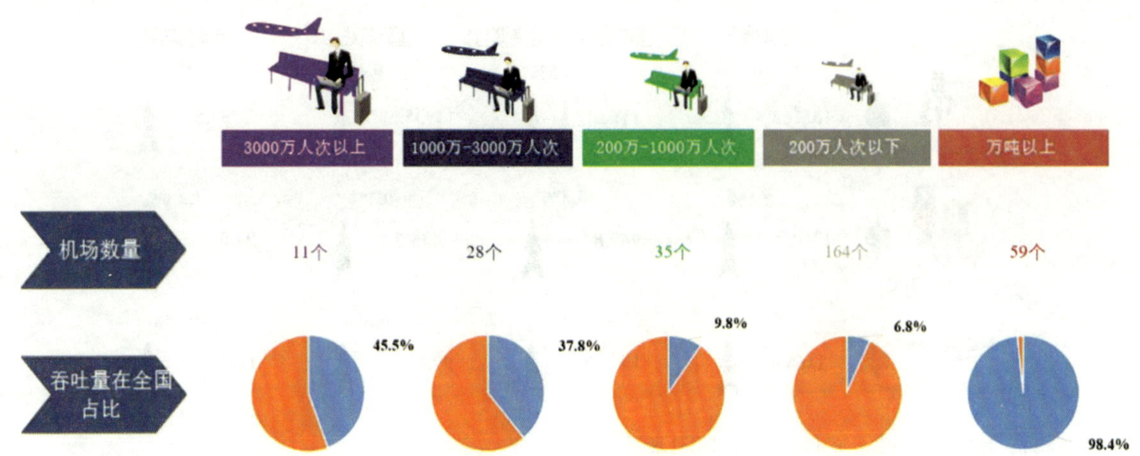

数据来源：2019 年机场生产统计公报，项目组处理。

图 2.2 2019 年运输机场数量及吞吐量比重

（二）运输规模

1. 总规模

2019 年，全国运输机场主要生产指标继续保持平稳增长。旅客吞吐量 135 162.9 万人次，同比增长 6.9%，增幅同比降低 3.3 个百分点。其中国内航线（不含港澳台）118 442.5 万人次，同比增长 6.5%；港澳台航线 2 784.8 万人次，同比减少 3.1%。国际航线 13 935.5 万人次，同比增长 10.4%。

2019 年，全国运输机场货邮吞吐量 1 710.0 万吨，同比增长 2.1%。其中，国内航线（不含港澳台）969.8 万吨，同比增长 3.3%；港澳台航线 94.5 万吨，同比减少 4.9%。国际航线 645.7 万吨，同比增长 0.4%。

2019 年，全国运输机场飞机起降 1 166.0 万架次，同比增长 5.2%。其中，国内航线（不含港澳台）1 046.8 万架次，同比增长 5.0%；港澳台航线 19.6 万架次，同比减少 0.3%。国际航线 99.6 万架次，同比增长 6.8%。如图 2.3 所示。

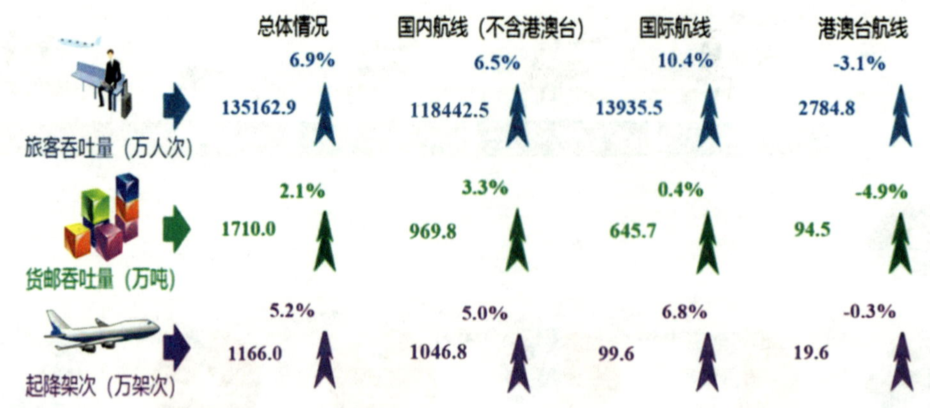

数据来源：2019 年机场生产统计公报，项目组处理。

图 2.3 2019 年全国运输机场旅客、货邮吞吐量和飞机起降架次变化

近 5 年，全国运输机场旅客吞吐量、飞机起降架次增速变化趋势大致相同，2017 年增速为近 5 年最高，之后逐年下降。如图 2.4 所示。

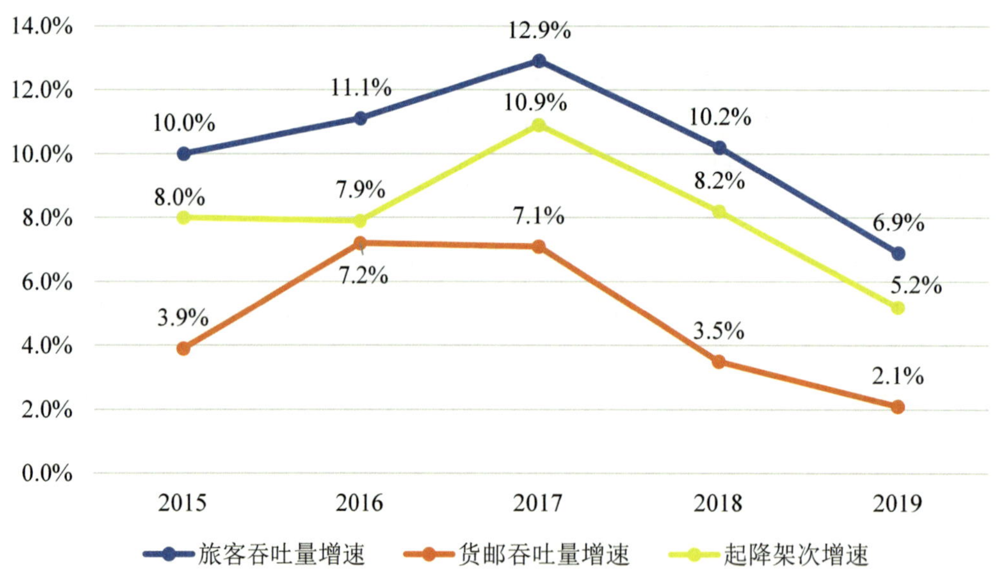

数据来源：2015—2019 年机场生产统计公报，项目组处理。

图 2.4 2015—2019 年全国运输机场旅客、货邮吞吐量和飞机起降架次增速变化

2019 年，华东地区旅客吞吐量、货邮吞吐量和飞机起降架次分别占 29.5%、40.0%、27.3%，全国占比排名第 1 位；中南地区分别占 24.3%、27.5%、25.2%，全国占比排名第 2 位。如图 2.5 所示。

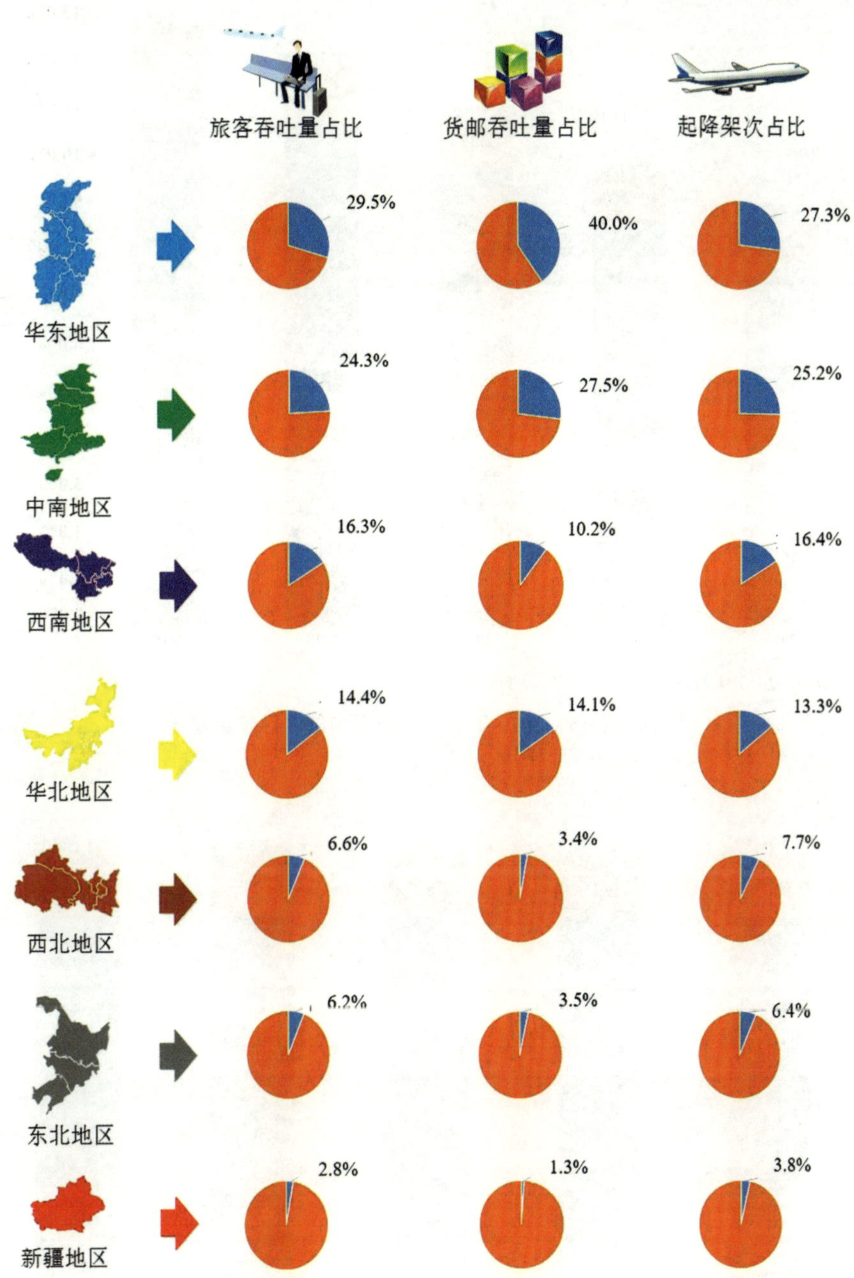

数据来源：2019 年机场生产统计公报，项目组处理。

图 2.5　2019 年全国各地区运输机场旅客、货邮吞吐量和起降架次分布

2. 旅客吞吐量

近 5 年，我国运输机场旅客吞吐量持续较快增长。从 2015 年 91 477.3 万人次到 2019 年 135 162.9万人次，4 年平均增长 10.3%。从旅客吞吐量结构看，2019 年国内旅客吞吐量 118 442.5 万人次，占 87.6%；国际 13 935.5 万人次，占 10.3%；港澳台 2 784.8 万人次，占 2.1%。如图 2.6、图 2.7 所示。

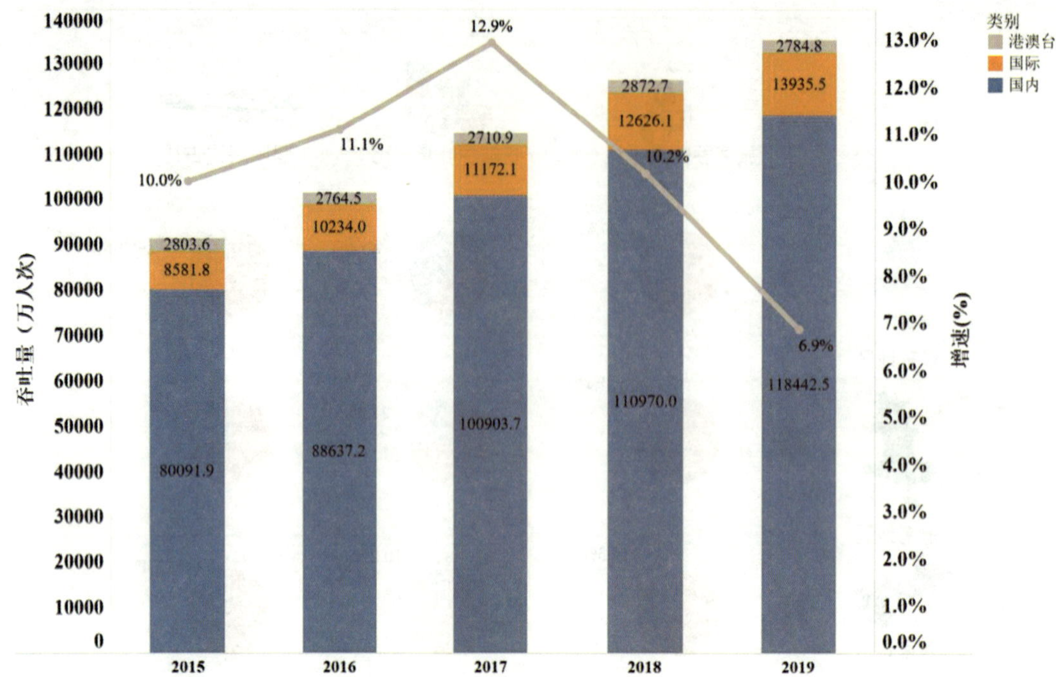

数据来源：2015—2019 年机场生产统计公报，项目组处理。

图 2.6　2015—2019 年全国运输机场旅客吞吐量变化

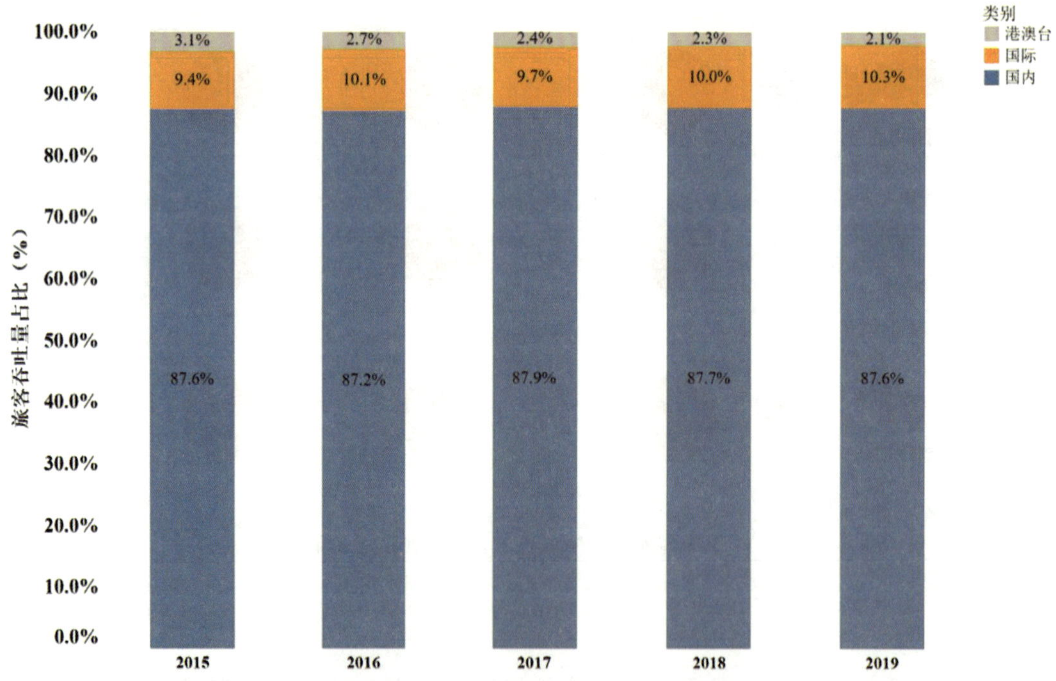

数据来源：2015—2019 年机场生产统计公报，项目组处理。

图 2.7　2015—2019 年中国运输机场旅客吞吐量结构变化

近 5 年，华东、中南、西北、东北、新疆 5 个地区实现 2 位数增长。西北地区平均增长速度最快，西南、华北地区增速相对较慢。从绝对值看，华东地区增量最大。如图 2.8 所示。

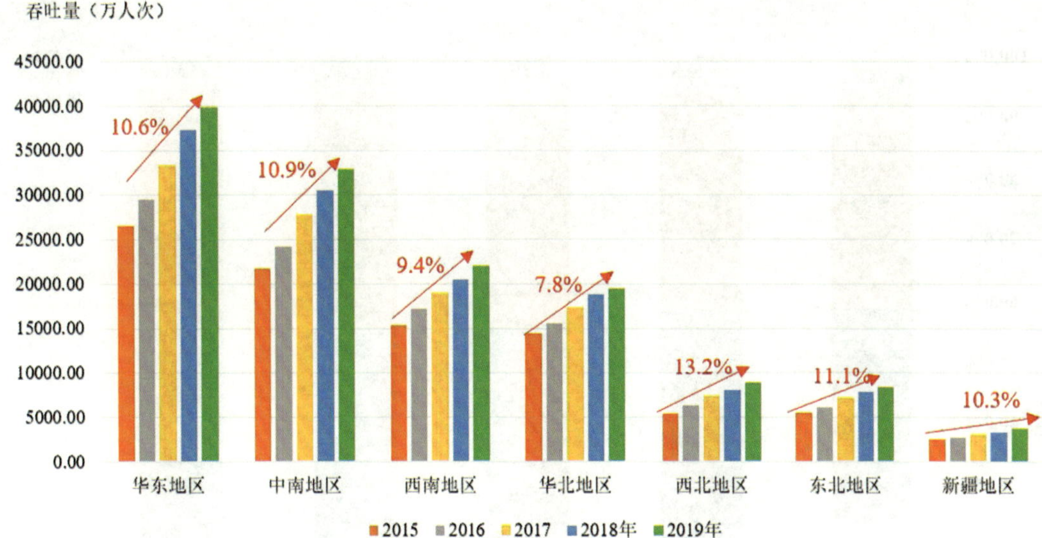

数据来源：2015—2019 年机场生产统计公报，项目组处理。

图 2.8　2015—2019 年全国 7 个地区运输机场旅客吞吐量变化

3. 货邮吞吐量

近 5 年，我国运输机场货邮吞吐量发展较快。从 2015 年 1 409. 4 万吨到 2019 年 1 710. 0 万吨，4 年平均增长 4. 9%。其中，2016 年增速最高达 7. 2%。从货邮吞吐量结构看，国内货邮吞吐量份额最高。2019 年国内货邮吞吐量 969. 8 万吨，占 56. 7%；国际货邮吞吐量占比从 2015 年 34. 9%增长到 2019 年 37. 8%；港澳台地区货邮吞吐量一直维持在 6. 0%左右。如图 2. 9、图 2. 10 所示。

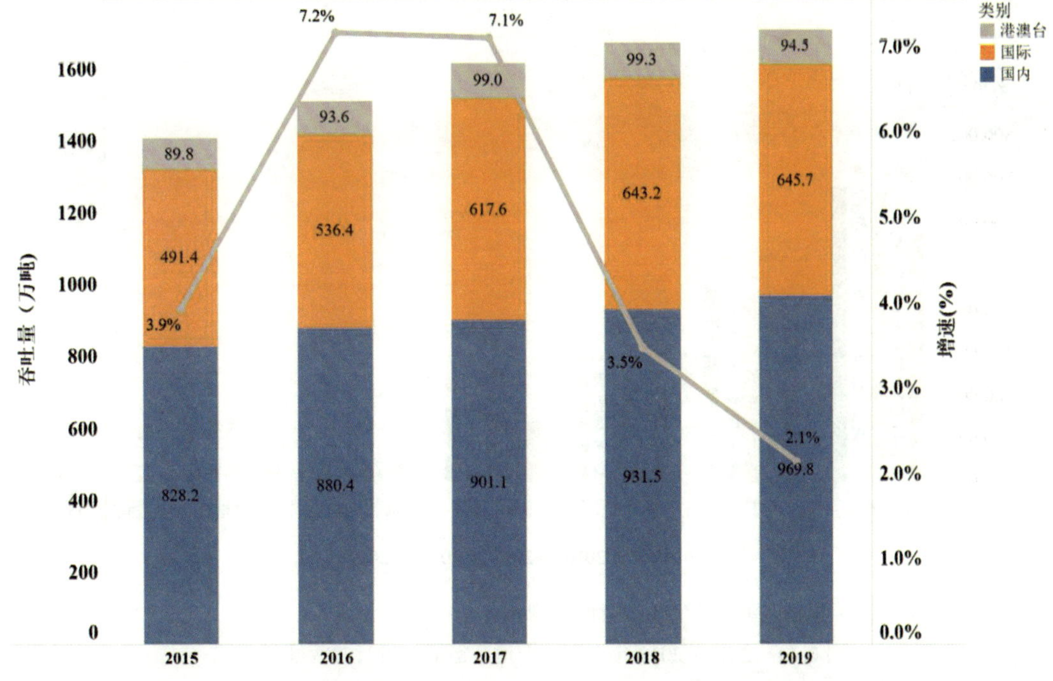

数据来源：2015—2019 年机场生产统计公报，项目组处理。

图 2. 9　2015—2019 年全国运输机场货邮吞吐量变化

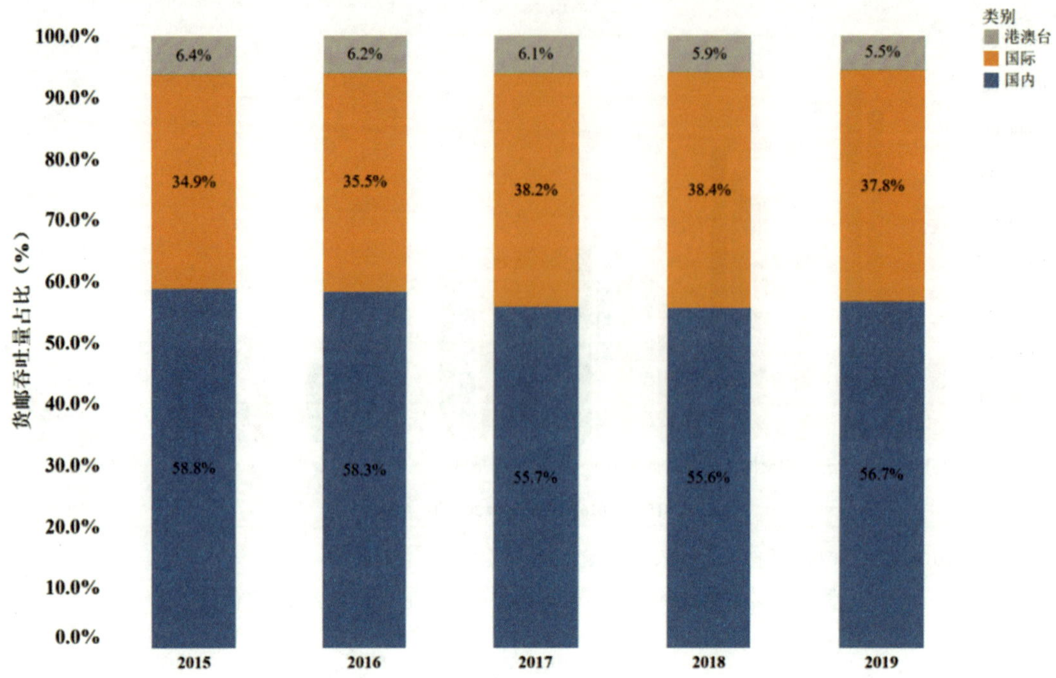

数据来源：2015—2019 年机场生产统计公报，项目组处理。

图 2.10　2015—2019 年全国运输机场货邮吞吐量结构变化

近 5 年，各地区货邮吞吐量变化均持续稳定增长。华东地区仍然是货邮吞吐量规模最大地区；西北地区增速最高，是唯一实现两位数增长的地区。华北地区增速仅 0.9%，2019 年负增长。如图 2.11 所示。

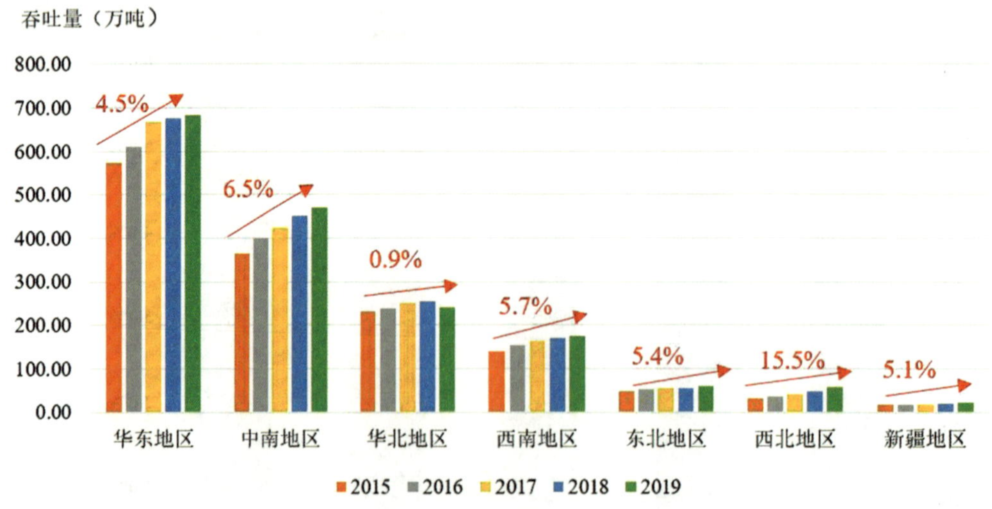

数据来源：2015—2019 年机场生产统计公报，项目组处理。

图 2.11　2015—2019 年全国 7 个地区运输机场货邮吞吐量变化

4. 飞机起降架次

近5年，我国运输机场飞机起降架次增长较快。从2015年856.6万架次到2019年1 166.0万架次，4年平均增长8.0%，其中，2017年增长10.9%，是增速最高年份。从飞机起降架次结构看，国内飞机起降占比最高。2019年国内飞机起降架次占89.8%；国际飞机起降架次比重逐年提高，从2015年8.1%增长到2019年8.5%；港澳台地区飞机起降架次保持在2%左右。如图2.12、图2.13所示。

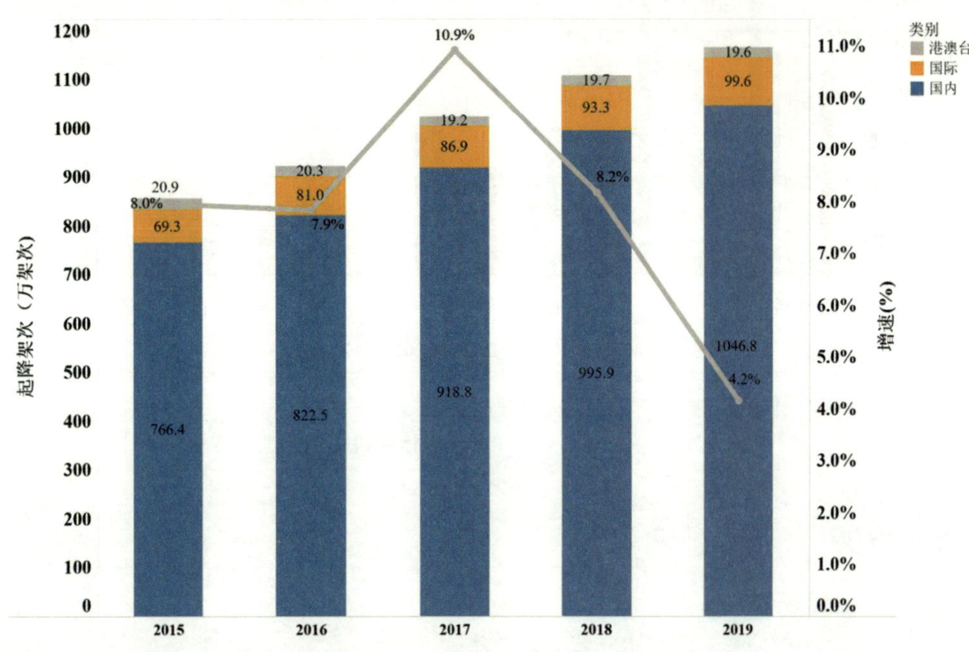

数据来源：2015—2019年机场生产统计公报。

图2.12　2015—2019年全国运输机场起降架次变化

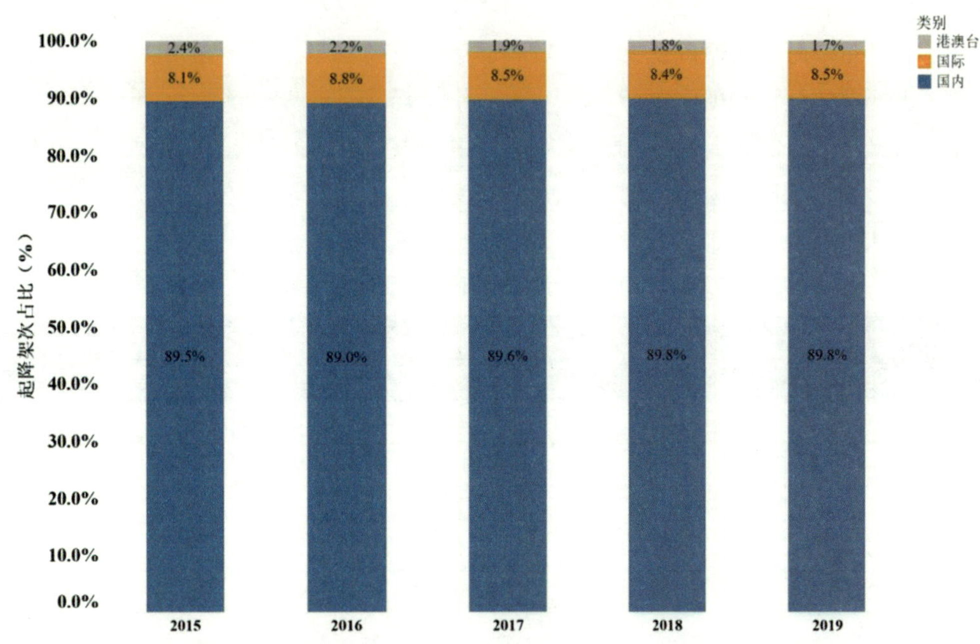

数据来源：2015—2019年机场生产统计公报，项目组处理。

图2.13　2015—2019年中国运输机场起降架次结构变化

近 5 年，各地区飞机起降架次均持续稳定增长。飞行流量最大的华东、中南地区平均增速 8.8%、7.0%。西北、新疆地区飞机起降架次增长较快，实现两位数增长。华北地区增速较低，受北京大兴国际机场转场影响，2019 年负增长。如图 2.14 所示。

数据来源：2015—2019 年机场生产统计公报，项目组处理。

图 2.14　2015—2019 年全国 7 个地区运输机场起降架次变化

二、地区发展

（一）运输机场体系

2019 年，西南地区运输机场 50 个，占 21.01%；华东地区 44 个，占 18.49%；中南地区 37 个，占 15.55%；华北地区 36 个，占 15.13%；东北地区 26 个，占 10.92%；西北地区 24 个，占 10.08%；新疆地区 21 个，占 8.82%。

全国旅客吞吐量千万级运输机场 39 个。其中，华东地区 13 个，数量最多；中南地区 9 个，位居第 2；其他地区均在 5 个及以下。

全国货邮吞吐量 1 万吨以上运输机场 59 个。其中，华东地区 24 个，排名第 1 位；中南地区 11 个，排名第 2 位，其他地区均为个位数。如表 2-2 所示。

表 2-2　2019 年 7 个地区不同量级运输机场数量

地区	不同量级运输机场数量（个）				
	运输机场总量	1 000 万人次以上	200 万~1 000 万人次	200 万人次以下	货邮 10 000 吨以上
西南地区	50	4	6	40	7
华东地区	44	13	12	19	24
中南地区	37	9	7	21	11
华北地区	36	5	6	25	7
东北地区	27	4	0	23	4
西北地区	23	3	2	18	4
新疆地区	21	1	2	18	2

数据来源：全国机场生产统计公报，项目组处理。

从旅客吞吐量分布看，华东、中南地区旅客吞吐量规模最大，千万级和 200 万~1 000 万人次运输机场最多，200 万人次以下运输机场与新疆、西北地区数量相近。东北地区除 4 个千万级运输机场外，其他 23 个运输机场均在 200 万人次以下。西南地区 200 万人次以下运输机场最多（40 个），占该地区运输机场 80%，低于新疆、东北地区相应比值。如图 2.15、图 2.16 所示。

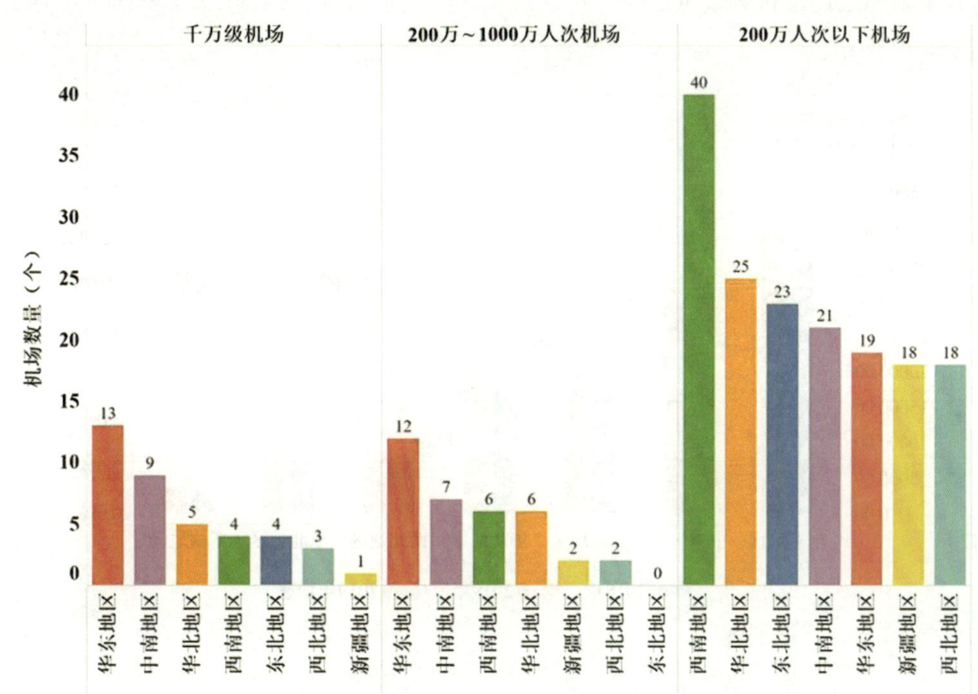

数据来源：全国机场生产统计公报，项目组处理。

图 2.15　2019 年各地区旅客吞吐量不同规模运输机场数量

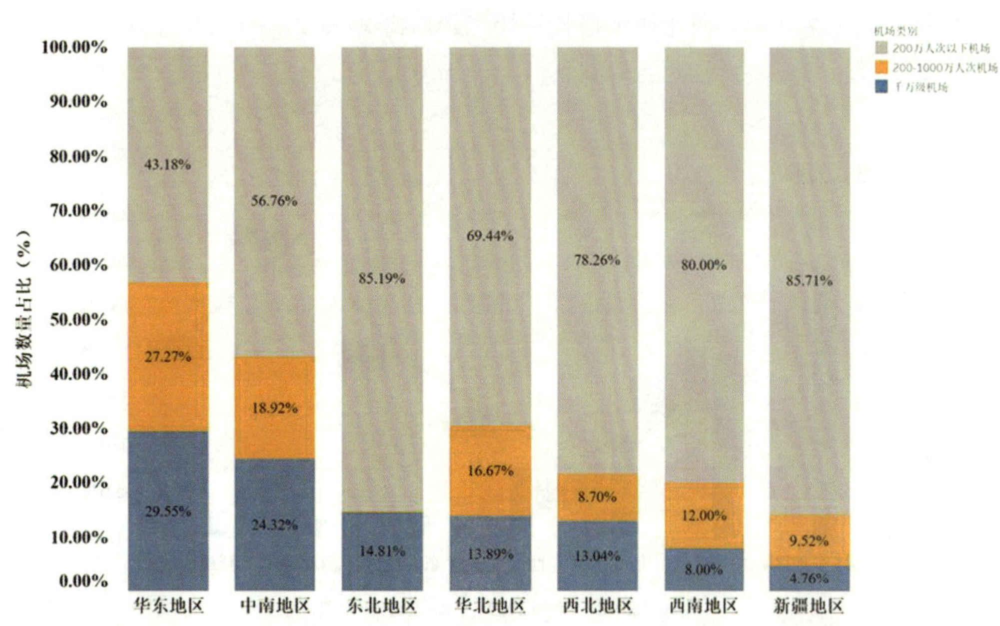

数据来源：全国机场生产统计公报，项目组处理。

图 2.16　2019 年各地区旅客吞吐量不同规模运输机场比重

（二）运输规模

旅客吞吐量：2019 年，7 个地区旅客吞吐量同比均有所提升。华东地区旅客吞吐量 39 845.9 万人次，7 个地区总量和增量最多。中南地区旅客吞吐量位居其次。西南地区旅客吞吐量较华北地区多 2 500 万人次，增速在 7 个地区排名第 3 位。华北地区位居第 4 位。西北、东北地区旅客运输规模相当。新疆地区运输机场数量最少，相应旅客吞吐量也最少，但 2019 年增速 7 个地区排名第 1 位。如图 2.17 所示。

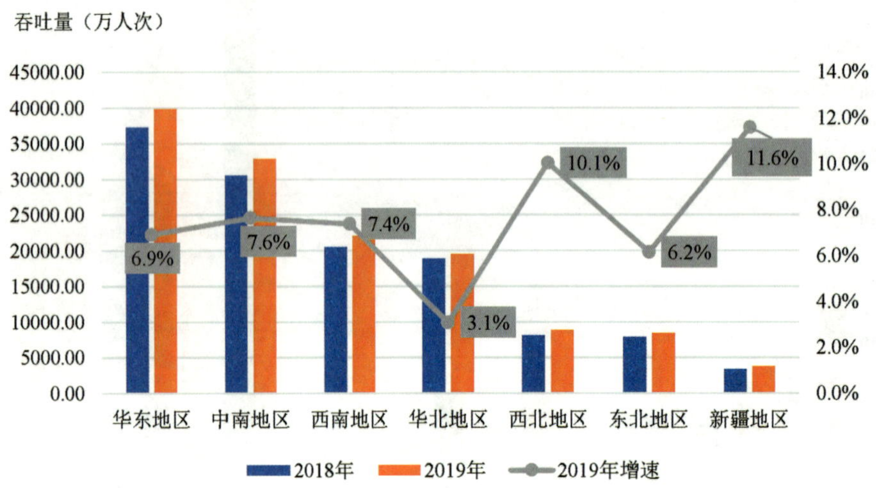

数据来源：全国机场生产统计公报。

图 2.17　2018—2019 年 7 个地区旅客吞吐量变化

货邮吞吐量：2019 年，7 个地区货邮吞吐量同比均有所增长。华东地区货邮吞吐量 684.8 万吨，占 7 个地区货邮吞吐总量 40%。华东、中南、华北、西南地区货邮吞吐量均在百万吨以上。新疆地区货邮吞吐量 21.7 万吨。西北地区增长最快，2019 年增速 22.5%，华北地区负增长。如图 2.18 所示。

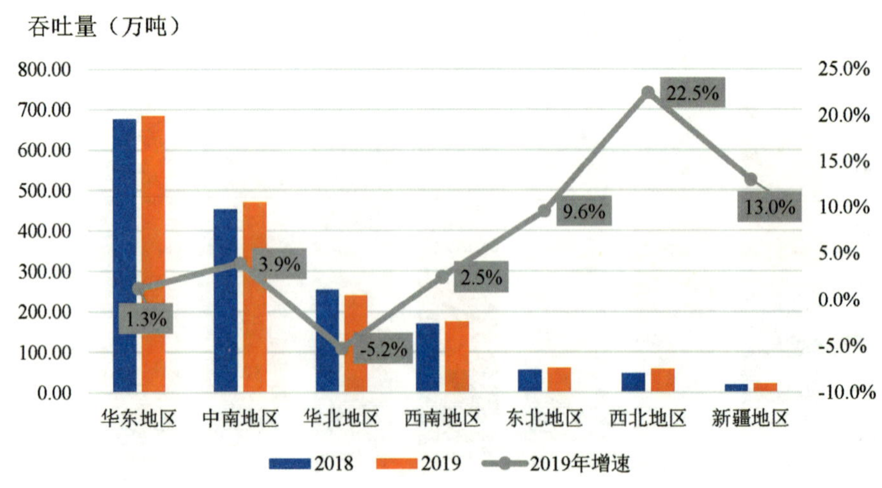

数据来源：全国机场生产统计公报。

图 2.18　2018—2019 年 7 个地区货邮吞吐量变化

飞机起降架次：2019 年，华东地区飞机起降 317.9 万架次，全国排第 1 位。中南地区 293.5 万架次，位居第 2。西南、华北地区分别为 190.9 万架次、155.0 万架次。西北、东北、新疆地区均不足百万架次。新疆地区增长 14.9%，增速排名第 1 位。华北地区负增长。如图 2.19 所示。

数据来源：全国机场生产统计公报。

图 2.19　2018—2019 年 7 个地区起降架次变化

（三）航线网络

航线网络覆盖范围：2019 年，从 7 个地区航线网络通达性看，华北地区通航点 354 个，全国最多；其中国际通航点 147 个，远高于其他地区。中南、华东地区通航点数量相当，仅次于华北地区。西南地区与中南地区差距主要是国际通航点较少，前者不到后者 70%。东北、新疆地区国内国际通航点较少。如图 2.20 所示。

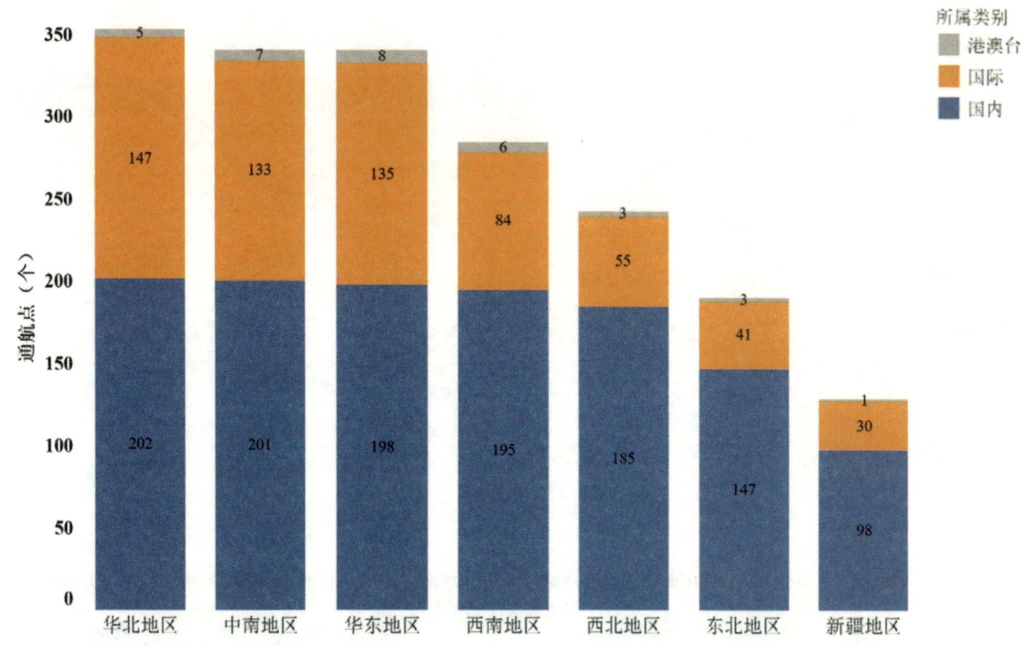

数据来源：OAG 数据库，项目组处理。

图 2.20　2019 年 7 个地区通航点分布

客运航线网络厚度：华北地区国际、国内通航点数量领先于华东、中南地区，但可用座位份额华东地区优于华北地区。2019 年，华东地区国内、国际、港澳台地区可用座位投入均列 7 个地区第 1 位，港澳台可用座位超过千万，远高于其他地区。按照可用座位数量排序分别为华东、中南、西南、华北、西北、东北、新疆。如图 2. 21 所示。

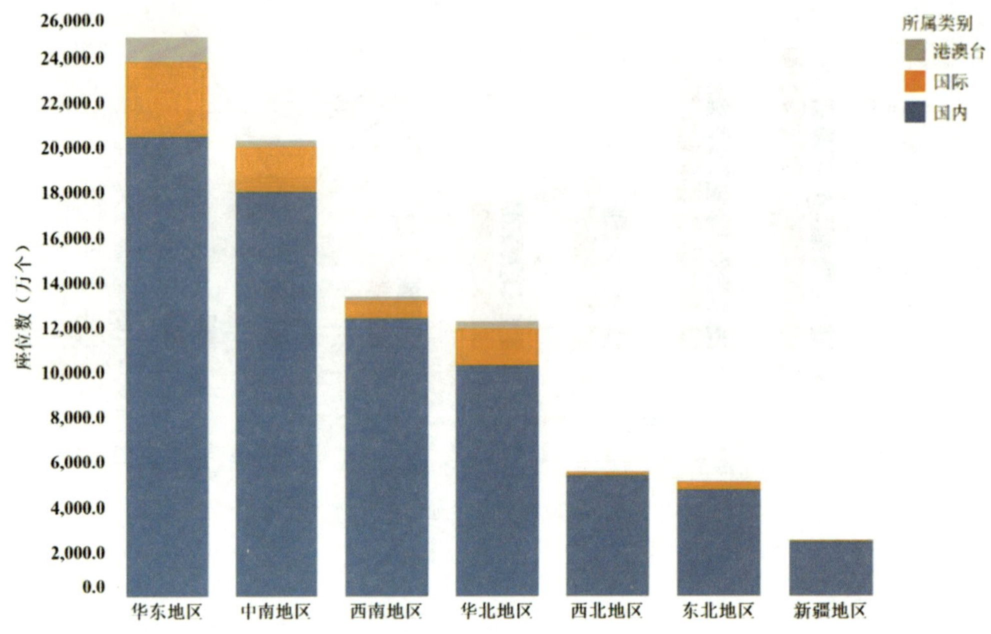

数据来源：OAG 数据库，项目组处理。

图 2. 21　2019 年 7 个地区可用座位分布

航线运力集中度：从 2019 年各地区前 30 条重点国内航线和前 15 条国际航线可用座位份额看，新疆地区集中度最高，华东、中南、西南地区集中度相对较低，说明其市场需求旺盛。如图 2. 22 所示。

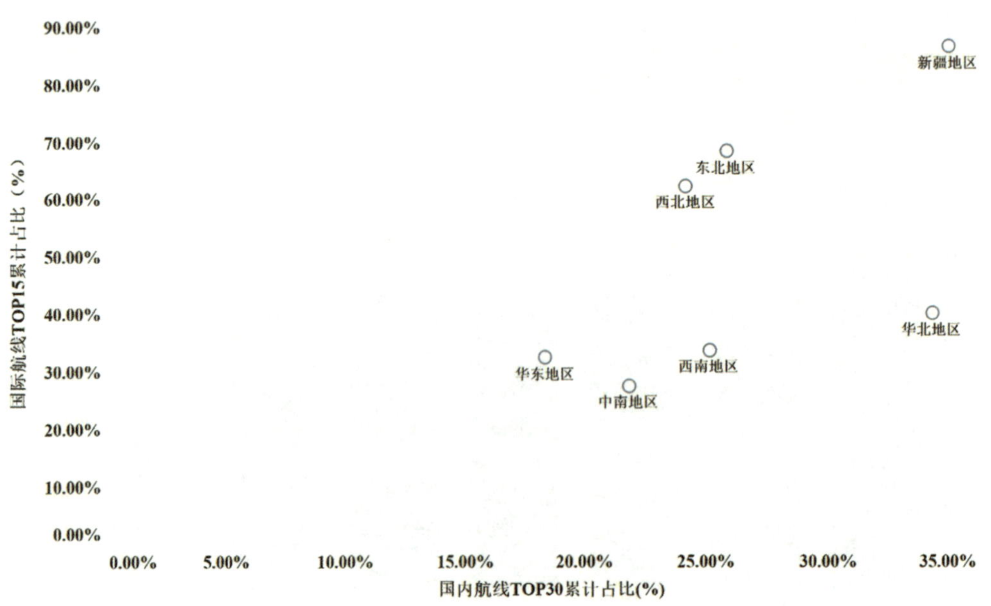

数据来源：OAG 数据库，项目组处理。

图 2. 22　2019 年 7 个地区重点航线可用座位分布

运营的航空公司：2019 年，华东地区经营客运的航空公司数量最多，为 149 家。华东地区和中南地区仅经营货运的航空公司数量最多，均为 12 家。新疆地区经营客运和仅经营货运的航空公司数量最少，分别为 36 家和 3 家。从各地区前 3 位客运航空公司的份额占比可以看出，新疆地区前 3 位客运航空公司份额占比在七大地区内数值最大，这说明前 3 位航空公司主导着该地区的市场。虽然华东地区经营客运的航空公司数量最多，但排名前 3 位的客运航空公司份额占比在七大地区中排名靠后，这主要是因为该地区航空公司之间竞争相对激烈，市场份额分布均匀。

国际航空在华北地区市场份额最大；东方航空在西北、西南、华东地区市场份额最大；南方航空在新疆、中南、东北地区市场份额最大。如图 2.23、图 2.24 所示。

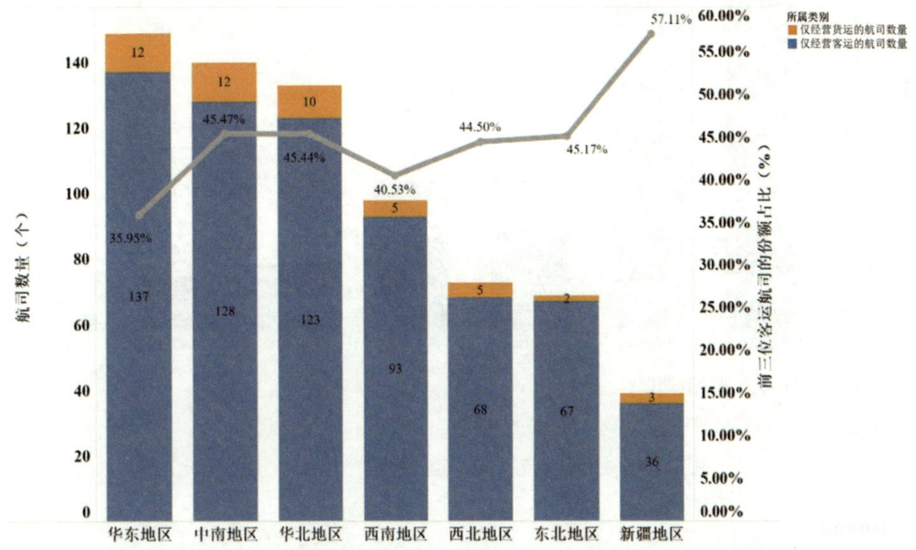

数据来源：OAG 数据库，项目组处理。

图 2.23　2019 年 7 个地区运营航空公司数量及运力份额

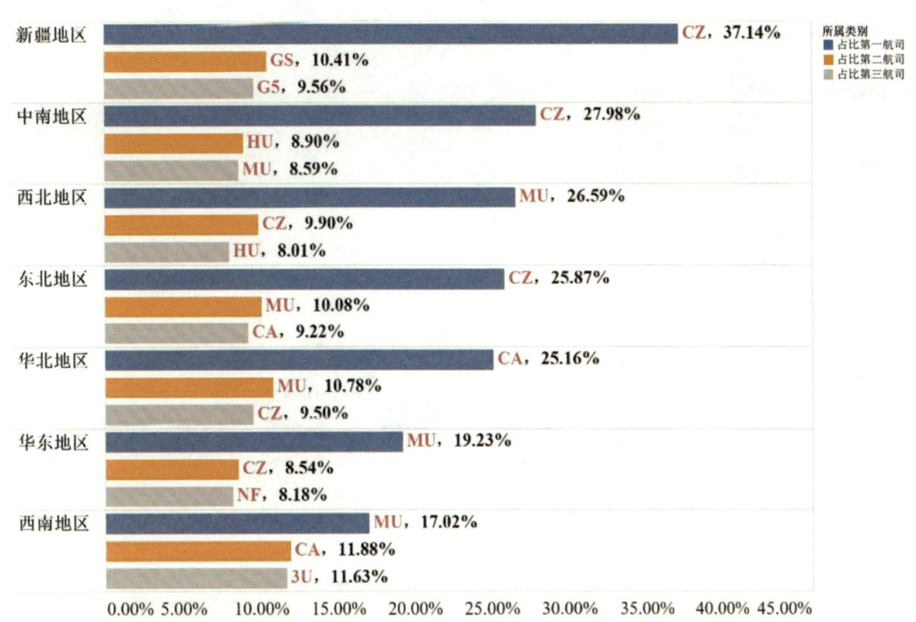

数据来源：OAG 数据库，项目组处理。

图 2.24　2019 年 7 个地区前 3 位航空公司可用座位分布

（四）经济社会发展

GDP、进出口贸易总额、入境人数，华东、中南地区都大幅领先于其他 5 个地区。如图 2.25、图 2.26、图 2.27 所示。

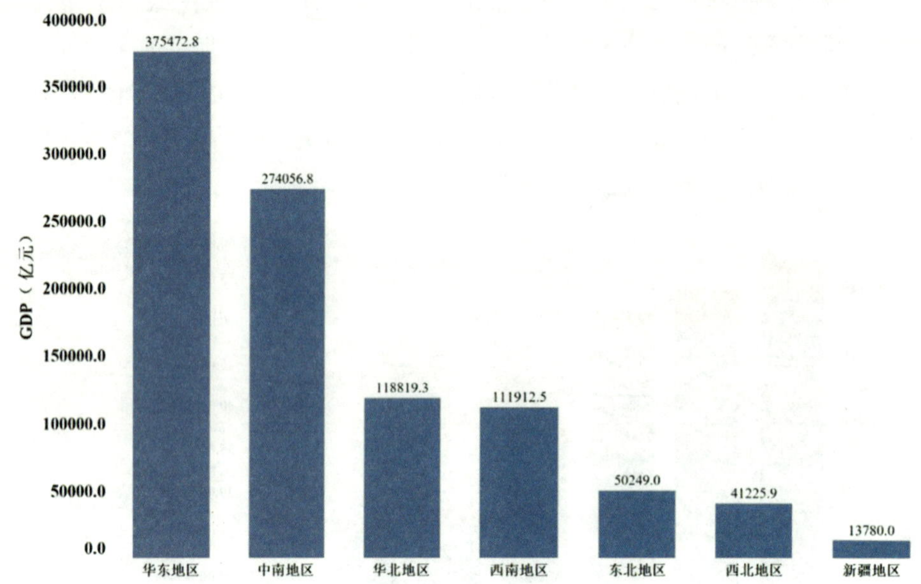

数据来源：国家统计局，项目组处理。

注：按各地区 GDP 从高到低排序。

图 2.25　2019 年 7 个地区国民生产总值（GDP）

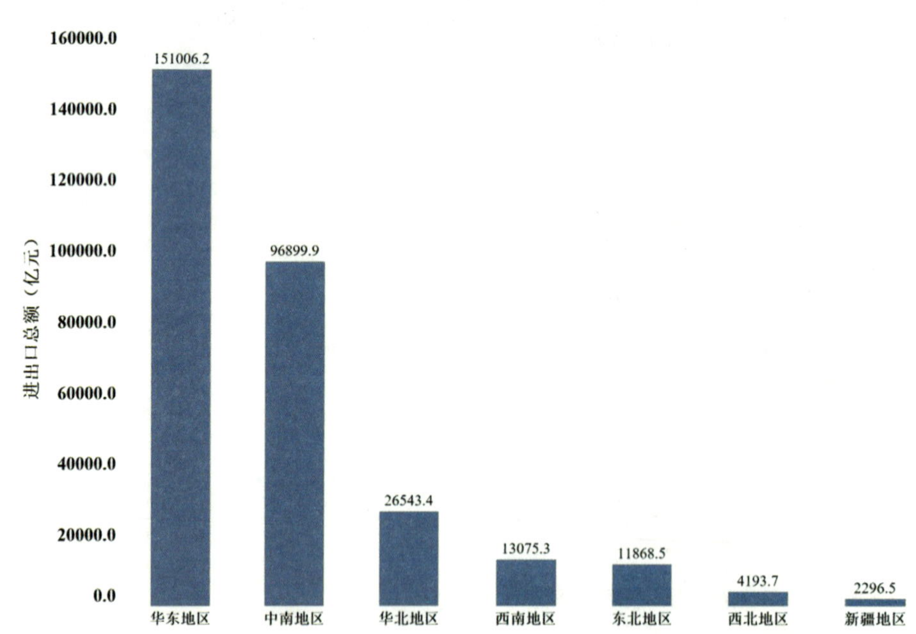

数据来源：国家统计局，项目组处理。

注：按各地区进出口总额从高到低排序。

图 2.26　2018 年 7 个地区进出口贸易总额[1]

1　2018 年国家统计局数据。

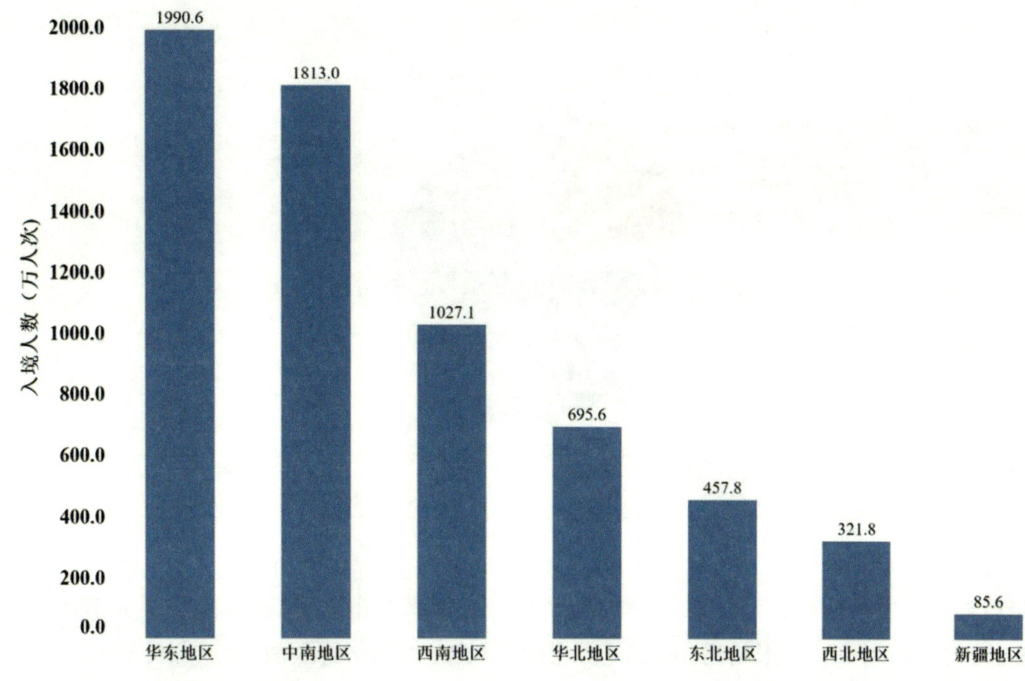

数据来源：国家统计局，项目组处理。

注：按各地区入境人数从高到低排序。

图 2.27　2018 年 7 个地区入境人数[1]

第二节　安全管理

2019 年，全国运输飞行 1 230.9 万小时、496.5 万架次，同比分别增长 6.7%、5.8%。全行业未发生运输航空事故。截至 2019 年 12 月 31 日，运输航空连续安全飞行 112 个月、8 068 万小时，连续 17 年保证空防安全。安全水平居世界前列。

2019 年，运输航空事故征候 569 起，同比减少 12 起，运输航空事故征候万时率 0.462，同比下降 8.21%；发生严重事故征候 11 起，同比减少 5 起，运输航空严重事故征候万时率 0.008，同比下降 35.57%。

从运输航空事故征候原因看，2019 年，人为原因事故征候 27 起，人为原因事故征候万时率 0.022，同比下降 33.41%，其中，2019 年 8 月发生事故征候 6 起，是事故征候最多月份。按照原因分类，机组原因 4 起，空管原因 2 起。运输航空机械原因事故征候万时率 0.019，同比上升 11.68%。天气意外引发事故征候 454 起，占 78.01%，仍然是事故征候主要原因。如图 2.28 所示。

1　2018 年国家统计局数据。

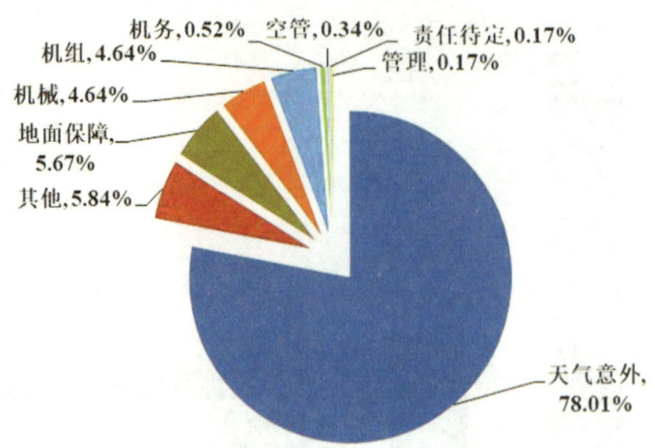

数据来源：中国民用航空安全信息统计分析报告。

图 2.28　2019 年运输航空事故征候原因统计

按照运输航空事故征候类型统计，2019 年，鸟击、外来物击伤和雷击/电击比重较大。其中，鸟击 308 起，占 56.41%；外来物击伤 128 起，占 23.44%；雷击/电击 51 起，占 9.34%；航空器撞障碍物 14 起，占 2.56%。如图 2.29 所示。

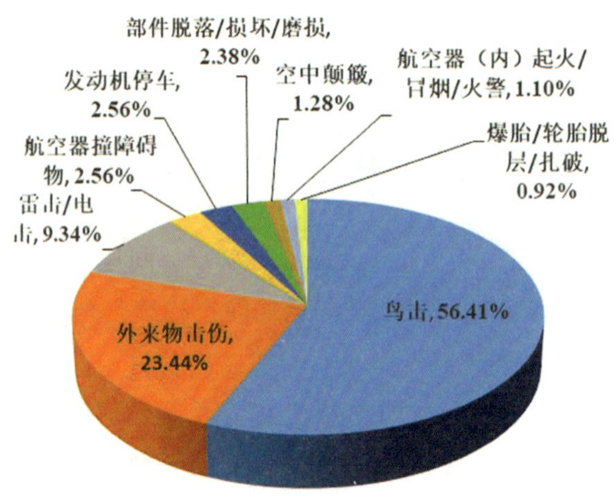

数据来源：中国民用航空安全信息统计分析报告。

图 2.29　2019 年运输航空事故征候主要类型

根据不同事件原因安全风险分析，中国民用航空局将运输航空不安全事件分为 A 区、B 区、C 区和 D 区。其中 A 区是风险总值高且后果严重；B 区是事件平均严重度不高、风险总值高；C 区是平均严重度较高、风险总值不高；D 区则是平均严重程度、风险总值均不高。2019 年全国发生 A 区、B 区和 C 区事件原因如表 2-3 所示。

表 2-3 2019 年不安全事件安全风险分类

事件类型	具体事件	发生数量
A 区	失压/紧急下降	严重事故征候 1 起，同比减少 2 起；一般事故征候 3 起，同比增加 1 起；一般事件 5 起，同比减少 1 起
	未经许可/不满足条件起飞/着陆	严重事故征候 1 起，同比持平；一般事件 2 起，同比减少 2 起
	低于最低油量	严重征候 1 起，同比增加 1 起；一般事件 25 起，同比增加 6 起
B 区	鸟击	一般事故征候 308 起，同比增加 25 起；一般事件 1 572 起，同比增加 138 起
	外来物击伤	一般征候 128 起，同比减少 39 起；一般事件 809 起，同比增加 202 起
	航空器（内）起火/冒烟/火警	严重事故征候 4 起，同比持平；一般事故征候 2 起，同比增加 2 起；一般事件 548 起，同比增加 320 起
	雷击/电击	一般征候 51 起，同比增加 12 起；一般事件 582 起，同比增加 223 起
	系统失效/故障/卡阻	一般征候 1 起，同比增加 1 起；一般事件 883 起，同比减少 50 起
	偏离姿态/高度	一般征候 1 起，同比增加 1 起；一般事件 456 起，同比减少 18 起
	中止进近/复飞	一般事件 1 080 起，同比减少 79 起
	部件脱落/损坏/磨损	一般征候 13 起，同比增加 3 起；一般事件 373 起，同比增加 127 起
	风切变	一般事件 678 起，同比增加 72 起
	机组失能/发病	严重事故征候 1 起，同比增加 1 起；一般事件 49 起，同比增加 10 起
	可控飞行撞地/障碍物	一般事故征候 2 起，同比减少 2 起；一般事件 253 起，同比增加 205 起
C 区	冲/偏出跑道	严重征候 1 起，同比持平
	擦尾/擦发动机/擦翼尖/擦机腹	严重事故征候 1 起，同比减少 2 起；一般事故征候 1 起，同比持平；一般事件 3 起，同比减少 1 起
	发动机停车	一般事故征候 13 起，同比增加 1 起；一般事件 3 起，同比增加 3 起
	跑道混淆	一般征候 1 起，同比增加 1 起

数据来源：中国民用航空安全信息统计分析报告。

第三节 服务质量

2019 年，中国民用机场协会、中国民航科学技术研究院和中国民航报社继续开展中国机场服务质量评价。参评运输机场 93 家，均为 2018 年旅客吞吐量均超过 100 万人次运输机场，其中旅客吞吐量 1 000 万人次以上 36 家[1]，占 38.71%；100 万～1 000 万人次 57 家，占 61.29%。华东地区参评运输机场最多，占 30.11%；中南居次，占 22.58%；西南、华北均超 10%；东北、西北、新疆不足 10%。如图 2.30 所示。

1 1 家机场因故未参评。

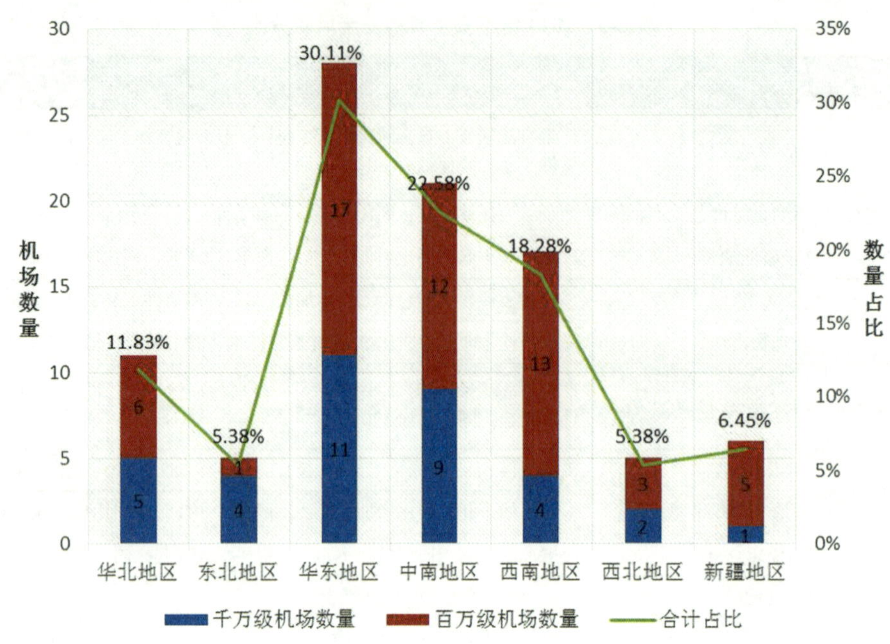

图 2.30　2019 年中国机场服务质量参评运输机场分布

一、2019 年运输机场服务评价特点

2019 年，重点对千万级运输机场服务质量作全方位评价，36 家运输机场旅客吞吐量占本次参评运输机场旅客吞吐量 82.64%。

2019 年，评价方法优化：一是旅客满意度数据来源多元化；二是专业评价明暗结合；三是加大旅客满意度得分权重，突出“旅客体验优先”原则。

二、参评运输机场服务质量亮点及痛点

（一）亮点

（1）主动对标，服务质量持续提升。2019 年，各参评千万级运输机场主动对标，自查自改，积极补短板强弱项，综合得分同比提高 1.32 分，放行正常率同比提高 5.3 分；专业评价得分同比提高 0.07 分，旅客出行体验明显改善。

（2）技术引领，便民举措取得实效。参评运输机场“九项便民服务举措”取得实效。千万级运输机场主动适应旅客出行新趋势，积极采用新技术，国内航班普遍实行“无纸化”出行，部分运输机场试点国际及港澳台航线“无纸化”出行；利用新技术积极探索安检新模式；自助服务、行李全流程跟踪等有序推进；中转服务更顺畅；餐饮服务水平不断提升；投诉管理制度进一步完善。

（3）能力增强，质量管理体系扎实。千万级运输机场普遍从服务产品设计、标准规范、监督考核、创新激励、服务培训等方面完善服务质量管理体系建设，管理效能有所提升；设施设备较完备，达标率较高，服务规范性好，服务能力持续提升。

（4）创新服务，品牌形象不断提升。千万级运输机场围绕旅客需求和服务痛点，积极创新服

务产品，改进服务方式，推出卓有成效的服务举措，涌现出“一藤七花”“春风服务”“艺文空港”“三维可视化平台”“AR 智能导航”等优秀服务案例。

（二）痛点

（1）基本服务功能需要完善。航站楼环境整洁及氛围和谐度需进一步提升；卫生间、母婴休息室等重点区域卫生标准需要进一步提高；商业餐饮服务准入、“同城同质同价”需要完善。

（2）中转服务能力有差距。中转服务流程需要优化，设施设备需要改进，中转便捷性、顺畅性需要提升。

（3）不正常航班服务需要提高。不正常航班服务保障预案需要完善，不正常航班信息准确性、及时性需要提高，现场处置能力及食宿服务等需要进一步改善。

（4）“三基”建设仍有差距。有些运输机场基层、基础和基本功建设不够系统和规范，一线服务人员基本业务技能培训需要加强。

三、评价结果

按照得分将 2019 年参评运输机场服务质量分为 4 个等级：85 分及以上优秀；75 分（含）~85 分良好；60 分（含）~75 分一般；60 分以下差。

（一）千万级运输机场评价结果

36 个千万级运输机场服务质量各维度得分如图 2.31 所示。

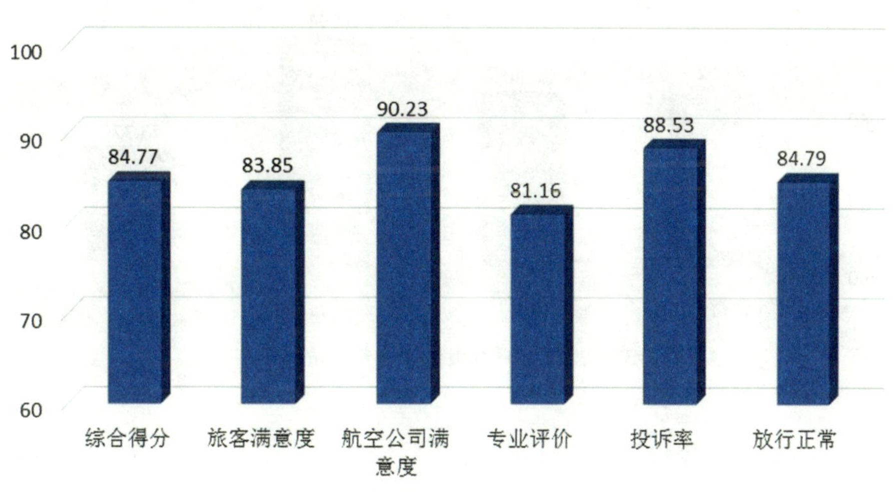

图 2.31　2019 年千万级机场服务质量评价结果

1. 旅客体验良好，服务水平接近

36 家千万级运输机场得分集中于优秀和良好区间。旅客满意度最高的是引导标识，其次是航站楼设施设备与环境、问询服务、办理乘机手续、登机服务、地面交通和行李服务，以上各项均在优秀区间。旅客认为，在信息服务、商业零售、餐饮服务同城同质同价及不正常航班服务等方面还存在差距。

2. 航空公司满意度较高，各运输机场略有差异

航空公司对千万级运输机场服务满意度较高，平均给分 90.23 分。地面保障服务给分在优秀区

间占 97.22%，良好区间 2.78%。安全保障、运行保障和服务保障达到优秀水平，其中对安全保障满意度最高。但航空公司认为，摆渡车到位及时性、停机位资源分配及不正常航班服务等方面应当改进。

3. 专业评价良好，差异较大

专业评审认为，千万级运输机场服务质量处于良好水平。优秀区间 22.22%，良好区间 72.22%，一般区间 5.56%。“九项便民服务举措”中，除行李全流程跟踪外，其余八项均落实较好。

4. 投诉管理水平较高，差异明显

36 个千万级运输机场投诉率得分优秀占 69.44%，得分 75~85 分之间占 22.22%；一般区间占 8.33%。最高分与最低分相差 26.68 分，差距显著。

5. 航班放行正常率较高，水平接近

千万级运输机场航班放行正常率得分位于优秀区间 55.56%，良好区间 44.44%。

（二）百万级运输机场评价结果

2019 年，百万级运输机场服务质量评价综合得分 81.52 分，低于千万级机场平均水平。各维度得分如图 2.32 所示。

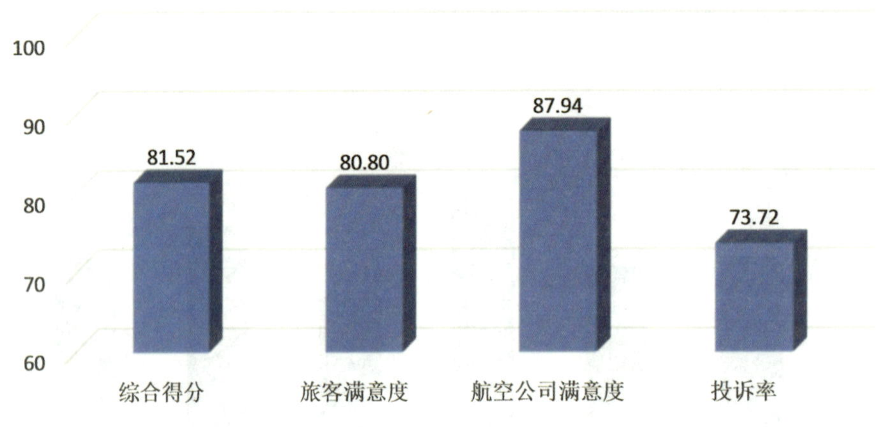

图 2.32　2019 年百万级机场服务质量评价结果

（1）旅客对引导标志，登机服务、问询服务体验较好。对提取行李、办理乘机手续、航站楼设施设备与环境、地面交通、安全检查和中转服务感受尚可。普遍认为，不正常航班服务、信息服务、商业餐饮等服务质量应当提高。

（2）航空公司对此类运输机场总体评价达到优秀水平。得分优秀区间 71.93%，良好区间 28.07%。对此类运输机场安全保障水平评价最高，服务水平次之，运行保障能力和服务质量需要进一步提升。

（3）投诉率是此类运输机场得分最低维度。依据 2019 年民航局投诉通报数据，该此类运输机场投诉主要集中在航站楼基本服务和商业服务等方面。

第四节 航班正常性

一、全国航班正常总体情况

（一）全国航空公司航班正常概况

2019 年，全国 41 家客运航空公司执行航班 4 611 153 班。其中，正常航班 3 772 517 班，不正常航班 838 636 班，平均航班正常率 81.81%，同比提高 1.84 个百分点，江西、天骄、春秋等 22 家航空公司航班正常率高于全国平均水平。

2019 年，影响航班正常率主要因素：天气原因仍是主要原因，占 46.49%；其次是军事活动，占 30.19%；航空公司、空管、流量控制及其他原因占 23.32%。如图 2.33 所示。

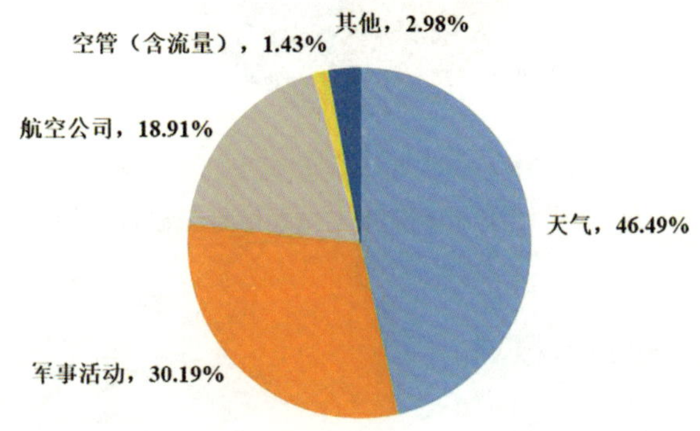

数据来源：《关于 2019 年航班正常情况的通报》。

图 2.33　2019 年影响航班正常的因素

2019 年，航班平均延误时间 14 分钟，同比减少 1 分钟。在 838 636 班不正常航班中，延误 30 分钟至 1 小时（含）最多，计 243 755 班，占 29.07%；其次是延误 1 小时至 2 小时，计 211 481 班，占 25.22%；延误 4 小时以上航班最少，计 32 481 班，占 3.87%。如图 2.34 所示。

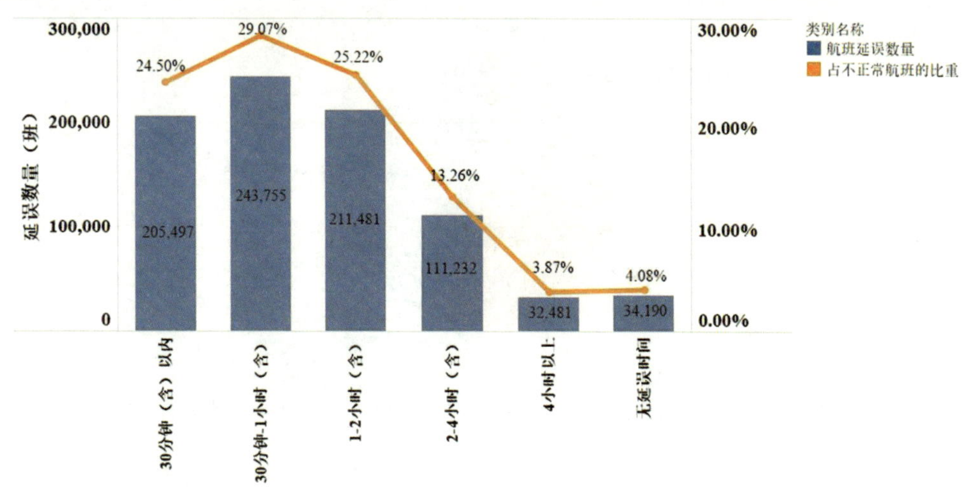

数据来源：《关于 2019 年航班正常情况的通报》。

图 2.34　2019 年不正常航班延误时间分布

（二）主要航空公司航班正常概况

2019 年，国际航空、南方航空、东方航空等 10 家主要航空公司执行航班 3 304 697 班。其中，正常航班 2 691 061 班，不正常航班 608 836 班，平均航班正常率 81.43%，同比提高 1.48 个百分点。山东航空、南方航空、上海航空等 5 家航空公司航班正常率高于 10 家主要航空公司平均水平。

2019 年，影响主要航空公司航班正常率主要因素：天气原因仍是主要原因，占 47.47%；其次是军事活动，占 28.99%；航空公司、空管、流量控制及其他原因占 23.54%。如图 2.35 所示。

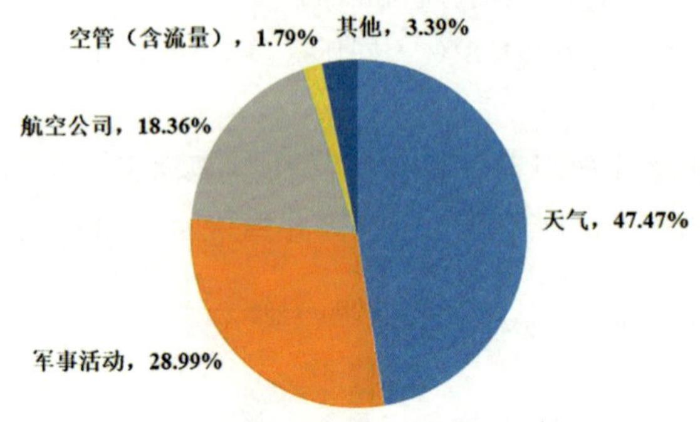

数据来源：《关于 2019 年航班正常情况的通报》。

图 2.35　2019 年影响航空公司航班正常的因素

二、全国运输机场航班正常概况

（一）运输机场航班放行正常概况

2019 年，旅客吞吐量占全国 0.2%（含）~1%[1] 的 51 个运输机场放行航班 4 087 785 班。其中正常放行 3 465 116 班，不正常放行 622 669 班，平均放行正常率 84.77%，同比提高 1.83 个百分点。北京大兴、西安咸阳、重庆江北等 28 个运输机场平均放行正常率高于全国平均水平。

2019 年，影响 51 个运输机场航班放行正常主要因素：天气原因占 44.91%，军事活动占 39.47%，航空公司原因占 9.36%。如图 2.36 所示。

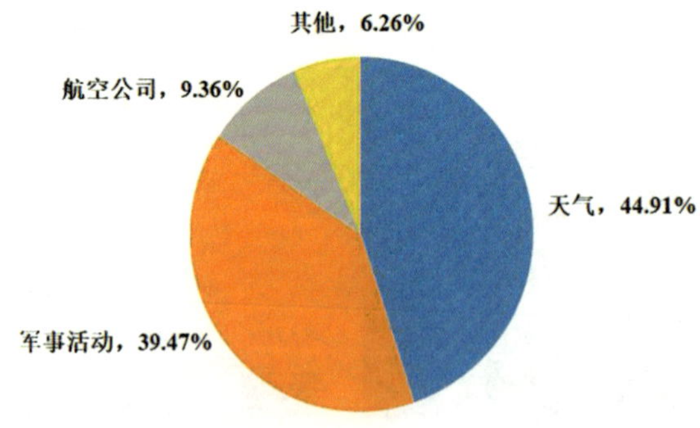

数据来源：《关于 2019 年航班正常情况的通报》。

图 2.36　影响旅客吞吐量占全国 0.2%（含）~1%的 51 个运输机场航班放行正常的因素

1　来源于《关于 2019 年航班正常情况的通报》。

（二）主要运输机场航班放行正常概况

2019 年，旅客吞吐量占全国 1%（含）以上的 30 个主要运输机场放行航班 3 401 779 班。其中，正常放行 2 913 379 班，不正常放行 488 400 班，平均放行正常率 85.64%，同比提高 1.35 个百分点。西安咸阳、重庆江北、兰州中川等 17 个运输机场平均放行正常率高于全国平均水平。

2019 年，影响 30 个主要运输机场航班放行正常主要因素：天气原因占 47.06%，军事活动占 36.08%，航空公司原因占 10.78%。如图 2.37 所示。

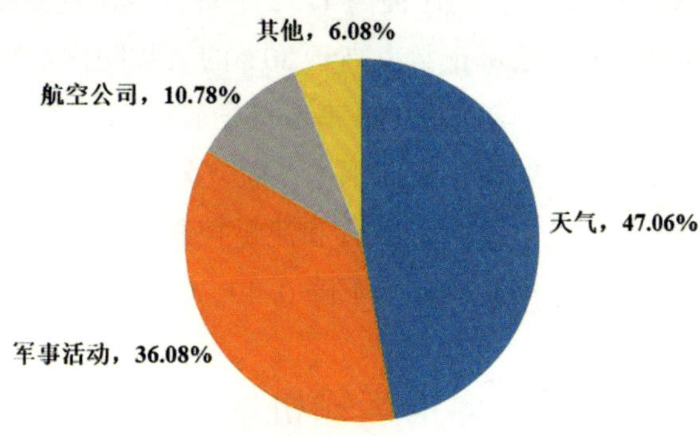

数据来源：《关于 2019 年航班正常情况的通报》。

图 2.37 影响 30 个主要运输机场航班放行正常的因素

（三）主时刻协调运输机场始发航班起飞正常概况

2019 年，全国主时刻协调运输机场始发航班 888 029 班。其中，正常起飞 743 747 班，不正常起飞 144 282 班，始发航班平均起飞正常率 83.75%，同比提高 1.24 个百分点。北京大兴、西安咸阳、上海虹桥等 13 个主时刻协调运输机场平均起飞正常率高于全国平均水平。

2019 年，影响主时刻协调运输机场始发航班起飞正常主要因素：天气原因占 50.57%，军事活动占 35.67%，航空公司原因占 7.33%。如图 2.38 所示。

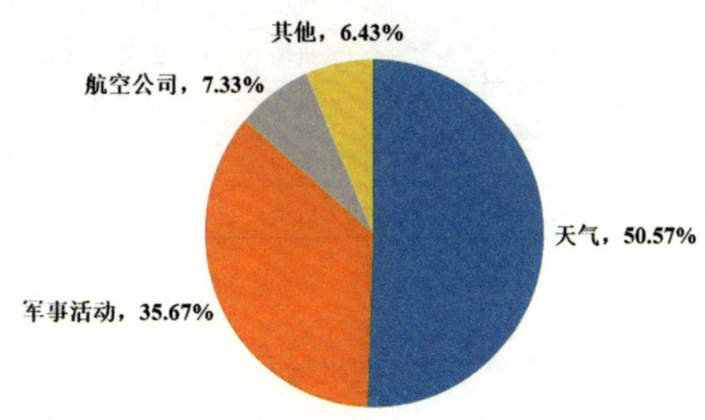

数据来源：《关于 2019 年航班正常情况的通报》。

图 2.38 影响主时刻协调运输机场始发航班起飞正常的因素

（四）全国运输机场地面滑行时间概况

2019 年，旅客吞吐量占全国 0.2%（含）以上的 51 个运输机场平均滑出时间超过 15 分钟（含）的 16 个；平均滑入时间超过 10 分钟（含）的有上海浦东、北京首都、北京大兴、成都双流等运输机场。

三、航班正常性趋势

2019 年，全国客运航空公司航班飞行总量同比增长 5.57%，增长率同比下降 0.08 个百分点。全国航空公司航班正常率、运输机场放行正常率、主时刻协调运输机场始发航班起飞正常率同比均有明显提高，航班平均延误时间和滑行时间同比减少。

2019 年，全国航班正常率 81.25%，同比提高 1.52 个百分点，创 2009 年以来历史新高。全年有 9 个月航班正常率实现同比提升，航班正常率高于 80%的天数同比增加 19 天，低于 70%的天数同比减少 24 天。6—8 月雷雨季节，全国航班正常率、机场放行正常率及主时刻协调运输机场始发航班起飞正常率同比明显上升。影响航班正常原因中，航空公司、时刻安排、空管、运输机场、联检等各方主观原因同比有所降低；航空公司、空管和流量控制等原因同比分别下降 2.22、0.88 个百分点；时刻安排原因、运输机场原因同比分别下降 0.49、0.02 个百分点。

第五节　上市运输机场收入结构

目前，我国（境内）有 6 个上市运输机场，其中，北京首都国际机场、海口美兰国际机场在香港证券交易所上市，深圳宝安国际机场在深圳证券交易所上市，其余 3 个运输机场均在上海证券交易所上市。如表 2-4 所示。本节主要根据 6 个上市运输机场官方披露的年报对各上市运输机场航空性收入和非航空性收入作简要介绍和分析。如表 2-4 所示。

表 2-4　我国上市机场基本情况

序号	公司全名	简称	上市时间	上市地点
1	北京首都国际机场有限公司	北京首都机场	2000 年 2 月 1 日	香港证券交易所
2	上海国际机场股份有限公司	上海浦东机场	1998 年 2 月 18 日	上海证券交易所
3	广州白云国际机场股份有限公司	广州白云机场	2003 年 4 月 28 日	上海证券交易所
4	深圳市机场股份有限公司	深圳宝安机场	1998 年 4 月 20 日	深圳证券交易所
5	元祥（厦门）国际空港股份有限公司	厦门高崎机场	1996 年 5 月 31 日	上海证券交易所
6	瑞港国际机场集团股份有限公司	海口美兰机场	2002 年 8 月 6 日	香港证券交易所

数据来源：各机场官网。

如表 2-5 所示：2015—2019 年，4 个上市运输机场营业收入呈稳定增长趋势。2019 年，受民航发展基金返还政策取消影响，除深圳机场外，其他 5 个上市公司的航空性收入普遍呈下降趋势。其中，北京首都机场同时还受大兴机场的启动而带来的航空交通流量下滑的影响，航空性收入较上一年度减少 23.0%。

2015—2019 年，北京首都国际机场收入平均增长率为 6.2%，上海浦东国际机场为 14.9%，广州白云国际机场为 8.8%，深圳宝安国际机场为 6.6%，厦门高崎国际机场为 5.9%，海口美兰国际机场为 10.4%。

表 2-5 2015—2019 年我国上市运输机场收入概况

年份	营业收入（亿元）	北京首都国际机场	上海浦东国际机场	广州白云国际机场	深圳宝安国际机场	厦门高崎国际机场	海口美兰国际机场
2015	航空性收入	45.9	32.0	43.8	22.0	9.0	5.8
	非航空性收入	39.2	30.9	12.4	7.5	5.2	4.8
	总收入	85.1	62.9	56.2	29.5	14.2	10.6
2016	航空性收入	48.4	35.1	48.0	23.4	9.4	6.8
	非航空性收入	38.9	34.4	13.7	6.9	5.7	5.3
	总收入	87.3	69.5	61.7	30.4	15.1	12.1
2017	航空性收入	51.0	37.2	52.8	26.3	10.5	8.3
	非航空性收入	44.7	43.4	14.8	6.9	6.1	6.4
	总收入	95.7	80.6	67.6	33.2	16.6	14.7
2018	航空性收入	53.1	39.7	59.3	28.8	11.6	9.2
	非航空性收入	59.5	53.4	18.2	7.2	6.2	7.9
	总收入	112.6	93.1	77.5	36.0	17.8	17.0
2019	航空性收入	40.9	40.8	57.7	31.5	11.6	7.1
	非航空性收入	67.2	68.6	21.0	6.5	6.3	8.7
	总收入	108.1	109.4	78.7	38.1	17.9	15.8

数据来源：2015—2019 年 6 家上市公司年报。

如图 2.39 所示：2019 年，上海浦东国际机场和北京首都国际机场收入规模相当，两个机场非航空性收入比重均超过 60%；广州白云机场营业收入 78.7 亿元，但非航空性收入仅占 26.7%，深圳宝安机场的非航空性收入占比则仅为 17.1%；厦门高崎机场和海口美兰机场收入规模相对较低，但非航空性收入较高，分别为 35.2%和 55.0%。

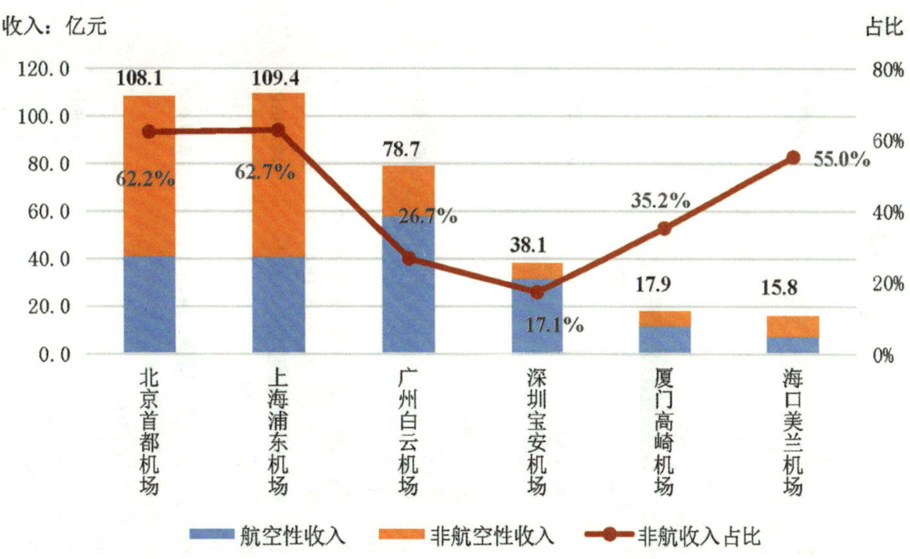

数据来源：2019 年机场年报。

图 2.39 2019 年中国上市机场营业收入构成

第六节　中小机场管制员概况

一、地区分布

2019 年，7 个地区 193 个中小机场拥有管制员 2 206 人。其中，西南地区 596 人，占 27.02%；其次为华东地区 519 人，占 23.53%；华北地区 332 人，占 15.05%；中南地区 282 人，占 12.78%；东北地区 190 人，占 8.61%；西北地区 153 人，占 6.94%；新疆地区 134 人，占 6.07%。如图 2.40 所示。

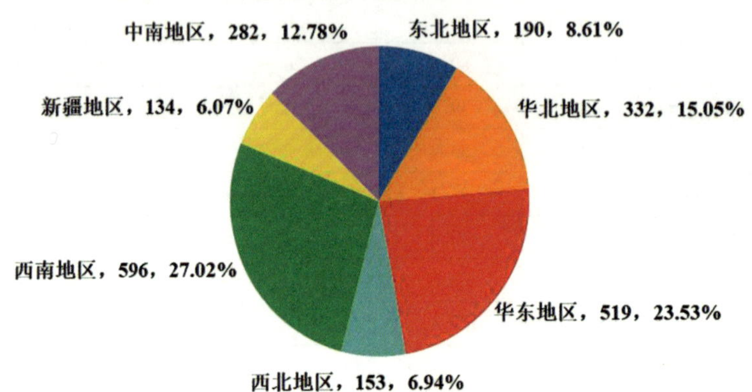

图 2.40　2019 年我国中小机场管制员数量分布

2019 年，华北地区内蒙古自治区、西南地区云南省中小机场管制员分别为 205 人、195 人。华东地区山东省、江苏省及西南地区四川省中小机场管制员依次为 167 人、156 人、164 人。西北地区宁夏回族自治区 14 人，占 0.63%，中南地区海南省 15 人。如图 2.41 所示。

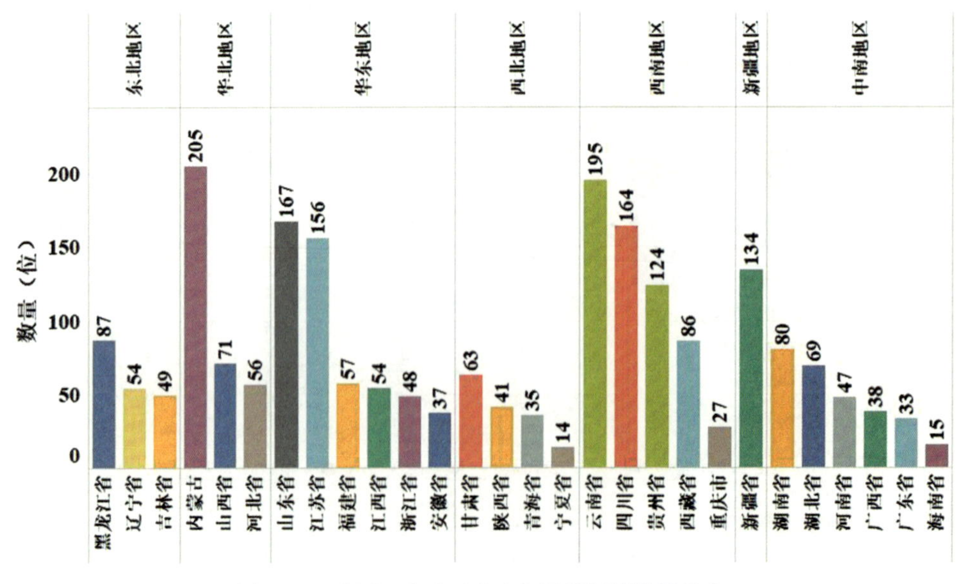

图 2.41　我国 7 个地区中小机场管制员数量分布

从 2019 年 7 个地区中小机场管制员数量与飞机起降架次关系看，二者呈正向相关关系。管制员数量主要受飞机起降架次组织效率影响，飞机起降架次最多的华东地区管制员 519 人，7 个地区位列第 2；东北地区飞机起降架次最少，管制员数量相对较少。如图 2. 42 所示。

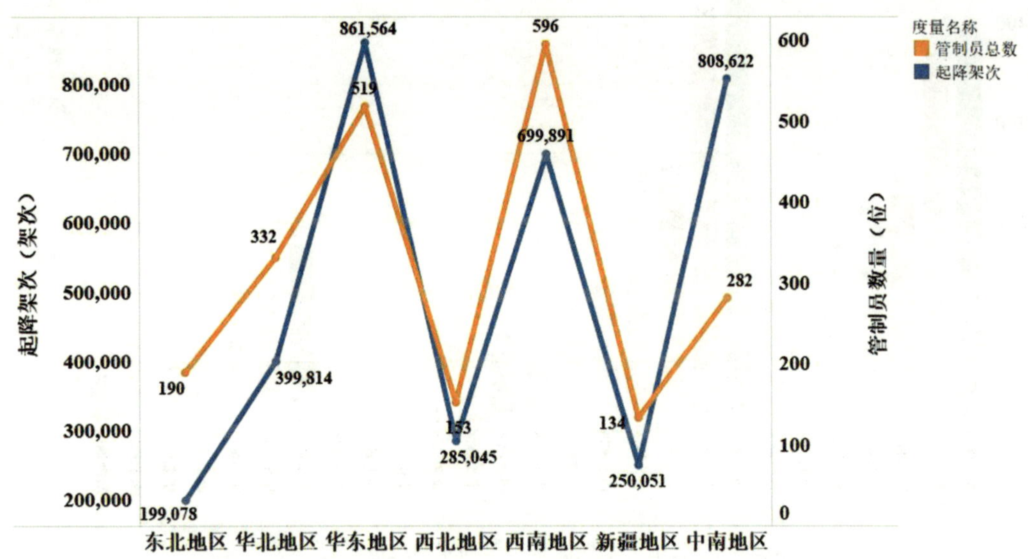

图 2. 42　2019 年我国 7 个地区中小机场管制员数量及起降架次

二、执照持有概况

2019 年，从中小机场管制员执照类型分布看，持机场管制执照 1 690 人，占 76. 61%；持飞行服务执照 1 540 人，占 69. 81%。持进近管制执照 156 人，占 7. 07%，数量最少。如图 2. 43 所示。

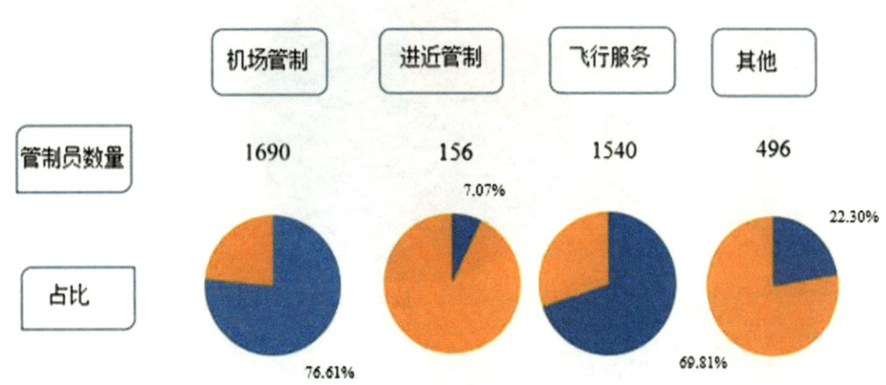

图 2. 43　2019 年中小机场管制员执照类型分布

各地区中小机场管制员执照类型分布有较大差异。持飞行服务、机场管制执照的中小机场管制员分布大致相同，数量从多到少依次为西南、华东、华北、中南、东北、西北、新疆地区。持进近管制执照的管制员主要分布在华东、西南地区，分别为 78 人、69 人；中南、西北、东北地区没有持进近管制执照管制员。如图 2. 44 所示。

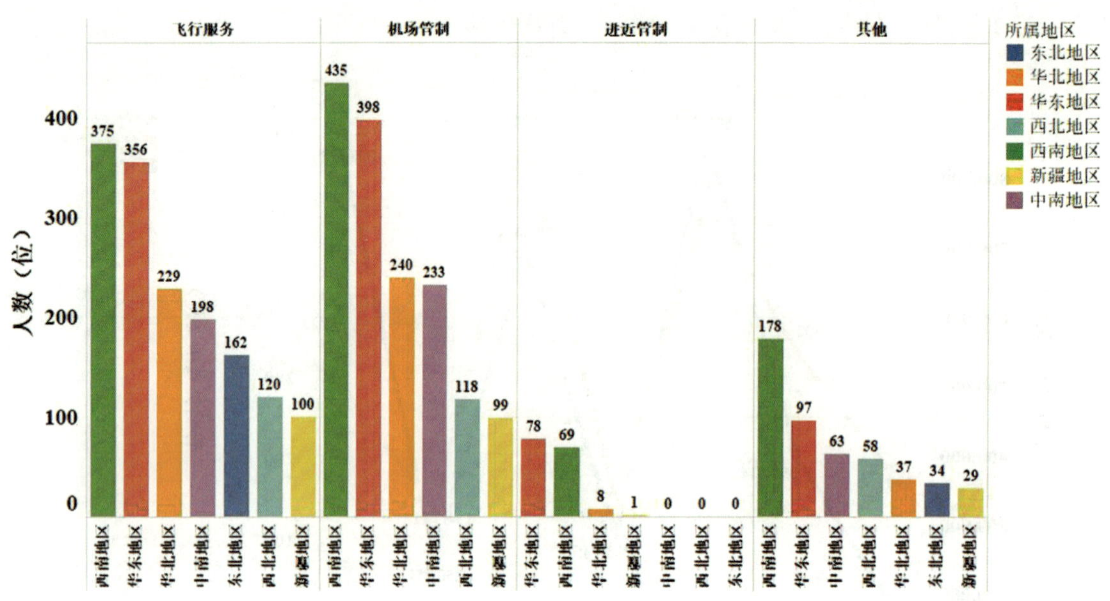

图 2.44　我国 7 个地区中小机场管制员执照类型分布

三、放单情况

2019 年，中小机场管制员放单 1 654 人，占 74.98%。如图 2.45 所示。

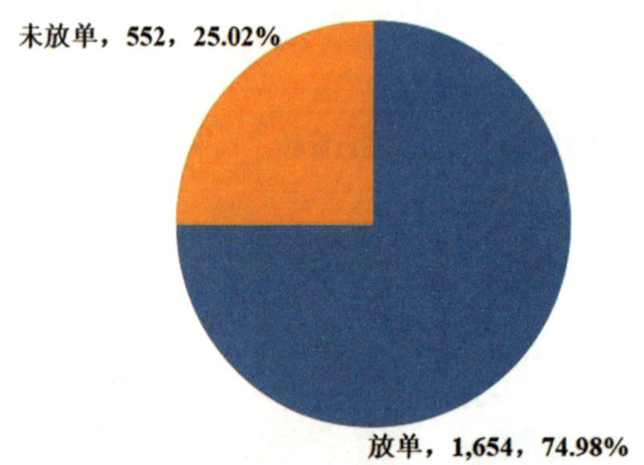

图 2.45　我国中小机场管制员放单情况

2019 年，7 个地区中小机场管制员放单量均大于未放单量。其中，西南地区放单 435 人，占全国中小机场管制员放单量 26.30%，其次华东地区放单 404 人，占 24.43%。新疆地区放单 72 人，占 4.35%。如图 2.46 所示。

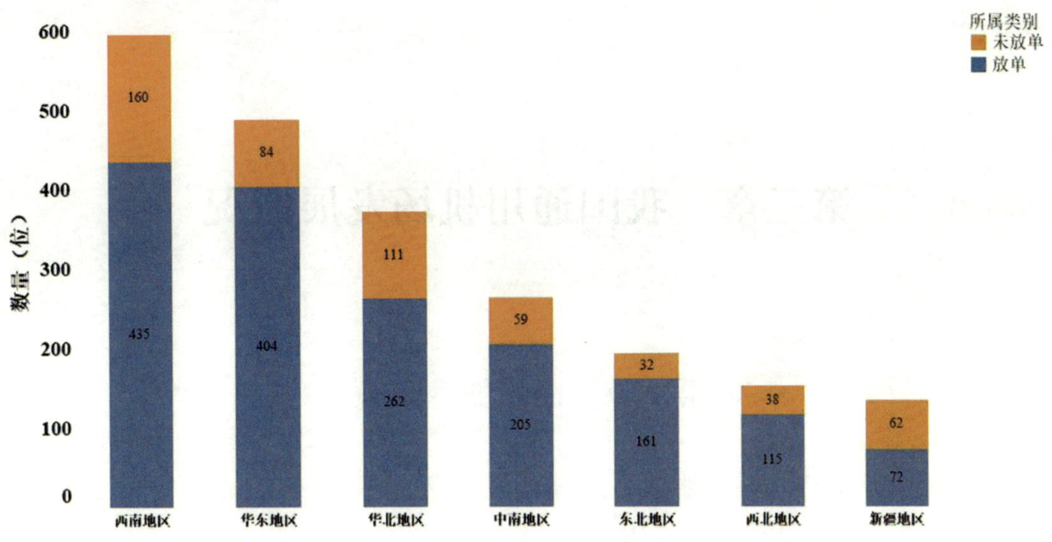

图 2.46　7 个地区中小机场管制员放单概况

四、隶属分布

受管理体制和运行模式影响，我国中小机场管制员大部分隶属于运输机场集团或中小机场。2019 年，88 个中小机场管制员隶属于运输机场集团，占 45.06%；79 个中小机场管制员隶属于中小机场，占 40.93%；18 个中小机场管制员同时隶属于两个单位，占 9.33%。如图 2.47 所示。

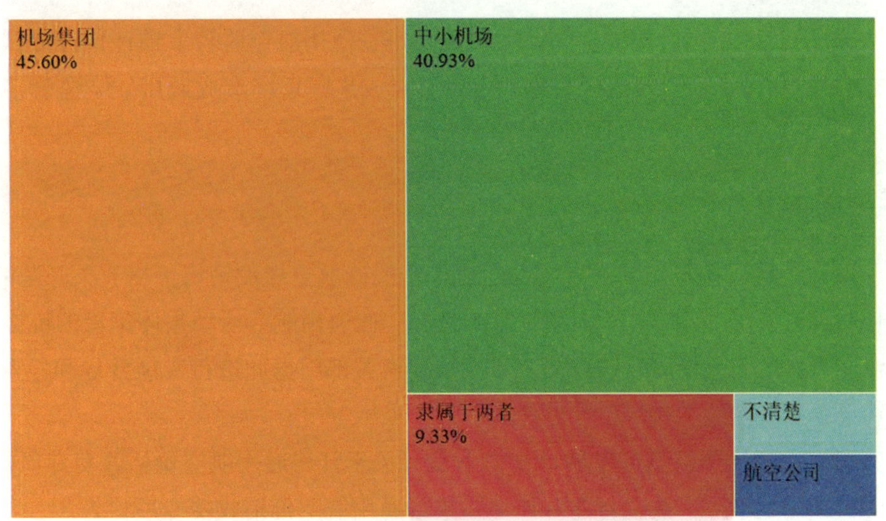

图 2.47　我国中小机场管制员隶属概况

注：图中显示比例为机场数量占比；不清楚类中包含未显示隶属单位的两个机场；隶属于两者类中包含同时隶属于机场集团与中小机场的 17 个机场的管制员及同时隶属于中小机场和其他的 1 个机场的管制员。

第三章　我国通用机场发展概况

第一节　通用航空政策

2019 年，中国民用航空局发布涉及安全管理、运营成本、服务支持、补贴支持等一系列通用航空发展相关政策，主要包括三类。

一、安全管理类

2018 年 12 月 14 日，中国民用航空局发布《民用航空器事故征候 2001—2018》（MH/T 2001—2018），该标准 2019 年 1 月 1 日实施。该标准对“航空器地面事故征候”“运输航空地面事故征候”“民用航空器事故征候”“运输航空严重事故征候”“运输航空一般事故征候”“通用航空事故征候”等重要概念和专业术语做了重大修改。

2019 年 2 月 26 日，中国民用航空局印发《民航局关于推进精准监管工作的意见》，明确规定放松通用航空事项监管。

2019 年 3 月 25 日，中国民用航空局印发《关于审查通用航空监管事项评价标准试点工作成果的通知》，要求民航局各司局、各地区管理局审查试点成果，最终形成通用航空监管事项库及检查内容评价标准。

二、运营成本类

2019 年 1 月，中国民用航空局下发《关于进一步明确航空煤油销售价格有关问题的通知》（局发明电〔2019〕247 号），要求自 2019 年 1 月 1 日起，向通用航空活动主体销售的价格不超过运输航空销售价格，严禁进销差价之外收取第三方费用。有关部门据此进行专项督导和检查。该政策每年减轻通用航空企业成本约 3 100 万元左右。

2019 年 2 月，中国民用航空局发展计划司下发《关于开展通用航空价格收费专项检查的通知》（局发明电〔2019〕425 号），在全行业开展运输机场通用航空价格收费专项检查。

2019 年 10 月，中国民用航空局发展计划司下发《关于机场收费有关问题的通知》（民航发〔2019〕33 号），结合通用航空价格收费专项检查发现的问题，按照“放管结合、以放为主、分类管理”原则，充分考虑各类民用机场保障能力和用户承受能力，进一步明确和规范差异化的通用航空收费政策。

三、服务支持类

2019 年 5 月，中国民用航空局运行监控中心联合运输司、空中交通管理局下发《关于启用通航飞行计划管理系统的通知》，要求自 6 月 1 日起各地区空管局通用航空计划审批部门一律使用该系统。

2019 年，中国民用航空局适航空公司启动《民用航空产品和零部件合格审定规定》（CCAR-21）修订。启动制定通用航空大小改、个人自制航空器适航审定等政策，政策草案已完成编制和意见征集。

2019 年 12 月 31 日，中国民用航空局发布《B 类通用机场备案办法（试行）》，2020 年 1 月 1 日施行。该办法使 B 类通用机场、A 类直升机场转为备案制，进一步规范 B 类通用机场管理。

2019 年 4 月 3 日，中国民用航空局、财政部印发《关于调整民航支线机型的通知》（民航规〔2019〕16 号），扩大支线机型范围，将通用航空短途运输飞机纳入其中，按现行民航发展基金政策给予特殊倾斜，以利于提高通用航空企业执飞积极性。

第二节　通用航空产业与通用机场规划

一、概况

截至 2019 年 12 月，我国颁证通用机场 246 个，2019 年颁证通用机场 44 个，同比增长 21.78%。通航飞行达 112.5 万小时，同比增长 13.8%。注册无人机超过 39.2 万架，无人机商业飞行 125 万小时，同比增长 26.4%。

二、各省市通用机场建设规划

截至 2020 年 2 月，我国 26 个省、市、自治区相继制定出通用机场建设规划，如表 3-1 所示。

表 3-1　我国各省、市、自治区通用机场建设规划统计摘要

行政区	公文名称	发布时间	规划摘要
内蒙古自治区	《内蒙古自治区通用航空产业高质量发展行动方案》	2020 年 2 月 13 日	各盟行政公署、市人民政府要履行好通用机场建设的主体责任，做好本行政区域内通用机场项目的组织实施工作，并督促有通用机场项目的旗县（市、区）人民政府加快建设进度。通用机场的规划建设要注重与公路、铁路、客货运枢纽场站等交通基础设施的转换和衔接，注重提升综合交通运输效率和服务水平，注重扶持政策向革命老区、民族地区、边疆地区、贫困地区、垦区林区倾斜。推动通用机场建设工作。自治区对每个通用机场建设给予适当补助

续表

行政区	公文名称	发布时间	规划摘要
安徽省	《安徽省通用机场布局规划（2019—2035 年）》	2019 年 12 月 26 日	2025 年，全省 A2 级以上通用机场达 30 个，实现所有地级市拥有通用机场或兼顾通用航空服务的运输机场；2035 年全省 A2 级以上通用机场达 65 个，实现所有地级市和县级行政单元通用航空服务全覆盖。重点建设皖中通用机场群，新增肥东、肥西官亭、长丰、巢湖市、寿县等 13 个 A1、A2 类通用机场。沿江通用机场群新增 22 个 A1、A2 级通用机场，机场总数达 23 个。皖北通用机场群新增 15 个 A1、A2 级通用机场。皖西通用机场群新增 5 个 A1、A2 级通用机场，皖南通用机场群新增 9 个 A1、A2 级通用机场
辽宁省	《辽宁省通用机场布局规划（2018—2025 年）》	2019 年 6 月 4 日	2025 年，全省新布局通用机场 28 个，通用机场总数达到 41 个，实现每个市至少拥有 1 个通用机场，通用航空服务功能逐步完善，初步形成集短途运输、公共服务、航空消费、飞行培训等功能为一体的通用机场网络。2035 年，全省通航服务覆盖所有县及具备条件的行政区
吉林省	《吉林省通用航空产业发展规划》	2019 年 1 月 26 日	全省通用航空年飞行量超过 1.5 万小时，通航产业经济规模超过 500 亿元。通用航空运营企业超过 20 家，机队规模超过 120 架，航空护林基本覆盖全省林区，农林航空作业水平达到国内领先，空中游览覆盖 50%以上，省内 5A、4A 级旅游景区，短途运输实现常态化飞行，基本实现航空应急救援 30 分钟覆盖全省所有区域。建成和在建通用机场数量达到 25 个左右，通航产业园区超过 10 个，飞行服务站力争达到 3 个
山东省	《山东省综合交通网中长期发展规划（2018—2035 年）》	2018 年 9 月 7 日	2022 年，新建 28 个 A1 级通用机场、5 个 A2 级通用机场、1 个 B 类通用机场，改扩建通用机场 1 个，迁建 1 个，实现各市、部分县（市）和主要景点均有通用机场。2025 年，通用机场达到 57 个，2035 年达到 94 个，构建涵盖医疗救护、应急救援、航空旅游、飞行培训、农林作业、城市管理等功能的通用航空服务网络。实现以通用航空为主的省内航空服务全覆盖，民用机场 50 公里服务覆盖全部县级行政区、4A 级以上景区、农产品主产区和主要林区
江苏省	《江苏省中长期通用机场布局规划（2018—2035 年）》	2018 年 7 月 16 日	2035 年，全省通用机场布局 35 个，远期布局约 70 个。季节性或临时起降使用的通用机场原则上可在重要医院、学校、旅游景区、交通枢纽、重点水域等地设置，支撑全省通用航空应急救援网络构建。2035 年，机场密度达到每万平方公里 3~4 个，实现 15 分钟航程覆盖全省域。根据市场需求和服务范围，形成“10+60”的分层次布局方案，其中，区域级通用机场 10 个、地区级通用机场 60 个
贵州省	《贵州省通用航空产业发展规划（2018—2025 年）》	2018 年 6 月 13 日	2025 年，全省建设 A1 级、A2 级通用机场达 50 个左右以及一批 A3 级通用机场，基本实现县县通机场，总体构建形成以运输机场（通航功能）和 A1 级通用机场为枢纽、A2 级通用机场为骨干、A3 级通用机场为节点的层次分明、功能清晰、兼容互补的机场网络体系。2030 年，全省民用机场总体布局将实现“17、17、54”网络格局，即由 17 个兼顾通用航空功能的运输机场、17 个 A1 级通用机场、54 个 A2 级通用机场共同组成的骨干网络，A3 级通用机场全面补充，构成全省通用机场体系
山西省	《山西省通用机场布局规划（2018—2030 年）》	2018 年 6 月 7 日	2030 年，通用航空服务基本覆盖所有县级城市，形成与运输机场互为补充、布局合理、层次分明、功能完善的通用机场体系；每万平方公里通用机场 4 个；机场密度和低空旅游、航空应急救援等通航服务能力均高于全国平均水平

续表

行政区	公文名称	发布时间	规划摘要
黑龙江省	《黑龙江省通用机场布局规划（2018—2030年）》	2018年3月14日	2025年，全省建成A2级以上通用机场累计达46个，密度达到10个每10万平方公里。全省66%的县级行政单元能够在地面交通30分钟范围内享受到通用航空服务，服务的总人口达到全省总人口的72%。2030年，全省建成A2级以上通用机场累计达68个，密度达到14个每10万平方公里，所有县级行政单元地面交通30分钟范围内通用航空服务全覆盖。全省通用机场纳入应急救援体系，航空应急救援30分钟响应时间基本覆盖全省所有区域
广西壮族自治区	《关于促进通用航空业发展的实施意见》	2017年10月8日	2020年，开工建设通用机场8个左右，基本实现设区市拥有通用机场或兼顾通用航空服务的运输机场。引进和培育一批具有市场竞争力的通用航空企业，通用航空器超过100架，年飞行量超过3万小时。形成通用航空运营、运营服务保障、通用飞机及关联制造全产业链协同发展格局
湖南省	《湖南省通用机场布局规划》	2017年9月4日	2020年，基本实现全省地级以上城市拥有通用机场或兼顾通用航空服务的运输机场，通用航空服务力争覆盖农产品主产区、主要林区、三级甲等医院、50%以上的5A级旅游景区。通用航空器达到250架左右，培育发展2~3家核心领军企业和一批规模化通用航空企业，重点扶持具有国际先进水平的通用航空制造龙头企业。通用航空装备研发制造实现专业化、规模化、集群化发展，产业规模中部领先
河北省	《河北省通用机场布局规划》	2017年8月13日	2020年，新建通用机场20个，全省通用机场及承担通用航空功能的运输机场达到30个以上，基本覆盖地面交通不便地区、农业防治区、主要林区和特色旅游景区，通用机场之间与运输机场相互衔接，设区的市均拥有A1级通用机场，全省发展2~3个具有示范带动作用的多功能、综合型的通用机场。2030年，全省通用机场达50个左右，通用机场与运输机场有效衔接，与综合交通运输体系相互融合，形成布局合理、功能完善、层次分明、覆盖全省的通用机场网络
湖北省	《湖北省通用航空中长期发展规划》	2017年7月31日	率先完成一批产业基础好、市场需求旺盛地区的通用机场建设，通用机场基本覆盖全省17个市（州），建成一批直升机临时起降点和停机坪，初步形成结构合理、功能完善的通用机场体系。通用航空公共服务、通用航空制造、职业教育与飞行培训和空中观光游览等四大产业初具规模。在航空应急救援和飞行培训领域形成比较优势。2030年，建成基础设施一流、服务高效优质、业务发展全面、产业配套齐全的通用航空体系
陕西省	《陕西省全域旅游示范省创建实施方案》	2017年7月31日	加快建设西安、富平、黄陵、壶口、韩城、横山、神木、靖边、丹凤等一批通用机场和低空飞行服务站，通用机场和起降点达到80个。在秦岭、黄河、渭河、汉江、榆林沙漠等区域增设供直升机、滑翔伞等使用的旅游通用航空机场。鼓励低空旅游产业园和航空旅游小镇发展
浙江省	《关于加快通用航空业发展的实施意见》	2017年7月6日	2020年，建成A类通用机场20个，实现每个设区市至少拥有1个A类通用机场，覆盖通用航空研发制造集聚区、农产品主产区、主要林区、50%以上的5A级旅游景区、国家级旅游度假区。力争通用航空器达到200架以上、年飞行量8万小时以上，培育5家以上具有通用航空器研发制造能力的通用航空企业和10个左右各具特色的通用航空小镇，建设2个国家级通用航空产业综合示范区，通用航空业经济规模达到500亿元

续表

行政区	公文名称	发布时间	规划摘要
新疆维吾尔族自治区	《关于加快通用航空业发展的意见》	2017 年 6 月 5 日	2030 年，建成 200 个以上通用机场，基本实现通用航空县县通、团团通，覆盖农产品主产区、重点国有林区、重点产业集聚区、国家级风景名胜区、世界自然文化遗产。建设低空飞行航线网络，建立完善的低空安全监管及通用航空飞行服务体系，基本实现自治区区域内低空飞行常态化，通用航空年飞行量 20 万小时以上。规划建设 5 个以上通用航空产业集聚区
福建省	《关于促进通用航空业发展的实施方案》	2017 年 5 月 17 日	2030 年，基本形成布局合理、功能完善、层次分明、安全高效的通用机场体系，通用航空公共服务实现县级全覆盖。2020 年，通用航空器达到 100 架以上，通用航空作业量 3 万飞行小时以上，培育形成 3 家以上具有较强市场竞争力的通用航空企业，通用航空业经济规模达 200 亿元以上。2030 年，通用航空器达到 600 架以上，通用航空作业量 15 万飞行小时以上，培育形成 10 家以上具有较强市场竞争力的通用航空企业，通用航空业经济规模达 800 亿元以上
广东省	《广东省综合交通运输体系发展“十三五”规划》	2017 年 4 月 24 日	依托现有航空基础设施，规划建设遍布全省的通用机场、固定运营基地（FBO）、飞行服务站（FSS）等通航保障设施，构建多元化通用航空综合服务体系。在广州、珠海、汕头、东莞、梅州、汕尾、肇庆、茂名、江门、河源、清远等市新建一批通用机场。迁建深圳南头直升机场。开展怀集、连州等机场前期研究
四川省	《四川省通用机场布局规划（2016—2030 年）》	2017 年 3 月 20 日	2020 年，全省规划新增二类及以上通用机场 24 个，建成累计达 27 个，按需建设 100 个以上三类通用机场，实现成德绵地区通用航空服务基本覆盖，每个市（州）均有一个二类及以上通用机场。全省二类及以上通用机场平均密度达到 5.5 个每 10 万平方公里。2021—2025 年，全省新增二类及以上通用机场 41 个，累计建成 68 个，推进 250 个以上三类通用机场的建设。全省二类及以上通用机场平均密度达到 13.9 个每 10 万平方公里。2026—2030 年，全省新增二类及以上通用机场 20 个，累计建成 88 个，加强 150 个以上三类通用机场建设，形成较为完善的通用机场体系。全省二类及以上通用机场平均密度达到 18.1 个每 10 万平方公里，通用航空服务基本覆盖省内所有县级行政单元
宁夏回族自治区	《关于促进宁夏通用航空业发展的实施意见》	2017 年 3 月 11 日	2020 年，建成红寺堡、同心、隆德等一批通用机场，实现地级市拥有通用机场或兼顾通用航空服务功能的运输机场。通用航空服务覆盖全区 5A 级旅游景区，争取开通区内旅游航线 20 条左右，区外旅游航线 10 条左右。力争发展通用航空企业 10 家以上，通用航空器达到 50 架以上，年飞行量 3 万小时以上，初步形成集通航作业、航空旅游、飞行培训、航空会展、航空运动、航空应急救援等多元化通航业发展态势
青海省	《青海省“十三五”通用航空业发展规划》	2017 年 1 月 6 日	2020 年，完成全省主要城市及景区的通用机场基础设施布局，初步形成“一主八辅”运输机场为支撑，以 5 个一、二类通用机场为补充，以高原中小型飞行器为运载主体，以专业通用航空公司为运输核心的航空网络体系，布局建设 8 个主干通用机场和若干三类通用机场。2030 年，规划新建 18 个一、二类通用机场和若干三类通用机场，实现所有县和重要城镇、重点旅游景区以及高速公路重要服务区、市（州）主要医院（1 家）等通用航空服务全覆盖

续表

行政区	公文名称	发布时间	规划摘要
海南省	《海南省"十三五"通用机场布局规划》	2016年12月8日	2020年，规划新建18个通用机场，在符合条件的区域建设直升飞机临时起降场，实现对地级市和大部分县通用机场的覆盖。在海口、三亚及划分为监视空域、报告空域的区域周边建设一类、二类机场。鼓励运输机场利用现有设施发展通用航空业务。一类机场按照东南西北中五个方位设置7个。重点农林区、部分5A旅游景点或重点景区建设三类机场。在南航三亚珠海直升机起降场、东方直升机场、儋州西庆通用航空机场的基础上，利用已建、规划建设的5个运输机场兼顾通用机场功能，规划新建7个一类机场、7个二类机场、4个三类机场
甘肃省	《甘肃省"十三五"通用航空发展规划》	2016年11月19日	2020年，建设通用机场25个，其中一类通用机场8个、二类6个、三类11个，配套建设固定基地运营设施（FBO）、通用航空维修设施（MRO）等，力争实现全省65%的县级行政单元能够在陆路交通60公里或1小时车程内享受到通用航空服务。全省14个市州、重点旅游景区、少数民族地区、灾害高发区、重点国有林区、体育产业基地、交通不便地区均有通航机场或兼顾通航功能的运输机场。2020年，全省通用航空年飞行小时达到5.5万小时、机队规模150架，年产值4亿元
云南省	《促进通用航空业发展的实施意见》	2016年11月1日	2020年，全省建成50个通用机场，其中一类通用机场20个，一类、二类通用机场在50公里范围内对全省经济和人口覆盖率分别达到80%、75%以上。培育一批具有市场竞争力的通用航空企业，全省通用航空年飞行量达到4万小时以上。通用航空产业初具规模
江西省	《江西省通用机场布局规划（2016—2030年）》	2016年7月3日	2020年，建成20个以上通用机场，基本实现通用机场或兼顾通航服务的运输机场覆盖地级城市、通用航空研发制造集聚区、农产品主产区、主要林区和5A级旅游景区，初步形成布局合理的通用机场体系。2030年，全省建成50个以上通用机场，建成覆盖广泛、分布合理、功能完善、集约环保的通用航空机场体系，推动通用航空在应急救援、工农林业、运动旅游、科技应用、商务飞行等方面实现广泛应用
河南省	《河南省人民政府关于进一步加快民航业发展的意见》	2016年1月5日	加快推进林州、西华、平舆、长垣、登封等通用机场建设，推动淅川、舞阳、洛阳龙门、中牟、永城、洛宁、邓州、新密、台前等通用机场项目前期工作，支持其他偏远地区、农林大县（市）、旅游景区等规划建设通用机场，加快全省固定运营基地、飞行服务站等配套基础设施建设，争取2020年前初步建成覆盖省辖市的通用机场体系，建成不少于15个二类以上通用机场

数据来源：各省（市）、自治区政府官网。

第三节　通用机场等级分布

AOPA 官网数据显示：2019 年，我国颁证通用机场 246 个。其中，A1 级别 68 个，A2 级别 19 个，A3 级别 11 个，B 级别 148 个。如表 3-2 所示。

表 3-2　2019 年中国内地已取证通用机场

序号	通用机场名称	机场级别	跑道类型	颁证日期
1	深圳南头直升机场	A1	表面直升机场	2017/6/2
2	安吉天子湖通用机场	A1	跑道型机场	2017/6/19
3	德州平原通用机场	B	跑道型机场（兼表面直升机场）	2017/7/3
4	绍兴鉴湖直升机场	A2	表面直升机场	2017/7/10
5	珠海九洲机场	A1	跑道型机场（兼表面直升机场）	2017/7/21
6	河北黄骅治蝗机场	B	跑道型机场	2017/8/11
7	沈阳法库财湖机场	A2	跑道型机场	2017/8/14
8	河北平泉机场	A1	跑道型机场	2017/8/29
9	荆门漳河机场	A1	跑道型机场	2017/9/1
10	徐州杨庙农业机场	A1	跑道型机场	2017/9/4
11	重庆龙兴通用机场	A1	跑道型机场（兼表面直升机场）	2017/9/11
12	滨州大高通用机场	A1	跑道型机场	2017/9/30
13	张掖丹霞通用机场	A1	跑道型机场	2017/10/13
14	罗定机场	A1	跑道型机场	2017/10/16
15	湛江坡头直升机场	A1	表面直升机场	2017/10/16
16	三亚凤凰直升机场	A1	表面直升机场	2017/10/20
17	广州沙湾通用机场	A2	表面直升机场	2017/10/23
18	广东阳江合山机场	A1	跑道型机场	2017/10/30
19	西庆机场	A2	跑道型机场	2017/11/3
20	随州厉山机场	B	表面直升机场	2017/11/10
21	安阳北郊机场	B	跑道型机场（兼表面直升机场）	2017/11/17
22	仙桃机场	B	跑道型机场	2017/11/20
23	石家庄栾城机场	A1	跑道型机场	2017/11/23
24	盘锦陈家通用机场	A3	跑道型机场	2017/12/4
25	鞍山新开河通用机场	B	跑道型机场	2017/12/4
26	景德镇吕蒙机场	B	表面直升机场	2017/12/5
27	加格达奇航空护林机场	B	跑道型机场	2017/12/7
28	嫩江航空护林机场	B	跑道型机场	2017/12/7
29	吉安桐坪通用机场	A1	跑道型机场	2017/12/11
30	上海龙华直升机场	B	表面直升机场	2017/12/12
31	新巴尔虎右旗宝格德机场	A1	跑道型机场	2017/12/13
32	莱芜雪野通用机场	A2	跑道型机场	2017/12/20

续表

序号	通用机场名称	机场级别	跑道类型	颁证日期
33	蓬莱沙河口机场	A1	跑道型机场	2017/12/20
34	镇江大路通用机场	A1	跑道型机场	2017/12/21
35	自贡凤鸣通用机场	A1	跑道型机场	2017/12/22
36	福州竹岐直升机场	A1	表面直升机场	2017/12/25
37	东阳横店通用机场	A1	跑道型机场	2017/12/26
38	南京老山直升机场	A2	表面直升机场	2017/12/26
39	江阴华西直升机场	A2	表面直升机场	2017/12/26
40	苏州园区直升机场	A2	表面直升机场	2017/12/26
41	厦金湾直升机场	A2	表面直升机场	2017/12/27
42	上海高东直升机场	B	表面直升机场	2017/12/27
43	银川月牙湖机场	A1	跑道型机场	2017/12/29
44	榆林马合通用机场	B	跑道型机场	2017/12/29
45	九江威家直升机场	A1	表面直升机场	2017/12/29
46	九江庐山直升机场	A1	表面直升机场	2017/12/29
47	延安桥山黄渠通用机场	B	跑道型机场	2017/12/29
48	宝鸡陵塬通用机场	B	跑道型机场	2017/12/29
49	舟山嵊泗直升机机场	A1	表面直升机场	2018/1/2
50	舟山东极直升机机场	A1	表面直升机场	2018/1/2
51	舟山桃花直升机场	A1	表面直升机场	2018/1/2
52	舟山岱山直升机场	A1	表面直升机场	2018/1/2
53	舟山衢山直升机场	A1	表面直升机场	2018/1/2
54	迁安五重安机场	B	表面直升机场	2018/1/4
55	佳木斯三合屯通用机场	A1	跑道型机场	2018/1/8
56	肇东北大荒通用机场	A1	跑道型机场	2018/1/8
57	幸福航空护林机场	B	跑道型机场（兼表面直升机场）	2018/1/9
58	咸阳淳化蒋家山通用机场	B	跑道型机场	2018/1/11
59	上海国际赛车场直升机场	B	表面直升机场	2018/1/16
60	宁国青龙湾机场	A1	表面直升机场	2018/1/17
61	于洪全胜通用机场	A3	跑道型机场	2018/1/22
62	伊春航空护林机场	B	跑道型机场	2018/1/22
63	伊春大平台通用机场	B	表面直升机场	2018/1/22
64	蒲城内府通用机场	A1	跑道型机场	2018/1/24
65	平阴孝直通用机场	B	跑道型机场	2018/1/26
66	济南平阴农用机场	B	跑道型机场	2018/1/26
67	金河湾通用航空机场	A3	表面直升机场	2018/2/5
68	幸福林业直升机场	B	表面直升机场	2018/2/5
69	黑河海兰通用机场	B	表面直升机场	2018/2/5

续表

序号	通用机场名称	机场级别	跑道类型	颁证日期
70	五大连池风景区直升机场	A3	表面直升机场	2018/2/5
71	东方红直升机场	B	表面直升机场	2018/2/8
72	中山三角机场	B	跑道型机场（兼表面直升机场）	2018/2/11
73	逊克新立通用机场	B	表面直升机场	2018/3/9
74	椅子圈直升机场	B	表面直升机场	2018/3/12
75	塔尔根航空护林机场	B	跑道型机场	2018/3/12
76	芜湖三元通用机场	B	跑道型机场	2018/3/19
77	银川花博园通用机场	B	表面直升机场	2018/3/21
78	乌鲁木齐亚心通用机场	B	跑道型机场	2018/3/30
79	北京密云穆家峪通用机场	A1	跑道型机场（兼表面直升机场）	2018/4/4
80	天津滨海窦庄通用机场	A1	跑道型机场	2018/4/4
81	北京八达岭机场	A1	跑道型机场（兼表面直升机场）	2018/4/4
82	滨海东方通用直升机场	A1	表面直升机场	2018/4/4
83	乌拉特中旗机场	A1	跑道型机场	2018/4/4
84	天津塘沽机场	A1	跑道型机场	2018/4/4
85	根河敖鲁古雅机场	A1	跑道型机场	2018/4/4
86	锡林浩特巴彦宝力格通用机场	B	跑道型机场	2018/4/4
87	嫩江卧都河直升机场	B	表面直升机场	2018/4/18
88	嫩江麦海直升机场	B	表面直升机场	2018/4/18
89	丹凤商镇通用机场	A1	跑道型机场	2018/4/27
90	北京海淀机场	A1	跑道型机场（兼表面直升机场）	2018/4/28
91	榆树通用机场	A1	跑道型机场	2018/5/2
92	珠海白蕉通用机场	B	跑道型机场	2018/5/2
93	广汉机场	A1	跑道型机场（兼表面直升机场）	2018/5/3
94	遂宁机场	A1	跑道型机场	2018/5/3
95	新津机场	A1	跑道型机场	2018/5/3
96	白城大青山通用机场	B	跑道型机场	2018/5/8
97	北京平谷机场	A1	表面直升机场	2018/5/14
98	呼中航空护林机场	B	表面直升机场	2018/5/14
99	图强直升机场	B	表面直升机场	2018/5/14
100	嫩江北大荒尖山通用机场	B	跑道型机场	2018/5/29
101	北安北大荒赵光通用机场	B	跑道型机场	2018/5/29
102	北安北大荒红星通用机场	B	跑道型机场	2018/5/29
103	北安北大荒逊克通用机场	B	跑道型机场	2018/5/29
104	五大连池北大荒襄河通用机场	B	跑道型机场	2018/5/30
105	五大连池北大荒引龙河通用机场	B	跑道型机场	2018/5/31
106	五大连池北大荒格球山通用机场	B	跑道型机场	2018/5/31

续表

序号	通用机场名称	机场级别	跑道类型	颁证日期
107	嫩江北大荒七星泡通用机场	B	跑道型机场	2018/5/31
108	嫩江北大荒鹤山通用机场	B	跑道型机场	2018/6/1
109	黑河北大荒红色边疆通用机场	B	跑道型机场	2018/6/4
110	武汉亚心总医院有限公司	B	高架直升机场	2018/6/10
111	北安北大荒建设通用机场	B	跑道型机场	2018/6/11
112	北安北大荒长水河通用机场	B	跑道型机场	2018/6/11
113	甘南北大荒查哈阳通用机场	B	跑道型机场	2018/6/11
114	五大连池北大荒二龙山通用机场	B	跑道型机场	2018/6/14
115	五大连池北大荒龙门通用机场	B	跑道型机场	2018/6/14
116	五大连池龙镇通用机场	A3	跑道型机场	2018/6/14
117	新乡唐庄通用机场	B	跑道型机场	2018/6/19
118	齐齐哈尔铁锋九州通用机场	A3	表面直升机场	2018/6/19
119	齐齐哈尔北大荒克山通用机场	B	跑道型机场	2018/6/22
120	盐城建湖通用机场	A1	跑道型机场（兼表面直升机场）	2018/6/22
121	嫩江北大荒大西江通用机场	B	跑道型机场	2018/6/22
122	齐齐哈尔北大荒富裕牧场通用机场	B	跑道型机场	2018/6/22
123	北大荒二九一分公司通用机场	B	跑道型机场	2018/6/25
124	黑龙江省七星农场通用机场	B	跑道型机场	2018/6/25
125	黑龙江省八五二分公司通用机场	B	跑道型机场	2018/6/25
126	黑龙江省前哨农场通用机场	B	跑道型机场	2018/6/25
127	北大荒八五六分公司通用机场	B	跑道型机场	2018/6/25
128	黑龙江省青龙山农场通用机场	B	跑道型机场	2018/6/25
129	黑龙江省八五七农场通用机场	B	跑道型机场	2018/6/25
130	北大荒新华分公司通用机场	B	跑道型机场	2018/6/25
131	黑龙江省军川农场通用机场	B	跑道型机场	2018/6/25
132	黑龙江省二道河农场通用机场	B	跑道型机场	2018/6/25
133	黑龙江省宝泉岭农场通用机场	B	跑道型机场	2018/6/25
134	黑龙江省前锋农场北通用机场	B	跑道型机场	2018/6/25
135	黑龙江省前锋农场南通用机场	B	跑道型机场	2018/6/25
136	黑龙江省庆丰农场通用机场	B	跑道型机场	2018/6/25
137	黑龙江北大荒江滨分公司通用机场	B	跑道型机场	2018/6/25
138	黑龙江省洪河农场通用机场	B	跑道型机场	2018/6/25
139	共青农场北大荒通用机场	B	跑道型机场	2018/6/25
140	黑龙江省普阳农场通用机场	B	跑道型机场	2018/6/25
141	黑龙江省红卫农场通用机场	B	跑道型机场	2018/6/25
142	黑龙江北大荒八五四分公司通用机场	B	跑道型机场	2018/6/25
143	黑龙江省绥滨农场通用机场	B	跑道型机场	2018/6/25

续表

序号	通用机场名称	机场级别	跑道类型	颁证日期
144	黑龙江省前进农场通用机场	B	跑道型机场	2018/6/25
145	黑龙江省胜利农场通用机场	B	跑道型机场	2018/6/25
146	黑龙江省八五　农场通用机场	B	跑道型机场	2018/6/25
147	同江北大荒浓江通用机场	B	跑道型机场	2018/6/25
148	北大荒勤得利分公司通用机场	B	跑道型机场	2018/6/25
149	黑龙江省创业农场通用机场	B	跑道型机场	2018/6/25
150	黑龙江省鸭绿河农场通用机场	B	跑道型机场	2018/6/25
151	北大荒八五三分公司通用机场	B	跑道型机场	2018/6/25
152	黑龙江省五九七农场大孤山通用机场	B	跑道型机场	2018/6/25
153	黑龙江省五九七农场长林岛通用机场	B	跑道型机场	2018/6/25
154	北大荒二九　分公司通用机场	B	跑道型机场	2018/6/25
155	北大荒兴凯湖分公司通用机场	B	跑道型机场	2018/6/25
156	虎林北大荒云山农场通用机场	B	跑道型机场	2018/6/25
157	虎林北大荒八五八通用机场	B	跑道型机场	2018/6/25
158	黑龙江省八五五农场通用机场	B	跑道型机场	2018/6/25
159	友谊农场通用机场	B	跑道型机场	2018/6/27
160	洛带机场	A2	表面直升机场	2018/6/28
161	黑河北大荒嫩江通用机场	B	跑道型机场	2018/7/3
162	松岭林业局南瓮河直升机场	B	表面直升机场	2018/7/3
163	盐城射阳通用机场	A1	跑道型机场	2018/7/5
164	嫩江墨尔根通用机场	A1	跑道型机场	2018/7/6
165	绥化北大荒绥棱通用机场	B	跑道型机场	2018/7/12
166	河北魏龙通用机场	B	跑道型机场	2018/7/15
167	阿鲁科尔沁机场	A1	跑道型机场	2018/7/18
168	呼伦贝尔天鹰通用机场	B	跑道型机场	2018/7/23
169	崇州豪芸通用机场	A2	表面直升机场	2018/8/6
170	东莞正阳田尾直升机场	B	表面直升机场	2018/8/15
171	新昌万丰机场	A1	跑道型机场	2018/8/27
172	河北沧州中捷通用机场	A1	跑道型机场	2018/9/14
173	德清莫干山通用机场	A1	跑道型机场	2018/9/30
174	白洋淀通用机场	B	跑道型机场	2018/10/15
175	呼图壁县天山第一漂景区通用机场	B	表面直升机场	2018/11/5
176	特克斯天翼航空通用机场	B	跑道型机场	2018/11/5
177	巴音布鲁克哈尔萨拉通用机场	B	跑道型机场	2018/11/5
178	深圳湾 1 号高架直升机场	B	高架直升机场	2018/11/6
179	敦煌鸣沙山通用机场	A1	跑道型机场	2018/11/7
180	漳州长泰通用直升机场	B	表面直升机场	2018/11/12

续表

序号	通用机场名称	机场级别	跑道类型	颁证日期
181	彭山江口通用机场	A2	表面直升机场	2018/11/15
182	天直通用航空机场	B	跑道型机场	2018/11/21
183	建德千岛湖通用机场	A1	跑道型机场	2018/11/23
184	江苏溧阳金恒直升机场	B	表面直升机场	2018/12/4
185	五常卫国通用机场	A3	表面直升机场	2018/12/10
186	黑龙江省大兴农场通用机场	B	跑道型机场	2018/12/11
187	桂林溶江直升机场	A3	表面直升机场	2018/12/12
188	桂林高田直升机场	A3	表面直升机场	2018/12/12
189	盘锦财富大厦高架直升机场	B	高架直升机场	2018/12/12
190	莫力达瓦旗机场	A1	跑道型机场	2018/12/17
191	烟台栖霞通用机场	B	表面直升机场	2018/12/18
192	南昌瑶湖机场	A1	跑道型机场	2018/12/19
193	广汉西林通用机场	A2	表面直升机场	2018/12/19
194	黑山县通用机场	B	跑道型机场	2018/12/20
195	黄平旧州机场	A2	跑道型机场	2018/12/21
196	江西景德镇高新通用机场	B	表面直升机场	2019/1/1
197	盐池通用机场	A1	跑道型机场	2019/1/28
198	上海金桥直升机场	B	表面直升机场	2019/1/28
199	武汉汉南通用机场	A1	跑道型机场	2019/1/30
200	青岛西海岸通用机场	B	表面直升机场	2019/3/4
201	苏州澄湖通用机场	B	表面直升机场（兼水上机场）	2019/3/8
202	珠海莲洲通用机场	A1	跑道型机场	2019/3/11
203	兵团第七师一二九团通用航空机场	B	跑道型机场	2019/3/19
204	新疆天山雄鹰通用航空有限公司机场	B	跑道型机场	2019/3/19
205	阿荣机场	A1	跑道型机场	2019/4/10
206	黑龙江省红旗岭农场通用机场	B	跑道型机场	2019/4/11
207	太原航校尧城机场	A1	跑道型机场	2019/4/12
208	沙家庄飞机场	B	跑道型机场	2019/4/12
209	上海化学工业区医疗中心高架直升机场	B	高架直升机场	2019/4/15
210	翼飞通用机场	B	跑道型机场	2019/4/24
211	中国北京红十字 999 怀柔机场	B	表面直升机场	2019/4/26
212	北京石佛寺机场	B	跑道型机场（兼表面直升机场）	2019/4/26
213	江川直升机场	B	表面直升机场	2019/5/9
214	丽江白沙直升机场	B	表面直升机场	2019/5/9
215	保山长岭岗直升机场	B	表面直升机场	2019/5/9
216	西昌盐源直升机场	B	表面直升机场	2019/5/9
217	西华通用机场	B	跑道型机场（兼表面直升机场）	2019/5/17

续表

序号	通用机场名称	机场级别	跑道类型	颁证日期
218	布尔津通用机场	B	跑道型机场	2019/5/17
219	张家港双山岛通用机场	B	表面直升机场	2019/5/20
220	张家港金沙洲通用机场	B	表面直升机场	2019/5/20
221	白云村直升机场	B	表面直升机场	2019/5/23
222	青城山直升机场	B	表面直升机场	2019/5/30
223	鄂托克前旗敖勒召其通用机场	A1	跑道型机场（兼表面直升机场）	2019/6/14
224	丹阳圣豪通用机场	B	表面直升机场	2019/6/17
225	富蕴通用机场	B	跑道型机场	2019/6/18
226	郑州上街机场	A1	跑道型机场	2019/6/20
227	上海金山水上机场	A2	水上机场	2019/7/10
228	秦皇岛圆明山通用机场	B	表面直升机场	2019/7/11
229	株洲芦淞机场	A2	跑道型机场	2019/7/12
230	无锡雪浪山通用机场	B	表面直升机场	2019/7/22
231	徐州月半湾通用机场	B	表面直升机场	2019/9/5
232	南京龙潭通用机场	B	表面直升机场	2019/9/5
233	东莞松山湖直升机场	B	表面直升机场	2019/9/16
234	唐山南湖机场	B	跑道型机场	2019/10/12
235	艾莫森高碑店机场	B	跑道型机场	2019/10/12
236	渭南大荔通用机场	B	跑道型机场	2019/10/27
237	宁乡巷子口通用机场	B	跑道型机场（兼表面直升机场）	2019/10/31
238	永川大安通用机场	A1	跑道型机场	2019/10/31
239	日照市岚山通用机场	A2	跑道型机场	2019/11/6
240	上海市东方医院本部直升机场	B	高架直升机场	2019/11/15
241	北京定陵机场	A1	表面直升机场	2019/12/13
242	湖南长沙开慧通用机场	A2	跑道型机场（兼表面直升机场）	2019/12/17
243	海口甲子机场	A3	表面直升机场	2019/12/18
244	扬州观音岛通用机场	A2	表面直升机场	2019/12/19
245	兰坪丰华通用机场	A1	跑道型机场	2019/12/24
246	北大荒八五九分公司通用机场	A3	跑道型机场	2019/12/30

数据来源：AOPA 官网，项目组处理。

如图 3.1 所示：2019 年，黑龙江省通用机场 84 个，全国数量最多，较 2018 年新增 1 个。从 7 个地区分布看，西南地区 18 个、西北地区 14 个、新疆地区 8 个，通用机场数量较少。青海、西藏两个省级行政区尚无通用机场。

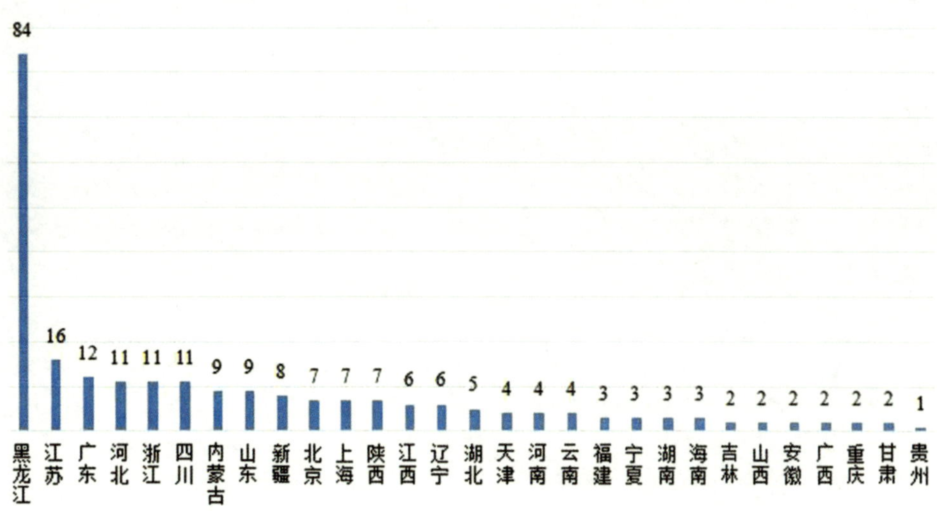

数据来源：AOPA 官网，项目组处理。

图 3.1　2019 年全国颁证通用机场分布

如图 3.2 所示：2019 年，江苏新增通用机场 8 个，增量排全国第 1 位；河北 4 个、上海 4 个、新疆 4 个、云南 4 个，增量均排全国第 2 位。云南省实现零突破，率先建成国内首个高高原通用机场。

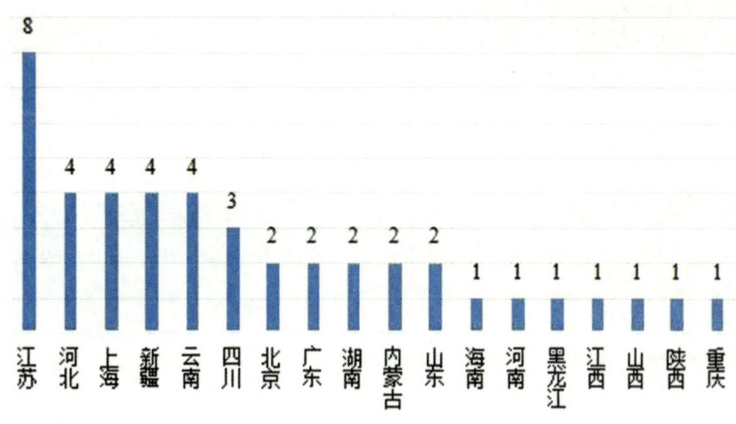

数据来源：AOPA 官网，项目组处理。

图 3.2　2019 年全国新增颁证通用机场分布

区 域 篇

第四章　华北地区

2019 年，华北地区运输机场 36 个，占全国运输机场 15. 13%。新增运输机场 1 个，停航 1 个。其中，内蒙古自治区 19 个、山西省 7 个、河北省 6 个、北京市 2 个、天津市 1 个。该区运输机场分布如图 4. 1 所示。

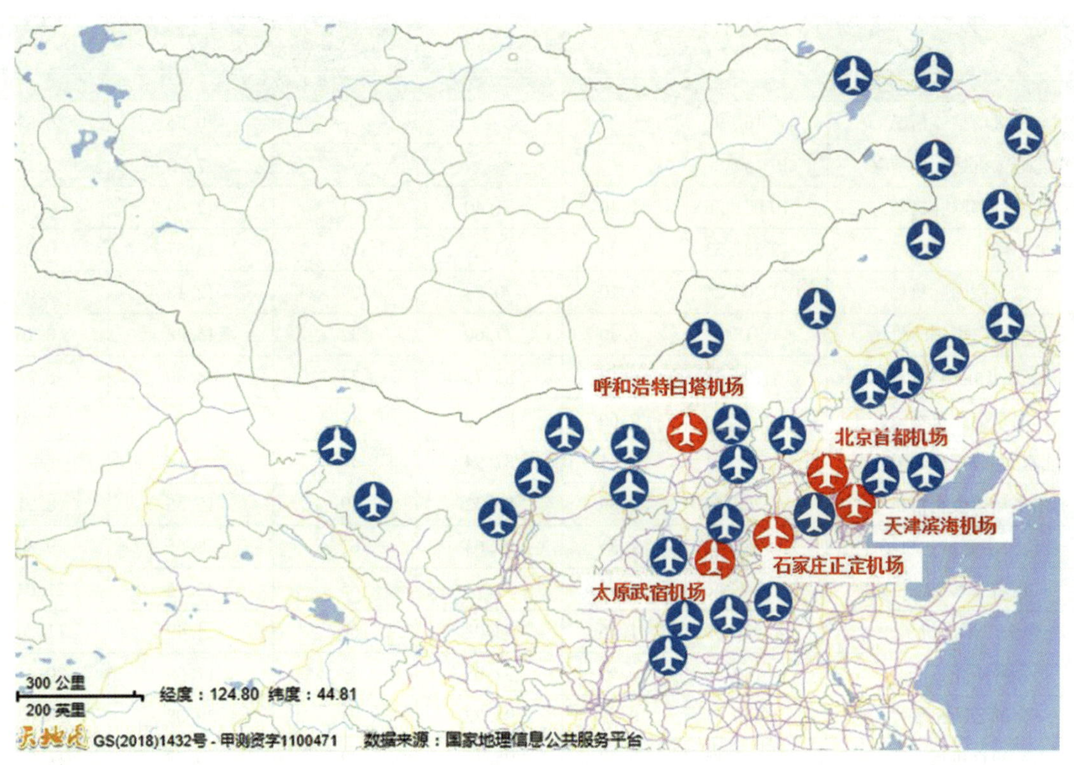

图片来源：天地图，项目组处理。

图 4. 1　2019 年华北地区运输机场分布

第一节　运输机场运营概况

一、概况

2019 年，该区旅客吞吐量 19 456. 8 万人次，7 个地区排名第 4 位，同比排名不变。旅客吞吐量平均增长 3.10%，低于全国平均水平，7 个区排名第 7 位，同比下降 1 位。

2019 年，该区旅客吞吐量 1 000 万人次以上运输机场 5 个，合计旅客吞吐量占该区旅客吞吐量 83.73%，同比下降 1.93 个百分点。200 万~1 000 万人次机场 6 个，同比增加 1 个，合计旅客吞吐量占该区 9.35%，同比提高 1.19 个百分点。旅客吞吐量 200 万人次以下运输机场 25 个，合计旅客吞吐量占该区 6.92%，同比提高 0.74 个百分点。

2019 年，该区旅客吞吐量增速低于全国 3.77 个百分点。该区 17 个增速高于全国平均水平，18 个增速高于该区平均水平，6 个负增长。5 个千万级运输机场中，呼和浩特白塔机场增长 8.16%，全区最高；北京首都国际机场增长-0.96%，但仍然超过 1 亿人次，全国排名第 1 位，全球排名第 2 位。

近 5 年，该区旅客吞吐量平均增速低于全国平均水平。其中，16 个运输机场增速高于全国平均水平，20 个运输机场增速高于该区平均水平。如表 4-1 所示。

表 4-1　2019 年华北地区运输机场旅客吞吐量规模与增速

运输机场	旅客吞吐量（万人次）	区域占比（%）	区域累计占比（%）	全国运输机场排名	2015—2019 年平均增速（%）	2019 年增速（%）
全国机场整体情况	135 162.9	—	—	—	10.25	6.87
华北地区机场整体情况	19 456.8	—	—	—	7.79	3.10
北京首都国际机场	10 001.36	51.40	51.40	1	2.69	-0.96
天津滨海国际机场	2 381.33	12.24	63.64	19	13.57	0.94
太原武宿国际机场	1 400.26	7.20	70.84	29	12.18	3.05
呼和浩特白塔国际机场	1 315.18	6.76	77.60	32	15.28	8.16
石家庄正定国际机场	1 192.28	6.13	83.72	37	18.80	5.21
北京南苑机场	506.04	2.60	86.32	47	-0.99	-22.30
北京大兴国际机场[1]	313.51	1.61	87.94	53	—	—
鄂尔多斯伊金霍洛机场	269.59	1.39	89.32	59	15.35	8.91
呼伦贝尔海拉尔机场	255.84	1.31	90.64	62	8.65	9.86
运城张孝机场	248.46	1.28	91.91	65	32.16	21.04
包头二里半机场	226.59	1.16	93.08	68	4.49	11.50
赤峰玉龙机场	189.36	0.97	94.05	77	17.69	20.45
大同云冈机场	130.71	0.67	94.72	94	29.08	28.62
通辽机场	112.85	0.58	95.30	99	6.73	14.80
邯郸机场	97.07	0.50	95.80	107	40.57	27.07
长治王村机场	86.28	0.44	96.24	116	8.71	25.00
乌兰浩特义勒利特机场	84.50	0.43	96.68	118	16.82	14.54
临汾乔李机场[2]	76.82	0.39	97.07	121	—	—
锡林浩特机场	75.61	0.39	97.46	122	11.76	21.40

1　北京大兴机场于 2019 年 9 月通航。

2　临汾乔李机场于 2016 年 1 月通航。

续表

运输机场	旅客吞吐量（万人次）	区域占比（%）	区域累计占比（%）	全国运输机场排名	2015—2019 年平均增速（%）	2019 年增速（%）
乌海机场	52.42	0.27	97.73	140	8.73	8.91
秦皇岛北戴河机场[1]	50.65	0.26	97.99	142	—	—
唐山三女河机场	50.52	0.26	98.25	143	19.08	-12.04
忻州五台山机场[2]	48.72	0.25	98.50	149	—	—
吕梁大武机场	45.85	0.24	98.74	152	34.29	24.82
巴彦淖尔天吉泰机场	42.89	0.22	98.96	155	16.25	21.64
承德普宁机场[3]	42.44	0.22	99.18	157	—	—
满洲里西郊机场	37.51	0.19	99.37	163	-2.76	-12.38
张家口宁远机场	30.40	0.16	99.53	173	9.97	-21.49
二连浩特赛乌素机场	23.20	0.12	99.64	181	18.25	12.70
乌兰察布集宁机场[4]	16.48	0.08	99.73	196	—	—
阿拉善左旗巴彦浩特机场	15.60	0.08	99.81	201	18.99	-5.92
扎兰屯成吉思汗机场[5]	14.12	0.07	99.88	206	—	—
阿尔山伊尔施机场	10.40	0.05	99.94	213	2.54	0.15
霍林河机场[6]	8.40	0.04	99.98	218	—	—
额济纳旗桃来机场	2.15	0.01	99.99	231	-1.82	1.41
阿拉善右旗巴丹吉林机场	1.35	0.01	100.00	235	-3.66	7.72

数据来源：全国机场生产统计公报。

2019 年，该区运输机场货邮吞吐量 240.93 万吨，7 个地区排名第 3 位，仅次于华东、中南地区。货邮吞吐量增长-5.23%，远低于全国平均水平，7 个地区排名第 7 位，同比下降 2 位。

2019 年，该区货邮吞吐量超过 1 万吨运输机场 7 个，合计货邮吞吐量占该区货邮吞吐量 98.12%，同比无明显变化。该区货邮吞吐量集中度很高，北京首都国际机场货邮吞吐量占该区 81.16%。天津滨海国际机场占 9.39%，两个运输机场 2019 年均为负增长。

2019 年，该区 15 个运输机场货邮吞吐量增速高于本区和全国平均水平，8 个运输机场负增长。7 个货邮吞吐量超过 1 万吨运输机场中，石家庄正定国际机场增长 15.35%，增幅最大；其次是呼和浩特白塔国际机场，增长 14.79%。

近 5 年，该区 8 个运输机场货邮吞吐量平均增速高于全国平均水平，12 个运输机场增速高于该地区平均水平。

1 秦皇岛北戴河机场于 2016 年 3 月通航。

2 忻州五台山机场于 2015 年 12 月通航。

3 承德普宁机场于 2017 年 5 月通航。

4 乌兰察布集宁机场于 2016 年 4 月通航。

5 扎兰屯成吉思汗机场于 2016 年 12 月通航。

6 霍林河机场于 2017 年 6 月通航。

表 4-2　2019 年华北地区运输机场货邮吞吐量规模与增速

运输机场	货邮吞吐量（万吨）	区域占比（%）	区域累计占比（%）	全国运输机场排名	2015—2019 年平均增速（%）	2019 年增速（%）
全国机场整体情况	1 710. 01	—	—	—	4. 95	2. 15
华北地区机场整体情况	240. 93	—	—	—	0. 93	-5. 23
北京首都国际机场	195. 53	81. 16	81. 16	2	0. 86	-5. 72
天津滨海国际机场	22. 62	9. 39	90. 55	16	1. 01	-12. 59
太原武宿国际机场	5. 76	2. 39	92. 94	37	6. 11	7. 91
石家庄正定国际机场	5. 32	2. 21	95. 15	39	4. 47	15. 35
呼和浩特白塔国际机场	4. 62	1. 92	97. 06	41	6. 35	14. 79
北京南苑机场	1. 55	0. 64	97. 71	48	-19. 40	-38. 25
鄂尔多斯伊金霍洛机场	1. 00	0. 42	98. 12	59	-1. 31	0. 62
包头二里半机场	0. 78	0. 33	98. 45	69	-7. 61	9. 70
北京大兴国际机场	0. 74	0. 31	98. 76	70	—	—
呼伦贝尔海拉尔机场	0. 62	0. 26	99. 02	75	-3. 44	8. 33
运城张孝机场	0. 61	0. 25	99. 27	76	25. 64	19. 62
赤峰玉龙机场	0. 24	0. 10	99. 37	89	-2. 26	10. 17
通辽机场	0. 20	0. 08	99. 45	93	-11. 93	11. 18
大同云冈机场	0. 19	0. 08	99. 53	96	0. 28	19. 11
锡林浩特机场	0. 19	0. 08	99. 61	97	-4. 59	10. 06
乌兰浩特义勒利特机场	0. 18	0. 07	99. 68	102	-10. 09	6. 98
唐山三女河机场	0. 11	0. 04	99. 72	121	9. 56	-11. 28
长治王村机场	0. 10	0. 04	99. 77	122	13. 22	34. 57
邯郸机场	0. 10	0. 04	99. 81	124	26. 82	2. 08
满洲里西郊机场	0. 09	0. 04	99. 85	129	-20. 74	-13. 40
巴彦淖尔天吉泰机场	0. 08	0. 03	99. 88	132	-12. 86	13. 11
乌海机场	0. 07	0. 03	99. 91	138	-14. 96	9. 86
临汾乔李机场	0. 04	0. 02	99. 93	150	—	—
二连浩特赛乌素机场	0. 04	0. 02	99. 94	154	-4. 52	0. 64
秦皇岛北戴河机场	0. 04	0. 02	99. 96	156	—	—
阿尔山伊尔施机场	0. 04	0. 01	99. 97	159	-1. 40	-8. 54
吕梁大武机场	0. 02	0. 01	99. 98	170	101. 22	127. 73
乌兰察布集宁机场	0. 02	0. 01	99. 99	173	—	—
忻州五台山机场	0. 01	0. 00	100. 00	186	—	—
扎兰屯成吉思汗机场	0. 006	0. 00	100. 00	193	—	—
张家口宁远机场	0. 005	0. 00	100. 00	197	-6. 17	-43. 99
承德普宁机场	0. 005	0. 00	100. 00	199	—	—
霍林河机场	0. 001	0. 00	100. 00	216	—	—
阿拉善左旗巴彦浩特机场	0. 000 09	0. 00	100. 00	224	202. 25	-34. 38
额济纳旗桃来机场	0. 000 04	0. 00	100. 00	227	—	—
阿拉善右旗巴丹吉林机场	0. 000 01	0. 00	100. 00	228	—	—

数据来源：全国机场生产统计公报。

2019 年，该区运输机场飞机起降 154. 97 万架次，7 个地区排名第 4 位。飞机起降架次增长 -1. 45%，低于全国平均水平，7 个地区排名第 6 位，同比下降 2 位。

2019 年，该区 5 个千万级运输机场飞机起降 107. 36 万架次，占该区 69. 28%。其中，北京首都国际机场占 38. 35%，其次是天津滨海国际机场占 10. 83%。

2019 年，该区飞机起降架次平均增速低于全国平均水平。该区 12 个运输机场飞机起降架次增速高于本区和全国平均水平，12 个运输机场负增长。5 个千万级机场中，呼和浩特白塔国际机场飞机起降架次增长 6. 49%，全区增幅最高；天津滨海国际机场增长-6. 43%。

近 5 年，该区 16 个运输机场飞机起降架次平均增速高于全国平均水平和该地区平均水平。如表 4-3 所示。

表 4-3　2019 年华北地区运输机场飞机起降架次规模与增速

运输机场	起降架次（万架次）	区域占比（%）	区域累计占比（%）	全国运输机场排名	2015—2019 年平均增速（%）	2019 年增速（%）
全国机场整体情况	1 166. 05	—	—	—	8. 02	5. 16
华北地区机场整体情况	154. 97	—	—	—	6. 84	-1. 45
北京首都国际机场	59. 43	38. 35	38. 35	1	0. 17	-3. 21
天津滨海国际机场	16. 79	10. 83	49. 18	20	7. 50	-6. 43
呼和浩特白塔国际机场	11. 22	7. 24	56. 42	32	10. 77	6. 49
太原武宿国际机场	10. 83	6. 99	63. 41	34	8. 07	0. 32
石家庄正定国际机场	9. 10	5. 87	69. 28	41	12. 53	1. 40
邯郸机场	6. 49	4. 19	73. 46	51	13. 91	-11. 43
乌兰浩特义勒利特机场	3. 81	2. 46	75. 93	68	64. 94	-19. 17
运城张孝机场	3. 78	2. 44	78. 36	69	31. 56	9. 04
鄂尔多斯伊金霍洛机场	3. 42	2. 20	80. 57	71	2. 45	3. 01
北京南苑机场	3. 35	2. 16	82. 73	72	-5. 55	-24. 62
锡林浩特机场	2. 84	1. 83	84. 56	74	9. 78	62. 80
秦皇岛北戴河机场	2. 60	1. 68	86. 24	76	—	—
大同云冈机场	2. 35	1. 52	87. 75	83	8. 92	-16. 69
呼伦贝尔海拉尔机场	2. 17	1. 40	89. 15	85	6. 00	7. 74
北京大兴国际机场	2. 10	1. 36	90. 51	88	—	—
包头二里半机场	1. 95	1. 26	91. 77	94	2. 13	2. 91
通辽机场	1. 95	1. 26	93. 03	95	16. 44	-55. 04
赤峰玉龙机场	1. 75	1. 13	94. 16	104	10. 04	16. 43
扎兰屯成吉思汗机场	1. 49	0. 96	95. 12	110	—	—
长治王村机场	1. 01	0. 65	95. 77	129	8. 72	28. 02
临汾乔李机场	0. 88	0. 57	96. 33	132	—	—
吕梁大武机场	0. 62	0. 40	96. 73	151	24. 93	43. 46
忻州五台山机场	0. 60	0. 39	97. 12	153	—	—
巴彦淖尔天吉泰机场	0. 56	0. 36	97. 48	163	15. 17	26. 68

续表

运输机场	旅客吞吐量（万人次）	区域占比（%）	区域累计占比（%）	全国运输机场排名	2015—2019 年平均增速（%）	2019 年增速（%）
乌海机场	0. 56	0. 36	97. 84	164	7. 45	-1. 88
唐山三女河机场	0. 53	0. 34	98. 19	165	15. 51	-11. 75
二连浩特赛乌素机场	0. 51	0. 33	98. 52	166	24. 12	23. 29
阿拉善左旗巴彦浩特机场	0. 48	0. 31	98. 83	170	10. 69	-21. 64
满洲里西郊机场	0. 45	0. 29	99. 12	172	-3. 06	-6. 77
承德普宁机场	0. 32	0. 21	99. 33	190	—	—
张家口宁远机场	0. 28	0. 18	99. 51	195	0. 90	-23. 88
霍林河机场	0. 23	0. 15	99. 66	202	—	—
阿尔山伊尔施机场	0. 22	0. 14	99. 80	204	7. 82	12. 20
乌兰察布集宁机场	0. 18	0. 11	99. 91	216	—	—
额济纳旗桃来机场	0. 07	0. 04	99. 96	232	-7. 71	3. 42
阿拉善右旗巴丹吉林机场	0. 06	0. 04	100. 00	234	-8. 99	3. 36

数据来源：全国机场生产统计公报。

二、航空市场运营概况

近 5 年，该区国际、国内航班可用座位均呈现增长态势。其中，2017 年国内增速最高，高出国际增速 8. 63 个百分点。国际增速明显下降，2018 年国际、国内增速基本持平。2019 年，国际、国内增速明显放缓，低于往年增长速度。如图 4. 2 所示。

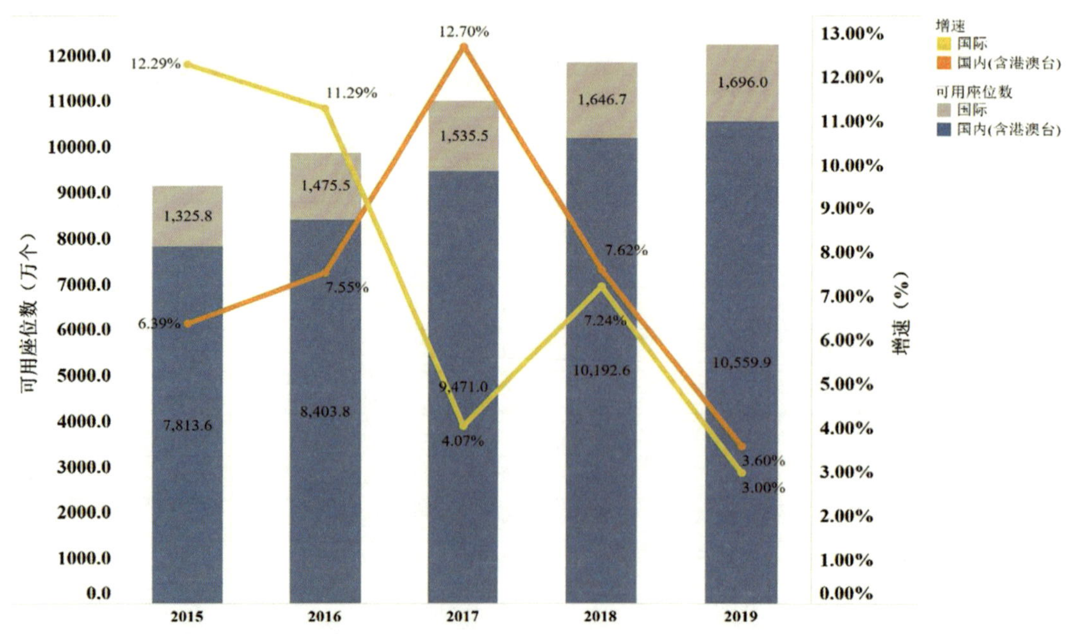

数据来源：OAG 数据库，项目组处理。

图 4. 2　2015—2019 年华北地区运输机场国际国内出港航班可用座位变化

近5年，该区国内、国际航班频次变化同座位运力投入基本一致。2017年后，国内、国际航班频次增速呈逐年下降趋势。2019年，国内、国际航班频次增速均跌到最低点，与该区各运输机场，尤其北京首都国际机场不断更换大机型有一定关系。如图4.3所示。

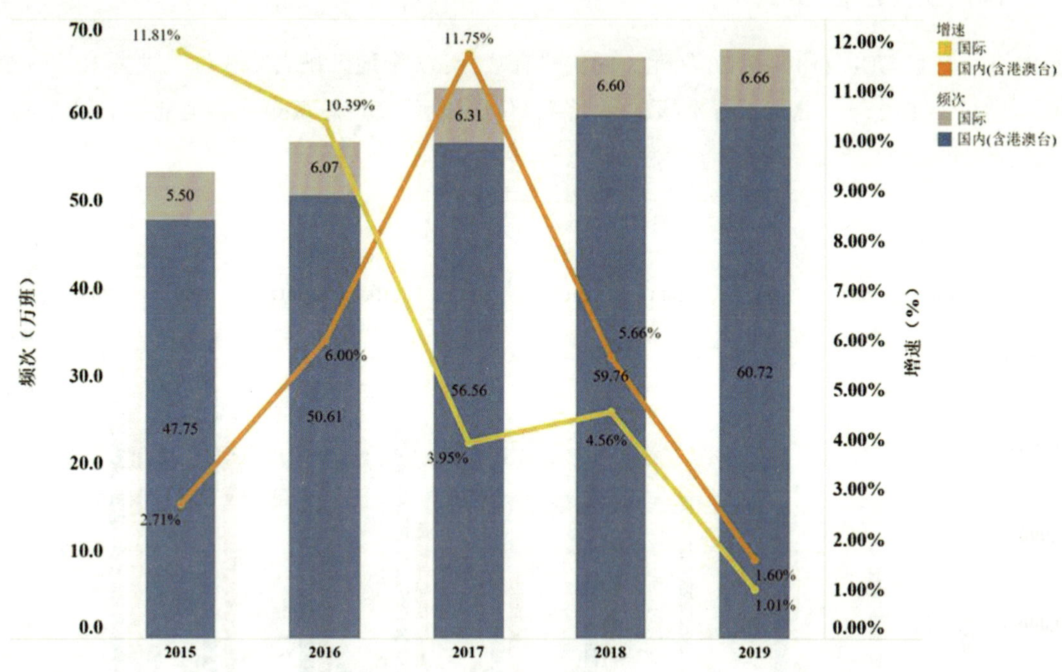

数据来源：OAG数据库，项目组处理。

图4.3 2015—2019年华北地区运输机场国际国内出港航班频次变化

三、运输机场与综合交通

目前，该区6个主要运输机场基本实现与城市其他交通运输方式较好衔接，都有公交及专线巴士通往市区。北京首都国际机场、北京大兴国际机场、天津滨海国际机场均有通往市区地铁各1条，城际巴士远通周边城市。如表4-4所示。

表4-4 华北地区主要国际机场与其他交通方式连通概况

主要国际机场	地铁	高铁	专线巴士（市内）	公交	城际巴士
北京首都国际机场	1条	0	17条	1条	8条
北京大兴国际机场	1条	开通	6条	3条	4条
天津滨海国际机场	1条	0	3条	1条	2条
太原武宿国际机场	0	0	4条	1条	0
石家庄正定国际机场	0	开通	4条	1条	11条
呼和浩特白塔国际机场	1条	0	2条	2条	0

数据来源：机场官网，项目组处理。

第二节　经济社会发展概况

一、国内生产总值（GDP）

2019 年，该区 GDP 118 819.26 亿元，同比略有减少，7 个地区排名第 3 位。过去 10 年，该区 GDP 稳步增长。2019 年，北京市首次超越河北省，位居该区 GDP 总量第一，河北省居第 2 位。如图 4.4 所示。

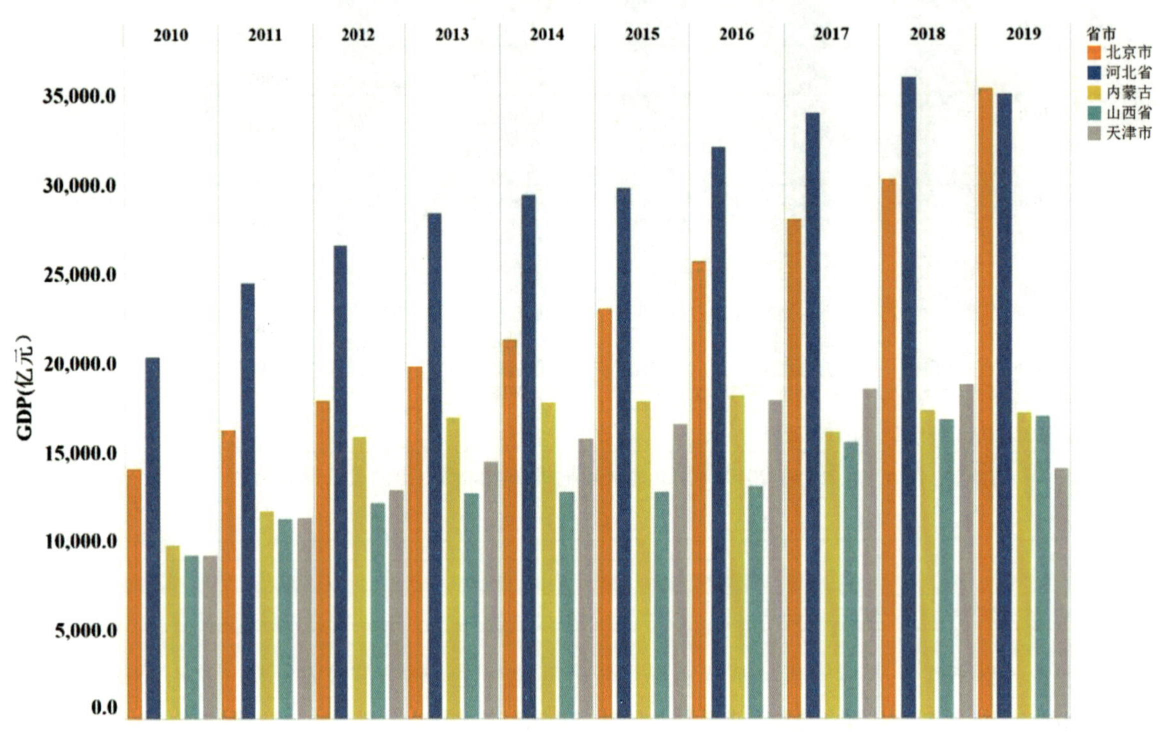

数据来源：国家统计局，项目组处理。

图 4.4　2010—2019 年华北地区各省、市、自治区 GDP 分布及变化

2010 年以来，该区各省、市、自治区 GDP 增速均呈下滑趋势，近 2 年下滑趋势明显放缓。2019 年，该区各省、市、自治区 GDP 增速略有上升，北京市 GDP 增速基本与全国持平，河北省、山西省增速均高于全国平均水平。内蒙古自治区、天津市显著低于全国水平，但 2019 年天津市增速有所提升，同比增加 1.20 个百分点。如图 4.5 所示。

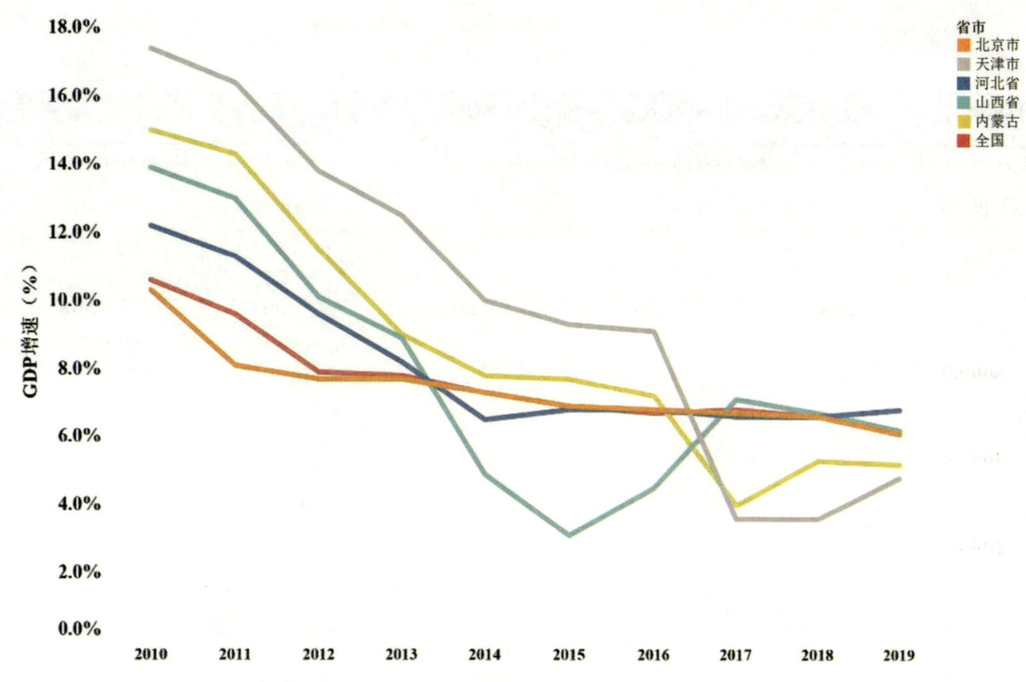

数据来源：国家统计局，地方政府工作报告，项目组处理。

图 4.5 2010—2019 年华北地区各省、市、自治区及全国 GDP 增速

二、进出口贸易

2018 年，该区进出口贸易总额 26 543.4 亿元，增长 8.74%，7 个地区总量排名第 3 位，增速排名第 6 位。近 5 年，2015—2016 年该区进出口总额负增长，2017 年回归正增长，除 2014 年该区增速高于全国平均水平外，其余年份增速均低于全国平均水平。如图 4.6 所示。

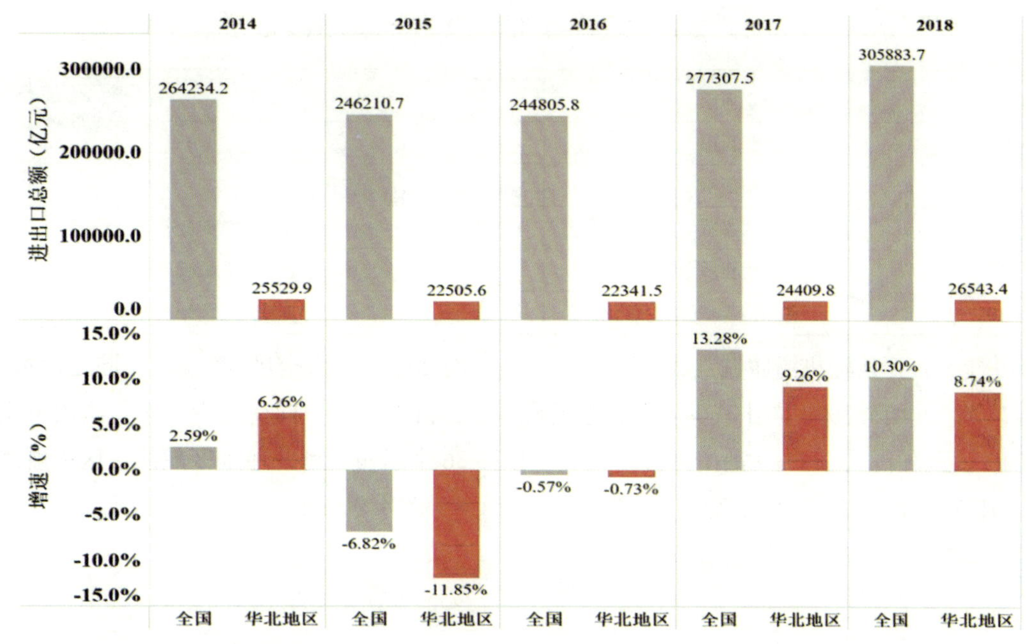

数据来源：国家统计局，项目组处理。

图 4.6 2014—2018 年华北地区及全国进出口总额变化

三、入境人数

2018 年，该区入境人数 695.6 万人次，增长 0.80%。7 个地区总量排名第 4 位，增速排名第 6 位。近 5 年，该区入境人数增速均低于全国平均水平；除 2016、2018 年外，其他年份均为负增长。如图 4.7 所示。

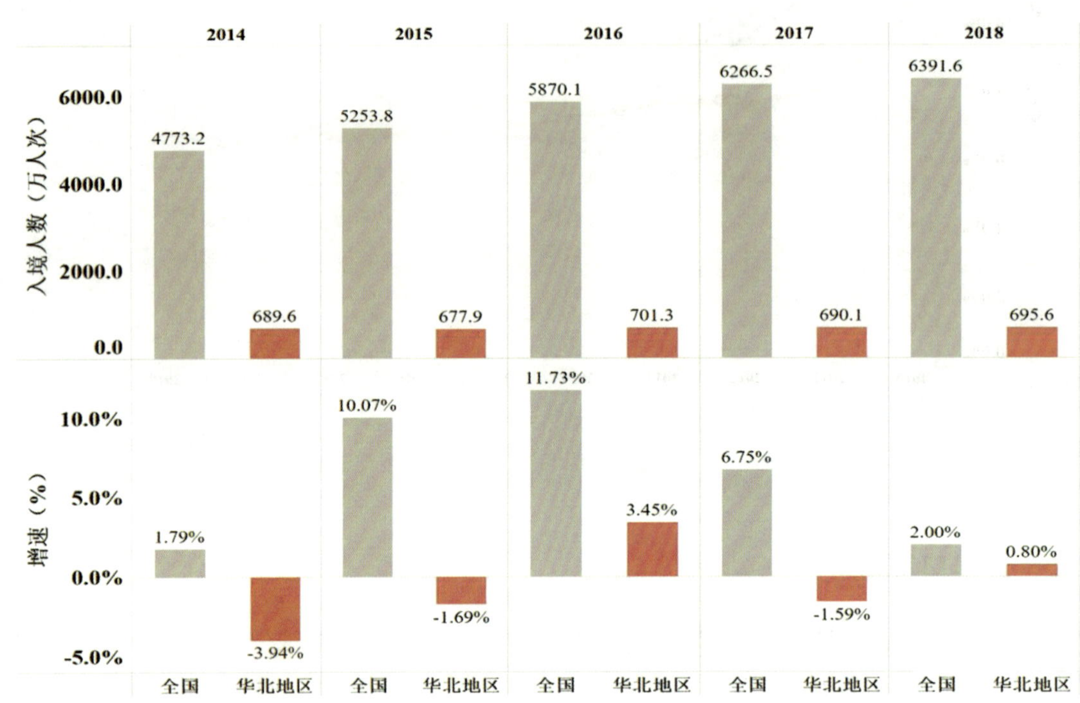

数据来源：国家统计局，项目组处理。

图 4.7　2014—2018 年华北地区及全国入境人数变化

第三节　航线网络布局

一、通航点分布

2019 年，该区运输机场通航点 354 个。其中，国内 202 个，占全区 57.06%，同比增加 4 个；国外 147 个，占 41.53%，同比减少 4 个；港澳台 5 个，占 1.41%，同比减少 1 个。国内可用座位占 83.74%，国际占 13.84%，港澳台占 2.42%。该区 36 个运输机场开通本区航线，区内航线可用座位 1 601.7 万个，占该区可用座位 13.07%。如图 4.8、图 4.9 所示。

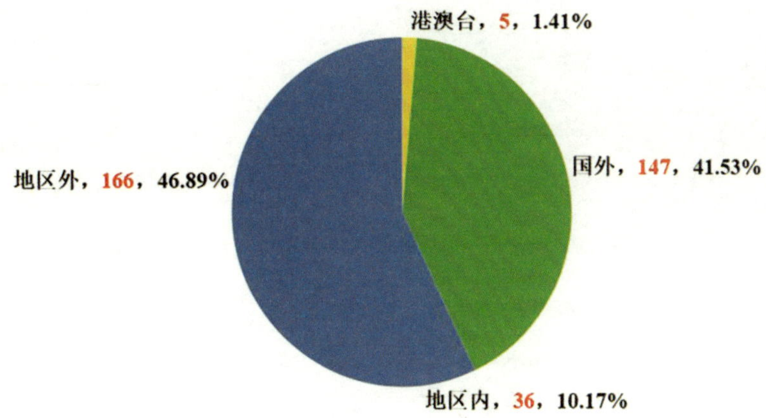

数据来源：OAG 数据库，项目组处理。

图 4.8 2019 年华北地区通航点数量（个）及分布

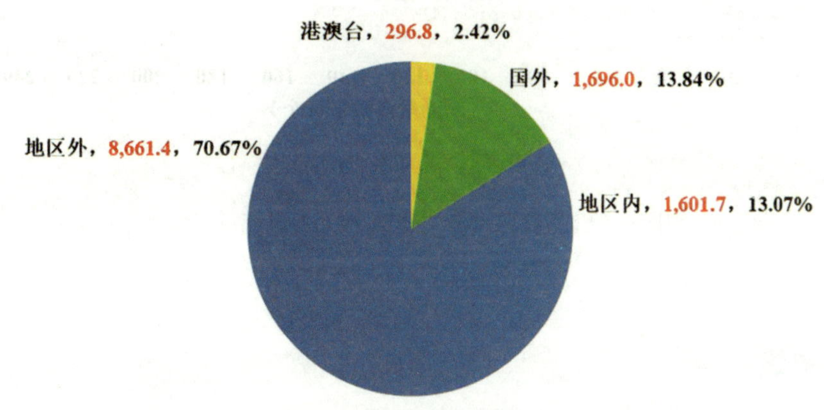

数据来源：OAG 数据库，项目组处理。

图 4.9 2019 年华北地区可用座位（万个）分布

2019 年，该区航线网络分 4 个梯队：北京首都国际机场以远高于其他运输机场通航点数量和航班频次位居第 1 梯队；天津滨海国际机场位于第 2 梯队；太原武宿国际机场、石家庄正定国际机场、呼和浩特白塔国际机场属于第 3 梯队；其余 29 个运输机场属于第 4 梯队。北京大兴国际机场调整结束后属于第 1 梯队。如图 4.10 所示。

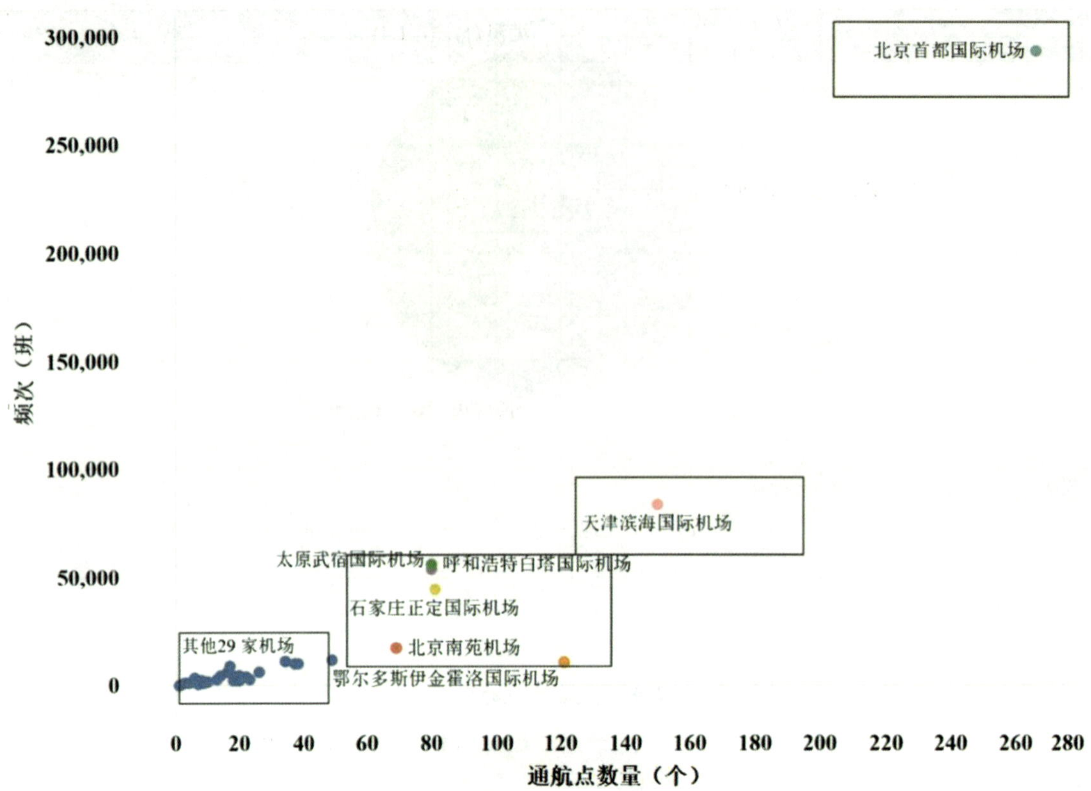

数据来源：OAG 数据库，项目组处理。

图 4.10　华北地区各运输机场通航点分布散点图

二、重点航线

2019 年，该区前 30 条国内客运航线可用座位占国内航线可用座位 34.33%。其中，除天津滨海—广州白云、天津滨海—上海浦东、太原武宿—上海浦东 3 条航线外，其他 27 条均为北京首都国际机场航线。北京首都—上海虹桥、北京首都—广州白云、北京首都—深圳宝安、北京首都—成都双流等航线十分繁忙，可用座位占全区国内航线 13.1%。北京首都—上海虹桥（PEK-SHA）航线最为繁忙，可用座位高出排名第 2 位的北京首都—广州白云（PEK-CAN）约 80 万个。北京首都—深圳宝安（PEK-SZX）可用座位超越北京首都—成都双流（PEK-CTU）排名第 3 位。如图 4.11 所示。

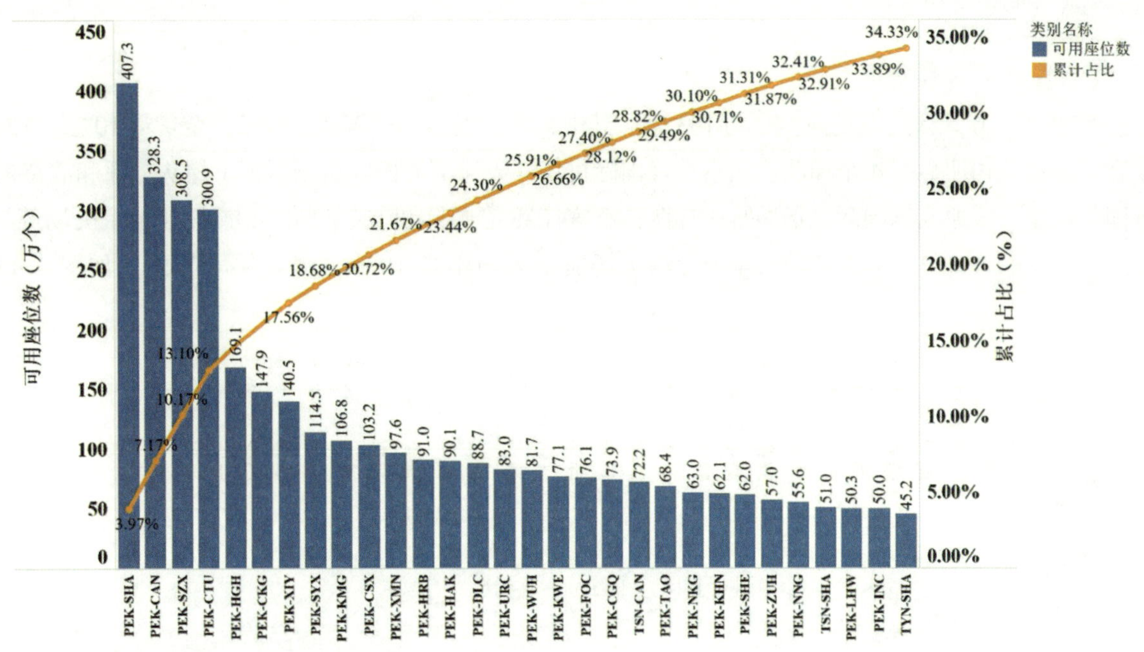

数据来源：OAG 数据库，项目组处理。

图 4.11 华北地区前 30 条国内客运航线出港可用座位分布

2019 年，该区前 15 条国际航线可用座位占国际航线 40. 24%，余力集中度同比上升 3. 24 个百分点。前 4 条国际航线包括首都机场至东京羽田、首尔仁川、新加坡樟宜、曼谷素万那普等国际机场，其可用座位均在 50 万个以上。北京首都—东京羽田（PEK-HND）由 2018 年第 2 位跃升第 1 位。如图 4. 12 所示。

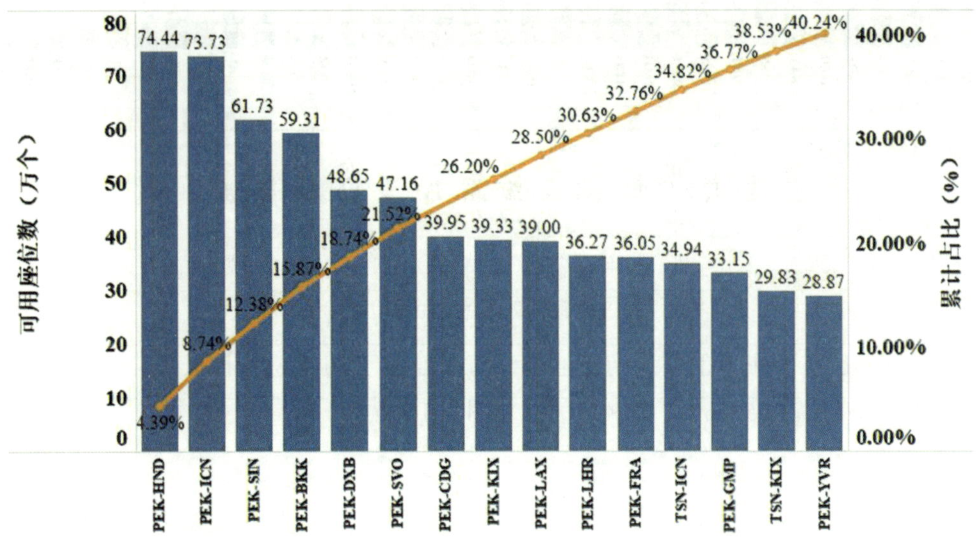

数据来源：OAG 数据库，项目组处理。

图 4. 12 华北地区前 15 条国际客运航线出港可用座位分布

三、航空公司

（一）航空公司分布

2019 年，在该区运营的航空公司 133 家。其中，客货混运及全客运 123 家，全货运 10 家。123 家客运航空公司明显呈 4 个梯队：北京首都国际机场、天津滨海国际机场居第 1 梯队；呼和浩特白塔国际机场、太原武宿国际机场居第 2 梯队；石家庄正定国际机场、呼伦贝尔东山国际机场等 8 个运输机场位于第 3 梯队；其他 24 个运输机场航空公司不足 10 家，属于第 4 梯队。如图 4.13 所示。

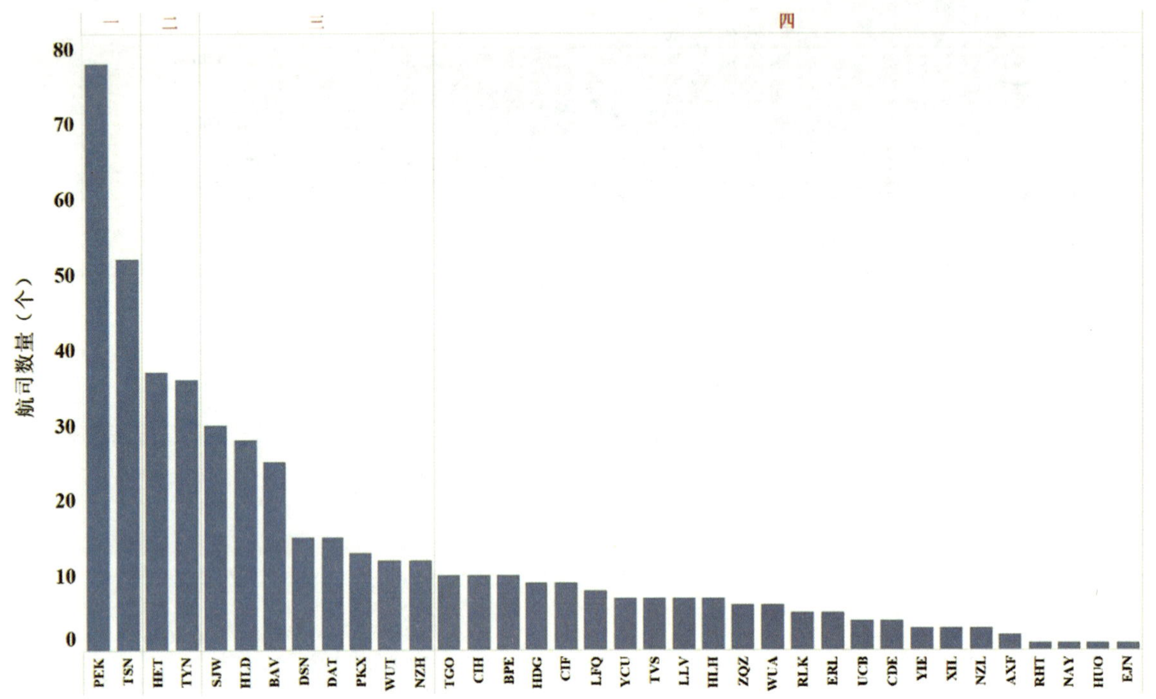

数据来源：OAG 数据库，项目组处理。

图 4.13　华北地区各运输机场运营航空公司数量及分布

（二）运力分布

2019 年，国际航空、东方航空、南方航空、海南航空可用座位占该区可用座位 54.32%，其中，国际航空可用座位占 25.16%，份额最大。如图 4.14 所示。

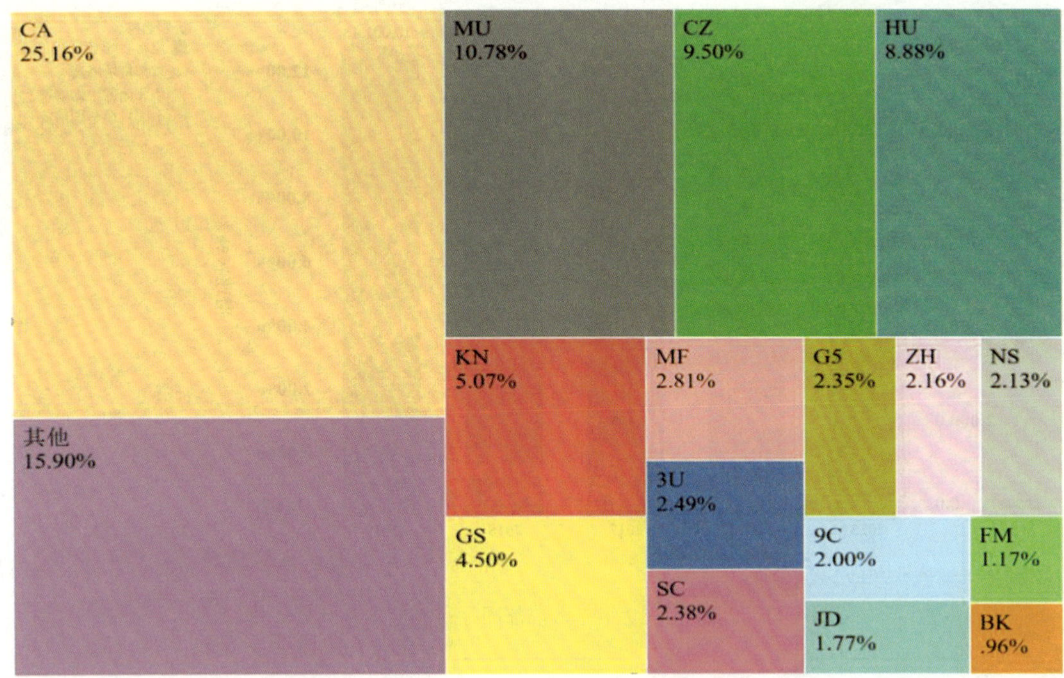

数据来源：OAG 数据库，项目组处理。

图 4.14　2019 年华北地区运输机场航空公司可用座位投入占比

第四节　北京首都国际机场

2019 年，北京首都国际机场旅客吞吐量 10 001.4 万人次，同比增长-0.96%，本区和全国排名第 1 位，全球排名第 2 位。货邮吞吐量 195.5 万吨，同比下降 11.9 万吨，本区排名第 1 位，全国排名第 2 位，全球排名第 16 位。如图 4.15 所示。

2019 年，该机场旅客吞吐量增速为近 4 年最低，低于本区和全国平均水平。2019 年 9 月 25 日，北京大兴国际机场投入运营，缓解了该机场运行压力。该机场旅客吞吐量增速下降，但绝对值再次破亿，印证了北京地区具备“一市两场”双枢纽运营条件。2019 年，该机场货邮吞吐量增速与本区平均水平及发展趋势相同，呈负增长，同比下降幅度较大，低于全国平均增速。如图 4.16 所示。

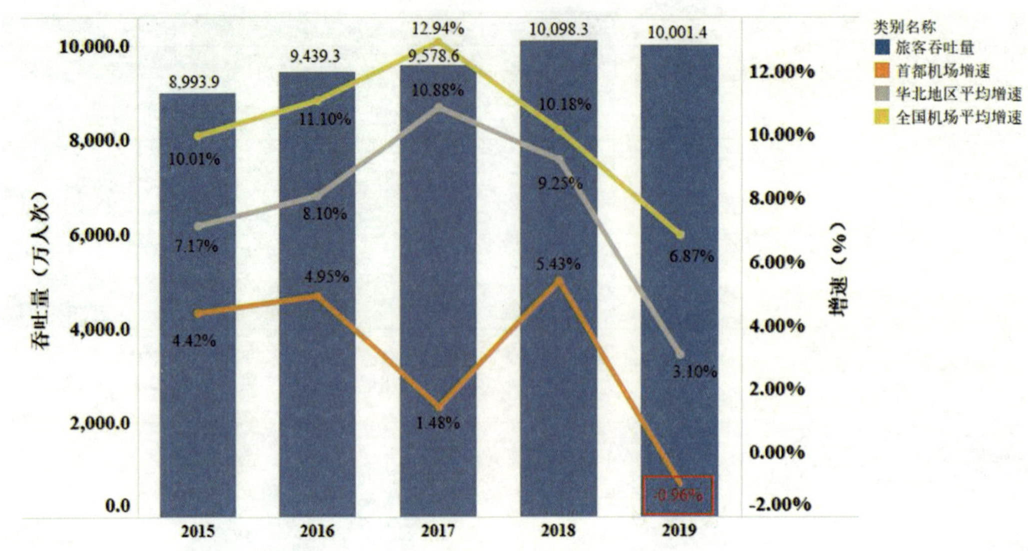

数据来源：全国机场生产统计公报。

图 4.15　2015—2019 年北京首都国际机场旅客吞吐量变化

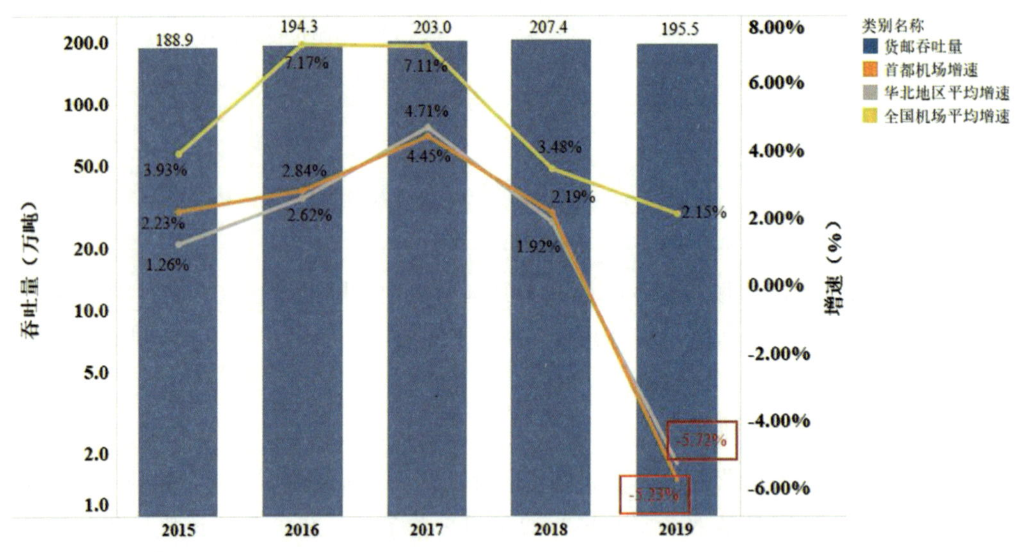

数据来源：全国机场生产统计公报。

图 4.16　2015—2019 年北京首都国际机场货邮吞吐量变化

一、航线网络布局

按照航线统计口径，2019 年该机场有通航点 300 个。其中，国内 161 个，同比增加 5 个；国外 135 个，同比减少 4 个；港澳台 4 个，同比不变。如表 4-5 所示。

表 4-5 2019 年北京首都国际机场通航点数量及分布（按航线口径统计）

地域	通航点数量（个）
国内	161
国外	135
港澳台	4
合计	300

数据来源：OAG 数据库，项目组处理。

按照可直飞（无须经停）航线统计口径，2019 年该机场通航点 266 个。其中，国内 142 个，国外 120 个，港澳台 4 个。国内出港可用座位占 72.5%，国际占 23.6%，港澳台占 3.9%。国内平均日航班 620.7 班，国际 154.3 班，港澳台 27.8 班。如表 4-6 所示。

表 4-6 2019 年北京首都国际机场通航点数量及出港可用座位投入（按无须经停的通达口径统计）

地域	通航点数量（个）	出港可用座位数（万个）	出港座位占比（%）	平均日航班量（班）	平均日频（次）	年航班量（班）
国内	142	4 559.8	72.5	620.7	4.4	226 543
国外	120	1 485.0	23.6	154.3	1.3	56 322
港澳台	4	245.3	3.9	27.8	7.0	10 155
总计	266	6 290.0	100.0	802.8	3.0	293 020

数据来源：OAG 数据库，项目组处理。

重点国内航线：2019 年，该机场前 30 条航线可用座位占国内航线 76.40%。其中，北京首都—上海虹桥（PEK-SHA）可用座位 407.29 万个，同比增加约 14 万个，份额最大。北京首都—深圳宝安（PEK-SZX）可用座位同比超过北京首都—成都双流（PEK-CTU）航线，排名跃升第 3 位。前 4 条航线中，北京首都—广州白云（PEK-CAN）可用座位增长约 30 万个，同比增长份额最大。如图 4.17 所示。

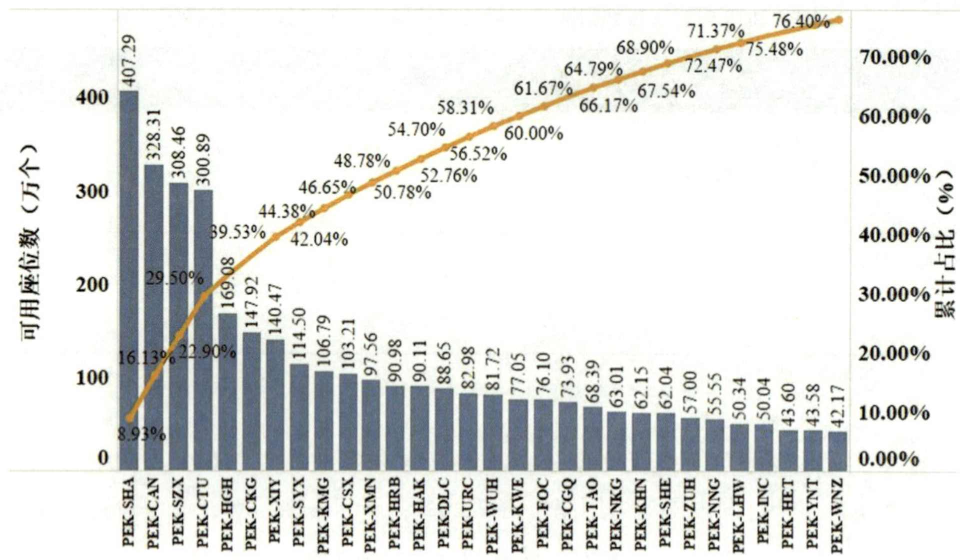

数据来源：OAG 数据库，项目组处理。

图 4.17　2019 年北京首都国际机场前 30 条国内客运航线出港可用座位分布

重点国际航线：2019 年，该机场国际航线网络覆盖全球可直飞各区域，重点国际航线集中于东北亚、东南亚、北美洲和欧洲地区，包括东北亚航线 3 条，东南亚航线 3 条，中/东欧航线 1 条，欧洲和北美洲际航线 8 条；可用座位占国际航线 45. 24%，运力集中度同比增长 3. 39%。前 4 条航线可用座位数均在 55 万个以上。可用座位份额最大的 2 条国际航线是北京首都—东京羽田（PEK-HND）、北京首都—首尔仁川（PEK-ICN），其次是北京首都—新加坡樟宜（PEK-SIN）、北京首都—曼谷素万那普（PEK-BKK）。如图 4. 18 所示。

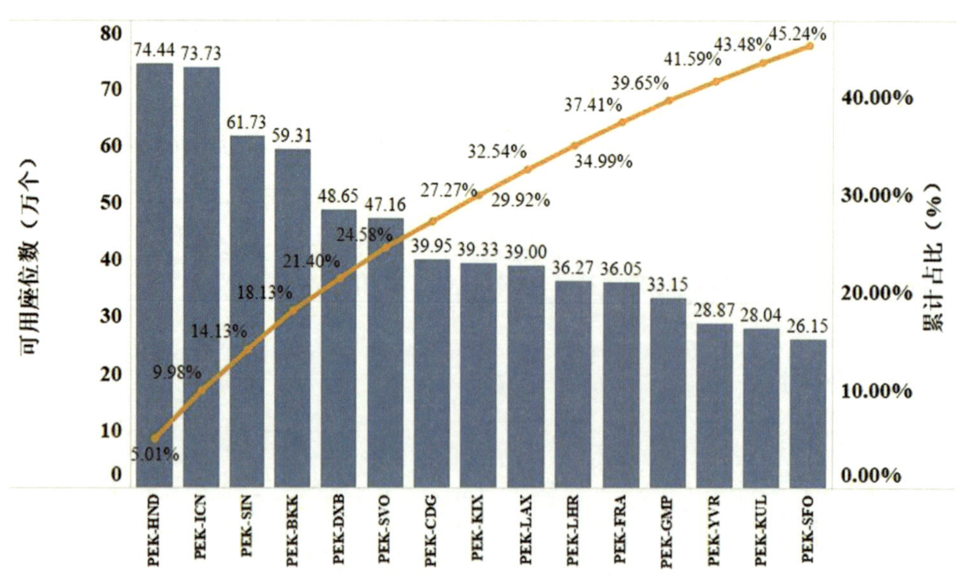

数据来源：OAG 数据库，项目组处理。

图 4.18　2019 年北京首都国际机场前 15 条国际客运航线出港可用座位分布

港澳台航线：2019 年，该机场港澳台航线 4 条，均为直达航线。其中，香港、澳门各 1 条，台湾 2 条。北京首都—香港赤鱲角国际机场可用座位 171.5 万个，占港澳台地区 69.9%。

二、运营的航空公司

2019 年，在该机场运营的客运航空公司 78 家。其中，国内航空公司 19 家，同比减少 2 家；国外航空公司 54 家，同比减少 5 家；港澳台航空公司 5 家，同比减少 1 家。如图 4.19 所示。

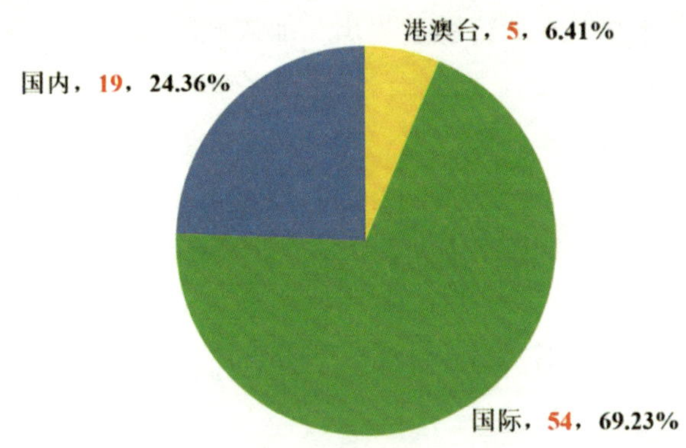

数据来源：OAG 数据库，项目组处理。

图 4.19　2019 年北京首都国际机场航空公司数量（个）及分布

2019 年，该机场可用座位投入以国际航空、南方航空、东方航空、海南航空为主。国际航空座位占 39.35%，同比增长 0.3%，份额最大。南方航空、东方航空、海南航空可用座位分别占 14.18%、12.03%、11.01%，同比基本持平。如图 4.20 所示。

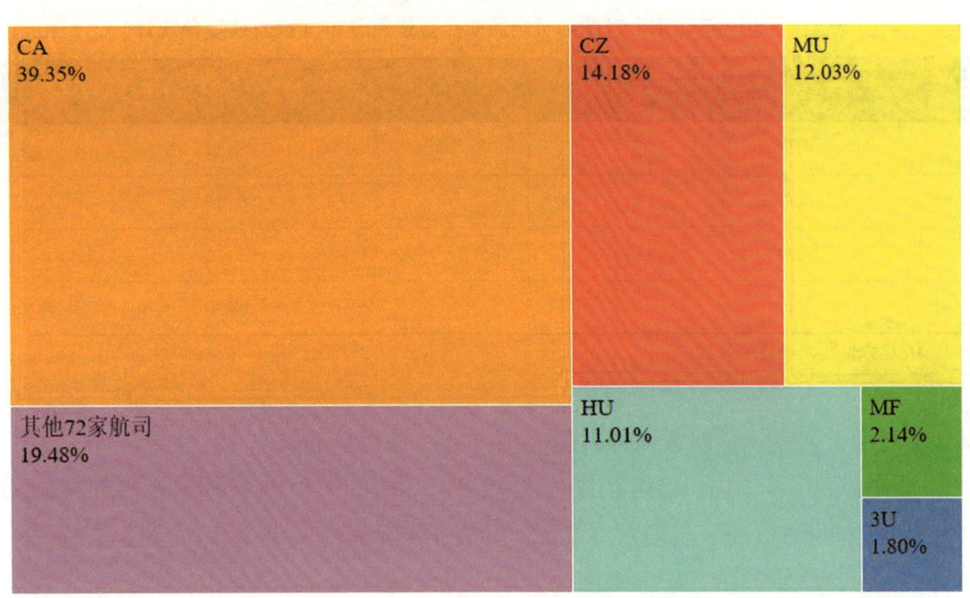

数据来源：OAG 数据库，项目组处理。

图 4.20　2019 年北京首都国际机场航空公司可用座位投入占比

三、综合交通

该机场相接的路网及轨道交通能够实现 1 小时左右抵达市中心和各主要客运枢纽站，覆盖市区以及周边 8 个城市。1 条轨道交通与市中心 1 小时内互联互通，为旅客提供便捷、低成本出行或换乘方式，与各铁路枢纽站直接连接。17 条巴士路线通达点以该机场 2 号航站楼、北京西站、北京南站、西单、公主坟、中关村、昌平等地为主。8 条城际大巴线：覆盖周边 8 个城市，最远到内蒙古自治区赤峰市，单程最长运营时间 5.5 小时，最短 2.5 小时。

《北京市“十三五”交通发展规划》明确提出，加快城际铁路联络线（S6 线）建设，形成连接两个运输机场及沿线各新城的交通骨干走廊，京津冀区域城际铁路主骨架基本形成。建设京新高速，形成西北部货运通道，缓解京藏高速压力。建设京台高速、京秦高速、承平高速、首都地区环线（通州大兴段），加强京津冀区域公路互联互通。加密重点功能区轨道线网，建成功能层次明确、级配结构合理的城市轨道网，延长既有机场线，扩大机场线辐射范围。

第五节　北京大兴国际机场

2019 年 9 月 25 日，北京大兴国际机场投入运营。截至 12 月 31 日，该机场旅客吞吐量 313.5 万人次，货邮吞吐量 0.74 万吨。

一、航线网络布局

按照航线统计口径，2019 年该机场通航点 130 个。其中，国内 111 个，国外 17 个，港澳台 2 个。如表 4-7 所示。

表 4-7　2019 年北京大兴国际机场通航点数量及分布（按航线口径统计）

地域	通航点数量（个）
国内	111
国外	17
港澳台	2
总计	130

数据来源：OAG 数据库，项目组处理。

按照可直飞（无须经停）航线统计口径，2019 年，该机场通航点 121 个。其中，国内 104 个，国外 15 个，港澳台 2 个。国内出港可用座位占 95.9%，国际占 3.2%，港澳台占 0.9%。国内平均日航班 104.5 班，国际 3.3 班，港澳台 0.9 班。如表 4-8 所示。

表 4-8　2019 年北京大兴国际机场通航点数量及出港可用座位投入

（按无须经停的通达口径统计）

地域	通航点数量（个）	出港可用座位数（万个）	出港座位占比（%）	平均日航班量（班）	平均日频（次）	年航班量（班）
国内	104	182.0	95.9	104.5	1.0	10 237
国外	15	6.0	3.2	3.3	0.22	328
港澳台	2	1.7	0.9	0.9	0.45	91
总计	121	189.7	100.0	108.7	0.9	10 656

数据来源：OAG 数据库，项目组处理。

重点国内航线：2019 年，该机场前 30 条国内航线可用座位占国内航线 54.50%，运力集中度相对较低。其中，北京大兴—广州白云（PKX-CAN）可用座位 8.49 万个，份额最大。北京大兴—上海虹桥（PKX-SHA）可用座位 8.31 万个，排第 2 位。北京大兴—鄂尔多斯霍洛伊金（PKX-DSN）可用座位 5.99 万个，位居第 3。此处航线网络数据仅为该机场投入运行 3 个月的情况，整体规模及重点航线随着未来航空公司持续转场及运力增长，将会有较大的变化。如图 4.21 所示。

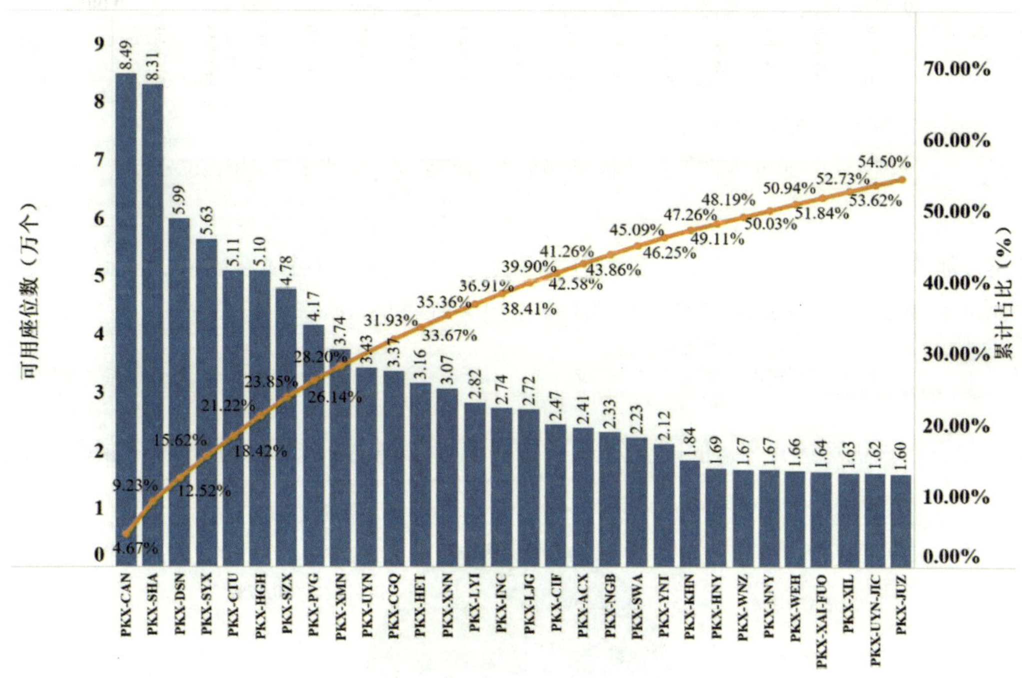

数据来源：OAG 数据库，项目组处理。

图 4.21　2019 年北京大兴国际机场前 30 条国内客运航线出港可用座位分布

重点国际航线：2019 年，该机场前 15 条国际航线，包括东南亚航线 7 条，东北亚航线 2 条，南亚航线 2 条，洲际航线 4 条；可用座位占国际航线 100%，集中度较高。其中，北京首都—伦敦希思罗（PKX-LHR）可用座位 1.39 万个，份额最大，占国际航线 23.06%。北京首都—曼谷廊曼（PKX-BKK）可用座位 1.05 万个，位居第 2。其他 12 条国际航线可用座位在 1 万个以下。根据相关的规划，预计 2019—2022 年，北京大兴国际机场将完成东南亚、南亚等地区航线网络构建，布局欧洲、北美、东北亚、中东等重要国际通航点，成为全球前列大型国际航空枢纽。如图 4.22 所示。

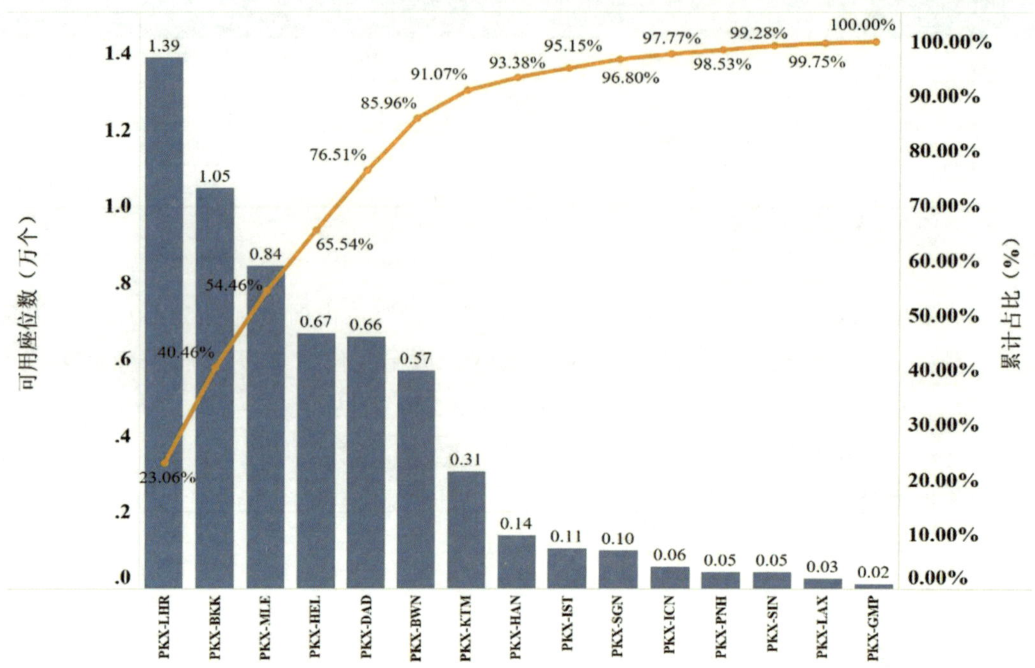

数据来源：OAG 数据库，项目组处理。

图 4.22　2019 年北京大兴国际机场前 15 条国际客运航线出港可用座位分布

港澳台航线： 2019 年，该机场港澳台航线 2 条，香港、澳门各 1 个，均为直达航线。其中，北京首都—香港赤鱲角（PKX-HKG）可用座位占地区航线 98.0%。

二、运营的航空公司

2019 年，在该机场运营客运的航空公司 13 家。其中，国内 9 家，国外 4 家。如图 4.23 所示。

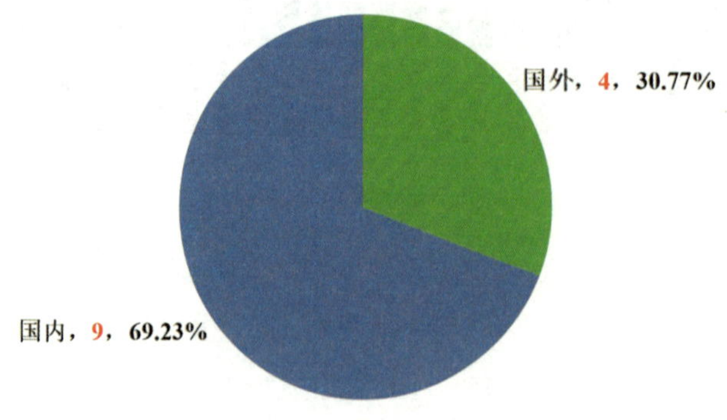

数据来源：OAG 数据库，项目组处理。

图 4.23　2019 年北京大兴国际机场航空公司数量（个）及分布

2019 年，该机场可用座位投入以中国联合航空为主，可用座位占 53.88%，份额最大。首都航空、南方航空、河北航空可用座位分别占 10.25%、9.67%、8.85%。如图 4.24 所示。

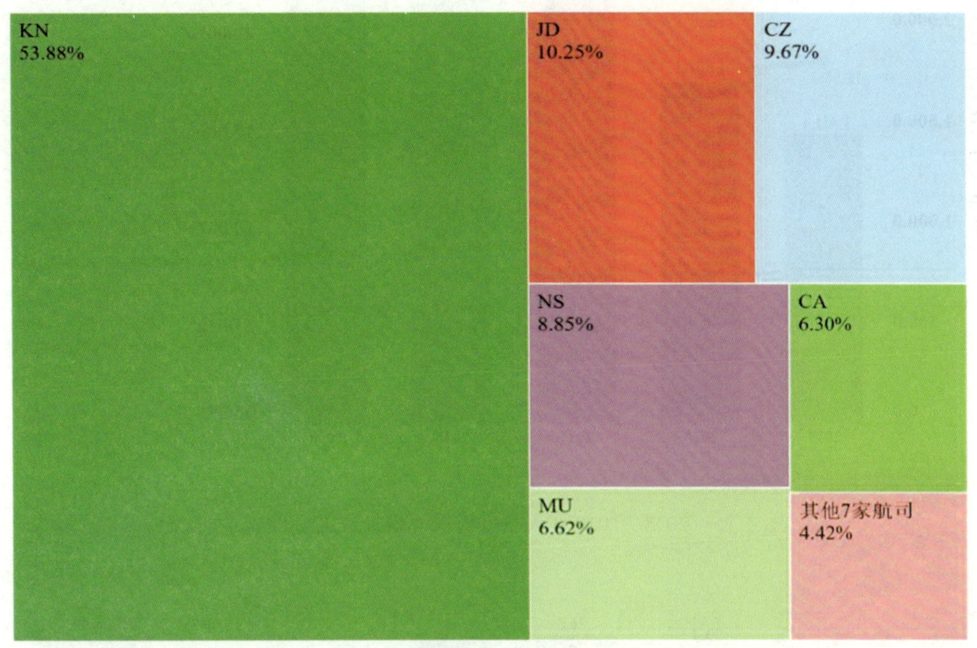

数据来源：OAG 数据库，项目组处理。

图 4.24　2019 年北京大兴国际机场航空公司可用座位投入占比

三、综合交通

该机场连接路网、轨道交通能够 1 小时左右抵达市中心及各主要客运枢纽站，覆盖市各区及周边 4 个城市。1 条轨道交通与市中心 1 小时内互联互通，为旅客提供便捷、低成本出行或换乘，与各铁路枢纽站直接连接。6 条巴士路线由市内往返该机场、北京站、北京西站、北京南站、通州、房山及宣武门等换乘站点。4 条城际大巴线分别通达天津、廊坊、唐山、保定等周边城市。

第六节　天津滨海国际机场

2019 年，天津滨海国际机场旅客吞吐量 2 381.3 万人次，同比增长 0.94%，本区排名第 2 位，全国排名第 19 位，同比上升 2 位。货邮吞吐量 22.62 万吨，同比降低 1.33 个百分点，本区排名第 2 位，全国排名第 16 位。如图 4.25 所示。

近 5 年，该机场旅客吞吐量持续快速增长，但增速不稳定。2019 年，旅客吞吐量净增 22.2 万人次，增量和增速为近 5 年最低，低于本区和全国平均水平。该机场国际和地区货邮运输比重较高，受中美经贸摩擦影响，2019 年，国际货邮业务发展明显减慢，货邮吞吐量同比减少 3.3 万吨，是 2015 年以来再次负增长。如图 4.26 所示。

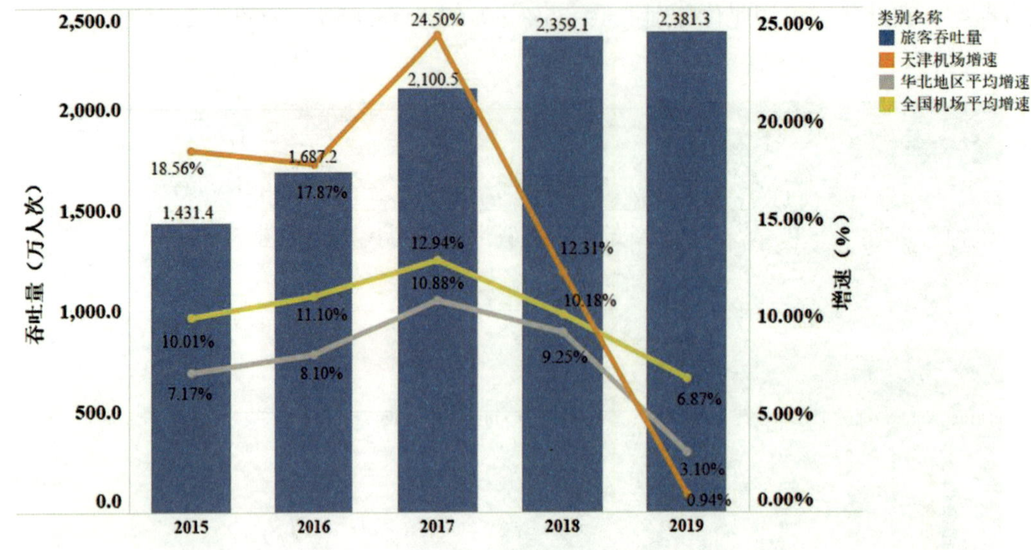

数据来源：全国机场生产统计公报。

图 4. 25　2015—2019 年天津滨海国际机场旅客吞吐量变化

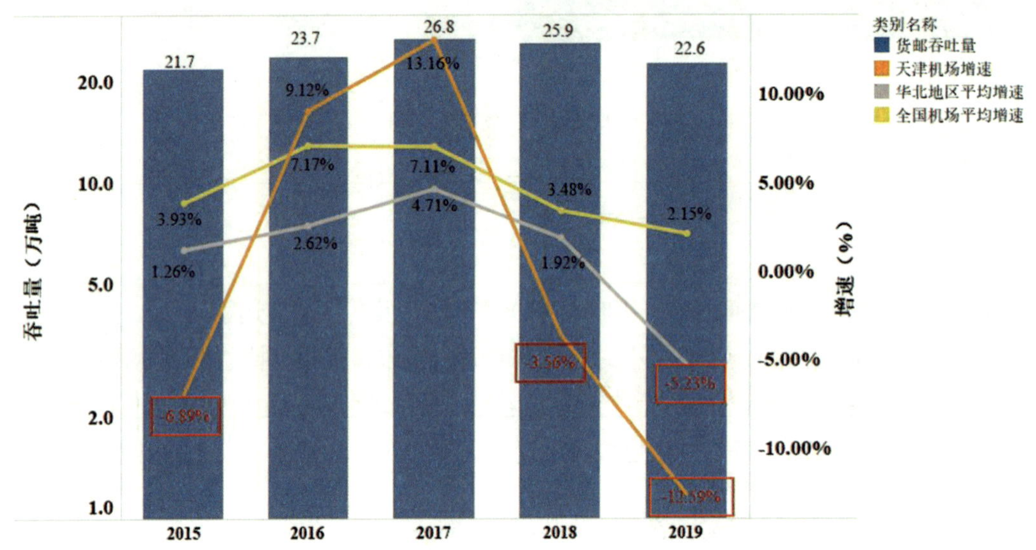

数据来源：全国机场生产统计公报。

图 4. 26　2015—2019 年天津滨海国际机场货邮吞吐量变化

一、航线网络布局

按照航线统计口径，2019 年，该机场通航点 168 个。其中，国内 132 个，同比增加 4 个；国外 31 个，同比不变；港澳台 5 个，同比增加 1 个。如表 4-9 所示。

表 4-9　2019 年天津滨海国际机场通航点数量及分布（按航线口径统计）

地域	通航点数量（个）
国内	132
国外	31
港澳台	5
总计	168

数据来源：OAG 数据库，项目组处理。

按照可直飞（无须经停）航线统计口径，2019 年该机场通航点 150 个。其中，国内 118 个，国外 27 个，港澳台 5 个。国内出港可用座位占 85.5%，国际占 12.2%，港澳台占 2%。国内平均日航班 202.1 班，国际 21.6 班，港澳台 4.5 班。如表 4-10 所示。

表 4-10　2019 年天津滨海国际机场通航点数量及出港可用座位投入（按无须经停的通达口径统计）

地域	通航点数量（个）	出港可用座位数（万个）	出港座位占比（%）	平均日航班量（班）	平均日频（次）	年航班量（班）
国内	118	1 222.7	85.8	202.1	1.7	73 760
国外	27	173.3	12.2	21.6	0.8	7 866
港澳台	5	28.9	2.0	4.5	0.9	1 628
总计	150	1 424.9	100.0	228.1	1.5	83 254

数据来源：OAG 数据库，项目组处理。

重点国内航线：2019 年，该机场前 30 条国内航线可用座位占国内航线 53.82%，运力集中度同比上升 0.87%。其中，天津滨海—广州白云（TSN-CAN）可用座位投入 72.23 万个，同比减少 1.77 万个，份额最大。天津滨海—上海虹桥（TSN-SHA）可用座位超过天津滨海—深圳宝安（TSN-SZX），排名同比上升 1 位。天津滨海—成都双流（TSN-CTU）可用座位 44.59 万个，略有增加。如图 4.27 所示。

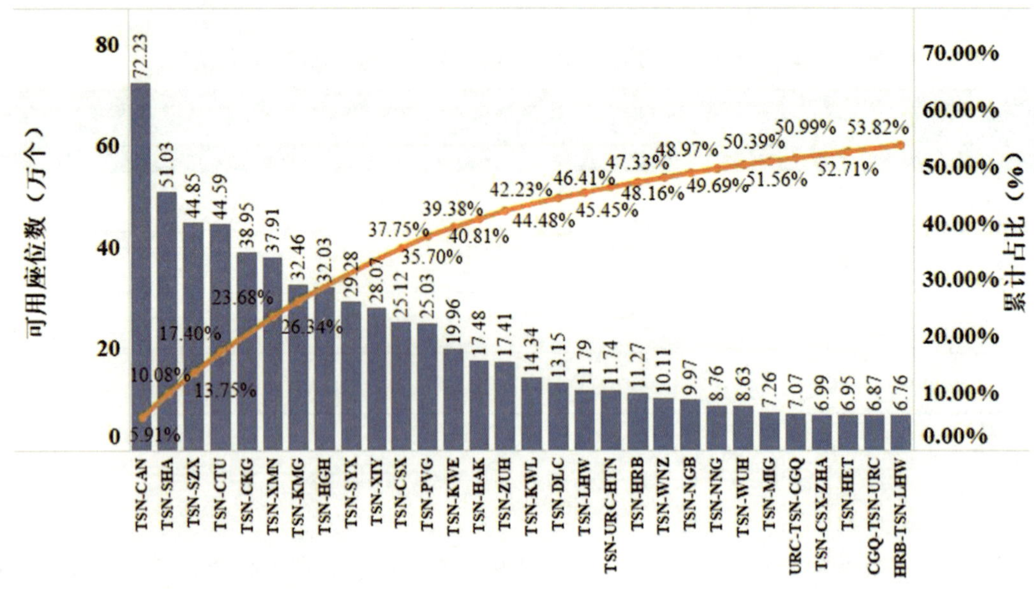

数据来源：OAG 数据库，项目组处理。

图 4.27　2019 年天津滨海国际机场前 30 条国内客运航线出港可用座位分布

重点国际航线：2019 年，该机场前 15 条国际航线包括东北亚航线 7 条，7 条南亚航线 7 条，洲际航线 1 条；可用座位占国际航线 94.98%，运力集中度同比上升 14.39%，集中度上升较快。其中，天津滨海—首尔仁川（TSN-ICN）可用座位 34.94 万个，占国际航线可用座位 20.16%。天津滨海—大阪关西（TSN-KIX）、天津滨海—曼谷廊曼（TSN-DMK）2 条航线可用座位均超过 20 万个。其他 12 条国际航线可用座位均在 15 万个以下。如图 4.28 所示。

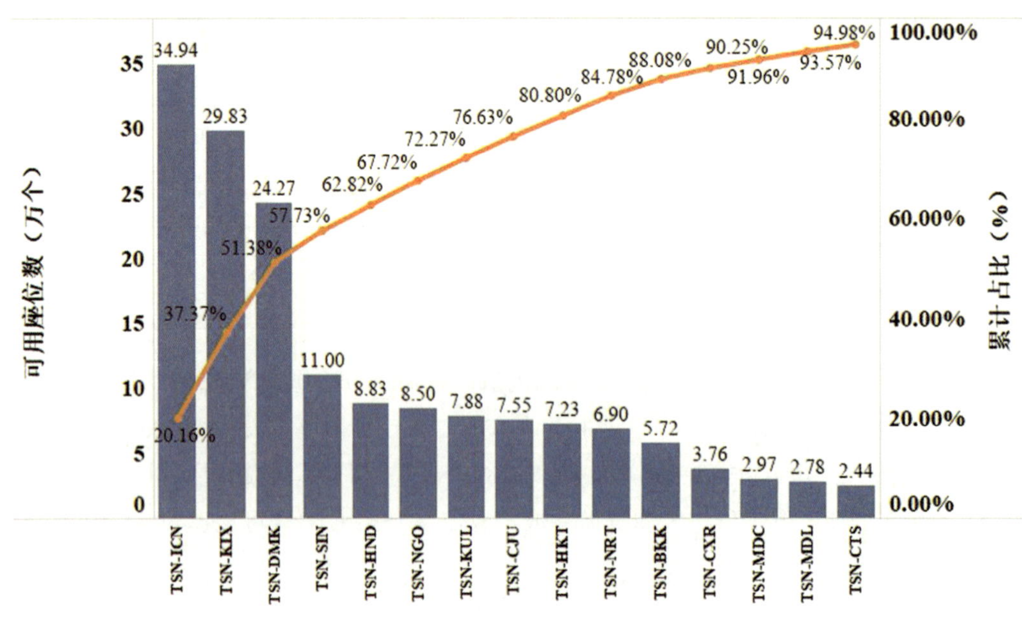

数据来源：OAG 数据库，项目组处理。

图 4.28　2019 年天津滨海国际机场前 15 条国际客运航线出港可用座位分布

港澳台航线：2019 年，该机场港澳台航线 5 条，均为直达航线。其中，天津滨海—香港赤鱲角（TSN-HKG）是最重要港澳台航线，可用座位占港澳台航线 52.6%，同比下降 5.2%。

二、运营的航空公司

2019 年，在该机场运营的航空公司 52 家，同比增加 4 家。其中，国内 35 家，同比增加 4 家；国外 14 家，同比不变；港澳台 3 家，同比不变。如图 4.29 所示。

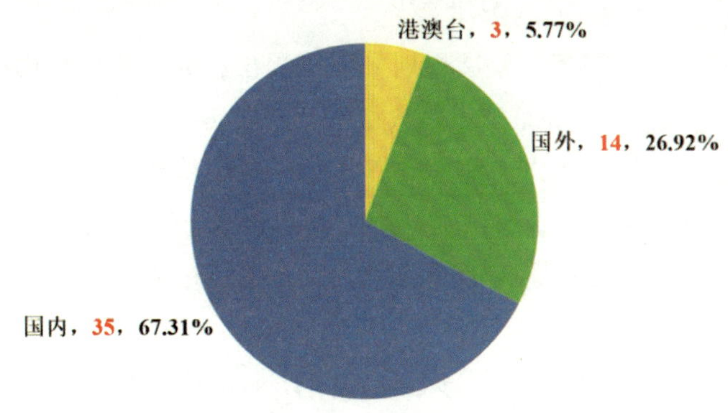

数据来源：OAG 数据库，项目组处理。

图 4.29 2019 年天津滨海国际机场航空公司数量（个）及分布

该机场可用座位投入较分散。2019 年，该机场可用座位以天津航空、国际航空、厦门航空、奥凯航空等 6 家国内航空公司为主，可用座位占 64.48%。其中，天津航空以该机场为主运营基地，可用座位占 20.99%，份额最大，略高于国际航空的 18.02%。厦门航空、奥凯航空分别占 8.32%、7.42%。前 4 家航空公司中，天津航空可用座位增加约 2.45%，超过国际航空居第 1 位；其他 3 家可用座位均略有减少。如图 4.30 所示。

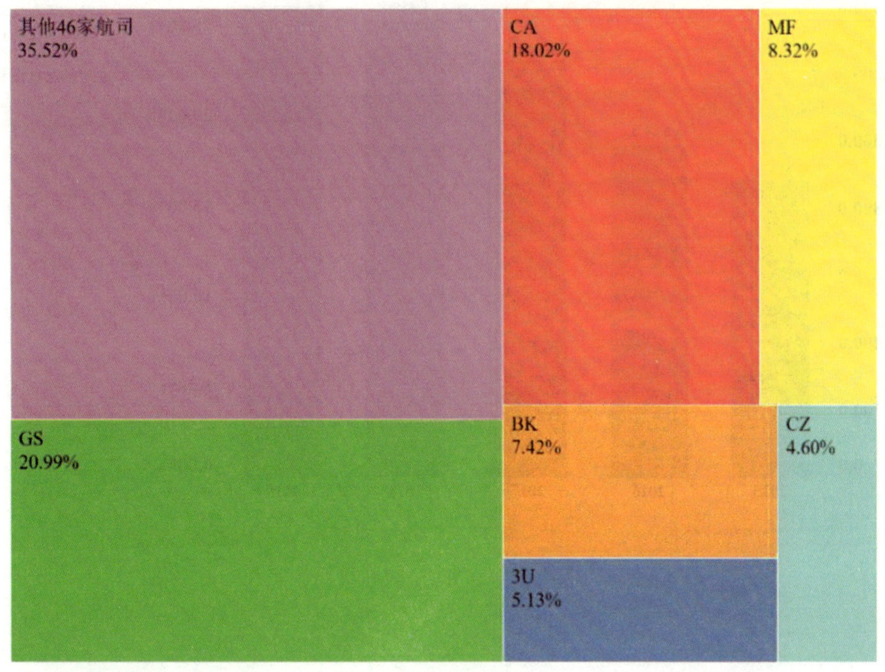

数据来源：OAG 数据库，项目组处理。

图 4.30 2019 年天津滨海国际机场航空公司可用座位投入占比

三、综合交通

该机场连接的路网和轨道交通能够实现 0.5~2 小时左右抵达市中心和各主要客运枢纽站，覆盖市区及北京市。1 条轨道交通与市中心 1 小时内互联互通，为旅客提供便捷、低成本出行方式及换乘，与天津各铁路枢纽站直接连接。3 条专线巴士路线往返该机场与天津站、天津西站、通莎客运站、万新村南以及唐山道。2 条城际大巴线分别通达北京八王坟线、塘沽开发区。其中，北京八王坟线是跨行政区域线路，往返北京与天津。

《天津市综合交通运输“十三五”发展规划》明确提出，完善该机场面向区域的集疏运系统，重点推进京津城际铁路机场延伸线和京滨城际铁路建设，推动空港枢纽融入区域城际铁路网络；完善机场长途客运站等配套设施。强化空地、空海联运，推动该机场“行李直挂”和“空铁一票通”；开通该机场至京津冀主要城市及市域主要新城大巴；围绕游轮旅游等进一步拓展机场腹地市场。重点建设宁静高速、津汉高速、航双路、津北公路等集疏运道路。

第七节　太原武宿国际机场

2019 年，太原武宿国际机场旅客吞吐量达到 1 400.3 万人次，同比增长 3.05%，本区排名第 3 位，全国排名第 29 位；货邮吞吐量达到 5.8 万吨，本区排名第 3 位，全国排名第 37 位。如图 4.31 所示。

2019 年，该机场旅客吞吐量增速有所回落，跌至 5 年最低值，低于全国平均增速。货邮吞吐量同比增长 0.5 万吨，增速同比下降 7.08 个百分点。如图 4.32 所示。

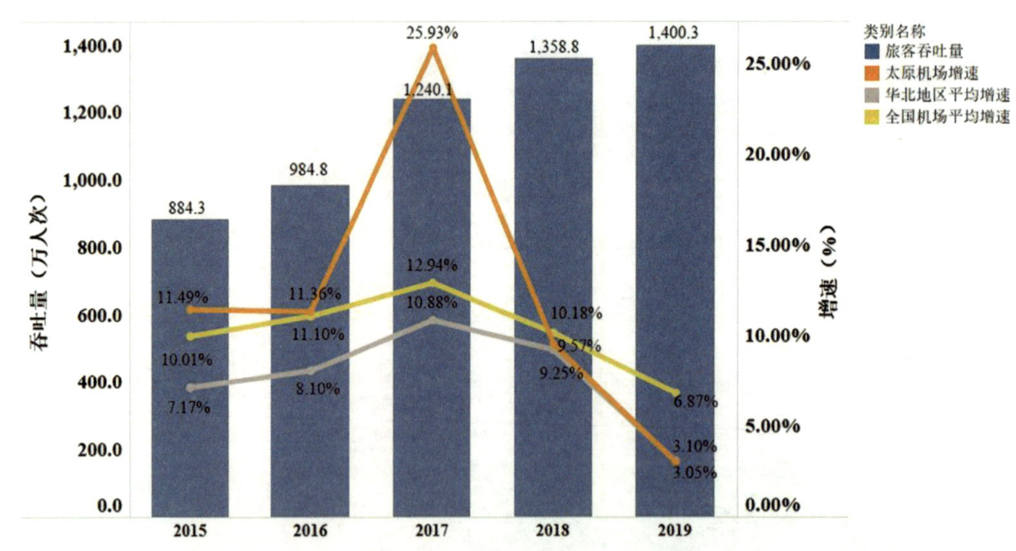

数据来源：全国机场生产统计公报。

图 4.31　2015—2019 年太原武宿国际机场旅客吞吐量变化

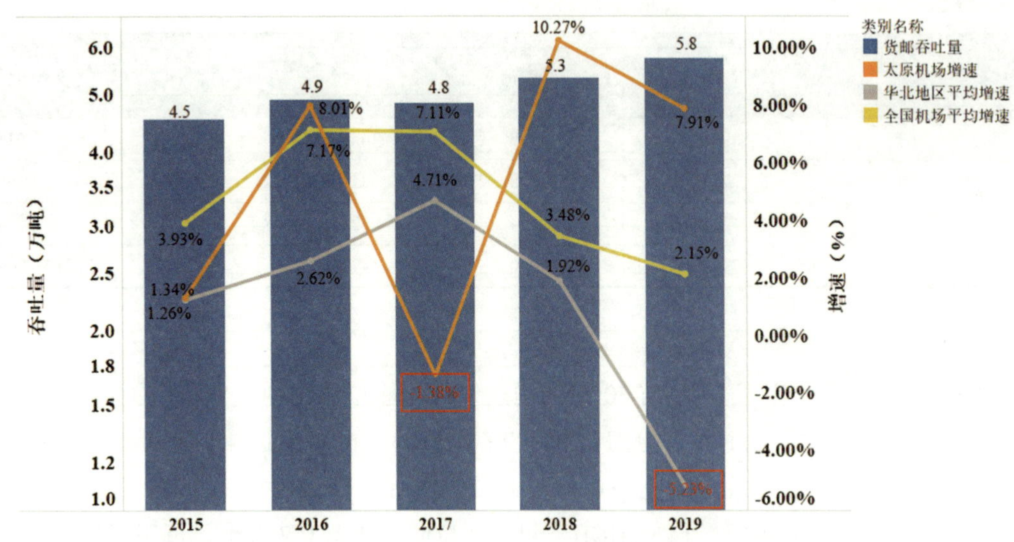

数据来源：全国机场生产统计公报。

图 4.32　2015—2019 年太原武宿国际机场货邮吞吐量变化

一、航线网络布局

按照航线统计口径，2019 年该机场有通航点 91 个。其中，国内 72 个，同比减少 1 个；国外 15 个，同比增加 5 个；港澳台 4 个，同比不变。如表 4-11 所示。

表 4-11　2019 年太原武宿国际机场通航点数量及分布（按航线口径统计）

地域	通航点数量（个）
国内	72
国外	15
港澳台	4
总计	91

数据来源：OAG 数据库，项目组处理。

按照可直飞（无须停）航线统计口径，2019 年该机场通航点 80 个。其中，国内 68 个，国外 8 个，港澳台 4 个。国内出港可用座位占 97.8%，国际占 0.8%，港澳台占 1.4%。国内平均日航班 144.1 班，国际 1.1 班，港澳台 2.2 班。如表 4-12 所示。

表 4-12　2019 年太原武宿国际机场通航点数量及出港可用座位投入

（按无须经停的通达口径统计）

地域	通航点数量（个）	出港可用座位数（万个）	出港座位占比（%）	平均日航班量（班）	平均日频（次）	年航班量（班）
国内	68	859.8	97.8	144.1	2.1	52 613
国外	8	7.1	0.8	1.1	0.1	395
港澳台	4	12.5	1.4	2.2	0.5	794
总计	80	879.4	100.0	147.4	1.8	53 802

数据来源：OAG 数据库，项目组处理。

重点国内航线：2019 年，该机场前 30 条国内航线可用座位占国内航线 50.71%，运力集中度同比提高 0.99%。其中，太原武宿—上海虹桥（TYN-SHA）可用座位 45.15 万个，超过太原武宿—杭州萧山（TYN-HGH）、太原武宿—广州白云（TYN-CAN）航线，是该机场 2019 年最繁忙国内航线。太原武宿—杭州萧山（TYN-HGH）可用座位同比减少 1.7 万个，可用座位排名由 2018 年第 1 位降至第 3 位。太原武宿—上海浦东（TYN-PVG）可用座位同比减少 4.5 万个，排名同比下降 3 位。如图 4.33 所示。

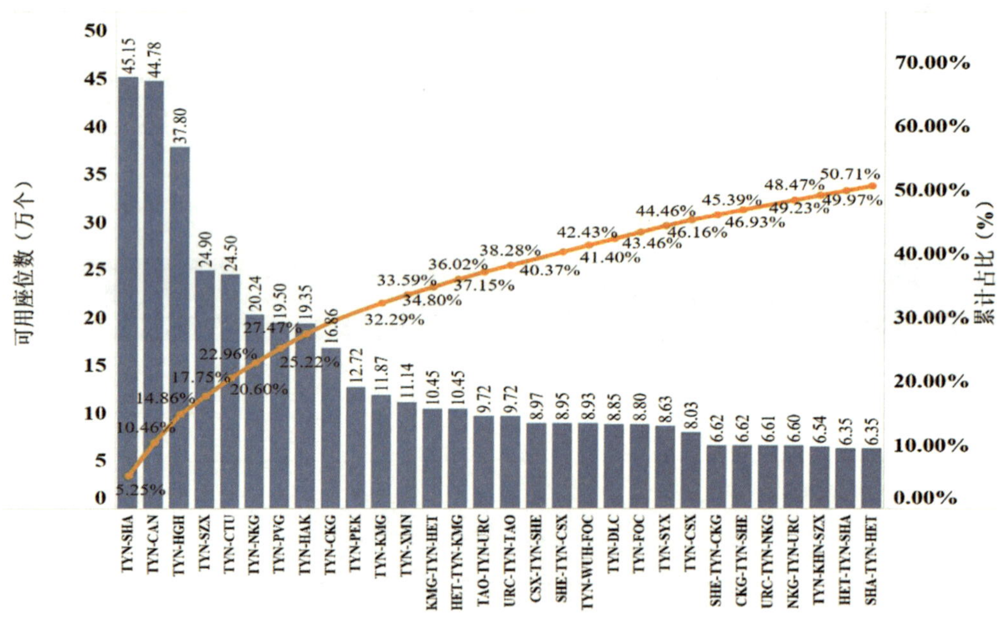

数据来源：OAG 数据库，项目组处理。

图 4.33　2019 年太原武宿国际机场前 30 条国内客运航线出港可用座位分布

重点国际航线：2019 年，该机场国际航线 8 条，均为直达航线，同比减少 3 条。8 条国际航线中包括东南亚航线 6 条，东北亚航线 1 条，中/东欧航线 1 条。前 2 条航线可用座位均在 1 万个以上，其余 6 条航线可用座位均不足 1 万个。太原武宿—曼谷素万那普（TYN-BKK）是最繁忙国际航线，可用座位同比有所增加。如图 4.34 所示。

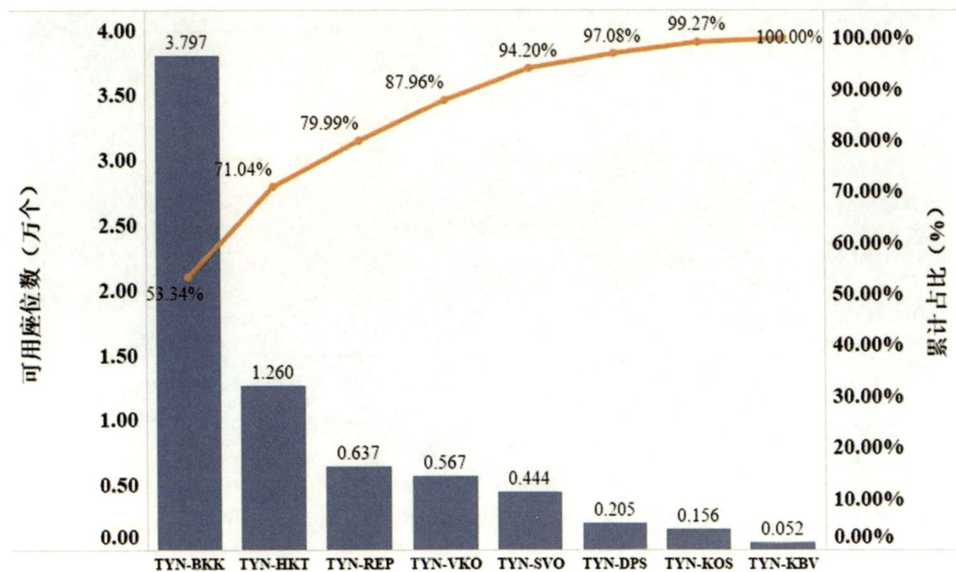

数据来源：OAG 数据库，项目组处理。

图 4.34　2019 年太原武宿国际机场国际客运航线出港可用座位分布

港澳台航线： 2019 年，该机场有港澳台航线 4 条，均为直达航线，分别通达香港赤鱲角、澳门、台北桃园、台北松山等国际机场。其中，台北桃园、澳门 2 条航线可用座位分别占港澳台航线可用座位 35.2%、41.2%。

二、运营的航空公司

2019 年，在该机场运营的航空公司有 36 家。其中，国内 29 家、国外 4 家，港澳台 3 家，同比均无变化。如图 4.35 所示。

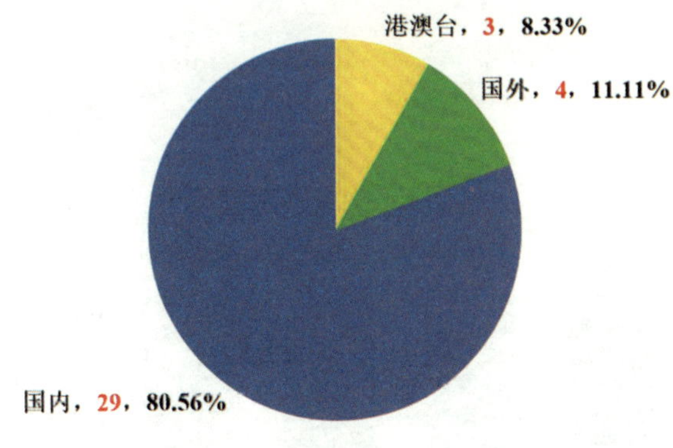

数据来源：OAG 数据库，项目组处理。

图 4.35　2019 年太原武宿国际机场航空公司数量（个）及分布

2019 年，该机场可用座位以东方航空、海南航空为主。其中，东方航空可用座位占 28.81%，同比增加 0.92%，份额最大。海南航空占 15.49%，同比增加 0.07%，位居其次。山东航空、四川航空、南方航空和深圳航空等 4 家航空公司可用座位投入在 4%~7%之间。如图 4.36 所示。

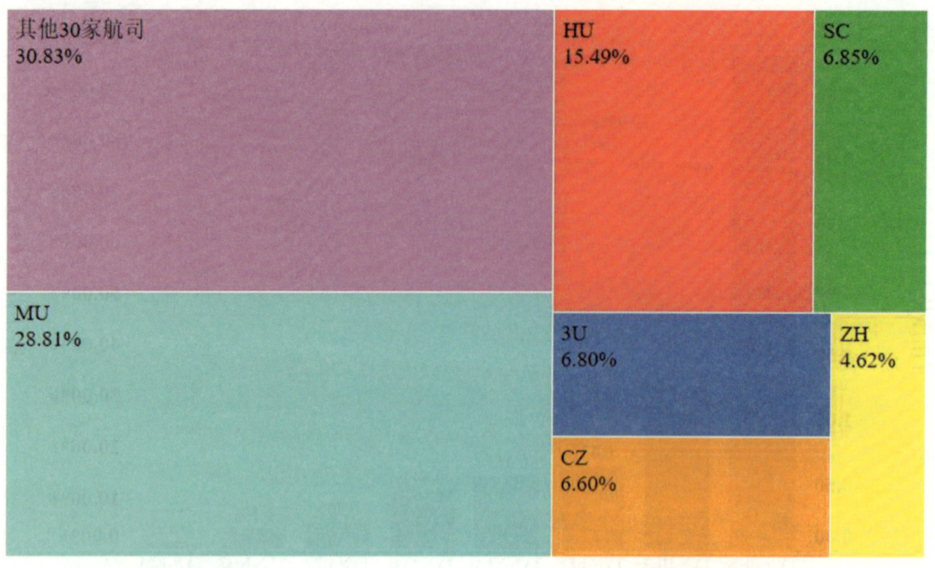

数据来源：OAG 数据库，项目组处理。

图 4.36　2019 年太原武宿国际机场航空公司可用座位投入占比

第八节　呼和浩特白塔国际机场

2019 年，呼和浩特白塔国际机场旅客吞吐量 1 315.2 万人次，同比增长 8.16%，本区排名第 4 位，全国排名第 32 位；货邮吞吐量 4.6 万吨，同比增长 14.79%，本区排名第 5 位，全国排名第 32 位。

近年，该机场旅客吞吐量保持较高增长水平。2017—2018 年增速均保持 2 位数增长。2019 年增速 8.16%，同比有所下降，但高于本区和全国平均水平。货邮吞吐量同比增加 0.6 万吨，同比增长 14.79%，增速高于本区和全国平均水平。如图 4.37、图 4.38 所示。

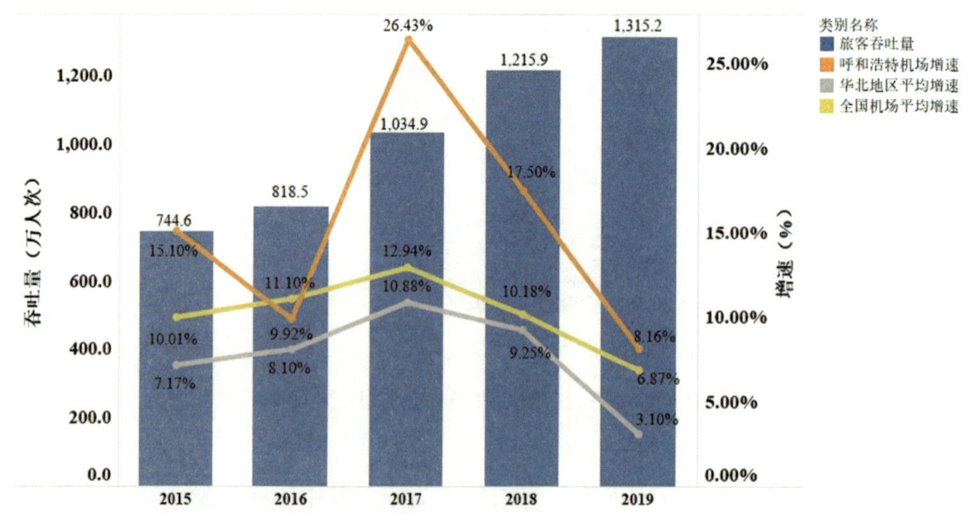

数据来源：全国机场生产统计公报。

图 4.37　2015—2019 年呼和浩特白塔国际机场旅客吞吐量变化

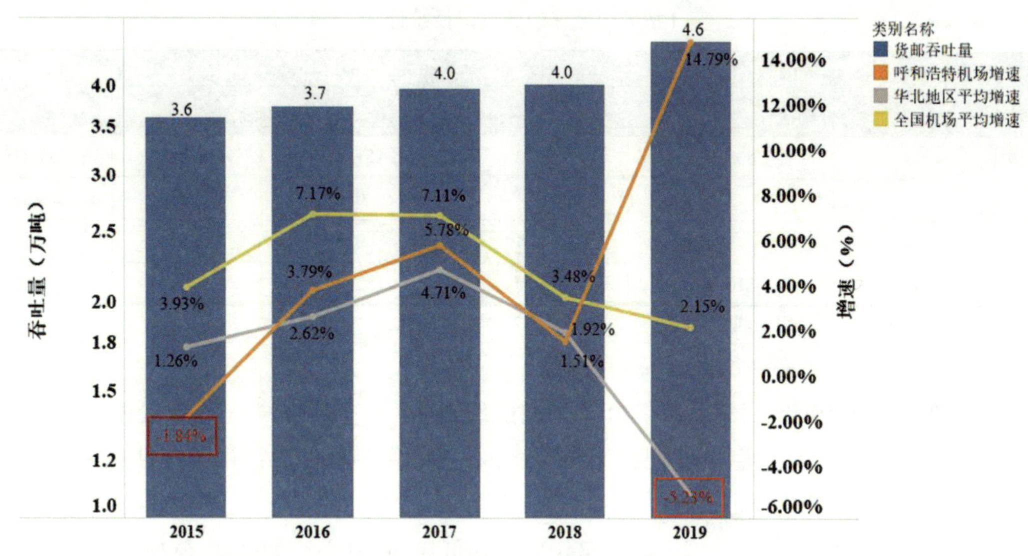

数据来源：全国机场生产统计公报。

图 4.38　2014—2018 年呼和浩特白塔国际机场货邮吞吐量变化

一、航线网络布局

按照航线统计口径，2019 年该机场有通航点 98 个。其中，国内 89 个，同比增加 10 个；国外 7 个，同比增加 1 个；港澳台 2 个，同比不变。如表 4-13 所示。

表 4-13　2019 年呼和浩特白塔机场通航点数量及分布（按航线口径统计）

地域	通航点数量（个）
国内	89
国外	7
港澳台	2
合计	98

数据来源：OAG 数据库，项目组处理。

按照可直飞（无须经停）航线统计口径，2019 年该机场有通航点 80 个。其中，国内 75 个，国外 4 个，港澳台 1 个。国内出港可用座位占 99.2%，国际占 0.4%，港澳台占 0.4%。国内平均日航班 151.3 班，国际 0.6 班，港澳台 0.5 班。如表 4-14 所示。

表 4-14　2019 年呼和浩特白塔机场通航点数量及出港可用座位投入

（按无须经停的通达口径统计）

地域	通航点数量（个）	出港可用座位数（万个）	出港座位占比（%）	平均日航班量（班）	平均日频（次）	年航班量（班）
国内	75	803.9	99.2	151.3	2.0	55 218
国外	4	3.0	0.4	0.6	0.1	237
港澳台	1	3.4	0.4	0.5	0.5	183
总计	80	810.3	100.0	152.4	1.9	55 638

数据来源：OAG 数据库，项目组处理。

重点国内航线：2019 年，该机场前 30 条国内航线有 14 条直达航线，16 条经停航线；可用座位占国内航线 40.31%，运力集中度同比下降 4.44%。其中，呼和浩特白塔—北京首都（HET-PEK）是最繁忙航线，可用座位 43.59 万个；其次是呼和浩特白塔—赤峰（HET-CIF），可用座位 37.61 万个，同比基本持平。其他国内航线可用座位均低于 30 万个。如图 4.39 所示。

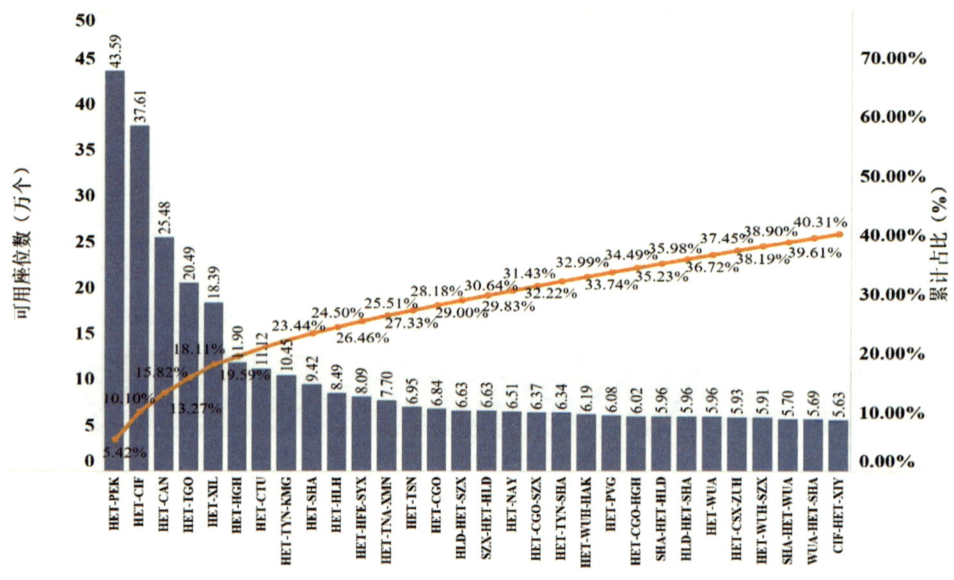

数据来源：OAG 数据库，项目组处理。

图 4.39　2019 呼和浩特白塔国际机场前 30 条国内客运航线出港可用座位分布

重点国际航线：2019 年，该机场国际航线有 4 条，均为直达航线，同比减少 5 条。4 条国际航线包括东南亚航线 3 条，东北亚航线 1 条。呼和浩特白塔—金兰（HET-CXR）可用座位 1.096 2 万个，份额最大。呼和浩特白塔—乌兰巴托（HET-ULN）、呼和浩特白塔—曼谷（HET-DMK）分居第 2、3 位。如图 4.40 所示。

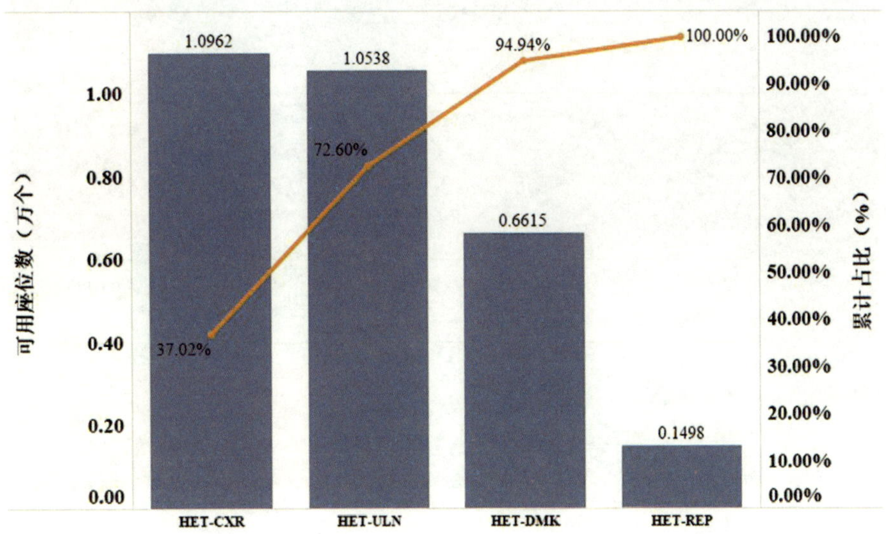

数据来源：OAG 数据库，项目组处理。

图 4.40　2019 年呼和浩特白塔国际机场国际客运航线出港可用座位分布

港澳台市场：2019 年，该机场仅有 1 条港澳台航线——呼和浩特—台北桃园（HET-TPE），可用座位 3.5 万个。

二、运营的航空公司

2019 年，在该机场运营的航空公司 37 家。其中，国内 31 家，国外 5 家，港澳台 1 家，同比不变。如图 4.41 所示。

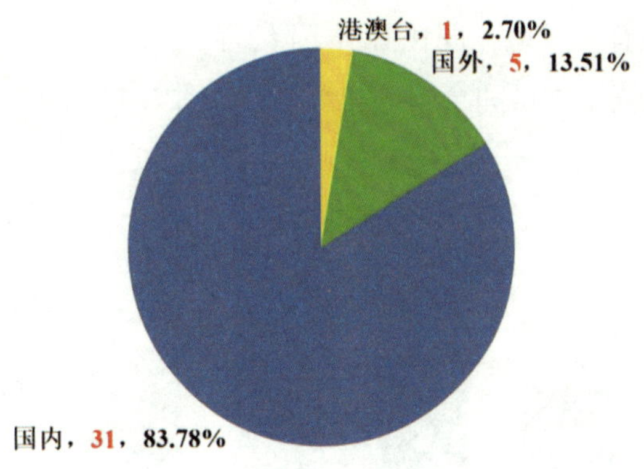

数据来源：OAG 数据库，项目组处理。

图 4.41　2019 年呼和浩特白塔国际机场航空公司数量（个）及分布

2019 年，该机场运力集中度较低，各航空公司运力分布较均匀，仅天津航空、国际航空可用座位占 10%以上，华夏航空、海南航空、南方航空分别占 9.27%、7.61%、7.41%，同比差别不大。如图 4.42 所示。

数据来源：OAG 数据库，项目组处理。

图 4.42 2019 年呼和浩特白塔国际机场航空公司可用座位投入占比

第九节 石家庄正定国际机场

2019 年，石家庄正定国际机场旅客吞吐量 1 192.3 万人次，同比增长 5.21%，本区排名第 5 位，全国排名第 37 位；货邮吞吐量 53 229.66 吨，同比增长 15.4%，本区排名第 4 位，全国排名第 39 位。如图 4.43 所示。

由于该省地方政府将该机场作为经济转型升级新引擎，连续出台多项政策支持其发展，使该机场客货运业务发展较快。但受基础设施、时刻资源制约以及北京大兴国际机场启用影响，2018 年后，该机场旅客吞吐量增速有所放缓，同比有所下降，低于全国平均水平。2019 年，该机场货邮吞吐量增长 0.7 万吨，增速高于本区和全国平均水平。如图 4.44 所示。

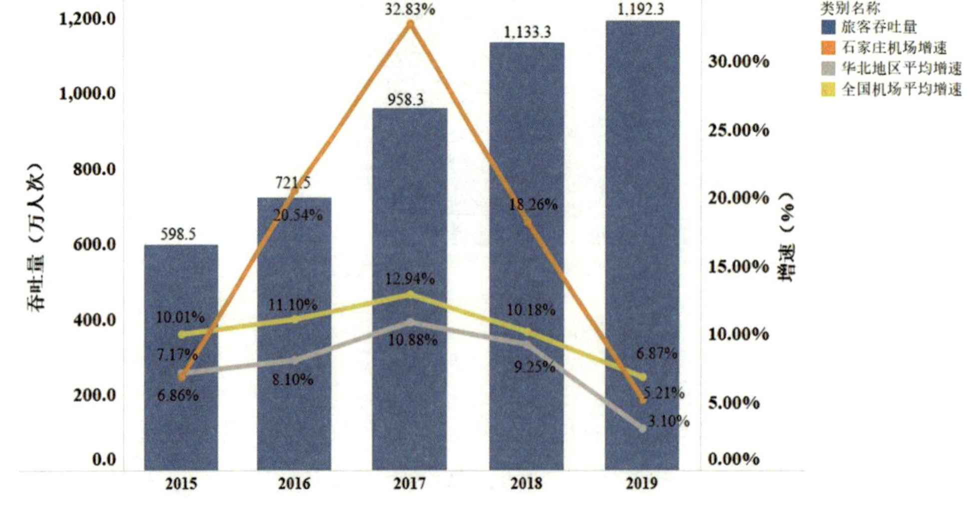

数据来源：全国机场生产统计公报。

图 4.43 2015—2019 年石家庄正定国际机场旅客吞吐量变化

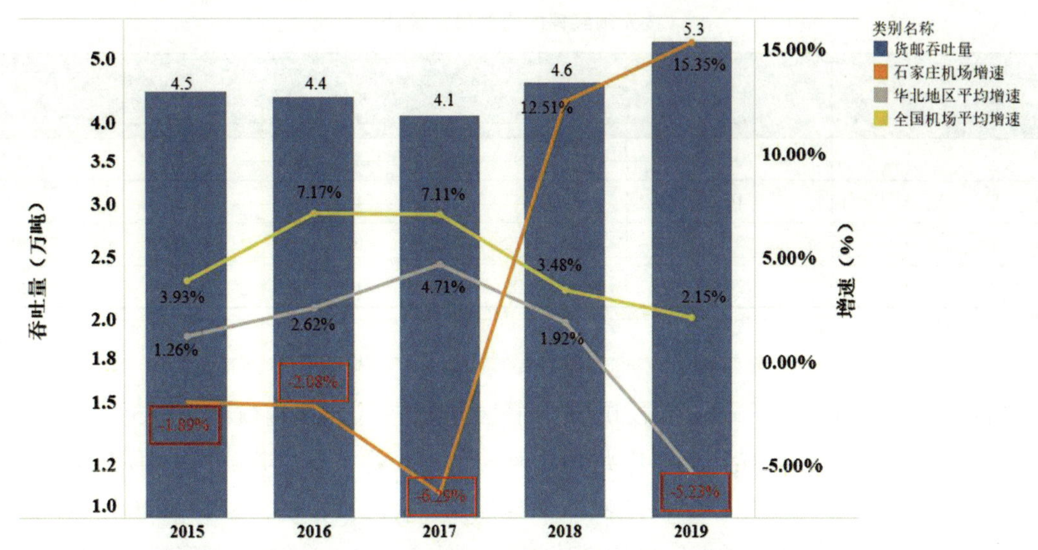

数据来源：全国机场生产统计公报。

图 4.44　2014—2018 年石家庄正定国际机场货邮吞吐量变化

一、航线网络布局

按照航线统计口径，2019 年，该机场通航点 89 个。其中，国内 76 个，同比增加 3 个；国外 11 个，同比增加 3 个；港澳台 2 个，同比不变。如表 4-15 所示。

表 4-15　2019 年石家庄正定国际机场通航点数量及分布（按航线口径统计）

地域	通航点数量（个）
国内	76
国外	11
港澳台	2
合计	89

数据来源：OAG 数据库，项目组处理。

按照可直飞（无须经停）航线统计口径，2019 年该机场通航点 81 个。其中，国内 72 个，国外 8 个，港澳台 1 个。国内出港可用座位占 97.9%，国际占 1.4%，港澳台占 0.7%。国内平均日航班 118.9 班，国际 1.4 班，港澳台 0.8 班。如表 4-16 所示。

表 4-16　2019 年石家庄正定国际机场通航点数量及出港可用座位投入（按无须经停的通达口径统计）

地域	通航点数量（个）	出港可用座位数（万个）	出港座位占比（%）	平均日航班量（班）	平均日频（次）	年航班量（班）
国内	72	704.9	97.9	118.9	1.7	43 394
国外	8	10.1	1.4	1.4	0.2	516
港澳台	1	5.1	0.7	0.8	0.8	290
总计	81	720.0	100.0	121.1	1.5	44 200

数据来源：OAG 数据库，项目组处理。

重点国内航线：2019 年，该机场前 30 条国内航线可用座位占国内航线 48.65%，运力集中度同比略微下降。其中，石家庄正定—广州白云（SJW-CAN）、石家庄正定—重庆江北（SJW-CKG）、石家庄正定—深圳宝安（SJW-SZX）、石家庄正定—昆明长水（SJW-KMG）、石家庄正定—上海虹桥（SJW-SHA）等 5 条航线可用座位均在 20 万个以上。石家庄正定—上海虹桥（SJW-SHA）航线 2019 年可用座位超过 20 万个，增速有所提高；石家庄正定—上海浦东可用座位 19.11 万个，同比有所下降。如图 4.45 所示。

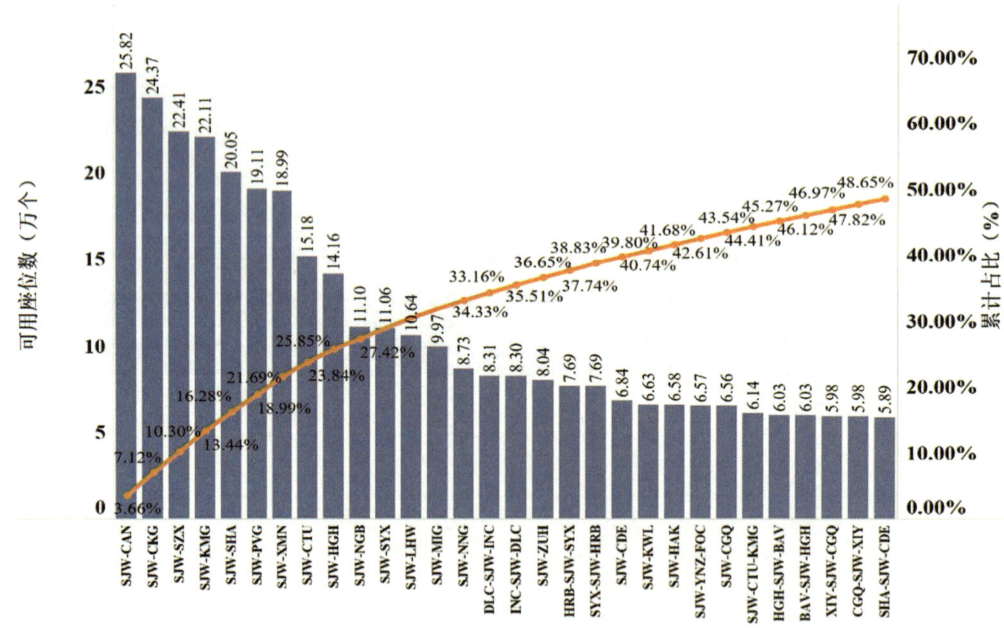

数据来源：OAG 数据库，项目组处理。

图 4.45　2019 年石家庄正定国际机场前 30 条国内重点客运航线出港可用座位分布

重点国际航线：2019 年，该机场国际航线 8 条，同比减少 3 条。8 条国际航线中，直达航线 7 条，经停航线 1 条；包括东南亚航线 4 条，东北亚航线 4 条；可用座位投入最多是石家庄正定—首尔仁川（SJW-ICN）、石家庄正定—柬埔寨暹粒（SJW-REP）2 条航线，可用座位分别为 2.82 万个、2.35 万个。其中，石家庄正定—首尔仁川（SJW-ICN）航线可用座位排名从第 5 位升至第 1

位，可用座位同比基本持平，主要因为该机场部分国际航线停运。如图 4.46 所示。

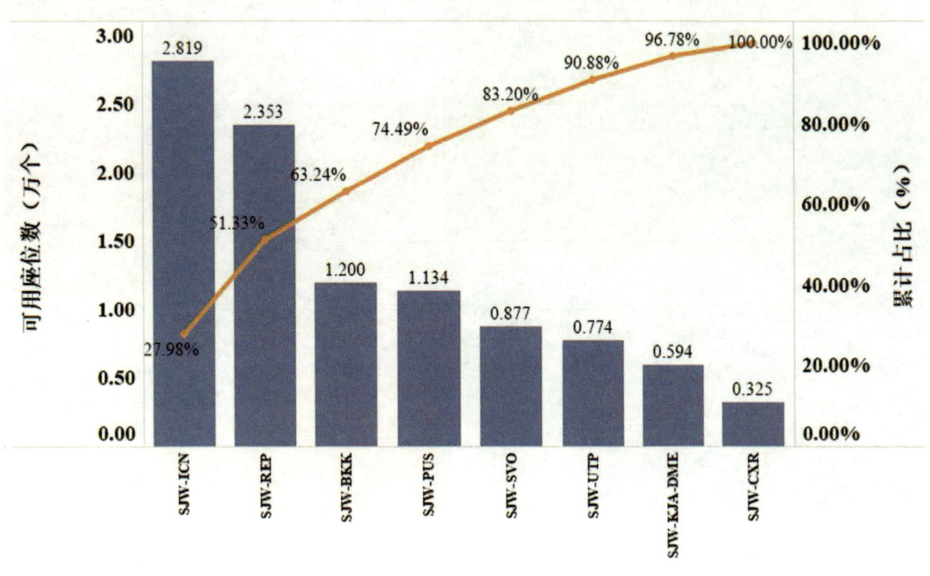

数据来源：OAC 数据库，项目组处理。

图 4.46 2019 年石家庄正定国际机场国际客运航线出港可用座位分布

港澳台航线：2019 年，该机场仅有 1 条港澳台航线——石家庄正定—台北桃园直达航线，可用座位 5.1 万个。

二、运营的航空公司

2019 年，在该机场运营的航空公司 30 家。其中，国内 24 家，同比不变；国外 6 家，同比增加 2 家。如图 4.47 所示。

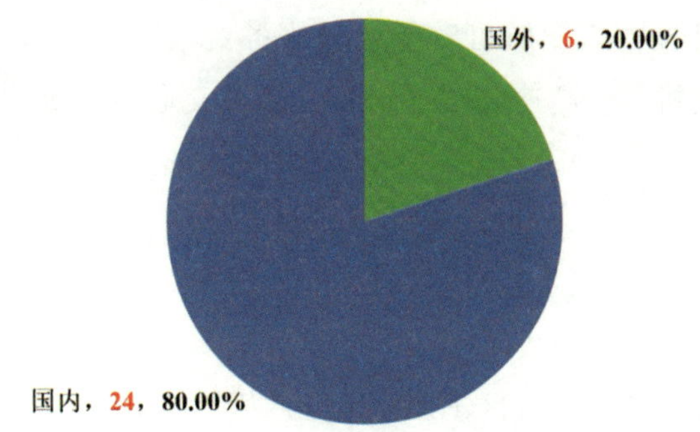

数据来源：OAC 数据库，项目组处理。

图 4.47 2019 年石家庄正定国际机场航空公司数量（个）及分布

2019 年，该机场可用座位投入以河北航空、春秋航空为主，分别占 28.08%、24.96%。河北航空可用座位同比重略有增加，春秋航空同比减少 1.16%。其次是首都航空和海南航空，可用座位分别占 9.24%、8.64%。与该区其他重点运输机场相比，该机场可用座位相对集中。如图 4.48 所示。

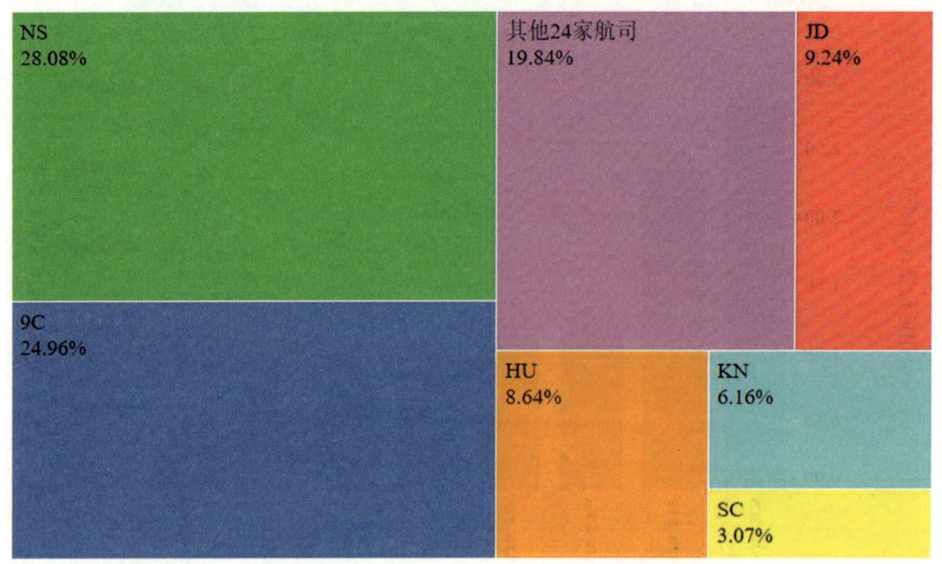

数据来源：OAG 数据库，项目组处理。

图 4.48　2019 年石家庄正定国际机场航空公司可用座位投入占比

三、综合交通

该机场连接的路网和轨道交通实现 1 小时左右抵达市中心或各主要客运枢纽站，覆盖省内 16 个城市。1 条轨道交通从该机场高铁站至北京只需 1 小时，为本市及周边地区旅客便捷经济的出行提供了更多选择。4 条巴士路线分别通达市区东、西、南部以及东部开发区，覆盖市区主要站点。11 条城际大巴线覆盖周边 11 个城市，最远至沧州，单程最长运营时间 3 小时。

《河北省综合交通运输“十三五”发展规划》明确提出：加快建设该机场综合交通枢纽；整合公路货运资源，鼓励企业开发“卡车航班”等运输服务产品；完善冰雪产业发展配套交通设施，建成由快速客运铁路、运输机场、高速公路、干线公路及交通枢纽等构成的冬奥会赛区综合交通体系。

第十节　华北地区小结

2014 年始，该区各省、市、自治区 GDP 增长趋缓，进出口贸易总额、入境人数增长不稳定。

近 5 年，该区旅客吞吐量平均增速低于全国平均水平。其中，16 个运输机场增速高于全国平均水平，20 个运输机场增速高于本区平均水平。2019 年，该区旅客吞吐量 1 000 万人次以上运输机场 5 个，合计旅客吞吐量 1.6 亿人次，占本区旅客吞吐量 83.72%。其中，北京首都国际机场旅客吞吐总量占本区 51.40%。旅客吞吐量 500 万～1 000 万人次运输机场 1 个，200 万～500 万人次 5 个，50 万～200 万人次 11 个，50 万人次以下 14 个。主要运输机场基本实现与城市其他交通相互衔接。

该区货邮吞吐量集中度很高。2019 年，该区 7 个运输机场货邮吞吐量超过 1 万吨，合计货邮吞吐量 236. 14 万吨，占本区 98. 12%。其中，北京首都国际机场货邮吞吐量占该区 81. 16%。2019 年，该区 8 个运输机场货邮吞吐量增速高于全国平均水平，12 个运输机场增速高于本区平均水平。

2019 年，该区通航点有 354 个。其中，国内 202 个、国外 147 个、港澳台 5 个。国内国际航线覆盖范围及通达性在 7 个地区排名第 1 位；港澳台航线覆盖范围排名第 4 位。北京首都国际机场航线网络通达性最高，国际通达性远高于本区其他主要运输机场。天津滨海国际机场航线网络位居其次，其余 3 个主要运输机场通达性大致相当。如图 4. 49 所示。

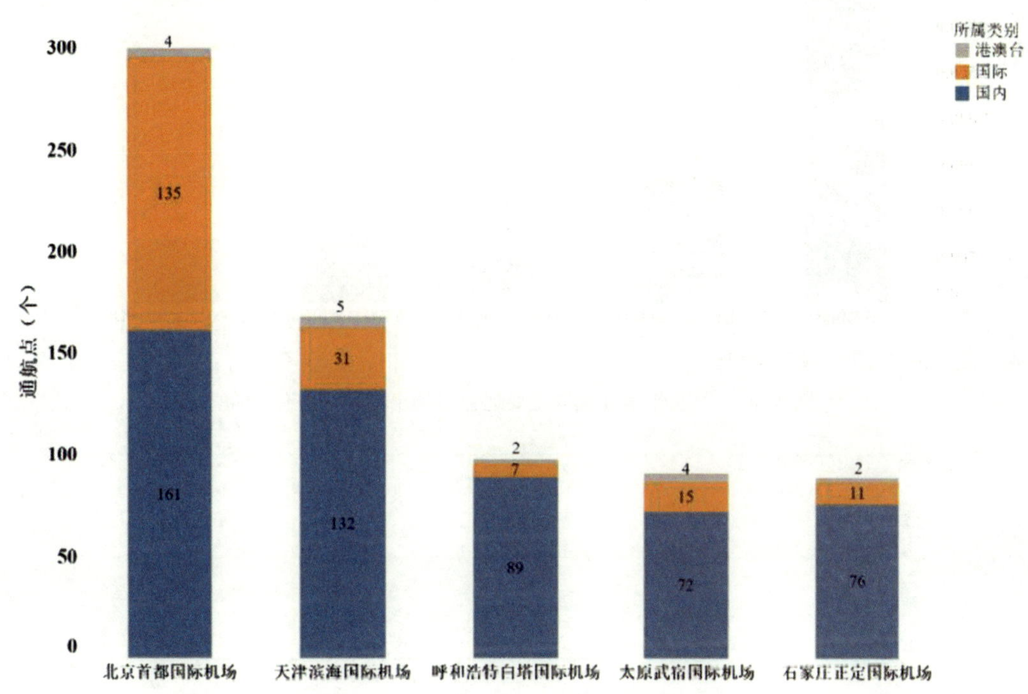

数据来源：OAG 数据库，项目组处理。

图 4. 49 2019 年华北地区主要运输机场通航点分布

2019 年，该区国内航线可用座位占 83. 74%，国际占 13. 84%，港澳台占 2. 42%。从主要运输机场运力分布看，北京首都国际机场国内、国际运力投入均最高，天津滨海国际机场国内运力投入排名第 2 位，其他 3 个运输机场运力及分布相当。为了更好地服务于京津冀世界级城市群建设，该区航班结构仍需优化。如图 4. 50 所示。

2019 年，在该区运输机场运营的航空公司有 133 家。其中，全货运 10 家，客货混运及全客运 123 家。客运航线运力主要由国际航空、东方航空、南方航空、海南航空提供，4 家航空公司可用座位占该区运输机场可用座位的 54. 32%。

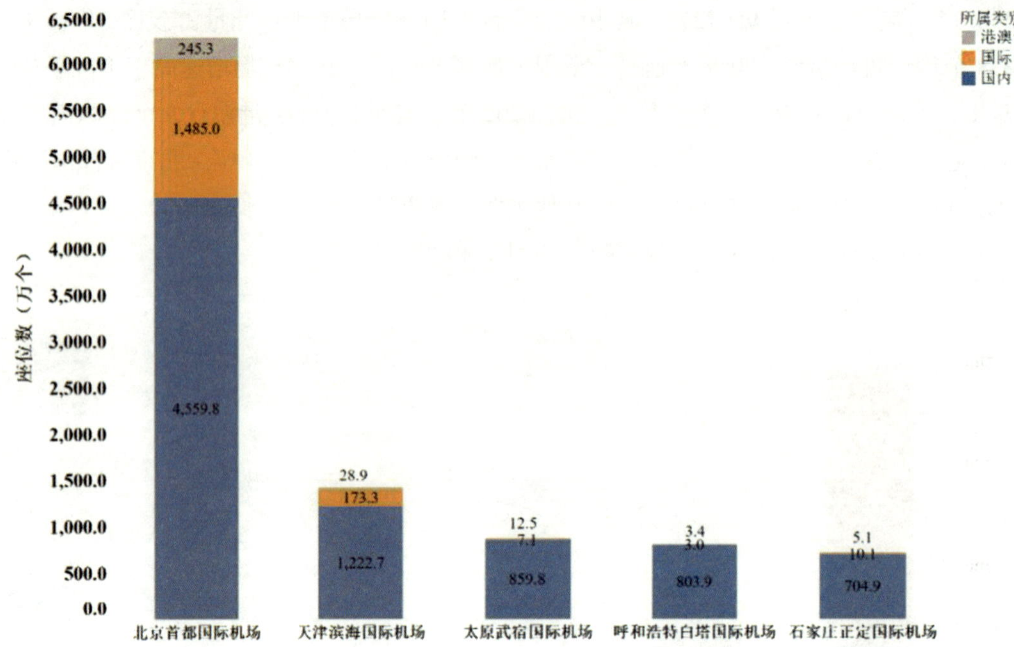

数据来源：OAG 数据库，项目组处理。

图 4.50　2019 年华北地区主要运输机场出港可用座位分布

第五章　东北地区

2019 年，东北地区运输机场 27 个，同比不变，占全国运输机场 11.34%。其中，黑龙江省 13 个，占本区 48.15%；吉林省 5 个，占 18.52%；辽宁省 9 个，占 33.33%。该区运输机场分布如图 5.1 所示。

图片来源：天地图，项目组处理。

图 5.1　东北地区运输机场分布图

第一节　运输机场运营概况

一、概况

2019 年，该区旅客吞吐量 8 358.09 万人次，在 7 个地区中排名第 6 位。旅客吞吐量增速 6.16%，低于全国平均水平，在 7 个地区中排名第 6 位，同比下降 2 位。

2019 年，旅客吞吐量 1 000 万人次以上运输机场 4 个，旅客吞吐量占该区旅客吞吐量 90.13%，同比下降 0.28 个百分点。其他 23 个运输机场旅客吞吐量均在 200 万以下，旅客吞吐量占该区 9.87%。

从 2019 年的增长速度来看，该区 8 个运输机场旅客吞吐量增速高于全国平均水平，10 个运输机场增速高于本区平均水平，8 个运输机场负增长。4 个千万级运输机场中，长春龙嘉国际机场增速 6.47%，本区最高，哈尔滨太平国际机场增速相比较低。从近 5 年客运发展看，该区平均增速高于全国平均水平，其中，3 个运输机场平均增速高于本区和全国平均水平。如表 5-1 所示。

表 5-1　2019 年东北地区运输机场旅客吞吐量规模与增速

运输机场	旅客吞吐量（万人次）	区域占比（%）	区域累计占比（%）	全国运输机场排名	2015—2019 年平均增速（%）	2019 年增速（%）
全国机场整体情况	135 162.9	—	—	—	10.25	6.87
东北地区机场整体情况	8 359.09	—	—	—	11.09	6.16
哈尔滨太平国际机场	2 077.97	24.86	24.86	21	8.05	0.94
沈阳桃仙国际机场	2 054.40	24.58	49.44	22	9.92	5.59
大连周水子国际机场	2 008.00	24.02	73.46	24	7.10	5.68
长春龙嘉国际机场	1 393.50	16.67	90.13	30	9.89	6.47
延吉朝阳川机场	166.26	1.99	92.12	81	2.69	10.75
牡丹江海浪机场	104.81	1.25	93.37	103	9.92	8.90
大庆萨尔图机场	85.80	1.03	94.40	117	8.74	2.42
佳木斯东郊机场	78.76	0.94	95.34	119	2.84	-16.02
白山长白山机场	52.41	0.63	95.97	141	4.75	-9.48
齐齐哈尔三家子机场	44.67	0.53	96.50	154	1.33	-2.32
营口兰旗机场 [1]	40.65	0.49	96.99	158	—	—
锦州锦州湾机场	38.55	0.46	97.45	161	24.96	26.48
鸡西兴凯湖机场	27.45	0.33	97.78	177	9.17	11.37
丹东浪头机场	25.90	0.31	98.09	179	-1.94	187.13
黑河瑷珲机场	21.59	0.26	98.34	187	1.48	-11.45
加格达奇机场	18.28	0.22	98.56	193	5.74	8.44
鞍山腾鳌机场	18.26	0.22	98.78	194	-0.98	-31.75
伊春林都机场	16.18	0.19	98.98	199	15.15	-0.77
朝阳机场	15.80	0.19	99.16	200	0.58	6.46
松原查干湖机场 [2]	15.24	0.18	99.35	204	—	—
通化三源浦机场	14.57	0.17	99.52	205	9.94	20.44
建三江湿地机场 [3]	12.99	0.16	99.68	210	—	—
漠河古莲机场	8.47	0.10	99.78	217	-7.23	-16.04
白城长安机场 [4]	6.52	0.08	99.86	222	—	—
五大连池德都机场 [5]	6.29	0.08	99.93	224	—	—
抚远东极机场	5.44	0.07	100.00	226	5.93	-10.41
长海大长山岛机场	0.33	0.00	100.00	238	20.56	19.85

数据来源：全国机场生产统计公报。

1　营口兰旗机场于 2016 年 3 月通航。
2　松原查干湖机场于 2017 年 10 月通航。
3　建三江湿地机场于 2017 年 10 月通航。
4　白城长安机场于 2017 年 3 月通航。
5　五大连池德都机场于 2017 年月通航。

2019 年，该区运输机场货邮吞吐量 60. 36 万吨，7 个地区排名第 5 位，同比不变；货邮吞吐量增长 9. 60%，远高于全国平均水平，在 7 个地区中排名第 3 位，同比上升 2 位。

2019 年，该区货邮吞吐量 1 万吨以上机场 4 个，货邮吞吐量占本区货邮吞吐量 97. 89%，同比增长 0. 09 个百分点。其中，3 个运输机场货邮吞吐量超过 10 万吨，合计货邮吞吐量 50. 19 万吨，占该区 83. 16%。4 个千万级运输机场中，长春龙嘉国际机场货邮吞吐量 8. 89 万吨，相对较小。

2019 年，该区 10 个运输机场货邮吞吐量增速高于全国平均水平，4 个运输机场增速高于本区平均水平，8 个运输机场负增长。货邮吞吐量超过 1 万吨的 4 个运输机场中，沈阳桃仙国际机场增速高于全国平均水平，其他 3 个运输机场高于本区平均水平。从近 5 年货运发展看，该区平均增速低于全国平均水平，5 个运输机场增速高于全国平均水平，5 个运输机场增速高于本区平均水平。如表 5-2 所示。

表 5-2　2019 年东北地区运输机场货邮吞吐量规模与增速

运输机场	货邮吞吐量（万吨）	区域占比（%）	区域累计占比（%）	全国运输机场排名	2015—2019 年平均增速（%）	2019 年增速（%）
全国机场整体情况	1 710. 01	—	—	—	4. 95	2. 15
东北地区机场整体情况	60. 36	—	—	—	5. 42	9. 60
沈阳桃仙国际机场	19. 25	31. 89	31. 89	17	7. 89	14. 19
大连周水子国际机场	17. 35	28. 75	60. 64	20	6. 08	7. 19
哈尔滨太平国际机场	13. 59	22. 52	83. 16	23	4. 02	8. 70
长春龙嘉国际机场	8. 89	14. 73	97. 89	31	3. 39	6. 99
延吉朝阳川机场	0. 57	0. 95	98. 84	78	-3. 90	5. 15
大庆萨尔图机场	0. 13	0. 22	99. 06	111	-6. 39	-6. 71
牡丹江海浪机场	0. 13	0. 21	99. 27	112	-3. 73	4. 28
佳木斯东郊机场	0. 11	0. 18	99. 45	119	1. 37	-4. 65
齐齐哈尔三家子机场	0. 09	0. 16	99. 61	127	-2. 81	3. 20
锦州锦州湾机场	0. 08	0. 13	99. 74	133	-3. 86	-1. 04
丹东浪头机场	0. 07	0. 11	99. 85	141	-18. 02	50. 93
营口兰旗机场	0. 03	0. 05	99. 90	166	—	—
鸡西兴凯湖机场	0. 01	0. 02	99. 92	183	-22. 59	-6. 58
白山长白山机场	0. 01	0. 02	99. 94	184	13. 83	-7. 24
漠河古莲机场	0. 01	0. 02	99. 96	189	3. 58	23. 30
加格达奇机场	0. 01	0. 02	99. 98	190	39. 38	32. 44
松原查干湖机场	0. 01	0. 01	99. 98	195	—	—
黑河瑷珲机场	0. 0036	0. 01	99. 99	201	-45. 09	-26. 85
伊春林都机场	0. 0026	0. 00	100. 00	206	-9. 10	-33. 93
朝阳机场	0. 0020	0. 00	100. 00	208	-43. 73	-9. 04
抚远东极机场	0. 0001	0. 00	100. 00	220	6. 36	-11. 49
白城长安机场	0. 0001	0. 00	100. 00	223	—	—
五大连池德都机场	0. 00	0. 00	100. 00	230	—	—

续表

运输机场	货邮吞吐量（万吨）	区域占比（%）	区域累计占比（%）	全国运输机场排名	2015—2019 年平均增速（%）	2019 年增速（%）
建三江湿地机场	0.00	0.00	100.00	233	—	—
通化三源浦机场[1]	0.00	0.00	100.00	235	—	—
长海大长山岛机场[2]	0.00	0.00	100.00	236	—	—
鞍山腾鳌机场	0.00	0.00	100.00	238	—	—

数据来源：全国机场生产统计公报。

2019 年，该区飞机起降 74.6 万架次，7 个地区排名第 6 位，同比不变；飞机起降架次增速 4.72%，低于全国平均水平，7 个地区排名第 5 位，同比下降 1 位。4 个千万级运输机场飞机起降 54.69 万架次，占该区 73.32%。其中，长春嘉龙国际机场占 13.25%，相对略低。

2019 年，该区 11 个运输机场飞机起降架次增速高于全国平均水平，11 个运输机场增速高于本区平均水平，7 个运输机场负增长。4 个千万级机场中，哈尔滨太平国际机场附件起降架次增速 0.94%，排名第 4 位；另外 3 个运输机场占 6%左右，差距不大。从 2015—2019 年平均增速看，该区 9 个运输机场高于该区平均水平，8 个运输机场高于全国平均水平。如表 5-3 所示。

表 5-3　2019 年东北地区运输机场起降架次规模与增速

运输机场	起降架次（万架次）	区域占比（%）	区域累计占比（%）	全国运输机场排名	2015—2019 年平均增速（%）	2019 年增速（%）
全国机场整体情况	1 166.05	—	—	—	8.02	5.16
东北地区机场整体情况	74.6	—	—	—	7.9	4.72
大连周水子国际机场	15.50	20.77	20.77	23	7.10	5.68
哈尔滨太平国际机场	14.78	19.81	40.58	24	8.05	0.94
沈阳桃仙国际机场	14.54	19.48	60.07	25	9.92	5.59
朝阳机场	10.48	14.04	74.11	36	0.58	6.46
长春龙嘉国际机场	9.88	13.25	87.35	37	9.89	6.47
松原查干湖机场	1.83	2.45	89.80	99	—	—
延吉朝阳川机场	1.40	1.88	91.68	115	2.69	10.75
牡丹江海浪机场	0.81	1.09	92.77	139	9.92	8.90
大庆萨尔图机场	0.67	0.90	93.67	148	8.74	2.42
佳木斯东郊机场	0.59	0.79	94.46	155	2.84	-16.02
白山长白山机场	0.57	0.77	95.23	158	4.75	-9.48
营口兰旗机场	0.43	0.57	95.80	175	—	—
鸡西兴凯湖机场	0.37	0.50	96.30	180	9.17	11.37

1　通化三源浦机场 2017 年停止货运业务。

2　长海大长山岛机场无货运业务。

续表

运输机场	起降架次（万架次）	区域占比（%）	区域累计占比（%）	全国运输机场排名	2015—2019 年平均增速（%）	2019 年增速（%）
加格达奇机场	0.36	0.48	96.78	184	5.74	8.44
齐齐哈尔三家子机场	0.35	0.47	97.25	185	1.33	-2.32
锦州锦州湾机场	0.32	0.44	97.69	188	24.96	26.48
建三江湿地机场	0.27	0.37	98.05	196	—	—
黑河瑷珲机场	0.27	0.37	98.42	197	1.48	-11.45
丹东浪头机场	0.21	0.28	98.69	209	-1.94	187.13
伊春林都机场	0.18	0.24	98.94	214	15.15	-0.77
鞍山腾鳌机场	0.18	0.23	99.17	215	-0.98	-31.75
漠河古莲机场	0.14	0.19	99.36	218	-7.23	-16.04
通化三源浦机场	0.14	0.19	99.55	219	9.94	20.44
五大连池德都机场	0.13	0.18	99.73	223	—	—
抚远东极机场	0.08	0.11	99.84	228	5.93	-10.41
白城长安机场	0.07	0.10	99.94	230	—	—
长海大长山岛机场	0.04	0.06	100.00	236	15.50	0.93

数据来源：全国机场生产统计公报。

二、航空市场运营概况

近 5 年，该区[1]国内航班可用座位投入波动增长，2017 年负增长，2018 年增长 12.43%，恢复较快。2019 年增长速度有所放缓。国际航线可用座位增长相对缓慢。如图 5.2 所示。

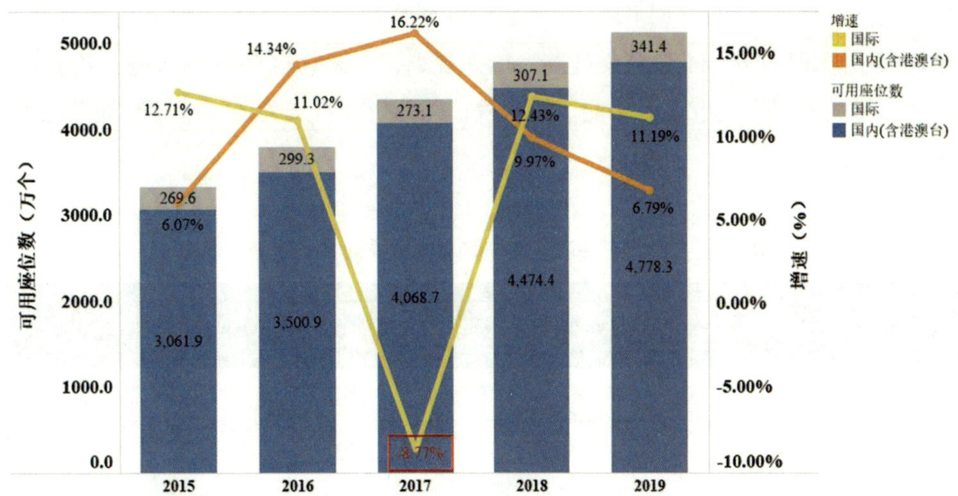

数据来源：OAG 数据库，项目组处理。

图 5.2　2015—2019 年东北地区运输机场国际国内出港航班可用座位数变化情况

1　东北地区的座位运力没有包括长海大长山岛机场的座位运力。

近 5 年，该区航班频次、可用座位稳步增长。2017 年，该区国际航班频次增速骤降至 -10.68%，与国内航班增速差距显著。2018 年，国际航班增速恢复至 11.21%，与国内增速差距缩小。2019 年，该区国内航班增速 4.92%，同比下降 4.08 个百分点。如图 5.3 所示。

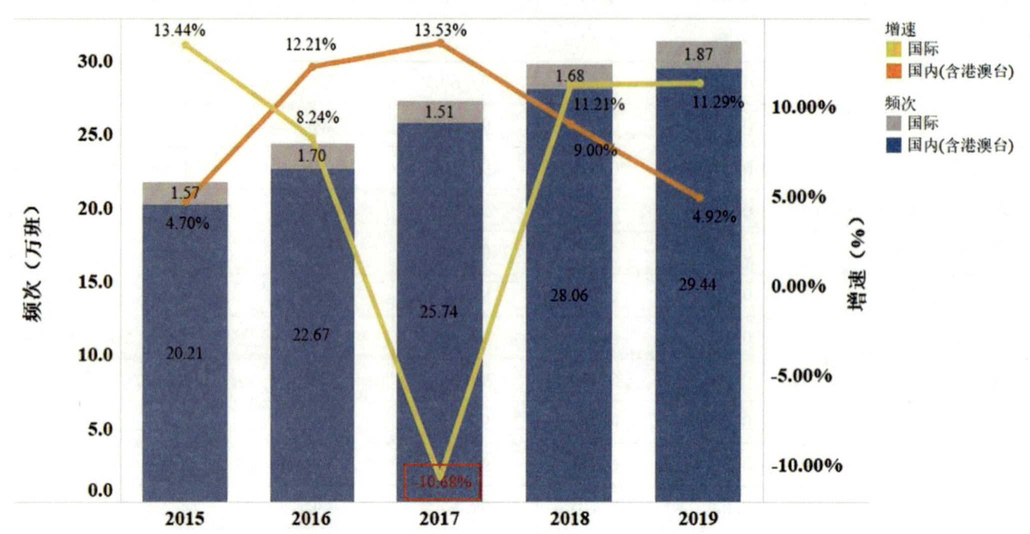

数据来源：OAG 数据库，项目组处理。

图 5.3　2015—2019 年东北地区运输机场国际国内出港航班频次变化

三、运输机场与综合交通

该区主要运输机场基本实现与其他客运枢纽连通，但综合交通运输体系尚不完善。专线大巴是最重要的地面集疏运方式，4 个千万级机场均有专线大巴连接周边地区。长春龙嘉国际机场引入高铁，沈阳桃仙国际机场高铁站在规划中。2 个运输机场连接地铁，2 个运输机场有多条公交线路。其中，哈尔滨太平国际机场有 11 条公交线路。依据规划，未来该区各省都将进一步完善主要运输机场综合交通，增强对周边城市辐射功能。沈阳桃仙国际机场将成为该区综合交通最完善的运输机场。如表 5-4 所示。

表 5-4　东北地区主要国际机场与其他交通方式连通概况

主要运输机场	地铁（条）	高铁	公交（条）	专线巴士（条）	城际巴士（条）
哈尔滨太平国际机场	—	—	11	4	—
大连周水子国际机场	1	—	6	1	—
沈阳桃仙国际机场	2（有轨电车）	规划中	—	3	7
长春龙嘉国际机场	规划中	有站	—	4	—

数据来源：各机场官网。

第二节 经济社会发展概况

一、国内生产总值（GDP）

2019 年，该区 GDP 总额 50 249.0 亿元，7 个地区排名第 5 位。从近 10 年该区 GDP 变化看，辽宁省 GDP 总额远高于黑龙江省和吉林省。2015 年，辽宁省增速放缓，2016 年负增长，2019 年尚未恢复近 10 年最高水平；黑龙江省 GDP 总量略高于吉林省，2019 年两省 GDP 总量呈下降趋势。如图 5.4 所示。

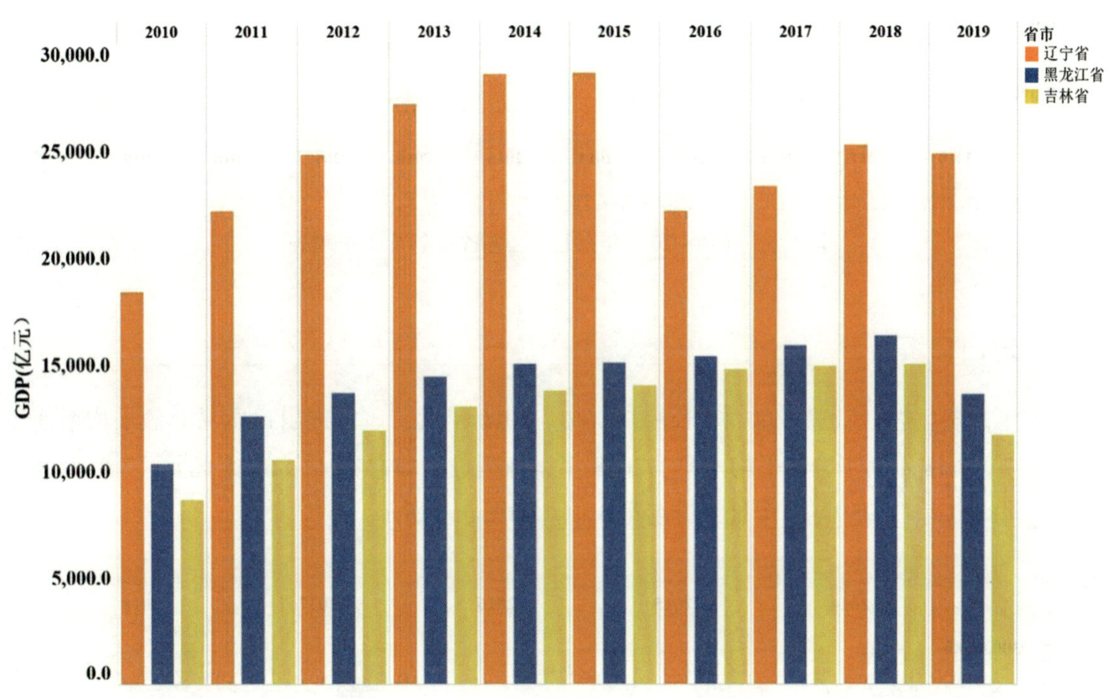

数据来源：国家统计局，项目组处理。

图 5.4　2010—2019 年东北地区各省 GDP 分布及变化

从近 10 年 GDP 增速看，考虑通货膨胀后，2013 年前该区经济发展速度高于全国平均水平，2013 年后低于全国平均水平，2016 年辽宁省呈负增长。2019 年，该区各省增速均低于全国平均水平。如图 5.5 所示。

数据来源：国家统计局，地方政府工作报告，项目组处理。

图 5.5　2010—2019 年东北地区各省及全国 GDP 增速

二、进出口贸易

2015 年，该区进出口贸易总额增长-20.06%。2016 年后，该区进出口贸易总额平均增速逐渐上升，2017—2018 年高于全国平均水平。2018 年，该区进出口总额 11 868.5 亿元，7 个地区排名第 5 位；同比增速 17.95%，7 个地区排名第 3 位。如图 5.6 所示。

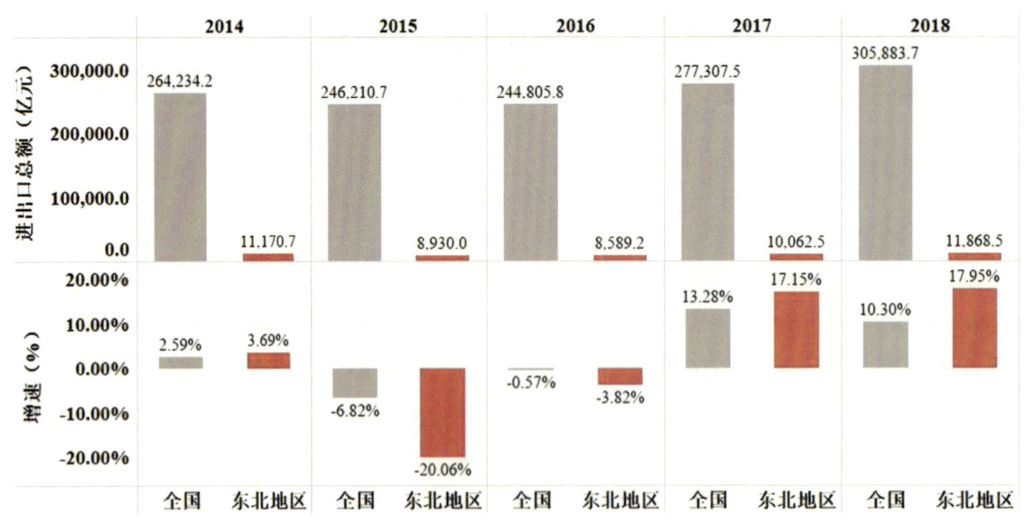

数据来源：国家统计局，项目组处理。

图 5.6　2014—2018 年东北地区及全国进出口总额变化

三、入境人数

近年该区入境人数波动较大，2015—2017 年增速低于全国平均水平。2018 年，该区入境人数 457.8 万人次，7 个地区排名第 5 位；入境人数增长 3.15%，7 个地区排名第 5 位，高于全国平均水平。如图 5.7 所示。

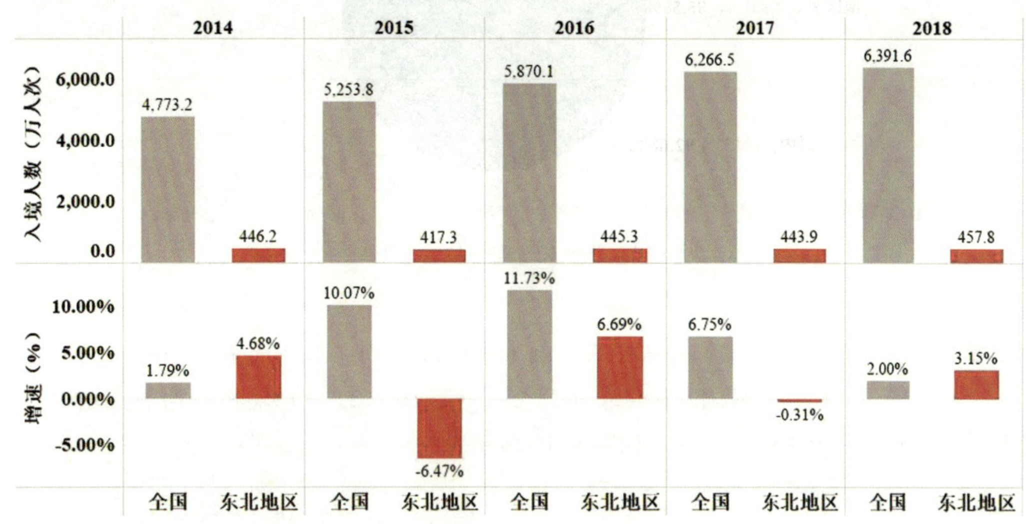

数据来源：国家统计局，项目组处理。

图 5.7 2014—2018 年东北地区及全国入境人数变化

第三节 航线网络布局

一、通航点分布

2019 年，该区通航点有 191 个。其中，国内有 147 个，同比增加 14 个；国外有 41 个，同比增加 2 个；港澳台有 3 个，同比不变。从客运市场的座位运力投入来看，国内航线可用座位占 92.68%，国际航线占 6.67%，港澳台航线占 0.65%。该区 23 个运输机场开通地区内航线，可用座位投入 363.5 万个，占该地区可用座位总量 7.10%。如图 5.8、图 5.9 所示。

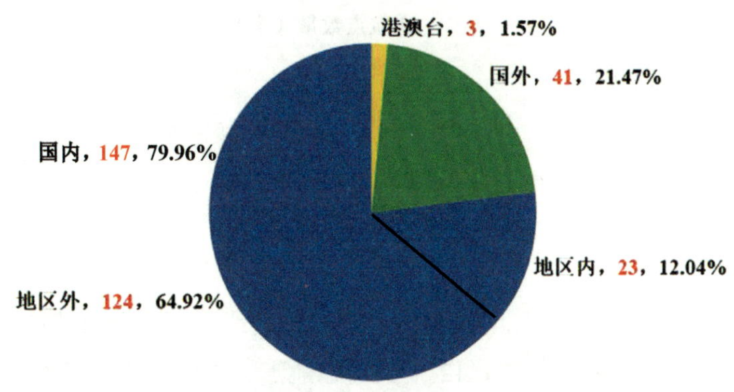

数据来源：OAG 数据库，项目组处理。

图 5.8 2019 年东北地区通航点数量及分布（个）

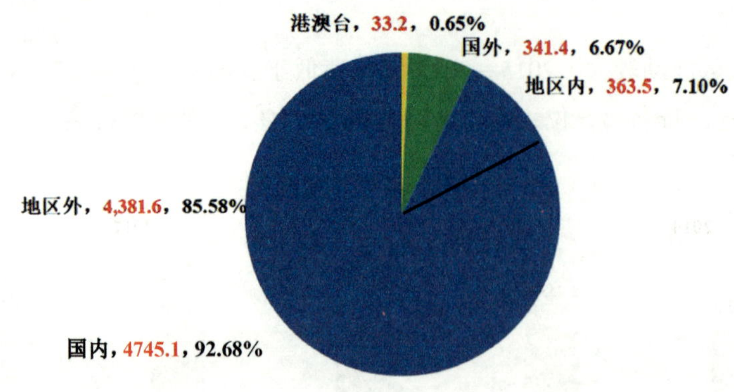

数据来源：OAG 数据库，项目组处理。

图 5.9　2019 年东北地区可用座位数（万个）及分布

2019 年，该区航线网络分 3 个梯队：哈尔滨太平国际机场、大连周水子国际机场、沈阳桃仙国际机场居第 1 梯队；长春龙嘉国际机场位于第 2 梯队；其余 22 个运输机场通航点均少于 30 个，航班频次不足 1 万班，属于第 3 梯队。如图 5. 10 所示。

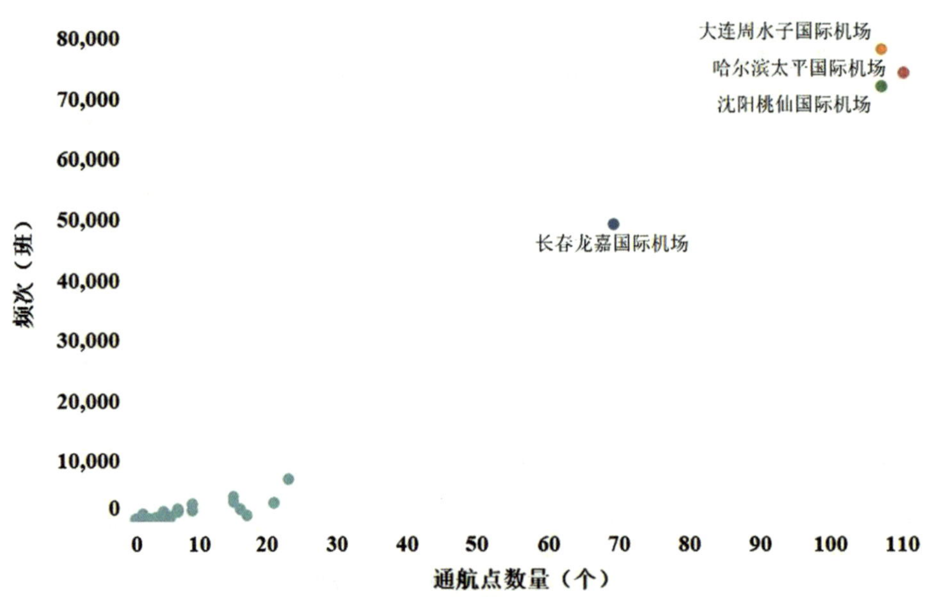

数据来源：OAG 数据库，项目组处理。

图 5. 10　东北地区各运输机场通航点分布散点图

二、重点航线

2019 年，该区前 30 条国内航线可用座位占该区国内航线可用座位 25. 85%，运力集中度同比下降 0. 59 个百分点。前 30 条航线集中于 12 个国内通航点，主要是上海浦东、北京首都、广州白云、深圳宝安等国际或区域航空枢纽。前 30 条航线中除 4 个千万级运输机场重点航线外，还有 1

条大庆萨尔图机场（DQA）通达北京首都国际机场航线。如图 5. 11 所示。

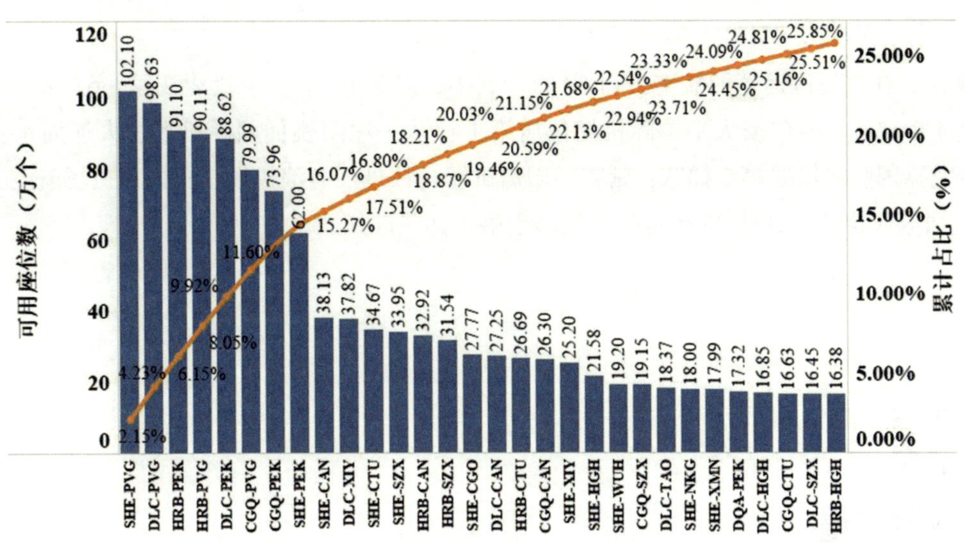

数据来源：OAG 数据库，项目组处理。

图 5. 11　东北地区前 30 条国内客运航线出港可用座位分布

2019 年，该区前 15 条国际客运航线出港可用座位占该地区国际航线 68. 43%，运力集中度同比上升 7. 47 个百分点。前 15 条国际航线集中于东北亚、东南亚地区，主要是首尔仁川国际机场、新加坡樟宜国际机场。该区与韩国往来密切，支线机场中延吉朝阳川—首尔仁川（YNJ-ICN）可用座位排名该区国际航线第 3 位，牡丹江海浪—首尔仁川（MDG-ICN）航线可用座位排第 12 位。如图 5. 12 所示。

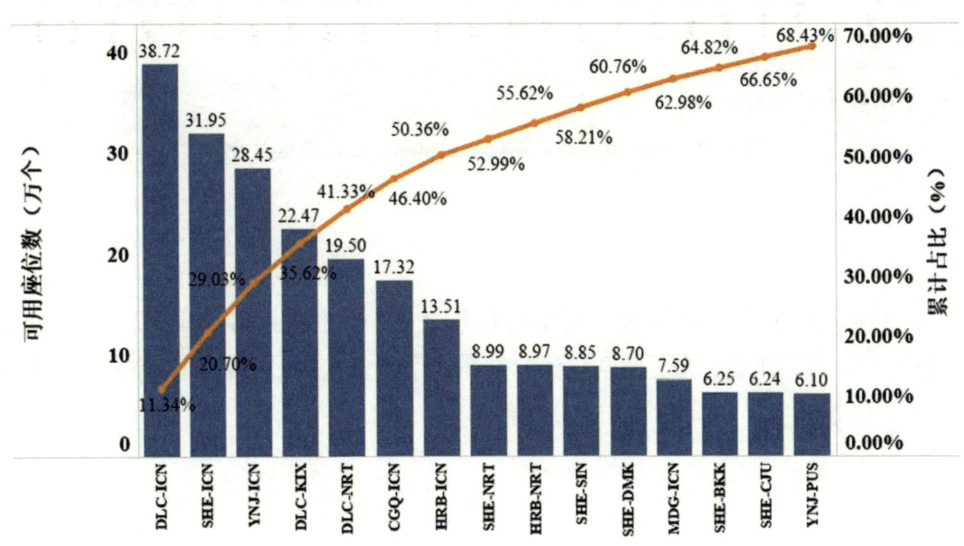

数据来源：OAG 数据库，项目组处理。

图 5. 12　东北地区前 15 条国际客运航线出港可用座位分布

三、运营的航空公司

（一）航空公司分布

2019 年，在该地区运营的航空公司 69 家。其中，客运 67 家、全货运 2 家。67 家客运航空公司分布呈 4 个梯队：哈尔滨太平国际机场位居第 1 梯队；沈阳桃仙国际机场、大连周水子国际机场、长春龙嘉国际机场居第 2 梯队；延吉朝阳川机场、牡丹江海浪机场、长白山机场航空公司多于 10 家，位居第 3 梯队；其他 23 个运输机场属于第 4 梯队。如图 5. 13 所示。

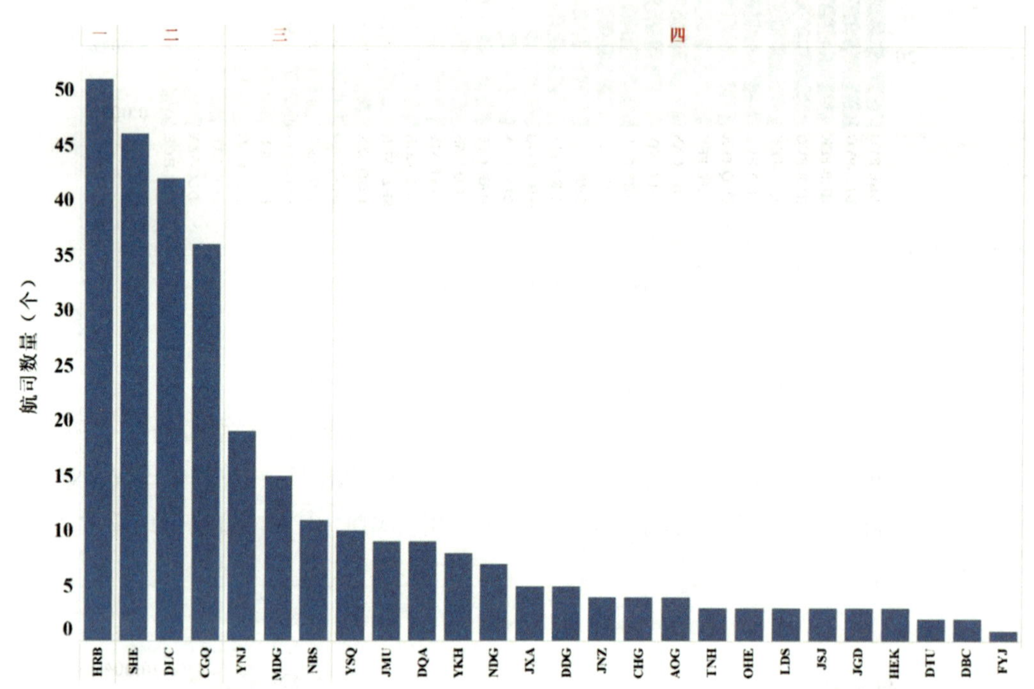

数据来源：OAG 数据库，项目组处理。

图 5. 13　东北地区各运输机场运营航空公司数量及分布

（二）运力分布

南方航空是该区运力主要提供者，可用座位份额占 25. 87%，高出排名第 2 位的东方航空 15. 79 个百分点。除南方航空、东方航空、国际航空 3 个航空公司外，深圳航空可用座位最高，占 5. 73%。如图 5. 14 所示。

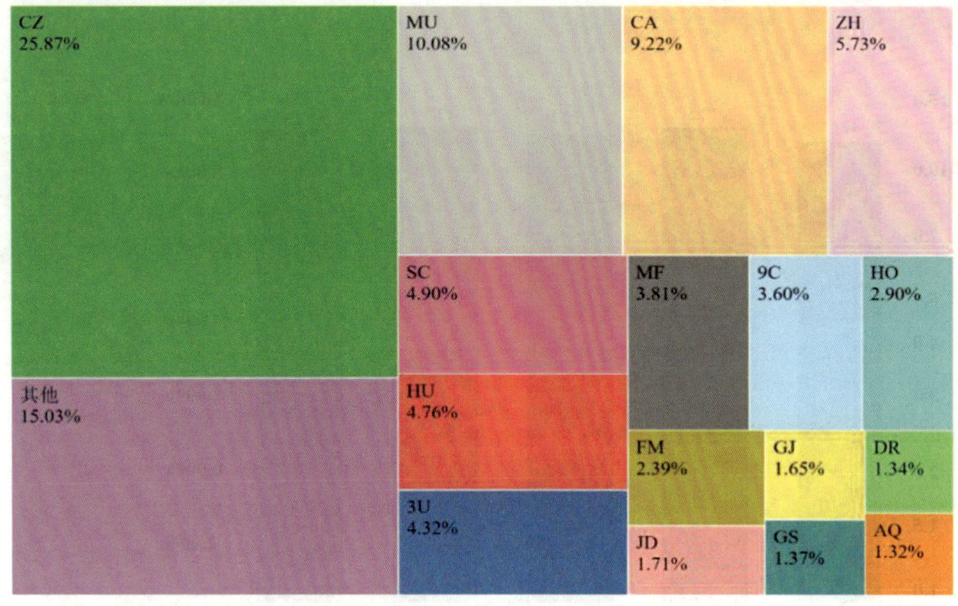

数据来源：OAG 数据库，项目组处理。

图 5. 14　2019 年东北地区运输机场航空公司可用座位投入占比

第四节　哈尔滨太平国际机场

2019 年，哈尔滨太平国际机场旅客吞吐量 2 078. 0 万人次，同比增长 1. 70%，本区排名第 1 位，全国排名第 21 位。货邮吞吐量 13. 6 万吨，同比增长 8. 70%，本区排名第 3 位，全国排名第 23 位。如图 5. 15 所示。

2019 年，该机场旅客吞吐量增速近年最低，低于全国平均增速。货邮吞吐量增速高于全国平均水平，低于本区平均水平。如图 5. 16 所示。

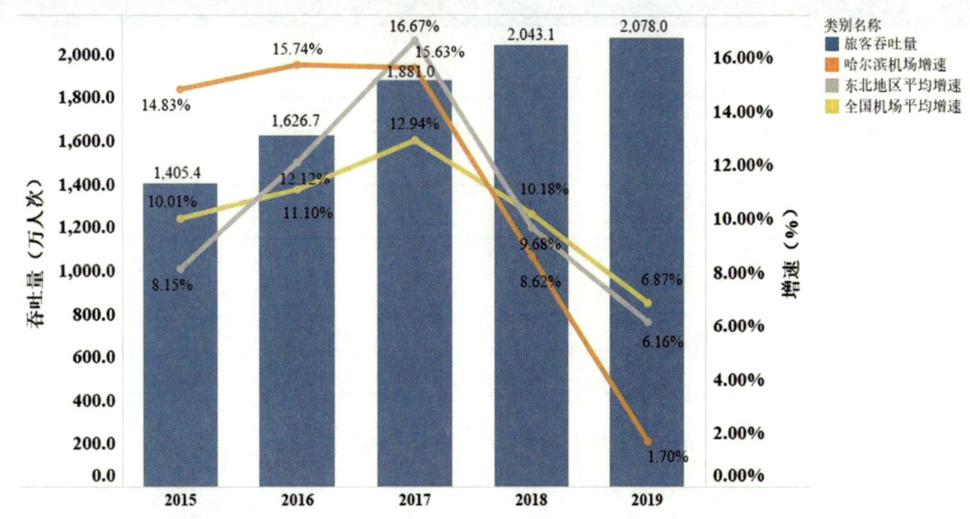

数据来源：全国机场生产统计公报。

图 5. 15　2015—2019 年哈尔滨太平国际机场旅客吞吐量变化

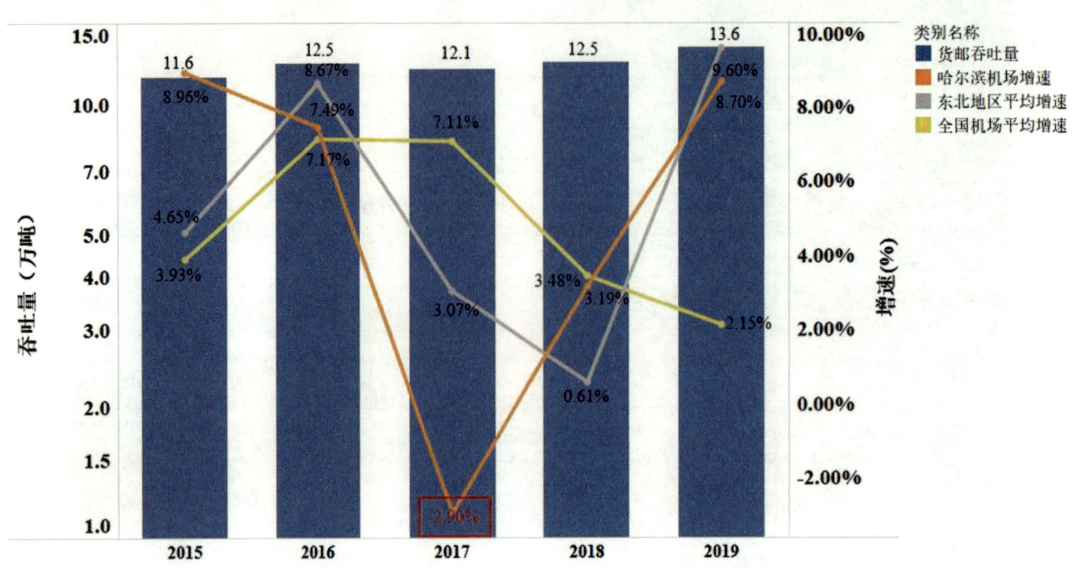

数据来源：全国机场生产统计公报。

图 5.16　2015—2019 年哈尔滨太平国际机场货邮吞吐量变化

一、航线网络布局

按照航线统计口径，2019 年该区通航点 130 个。其中，国内 107 个，同比增加 2 个；国外 22 个，同比增加 4 个；港澳台 1 个，同比减少 1 个。如表 5-5 所示。

表 5-5　2019 年哈尔滨太平国际机场通航点数量及分布（按航线口径统计）

地域	通航点数量（个）
国内	107
国外	22
港澳台	1
总计	130

数据来源：OAG 数据库，项目组处理。

按照可直飞（无须经停）航线统计口径，2019 年，该机场通航点 110 个。其中，国内 91 个，国际 18 个，港澳台 1 个。国内出港可用座位占 95.6%，国际占 3.8%，港澳台占 0.5%。国内平均日航班 194.6 班，国际 7.8 班，港澳台 1.1 班。如表 5-6 所示。

表 5-6　2019 年哈尔滨太平国际机场通航点数量及出港可用座位投入
（按无须经停的通达口径统计）

地域	通航点数量（个）	出港可用座位数（万个）	出港座位占比（%）	平均日航班量（班）	平均日频（次）	年航班量（班）
国内	91	1 183.0	95.6	194.6	2.1	71 037
国外	18	47.5	3.8	7.8	0.4	2 834
港澳台	1	6.6	0.5	1.1	1.1	393
总计	110	1 237.1	100.0	203.5	1.5	74 264

数据来源：OAG 数据库，项目组处理。

重点国内航线：2019 年，该机场前 30 条国内航线可用座位占国内航线 42.77%。其中，哈尔滨太平—北京首都（HRB-PEK）可用座位占 7.70%；哈尔滨太平—上海浦东（HRB-PVG）占 7.62%；哈尔滨太平—广州白云（HRB-CAN）占 2.78%，同比减少 0.19 个百分点，与第 1、2 位相比可用座位相差较大。该机场作为规划的国际航空枢纽，利用丰富航线网络资源，连接区域内外支线机场发展中转尚未成型。如图 5.17 所示。

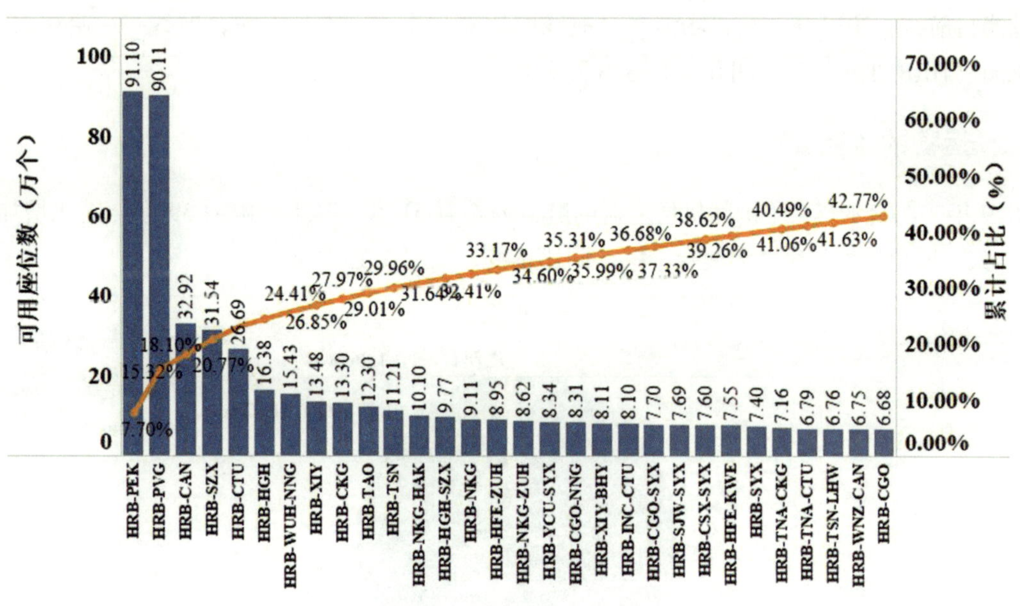

数据来源：OAG 数据库，项目组处理。

图 5.17　2019 年哈尔滨太平国际机场前 30 条国内客运航线出港可用座位分布

重点国际航线：2019 年，该机场前 15 条国际航线包括东北亚航线 7 条，东南亚航线 2 条，中/东欧航线 6 条。前 15 条国际航线可用座位占国际航线 96.38%，同比减少 0.86 个百分点。从单条航线看，哈尔滨太平—首尔仁川（HRB-ICN）可用座位最多，哈尔滨太平—东京成田（HRB-NRT）可用座位 8.97 万个，排名第 2 位。如图 5.18 所示。

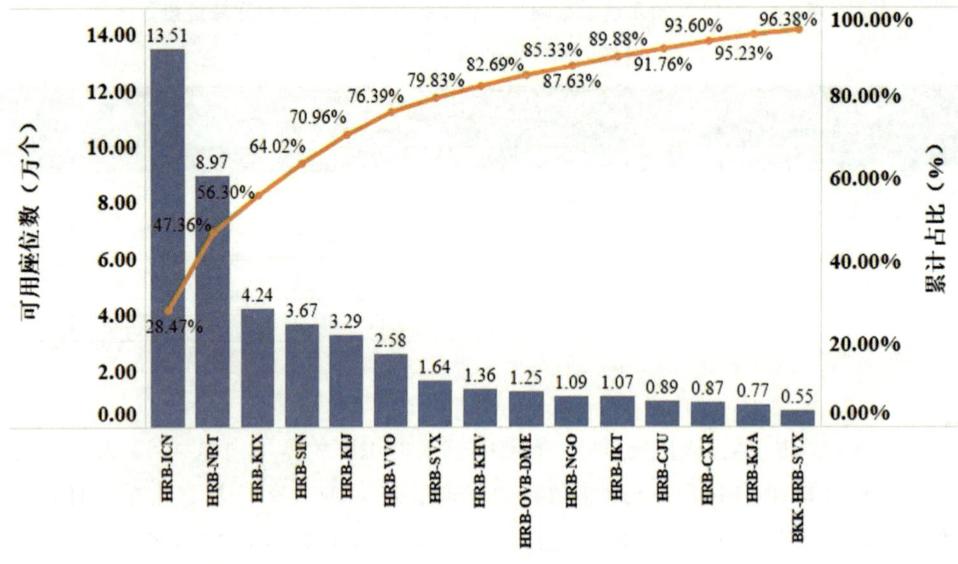

数据来源：OAG 数据库，项目组处理。

图 5.18　2019 年哈尔滨太平国际机场前 15 条国际客运航线出港可用座位分布

港澳台航线：2019 年，该机场港澳台航线同比减少 1 条，唯一港澳台航线——哈尔滨太平—台北桃园（HRB-TPE）航线可用座位 6.6 万个。

二、运营的航空公司

2019 年，在哈尔滨太平国际机场运营的航空公司有 51 家。其中，国内 39 家，同比增加 4 家；国外 11 家，同比增加 1 家；港澳台 1 家，同比不变。如图 5.19 所示。

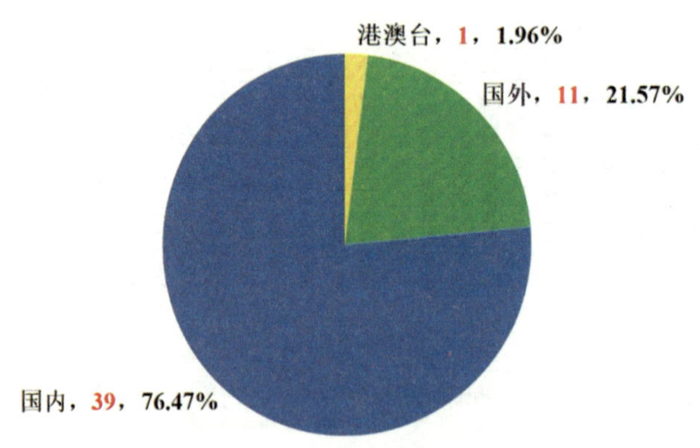

数据来源：OAG 数据库，项目组处理。

图 5.19　2019 年哈尔滨太平国际机场航空公司数量（个）及分布

2019 年，南方航空可用座位占 20.52%，同比增长 0.94%，份额最高；其次是四川航空、东方航空，可用座位比重差距较小，同比均有所增加。如图 5.20 所示。

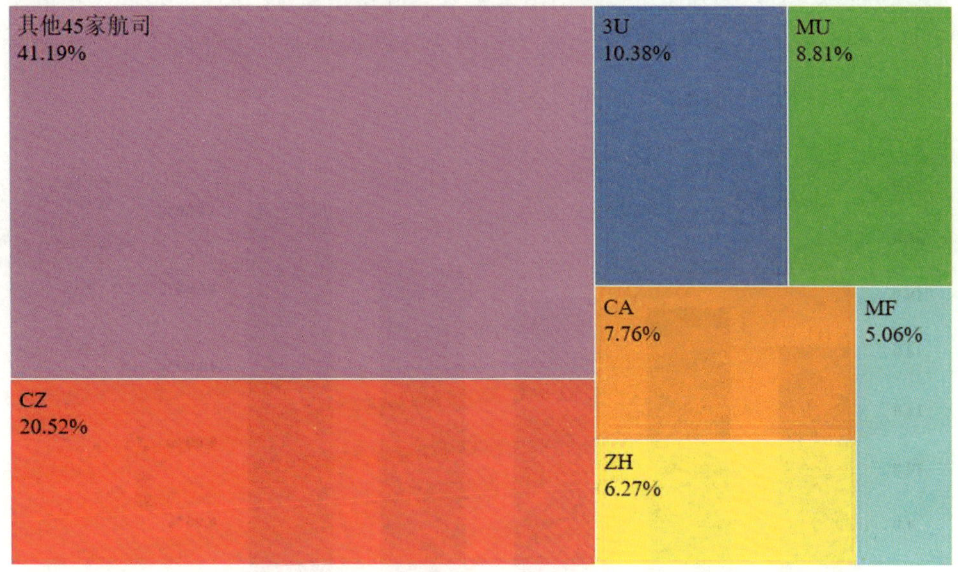

数据来源：OAG 数据库，项目组处理。

图 5.20　2019 年哈尔滨太平国际机场航空公司可用座位投入占比

第五节　沈阳桃仙国际机场

2019 年，沈阳桃仙国际机场旅客吞吐量 2 054.4 万人次，同比增长 7.97%，本区排名第 2 位，全国排名第 22 位，同比下降 2 位。货邮吞吐量 19.2 万吨，同比增长 14.19%，本区排名第 1 位，全国排名第 17 位，同比下降 1 位。如图 5.21 所示。

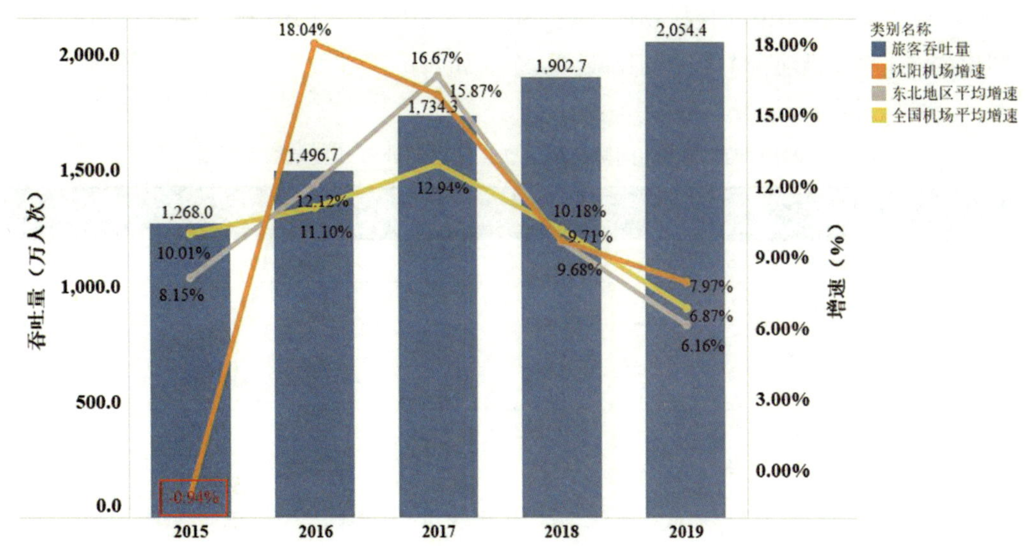

数据来源：全国机场生产统计公报。

图 5.21　2015—2019 年沈阳桃仙国际机场旅客吞吐量变化

近 5 年，该机场客货运输动荡增长。2016 年旅客吞吐量增速 18. 04%，是近 5 年最大值。2016 年后增速下降。2019 年，旅客吞吐量增速高于本区和全国平均水平，货邮吞吐量增速首次出现 2 位数增长，超过本区和全国平均水平。如图 5. 22 所示。

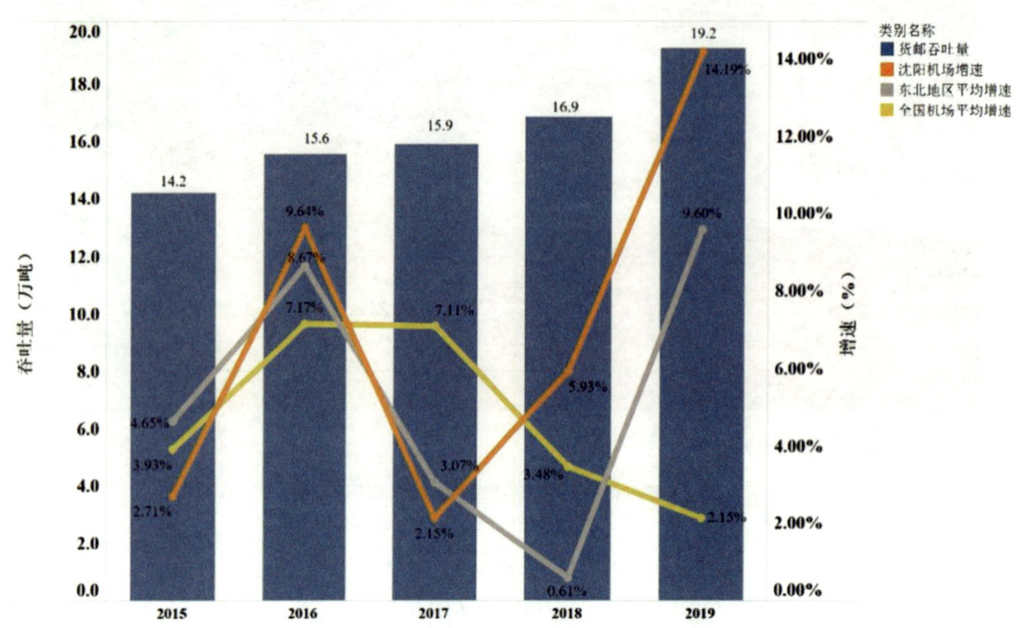

数据来源：全国机场生产统计公报。

图 5. 22　2015—2019 年沈阳桃仙国际机场货邮吞吐量变化

一、航线网络布局

按照航线统计口径，2019 年该机场通航点 130 个。其中，国内 107 个，同比增加 16 个；国外 22 个，同比增加 1 个；港澳台 1 个，同比减少 1 个。如表 5-7 所示。

表 5-7　2019 年沈阳桃仙国际机场通航点数量及分布（按航线口径统计）

地域	通航点数量（个）
国内	107
国外	22
港澳台	1
总计	130

数据来源：OAG 数据库，项目组处理。

按照可直飞（无须经停）航线统计口径，2019 年该机场通航点 107 个。其中，国内 84 个，国外 21 个，港澳台 2 个。国内出港可用座位占 91. 0%，国际占 8. 2%，港澳台占 0. 8%。国内平均日航班 182. 6 班，国际 12. 8 班，港澳台 1. 7 班。如表 5-8 所示。

表 5-8　2019 年沈阳桃仙国际机场通航点数量及出港可用座位投入
（按无须经停的通达口径统计）

地域	通航点数量（个）	出港可用座位数（万个）	出港座位占比（%）	平均日航班量（班）	平均日频（次）	年航班量（班）
国内	84	1 100.6	91.0	182.6	2.2	66 664
国外	21	99.4	8.2	12.8	0.6	4 689
港澳台	2	10.0	0.8	1.7	0.9	625
总计	107	1 210.0	100.0	197.2	1.8	71 978

数据来源：OAG 数据库，项目组处理。

重点国内航线：2019 年，该机场前 30 条国内航线可用座位占国内航线 50.65%，运力集中度同比降低 3.11%。其中，沈阳桃仙—上海浦东（SHE-PVG）可用座位占 9.28%，份额最大，同比有所下降；沈阳桃仙—北京首都（SHE-PEK）可用座位占 5.63%，同比下降 0.27 个百分点。如图 5.23 所示。

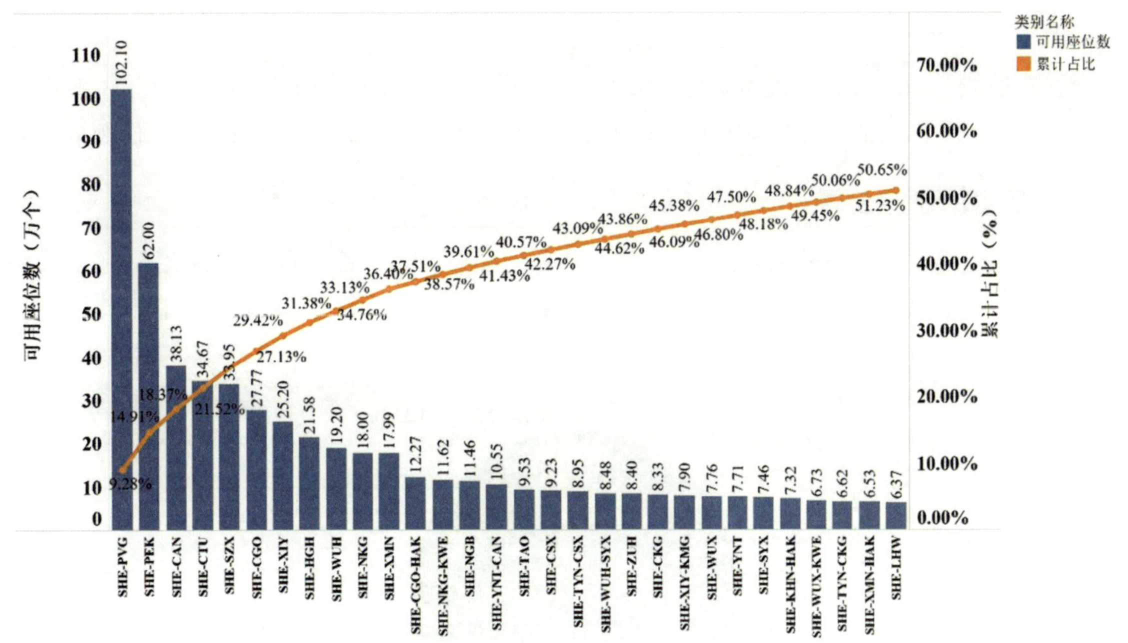

数据来源：OAG 数据库，项目组处理。

图 5.23　2019 年沈阳桃仙国际机场前 30 条国内客运航线出港可用座位分布

重点国际航线：2019 年，该机场前 15 条国际重点客运航线包括东北亚航线 8 条，东南亚航线 4 条，欧洲航线 1 条，北美航线 2 条；可用座位占国际航线 97.53%，同比增加 7.16 个百分点，运力集中度非常高。沈阳桃仙—首尔仁川（SHE-ICN 可用座位占据首位。2018 年居第 2 位、第 3 位的沈阳桃仙—新加坡樟宜（SHE-SIN）、沈阳桃仙—曼谷素万那普（SHE-DMK）2 条航线可用座位下降到第 2 位和第 4 位。如图 5.24 所示。

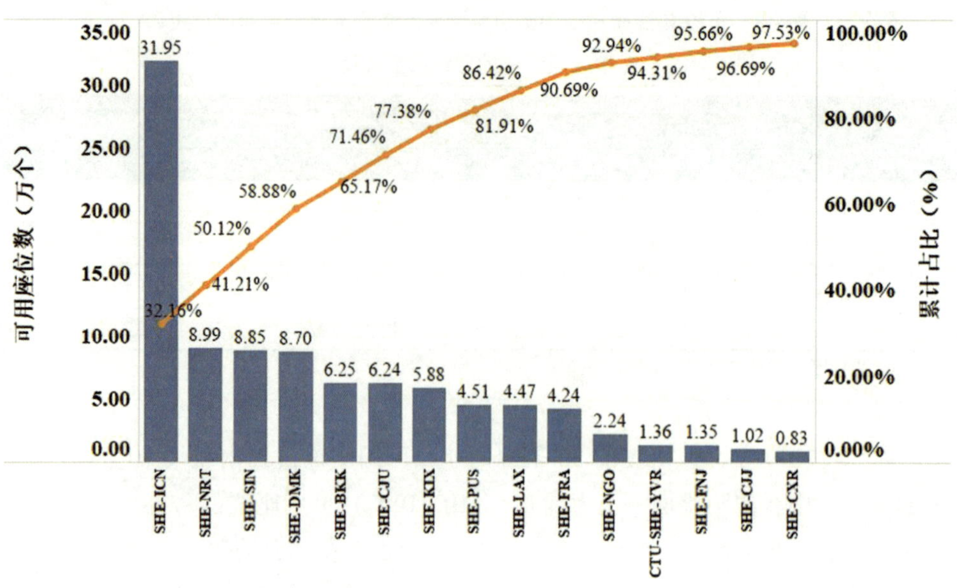

数据来源：OAG 数据库，项目组处理。

图 5.24　2019 年沈阳桃仙国际机场前 15 条国际客运航线出港可用座位分布

港澳台航线：2019 年，该机场港澳台航线 2 条，分别通达香港赤鱲角国际机场、台北桃园国际机场。其中，沈阳桃仙—台北桃园可用座位数 82.6%，同比增长约 2.6 个百分点，份额最大。

二、运营的航空公司

2019 年，在该机场运营的航空公司 46 家。其中，国内 32 家，同比增加 4 家；国外 12 家，同比减少 2 家；港澳台 2 家，同比不变。如图 5.25 所示。

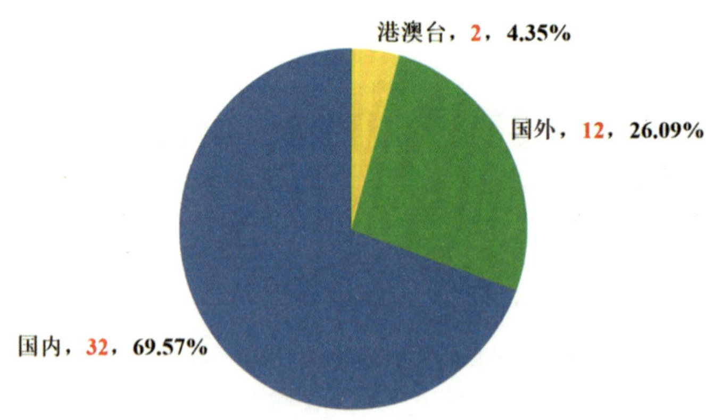

数据来源：OAG 数据库，项目组处理。

图 5.25　2019 年沈阳桃仙国际机场航空公司数量（个）及分布

从运力投入看，南方航空占 29.97%，同比增长约 0.86%，份额最大；深圳航空占 11.26%，同比降低约 1.9%，居第 2 位。如图 5.26 所示。

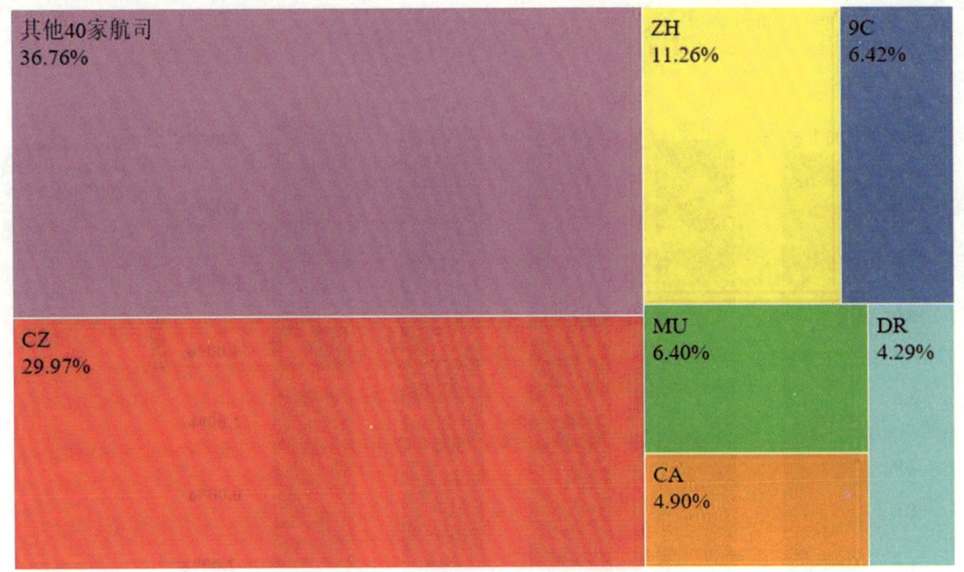

数据来源：OAG 数据库，项目组处理。

图 5.26　2019 年沈阳桃仙国际机场航空公司可用座位投入占比

第六节　大连周水子国际机场

2019 年，大连周水子国际机场旅客吞吐量 2 008.0 万人次，同比增长 7.05%，本区排名第 3 位，全国排名第 24 位。2015 年以来，该机场旅客吞吐量增速与本区、全国机场增速基本一致。货邮吞吐量 17.4 万吨，本区排名第 2 位，全国排名第 20 位。2019 年，货邮吞吐量增长 7.19%，在上年增速下降后迅速恢复。如图 5.27、图 5.28 所示。

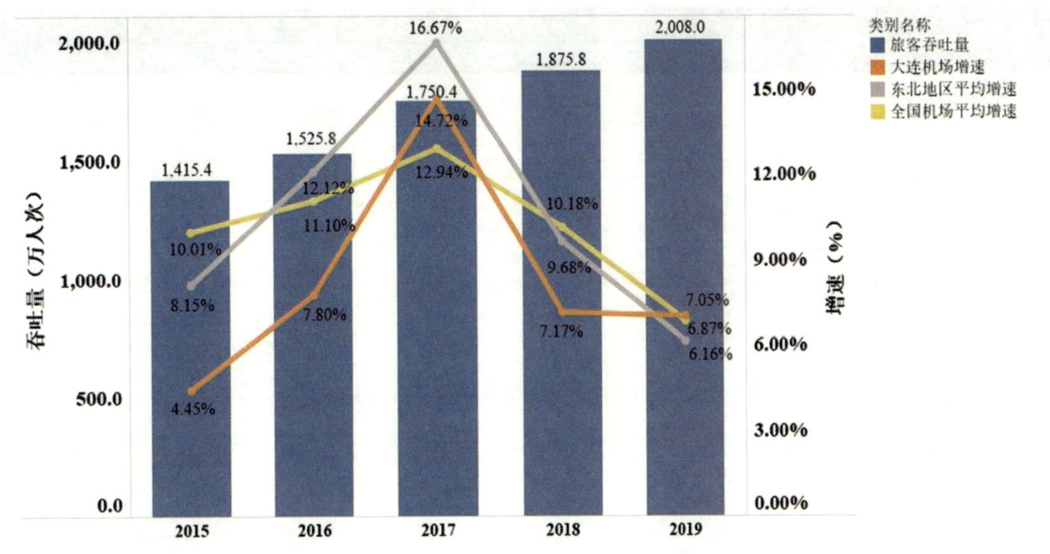

数据来源：全国机场生产统计公报。

图 5.27　2015—2019 年大连周水子国际机场旅客吞吐量变化

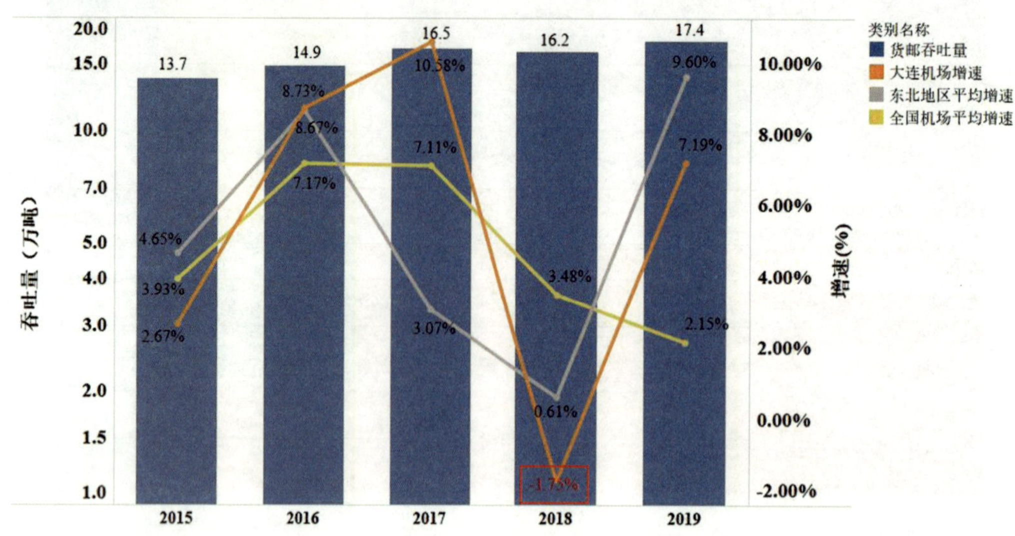

数据来源：全国机场生产统计公报。

图 5.28　2015—2019 年大连周水子国际机场货邮吞吐量变化

一、航线网络布局

按照航线统计口径，2019 年该机场通航点 130 个。其中，国内 111 个，同比增加 11 个；国外 17 个，同比减少 1 个；港澳台 2 个，同比减少 1 个。如表 5-9 所示。

表 5-9　2019 年大连周水子国际机场通航点数量及分布（按航线口径统计）

地域	通航点数量（个）
国内	111
国外	17
港澳台	2
总计	130

数据来源：OAG 数据库，项目组处理。

按照可直飞（无须经停）航线统计口径，2019 年该机场通航点 107 个。其中，国内 92 个，国际 13 个，港澳台 2 个。国内出港可用座位占 90. 1%，国际占 9. 1%，港澳台占 0. 8%。国内平均日航班 194. 5 班，国际 18. 0 班，港澳台 1. 7 班。如表 5-10 所示。

表 5-10　2019 年大连周水子国际机场通航点数量及出港可用座位投入
（按无须经停的通达口径统计）

地域	通航点数量（个）	出港可用座位数（万个）	出港座位占比（%）	平均日航班量（班）	平均日频（次）	年航班量（班）
国内	92	1 134.9	90.1	194.5	2.1	70 996
国际	13	115.0	9.1	18.0	1.4	6 563
港澳台	2	10.2	0.8	1.7	0.8	609
总计	107	1 260.1	100.0	214.2	2.0	78 168

数据来源：OAG 数据库，项目组处理。

重点国内航线：2019 年，该机场前 30 条国内客运航线可用座位占国内航线 44.65%，运力集中度同比降低 5.62%。大连周水子—上海浦东（DLC-PVG）可用座位占 8.69%，居第 1 位。大连周水子—青岛流亭（DLC-TAO）可用座位份额由上年第 7 位上升至第 5 位；大连周水子—成都双流（DLC-CTU）可用座位份额由上年第 8 位降至第 15 位。如图 5.29 所示。

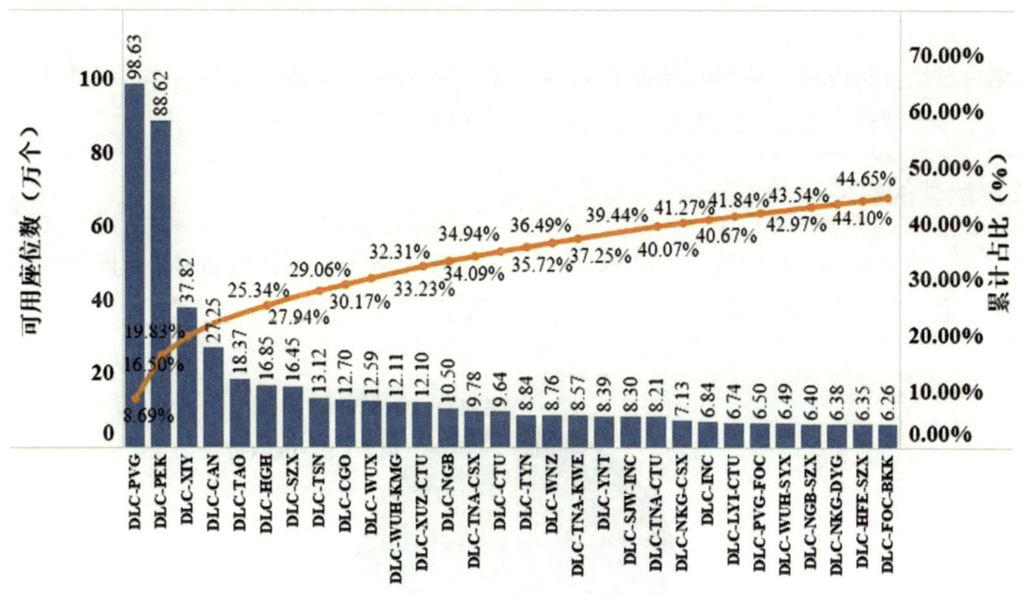

数据来源：OAG 数据库，项目组处理。

图 5.29　2019 年大连周水子国际机场前 30 条国内客运航线出港可用座位分布

重点国际航线：2019 年，该机场前 15 条国际客运航线包括 12 条东北亚航线，1 条东南亚航线，1 条北美航线；可用座位占国际航线 100.00%，同比增长 5.27 个百分点，运力集中度非常高。大连周水子—首尔仁川、大连周水子—大阪关西 2 条航线可用座位份额最大，与大连有较多日韩劳动密集型制造加工企业和大连在日韩劳务人员较多相关。如图 5.30 所示。

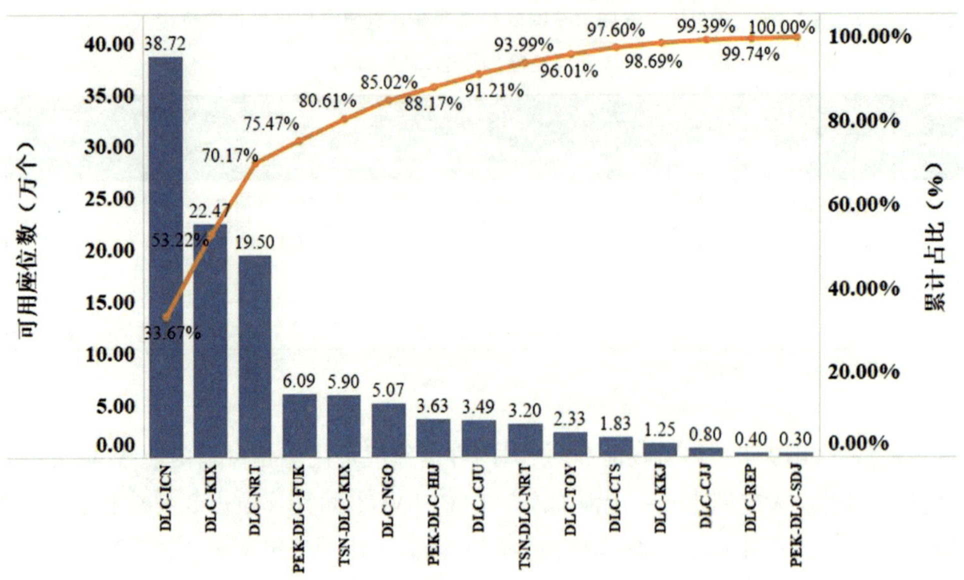

数据来源：OAG 数据库，项目组处理。

图 5.30　2019 年大连周水子国际机场前 15 条国际客运航线出港可用座位分布

港澳台航线：2019 年，该机场港澳台航线 2 条，同比减少 1 条。大连周水子—香港赤鱲角、大连周水子—台北桃园均为直达航线，可用座位投入相当。

二、运营的航空公司

2019 年，在该机场运营的航空公司 42 家。其中，国内 33 家，同比增加 1 家；国外 8 家，同比减少 2 家；港澳台 1 家，同比减少 1 家。如图 5.31 所示。

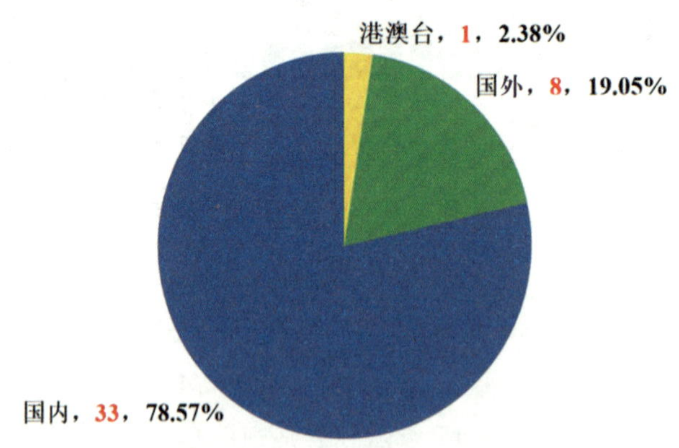

数据来源：OAG 数据库，项目组处理。

图 5.31　2019 年大连周水子国际机场航空公司数量（个）及分布情况

2019 年，南方航空可用座位占 25.43%，份额最高，同比持平。其次是东方航空、国际航空，分别占 12.46%、11.16%。如图 5.32 所示。

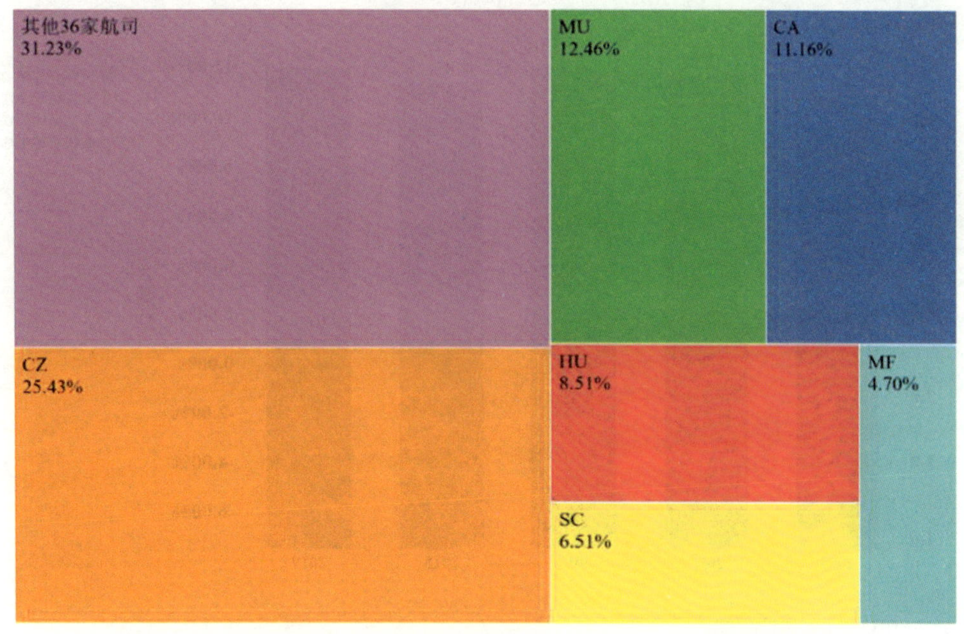

数据来源：OAG 数据库，项目组处理。

图 5.32 2019 年大连周水子国际机场航空公司可用座位投入占比

第七节 长春龙嘉国际机场

2019 年，长春龙嘉国际机场旅客吞吐量 1 393.5 万人次，同比增长 7.44%，本区排名第 4 位，全国排名第 20 位，增速同比下降 4%。货邮吞吐量 8.3 万吨，增速降至-6.64%，本区排名第 4 位，全国排名第 31 位。如图 5.33 所示。

2019 年，该机场旅客吞吐量增速跌至近年最低，但旅客吞吐量增速高于本区和全国平均水平；货邮吞吐量增速低于本区平均水平，高于全国平均水平。如图 5.34 所示。

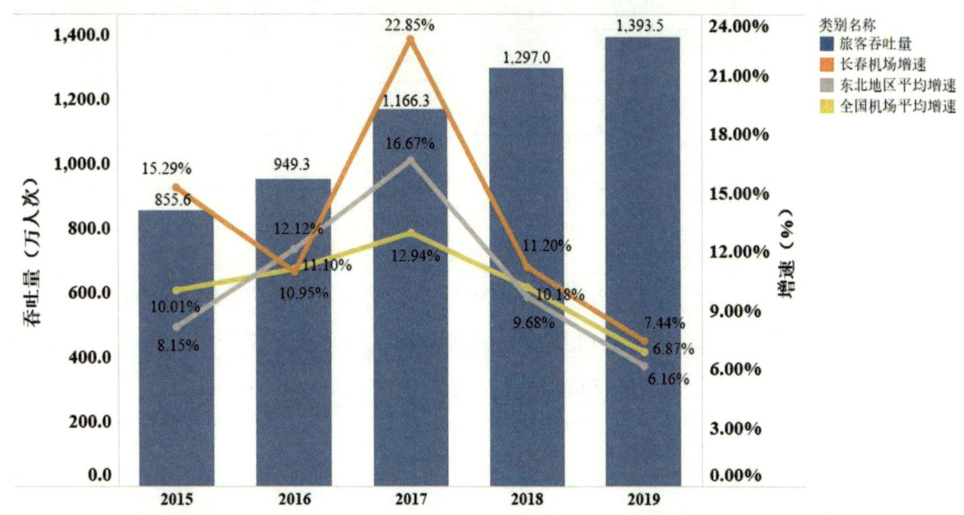

数据来源：全国机场生产统计公报。

图 5.33 2015—2019 年长春龙嘉国际机场旅客吞吐量变化

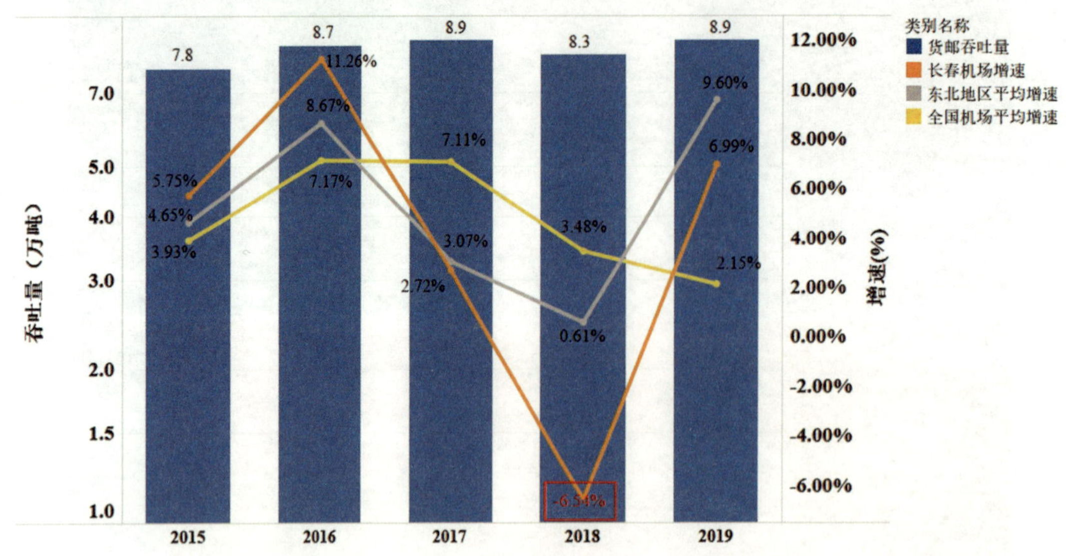

数据来源：全国机场生产统计公报。

图 5.34　2015—2019 年长春龙嘉国际机场货邮吞吐量变化

一、航线网络布局

按照航线统计口径，2019 年该机场通航点 83 个。其中，国内 69 个，同比增加 9 个；国外 12 个，同比增加 3 个；港澳台 2 个，同比不变。如表 5-11 所示。

表 5-11　2019 年长春龙嘉国际机场通航点数量及分布（按航线口径统计）

地域	通航点数量（个）
国内	69
国外	12
港澳台	2
总计	83

数据来源：OAG 数据库，项目组处理。

按照可直飞（无须经停）航线统计口径，2019 年，该机场通航运输机场 69 个。其中，国内 57 个，国外 10 个，港澳台 2 个。国内出港可用座位占 96. 1%，国际占 3. 1%，港澳台占 0. 8%。国内平均日航班量 129. 8 班，国际 13. 9 班，港澳台 1. 1 班。如表 5-12 所示。

表 5-12 2019 年长春龙嘉国际机场通航点数量及出港可用座位投入
（按无须经停的通达口径统计）

地域	通航点数量（个）	出港可用座位数（万个）	出港座位占比（%）	平均日航班量（班）	平均日频（次）	年航班量（班）
国内	57	798. 1	96. 1	129. 8	2. 3	47 370
国外	10	26. 1	3. 1	13. 9	0. 4	1 433
港澳台	2	6. 3	0. 8	1. 1	0. 5	391
总计	69	830. 5	100. 0	134. 8	2. 0	49 194

数据来源：OAG 数据库，项目组处理。

重点国内航线：2019 年，该机场前 30 条国内航线可用座位占国内航线 53. 80%，同比下降 2. 93 个百分点。长春龙嘉—深圳宝安（CGQ-SZX）可用座位由上年第 6 位升至第 4 位，长春龙嘉—南昌昌北—深圳宝安（CGQ-KHN-SZX）由上年第 5 位降至第 7 位。长春龙嘉—上海浦东、长春龙嘉—北京首都 2 条航线可用座位分别占 10. 02%、9. 27%，份额较高。如图 5. 35 所示。

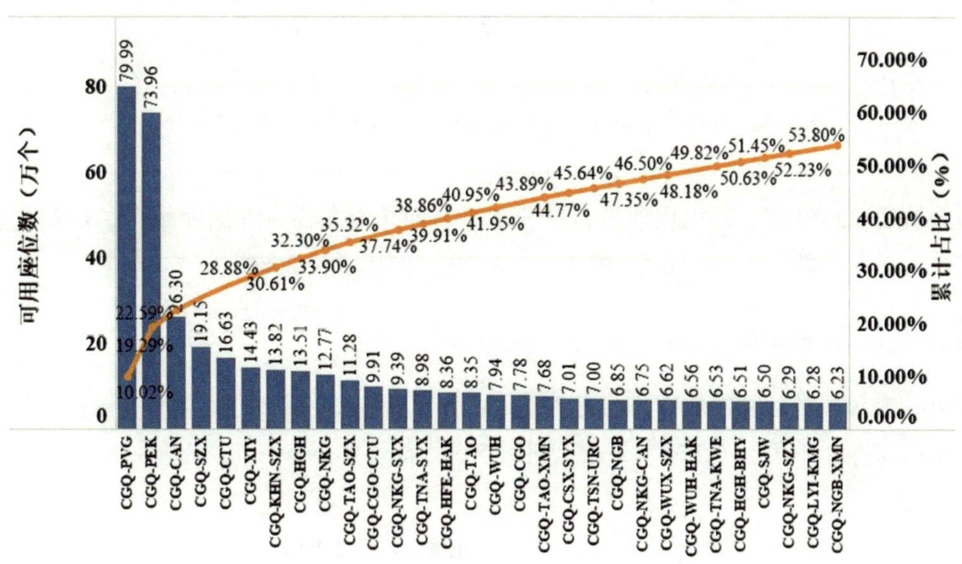

数据来源：OAG 数据库，项目组处理。

图 5. 35 2019 年长春龙嘉国际机场前 30 条国内客运航线出港可用座位分布

重点国际航线：2019 年，该机场国际航线 11 条，包括东南亚航线 3 条、东北亚航线 5 条、中/东欧航线 3 条。其中，3 条经停国内其他机场出境。长春龙嘉—首尔仁川（CGQ-ICN）航线可用座位占国际航线 66. 25%。如图 5. 36 所示。

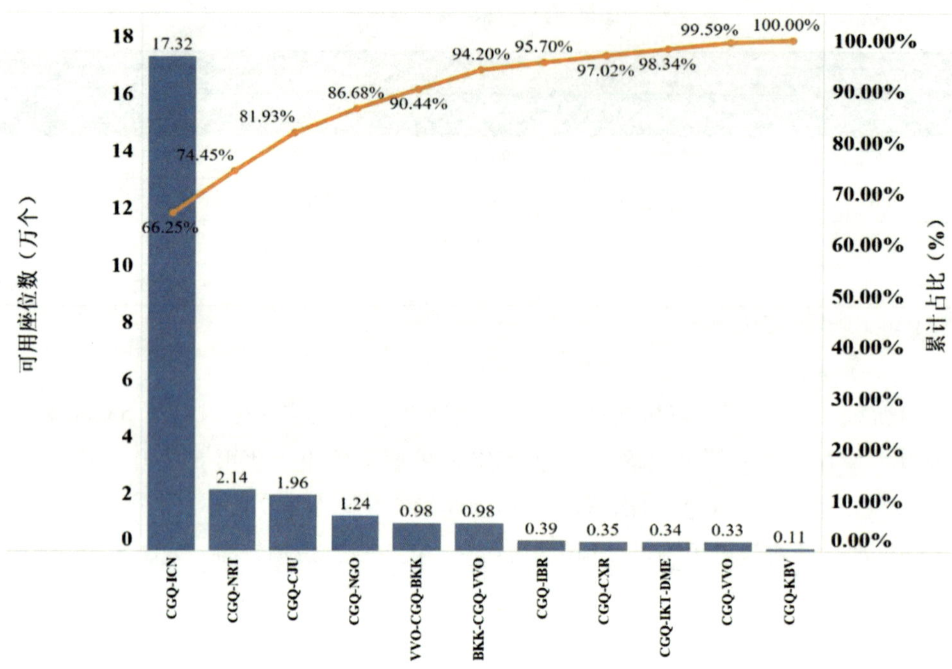

数据来源：OAG 数据库，项目组处理。

图 5.36　2019 年长春龙嘉国际机场国际客运航线出港可用座位分布

港澳台航线：2019 年，该机场港澳台航线 2 条，即长春龙嘉—香港赤鱲角、长春龙嘉—台北桃园。其中，长春龙嘉—台北桃园可用座位占 76.7%，同比增长 2.8%。

二、运营的航空公司

2019 年，在该机场运营的航空公司有 36 家。其中，国内 30 家，同比增加 4 家；国外 5 家，同比增加 1 家；港澳台 1 家，同比减少 1 家。如图 5.37 所示。

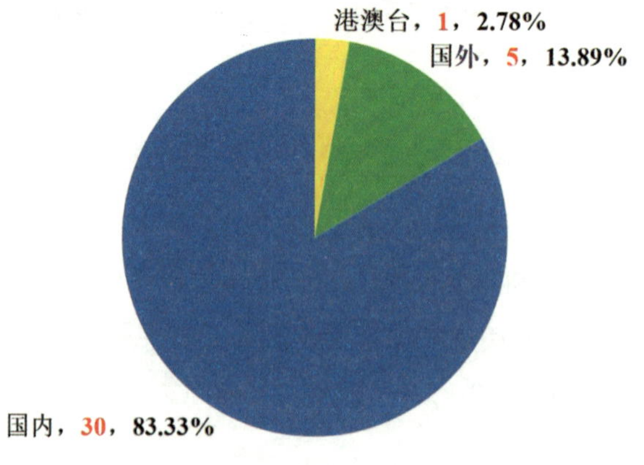

数据来源：OAG 数据库，项目组处理。

图 5.37　2019 年长春龙嘉国际机场航空公司数量（个）及分布

2019 年，从运力投入看，南方航空可用座位占 33.65%，同比降低约 0.35%，份额最大，也高于南方航空在该区其他 3 个千万级运输机场份额。国际航空可用座位占 10.47%，同比持平。如图 5.38 所示。

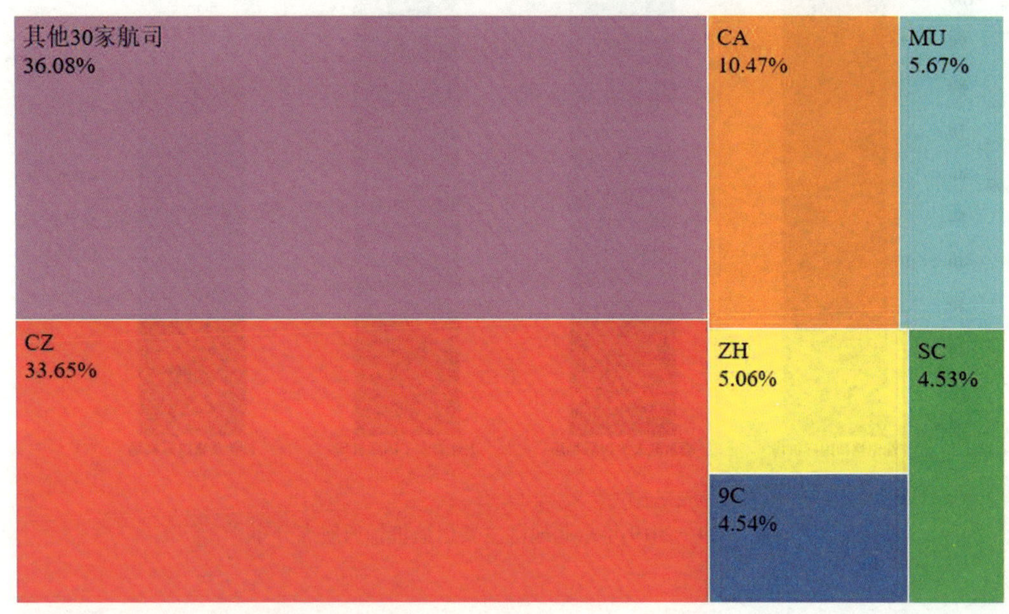

数据来源：OAG 数据库，项目组处理。

图 5.38 2019 年长春龙嘉国际机场航空公司可用座位投入占比

第八节 东北地区小结

该区运输机场航空业务量差距显著。2019 年，该区只有 3 个运输机场旅客吞吐量增速高于全国平均水平，同比减少 7 个，7 个地区增速排名第 6 位。4 个 1 000 万人次以上运输机场，合计旅客吞吐量 7 533.9 万人次，占该区 90.13%。沈阳桃仙国际机场、大连周水子国际机场旅客吞吐量首次突破 2 000 万人次。除 4 个千万级运输机场外，其他 23 个运输机场旅客吞吐量均在 200 万人次以下，合计旅客吞吐量占该区 9.87%。

受地面集疏运系统不断发展影响，该区部分货物被输送往北京首都国际机场，甚至上海浦东国际机场，使原本有限的货源流失严重。2019 年，货邮吞吐量超过 1 万吨运输机场 4 个，合计货邮吞吐量 59.1 万吨，占该区货邮吞吐量 97.89%。除长春龙嘉国际机场货邮吞吐量相对较小外，其他 3 个千万级运输机场货邮吞吐量差距不大，均在 13 万~19 万吨之间。

2019 年，该区通航点有 191 个。其中，国内 147 个，国际 41 个，港澳台 3 个。国际、国内航线网络覆盖范围及通达性在 7 个地区中均排第 6 位；港澳台航线网络覆盖范围排第 5 位。沈阳桃仙国际机场、哈尔滨太平国际机场国内航线网络通达性较高。如图 5.39 所示。

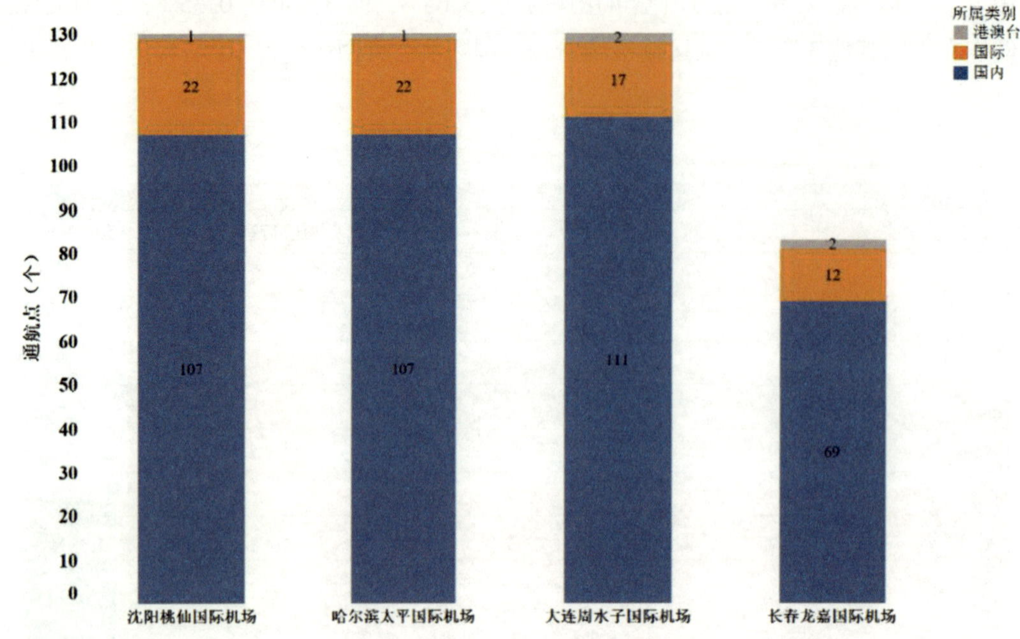

数据来源：OAG 数据库，项目组处理。

图 5. 39　2019 年东北地区主要运输机场通航点分布

2019 年，该区国内航线可用座位占 92. 68%，国际占 6. 67%，港澳台占 0. 65%。从主要运输机场可用座位分布看，哈尔滨太平国际机场可用座位稍高于大连周水子国际机场，但该区前 3 位运输机场可用座位差距并不显著。长春龙嘉国际机场可用座位与其他 3 个千万级运输机场差距较大。如图 5. 40 所示。

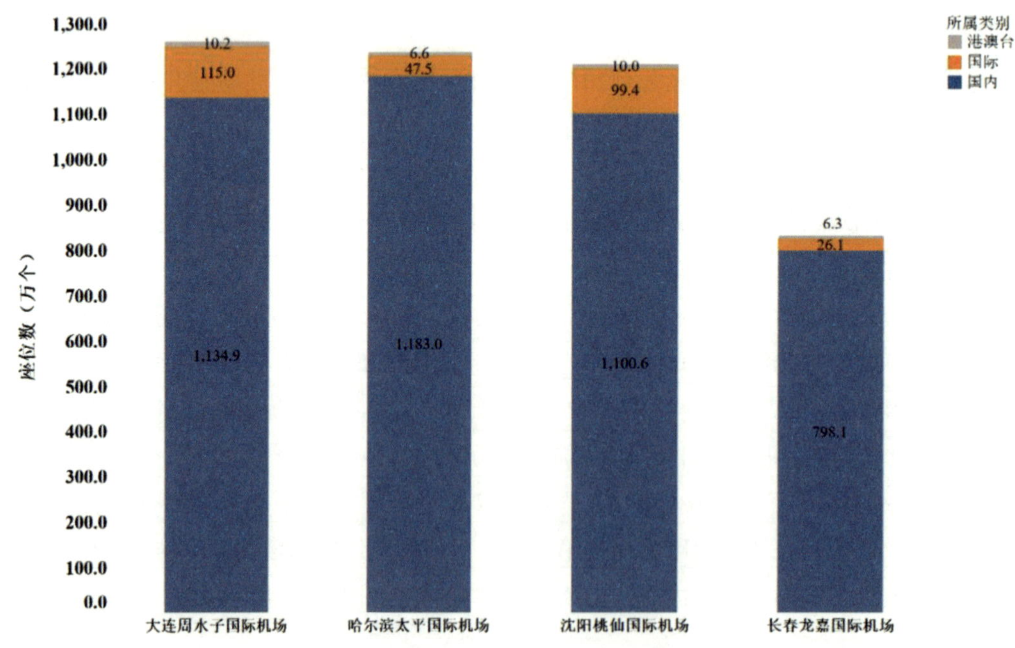

数据来源：OAG 数据库，项目组处理。

图 5. 40　2019 年东北地区主要运输机场出港可用座位分布

2019 年，在该区运营的航空公司 69 家。其中，客运 67 家、全货运 2 家。南方航空可用座位占 25. 87%，份额最大，高出排名第 2 位的东方航空 15. 79 个百分点。除南方航空、东方航空、国际航空 3 个主要航空公司外，其他航空公司以深圳航空可用座位份额最大，占 5. 73%。

第六章　华东地区

2019 年，华东地区运输机场 44 个，同比不变，占全国颁证运输机场 18.72%。江苏省、山东省运输机场均为 9 个，数量最多，占该区运输机场 20.45%；浙江省 7 个，江西省、福建省均为 6 个，安徽 5 个、上海 2 个。该区运输机场分布如图 6.1 所示。

图片来源：天地图，项目组处理。

图 6.1　华东地区运输机场分布

第一节　运输机场运营概况

一、概况

2019 年，该区运输机场旅客吞吐量 3.98 亿人次，7 个地区排名第 1 位，同比不变。旅客吞吐量同比增长 6.92%，高于全国平均水平，在 7 个地区中排名第 5 位，同比下降 4 位。

2019 年，该区旅客吞吐量 1 000 万人次以上运输机场 13 个，同比增加 1 个，合计旅客吞吐量占该区 84.94%，同比增长 0.65 个百分点。200 万～1 000 万人次运输机场 12 个，同比增加 3 个，合计旅客吞吐量占该区 11.08%，同比增长 0.72 个百分点。200 万人次以下运输机场 19 个，同比减少 4 个，合计旅客吞吐量占该区 3.98%，同比下降 1.37 个百分点。

2019 年，该区旅客吞吐量平均增速高于全国平均增速 0.05 个百分点。33 个运输机场增速高于全国平均水平，32 个运输机场增速高于本区平均水平，2 个运输机场负增长。烟台蓬莱国际机场以 19.21%增速跨入千万级运输机场行列。

近 5 年，该区 31 个运输机场平均增速高于全国平均水平，34 个运输机场高于本区机场平均水平。13 个千万级机场中，烟台蓬莱国际机场平均增速 19.21%，增长最快；南昌昌北国际机场平均增速 0.84%，增幅较小。如表 6-1 所示。

表 6-1　2019 年华东地区运输机场旅客吞吐量规模与增速

运输机场	旅客吞吐量（万人次）	区域占比（%）	区域累计占比（%）	全国运输机场排名	2015—2019 年平均增速（%）	2019 年增速（%）
全国机场整体情况	135 162.85	—	—	—	10.25	6.87
华东地区机场整体情况	39 845.98	—	—	—	10.64	6.92
上海浦东国际机场	7 615.35	19.11	19.11	2	6.10	2.90
上海虹桥国际机场	4 563.79	11.45	30.57	8	3.95	4.61
杭州萧山国际机场	4 010.84	10.07	40.63	10	9.06	4.88
南京禄口国际机场	3 058.17	7.67	48.31	11	12.39	7.00
厦门高崎国际机场	2 741.34	6.88	55.19	13	5.88	3.24
青岛流亭国际机场	2 555.63	6.41	61.60	16	8.85	4.16
济南遥墙国际机场	1 756.05	4.41	66.01	25	16.54	5.71
福州长乐国际机场	1 476.02	3.70	69.71	28	7.91	2.55
南昌昌北国际机场	1 363.72	3.42	73.13	31	16.17	0.84
宁波栎社国际机场	1 241.40	3.12	76.25	33	16.00	5.94
温州龙湾国际机场	1 229.17	3.08	79.33	34	13.68	9.56
合肥新桥国际机场	1 228.24	3.08	82.42	36	16.74	10.55
烟台蓬莱国际机场[1]	1 005.29	2.52	84.94	39	24.04	19.21
泉州晋江国际机场	843.58	2.12	87.06	41	23.42	13.34

1　烟台蓬莱国际机场于 2015 年 5 月通航。

续表

运输机场	旅客吞吐量（万人次）	区域占比（%）	区域累计占比（%）	全国运输机场排名	2015—2019 年平均增速（%）	2019 年增速（%）
无锡硕放机场	797.34	2.00	89.06	42	14.68	10.63
常州奔牛国际机场	405.23	1.02	90.07	50	22.31	21.78
南通兴东国际机场	348.45	0.87	90.95	51	31.60	25.73
威海大水泊机场	309.08	0.78	91.72	54	23.68	23.23
徐州观音国际机场	300.59	0.75	92.48	55	22.88	19.34
扬州泰州国际机场	297.97	0.75	93.23	57	36.01	24.97
临沂启阳机场[1]	258.08	0.65	93.87	61	25.56	28.65
淮安涟水机场	234.76	0.59	94.46	67	46.85	54.82
盐城南洋机场	209.03	0.52	94.99	72	25.15	14.71
赣州黄金机场	208.87	0.52	95.51	73	22.58	28.52
义乌机场	202.91	0.51	96.02	74	14.12	24.05
连云港白塔埠机场	192.28	0.48	96.50	75	28.33	26.82
舟山普陀山机场	152.19	0.38	96.89	87	23.95	25.81
济宁曲阜机场	148.78	0.37	97.26	88	32.16	21.80
台州路桥机场	138.13	0.35	97.61	92	23.98	24.20
日照山字河机场[2]	101.79	0.26	97.86	104	314.24	12.94
阜阳西关机场	92.22	0.23	98.09	109	20.41	15.33
东营胜利机场	88.01	0.22	98.31	111	28.85	27.35
井冈山机场	87.02	0.22	98.53	113	14.06	32.24
黄山屯溪国际机场	86.97	0.22	98.75	114	10.13	14.25
宜春明月山机场	77.79	0.20	98.95	120	17.57	21.57
武夷山机场	64.11	0.16	99.11	127	6.25	-0.30
安庆天柱山机场	59.29	0.15	99.26	131	26.36	24.14
景德镇罗家机场	58.30	0.15	99.40	132	4.42	13.51
池州九华山机场	52.45	0.13	99.53	139	17.85	16.31
上饶三清山机场[3]	50.02	0.13	99.66	144	—	33.36
潍坊机场	46.86	0.12	99.78	151	0.18	-35.34
衢州机场	40.41	0.10	99.88	159	17.41	60.97
三明沙县机场[4]	25.56	0.06	99.94	180	—	25.25
连城冠豸山机场	22.91	0.06	100.00	182	21.69	11.73

数据来源：全国机场生产统计公报。

1 2019 年 12 月 30 日临沂沭埠岭机场更名为临沂启阳机场。

2 日照山字河机场于 2015 年 12 月通航。

3 上饶三清山机场于 2017 年 5 月通航。

4 三明沙县机场于 2016 年 3 月通航。

2019 年，该区运输机场货邮吞吐量 684. 81 万吨，在 7 个地区中排名第 1 位，同比不变。货邮吞吐量增速 1. 30%，低于全国平均水平，在 7 个地区中排名第 6 位，同比不变。

2019 年，该区货邮吞吐量 1 万吨以上运输机场 24 个，同比增加 4 个[1]，合计货邮吞吐量占该区货邮吞吐量 99. 38%，同比增长 0. 38 个百分点。上海浦东国际机场货邮吞吐量占该区 53. 07%。

2019 年，该区 32 个运输机场货邮吞吐量增速高于全国平均水平，32 个运输机场增速高于该区平均水平，10 个运输机场负增长。货邮吞吐量超过 1 万吨的 24 个运输机场中，临沂启阳机场增长 63. 21%，增幅最大。南昌昌北国际机场、台州路桥机场分别增长 48. 32%、35. 58%；上海浦东、厦门高崎、福州长乐、南通兴东、潍坊机场负增长。

近 5 年，该区货邮吞吐量平均增速低于全国平均水平。27 个运输机场增速高于全国平均水平，27 个运输机场增速高于本区平均水平。如表 6-2 所示。

表 6-2 2019 年华东地区运输机场货邮吞吐量规模与增速

运输机场	货邮吞吐量（万吨）	区域占比（%）	区域累计占比（%）	全国运输机场排名	2015—2019 年平均增速（%）	2019 年增速（%）
全国机场整体情况	1 710. 01	—	—	—	4. 95	2. 15
华东地区机场整体情况	684. 81	—	—	—	4. 55	1. 30
上海浦东国际机场	363. 42	53. 07	53. 07	1	2. 63	-3. 57
杭州萧山国际机场	69. 03	10. 08	69. 34	5	12. 90	7. 70
上海虹桥国际机场	42. 36	6. 19	69. 34	8	-0. 58	4. 03
南京禄口国际机场	37. 46	5. 47	74. 81	12	3. 54	2. 61
厦门高崎国际机场	33. 05	4. 83	79. 63	13	1. 56	-4. 34
青岛流亭国际机场	25. 63	3. 74	83. 37	14	5. 35	14. 16
无锡硕放机场	14. 51	2. 12	85. 49	22	12. 98	17. 21
济南遥墙国际机场	13. 53	1. 98	87. 47	24	11. 88	19. 04
福州长乐国际机场	13. 11	1. 91	89. 38	25	2. 99	-1. 59
南昌昌北国际机场	12. 25	1. 79	91. 17	26	24. 45	48. 32
宁波栎社国际机场	10. 61	1. 55	92. 72	29	8. 33	0. 42
合肥新桥国际机场	8. 71	1. 27	93. 99	32	14. 16	24. 81
温州龙湾国际机场	8. 11	1. 18	95. 18	33	2. 80	1. 14
泉州晋江国际机场	7. 53	1. 10	96. 28	34	15. 01	17. 93
烟台蓬莱国际机场	5. 71	0. 83	97. 11	38	11. 73	10. 87
南通兴东国际机场	4. 23	0. 62	97. 73	42	7. 76	-1. 69
常州奔牛国际机场	3. 32	0. 48	98. 21	45	17. 13	17. 72
潍坊机场	1. 38	0. 20	98. 41	49	-7. 27	-42. 49
扬州泰州国际机场	1. 24	0. 18	98. 60	51	19. 16	11. 71
徐州观音国际机场	1. 21	0. 18	98. 77	52	14. 43	19. 90
义乌机场	1. 06	0. 15	98. 93	54	18. 51	20. 60

1 义乌机场、台州路桥机场、淮安涟水机场、临沂启阳机场。

续表

运输机场	货邮吞吐量（万吨）	区域占比（%）	区域累计占比（%）	全国运输机场排名	2015—2019 年平均增速（%）	2019 年增速（%）
台州路桥机场	1.03	0.15	99.08	56	20.97	35.58
淮安涟水机场	1.03	0.15	99.23	57	28.57	63.21
临沂启阳机场	1.02	0.15	99.38	58	20.87	27.49
威海大水泊机场	0.92	0.13	99.51	60	15.14	36.42
盐城南洋机场	0.87	0.13	99.64	64	30.38	31.84
赣州黄金机场	0.57	0.08	99.72	80	-1.67	11.89
连云港白塔埠机场	0.33	0.05	99.77	84	23.53	15.02
济宁曲阜机场	0.30	0.04	99.81	86	26.19	11.85
安庆天柱山机场	0.23	0.03	99.85	90	27.93	33.69
黄山屯溪国际机场	0.20	0.03	99.88	94	-1.20	-11.03
日照山字河机场	0.18	0.03	99.90	100	—	22.41
池州九华山机场	0.09	0.01	99.92	128	155.89	11.97
衢州机场	0.08	0.01	99.93	130	1.22	11.89
武夷山机场	0.08	0.01	99.94	131	-10.25	-16.44
景德镇罗家机场	0.08	0.01	99.95	135	-20.97	22.48
舟山普陀山机场	0.06	0.01	99.96	142	18.13	453.75
阜阳西关机场	0.06	0.01	99.97	144	0.10	48.34
东营胜利机场	0.05	0.01	99.98	147	4.46	64.27
连城冠豸山机场	0.05	0.01	99.98	148	39.30	26.63
井冈山机场	0.04	0.01	99.99	152	-39.10	-83.68
宜春明月山机场	0.03	0.01	99.99	163	10.30	-16.08
三明沙县机场	0.03	0.00	100.00	168	—	-6.20
上饶三清山机场	0.02	0.00	100.00	181	—	26.99

数据来源：全国机场生产统计公报。

2019 年，该区飞机起降 317.92 万架次，在 7 个地区中排名第 1 位，同比不变。飞机起降架次增长 6.35%，略高于全国平均水平，在 7 个地区中排名第 3 位，同比不变。13 个千万级运输机场飞机起降架次 240.41 万架次，占该区 75.62%。其中，排名前 3 的运输机场分别占 16.10%、9.15%、8.58%。

2019 年，该区飞机起降架次增速略高于全国平均水平，28 个运输机场增速高于全国平均水平，27 个运输机场高于本区平均水平，7 个运输机场负增长。13 个千万级机场中，烟台蓬莱国际机场飞机起降架次增长 14.49%，增速最快；合肥新桥、温州龙湾分别增长 6.89%、6.87%；厦门高崎国际机场负增长。

近 5 年，该区 30 个运输机场飞机起降架次平均增速高于全国平均水平，29 个运输机场高于本区平均水平。如表 6-3 所示。

表 6-3 2019 年华东地区运输机场起降架次规模与增速

运输机场	起降架次（万架次）	区域占比（%）	区域累计占比（%）	全国运输机场排名	2015—2019 年平均增速（%）	2019 年增速（%）
全国机场整体情况	1 166.05	—	—	—	8.02	5.16
华东地区机场整体情况	317.92	—	—	—	8.76	6.35
上海浦东国际机场	51.18	16.10	16.10	2	3.32	1.40
杭州萧山国际机场	29.09	9.15	25.25	9	5.81	2.12
上海虹桥国际机场	27.29	8.58	33.83	10	1.55	2.30
南京禄口国际机场	23.49	7.39	41.22	11	8.92	6.35
厦门高崎国际机场	19.29	6.07	47.29	16	1.73	-0.24
青岛流亭国际机场	18.65	5.87	53.16	18	4.65	2.11
济南遥墙国际机场	13.00	4.09	57.25	26	10.83	2.50
日照山字河机场	12.60	3.96	61.21	27	—	58.37
福州长乐国际机场	11.27	3.55	64.76	31	4.07	2.27
南昌昌北国际机场	10.80	3.40	68.15	35	12.56	-0.53
合肥新桥国际机场	9.51	2.99	71.15	38	13.52	6.89
温州龙湾国际机场	9.23	2.90	74.05	40	10.57	6.87
宁波栎社国际机场	8.95	2.81	76.86	42	12.38	4.74
烟台蓬莱国际机场	8.64	2.72	79.58	44	18.11	14.49
泉州晋江国际机场	6.50	2.04	81.63	50	18.76	11.48
无锡硕放机场	6.25	1.97	83.59	52	12.82	11.45
常州奔牛国际机场	5.54	1.74	85.34	57	20.44	21.39
徐州观音国际机场	4.96	1.56	86.90	60	11.79	-4.10
东营胜利机场	4.57	1.44	88.34	62	14.20	31.87
淮安涟水机场	4.56	1.43	89.77	63	45.93	74.73
扬州泰州国际机场	4.14	1.30	91.07	65	7.85	-18.12
南通兴东国际机场	3.46	1.09	92.16	70	11.30	2.37
威海大水泊机场	2.57	0.81	92.97	77	19.45	23.00
舟山普陀山机场	2.42	0.76	93.73	81	4.19	-1.43
临沂启阳机场	2.16	0.68	94.41	86	19.48	27.42
盐城南洋机场	1.91	0.60	95.01	98	21.23	14.29
连云港白塔埠机场	1.81	0.57	95.58	101	23.45	20.96
赣州黄金机场	1.78	0.56	96.14	102	6.31	18.61
义乌机场	1.55	0.49	96.63	108	8.31	23.51
阜阳西关机场	1.47	0.46	97.09	112	25.63	-5.08
济宁曲阜机场	1.16	0.37	97.46	123	23.65	14.05
台州路桥机场	1.03	0.33	97.78	127	21.72	24.98
黄山屯溪国际机场	0.93	0.29	98.07	130	9.53	13.19
井冈山机场	0.89	0.28	98.35	131	10.99	26.81

续表

运输机场	起降架次（万架次）	区域占比（%）	区域累计占比（%）	全国运输机场排名	2015—2019 年平均增速（%）	2019 年增速（%）
宜春明月山机场	0.81	0.26	98.61	138	15.34	16.17
武夷山机场	0.71	0.22	98.83	142	5.65	16.17
景德镇罗家机场	0.62	0.20	99.03	150	11.72	0.23
安庆天柱山机场	0.61	0.19	99.22	152	18.98	22.49
上饶三清山机场	0.60	0.19	99.41	154	—	22.40
池州九华山机场	0.56	0.18	99.58	162	14.41	31.24
潍坊机场	0.46	0.15	99.73	171	-5.80	-33.24
衢州机场	0.36	0.11	99.84	182	19.09	77.19
三明沙县机场	0.29	0.09	99.93	194	—	19.77
连城冠豸山机场	0.22	0.07	100.00	206	13.69	13.11

数据来源：全国机场生产统计公报。

二、航空市场运营概况

2015—2019 年，该区可用座位集中于国内市场。2017 年，国内出港航班可用座位增长 12.25%，是增速最高年份，高于国际可用座位增速。2018 年后，国内出港航班可用座位增速放缓，略低于国际出港航班可用座位增速。2019 年，国内航班可用座位 21 587.4 万个，增长 7.42%。如图 6.2 所示。

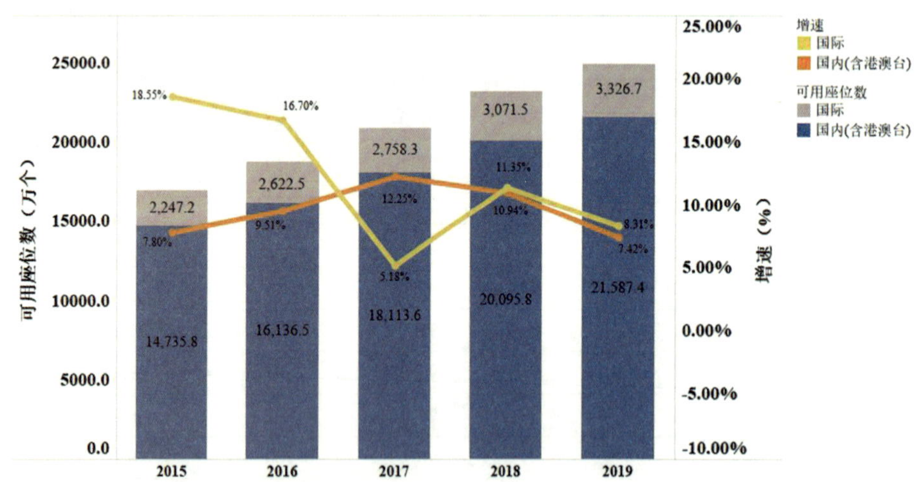

数据来源：OAG 数据库，项目组处理。

图 6.2　2015—2019 年华东地区运输机场国际国内出港航班可用座位变化

该区国内出港航班频次远高于国际出港航班频次。2017 年，国内航班频次增长 10.83%，远高于国际航班。2018 年后，国内航班频次增速略低于国际航班。2019 年，该区国内航班 125.9 万班次，增长 5.83%；国际航班 15.3 万班次，增长 6.60%。如图 6.3 所示。

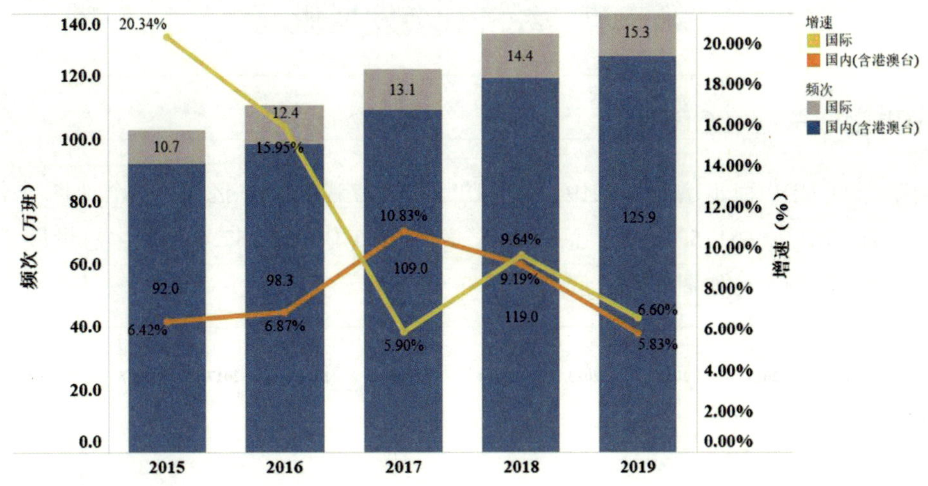

数据来源：OAG 数据库，项目组处理。

图 6.3　2015—2019 年华东地区运输机场国际国内出港航班频次变化

三、运输机场与综合交通

该区主要机场基本实现与市区及省内主要城市多式连通。上海浦东、上海虹桥、南京禄口、宁波栎社、温州龙湾等国际机场均与地铁连接。杭州萧山、福州长乐、合肥新桥等国际机场地铁在建。目前仅上海虹桥国际机场与高铁连接，杭州萧山、福州长乐、厦门高崎、济南遥墙、青岛流亭、南昌昌北等 6 个国际机场高铁站在建。依据规划，上海浦东、南京禄口、宁波栎社、温州龙湾、合肥新桥、烟台蓬莱等国际机场也将引进高铁。如表 6-4 所示。

表 6-4　华东地区主要国际机场与其他交通方式连通情况

运输机场	地铁（条）	高铁	公交（条）	专线巴士（条）	城际巴士（条）
上海浦东国际机场	2（1 条磁悬浮）	规划中	—	10	22
上海虹桥国际机场	2	有	10	2	—
杭州萧山国际机场	在建	在建	—	24	28
南京禄口国际机场	1	规划中	11	8	21
厦门高崎国际机场	—	在建	24	10	—
青岛流亭国际机场	—	在建	20	8	21
济南遥墙国际机场	1	在建	3	5	20
福州长乐国际机场	在建	在建	—	15	31
南昌昌北国际机场	规划中	在建	—	4	6
宁波栎社国际机场	1	规划中	—	1	6
温州龙湾国际机场	1	规划中	3	3	13
合肥新桥国际机场	在建	规划中	—	4	24
烟台蓬莱国际机场	规划中	规划中	—	7	10

数据来源：机场官网，项目组处理。

第二节　经济社会发展概况

一、国内生产总值（GDP）

近 10 年，该区 GDP 稳步增长。2019 年，GDP 总额 375 472. 84 亿元，7 个地区排名第 1 位。2019 年，江苏省 GDP 99 631. 52 亿元，总量最高。江西省 GDP 24 757. 5 亿元，总量最低，与排名第 1 位的江苏省差距较大。如图 6. 4 所示。

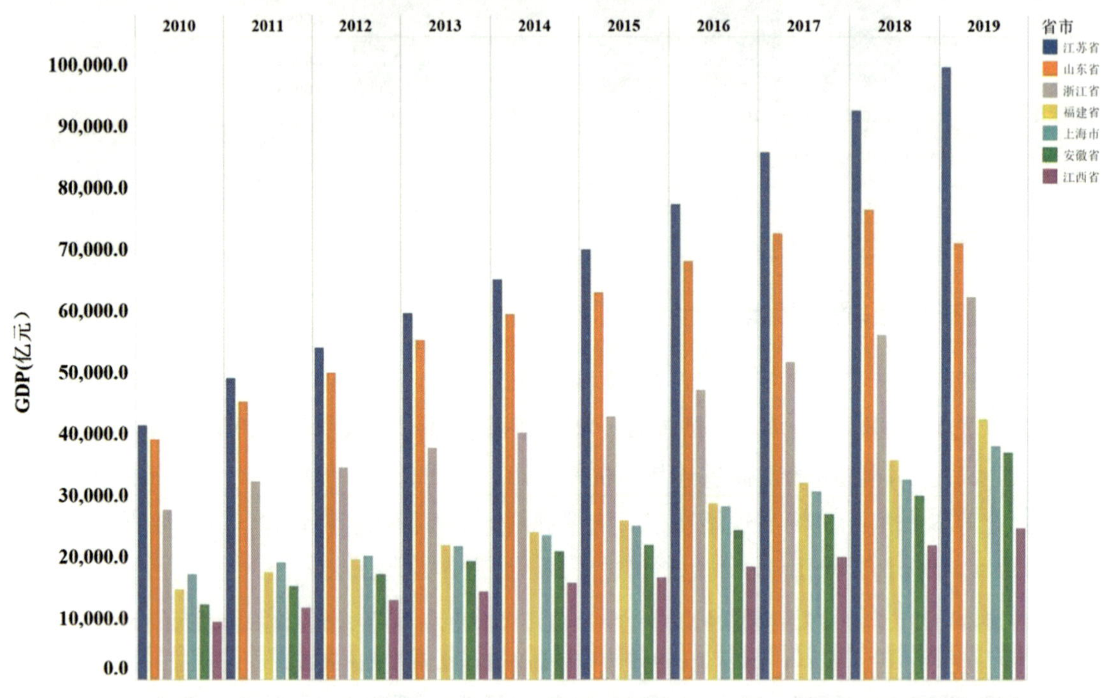

数据来源：国家统计局，项目组处理。

图 6. 4　2010—2019 年华东地区各省 GDP 分布及变化

近 10 年，上海市 GDP 增速多处该区较低水平，近年增速接近全国平均水平。安徽省、福建省 GDP 增速位居该区领先地位。近 10 年，江苏省、福建省、安徽省、江西省 GDP 增速一直高于全国平均水平。如图 6. 5 所示。

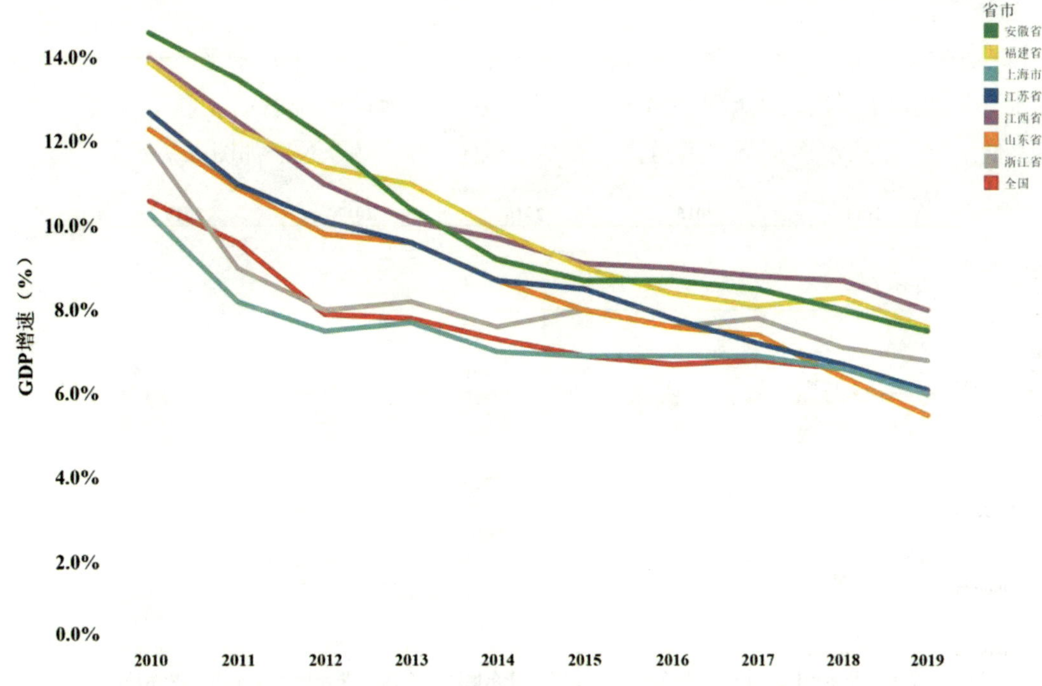

数据来源：国家统计局，地方政府工作报告，项目组处理。

图 6.5　2010—2019 年华东地区各省及全国 GDP 增速

二、进出口贸易

2015 年，该区进出口贸易总额负增长。2018 年，该区进出口贸易总额 151 006.2 亿元，在 7 个地区中排名第 1 位，同比增长 10.44%，在 7 个地区中排名第 5 位，高出全国平均增速 0.14 个百分点。如图 6.6 所示。

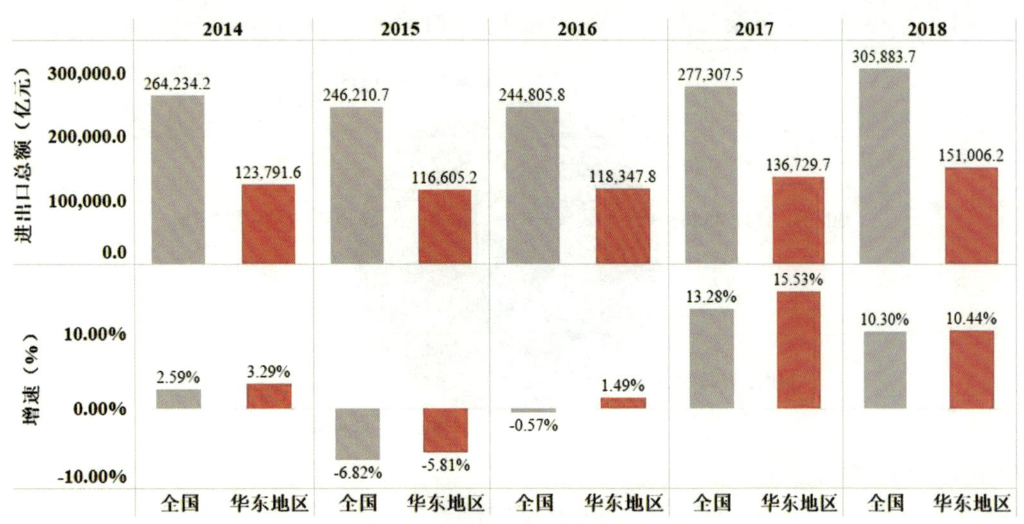

数据来源：国家统计局，项目组处理。

图 6.6　2014—2018 年华东地区及全国进出口总额变化

三、入境人数

2014—2017 年，该区入境人数动荡增长。2015 年增速低于全国平均水平，其他年份都高于全国平均水平。2018 年，该区入境 1 990.6 万人次，在 7 个地区中排名第 1 位。入境人次增长-6.66%，低于全国平均水平 8.66 个百分点，在 7 个地区中排名第 7 位。如图 6.7 所示。

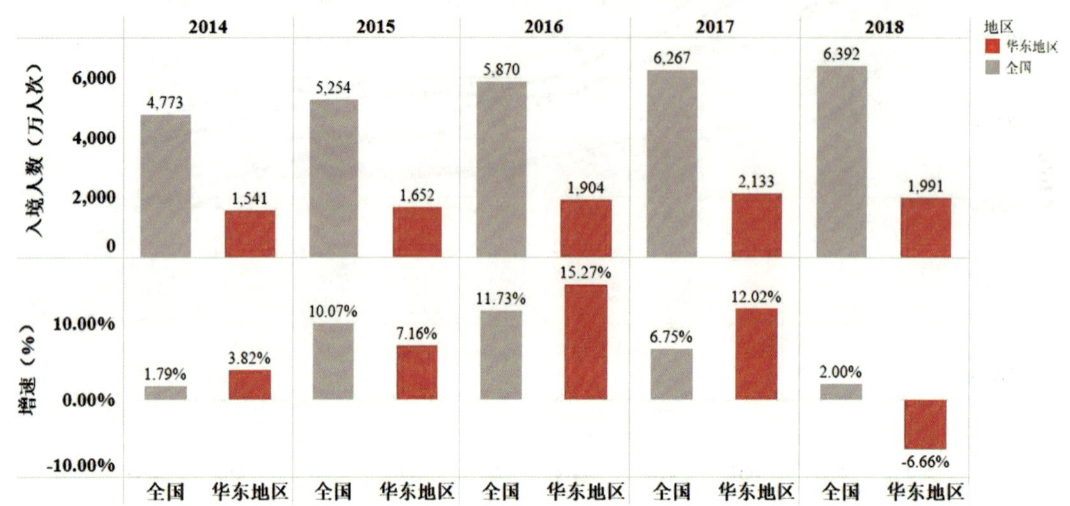

数据来源：国家统计局，项目组处理。

图 6.7　2014—2018 年华东地区及全国入境人数变化

第三节　航线网络布局

一、通航点分布

2019 年，该区通航点 341 个。其中，国内 198 个，国外 135 个，港澳台 8 个。国内通航点占 58.06%，国外占 39.59%，港澳台占 2.35%。如图 6.8 所示。

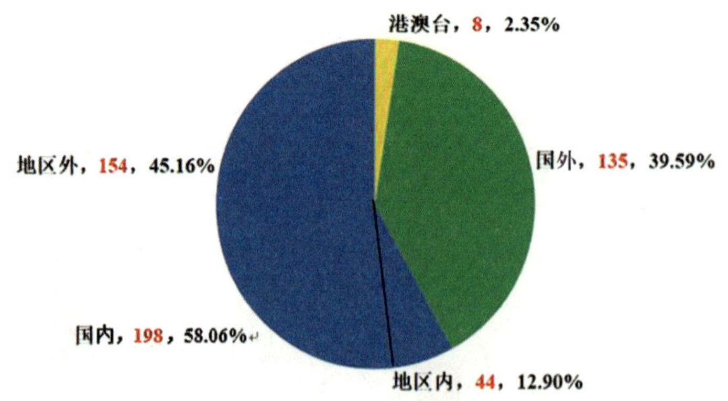

数据来源：OAG 数据库，项目组处理。

图 6.8　2019 年华东地区通航点数量（个）及分布

2019 年，国内航线可用座位占 82.30%，国外占 13.35%，港澳台占 4.35%。该区 44 个运输机场开通区内航线，区内航线可用座位 4 255.9 万个，占该区可用座位 17.08%。如图 6.9 所示。

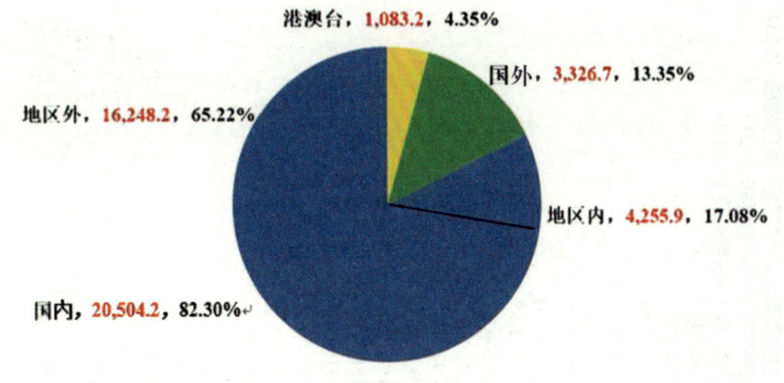

数据来源：OAG 数据库，项目组处理。

图 6.9　2019 年华东地区可用座位（万个）及分布

2019 年，该区航线网络分 3 个梯队：上海浦东国际机场以覆盖面广、频次高居第 1 梯队；杭州萧山、上海虹桥、南京禄口、厦门高崎等 14 个运输机场位于第 2 梯队，其余 29 个运输机场通航点均在 50 个以内，航班频次相对较低，属于第 3 梯队。如图 6.10 所示。

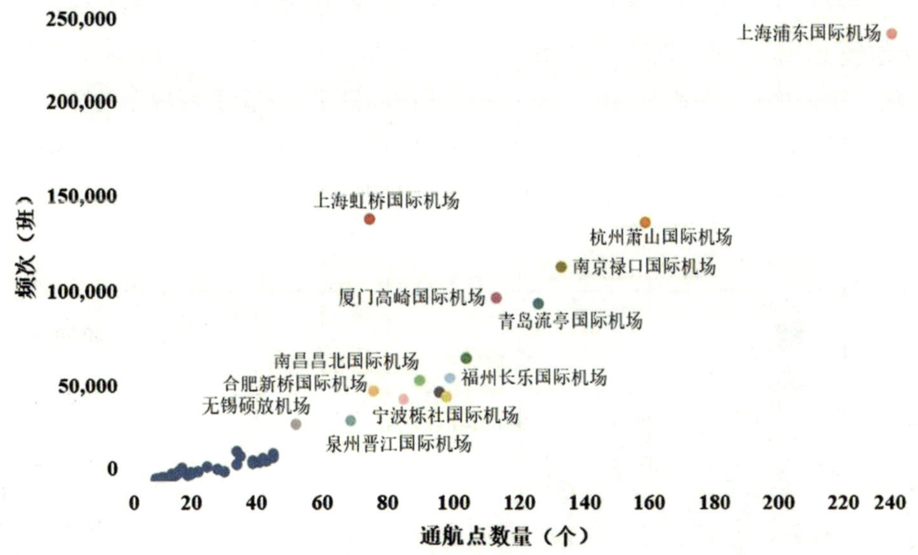

数据来源：OAG 数据库，项目组处理。

图 6.10　华东地区各运输机场通航点分布散点图

二、重点航线

2019 年，该区国内前 30 条航线可用座位占该区国内航线 18.34%，同比降低 0.19 个百分点，主要集中于北京首都、杭州萧山、深圳宝安等 11 个运输机场。有 7 个千万级运输机场国内航线进入前 30 条国内航线。其中，上海虹桥国际机场 8 条，上海浦东国际机场 7 条，杭州萧山国际机场、

南京禄口国际机场各 5 条，厦门高崎国际机场、青岛流亭国际机场各 2 条、福州长乐国际机场 1 条。排名前 3 的航线均由上海虹桥国际机场始发。如图 6. 11 所示。

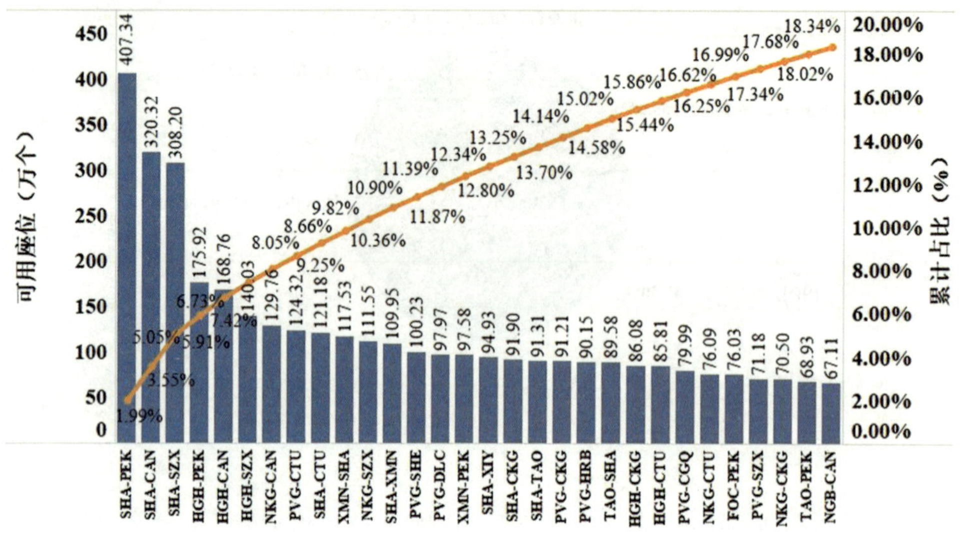

数据来源：OAG 数据库，项目组处理。

图 6. 11　华东地区前 30 条国内客运航线出港可用座位及分布

2019 年，该区国际前 15 条航线可用座位占该区国际航线 32. 53%，同比增长 1. 11 个百分点。前 15 条国际航线上海浦东国际机场占 13 条。青岛流亭国际机场、上海虹桥国际机场各 1 条。前 15 条国际航线集中于东北亚、东南亚地区，除首尔仁川国际机场、大阪关西国际机场、新加坡樟宜国际机场外，还包括上海浦东—巴黎戴高乐（SHA-CDG）、上海浦东—法兰克福（SHA-FRA）、上海浦东—洛杉矶（SHA-LAX）3 条远程航线。如图 6. 12 所示。

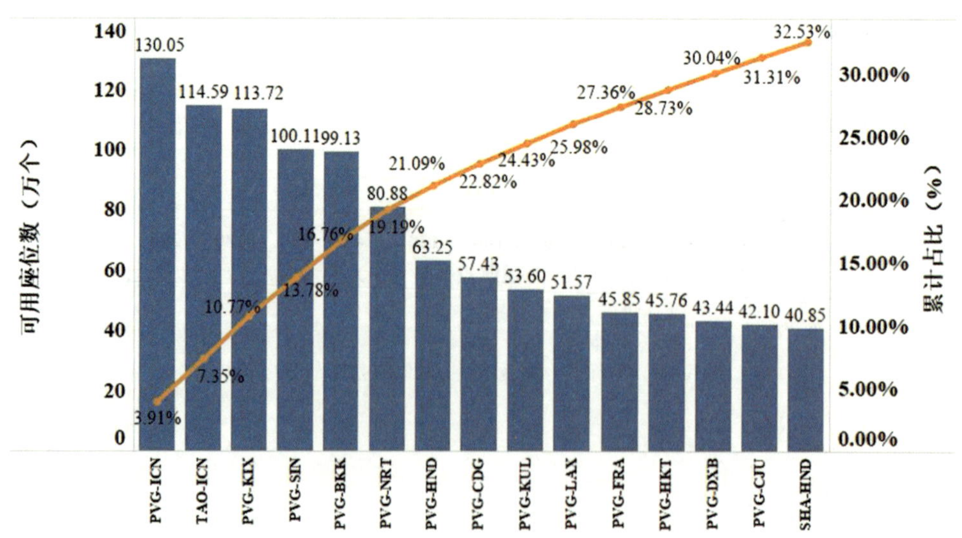

数据来源：OAG 数据库，项目组处理。

图 6. 12　华东地区前 15 条国际客运航线出港可用座位及分布

三、运营的航空公司

（一）航空公司分布

2019 年，在该区运营的航空公司 149 家。其中，客运 137 家，全货运 12 家。137 家客运航空公司分布呈 4 个梯队：上海浦东国际机场居第 1 梯队；杭州萧山、南京禄口、南昌昌北等 10 个运输机场为第 2 梯队；烟台蓬莱、泉州晋江、上海虹桥等 19 个运输机场为第 3 梯队；其他 14 个运输机场运营的航空公司不足 10 家，属于第 4 梯队。如图 6. 13 所示。

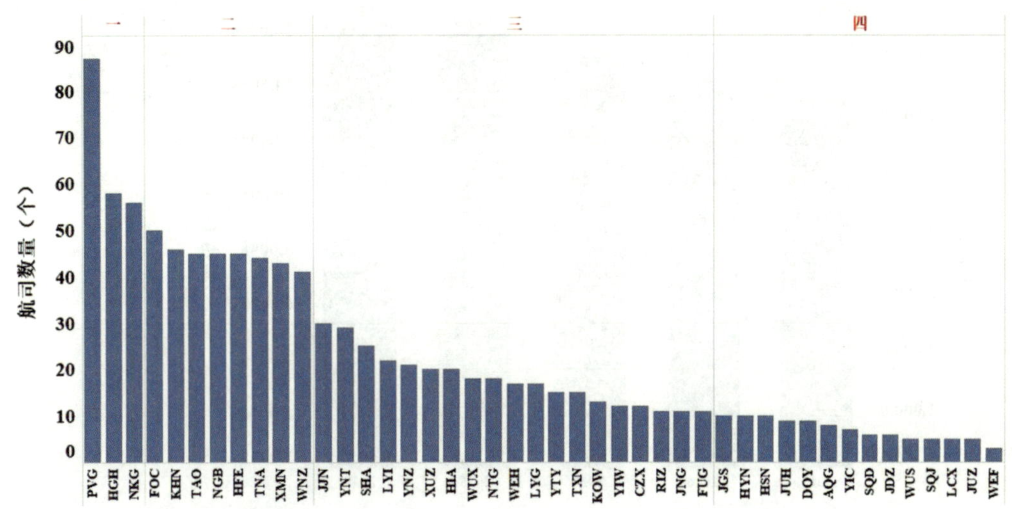

数据来源：OAG 数据库，项目组处理。

图 6. 13　华东地区各运输机场运营航空公司数量及分布

（二）运力分布

2019 年，东方航空提供可用座位占 19. 23%，份额最大。其他航空公司运力分布较分散，份额相对较大的航空公司是南方航空、厦门航空、山东航空、国际航空。春秋航空占 4. 16%。如图 6. 14 所示。

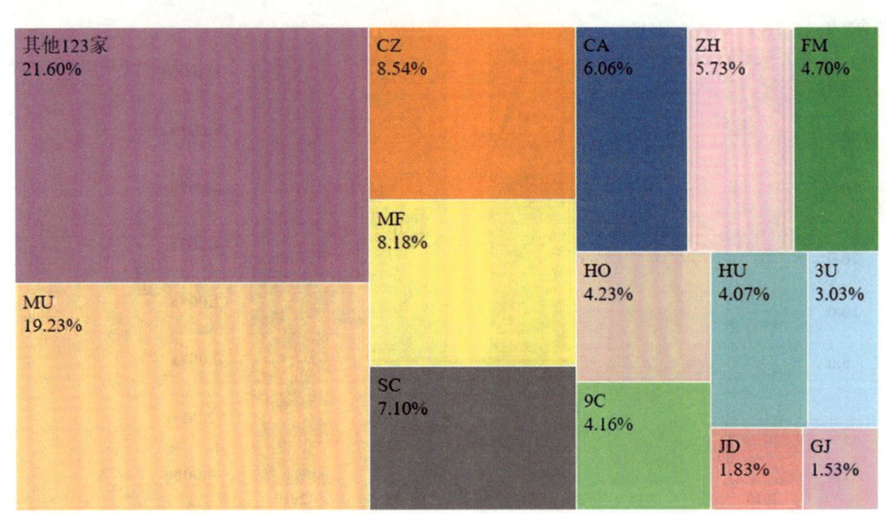

数据来源：OAG 数据库，项目组处理。

图 6. 14　2019 年华东地区运输机场航空公司可用座位投入占比

第四节　上海浦东国际机场

2019 年，上海浦东国际机场旅客吞吐量 7 615. 3 万人次，同比增长 2. 90%，本区排名第 1 位，全国排名第 2 位，全球排名第 9 位。货邮吞吐量 363. 42 万吨，同比增长-3. 57%，本区和全国排名第 1 位，全球排名第 3 位。如图 6. 15 所示。

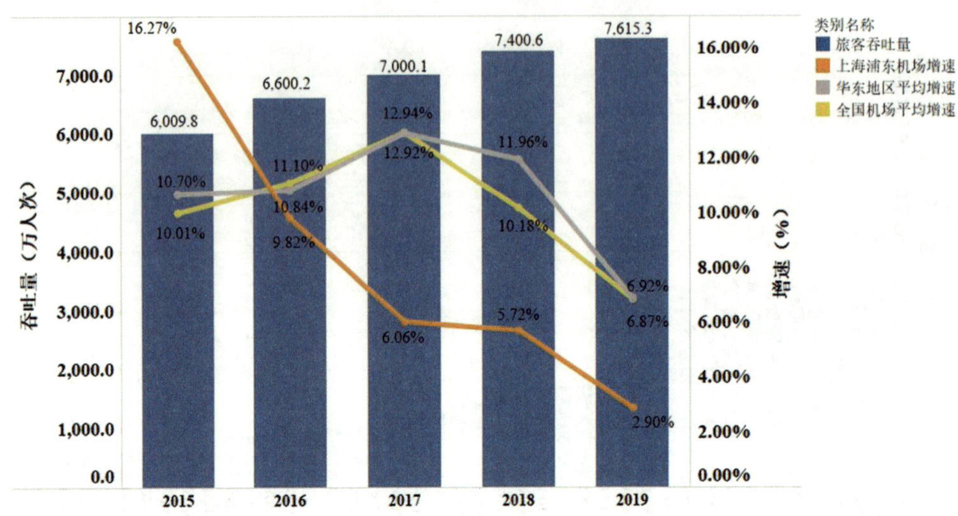

数据来源：全国机场生产统计公报。

图 6. 15　2015—2019 年上海浦东国际机场旅客吞吐量变化

该机场作为全国乃至全球领先货运机场，对美进出口交易额全国排名第 1 位。2019 年，受中美贸易摩擦影响，进出口贸易额减少，这是造成该机场货邮吞吐量负增长的主要原因之一。如图 6. 16 所示。

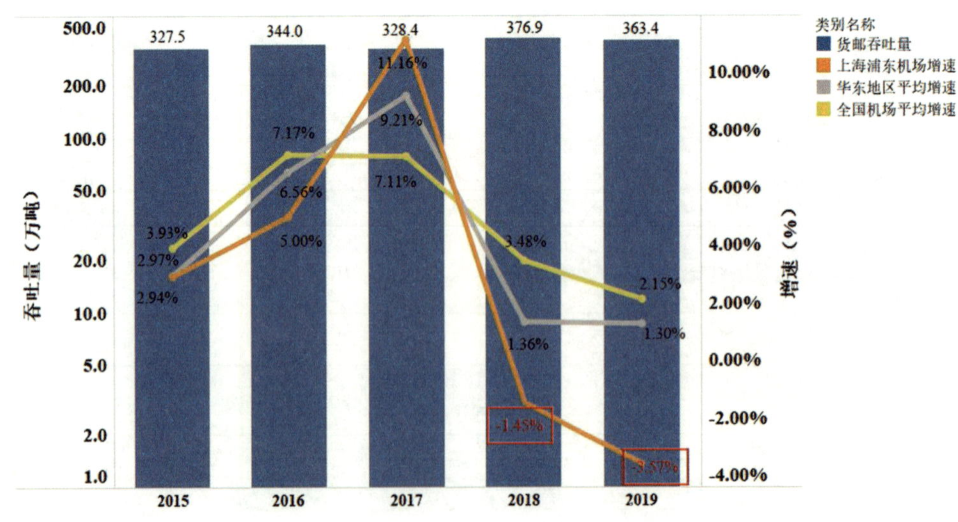

数据来源：全国机场生产统计公报。

图 6. 16　2015—2019 年上海浦东国际机场货邮吞吐量变化

一、航线网络布局

按照航线统计口径，2019 年该机场通航点 265 个。其中，国内 144 个，同比增加 10 个；国外 115 个，同比减少 2 个；港澳台 6 个，同比增加 1 个。如表 6-5 所示。

表 6-5 2019 年上海浦东国际机场通航点数量及分布（按航线口径统计）

地域	通航点数量（个）
国内	144
国外	115
港澳台	6
总计	265

数据来源：OAG 数据库，项目组处理。

按照可直飞（无须经停）航线统计口径，2019 年该机场通航点 235 个。其中，国内 120 个，国外 109 个，港澳台 6 个。国内航线出港可用座位占 49.2%，国际占 42.3%，港澳台占 8.6%。国内平均日航班 364.6 班，国际 231.8 班，港澳台 47.7 班。如表 6-6 所示。

表 6-6 2019 年上海浦东国际机场通航点数量及出港可用座位投入（按无须经停的通达口径统计）

地域	通航点数量（个）	出港可用座位数（万个）	出港座位占比（%）	平均日航班量（班）	平均日频（次）	年航班量（班）
国内	120	2 313.4	49.2	364.6	3.0	133 095
国外	109	1 988.1	42.3	231.8	2.1	84 609
港澳台	6	402.2	8.6	47.7	8.0	17 416
总计	235	4 703.7	100.0	644.2	2.7	235 120

数据来源：OAG 数据库，项目组处理。

重点国内航线：2019 年，该机场前 30 条国内航线可用座位占国内航线的 62.77%，集中度同比降低 0.77%，主要由于上海浦东—大连周水子（PVG-DLC）、上海浦东—沈阳桃仙（PVG-SHE）、上海浦东—哈尔滨太平（PVG-HRB）等航线出港可用座位份额有所下降。东北、华北和西南是该机场重要通航地区。上海浦东—成都双流（PVG-CTU）、上海浦东—沈阳桃仙（PVG-SHE）、上海浦东—大连周水子（PVG-DLC）、上海浦东—重庆江北（PVG-CKG）是最重要的 4 条航线，可用座位分别占 5.37%、4.34%、4.23%、3.94%。如图 6.17 所示。

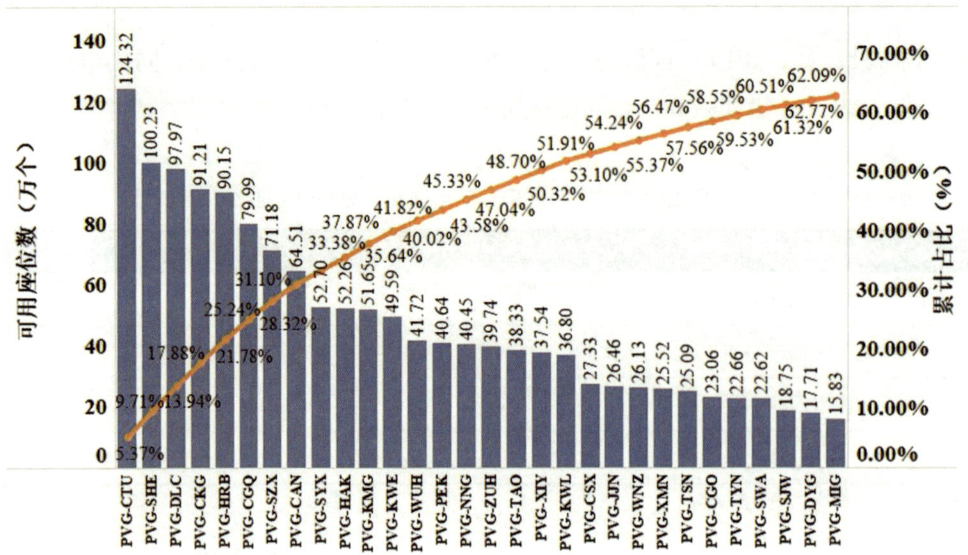

数据来源：OAG 数据库，项目组处理。

图 6.17 2019 年上海浦东国际机场前 30 条国内客运航线出港可用座位分布

重点国际航线：2019 年，该机场前 15 条国际航线包括东南亚航线 5 条，东北亚航线 5 条，洲际航线 5 条；可用座位占国际航线 50.47%，集中度同比增长 2.29 个百分点。如图 6.18 所示。

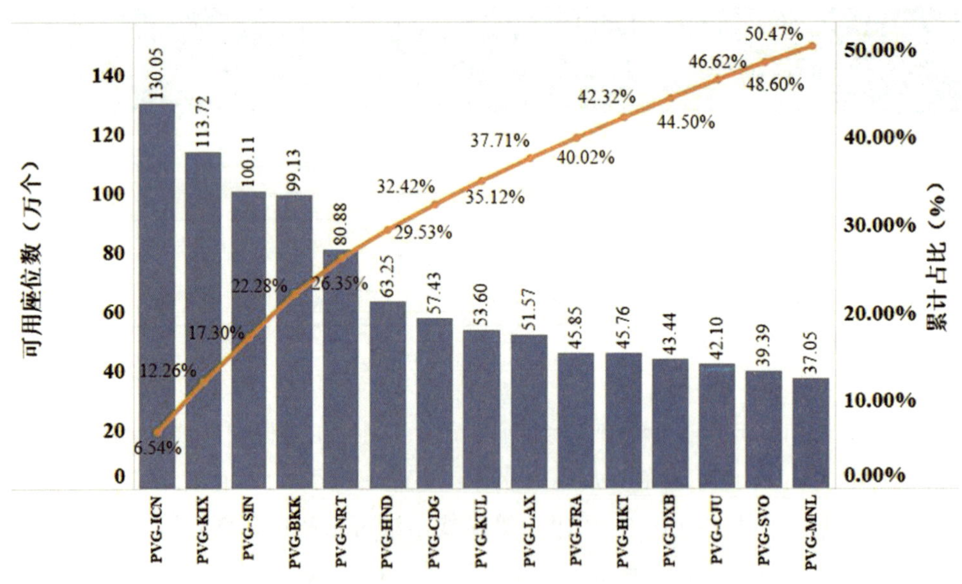

数据来源：OAG 数据库，项目组处理。

图 6.18 2019 年上海浦东国际机场前 15 条国际客运航线出港可用座位分布

港澳台航线：2019 年，该机场港澳台航线 6 条，包括台湾地区 4 条，香港、澳门地区航线各 1 条，均为直达航线。其中，上海浦东—香港赤鱲角（PVG-HKG）是主要地区航线，可用座位占港澳台航线的 55.88%，台湾地区航线可用座位占 34.47%。

二、运营的航空公司

2019 年，在该机场运营的航空公司 87 家。其中，国内 26 家，占 29.89%，同比不变；国外 54 家，同比减少 1 家，占 62.07%；港澳台 7 家，占 8.05%，同比不变。如图 6.19 所示。

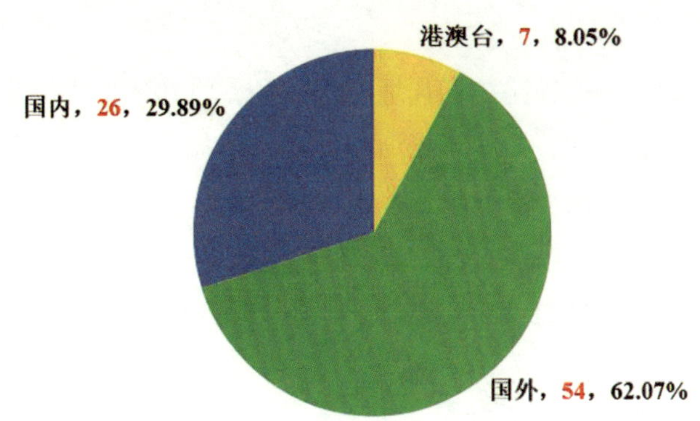

数据来源：OAG 数据库，项目组处理。

图 6.19　2019 年上海浦东国际机场航空公司数量（个）及分布

2019 年，该机场运力投入以东方航空为主，可用座位占 27.44%，同比基本不变。其次是上海航空、南方航空，可用座位分别占 8.87%、8.58%。由于东方航空主运营基地在上海，所以在该机场国内、国际和港澳台航线可用座位投入均较高。如图 6.20 所示。

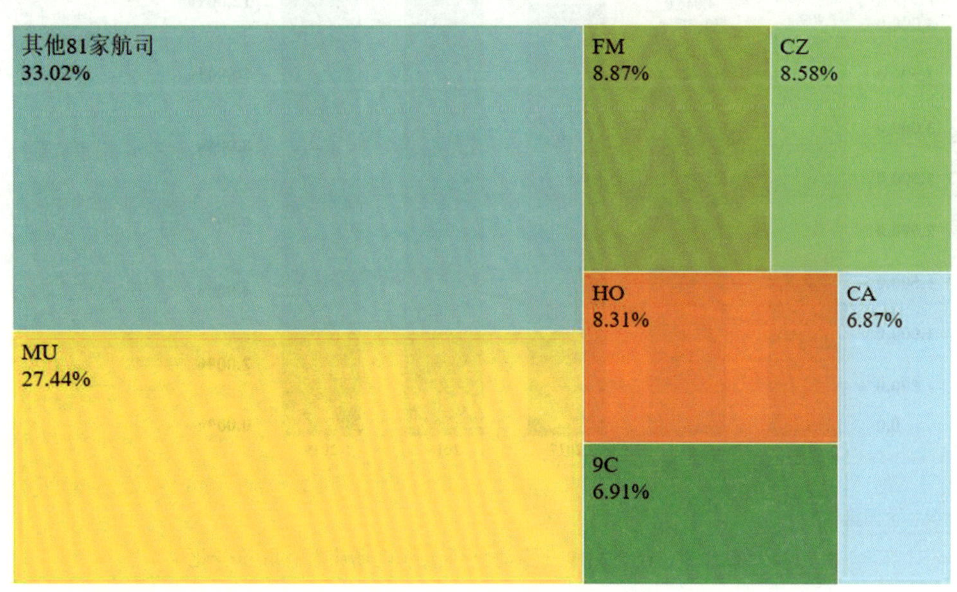

数据来源：OAG 数据库，项目组处理。

图 6.20　2019 年上海浦东国际机场航空公司可用座位投入占比

三、综合交通

该机场有 2 条轨道交通与市区连接，其中 1 条为磁悬浮。2 条轨道交通延伸到浦东区 CBD 区域；10 条专线大巴线路覆盖本市各主要交通枢纽和旅游景点；12 条城际大巴线通达 2 个临近省份 15 个主要城市。地铁 2 号线东西横贯上海，途径市区多个主要区段，连接浦东、虹桥 2 个运输机场。

依据上海城市总体规划，沪通铁路 2 期选址浦东机场，将建成世界级交通枢纽。浦东铁路远期将跨越长江，连通崇明与江苏南通，向南连接浙江乍浦，与盐通、青连、连盐铁路无缝对接，成为青岛—上海快速铁路通道，也是沿海大通道重要组成部分。

第五节 上海虹桥国际机场

2019 年，上海虹桥国际机场旅客吞吐量 4 563. 8 万人次，同比增长 4. 61%，本区排名第 2 位，全国排名第 8 位，全球排名第 46 位。货邮吞吐量 42. 4 万吨，同比下降 4. 03%，本区排名第 3 位，全国排名第 8 位。受基础设施、空域条件制约，该机场近年增长速度低于全国平均水平。如图 6. 21、图 6. 22 所示。

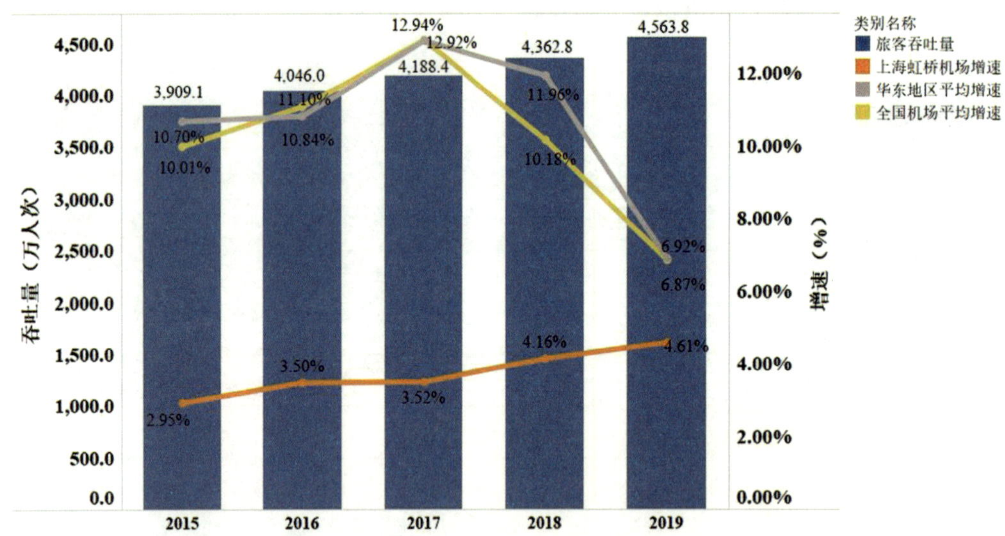

数据来源：全国机场生产统计公报。

图 6. 21　2015—2019 年上海虹桥国际机场旅客吞吐量变化

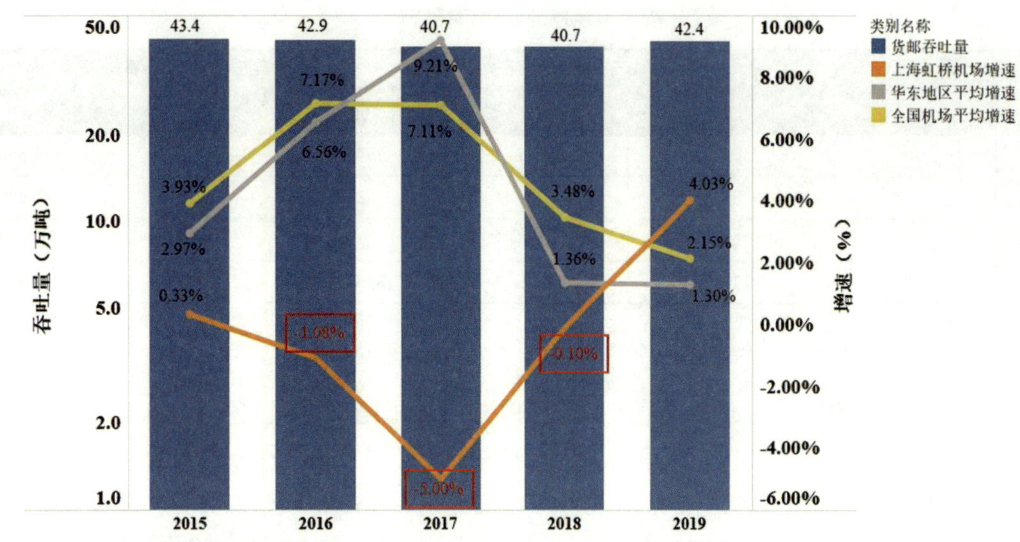

数据来源：全国机场生产统计公报。

图 6.22　2015—2019 年上海虹桥国际机场货邮吞吐量变化

一、航线网络布局

按照航线统计口径，2019 年，该机场通航点 108 个，其中，国内 103 个，国外 2 个，港澳台 3 个。国内、国外、港澳台通航点同比不变。如表 6-7 所示。

表 6-7　2019 年上海虹桥国际机场通航点数量及分布（按航线口径统计）

地域	通航点数量（个）
国内	103
国外	2
港澳台	3
总计	108

数据来源：OAG 数据库，项目组处理。

按照可直飞（无须经停）航线统计口径，2019 年，该机场通航机场 75 个。其中，国内 70 个，国外 2 个，港澳台 3 个。国内航线可用座位占 92. 7%，国际占 2. 9%，港澳台占 4. 4%。国内平均日航班量 354. 8 班，国际 8. 0 班，港澳台 13. 8 班。如表 6-8 所示。

表 6-8　2019 年上海虹桥国际机场通航点数量及出港可用座位投入

（按无须经停的通达口径统计）

地域	通航机场数量（个）	出港可用座位数（万个）	出港座位占比（%）	平均日航班量（班）	平均日频（次）	年航班量（班）
国内	70	2573.2	92.7	354.8	5.1	129 504
国外	2	81.1	2.9	8.0	4.0	2 920
港澳台	3	122.9	4.4	13.8	4.6	5 032
总计	75	2 777.2	100.0	376.6	5.0	137 456

数据来源：OAG 数据库，项目组处理。

重点国内航线：2019 年，该机场前 30 条国内航线可用座位占国内航线 85.14%，同比增长 0.27 个百分点。其中，上海虹桥—北京首都（SHA-PEK）、上海虹桥—广州白云（SHA-CAN）、上海虹桥—深圳宝安（SHA-SZX）3 条航线可用座位分别占 15.83%、12.45%、11.98%，同比基本不变。Top10 之后国内航线，单条航线可用座位份额均在 2%以下。如图 6.23 所示。

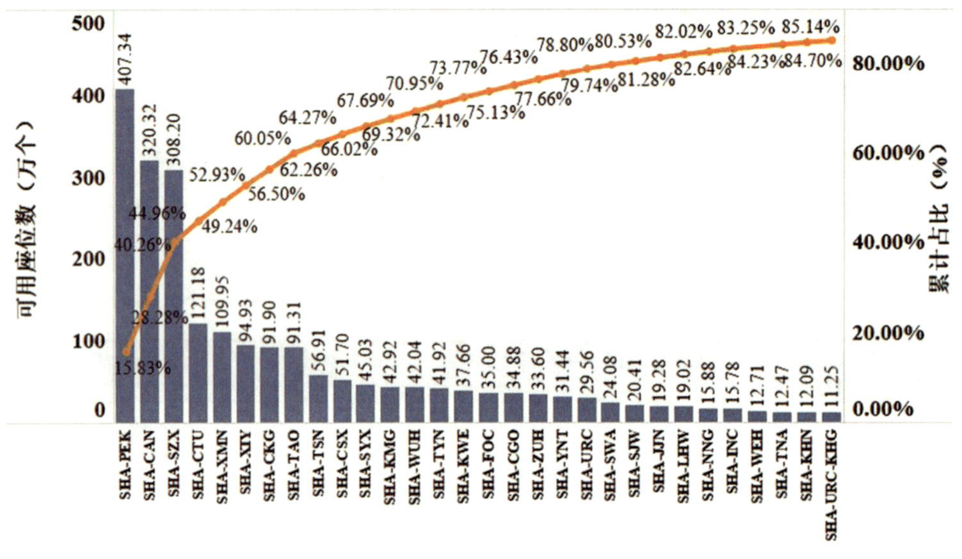

数据来源：OAG 数据库，项目组处理。

图 6.23　2019 年上海虹桥国际机场前 30 条国内客运航线出港可用座位分布

上海虹桥与上海浦东 2 个运输机场重点国内航线差异较大。上海虹桥国际机场以通达经济发达地区为主，上海浦东国际机场高密度连接航空枢纽建设不够完善的西南、东北地区，两场国内航线网络差异与其大型国际航空枢纽发展战略吻合。

重点国际航线：2019 年，该机场国际航线 2 条，均为东北亚航线。上海虹桥—东京羽田（SHA-HND）、上海虹桥—首尔金浦（SHA-GMP）可用座位分别占 50.36%、49.64%，比较均衡，同比无明显变化。2 条航线均进入该区国际前 15 条国际航线。如图 6.24 所示。

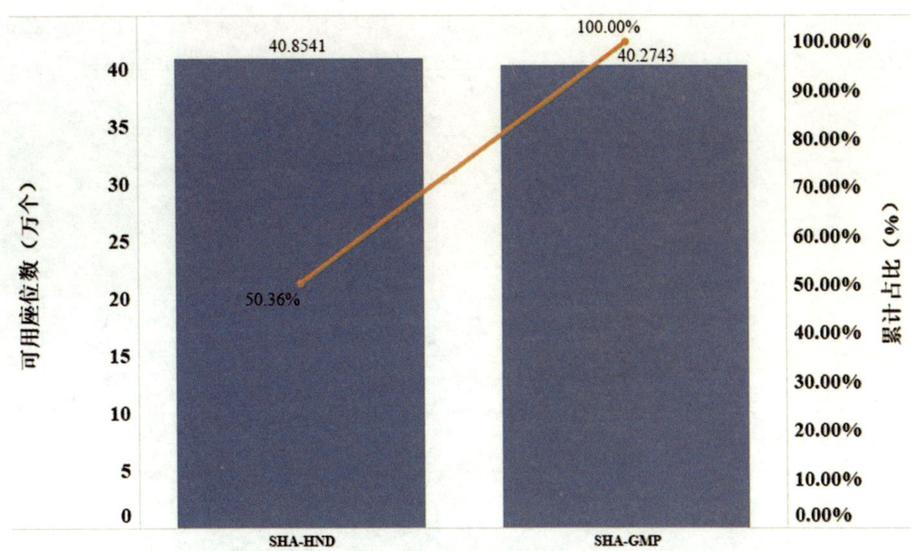

数据来源：OAG 数据库，项目组处理。

图 6.24　2019 年上海虹桥国际机场国际客运航线出港可用座位分布

港澳台航线：2019 年，该机场港澳台航线 3 条，台湾、香港、澳门各 1 条。可用座位集中于台湾、香港地区，占港澳台航线可用座位 74.39%。

二、运营的航空公司

2019 年，在该机场运营的航空公司 25 家。其中，国内 16 家，占 64.00%，同比不变；国外 4 家，占 16.00%，同比减少 1 家；港澳台 5 家，占 20.00%，同比不变。如图 6.25 所示。

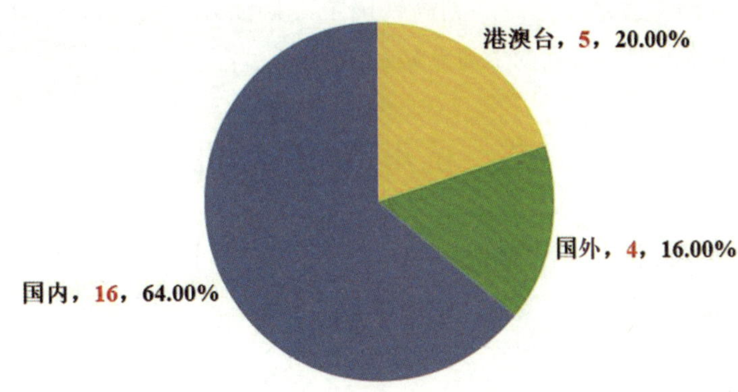

数据来源：OAG 数据库，项目组处理。

图 6.25　2019 年上海虹桥国际机场航空公司数量（个）及分布

2019 年，该机场运力以东方航空为主，可用座位占 31.56%，同比无明显变化。其次是上海航空，占 16.02%。2 家航空公司合计份额 47.58%。如图 6.26 所示。

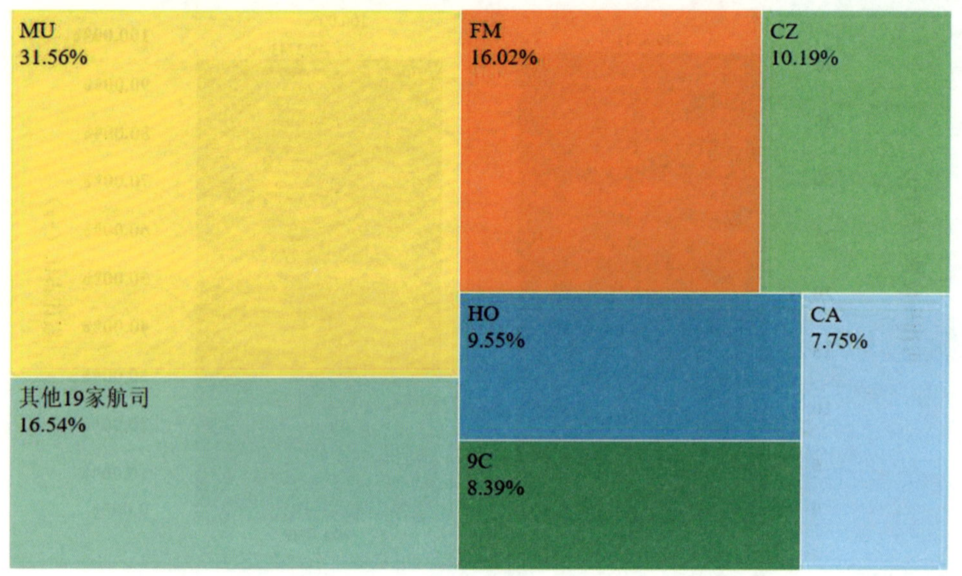

数据来源：OAG 数据库，项目组处理。

图 6. 26　2019 年上海虹桥国际机场航空公司可用座位投入占比

三、综合交通

该机场有 2 条轨道线路，覆盖上海繁华地带。高速铁路、轨道交通与该机场及城际区域连接。10 条公交线路与虹桥火车站等重要站点相通，专线大巴基本覆盖各主要客运枢纽。

《上海市城市总体规划（2016—2040）》明确提出：建成京沪高速铁路，形成上海站、上海南站、上海虹桥站 3 个铁路主客运站。沪苏湖高铁确定“松江方案”，时速 350 公里，途经松江南站、上海虹桥站、上海南站及新规划的上海东站。

第六节　杭州萧山国际机场

2019 年，杭州萧山国际机场旅客吞吐量 4 010. 8 万人次，同比增长 4. 88%，本区排名第 3 位，全国排名第 12 位。货邮吞吐量 69. 0 万吨，同比增长 7. 70%，本区排名第 2 位，全国排名第 5 位，货邮吞吐量全球排名均有所上升。如图 6. 27、图 6. 28 所示。

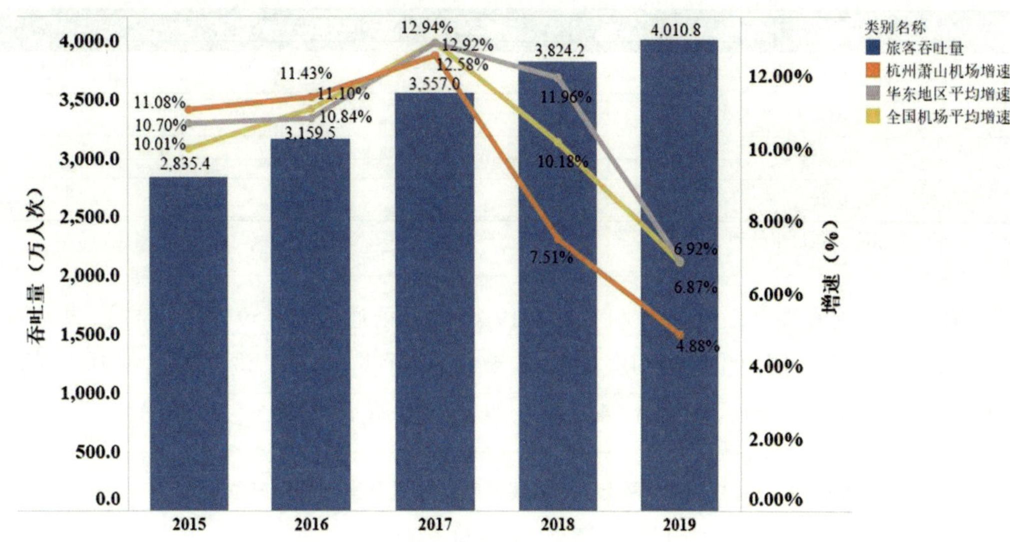

数据来源：全国机场生产统计公报。

图 6.27　2015—2019 年杭州萧山国际机场旅客吞吐量变化

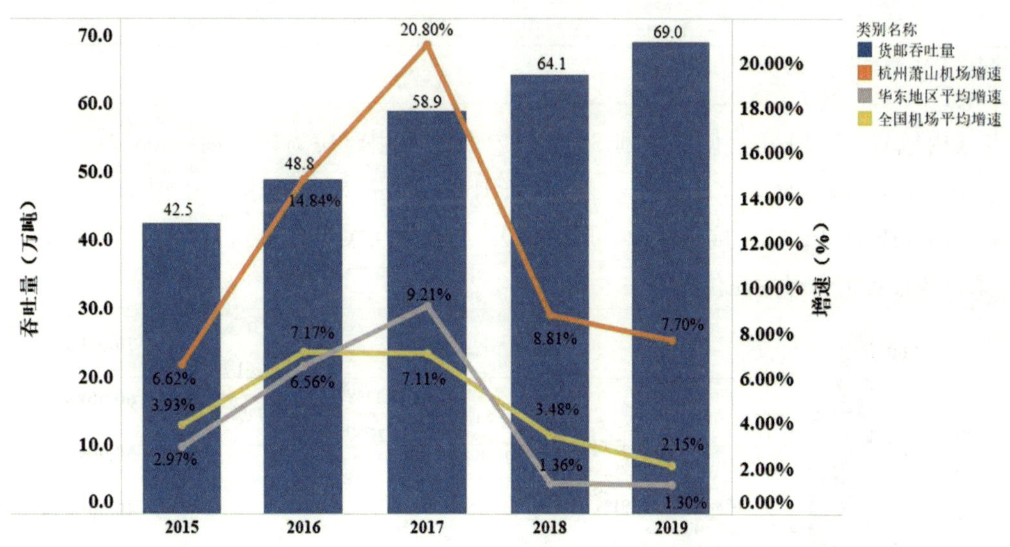

数据来源：全国机场生产统计公报。

图 6.28　2015—2019 年杭州萧山国际机场货邮吞吐量变化

一、航线网络布局

按照航线统计口径，2019 年该机场通航点 182 个。其中，国内 126 个，同比增加 2 个；国外 50 个，同比增加 6 个；港澳台 6 个，同比不变。如表 6-9 所示。

表 6-9　2019 年杭州萧山国际机场通航点数量及分布（按航线口径统计）

地域	通航点数量（个）
国内	126
国外	50
港澳台	6
总计	182

数据来源：OAG 数据库，项目组处理。

按照可直飞（无须经停）航线统计口径，2019 年该机场通航点 159 个。其中，国内 106 个，国外 47 个，港澳台 6 个。国内出港可用座位占 86.5%，国际占 8.8%，港澳台占 4.7%。国内平均日航班 329.6 班，国际 28.2 班，港澳台 14.9 班。如表 6-10 所示。

表 6-10　2019 年杭州萧山国际机场通航点数量及出港可用座位投入（按无须经停的通达口径统计）

地域	通航点数量（个）	出港可用座位数（万个）	出港座位占比（%）	平均日航班量（班）	平均日频（次）	年航班量（班）
国内	106	2 054.8	86.5	329.6	3.1	120 306
国外	47	209.3	8.8	28.2	0.6	10 283
港澳台	6	111.5	4.7	14.9	2.5	5 452
总计	159	2 375.5	100.0	372.7	2.3	136 041

数据来源：OAG 数据库，项目组处理。

重点国内航线：2019 年，该机场前 30 条国内航线可用座位占国内航线 63.21%，同比减少 0.42%。该机场与中南地区往来最频繁，前 30 条国内航线有 8 条通达中南，同比一致。杭州萧山—北京首都（HGH-PEK）、杭州萧山—广州白云（HGH-CAN）、杭州萧山—深圳宝安（HGH-SZX）3 条航线最繁忙，可用座位分别占 8.56%、8.21%、6.82%。如图 6.29 所示。

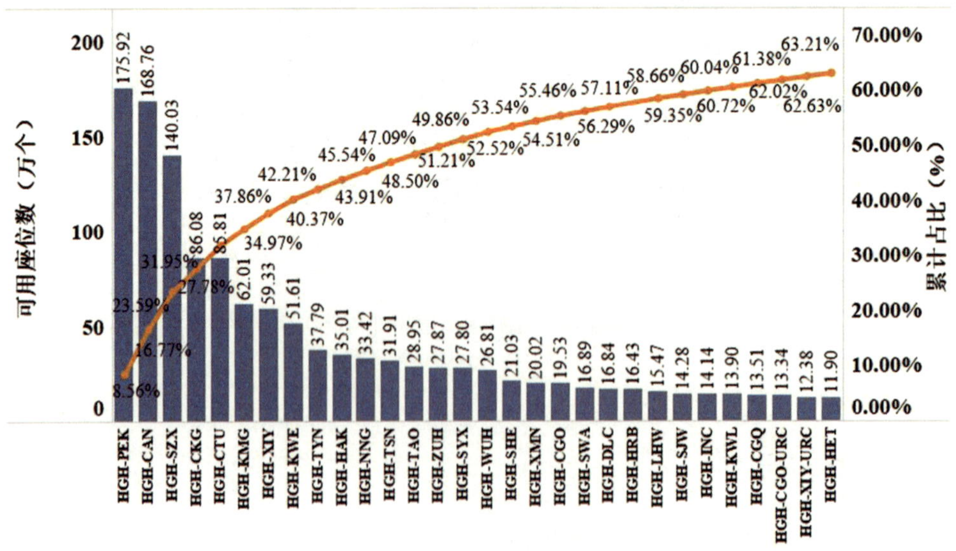

数据来源：OAG 数据库，项目组处理。

图 6.29　2019 年杭州萧山国际机场前 30 条国内客运航线出港可用座位分布

重点国际航线：2019 年，该机场前 15 条国际航线包括东南亚航线 9 条，东北亚航线 5 条，中东航线 1 条。可用座位占国际航线 73.26%，运力集中度同比增长 2.69 个百分点。杭州萧山—曼谷廊曼（HGH-DMK）航线是最繁忙国际航线，可用座位占 10.49%；其次是杭州萧山—首尔仁川（HGH-ICN）航线，可用座位占 9.78%。如图 6.30 所示。

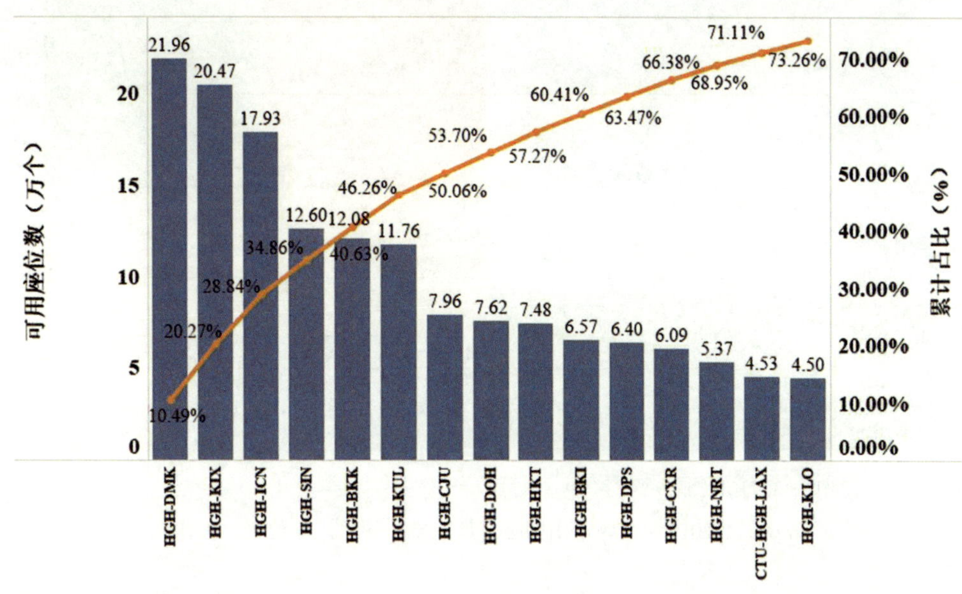

数据来源：OAG 数据库，项目组处理。

图 6.30　2019 年杭州萧山国际机场前 15 条国际客运航线出港可用座位分布

港澳台航线：2019 年，该机场港澳台航线 6 条。其中，台湾地区 4 条、香港地区 1 条，澳门地区 1 条。香港地区航线可用座位占 53.35%，份额最高，杭州萧山—香港赤鱲角（HGH-HKG）航线可用座位份额远高于杭州萧山—曼谷廊曼（HGH-DMK）航线。

二、运营的航空公司

2019 年，在该机场运营的航空公司 58 家。其中，国内 26 家，占 44.83%，同比不变；国外 25 家，占 43.10%，同比增加 2 家；港澳台 7 家，占 12.07%，同比增加 1 家。如图 6.31 所示。

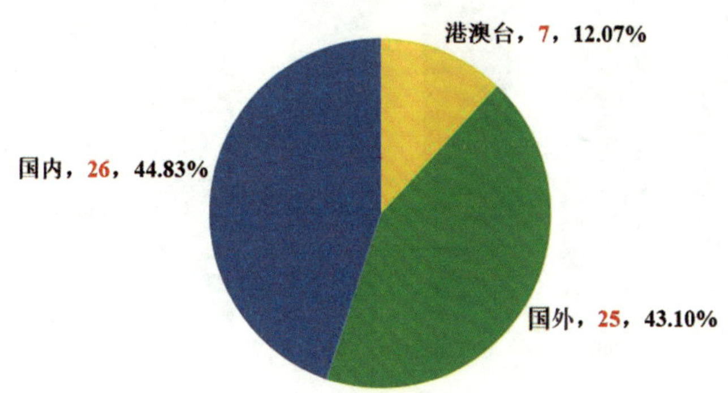

数据来源：OAG 数据库，项目组处理。

图 6.31　2019 年杭州萧山国际机场航空公司数量（个）及分布

2019 年，该机场运力以国际航空、南方航空、厦门航空为主，可用座位分别占 15.25%、12.70%、12.47%，3 家航空公司合计可用座位 40.42%，同比不变，运力投入比较均衡。如图 6.32 所示。

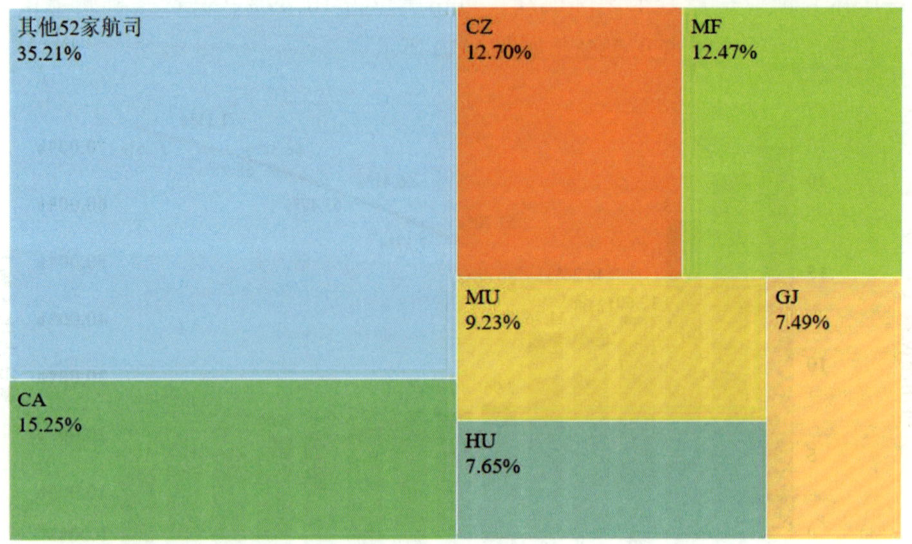

数据来源：OAG 数据库，项目组处理。

图 6.32　2019 年杭州萧山国际机场航空公司可用座位投入占比

第七节　南京禄口国际机场

2019 年，南京禄口国际机场旅客吞吐量 3 058.2 万人次，同比增长 7.00%，本区排名第 4 位，全国排名第 21 位。货邮吞吐量 37.5 万吨，同比增长 2.61%，本区排名第 4 位，全国排名第 12 位。如图 6.33、图 6.34 所示。

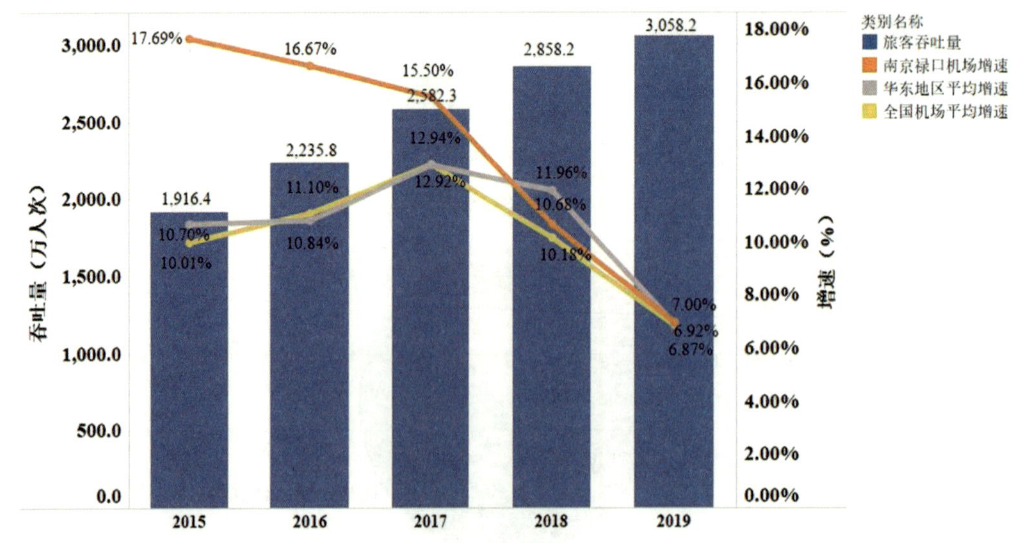

数据来源：全国机场生产统计公报。

图 6.33　2015—2019 年南京禄口国际机场旅客吞吐量变化

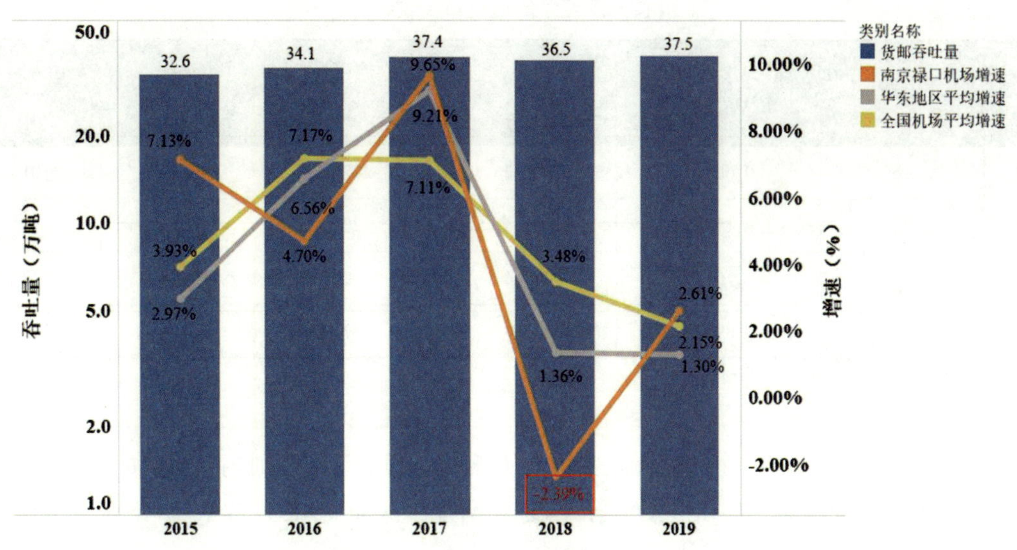

数据来源：全国机场生产统计公报。

图 6.34　2015—2019 年南京禄口国际机场货邮吞吐量变化

一、航线网络布局

按照航线统计口径，2019 年，该机场通航点 144 个。其中，国内 106 个，同比增加 17 个；国外 33 个，同比增加 7 个；港澳台 5 个，同比不变。如表 6-11 所示。

表 6-11　2019 年南京禄口国际机场通航点数量及分布（按航线口径统计）

地域	通航点数量（个）
国内	106
国外	33
港澳台	5
总计	144

数据来源：OAG 数据库，项目组处理。

按照可直飞（无须经停）航线统计口径，2019 年该机场通航点 133 个。其中，国内 96 个，国外 32 个，港澳台 5 个。国内航线可用座位占 88.2%，国际占 8.4%，港澳台占 3.4%。国内平均日航班 278.0 班，国际 20.9 班，港澳台 8.8 班。如表 6-12 所示。

表 6-12　2019 年南京禄口国际机场通航点数量及出港可用座位投入
（按无须经停的通达口径统计）

地域	通航点数量（个）	出港可用座位数（万个）	出港座位占比（%）	平均日航班量（班）	平均日频（次）	年航班量（班）
国内	96	1 668.9	88.2	278.0	2.9	101 459
国外	32	158.5	8.4	20.9	0.7	7 619
港澳台	5	64.6	3.4	8.8	1.8	3 209
总计	133	1 892.0	100.0	307.6	2.3	112 287

数据来源：OAG 数据库，项目组处理。

重点国内航线：2019 年，该机场前 30 条国内航线可用座位占国内航线 56.5%，同比增长 2.44%。排名前两位的南京—广州（NKG-CAN）和南京—深圳（NKG-SZX）2 条航线可用座位份额最大，分别占 7.78%、6.68%。如图 6.35 所示。

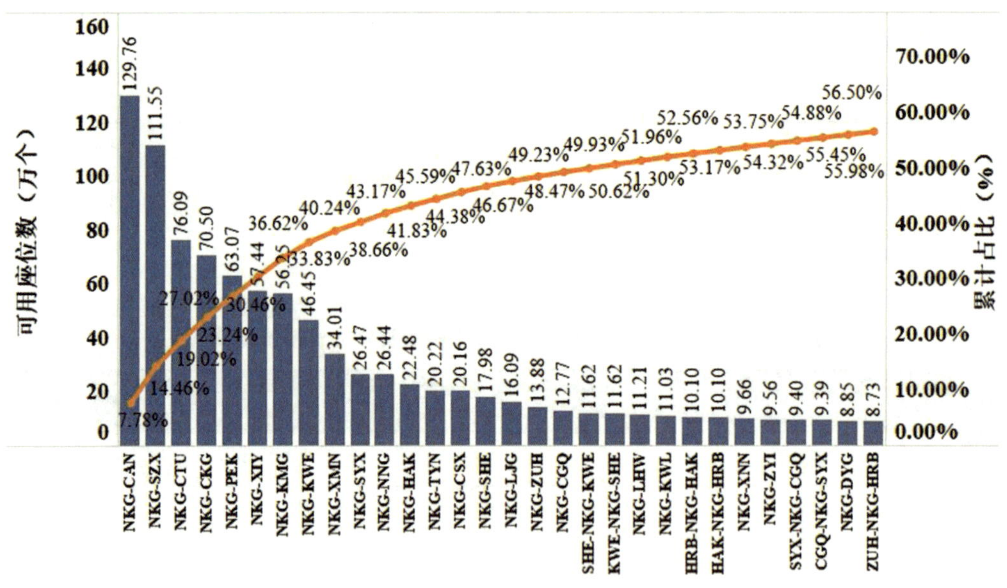

数据来源：OAG 数据库，项目组处理。

图 6.35　2019 年南京禄口国际机场前 30 条国内客运航线出港可用座位分布

重点国际航线：2019 年，该机场前 15 条国际航线包括东南亚航线 6 条，东北亚航线 4 条，远程洲际航线 5 条；可用座位占国际航线 84.26%，运力集中度同比下降 4.03 个百分点。南京禄口—曼谷廊曼（NKG-DMK）航线可用座位占 16.78%，份额最大。如图 6.36 所示。

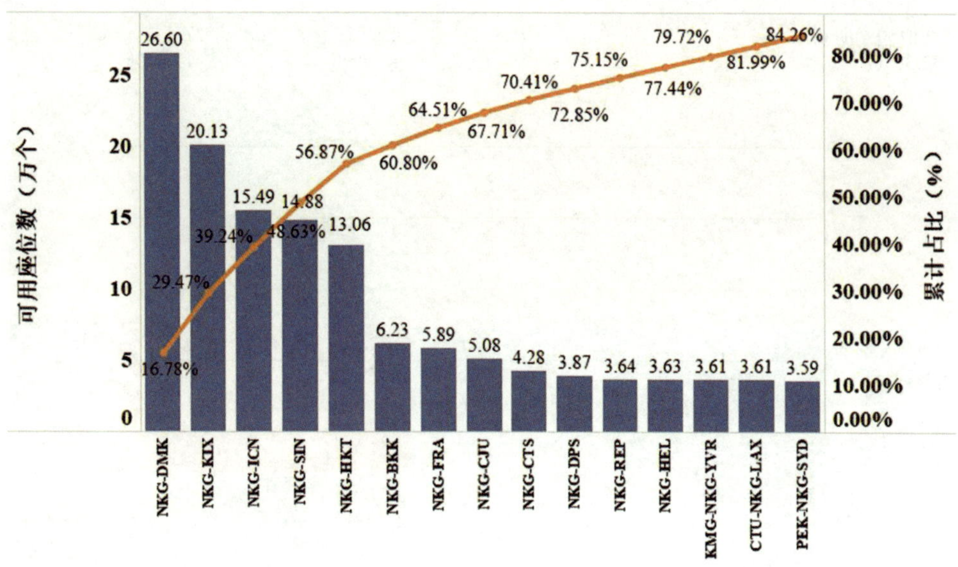

数据来源：OAG 数据库，项目组处理。

图 6.36　2019 年南京禄口国际机场前 15 条国际客运航线出港可用座位分布

港澳台航线：2019 年，该机场港澳台航线 5 条。其中，台湾地区 3 条，香港、澳门地区各 1 条。南京禄口—香港赤鱲角（NKG-HKG）是该机场最主要通航点，可用座位占港澳台航线 56.94%。其次是南京禄口—台北桃园（NKG-TPE），可用座位占 25.13%；南京禄口—澳门（NKG-MFM）占 12.44%，份额最小。

二、运营的航空公司

2019 年，在该机场运营的航空公司有 56 家。其中，国内 32 家，占 57.14%，同比增加 12 家；国外 19 家，占 33.93%，同比增加 2 家；港澳台 5 家，占 8.93%，同比不变。如图 6.37 所示。

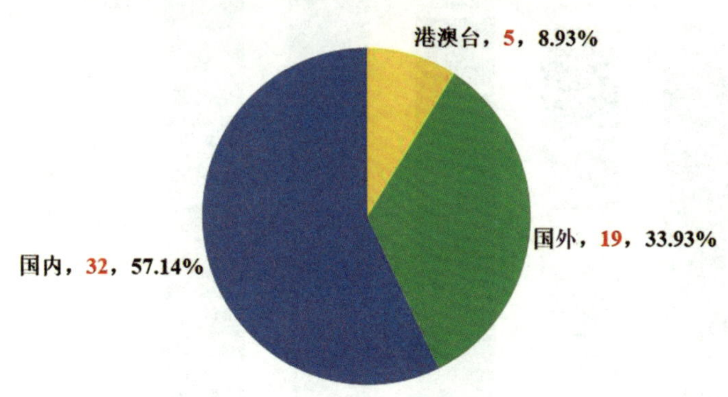

数据来源：OAG 数据库，项目组处理。

图 6.37　2019 年南京禄口国际机场航空公司数量（个）及分布

2019 年，该机场运力以东方航空为主，可用座位占 25.24%，同比持平。其次是南方航空、深圳航空，可用座位分别占 11.90%、11.43%。如图 6.38 所示。

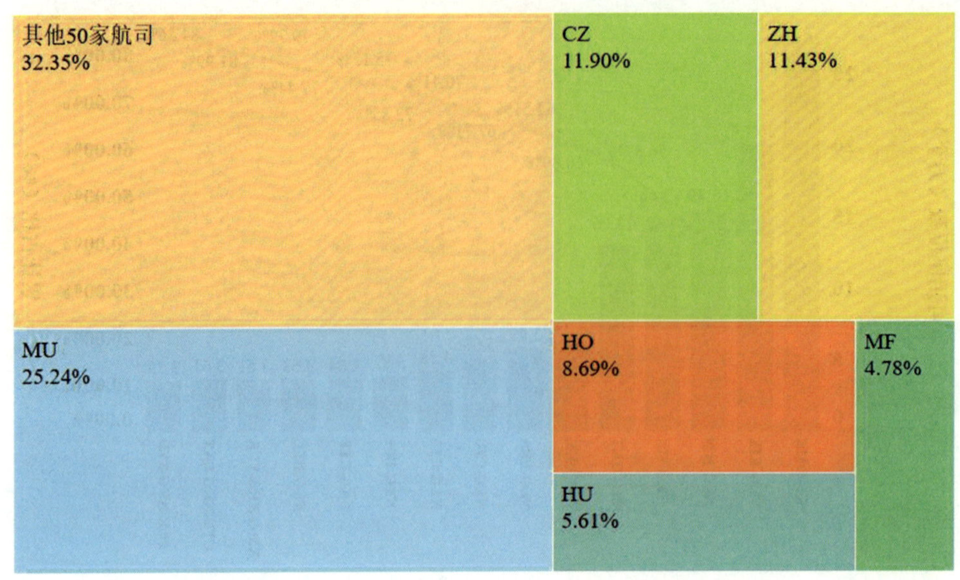

数据来源：OAG 数据库，项目组处理。

图 6.38　2019 年南京禄口国际机场航空公司可用座位投入占比

第八节　厦门高崎国际机场

2019 年，厦门高崎国际机场旅客吞吐量 2 741.3 万人次，同比增长 3.24%，本区排名第 5 位，全国排名第 13 位。货邮吞吐量 33.1 万吨，同比增长-4.34%，本区排名第 5 位，全国排名第 13 位。近 5 年，该机场旅客吞吐量增速低于本区和全国平均水平。如图 6.39、图 6.40 所示。

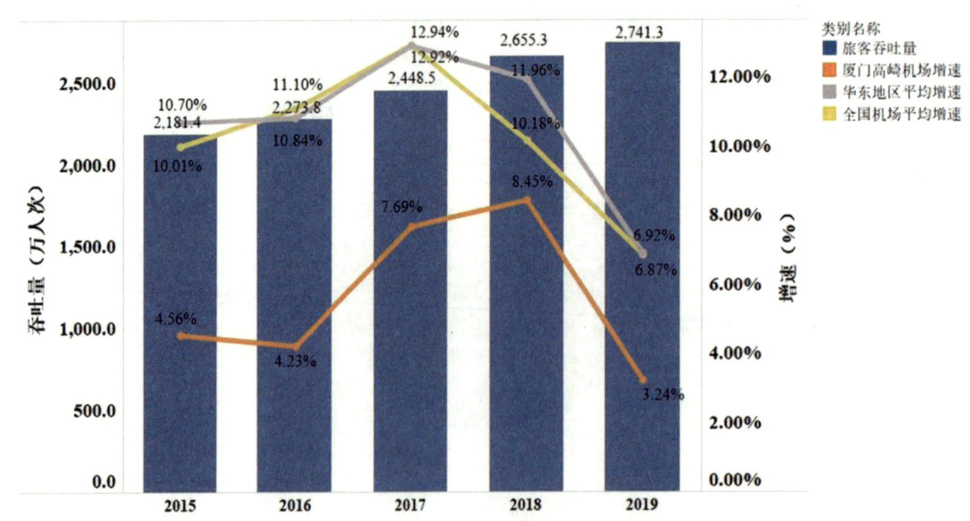

数据来源：全国机场生产统计公报。

图 6.39　2015—2019 年厦门高崎国际机场旅客吞吐量变化

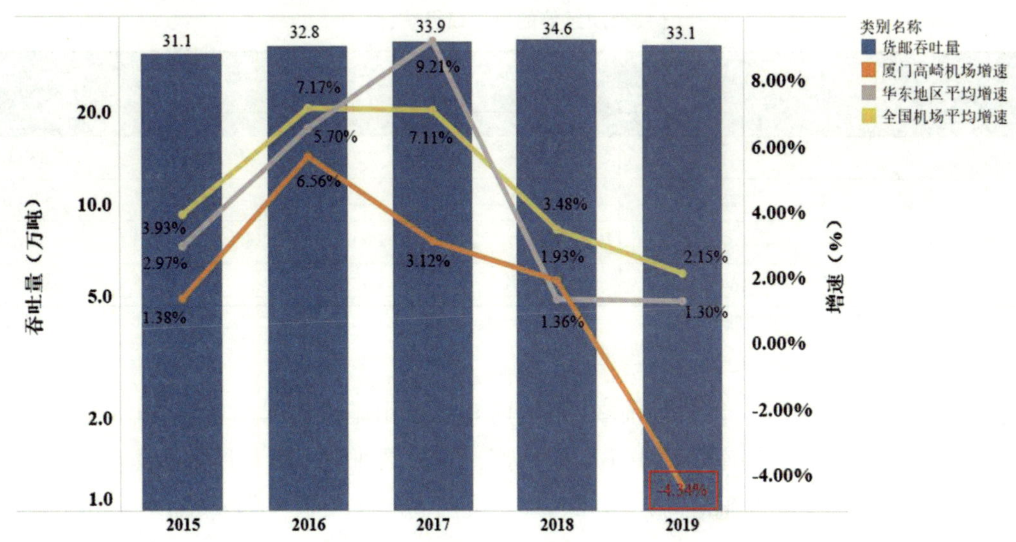

数据来源：全国机场生产统计公报。

图 6.40　2015—2019 年厦门高崎国际机场货邮吞吐量变化

一、航线网络布局

按照航线统计口径，2019 年该机场通航点 135 个。其中，国内 106 个，同比增加 9 个；国外 24 个，同比增加 1 个；港澳台 5 个，同比减少 2 个。如表 6-13 所示。

表 6-13　2019 年厦门高崎国际机场通航点数量及分布（按航线口径统计）

地域	通航点数量（个）
国内	106
国外	24
港澳台	5
总计	135

数据来源：OAG 数据库，项目组处理。

按照可直飞（无须经停）航线统计口径，2019 年该机场通航点 113 个。其中，国内 86 个，国外 22 个，港澳台 5 个。国内可用座位占 85.7%，国际占 9.7%，港澳台占 4.7%。国内平均日航班 229.2 班，国际 23.8 班，港澳台 9.9 班。如表 6-14 所示。

表 6-14　2019 年厦门高崎国际机场通航点数量及出港可用座位投入

（按无须经停的通达口径统计）

地域	通航点数量（个）	出港可用座位数（万个）	出港座位占比（%）	平均日航班量（班）	平均日频（次）	年航班量（班）
国内	86	1 413.2	85.7	229.2	2.7	83 666
国外	22	159.4	9.7	23.8	1.1	8 669
港澳台	5	77.0	4.7	9.9	2.0	3 621
总计	113	1649.6	100.0	262.9	2.3	95 956

数据来源：OAG 数据库，项目组处理。

重点国内航线：2019 年，该机场前 30 条国内航线可用座位占国内航线 60.87%，同比下降 0.19%。前 30 条国内航线可用座位集中于本区内部，其次是西南、华北地区。厦门高崎—上海虹桥（XMN-SHA）可用座位份额最高，为 8.32%；厦门高崎—北京首都（XMN-PEK）居次，为 6.90%。如图 6.41 所示。

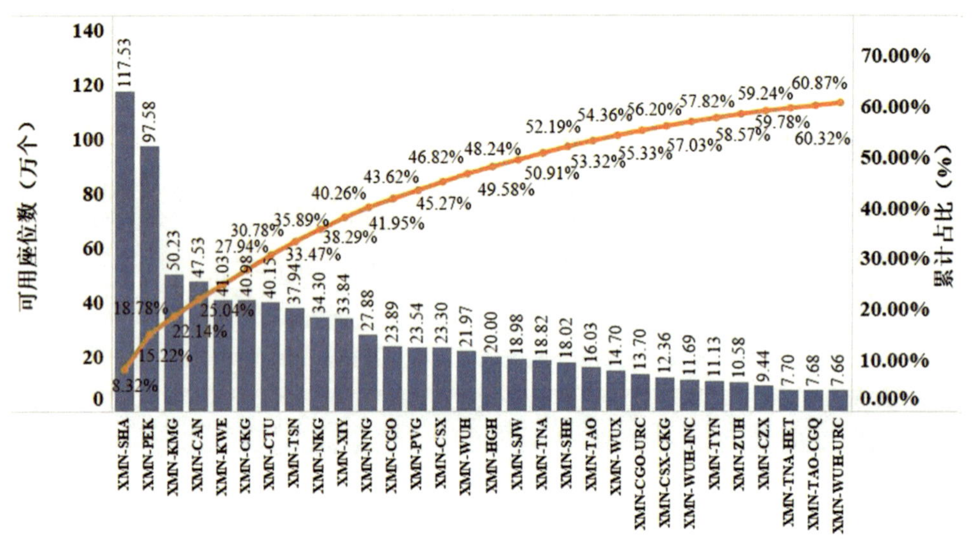

数据来源：OAG 数据库，项目组处理。

图 6.41　2019 年厦门高崎国际机场前 30 条国内客运航线出港可用座位分布

重点国际航线：2019 年，该机场前 15 条国际航线包括东南亚航线 10 条，东北亚航线 2 条，北美、澳洲和西欧航线各 1 条；可用座位占国际航线 85.43%，运力集中度同比增长 7.74 个百分点。前 15 条国际航线有 2 条经停该机场出境。厦门高崎—马尼拉（XMN-MNL）、厦门高崎—曼谷素万那普（XMN-BKK）2 条航线，可用座位分别占 14.63%、11.45%，分居第 1、2 位。如图 6.42 所示。

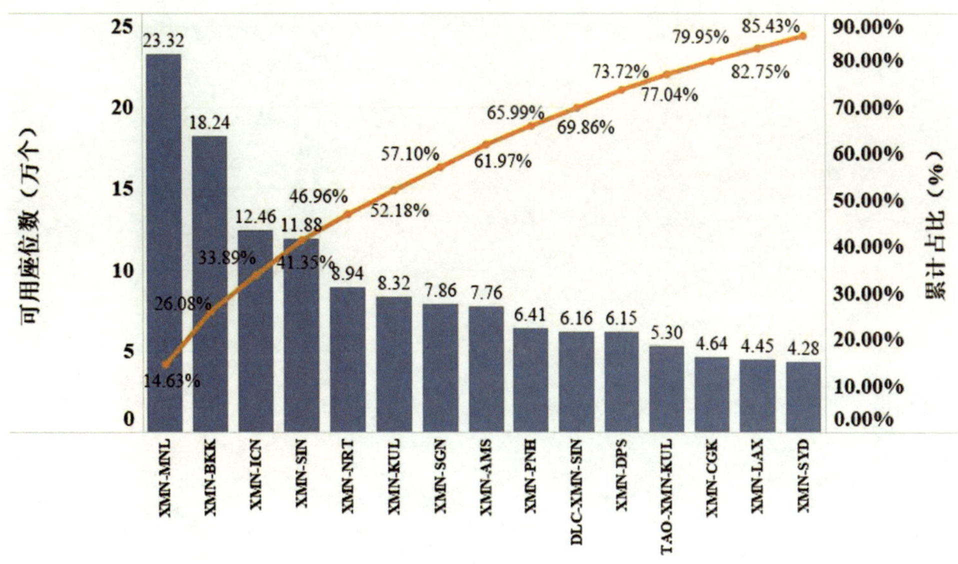

数据来源：OAG 数据库，项目组处理。

图 6.42　2019 年厦门高崎国际机场前 15 条国际客运航线出港可用座位分布

港澳台航线：2019 年，该机场港澳台航线 5 条。其中，台湾地区 3 条，香港、澳门地区各 1 条，符合闽台往来密切历史渊源和社会背景。厦门高崎—香港赤鱲角可用座位占 44.11%，份额最高；厦门高崎—台湾占 41.11%，位列第 2。

二、运营的航空公司

2019 年，在该机场运营的航空公司 43 家。其中，国内 27 家，占 62.79%；国外 11 家，占 25.58%，同比增加 1 家；港澳台 5 家，占 11.63%。如图 6.43 所示。

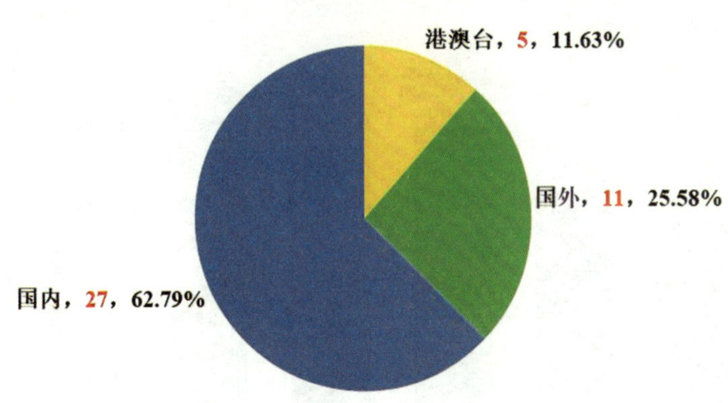

数据来源：OAG 数据库，项目组处理。

图 6.43　2019 年厦门高崎国际机场航空公司数量（个）及分布

厦门航空以该机场为主运营基地，2019 年可用座位占 40.24%，份额最大。山东航空占 13.81%，份额居次，同比无明显变化。如图 6.44 所示。

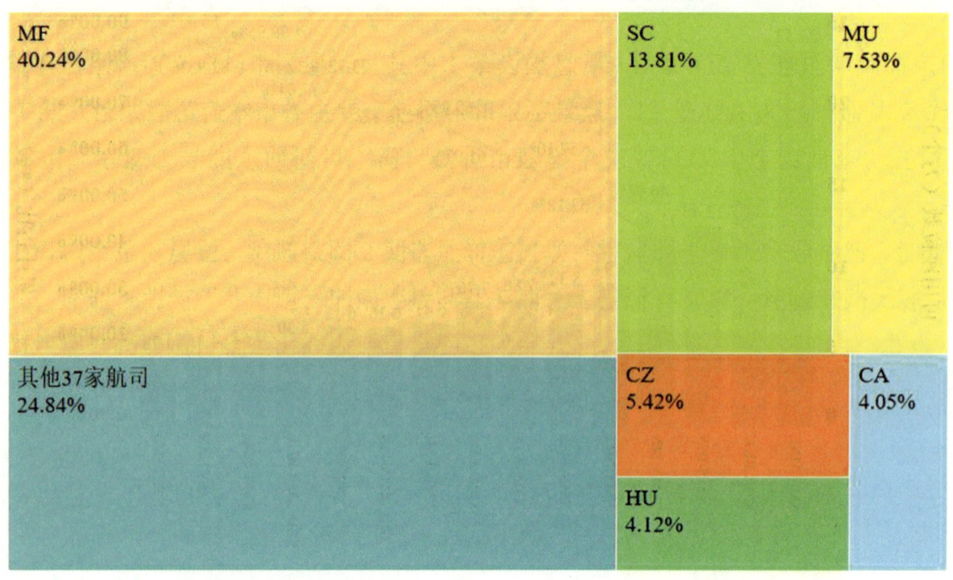

数据来源：OAG 数据库，项目组处理。

图 6.44　2019 年厦门高崎国际机场航空公司可用座位投入占比

第九节　青岛流亭国际机场

2019 年，青岛流亭国际机场旅客吞吐量 2 555.6 万人次，同比增长 4.16%，本区排名第 6 位，全国排名第 16 位。货邮吞吐量 25.6 万吨，同比增长 14.16%，本区排名第 6 位，全国排名第 14 位。客货吞吐量增长均低于全国平均水平，主要是基础设施和空域条件制约。新建青岛胶东国际机场已于 2019 年竣工。如图 6.45、图 6.46 所示。

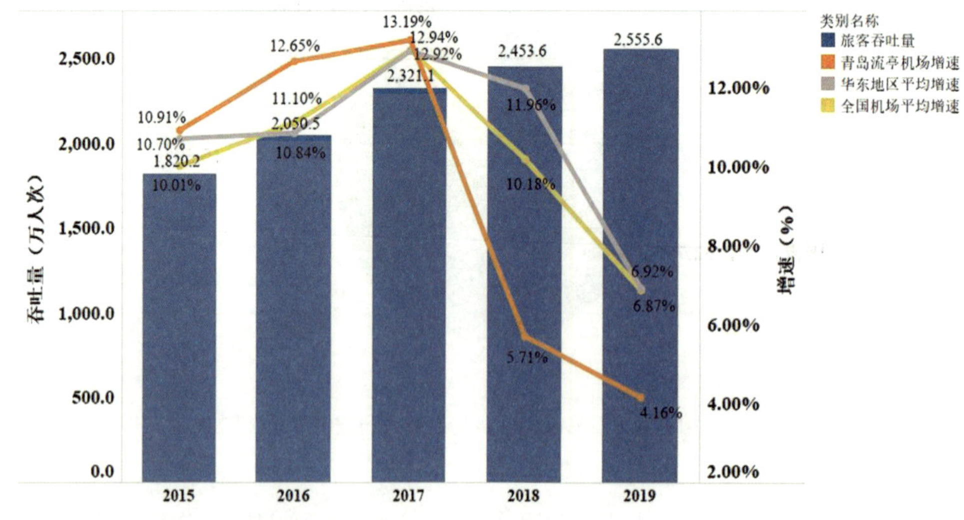

数据来源：全国机场生产统计公报。

图 6.45　2015—2019 年青岛流亭国际机场旅客吞吐量变化

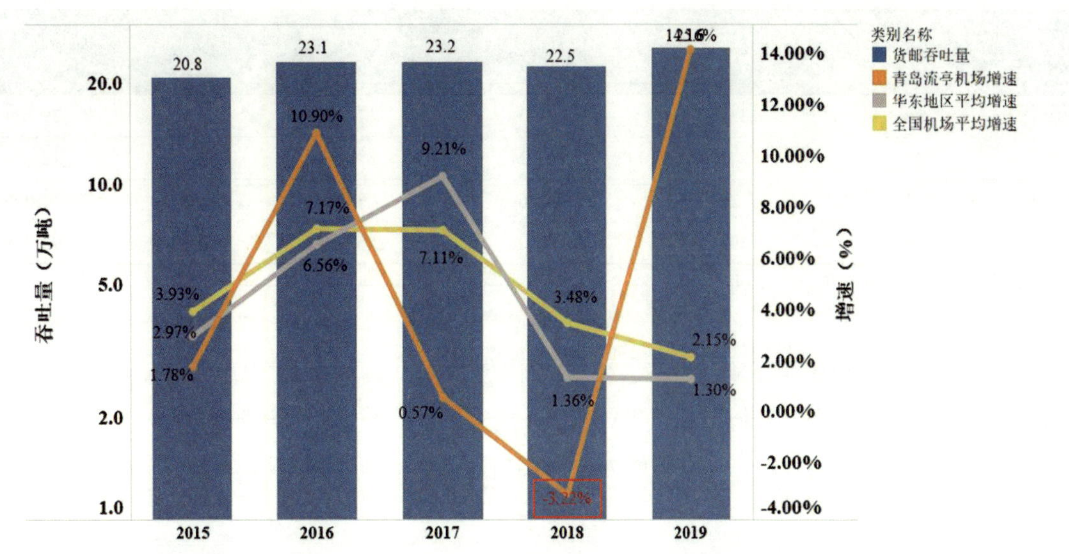

数据来源：全国机场生产统计公报。

图 6.46　2015—2019 年青岛流亭国际机场货邮吞吐量变化

一、航线网络布局

按照航线统计口径，2019 年该机场通航点 145 个。其中，国内 111 个，同比增加 10 个；国外 29 个，同比增加 5 个；港澳台 5 个，同比增加 1 个。如表 6-15 所示。

表 6-15　2019 年青岛流亭国际机场通航点数量及分布（按航线口径统计）

地域	通航点数量（个）
国内	111
国外	29
港澳台	5
总计	145

数据来源：OAG 数据库，项目组处理。

按照可直飞（无须经停）航线统计口径，2019 年，该机场通航点 113 个。其中，国内 96 个，国外 25 个，港澳台 5 个。从出港可用座位看，国内可用座位占 83. 3%，国际占 15. 1%，港澳台占 1. 6%。国内平均 217. 9 班，国际 34. 2 班，港澳台 3. 0 班。如表 6-16 所示。

表 6-16　2019 年青岛流亭国际机场通航点数量及出港可用座位投入

（按无须经停的通达口径统计）

地域	通航点数量（个）	出港可用座位数（万个）	出港座位占比（%）	平均日航班量（班）	平均日频（次）	年航班量（班）
国内	96	1 332.7	83.3	217.9	2.3	79 524
国外	25	241.5	15.1	34.2	1.4	12 468
港澳台	5	25.0	1.6	3.0	0.6	1 096
总计	126	1 599.2	100.0	255.1	2.0	93 088

数据来源：OAG 数据库，项目组处理。

重点国内航线：2019 年，该机场前 30 条国内航线可用座位占国内航线 45.41%，同比增长 0.93 个百分点。青岛流亭—上海虹桥（TAO-SHA）、青岛流亭—北京首都（TAO-PEK）2 条航线可用座位分别占 6.72%、5.17%，份额最大，同比略有增长。如图 6.47 所示。

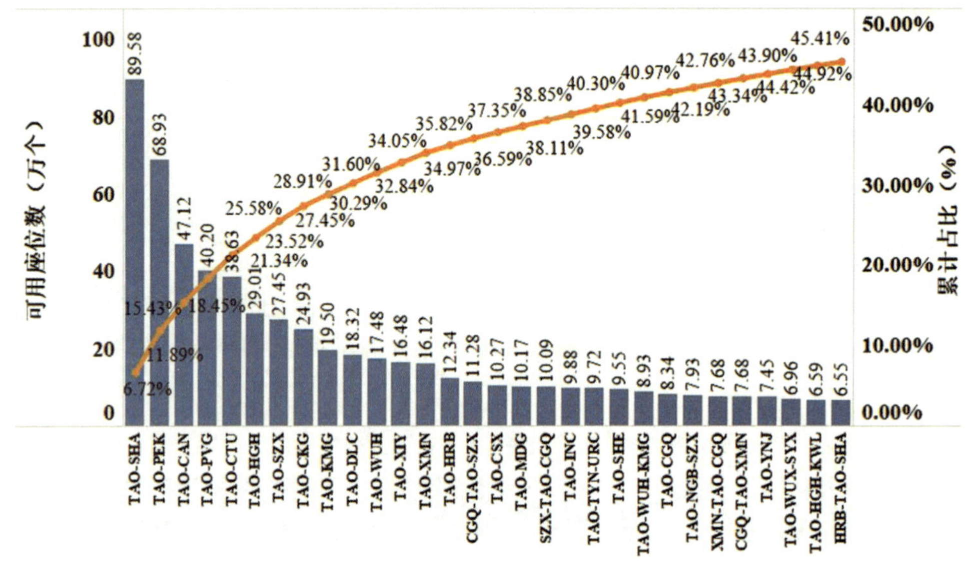

数据来源：OAG 数据库，项目组处理。

图 6.47　2019 年青岛流亭国际机场前 30 条国内客运航线出港可用座位分布

重点国际航线：2019 年，该机场前 15 条国际航线包括东北亚航线 9 条，东南亚航线 3 条，北美航线 2 条和西欧航线 1 条；可用座位占国际航线 88.71%。受地域及本地产业影响，该机场国际航线集中于韩国，排名前 2 位都是韩国航线，青岛流亭—首尔仁川（TAO-ICN）航线可用座位占 47.5%，份额最大，同比持平。如图 6.48 所示。

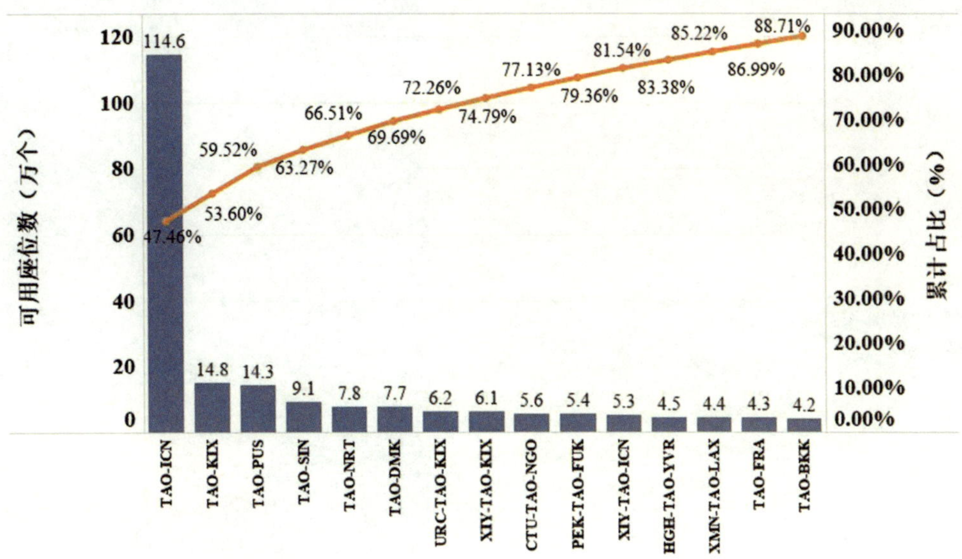

数据来源：OAG 数据库，项目组处理。

图 6.48　2019 年青岛流亭国际机场前 15 条国际客运航线出港可用座位分布

港澳台航线： 2019 年，该机场港澳台航线 5 条。其中，台湾地区 3 条，同比增加 2 条；香港、澳门地区各 1 条。香港、澳门、台湾航线可用座位分别占 50. 63%、13. 08%、36. 30%。

二、运营的航空公司

2019 年，在该机场运营的航空公司 45 家。其中，国内 30 家，占 66. 67%，同比增加 1 家；国外 10 家，占 22. 22%，同比减少 2 家；港澳台 5 家，占比 11. 11%。如图 6. 49 所示。

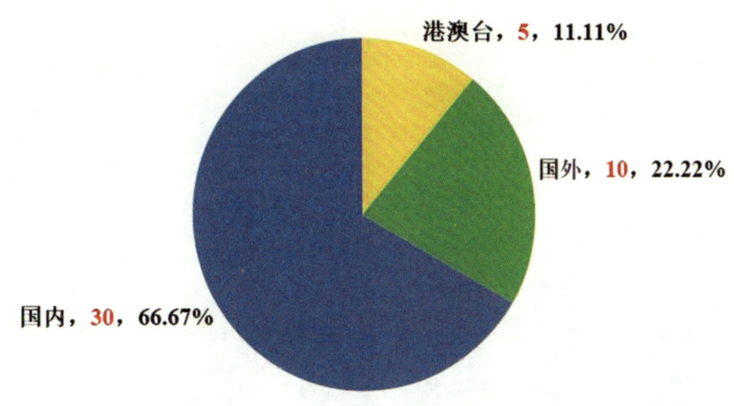

数据来源：OAG 数据库，项目组处理。

图 6.49　2019 年青岛流亭国际机场航空公司数量（个）及分布

2019 年，该机场可用座位投入以山东航空、东方航空为主。其中，山东航空作为该机场主基地航空公司，其可用座位占 28. 79%，同比降低 0. 15 个百分点，份额最高；东方航空占 20. 14%，同比增长 0. 84 个百分点，份额居次。如图 6. 50 所示。

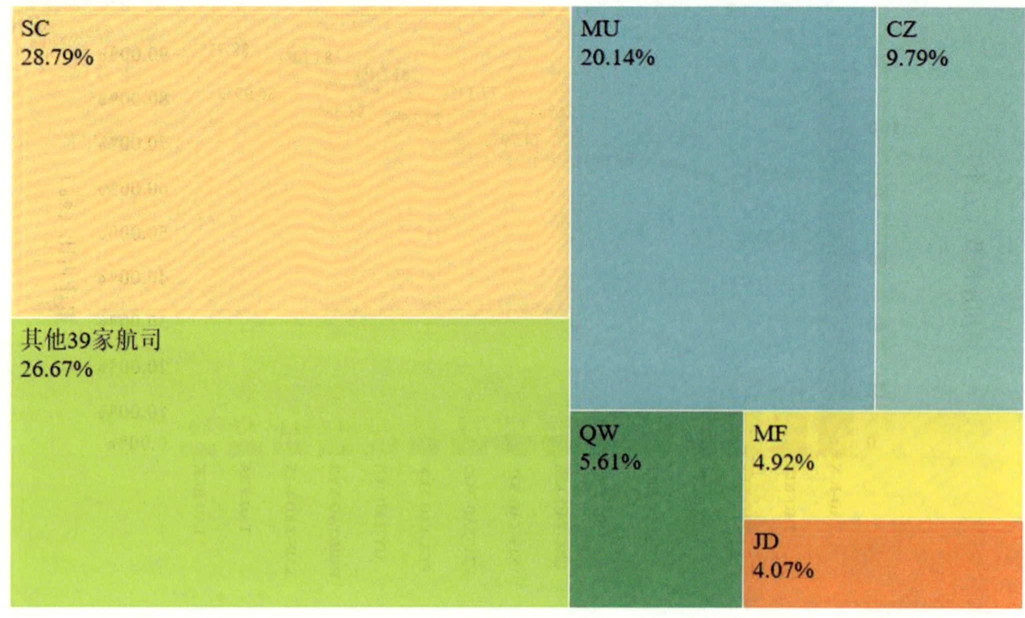

数据来源：OAG 数据库，项目组处理。

图 6.50　2019 年青岛流亭国际机场航空公司可用座位投入占比

第十节　济南遥墙国际机场

2019 年，济南遥墙国际机场旅客吞吐量 1 756.1 万人次，本区排名第 7 位，全国排名第 25 位，同比增长 5.71%，增速同比有所下降，低于全国平均水平。货邮吞吐量 13.5 万吨，本区排名第 8 位，全国排名第 24 位，同比增长 19.04%，远高于本区和全国平均水平。如图 6.51、图 6.52 所示。

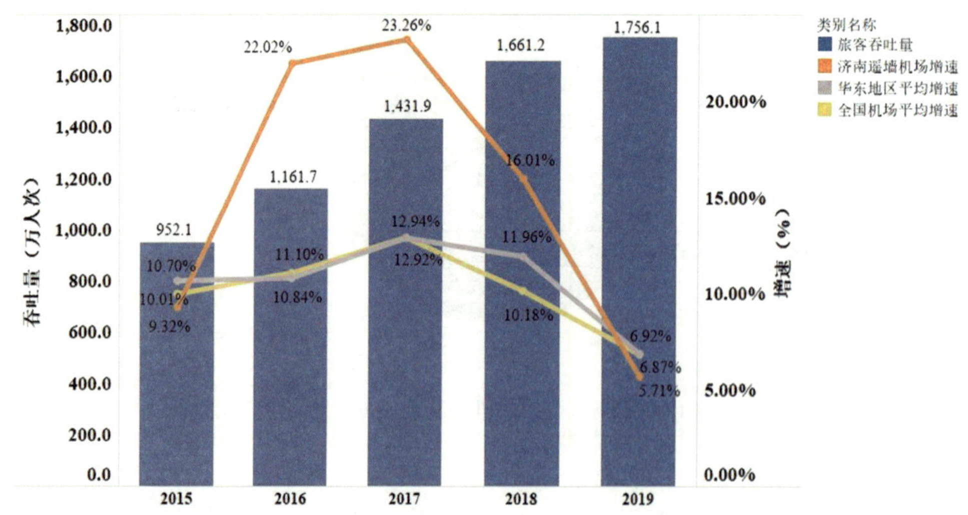

数据来源：全国机场生产统计公报。

图 6.51　2015—2019 年济南遥墙国际机场旅客吞吐量变化

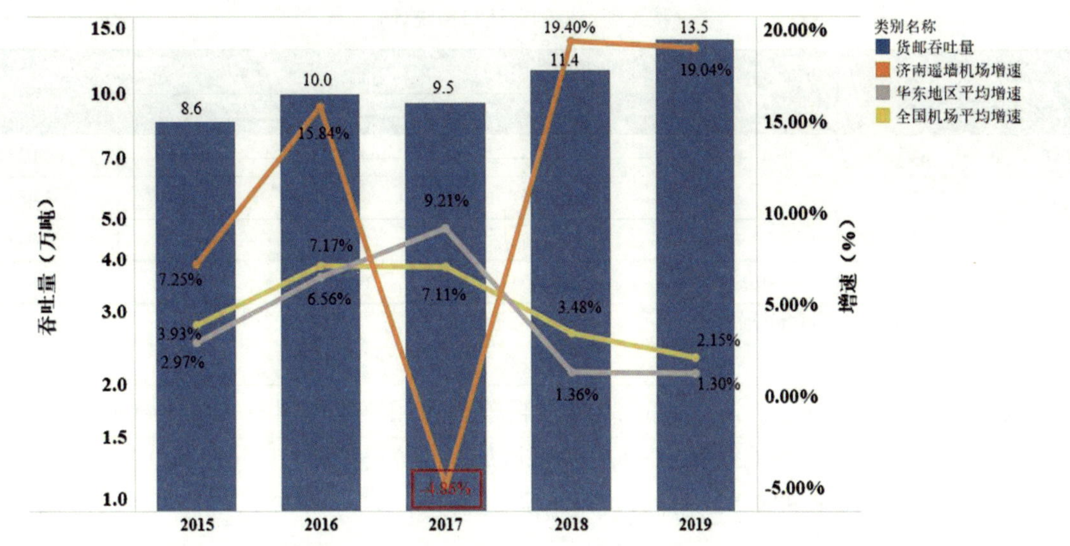

数据来源：全国机场生产统计公报。

图 6.52　2015—2019 年济南遥墙国际机场货邮吞吐量变化

一、航线网络布局

按照航线统计口径，2019 年该机场通航点 115 个。其中，国内 92 个，同比增加 12 个；国外 18 个，同比不变；港澳台 5 个，同比增加 2 个。如表 6-17 所示。

表 6-17　2019 年济南遥墙国际机场通航点数量及分布（按航线口径统计）

地域	通航点数量（个）
国内	92
国外	18
港澳台	5
总计	115

数据来源：OAG 数据库，项目组处理。

按照可直飞（无须经停）航线统计口径，2019 年该机场通航点 104 个。其中，国内 84 个，国外 15 个，港澳台 5 个。国内航线可用座位占 92.5%，国际占 6.0%，港澳台占 1.5%。国内平均日航班 164.5 班，国际 9.5 班，港澳台 2.6 班。如表 6-18 所示。

表 6-18　2019 年济南遥墙国际机场通航点数量及出港可用座位投入
（按无须经停的通达口径统计）

地域	通航点数量（个）	出港可用座位数（万个）	出港座位占比（%）	平均日航班量（班）	平均日频（次）	年航班量（班）
国内	84	1 001.9	92.5	164.5	2.0	60 025
国外	15	65.2	6.0	9.5	0.6	3 457
港澳台	5	16.1	1.5	2.6	0.5	942
总计	104	1 083.2	100.0	176.6	1.7	64 424

数据来源：OAG 数据库，项目组处理。

重点国内航线：2019 年，该机场前 30 条国内航线可用座位占国内航线 44.66%，同比下降 1.61 个百分点。前 30 条国内航线以本区及中南地区最多。济南遥墙—广州白云（TNA-CAN）、济南遥墙—深圳宝安（TNA-SZX）2 条航线可用座位分别占 5.34%、4.29%，份额最大，同比无明显变化。如图 6.53 所示。

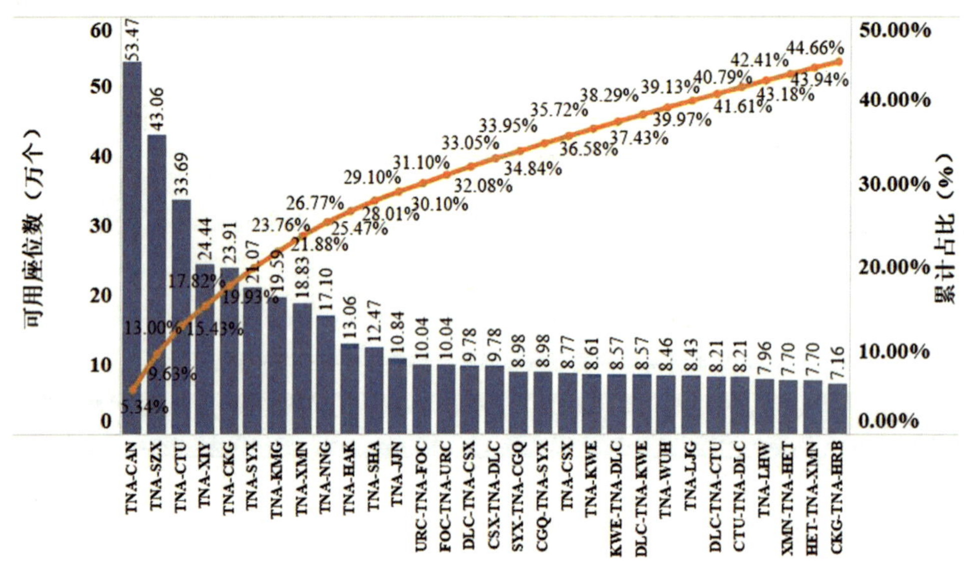

数据来源：OAG 数据库，项目组处理。

图 6.53　2019 年济南遥墙国际机场前 30 条国内客运航线出港可用座位分布

重点国际航线：2019 年，该机场前 15 条国际航线包括东南亚航线 6 条、东北亚航线 4 条、太平洋航线 1 条、拉美航线 1 条、中/东欧航线 1 条、西欧航线 2 条，其中 2 条经停国内其他机场出境；合计可用座位占该国际航线 99.71%，同比增长 3.3 个百分点。济南遥墙—首尔仁川（TNA-ICN）可用座位占 33.96%，份额最大，同比增长近 4.17 个百分点。如图 6.54 所示。

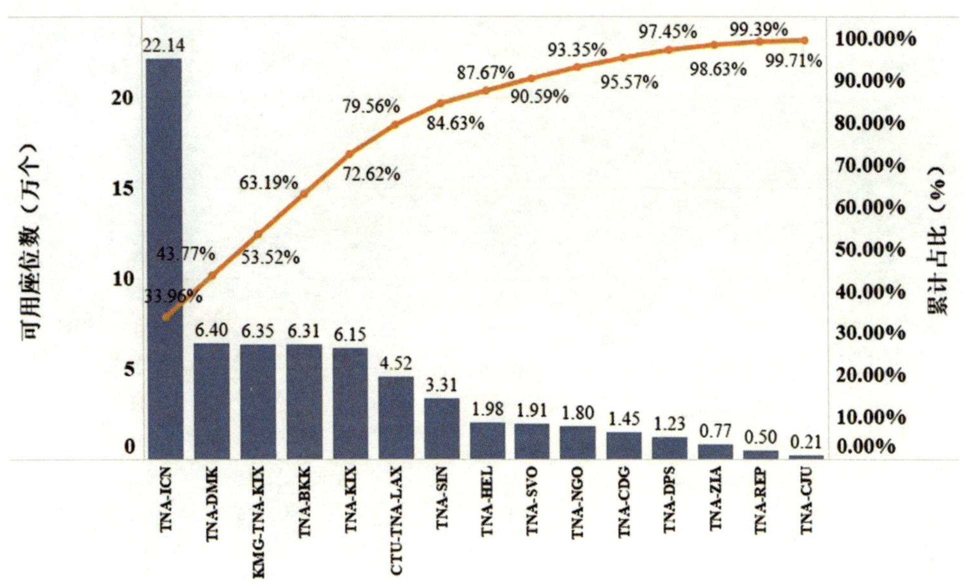

数据来源：OAG 数据库，项目组处理。

图 6.54 2019 年济南遥墙国际机场前 15 条国际客运航线出港可用座位分布

港澳台航线：2019 年，该机场港澳台航线 5 条。其中，台湾地区 3 条，同比增加 1 条；香港地区 1 条，澳门地区新增 1 条。香港航线可用座位占 48.21%，台湾航线占 47.51%、澳门航线占 4.25%。

二、运营的航空公司

2019 年，在该机场运营的航空公司 44 家。其中，国内 31 家，占 70.45%，同比增加 2 家；国外 10 家，占 22.73%，同比减少 2 家；港澳台 3 家，占 6.82%。如图 6.55 所示。

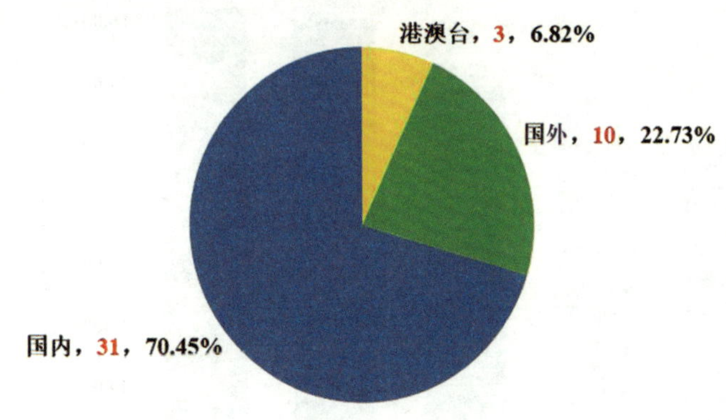

数据来源：OAG 数据库，项目组处理。

图 6.55 2019 年济南遥墙国际机场航空公司数量（个）及分布

2019 年，该机场运力投入以山东航空为主，可用座位占 39.14%，同比无明显变化。山东航空在该机场国内、国际、港澳台 3 类航线运力投入均较大。其他航空公司份额较均衡。如图 6.56 所示。

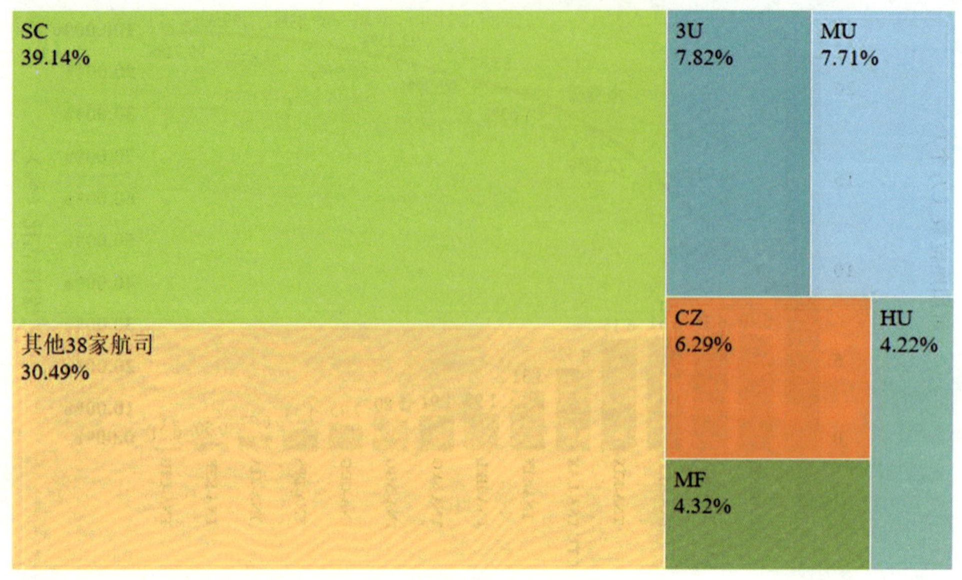

数据来源：OAG 数据库，项目组处理。

图 6.56　2019 年济南遥墙国际机场航空公司可用座位投入占比

第十一节　福州长乐国际机场

2019 年，福州长乐国际机场旅客吞吐量 1 476 万人次，同比增长 2.55%，本区排名第 8 位，全国排名第 28 位。货邮吞吐量 13.1 万吨，同比增长 2.55%，本区排名第 9 位，全国排名第 25 位。如图 6.57、图 6.58 所示。

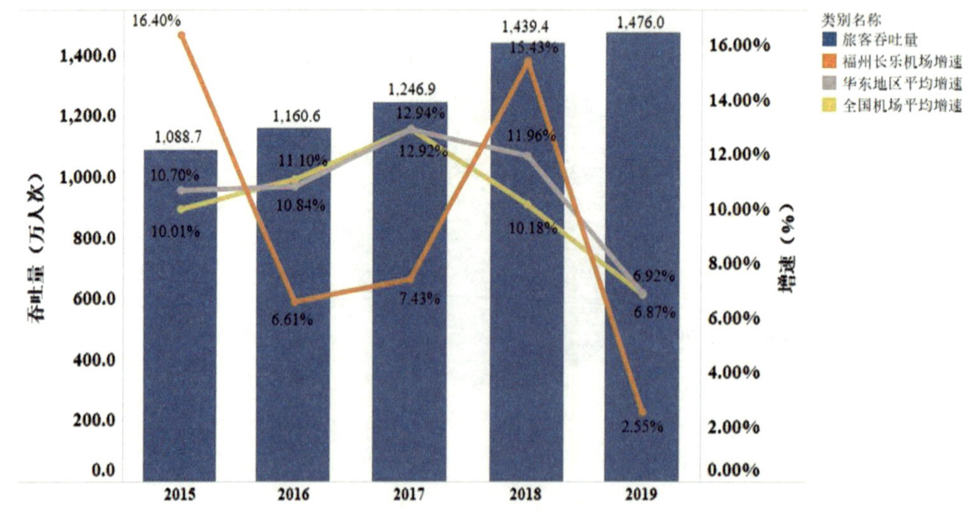

数据来源：全国机场生产统计公报。

图 6.57　2015—2019 年福州长乐国际机场旅客吞吐量变化

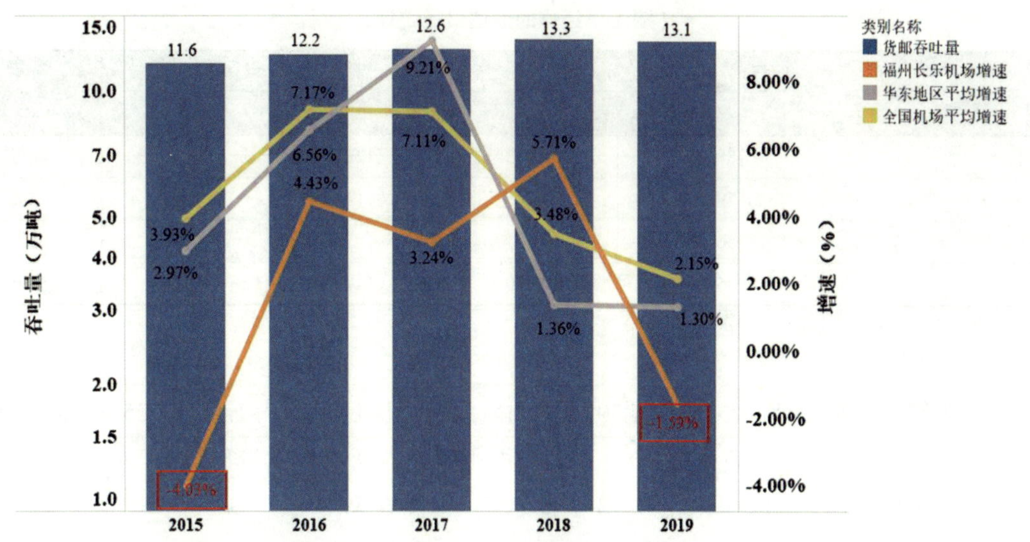

数据来源：全国机场生产统计公报。

图 6.58　2015—2019 年福州长乐国际机场货邮吞吐量变化

一、航线网络布局

按照航线统计口径，2019 年该机场通航点 111 个。其中，国内 83 个，同比增加 5 个；国外 23 个，同比减少 2 个；港澳台 5 个，同比不变。如表 6-19 所示。

表 6-19　2019 年福建长乐国际机场通航点数量及分布（按航线口径统计）

地域	通航点数量（个）
国内	83
国外	23
港澳台	5
总计	111

数据来源：OAG 数据库，项目组处理。

按照可直飞（无须经停）航线统计口径，2019 年该机场通航点 99 个。其中，国内 71 个，国外 23 个，港澳台 4 个。国内航线可用座位占 85.3%，国际占 8.6%，港澳台占 6.1%。国内平均日航班 127.9 班，国际 12.2 班，港澳台 7.6 班。如表 6-20 所示。

表 6-20　2019 年福建长乐国际机场通航点数量及出港可用座位投入

（按无须经停的通达口径统计）

地域	通航点数量（个）	出港可用座位数（万个）	出港座位占比（%）	平均日航班量（班）	平均日频（次）	年航班量（班）
国内	71	788.7	85.3	127.9	1.8	46 691
国外	23	79.9	8.6	12.2	0.5	4 449
港澳台	5	56.4	6.1	7.6	1.5	2 771
总计	99	925.0	100.0	147.7	1.5	53 911

数据来源：OAG 数据库，项目组处理。

重点国内航线：2019 年，该机场前 30 条国内航线可用座位占国内航线 60.25%，同比无明显变化。其中，福州长乐—北京首都（FOC-PEK）可用座位占 9.64%，份额最高，高出排名第 2 位的福州长乐—重庆江北（FOC-CKG）4.78 个百分点。如图 6.59 所示。

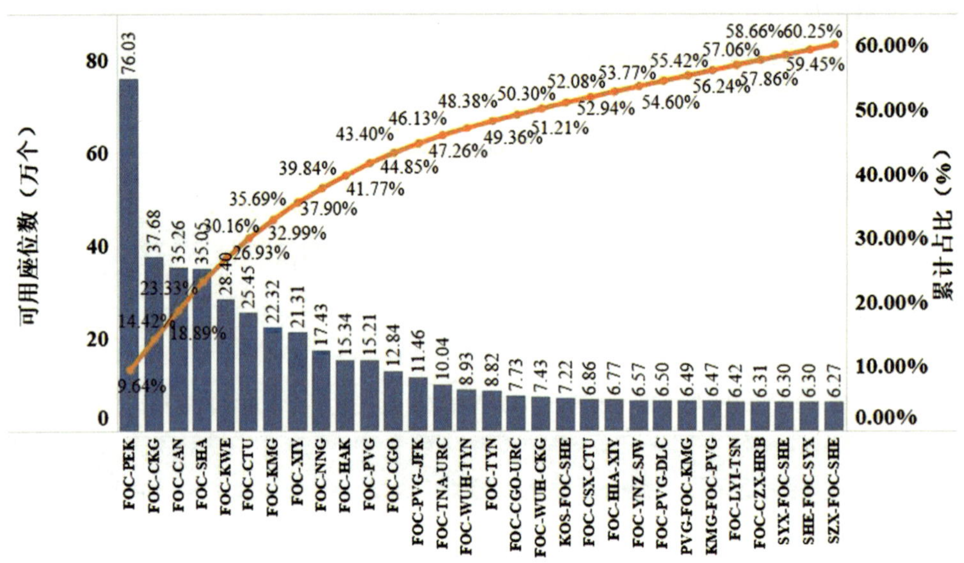

数据来源：OAG 数据库，项目组处理。

图 6.59　2019 年福州长乐国际机场前 30 条国内客运航线出港可用座位分布

重点国际航线：2019 年，该机场前 15 条国际航线包括东南亚航线 10 条，东北亚航线 2 条，北美、西欧、太平洋航线各 1 条；可用座位占国际航线 82.60%，运力集中度同比增长 2.97 个百分点。福州长乐—新加坡樟宜（FOC-SIN）可用座位 8.5 万个，占 10.63%，份额最大。如图 6.60 所示。

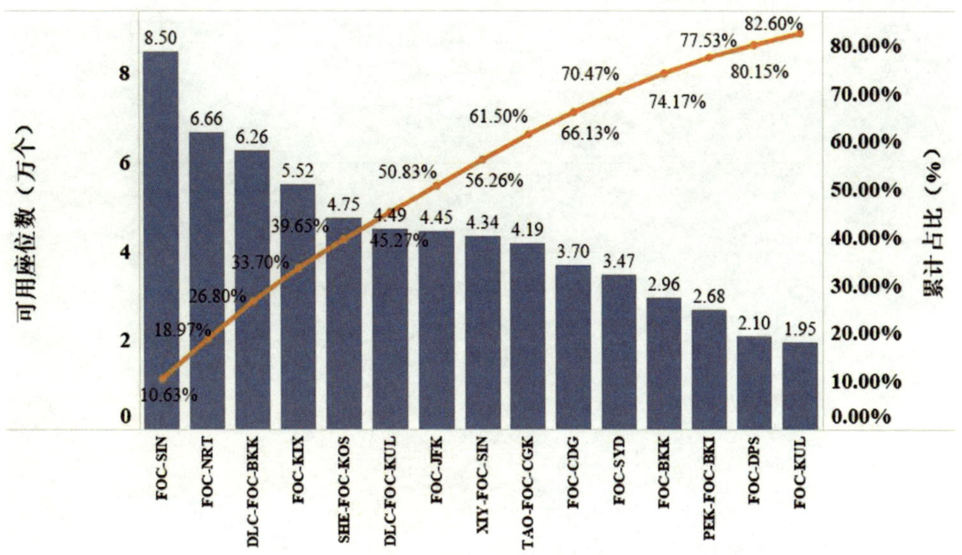

数据来源：OAG 数据库，项目组处理。

图 6.60　2019 年福州长乐国际机场前 15 条国际客运航线出港可用座位分布

港澳台航线：2019 年，该机场港澳台航线 5 条。台湾地区 3 条，香港、澳门地区各 1 条。可用座位集中于香港航线，占港澳台航线 52.26%。

二、运营的航空公司

2019 年，在该机场运营的航空公司 50 家。其中，国内 32 家，占 64%，同比增加 3 家；国外 13 家，占 26%。同比增加 7 家；港澳台 5 家，占 10%。如图 6.61 所示。

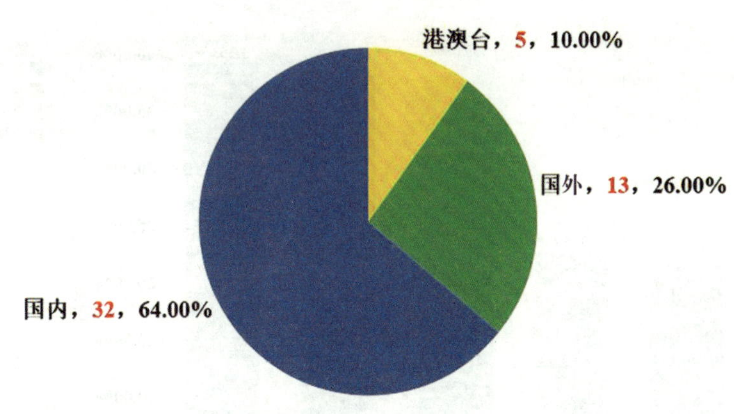

数据来源：OAG 数据库，项目组处理。

图 6.61　2019 年福州长乐国际机场航空公司数量（个）及分布

2019 年，该机场运力以厦门航空为主，可用座位占 45.37%，占据绝对优势。其次是福州航空和东方航空，可用座位分别占 10.39%、7.25%，同比变化不大。如图 6.62 所示。

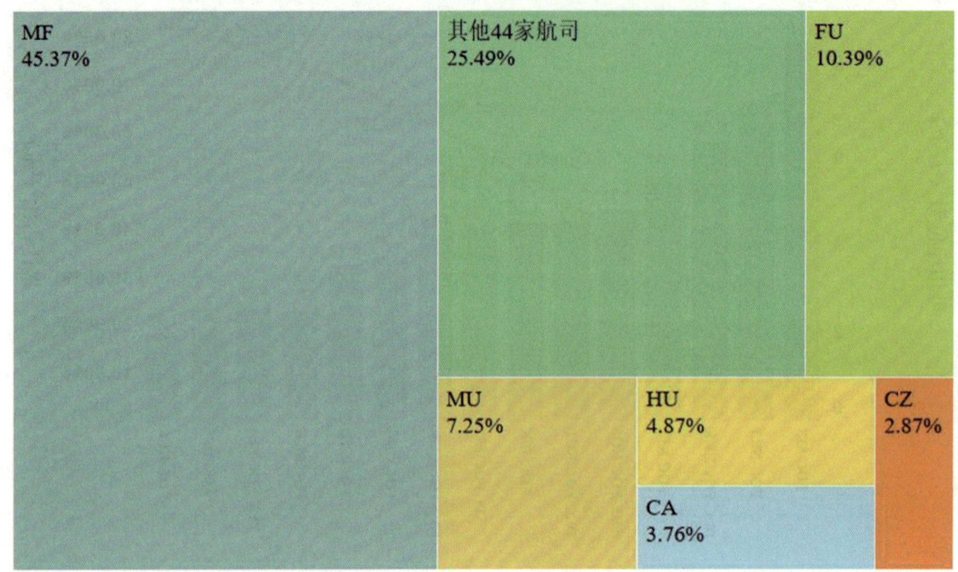

数据来源：OAG 数据库，项目组处理。

图 6.62　2019 年福州长乐国际机场航空公司可用座位投入占比

第十二节　南昌昌北国际机场

2019 年，南昌昌北国际机场旅客吞吐量 1 363.7 万人次，同比增长 0.84%，本区排名第 9 位，全国排名第 31 位。货邮吞吐量 12.3 万吨，同比增长 48.32%，本区排名第 10 位，全国排名第 26 位。如图 6.63 所示。

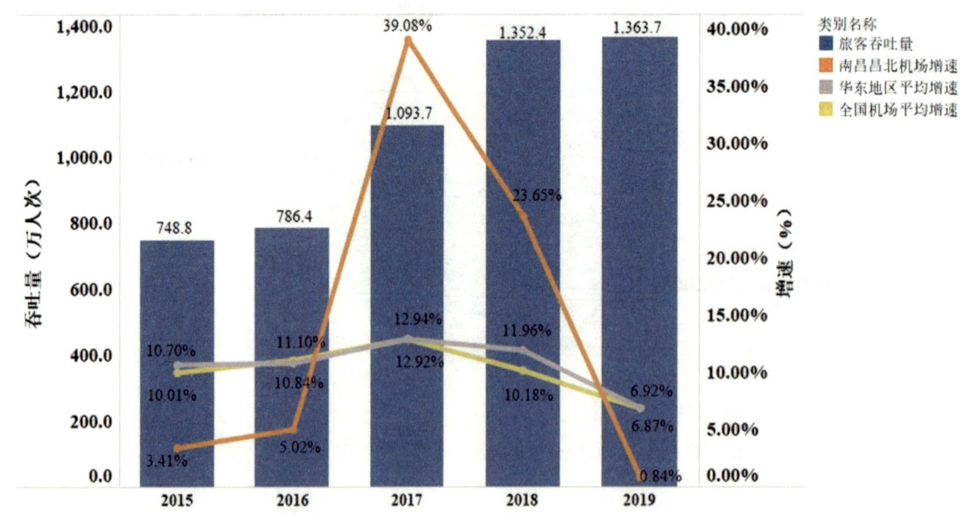

数据来源：全国机场生产统计公报。

图 6.63　2015—2019 年南昌昌北国际机场旅客吞吐量变化

2016—2017 年，该机场进入高速发展期。2017 年旅客吞吐量大幅度上升。近 2 年，旅客吞吐量增速有所下降，2019 年增速下降幅度较大，同比降低 22.79 个百分点。如图 6.64 所示。

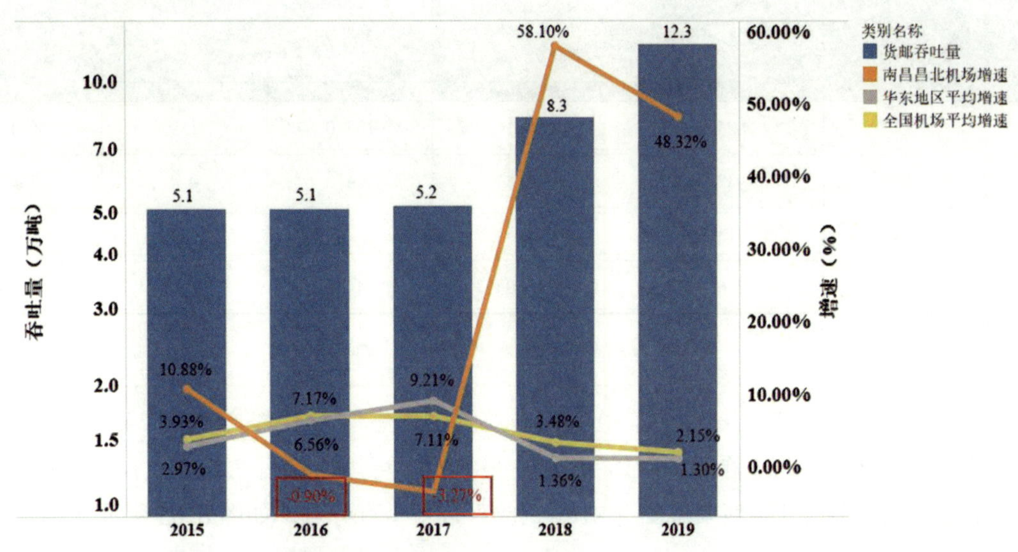

数据来源：全国机场生产统计公报。

图 6.64　2015—2019 年南昌昌北国际机场货邮吞吐量变化

一、航线网络布局

按照航线统计口径，2019 年该机场通航点 96 个。其中，国内 79 个，同比增加 7 个；国外 13 个，同比增加 4 个；港澳台 4 个，同比增加 1 个。如表 6-21 所示。

表 6-21　2019 年南昌昌北国际机场通航点数量及分布（按航线口径统计）

地域	通航点数量（个）
国内	79
国外	13
港澳台	4
总计	96

数据来源：OAG 数据库，项目组处理。

按照可直飞（无须经停）航线统计口径，2019 年该机场通航点 90 个。其中，国内 73 个，国外 13 个，港澳台 5 个。国内可用座位占 94.1%，国际占 4.4%，港澳台占 1.5%。国内平均日航班 137.0 班，国际 4.8 班，港澳台 2.3 班。如表 6-22 所示。

表 6-22　2019 年南昌昌北国际机场通航点数量及出港可用座位投入
（按无须经停的通达口径统计）

地域	通航点数量（个）	出港可用座位数（万个）	出港座位占比（%）	平均日航班量（班）	平均日频（次）	年航班量（班）
国内	73	824. 2	94. 1	137. 0	1. 9	50 017
国外	13	38. 8	4. 4	4. 8	0. 4	1 770
港澳台	4	13. 3	1. 5	2. 3	0. 6	829
总计	90	876. 3	100. 0	144. 2	1. 6	52 616

数据来源：OAG 数据库，项目组处理。

重点国内航线：2019 年，该机场前 30 条国内航线可用座位占国内航线 45. 34%，同比无明显变化。其中，南昌昌北—北京首都（KHN-PEK）最繁忙，可用座位占 7. 53%，同比无明显变化，高出排名第 2 位的南昌昌北—西安咸阳（KHN-XIY）近 3 个百分点。如图 6. 65 所示。

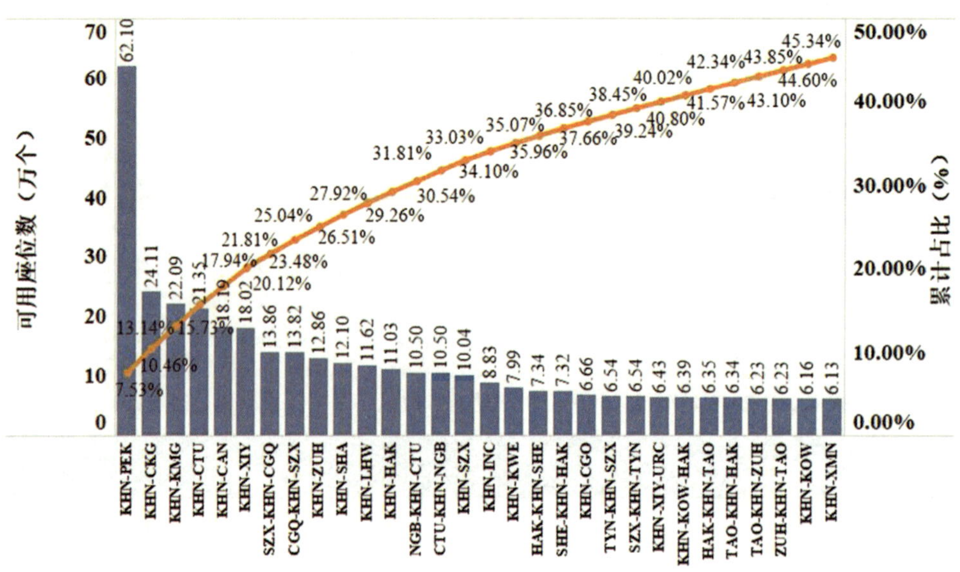

数据来源：OAG 数据库，项目组处理。

图 6. 65　2019 年南昌昌北国际机场前 30 条国内客运航线出港可用座位分布

重点国际航线：2019 年，该机场国际航线 13 条包括东南亚航线 10 条，东北亚航线 2 条，南亚航线 1 条。南昌昌北—曼谷廊曼（KHN-DMK）可用座位占 42. 64%，份额最大。如图 6. 66 所示。

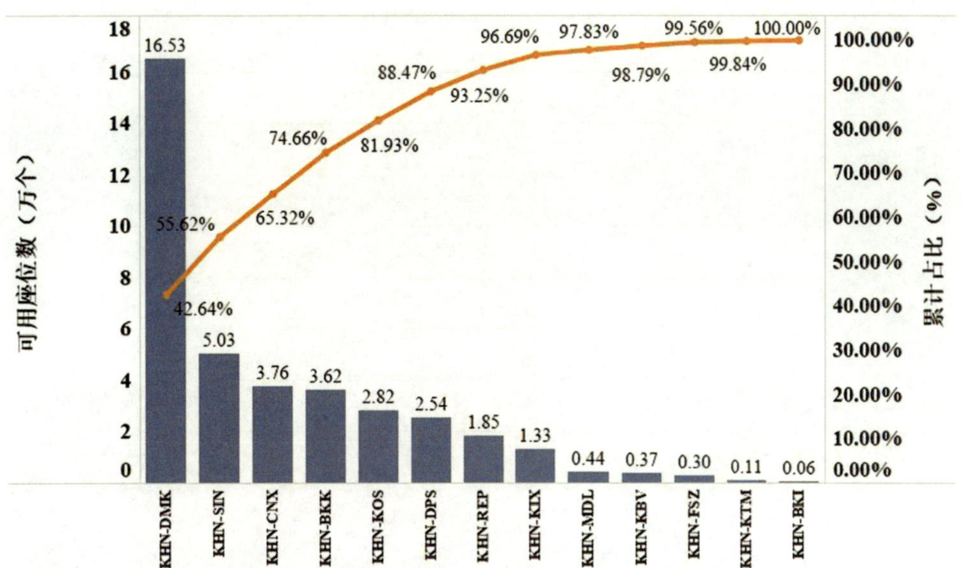

数据来源：OAG 数据库，项目组处理。

图 6.66　2019 年南昌昌北国际机场前 13 条国际客运航线出港可用座位分布

港澳台航线：2019 年，该机场港澳台航线 4 条。其中，台湾地区 2 条，同比增加 1 条；香港、澳门地区各 1 条。香港、台湾航线可用座位分别占 29.42%、54.24%。

二、运营的航空公司

2019 年，在该机场运营的航空公司 46 家。其中，国内 33 家，占 71.74%，同比减少 2 家；国外 11 家，占 23.91%，同比增加 2 家；港澳台 2 家，占 4.35%，同比不变。如图 6.67 所示。

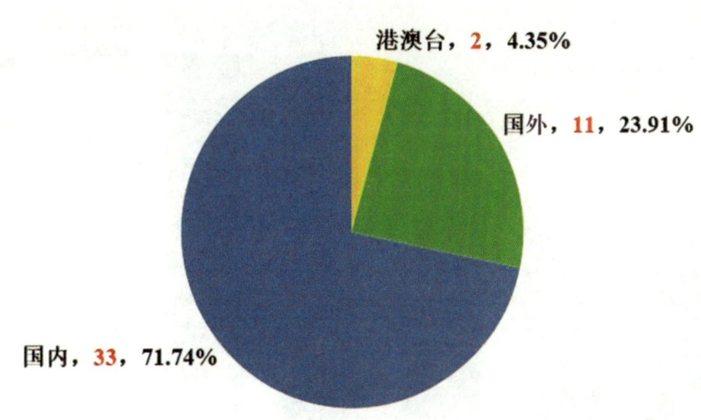

数据来源：OAG 数据库，项目组处理。

图 6.67　2019 年南昌昌北国际机场航空公司数量（个）及分布

2019 年，该机场运力集中度相对较低，主要航空公司市场份额趋向均衡。2 家主运营基地航空公司东方航空、江西航空可用座位分别占 15.62%、10.19%，东方航空同比增长 1.82%，江西航空同比无明显变化。深圳航空占 11.19%，同比无明显变化。如图 6.68 所示。

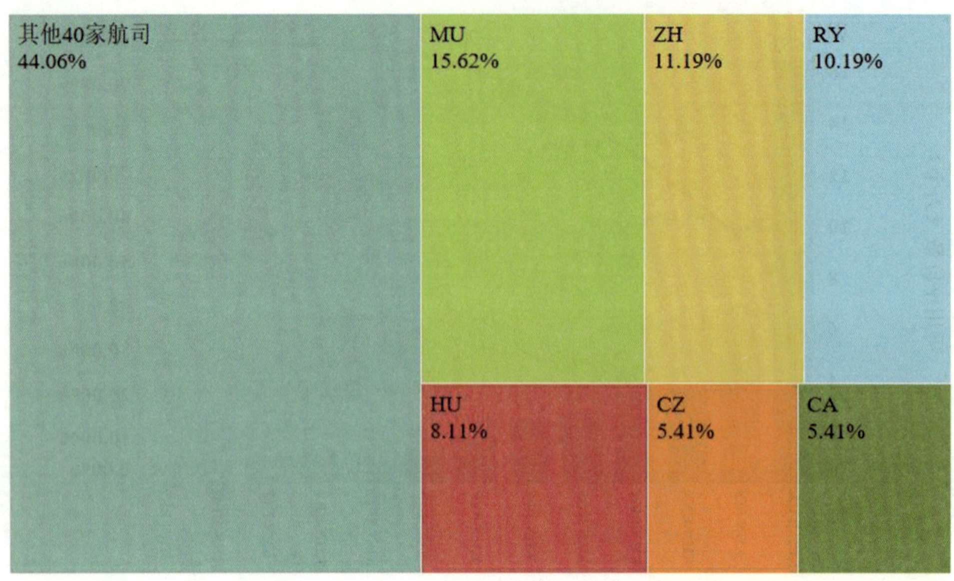

数据来源：OAG 数据库，项目组处理。

图 6.68 2019 年南昌昌北国际机场航空公司可用座位投入占比

第十三节 宁波栎社国际机场

2019 年，宁波栎社国际机场旅客吞吐量 1 241.4 万人次，同比增长 5.94%，本区排名第 10 位，全国排名第 33 位。货邮吞吐量 10.6 万吨，同比增长 0.42%，本区排名第 11 位，全国排名第 29 位。引进低成本航空为该机场发展注入新力。如图 6.69、图 6.70 所示。

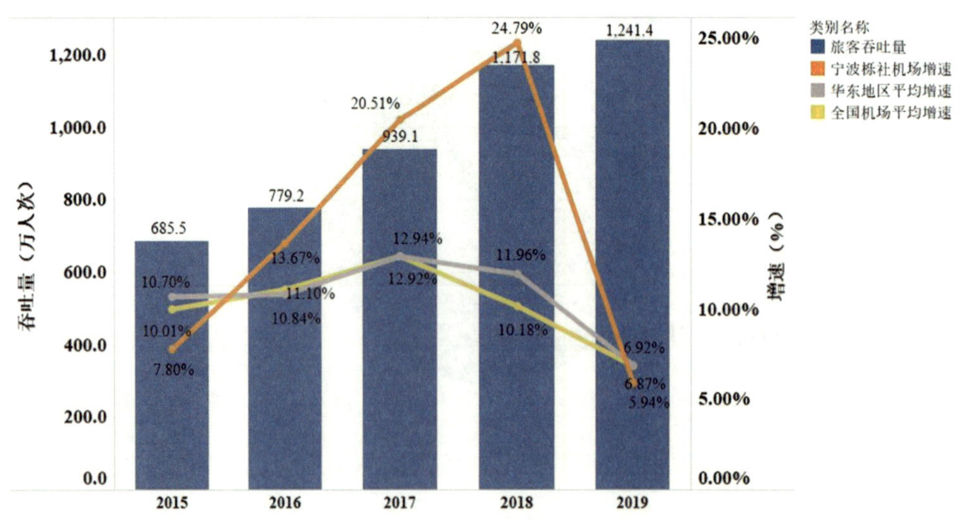

数据来源：全国机场生产统计公报。

图 6.69 2015—2019 年宁波栎社国际机场旅客吞吐量变化

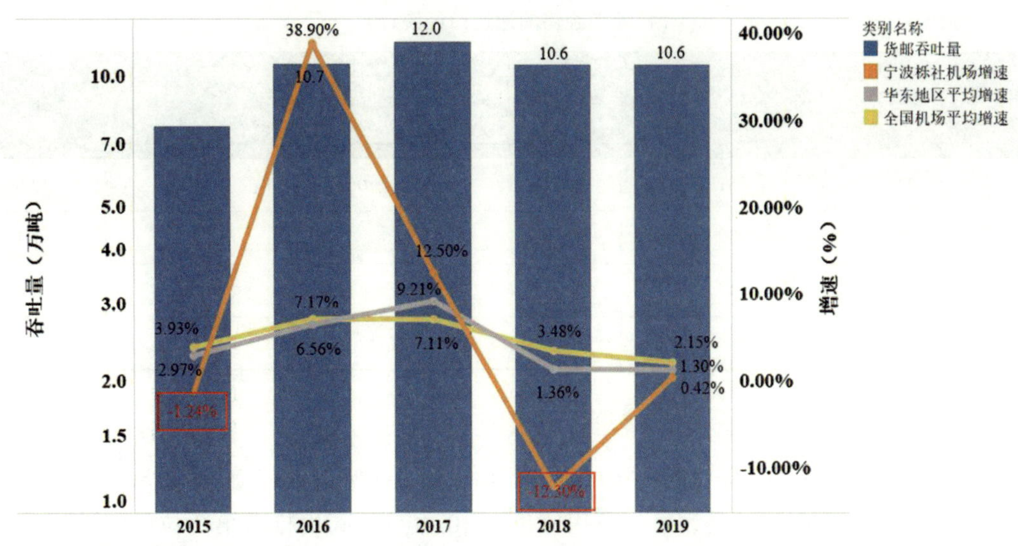

数据来源：全国机场生产统计公报。

图 6.70 2015—2019 年宁波栎社国际机场货邮吞吐量变化

一、航线网络布局

按照航线统计口径，2019 年该机场通航点 102 个。其中，国内 78 个，同比增加 7 个；国外 19 个，同比不变；港澳台 5 个，同比不变。如表 6-23 所示。

表 6-23 2019 年宁波栎社国际机场通航点数量及分布（按航线口径统计）

地域	通航点数量（个）
国内	78
国外	19
港澳台	5
总计	102

数据来源：OAG 数据库，项目组处理。

按照可直飞（无须经停）航线统计口径，2019 年该机场通航点 98 个。其中，国内 74 个，国外 19 个，港澳台 5 个。国内可用座位占 88. 3%，国际占 5. 3%，港澳台占 6. 4%。国内平均日航班 106. 7 班，国际 6. 0 班，港澳台 7. 4 班。如表 6-24 所示。

表 6-24　2019 年宁波栎社国际机场通航点数量及出港可用座位投入
（按无须经停的通达口径统计）

地域	通航点数量（个）	出港可用座位数（万个）	出港座位占比（%）	平均日航班量（班）	平均日频（次）	年航班量（班）
国内	74	651.7	88.3	106.7	1.4	38 943
国外	19	39.2	5.3	6.0	0.3	2 178
港澳台	5	47.1	6.4	7.4	1.5	2 709
总计	98	738.0	100.0	120.1	1.2	43 830

数据来源：OAG 数据库，项目组处理。

重点国内航线：2019 年，该机场前 30 条国内航线可用座位占国内航线 62.86%。其中，宁波栎社—广州白云（NGB-CAN）最繁忙，可用座位占 10.30%，高出排名第 2 位的宁波栎社—北京首都（NGB-PEK）4.4 个百分点。如图 6.71 所示。

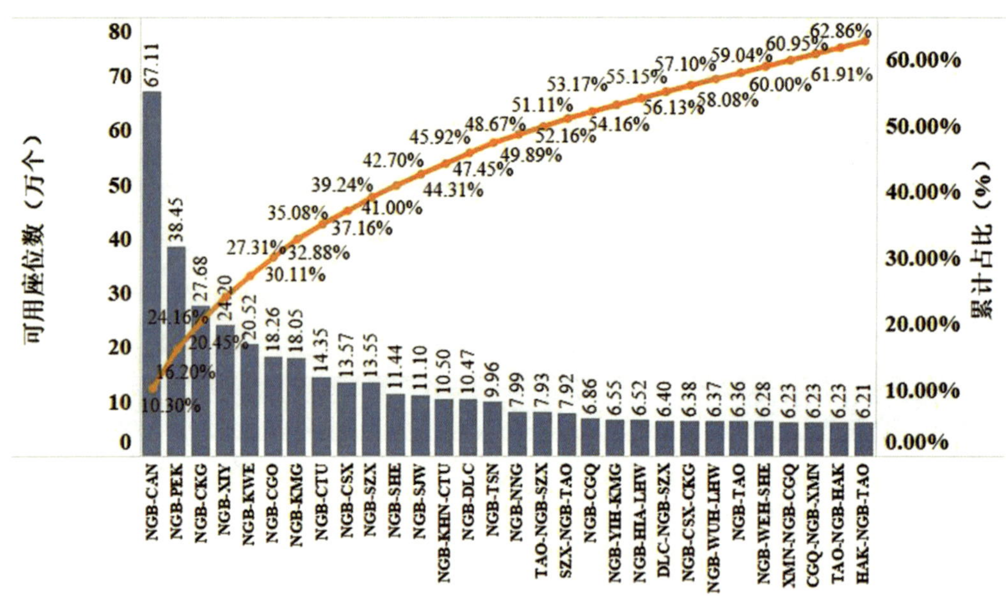

数据来源：OAG 数据库，项目组处理。

图 6.71　2019 年宁波栎社国际机场前 30 条国内客运航线出港可用座位分布

重点国际航线：2019 年，该机场前 15 条国际航线包括东北亚航线 7 条、东南亚航线 8 条；可用座位占国际航线 97.15%。宁波栎社—曼谷廊曼（NGB-DMK）可用座位占 19.20%，份额最大。如图 6.72 所示。

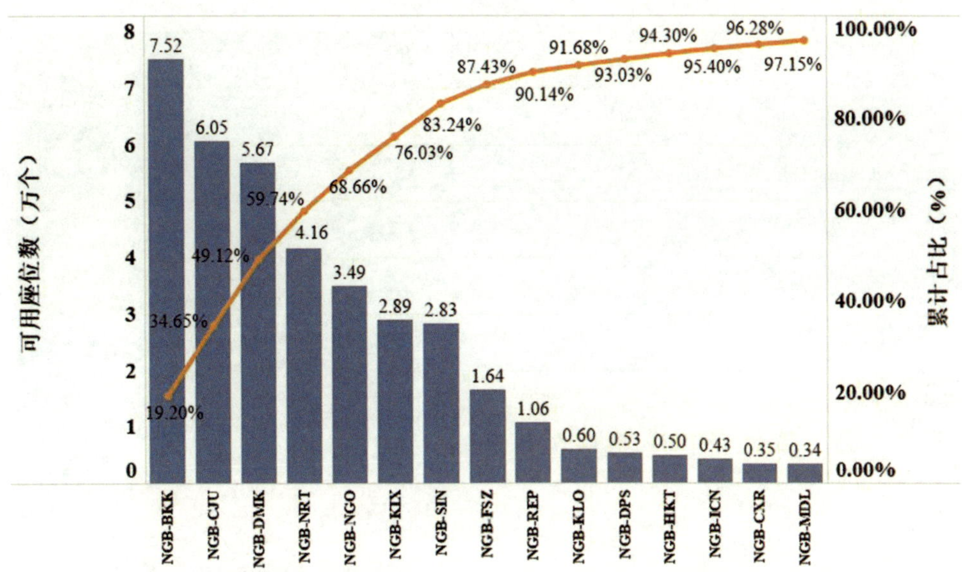

数据来源：OAG 数据库，项目组处理。

图 6.72 2019 年宁波栎社国际机场前 15 条国际客运航线出港可用座位分布

港澳台航线：2019 年，该机场港澳台 5 条。其中，台湾地区 3 条，香港、澳门地区各 1 条。香港、台湾、澳门航线可用座位分别占 43.54%、31.04%、25.42%。

二、运营的航空公司

2019 年，在该机场运营的航空公司 45 家。其中，国内 29 家，占 64.44%，同比增加 1 家；国外 10 家，占 22.22%，同比减少 1 家；港澳台 6 家，占 13.33%。如图 6.73 所示。

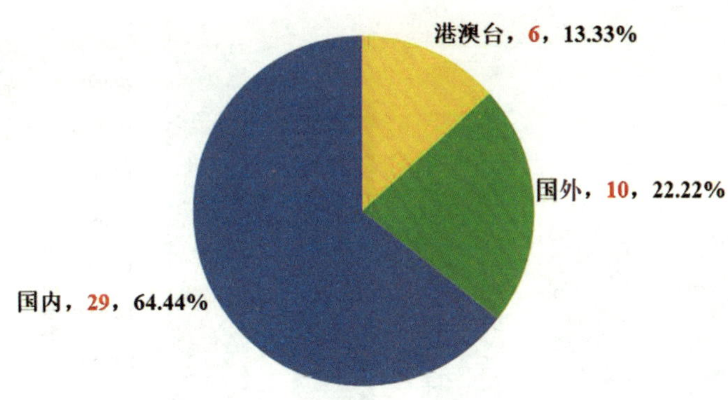

数据来源：OAG 数据库，项目组处理。

图 6.73 2019 年宁波栎社国际机场航空公司数量（个）及分布

2019 年，东方航空以该机场为主运营基地，可用座位占 21.85%。春秋航空、南方航空、海南航空、国际航空可用座位分别占 12.03%、10.76%、7.97%、5.92%。长龙航空作为浙江唯一本土航空公司，2017 年在该机场建立基地后，已开通济宁、淮安、威海、黔江等多条航线。如图 6.74 所示。

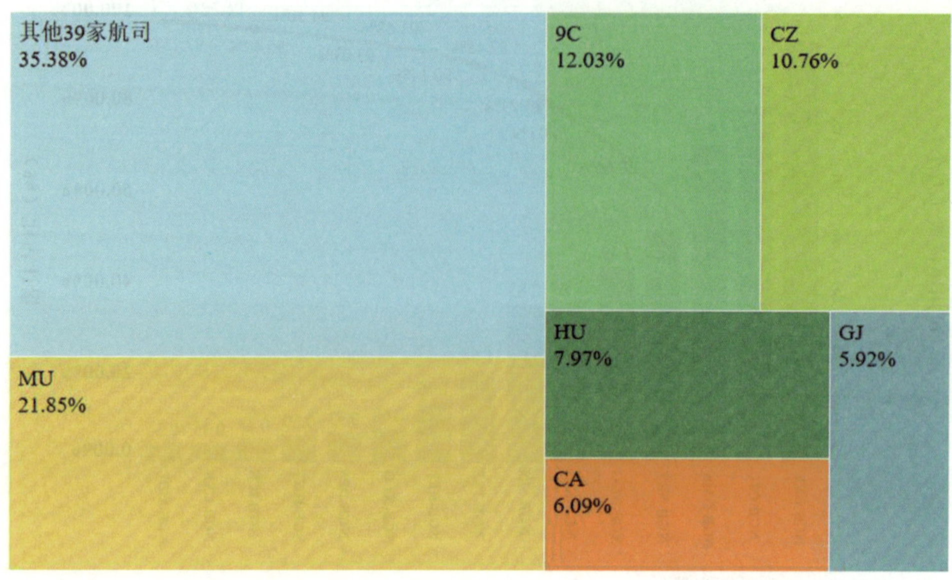

数据来源：OAG 数据库，项目组处理。

图 6.74　2019 年宁波栎社国际机场航空公司可用座位投入占比

第十四节　温州龙湾国际机场

2019 年，温州龙湾国际机场旅客吞吐量 1 229.2 万人次，同比增长 9.56%，本区排名第 11 位，全国排名第 33 位。货邮吞吐量 8.0 万吨，同比增长 1.14%，本区排名第 13 位，全国排名第 33 位。如图 6.75 所示。

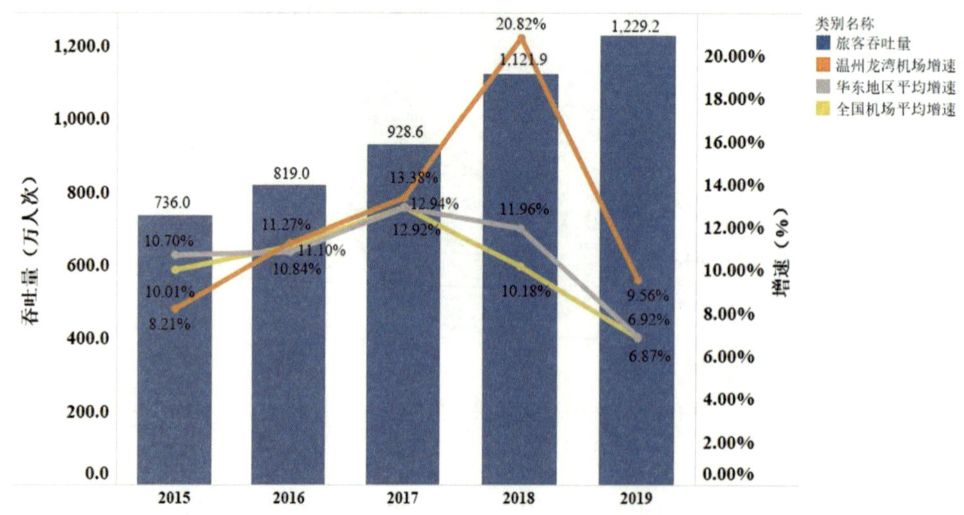

数据来源：全国机场生产统计公报。

图 6.75　2015—2019 年温州龙湾国际机场旅客吞吐量变化

该机场火车南站航站楼启用后增效明显，铁路沿线乘客只需前往温州火车南站即可办理值机手续，温州“空铁联运”升级为旅客吞吐量增长提供新动力。如图 6.76 所示。

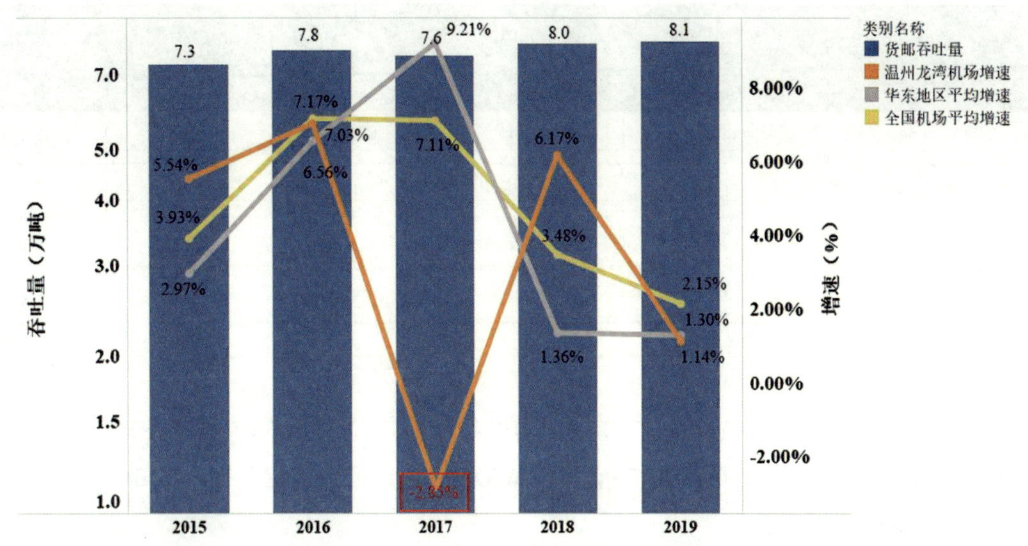

数据来源：全国机场生产统计公报。

图 6.76　2015—2019 年温州龙湾国际机场货邮吞吐量变化

一、航线网络布局

按照航线统计口径，2019 年该机场通航点 107 个。其中，国内 88 个，同比增加 15 个；国外 15 个，同比增加 4 个；港澳台 4 个，同比增加 1 个。如表 6-25 所示。

表 6-25　2019 年温州龙湾国际机场通航点数量及分布（按航线口径统计）

地域	通航点数量（个）
国内	88
国外	15
港澳台	4
总计	107

数据来源：OAG 数据库，项目组处理。

按照可直飞（无须经停）航线统计口径，2019 年该机场通航点 96 个。其中，国内 78 个，国外 14 个，港澳台 4 个。国内航线可用座位占 96.0%，国际占 1.5%，港澳台占 2.5%。国内平均日航班 122.7 班，国际 1.90 班，港澳台 3.6 班。如表 6-26 所示。

表 6-26　2019 年温州龙湾国际机场通航点数量及出港可用座位投入

（按无须经停的通达口径统计）

地域	通航点数量（个）	出港可用座位数（万个）	出港座位占比（%）	平均日航班量（班）	平均日频（次）	年航班量（班）
国内	78	733.7	96.0	122.7	1.6	44 790
国外	14	11.5	1.5	1.9	0.1	700
港澳台	4	19.3	2.5	3.6	0.9	1 313
合计	96	764.5	100.0	128.2	1.3	46 803

数据来源：OAG 数据库，项目组处理。

重点国内航线：2019 年，该机场前 30 条国内航线可用座位占国内航线 65.81%。温州栎社—广州白云（WNZ-CAN）、温州栎社—北京首都（WNZ-PEK）可用座位分别占 8.34%、6.74%，分居第 1、2 位。如图 6.77 所示。

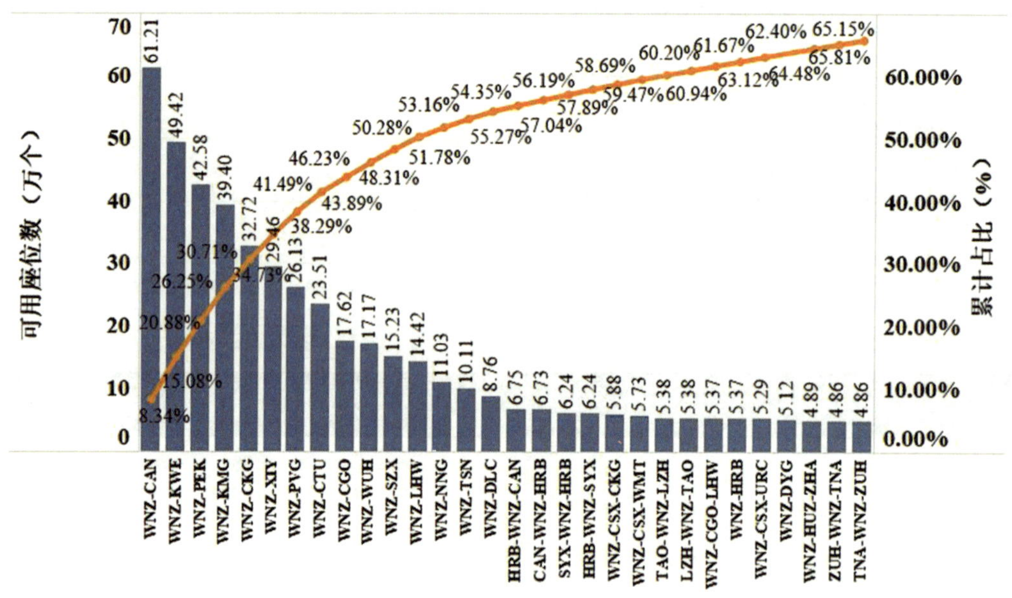

数据来源：OAG 数据库，项目组处理。

图 6.77　2019 年温州龙湾国际机场前 30 条国内客运航线出港可用座位分布

重点国际航线：2019 年，该机场国际航线 14 条。东南亚、东北亚地区各 7 条，东北亚地区航线可用座位占 85.4%。如图 6.78 所示。

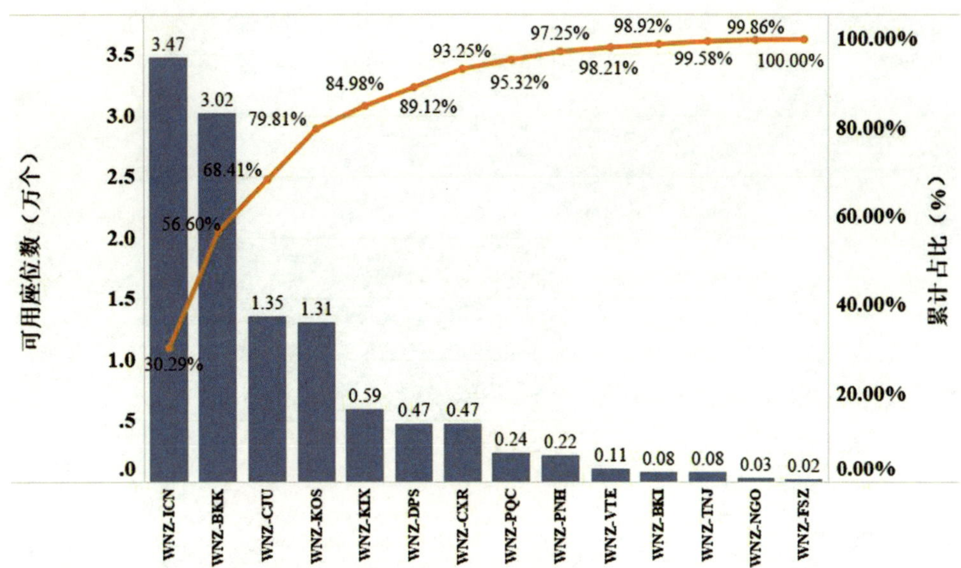

数据来源：OAG 数据库，项目组处理。

图 6.78 2019 年温州龙湾国际机场国际客运航线出港可用座位分布

港澳台航线：2019 年，该机场港澳台航线 4 条。其中，台湾地区 2 条，香港、澳门地区各 1 条。香港航线可用座位占港澳台航线 42.33%，台湾地区占 33.67%，澳门地区占 24%。

二、运营的航空公司

2019 年，在该机场运营的航空公司 41 家。其中，国内 31 家，占 75.61%，同比增加 1 家；国外 7 家，占 17.07%，同比减少 1 家；港澳台 3 家，占 7.32%，同比增加 1 家。如图 6.79 所示。

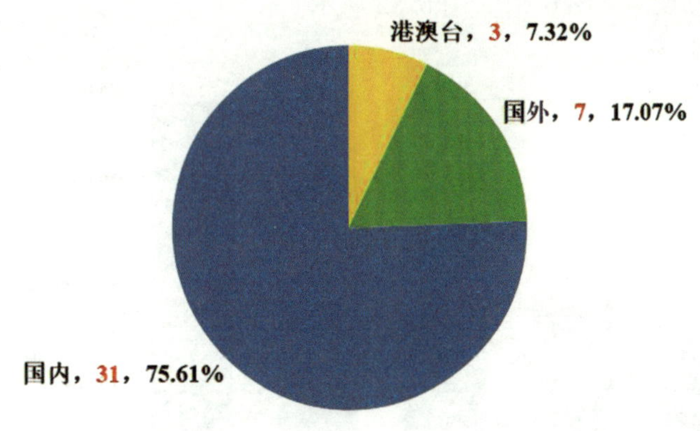

数据来源：OAG 数据库，项目组处理。

图 6.79 2019 年温州龙湾国际机场航空公司数量（个）及分布

2019 年，该机场国际航空投入可用座位占 14.34%，份额最大。东方航空占 12.70%，位居其次；南方航空、上海航空分别占 9.88%、8.67%，比较均衡；海南航空、深圳航空，分别占 6.77%、6.05%，份额相当。如图 6.80 所示。

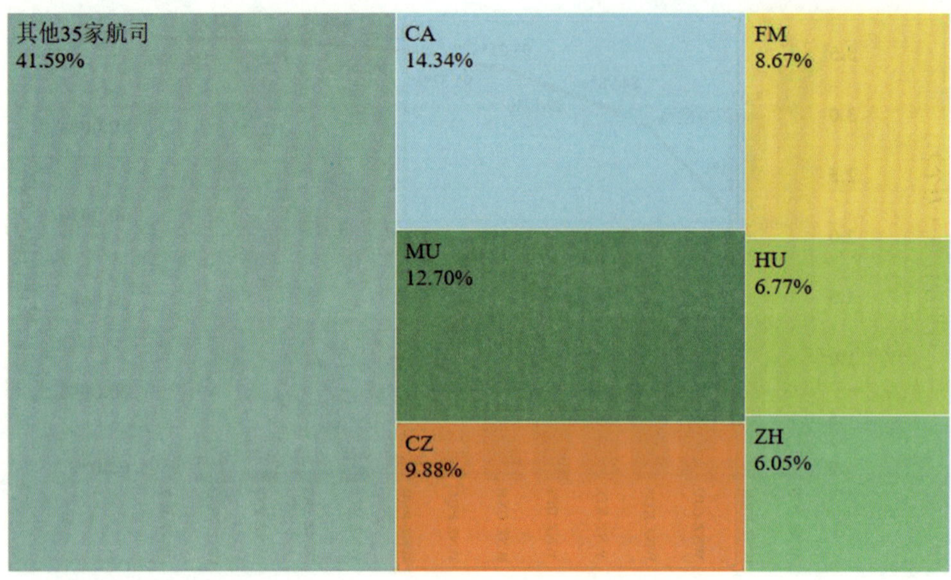

数据来源：OAG 数据库，项目组处理。

图 6.80　2019 年温州龙湾国际机场航空公司可用座位投入占比

第十五节　合肥新桥国际机场

2019 年，合肥新桥国际机场旅客吞吐量 1 228.2 万人次，同比增长 10.55%，本区排名第 12 位，全国排名第 36 位。货邮吞吐量 8.7 万吨，同比增长 24.82%，本区排名第 12 位，全国排名第 32 位。近年，该机场旅客吞吐量逐年增长，2017 年是增长高峰。2019 年增速有所降低，但高于全国平均水平 3.66 个百分点。如图 6.81、图 6.82 所示。

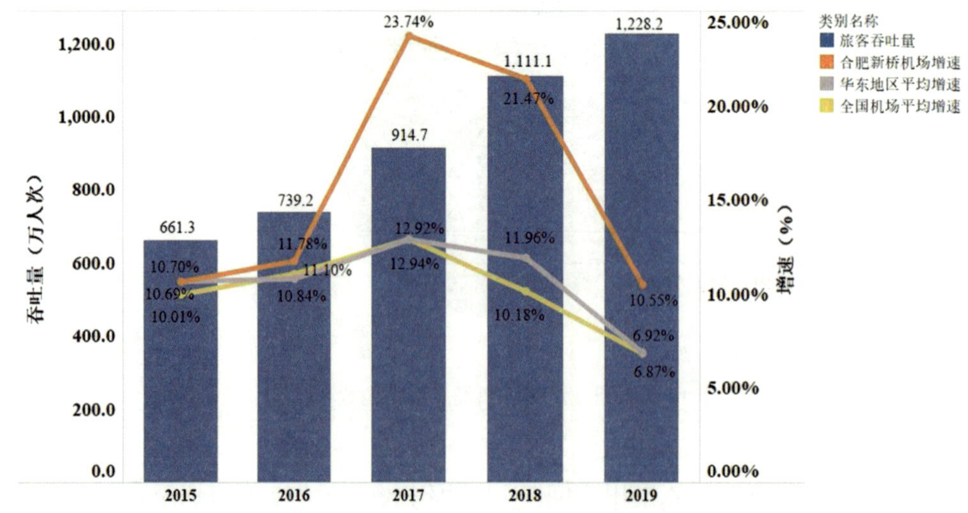

数据来源：全国机场生产统计公报。

图 6.81　2015—2019 年合肥新桥国际机场旅客吞吐量变化

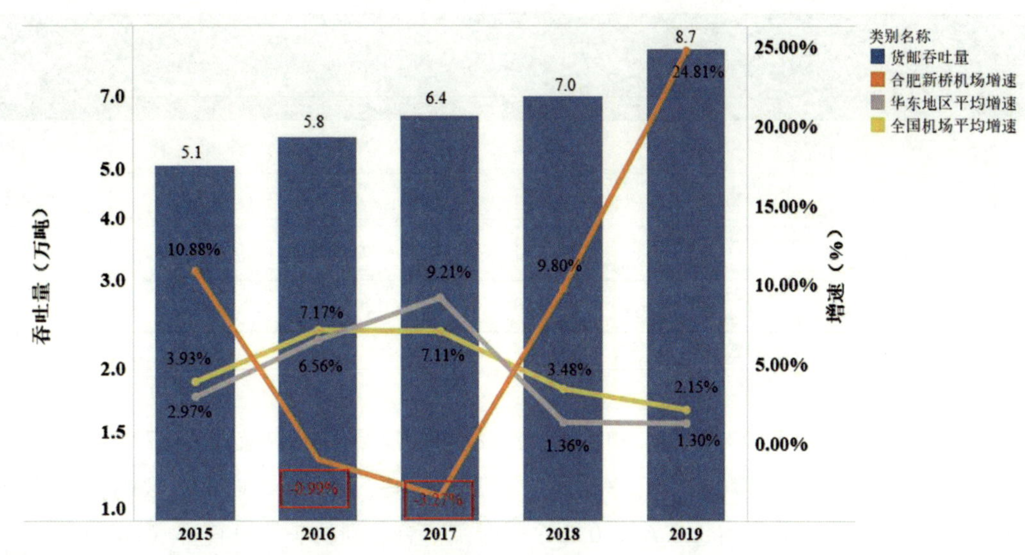

数据来源：全国机场生产统计公报。

图 6.82　2015—2019 年合肥新桥国际机场货邮吞吐量变化

一、航线网络布局

按照航线统计口径，2019 年该机场通航点 82 个。其中，国内 64 个，同比增加 8 个；国外 14 个，同比增加 1 个；港澳台 4 个，同比增加 1 个。如表 6-27 所示。

表 6-27　2019 年合肥新桥国际机场通航点数量及分布（按航线口径统计）

地域	通航点数量（个）
国内	64
国外	14
港澳台	4
总计	82

数据来源：OAG 数据库，项目组处理。

按照可直飞（无须经停）航线统计口径，2019 年该机场通航点 76 个。其中，国内 60 个，国外 12 个，港澳台 4 个。国内航线可用座位占 95.2%，国际占 3.4%，港澳台占 1.4%。国内平均日航班 123.9 班，国际 4.0 班，港澳台 2.0 班。如表 6-28 所示。

表 6-28　2019 年合肥新桥国际机场通航点数量及出港可用座位投入
（按无须经停的通达口径统计）

地域	通航点数量（个）	出港可用座位数（万个）	出港座位占比（%）	平均日航班量（班）	平均日频（次）	年航班量（班）
国内	60	740.2	95.2	123.9	2.1	45 230
国外	12	26.3	3.4	4.0	0.3	1 459
港澳台	4	11.1	1.4	2.0	0.5	728
总计	76	777.6	100.0	129.9	1.7	47 417

数据来源：OAG 数据库，项目组处理。

重点国内航线：2019 年，该机场前 30 条国内航线可用座位占国内航线 51.72%，同比无明显变化。其中，合肥新桥—深圳宝安（HFE-SZX）、合肥新桥—广州白云（HFE-CAN）可用座位分别占 6.7%、5.67%，同比分别增长 0.69、0.2 个百分点。合肥新桥—北京首都（HFE-PEK）航线可用座位排名第 6 位。如图 6.83 所示。

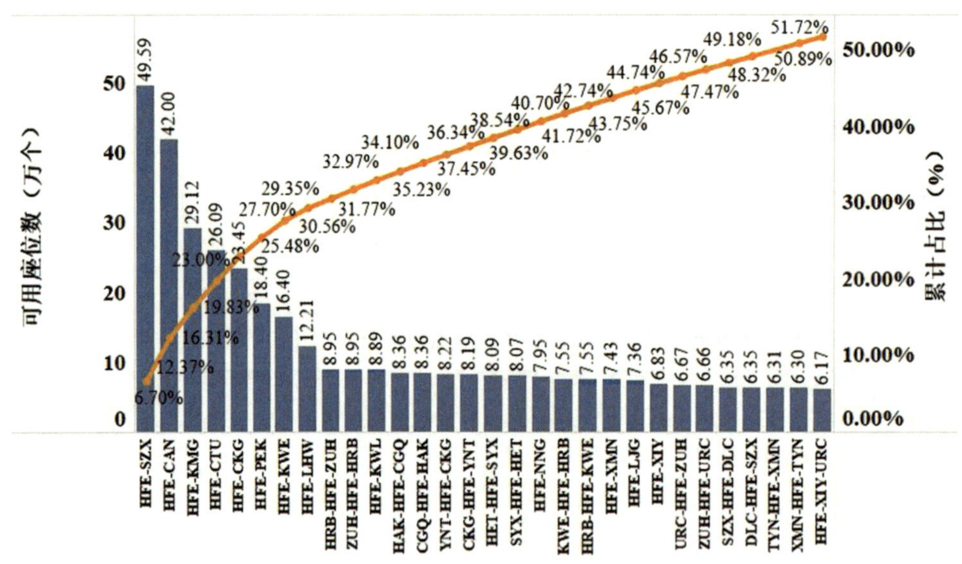

数据来源：OAG 数据库，项目组处理。

图 6.83　2019 年合肥新桥国际机场前 30 条国内客运航线出港可用座位分布

重点国际航线：2019 年，该机场国际航线 13 条，包括东南亚航线 9 条、东北亚航线 2 条、中/东欧航线 1 条、西欧航线 1 条。其中，2 条航线经停国内其他机场出境。排名前 4 位的均为东南亚地区航线，合肥新桥—曼谷廊曼（HFE-DMK）可用座位比重最高。如图 6.84 所示。

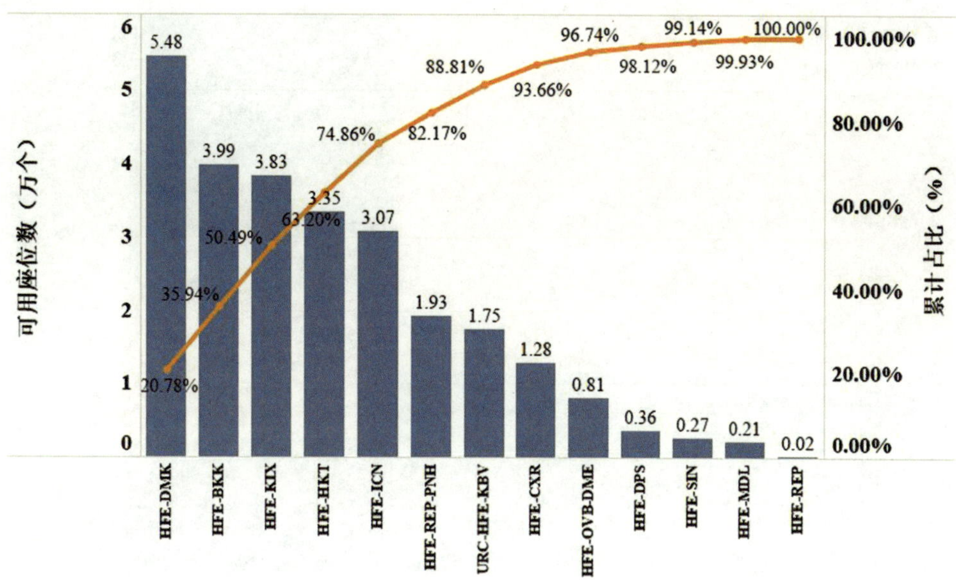

数据来源：OAG 数据库，项目组处理。

图 6.84　2019 年合肥新桥国际机场国际客运航线出港可用座位分布

港澳台航线：2019 年，该机场港澳台航线 4 条。其中，台湾地区 2 条，香港、澳门地区各 1 条。台湾航线可用座位占 70.15%，澳门航线可用座位占 24.48%，香港航线份额较小。

二、运营的航空公司

2019 年，在该机场运营的航空公司 45 家。其中，国内 33 家，占 73.33%，同比增加 2 家；国外 10 家，占 22.22%，同比减少 1 家；港澳台 2 家，占 4.44%，同比不变。如图 6.85 所示。

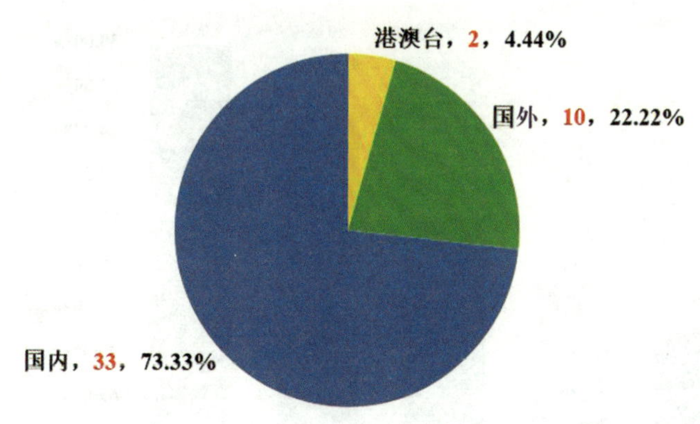

数据来源：OAG 数据库，项目组处理。

图 6.85　2019 年合肥新桥国际机场航空公司数量（个）及分布

2019 年，该机场东方航空可用座位占 21.37%，同比降低 0.09 个百分点，份额最大。深圳航空、西部航空、海南航空、南方航空主要航空公司可用座位分别占 13.09%、7.39%、7.33%、6.99%，分布较均衡。如图 6.86 所示。

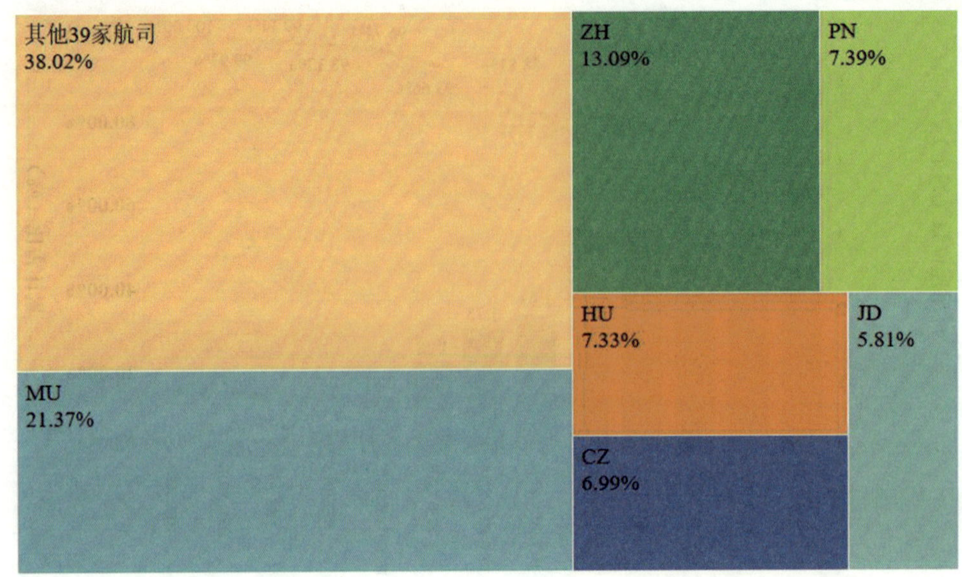

数据来源：OAG 数据库，项目组处理。

图 6.86　2019 年合肥新桥国际机场航空公司可用座位投入占比

第十六节　烟台蓬莱国际机场

2019 年，烟台蓬莱国际机场进入千万级运输机场行列，旅客吞吐量 1 005.3 万人次，同比增长 19.21%，本区排名第 13 位，全国排名第 39 位。货邮吞吐量 5.7 万吨，同比增长 10.87%，本区排名第 13 位，全国排名第 28 位。如图 6.87、图 6.88 所示。

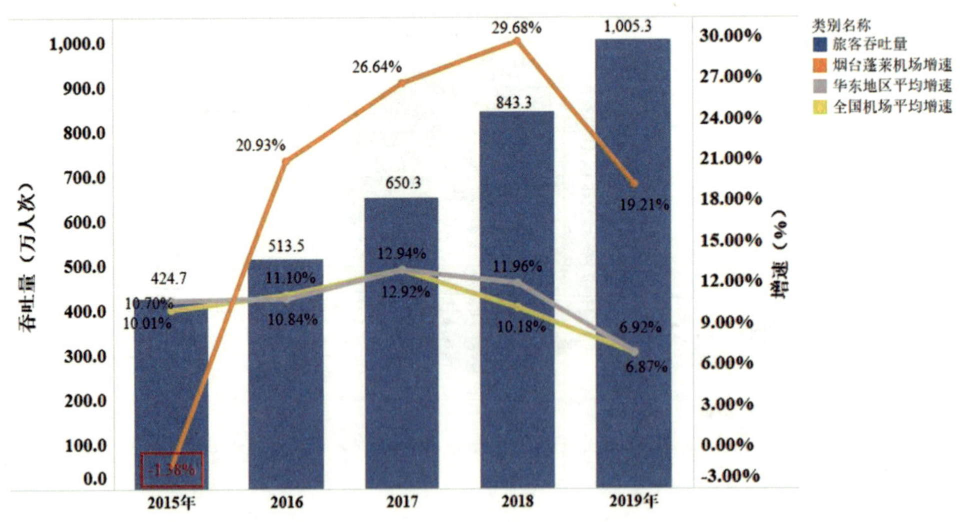

数据来源：全国机场生产统计公报。

图 6.87　2015—2019 年烟台蓬莱国际机场旅客吞吐量变化

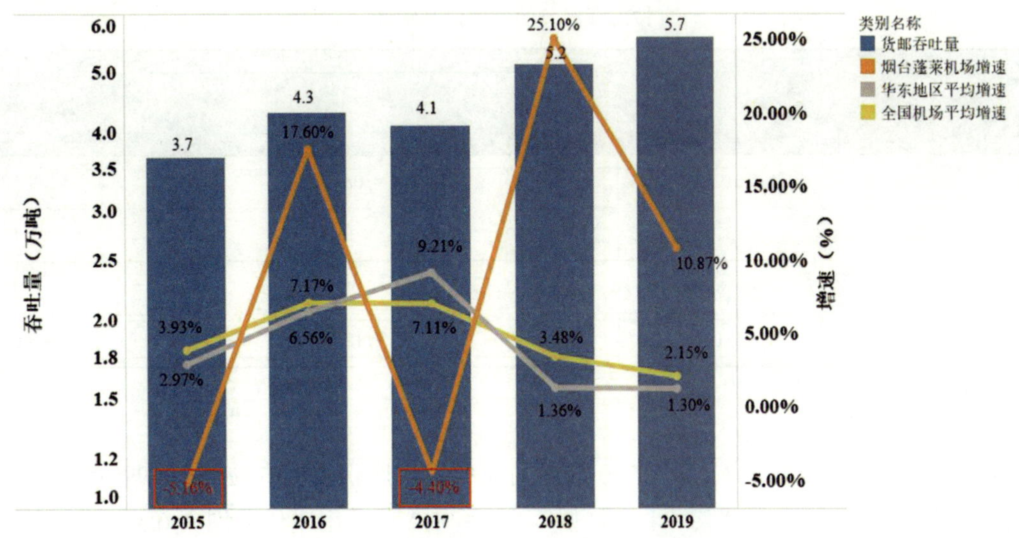

数据来源：全国机场生产统计公报。

图 6.88 2015—2019 年烟台蓬莱国际机场货邮吞吐量变化

一、航线网络布局

按照航线统计口径，2019 年，该机场通航点 94 个。其中，国内 81 个，国外 11 个，港澳台 2 个。如表 6-29 所示。

表 6-29 2019 年烟台蓬莱国际机场通航点数量及分布（按航线口径统计）

地域	通航点数量（个）
国内	81
国外	11
港澳台	2
总计	94

数据来源：OAG 数据库，项目组处理。

按照可直飞（无须经停）航线统计口径，2019 年该机场通航点 85 个。其中，国内 75 个，国外 8 个，港澳台 2 个。国内航线可用座位占 90.9%，国际占 7.9%，港澳台占 1.2%。国内平均日航班 108.2 班，国际 8.5 班，港澳台 1.3 班。如表 6-30 所示。

表 6-30　2019 年烟台蓬莱国际机场通航点数量及出港可用座位投入

（按无须经停的通达口径统计）

地域	通航点数量（个）	出港可用座位数（万个）	出港座位占比（%）	平均日航班量（班）	平均日频（次）	年航班量（班）
国内	75	619.3	90.9	108.2	1.4	39 509
国外	8	53.8	7.9	8.5	1.1	3 100
港澳台	2	8.3	1.2	1.3	0.7	485
总计	85	681.4	100.0	118.0	1.4	43 094

数据来源：OAG 数据库，项目组处理。

重点国内航线：2019 年，该机场前 30 条国内航线可用座位占国内航线 42.99%。烟台蓬莱—北京首都（YNT-PEK）、烟台蓬莱—上海虹桥（YNT-SHA）可用座位分别占 6.94%、4.17%，份额较高。如图 6.89 所示。

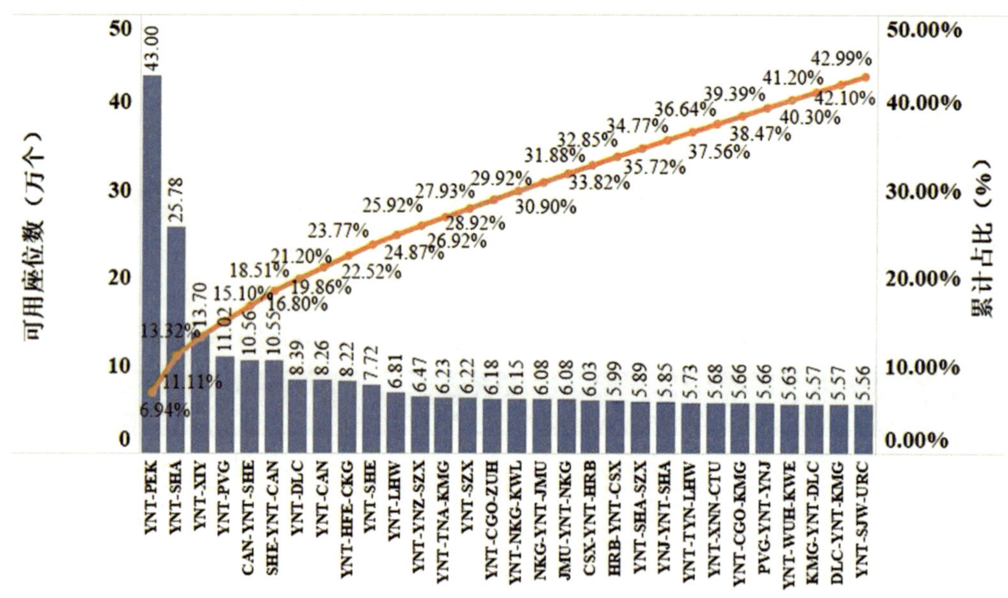

数据来源：OAG 数据库，项目组处理。

图 6.89　2019 年烟台蓬莱国际机场前 30 条国内客运航线出港可用座位分布

重点国际航线：2019 年，该机场国际航线 9 条，包括东南亚航线 9 条、东北亚航线 6 条、东南亚航线 2 条、南非航线 1 条。其中 2 条航线经停该机场出境。烟台蓬莱—首尔仁川（YNT-ICN）可用座位占 70.90%，份额最大。如图 6.90 示。

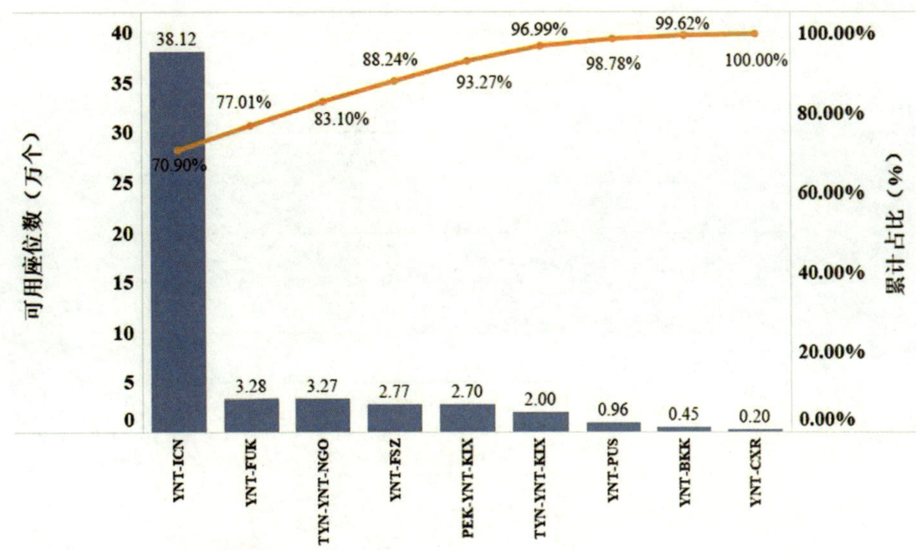

数据来源：OAG 数据库，项目组处理。

图 6.90　2019 年烟台蓬莱国际机场国际客运航线出港可用座位分布

港澳台航线：2019 年，该机场港澳台航线 2 条。其中，台湾地区 1 条，香港地区 1 条，可用座位分别占 69%、31%。

二、运营的航空公司

2019 年，在该机场运营的航空公司有 29 家。其中，国内 26 家，占 89.66%；国外 3 家，占 10.34%。如图 6.91 示。

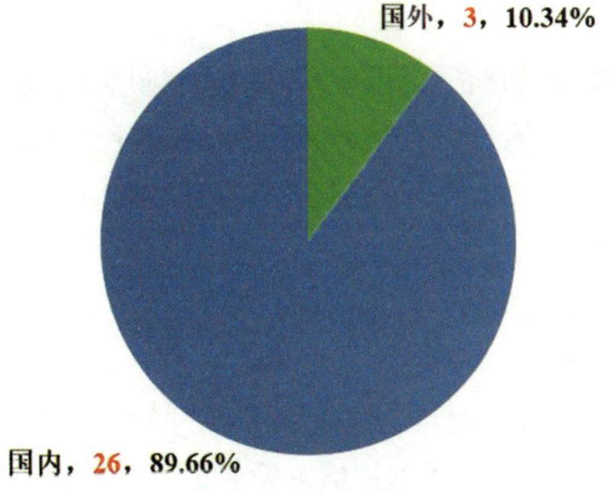

数据来源：OAG 数据库，项目组处理。

图 6.91　2019 年烟台蓬莱国际机场航空公司数量（个）及分布

2019 年，该机场东方航空可用座位占 30.92%，份额最大。其次是山东航空，可用座位占 22.83%。深圳航空、上海航空、国际航空、青岛航空分别占 6.71%、5.41%、4.24%、3.96%。如图 6.92 示。

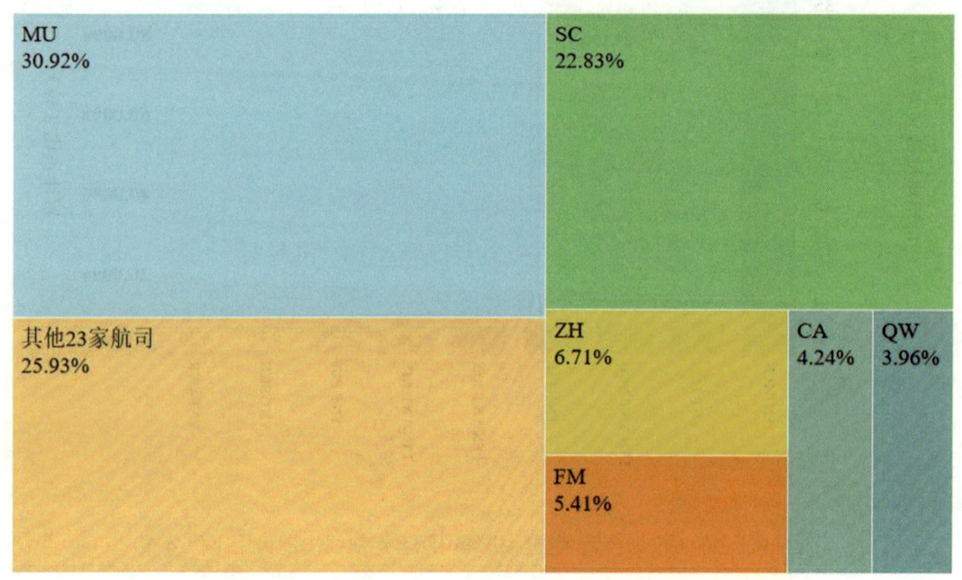

数据来源：OAG 数据库，项目组处理。

图 6.92　2019 年烟台蓬莱国际机场航空公司可用座位投入占比

第十七节　华东地区小结

近年，该区各省、市 GDP 增速与全国增速趋势一致，进出口总额增长不稳定，入境人数逐年上升。上海、南京、济南、宁波、温州等已有连接大型运输机场的轨道交通，引入高铁的只有上海虹桥国际机场。

近 5 年，该区旅客吞吐量保持增长态势。33 个运输机场增速高于本区平均水平，32 个运输机场增速高于全国平均水平。2019 年，该区运输机场旅客吞吐量 39 845.98 万人次，7 个地区增速排名第 5 位，略高于全国平均水平。13 个运输机场旅客吞吐量突破千万，合计旅客吞吐量 3.38 亿人次，占该区旅客吞吐量 84.94%。

2019 年，该区 24 个运输机场货邮吞吐量超过 1 万吨，同比新增 4 个，合计货邮吞吐量 680.56 万吨，占该区货邮吞吐量 99.38%。

2019 年，该区通航点有 341 个。其中，国内 198 个，国外 135 个，港澳台 8 个。国内航线网络覆盖范围在 7 个地区排名第 1 位；国际航线网络覆盖范围及通达性在 7 个地区均排名第 2 位；港澳台航线网络覆盖范围排名第 1 位。上海浦东国际机场航线网络通达性最好，国际航线通达性远高于该区其他主要运输机场。杭州萧山国际机场、南京禄口国际机场国际航线网络布局有较大提升。如图 6.93 示。

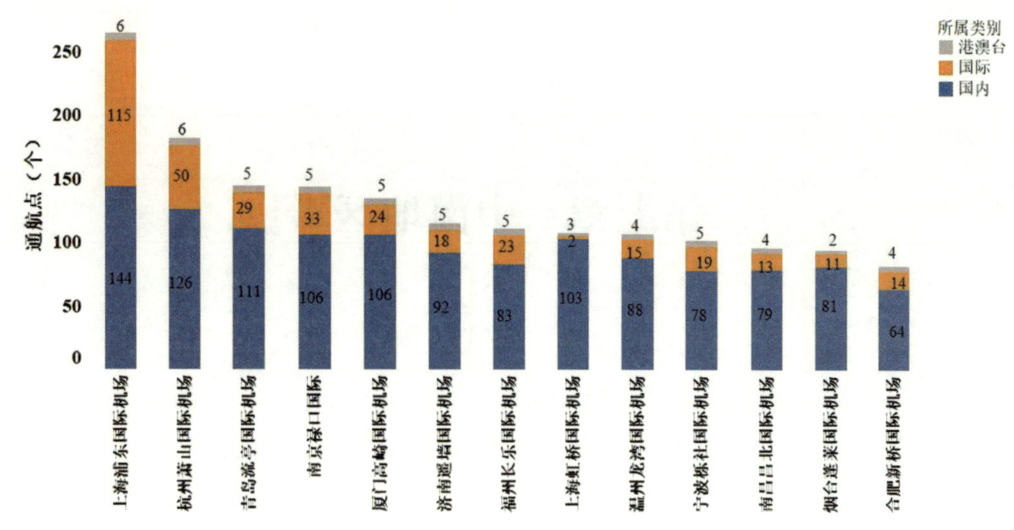

数据来源：OAG 数据库，项目组处理。

图 6.93　2019 年华东地区主要运输机场通航点分布

2019 年，该区国内航线可用座位占 82.30%，国际可用座位占 13.35%，港澳台可用座位占 4.35%。上海浦东国际机场国际航线运力投入最大，远高于国际通航点较多的南京禄口国际机场和杭州萧山国际机场。如图 6.94 示。

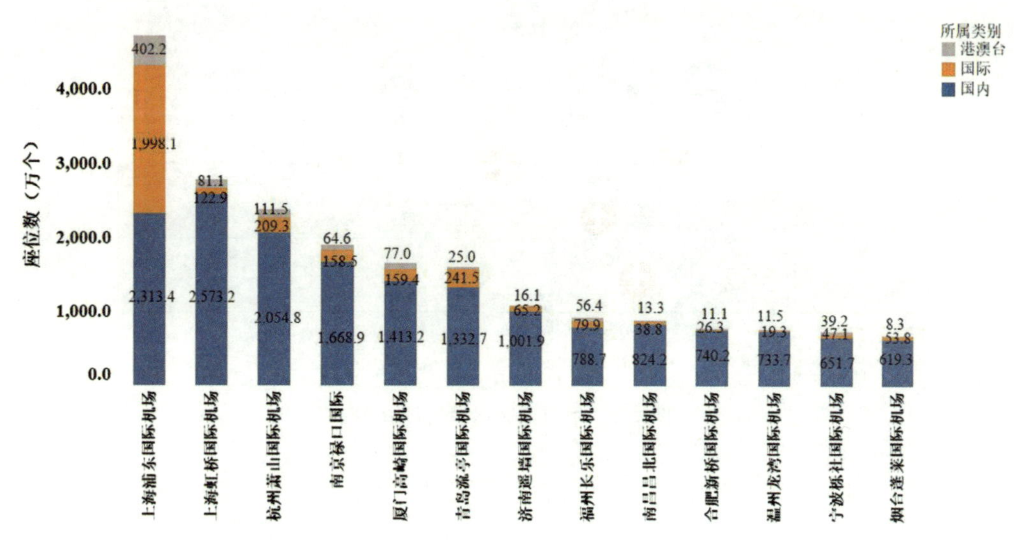

数据来源：OAG 数据库，项目组处理。

图 6.94　2019 年华东地区主要运输机场可用座位分布

2019 年，在该区运营的航空公司有 149 家。其中，客运为主 137 家，全货运 12 家。东方航空是该区最主要航空公司，市场份额占该区 19.23%，高出第 2 位的南方航空 10.69 个百分点。低成本航空公司春秋航空市场份额占 4.16%，排名第 9 位。

第七章　中南地区

2019 年，中南地区运输机场 37 个，同比增加 2 个，占全国运输机场 15.61%。其中，广东省 8 个、广西壮族自治区 7 个、湖南省 8 个、湖北省 6 个、海南省 4 个、河南省 4 个。该区运输机场分布如图 7.1 所示。

图片来源：天地图，项目组处理。

图 7.1　中南地区运输机场分布

第一节　运输机场运营概况

一、概况

2019 年，该区旅客吞吐量 3.29 亿人次，7 个地区总量排名第 2 位；同比增长 7.64%，高于全国平均水平，7 个地区增速排名第 3 位，同比不变。

2019 年，该区旅客吞吐量 1 000 万人次以上运输机场 9 个，同比不变，合计旅客吞吐量占该区

85.80%，同比降低1.55个百分点。200万~1000万人次运输机有7个，同比增加1个，占该地区9.21%，同比增长0.95个百分点。旅客吞吐量200万人次以下运输机场21个，同比减少1个，合计旅客吞吐量占该区4.99%，同比增加0.6个百分点。

2019年，22个运输机场增速高于全国平均水平，21个运输机场高于全国平均水平，4个运输机场负增长。9个千万级机场中，武汉天河国际机场增长10.82%，增幅最大；海口美兰国际机场增长0.39%，增幅最小。

近5年，该区旅客吞吐量平均增速略高于全国平均增速，25个运输机场平均增速高于本区和全国平均水平。如表7-1所示。

表7-1 2019年中南地区运输机场旅客吞吐量规模与增速

运输机场	旅客吞吐量（万人次）	区域占比（%）	区域累计占比（%）	全国运输机场排名	2015—2019年平均增速（%）	2019年增速（%）
全国机场整体情况	135 162.8	—	—	—	10.25	6.87
中南地区机场整体情况	32 857.6	—	—	—	10.93	7.64
广州白云国际机场	7 337.8	22.33	22.33	3	7.38	5.25
深圳宝安国际机场	5 293.2	16.11	38.44	5	7.44	7.26
郑州新郑国际机场	2 912.9	8.87	47.31	12	13.92	6.57
武汉天河国际机场	2 715.0	8.26	55.57	14	9.42	10.82
长沙黄花国际机场	2 691.1	8.19	63.76	15	9.51	6.51
海口美兰国际机场	2 421.7	7.37	71.13	17	10.63	0.39
三亚凤凰国际机场	2 016.4	6.14	77.27	23	5.64	0.62
南宁吴圩国际机场	1 576.2	4.80	82.07	26	10.97	4.44
珠海金湾机场	1 228.3	3.74	85.80	35	27.09	9.47
桂林两江国际机场	855.3	2.60	88.41	40	7.68	-2.06
揭阳潮汕国际机场	735.4	2.24	90.65	43	23.08	13.24
宜昌三峡机场	326.4	0.99	91.64	52	27.26	10.69
湛江机场	298.4	0.91	92.55	56	25.39	16.57
张家界荷花机场	287.1	0.87	93.42	58	19.55	29.91
北海福成机场	267.9	0.82	94.24	60	25.55	17.39
惠州平潭机场	255.4	0.78	95.01	63	62.20	35.85
襄阳刘集机场	189.9	0.58	95.59	76	24.39	35.06
柳州白莲机场	157.1	0.48	96.07	84	15.96	16.62
洛阳北郊机场	153.7	0.47	96.54	85	20.81	17.02
十堰武当山机场[1]	152.4	0.46	97.00	86	57.66	28.88
恩施许家坪机场	142.7	0.43	97.44	90	36.90	37.29
南阳姜营机场	117.8	0.36	97.79	97	20.06	29.79
常德桃花源机场	110.6	0.34	98.13	100	30.93	52.28
衡阳南岳机场	110.3	0.34	98.47	101	76.16	35.12

1 十堰武当山机场于2016年2月通航。

续表

运输机场	旅客吞吐量（万人次）	区域占比（%）	区域累计占比（%）	全国运输机场排名	2015—2019 年平均增速（%）	2019 年增速（%）
佛山沙堤机场[1]	87.8	0.27	98.73	112	31.17	—
信阳明港机场[2]	72.8	0.22	98.95	123	—	—
梅州梅县机场[3]	67.3	0.20	99.16	125	31.19	31.24
怀化芷江机场	60.6	0.18	99.34	130	34.69	21.70
琼海博鳌机场[4]	55.9	0.17	99.51	135	32.91	1.48
岳阳三荷机场[5]	55.6	0.17	99.68	137	—	—
邵阳武冈机场[6]	38.6	0.12	99.80	160	—	-17.74
梧州西江机场	22.6	0.07	99.87	184	51.36	—
百色巴马机场	22.5	0.07	99.94	186	28.21	24.55
三沙永兴机场[7]	7.1	0.02	99.96	220	19.72	22.52
永州零陵机场	7.1	0.02	99.98	221	2.58	-71.67
神农架红坪机场	4.4	0.01	100.00	228	12.21	118.72
河池金城江机场	2.1	0.01	100.00	232	-5.64	-6.61

数据来源：全国机场生产统计公报。

2019 年，该区运输机场货邮吞吐量 469.90 万吨，7 个地区排名第 2 位。货邮吞吐量同比增长 3.95%，高于全国平均水平，7 个地区排名第 4 位，同比下降 2 位。

2019 年，该区货邮吞吐量 1 万吨以上运输机场 11 个，同比不变，合计货邮吞吐量 465.09 万吨，占该区 98.98%，同比下降 0.16 个百分点。其中，广州白云、深圳宝安、郑州新郑等 3 个国际机场，合计货邮吞吐总量占该区货邮吞吐量 79.28%。

2019 年，该区 23 个运输机场货邮吞吐量增速高于全国平均水平，21 个运输机场增速高于本区平均水平，6 个运输机场负增长。货邮吞吐量超过 1 万吨的 11 个运输机场中，长沙黄花国际机场增长 13.00%，增幅最大；桂林两江、揭阳潮汕分别增长 11.96%、10.14%，揭阳潮汕国际机场增速提高 14.03%。

近 5 年，该区 20 个运输机场货邮吞吐量平均增速高于全国平均水平，16 个运输机场平均增速高于本区平均水平。如表 7-2 所示。

1 佛山沙堤机场于 2017 年 10 月中旬开始暂时停航，进行检修维护跑道，2018 年 10 月 12 日晚上正式恢复航班。

2 信阳明港机场于 2018 年 10 月 28 日通航。

3 2019 年，梅县长岗岌机场正式更名为梅州梅县机场。

4 琼海博鳌机场于 2016 年 3 月通航。

5 岳阳三荷机场于 2018 年 12 月 26 日通航。

6 邵阳武冈机场于 2017 年 5 月通航。

7 三沙永兴机场于 2016 年 6 月通航。

表 7-2 2018 年中南地区运输机场货邮吞吐量规模与增速

运输机场	货邮吞吐量（万吨）	区域占比（%）	区域累计占比（%）	全国运输机场排名	2015—2019 年平均增速（%）	2019 年增速（%）
全国机场整体情况	1 710.01	—	—	—	4.95	2.15
中南地区机场整体情况	469.90	—	—	—	6.52	3.95
广州白云国际机场	191.99	40.86	40.86	3	5.71	1.55
深圳宝安国际机场	128.34	27.31	68.17	4	6.07	5.32
郑州新郑国际机场	52.20	11.11	79.28	7	6.66	1.38
武汉天河国际机场	24.32	5.18	84.45	15	11.98	9.76
长沙黄花国际机场	17.57	3.74	88.19	18	9.55	13.00
海口美兰国际机场	17.56	3.74	91.93	19	6.60	4.12
南宁吴圩国际机场	12.22	2.60	94.53	27	6.31	3.57
三亚凤凰国际机场	9.98	2.12	96.66	30	3.99	4.93
珠海金湾机场	5.10	1.09	97.74	40	18.54	9.91
桂林两江国际机场	3.03	0.65	98.39	46	0.67	11.96
揭阳潮汕国际机场	2.78	0.59	98.98	47	8.89	10.14
惠州平潭机场	0.89	0.19	99.17	61	52.91	62.07
柳州白莲机场	0.87	0.18	99.35	65	19.56	48.30
北海福成机场	0.72	0.15	99.51	71	15.16	11.95
湛江机场	0.61	0.13	99.64	77	9.81	1.97
宜昌三峡机场	0.46	0.10	99.73	81	6.24	3.52
襄阳刘集机场	0.28	0.06	99.79	87	4.61	8.22
张家界荷花机场	0.18	0.04	99.83	99	18.13	51.35
恩施许家坪机场	0.16	0.03	99.87	106	13.28	-4.39
衡阳南岳机场	0.13	0.03	99.89	114	26.99	65.61
洛阳北郊机场	0.12	0.02	99.92	118	-6.55	-13.17
十堰武当山机场[1]	0.10	0.02	99.94	123	—	107.38
南阳姜营机场	0.10	0.02	99.96	125	2.74	-6.24
琼海博鳌机场	0.05	0.01	99.97	145	—	9.89
常德桃花源机场	0.04	0.01	99.98	157	17.50	-40.74
三沙永兴机场	0.04	0.01	99.99	160	—	440.08
佛山沙堤机场	0.03	0.01	99.99	165	-19.24	121.56
梅州梅县机场	0.02	0.00	100.00	180	34.42	-20.99
岳阳三荷机场	0.005	0.00	100.00	198	—	—

1 十堰武当山机场 2018 年开始有货邮吞吐量。

续表

运输机场	旅客吞吐量（万人次）	区域占比（%）	区域累计占比（%）	全国运输机场排名	2015—2019 年平均增速（%）	2019 年增速（%）
百色巴马机场[1]	0.003	0.00	100.00	203	41.98	14.48
怀化芷江机场	0.003	0.00	100.00	204	14.01	27.01
永州零陵机场	0.000 2	0.00	100.00	218	-57.32	-86.42
梧州西江机场	0.000 1	0.00	100.00	222	-48.02	—
邵阳武冈机场	0.0001	0.00	100.00	226	—	46.97
河池金城江机场	0.000 001	0.00	100.00	229	—	—
信阳明港机场	—	—	—	231	—	—
神农架红坪机场	—	—	—	234	—	—

数据来源：全国机场生产统计公报。

2019 年，该区飞机起降 293.47 万架次，7 个地区排名第 2 位。飞机起降架次增速 4.37%，低于全国平均水平，7 大地区排名第 6 位，同比上升 1 位。

2019 年，该区 9 个千万级运输机场飞机起降 197.04 万架次，占本区 67.14%。其中，广州白云国际机场占 16.74%，深圳宝安国际机场占 12.61%。

2019 年，该区 18 个运输机场飞机起降架次增速高于本区平均水平，17 个运输机场飞机起降架次高于全国平均水平，8 个运输机场负增长。9 个千万级运输机场中，武汉天河国际机场增长 8.22%，增幅最大；海口美兰国际机场增长-0.24%。洛阳北郊机场飞机起降 19.65 万架次，高于海口美兰国际机场等 5 个千万级机场。

近 5 年，该区飞机起降架次平均增速低于全国平均水平，17 个运输机场飞机起降架次平均增速高于全国平均水平，19 个高于本区平均水平。如表 7-3 所示。

表 7-3　2018 年中南地区运输机场起降架次规模与增速

运输机场	飞机起降架次（万架次）	区域占比（%）	区域累计占比（%）	全国运输机场排名	2015—2019 年平均增速（%）	2019 年增速（%）
全国机场整体情况	1 166.05	—	—	—	8.02	5.16
中南地区机场整体情况	293.47	—	—	—	7.01	4.37
广州白云国际机场	49.12	16.74	16.74	3	4.64	2.91
深圳宝安国际机场	37.02	12.61	29.35	4	4.92	4.01
郑州新郑国际机场	21.64	7.37	36.73	12	8.79	3.22
武汉天河国际机场	20.31	6.92	43.65	13	5.41	8.22
洛阳北郊机场	19.65	6.70	50.35	14	0.00	9.05

1　白色巴马机场 2017 年开始有货邮吞吐量。

续表

运输机场	旅客吞吐量（万人次）	区域占比（%）	区域累计占比（%）	全国运输机场排名	2015—2019 年平均增速（%）	2019 年增速（%）
长沙黄花国际机场	19.62	6.69	57.03	15	6.35	5.05
海口美兰国际机场	16.48	5.62	62.65	22	7.84	-0.24
三亚凤凰国际机场	12.48	4.25	66.90	28	3.56	1.06
南宁吴圩国际机场	11.47	3.91	70.81	30	7.18	1.04
常德桃花源机场	9.25	3.15	73.96	39	2.46	-5.43
珠海金湾机场	8.90	3.03	76.99	43	15.23	4.23
宜昌三峡机场	8.62	2.94	79.93	45	19.81	12.63
襄阳刘集机场	8.56	2.92	82.85	46	5.18	22.57
梧州西江机场	8.28	2.82	85.67	48	-0.30	-22.88
桂林两江国际机场	6.81	2.32	87.99	49	5.94	-4.54
南阳姜营机场	6.22	2.12	90.11	53	12.99	17.40
揭阳潮汕国际机场	5.59	1.90	92.01	56	9.46	0.61
湛江机场	3.09	1.05	93.07	73	16.74	6.81
怀化芷江机场	2.76	0.94	94.01	75	69.60	-3.90
张家界荷花机场	2.56	0.87	94.88	78	16.07	24.23
北海福成机场	2.08	0.71	95.59	89	14.79	13.05
惠州平潭机场	2.03	0.69	96.28	92	55.88	34.02
琼海博鳌机场	1.75	0.59	96.87	103	43.13	-8.10
十堰武当山机场	1.51	0.51	97.39	109	33.67	20.50
柳州白莲机场	1.39	0.47	97.86	116	8.84	9.89
恩施许家坪机场	1.30	0.44	98.30	119	38.65	37.66
衡阳南岳机场	1.11	0.38	98.68	124	70.33	28.33
信阳明港机场	0.86	0.29	98.98	133	—	—
梅州梅县机场	0.82	0.28	99.26	135	18.08	27.09
佛山沙堤机场	0.58	0.20	99.45	157	17.57	—
岳阳三荷机场	0.56	0.19	99.64	161	—	—
邵阳武冈机场	0.43	0.15	99.79	176	—	-17.83
百色巴马机场	0.29	0.10	99.89	193	22.02	18.89
永州零陵机场	0.10	0.03	99.92	226	-8.01	-71.61
神农架红坪机场	0.09	0.03	99.95	227	12.23	86.31
三沙永兴机场	0.08	0.03	99.98	229	2.62	3.57
河池金城江机场	0.07	0.02	100.00	233	0.59	14.64

数据来源：全国机场生产统计公报。

二、航空市场运营概况

2019 年，该区国内航班可用座位 18 258.3 万个，增长 8.27%，增速同比略有下降。国际航班可用座位 2 047.2 万个，增长 12.22%，增速同比也略有下降。如图 7.2 所示。

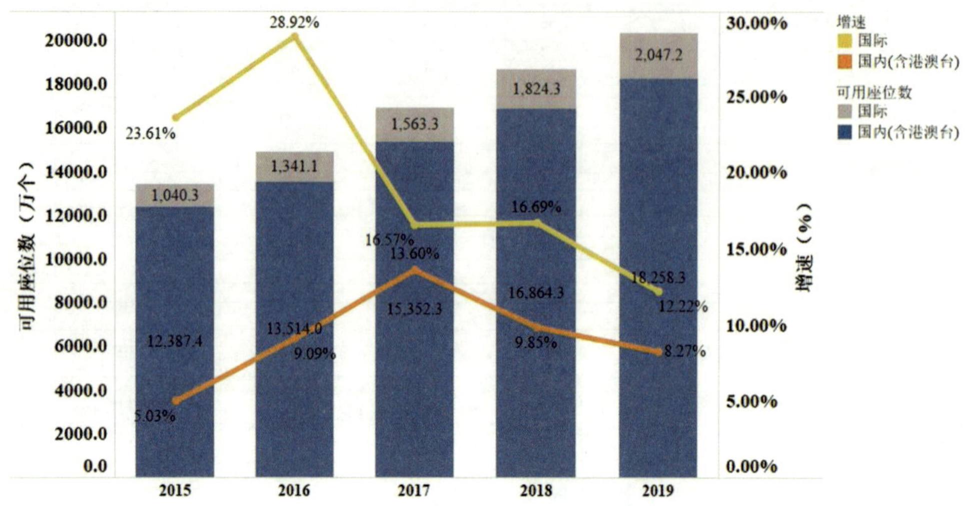

数据来源：OAG 数据库，项目组处理。

图 7.2 2015—2019 年中南地区运输机场国际国内出港航班可用座位变化

2019 年，该区国内航班频次 106.5 万班，增长 6.48%，增速同比有所下降。国际航班频次 10.1 万班，增长 10.17%，增速同比降低。如图 7.3 所示。

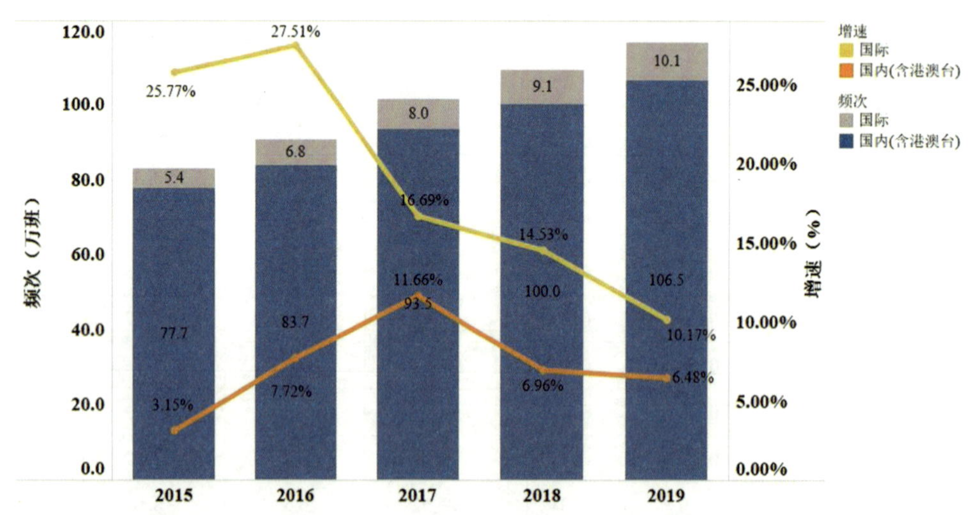

数据来源：OAG 数据库，项目组处理。

图 7.3 2015—2019 年中南地区运输机场国际国内出港航班频次变化

三、运输机场与综合交通

与其他地区相比，该区主要运输机场与高铁连接紧密，4 个运输机场引入高铁站，1 个运输机场高铁站在建，2 个运输机场高铁站在规划中；长沙黄花国际机场由磁浮快线与高铁站连接。5 个运输机场引入地铁，6 个运输机场规划公交线路。海口美兰国际机场与海汽集团合作提升周边城市路网集疏运能力。依据规划，该区运输机场综合交通将得到极大改善，各省市都将完善主要运输机场综合交通。如表 7-4 所示。

表 7-4 中南地区主要国际机场与其他交通方式连通概况

运输机场	地铁（条）	高铁	公交（条）	专线巴士（条）	城际巴士（条）
广州白云国际机场	1	规划中	2	16	24
深圳宝安国际机场	2	规划中	16	4	26
郑州新郑国际机场	1	有站	5	5	28
长沙黄花国际机场	2	有磁悬浮	4	6	14
武汉天河国际机场	1	有站	—	10	15
海口美兰国际机场	—	有站	6	3	6
三亚凤凰国际机场	—	有站	—	2	—
南宁吴圩国际机场	—	在建	1	4	—

数据来源：各机场官网，项目组处理。

第二节 社会经济发展概况

一、国内生产总值（GDP）

近 10 年，该区 GDP 保持增长趋势。2019 年，该区 GDP 总量 274 056. 78 亿元，全国排名第 2 位，仅次于华东地区。广东省 GDP 107 671. 07 亿元，区内最高；河南省第 2 位，湖北省第 3 位。海南省第 6 位，与其他省份差距较大，与海南省产业类型有较大关系。如图 7. 4 所示。

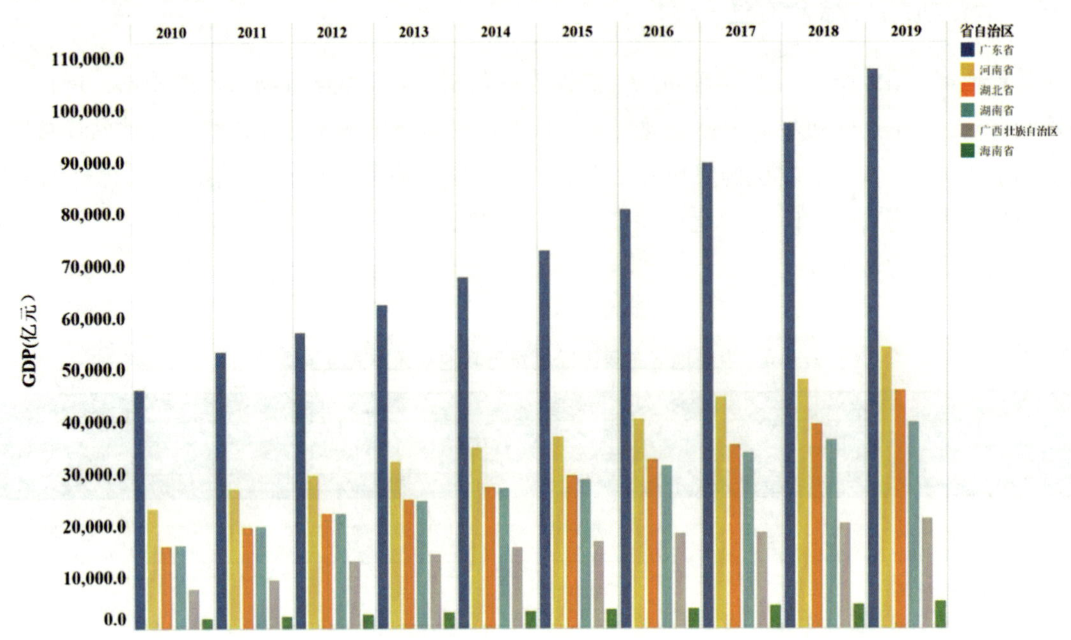

数据来源：国家统计局，项目组处理。

图 7.4 2010—2019 年中南地区各省、自治区 GDP 分布及变化

近 10 年，该区各省、自治区 GDP 增速变化趋势与全国 GDP 增速变化趋势一致，均处下降趋势，但各省、自治区 GDP 增速大多高于全国平均水平。2019 年该区经济发展良好，湖南、湖北和河南 3 省增长速度较高；海南省 GDP 增长 5.8%，排名第 6 位，低于全国平均水平。如图 7.5 所示。

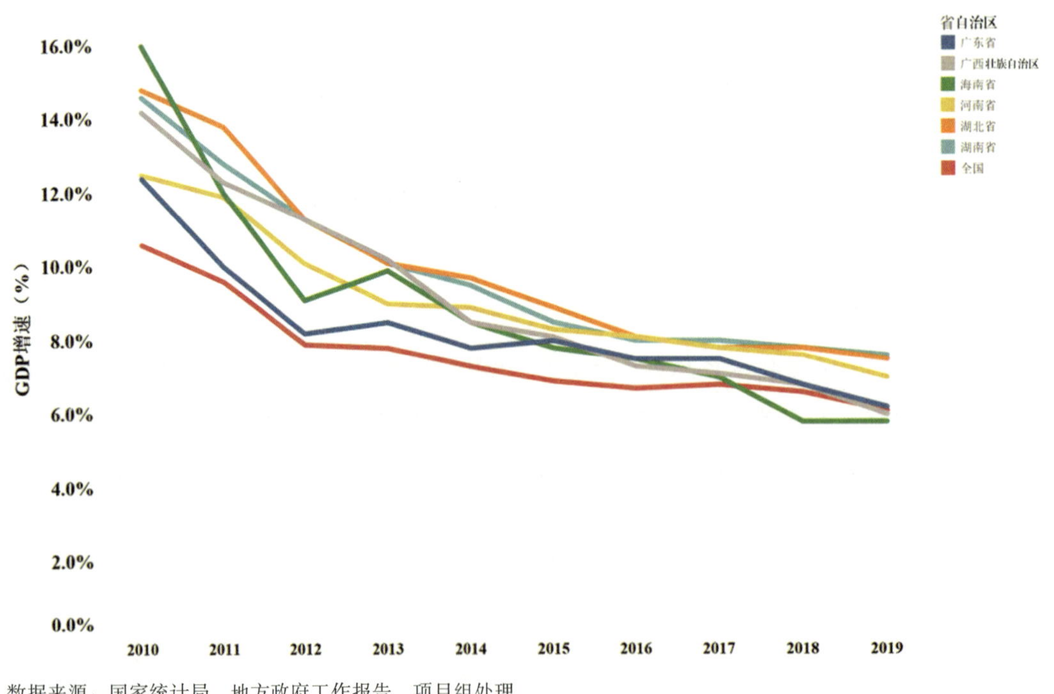

数据来源：国家统计局，地方政府工作报告，项目组处理。

图 7.5 2010—2019 年中南地区各省、自治区及全国 GDP 增速

二、进出口贸易

2018 年，该区进出口贸易总额 96 899.9 亿元，在 7 个地区中排名第 2 位；增长 7.30%，在 7 个地区中排名第 7 位。2014—2016 年，该区进出口总额负增长。2017 年进出口贸易额增长 8.55%，低于全国平均水平。2018 年增长 7.30%，依旧低于全国平均增速。如图 7.6 所示。

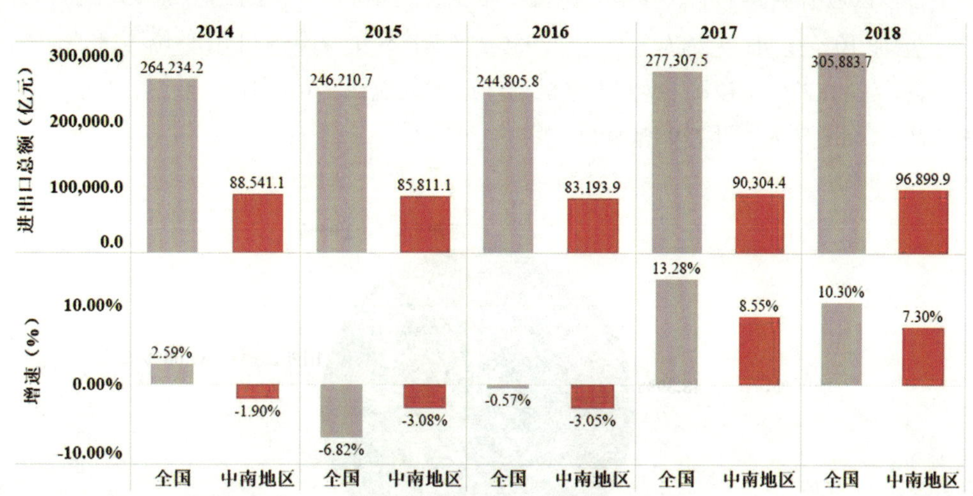

数据来源：国家统计局，项目组处理。

图 7.6　2014—2018 年中南地区及全国进出口总额变化

三、入境人数

2018 年，该区入境人数 1 813.0 万人次，在 7 个地区中排名第 2 位；增长 4.68%，在 7 个地区中排名第 4 位。2014—2016 年，该区入境人数与全国增速趋势一致且高于全国平均增速。2017 年增速有所下降，低于全国平均水平。2018 年增速略有回升，高于全国平均水平。如图 7.7 所示。

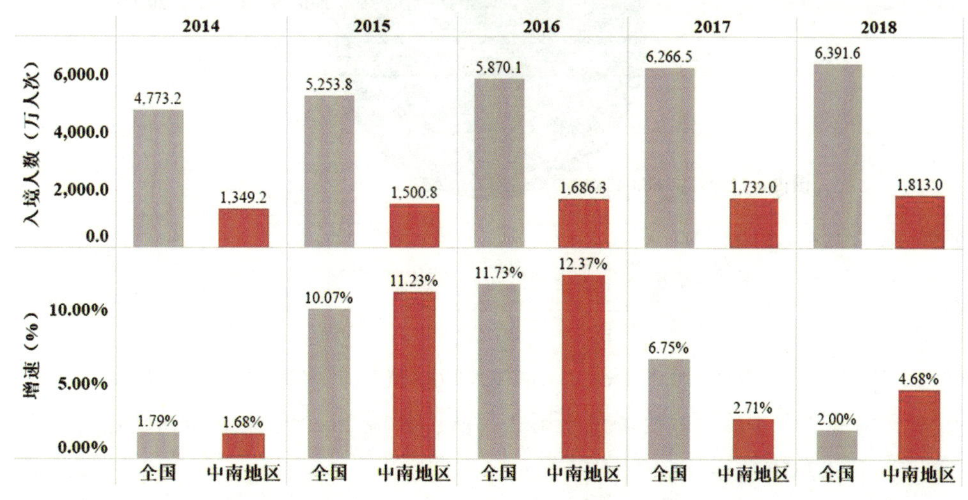

数据来源：国家统计局，项目组处理。

图 7.7　2014—2018 年中南地区及全国入境人数变化

第三节　航线网络布局

一、通航点分布

2019 年，该区通航点 341 个。其中，国内 201 个，占 58.95%，同比增加 13 个；国外 133 个，占 39.00%，增加 16 个；港澳台 7 个，占 2.05%，同比不变。国内可用座位占 88.64%，国外占 10.08%，港澳台占 1.27%。该区 36 个运输机场开通本区航线，可用座位 4 136.7 万个，占全区可用座位 20.37%。如图 7.8、图 7.9 所示。

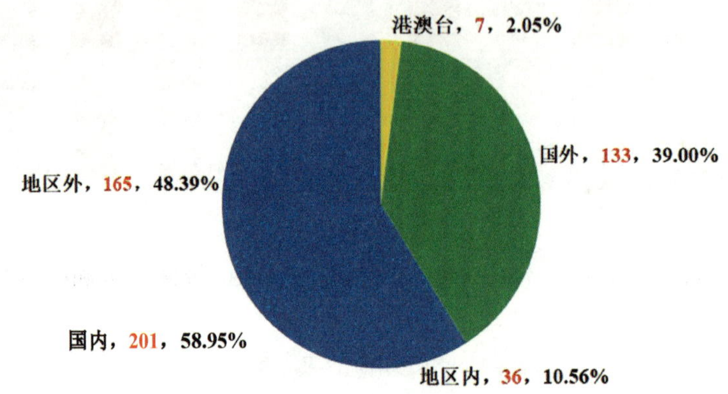

数据来源：OAG 数据库，项目组处理。

图 7.8　2019 年中南地区通航点数量及分布（个）

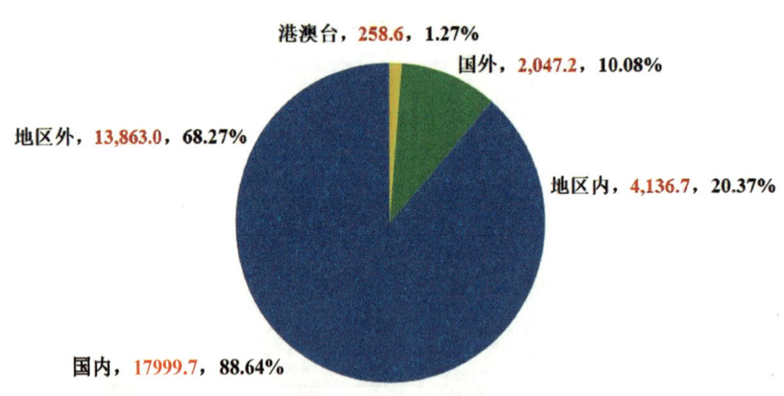

数据来源：OAG 数据库，项目组处理。

图 7.9　2019 年中南地区可用座位数（万个）及分布

2019 年，该区航线网络分 3 个梯队：广州白云国际机场、深圳宝安国际机场为第 1 梯队；郑州新郑、武汉天河等 9 个主要运输机场位于第 2 梯队；其他 25 个运输机场通航点均在 50 个以下，属于第 3 梯队。如图 7.10 所示。

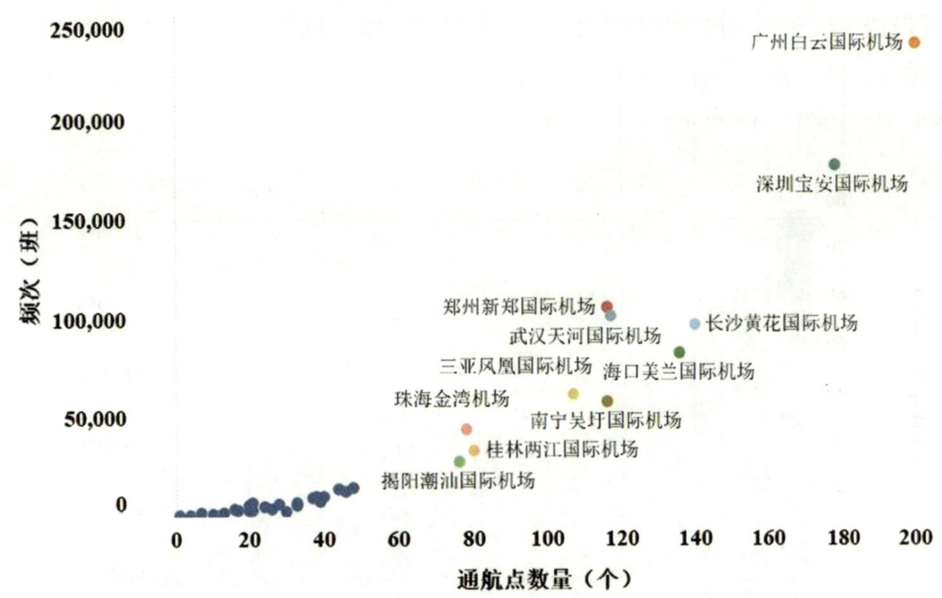

数据来源：OAG 数据库，项目组处理。

图 7.10　中南地区各运输机场通航点分布散点图

二、重点航线

2019 年，该区前 30 条国内重点客运航线可用座位占国内航线 21.84%，同比下降 0.35 个百分点；可用座位集中于北京首都、上海虹桥、成都双流、杭州萧山等 18 个通航点；区内深圳宝安—海口美兰（SZX-HAK）航线对 2 个运输机场均为重要航线。如图 7.11 所示。

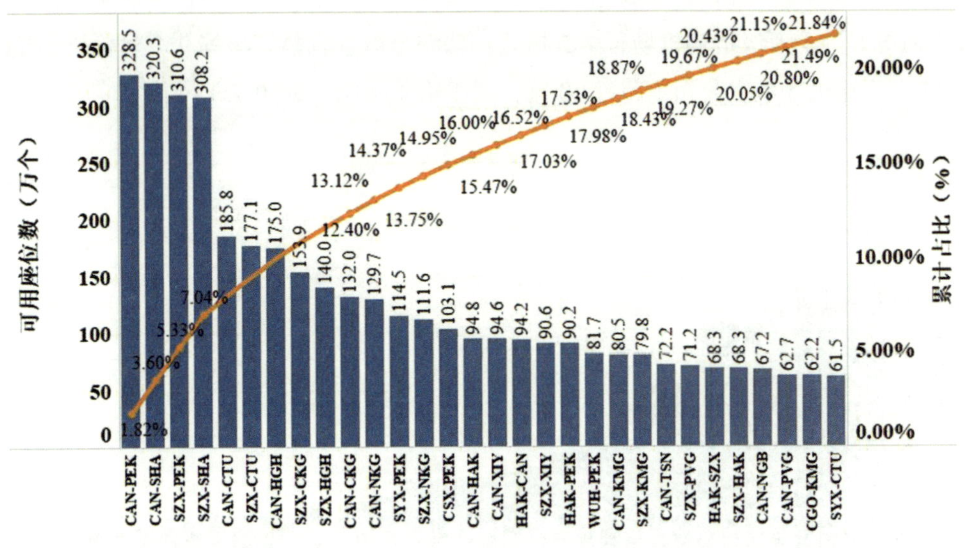

数据来源：OAG 数据库，项目组处理。

图 7.11　中南地区前 30 条国内客运航线出港可用座位分布

2019 年，该区前 15 条国际航线可用座位占国际航线 27.59%，同比下降 0.06 个百分点。该区前 15 条国际航线中广州白云国际机场占 11 条，深圳宝安国际机场 4 条，主要集中于东南亚地区，包括新加坡樟宜、曼谷素万那普、马来西亚吉隆坡等。2019 年，广州白云—悉尼（CAN-SYD）远程洲际航线取消。如图 7.12 所示。

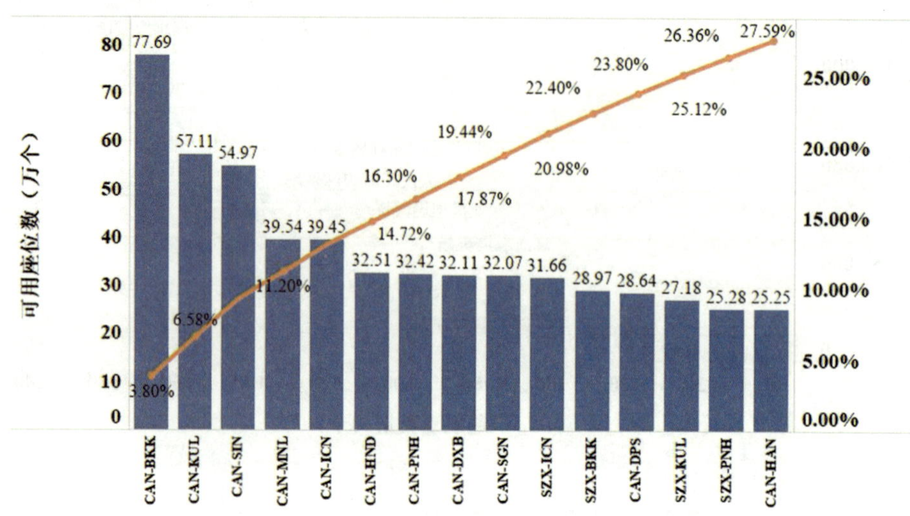

数据来源：OAG 数据库，项目组处理。

图 7.12　中南地区前 15 条国际客运航线出港可用座位分布

三、运营的航空公司

（一）航空公司分布

2019 年，在该区运营的航空公司 140 家。其中，客运为主 128 家，全货运 12 家。128 家客运航空公司分 4 个梯队：广州白云、海口美兰、长沙黄花等 3 个千万级运输机场居第 1 梯队；郑州新郑、武汉天河等 6 个千万级运输机场居第 2 梯队；珠海金湾、宜昌三峡等 9 个运输机场位于第 3 梯队；其他 15 个运输机场航空公司不超过 10 家，属于第 4 梯队。如图 7.13 所示。

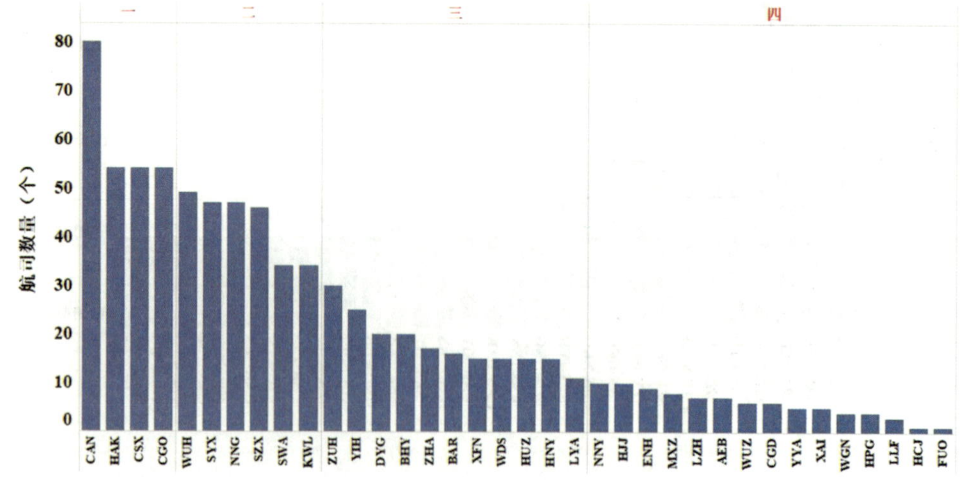

数据来源：OAG 数据库，项目组处理。

图 7.13　中南地区各运输机场运营航空公司数量（个）及分布

（二）运力分布

2019 年，南方航空可用座位占 27.98%，份额最大。海南航空、东方航空、深圳航空可用座位分别占 8.90%、8.59%、7.89%，份额大体相当。如图 7.14 所示。

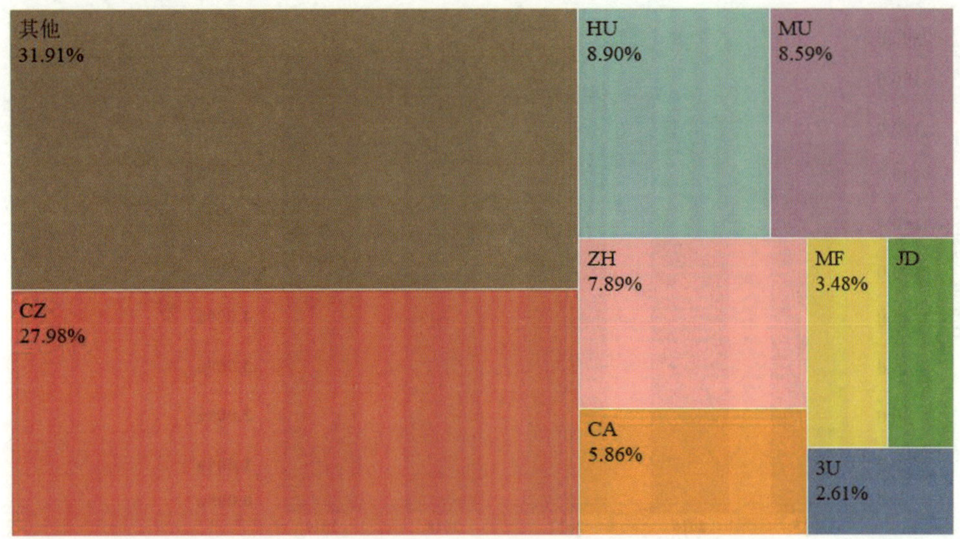

数据来源：OAG 数据库，项目组处理。

图 7.14　2019 年中南地区运输机场航空公司可用座位投入占比

第四节　广州白云国际机场

2019 年，广州白云国际机场旅客吞吐量 7 338.6 万人次，同比增长 5.26%；货邮吞吐量 192.0 万吨，同比增长 1.55%。2 个主要指标均在本区排名第 1 位，全国排名第 3 位，同比不变。如图 7.15 所示。

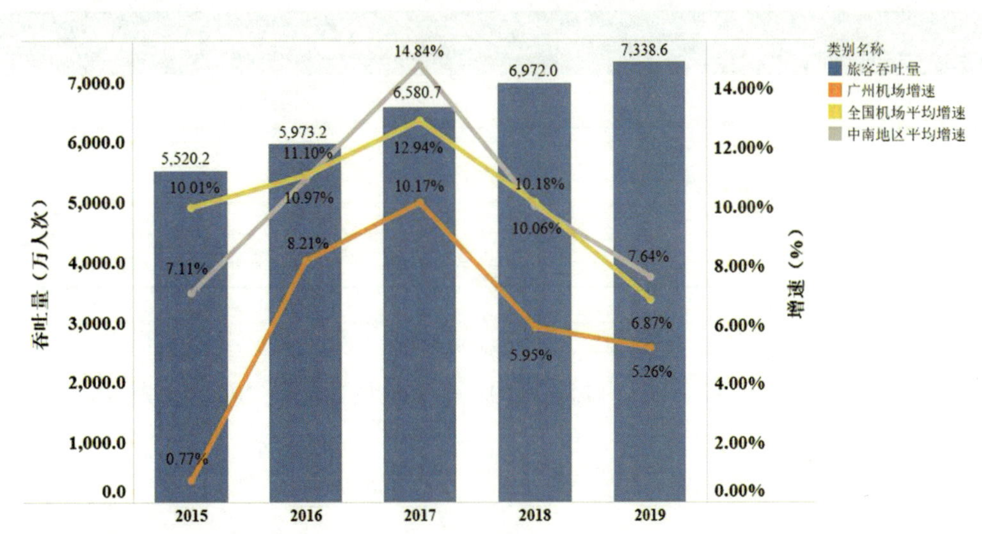

数据来源：全国机场生产统计公报。

图 7.15　2015—2019 年广州白云国际机场旅客吞吐量变化

一方面受容量限制，另一方面粤港澳大湾区运输机场较密集，近 5 年，该机场旅客增速低于本区和全国平均水平。由于珠三角地区制造业及物流、快递业较发达，2015—2018 年，该机场货邮吞吐量增速高于全国平均水平。2019 年货邮吞吐量增速降低。如图 7. 16 所示。

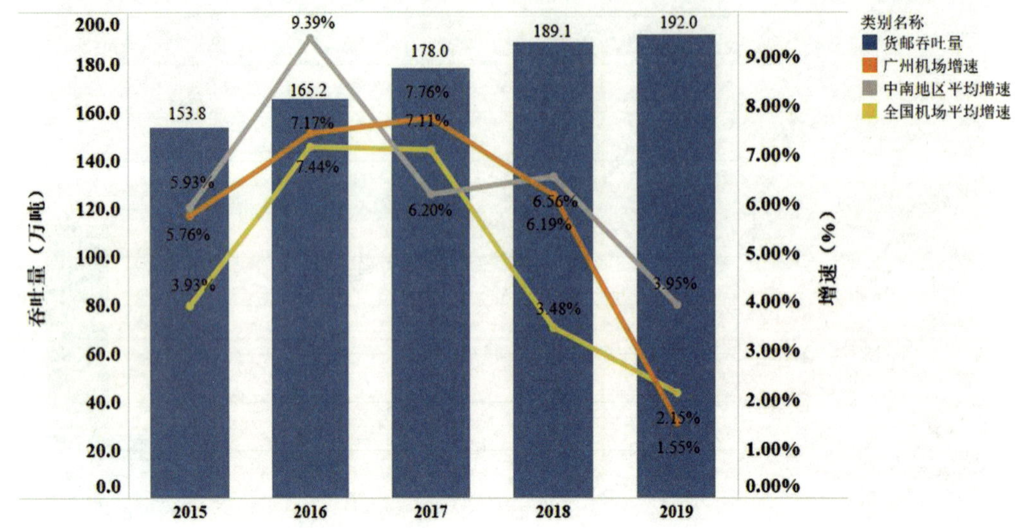

数据来源：全国机场生产统计公报。

图 7. 16　2015—2019 年广州白云国际机场货邮吞吐量变化

一、航线网络布局

按照航线统计口径，2019 年该机场通航点 241 个。其中，国内 148 个，同比增加 5 个；国外 89 个，同比增加 7 个；港澳台 4 个，同比不变。如表 7-5 所示。

表 7-5　2019 年广州白云国际机场通航点数量及分布（按航线口径统计）

地域	通航点数量（个）
国内	148
国外	89
港澳台	4
总计	241

数据来源：OAG 数据库，项目组处理。

按照可直飞（无须经停）航线统计口径，2019 年该机场通航点 200 个。其中，国内 115 个，国外 81 个，港澳台 4 个。国内出港可用座位占 75. 0%，国际占 24. 0%，港澳台占 1. 1%。平均日航班量国内 510. 4 班，国际 137. 0 班，港澳台 5. 1 班。如表 7-6 所示。

表 7-6　2019 年广州白云国际机场通航点数量及出港可用座位投入
（按无须经停的通达口径统计）

地域	通航点数量（个）	出港可用座位数（万个）	出港座位占比（%）	平均日航班量（班）	平均日频（次）	年航班量（班）
国内	115	3 380.0	75.0	510.4	4.4	186 311
国外	81	1 080.8	24.0	137.0	1.7	50 006
港澳台	4	48.8	1.1	5.1	1.3	1 878
总计	200	4 509.6	100.0	652.5	3.3	238 195

数据来源：OAG 数据库，项目组处理。

重点国内航线：2019 年，该机场前 30 条国内航线可用座位占国内航线 73.93%，由于该机场不断拓展非重点航线，运力集中度同比降低 0.97 个百分点。排名前 3 国内航线可用座位同比不变，其中，广州白云—北京首都（CAN-PEK）、广州白云—上海虹桥（CAN-SHA）可用座位分别占 9.72%、19.19%，同比分别提高 0.3、0.36 个百分点；排名第 3 位的广州白云—成都双流（CAN-CTU）可用座位占 5.5%，同比降低 0.27 个百分点。如图 7.17 所示。

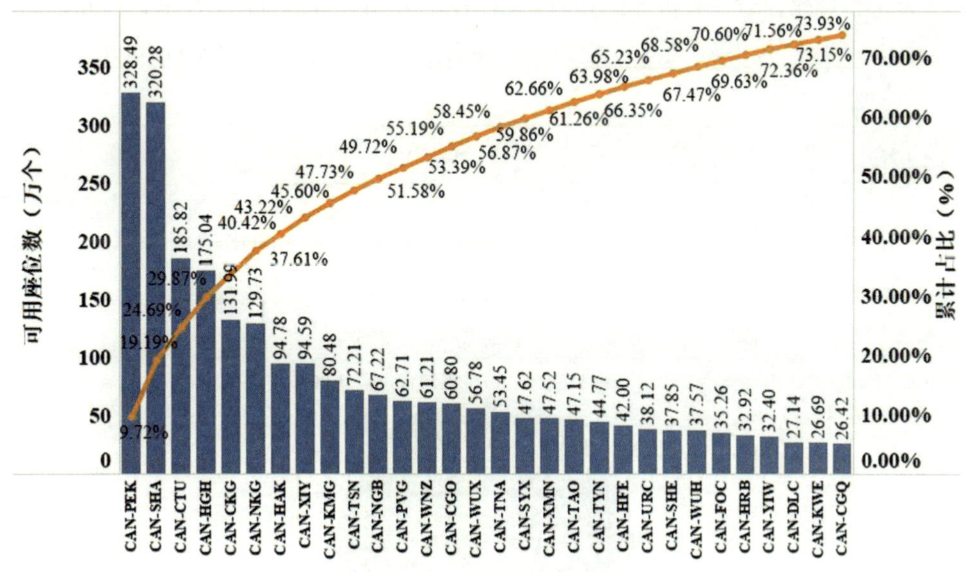

数据来源：OAG 数据库，项目组处理。

图 7.17　2019 年广州白云国际机场前 30 条国内客运航线出港可用座位分布

重点国际航线：2019 年，该机场前 15 条国际航线包括东南亚航线 8 条，东北亚航线 3 条，中东航线 1 条，北美航线 1 条，西南太平洋航线 2 条；可用座位占国际航线 49.69%，运力集中度同比上升 0.43 个百分点，运力投入显著增加。广州白云—曼谷素万那普（CAN-BKK）可用座位占 7.19%，份额最大；广州白云—吉隆坡（CAN-KUL）可用座位占 5.28%，排名升至第 2 位；广州白云—新加坡樟宜（CAN-SIN）可用座位占 5.09%，同比降低 0.74 个百分比。如图 7.18 所示。

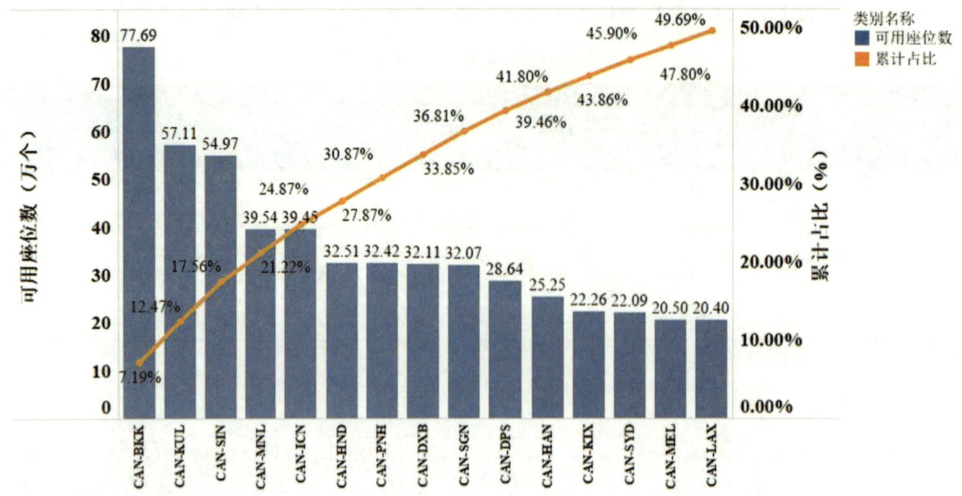

数据来源：OAG 数据库，项目组处理。

图 7.18　2019 年广州白云国际机场前 15 条国际客运航线出港可用座位分布

港澳台航线：2019 年，该机场港澳台航线 4 条。其中，广州白云—台北桃园（CAN-TPE）可用座位 28.2 万个，广州白云—香港赤鱲角（CAN-HKG）可用座位 17.0 万个，广州白云—高雄小港（CAN-KHH）可用座位 1.80 万个，广州白云—台中清泉岗（CAN-RMQ）可用座位 1.84 万个，运力集中于台湾地区。

二、运营的航空公司

2019 年，在该机场运营的航空公司 80 家。其中，国内 25 家，同比增加 1 家；国外 51 家，同比增加 2 家；港澳台 4 家，同比不变。如图 7.19 所示。

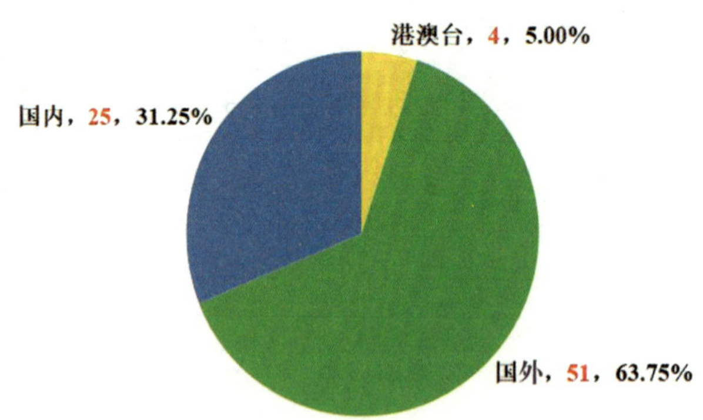

数据来源：OAG 数据库，项目组处理。

图 7.19　2019 年广州白云国际机场航空公司数量（个）及分布

2019 年，该机场运力以南方航空为主，可用座位占 47.86%，同比增加 0.31 个百分点，份额最大；其次是东方航空和国际航空，可用座位分别占 7.47%、6.96%，东方航空同比增加 0.07 个百分点，国际航空同比降低 0.24 个百分点。如图 7.20 所示。

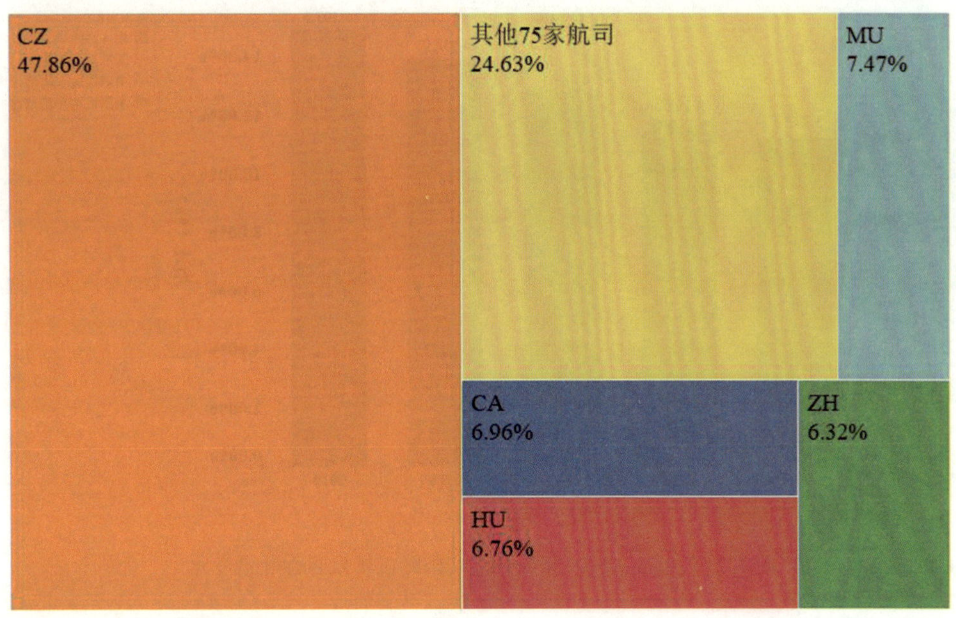

数据来源：OAG 数据库，项目组处理。

图 7.20　2019 年广州白云国际机场航空公司可用座位投入占比

三、综合交通

该机场与路网和轨道交通连接，40 分钟左右抵达市中心和各主要客运枢纽站，覆盖省内城市 19 个、省外城市 1 个。1 条轨道交通与市中心半小时互通，提供便捷、低成本换乘方式，与广州最大铁路枢纽站直接连接。12 条专线大巴线路以通达市中心和城西为主，2 条专线通达城北从化和广州北站。20 条城际大巴线覆盖全省 20 个主要城市及 1 个省外临近城市，服务频次较高。除广西梧州线每天 2 班外，其余城际巴士线均为 30~60 分钟 1 班。该机场尚未与高铁、城际轨道衔接。

《广州市城市基础设施发展第十三个五年规划》明确提出：2020 年将拥有 5 条轨道交通及建成高铁换乘站，实现主要城区与该机场快速低成本互通，与航空市场需求旺盛的佛州、深圳、东莞 3 地高密度连接，2 小时覆盖珠三角所有中心城市。

第五节　深圳宝安国际机场

2019 年，深圳宝安国际机场旅客吞吐量 5 293.2 万人次，同比增长 7.26%，本区排名第 2 位，全国排名第 6 位，全球排名第 26 位。货邮吞吐量 128.3 万吨，同比增长 5.32%，本区排名第 2 位，全国排名第 4 位。如图 7.21 所示。

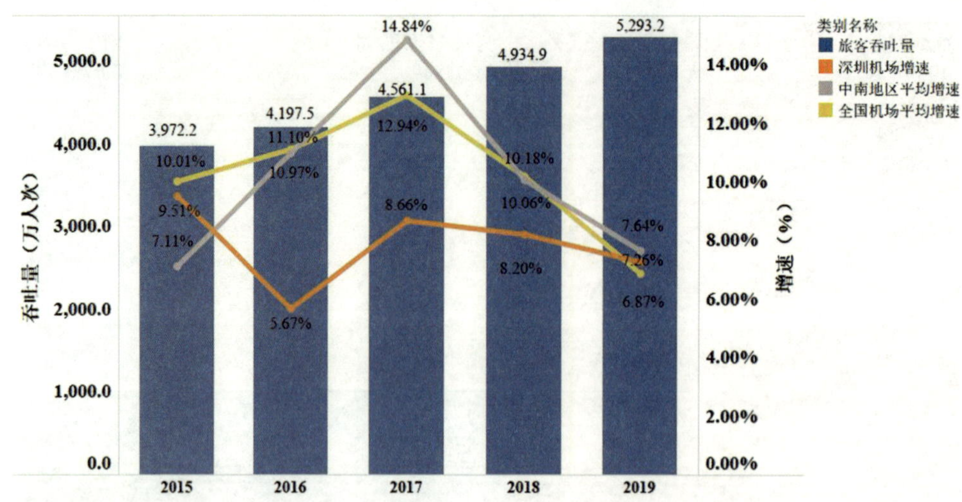

数据来源：全国机场生产统计公报。

图 7.21　2015—2019 年深圳宝安国际机场旅客吞吐量变化

近 3 年，该机场旅客吞吐量平均增速有所下降，增速低于本区和全国平均水平。2015 年货邮吞吐量突破 100 万吨，2017 年增速明显下降，低于全国平均水平；2018 年增速回升至 5.13%，高于全国平均增速；2019 年增长 5.32%，呈稳定增长趋势。如图 7.22 所示。

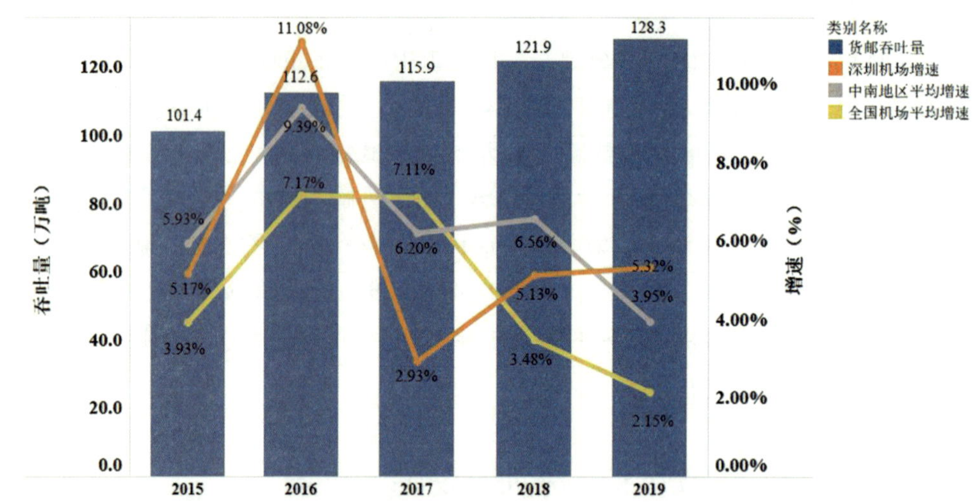

数据来源：全国机场生产统计公报。

图 7.22　2015—2019 年深圳宝安国际机场货邮吞吐量变化

一、航线网络布局

按照航线统计口径，2019 年该机场拥有通航点 207 个。其中，国内 145 个，国外 58 个，港澳台 4 个。如表 7-7 所示。

表 7-7 2019 年深圳宝安国际机场通航点数量及分布（按航线口径统计）

地域	通航点数量（个）
国内	145
国外	58
港澳台	4
总计	207

数据来源：OAG 数据库，项目组处理。

按照可直飞（无须经停）航线统计口径，2019 年该机场通航点 178 个。其中，国内 118 个，国外 56 个，港澳台 4 个。国内出港可用座位占 88.3%，国际占 10.5%，港澳台占 1.2%。平均日航班量国内 428.0 班，国际 49.9 班，港澳台 6.3 班。如表 7-8 所示。

表 7-8 2019 年深圳宝安国际机场通航点数量及出港可用座位投入（按无须经停的通达口径统计）

地域	通航点数量（个）	出港可用座位数（万个）	出港座位占比（%）	平均日航班量（班）	平均日频（次）	年航班量（班）
国内	118	2 874.7	88.3	428.0	3.6	156 234
国外	56	342.5	10.5	49.9	0.9	18 231
港澳台	4	39.6	1.2	6.3	1.6	2 307
总计	178	3 256.8	100.0	484.2	2.7	176 772

数据来源：OAG 数据库，项目组处理。

重点国内航线：2019 年，该机场前 30 条国内航线可用座位占国内航线 73.19%，由于重点航线可用座位较上年提高，运力集中度同比增长 0.53 个百分点。可用座位比重排名前 3 的航线同比无明显变化。其中，深圳宝安—北京首都（SZX-PEK）、深圳宝安—上海虹桥（SZX-SHA）分别占 11.80%、10.72%，同比分别增长 0.79、0.24 个百分点；深圳宝安—成都双流（SZX-CTU）可用座位占 6.16%，同比下降 0.2 个百分点。Top11 之后国内航线，单条航线份额均在 2% 以下。如图 7.23 所示。

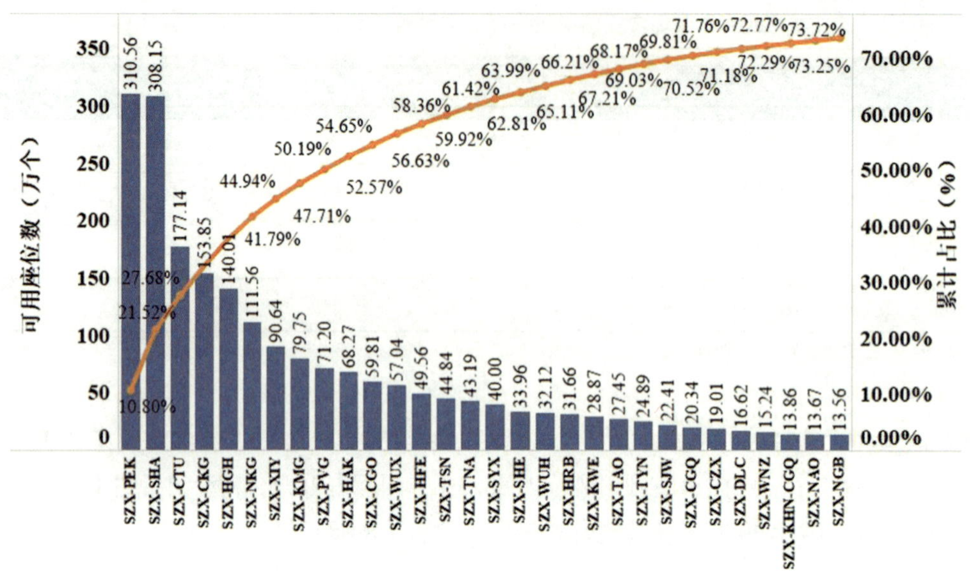

数据来源：OAG 数据库，项目组处理。

图 7.23　2019 年深圳宝安国际机场前 30 条国内客运航线出港可用座位分布

重点国际航线：2019 年，该机场前 15 条国际航线包括东南亚航线 12 条、东北亚航线 3 条，可用座位占国际航线 69.55%；由于不断开拓国际航线，重点国际航线比重有所降低，2019 年运力集中度同比降低 4.18 个百分点。深圳宝安—首尔仁川（SZX-ICN）可用座位占 10.14%，排名第 1 位；深圳宝安—曼谷素万那普（SZX-BKK）可用座位占 8.46%，升至第 2 位；深圳宝安—吉隆坡（SZX-KUL）可用座位占 7.94%，同比下降 2.15 个百分比，降至第 3 位。如图 7.24 所示。

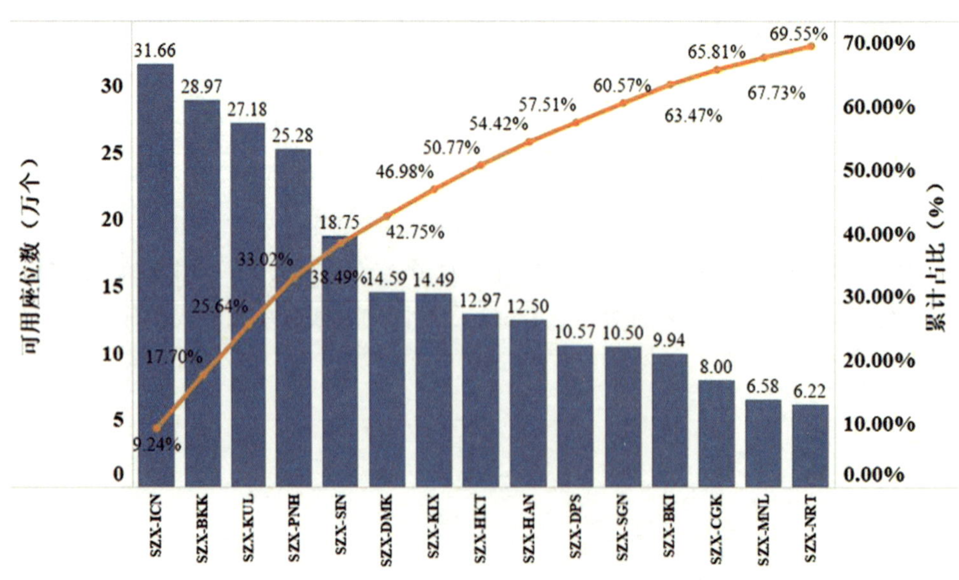

数据来源：OAG 数据库，项目组处理。

图 7.24　2019 年深圳宝安国际机场前 15 条国际客运航线出港可用座位分布

港澳台航线：2019 年，该机场港澳台航线 4 条。其中，台湾地区 3 条，澳门 1 条。运力集中于台湾地区，可用座位占 97.47%。其中，深圳宝安—台北桃园（SZX-TPE）可用座位占 33.87 万个，份额最大；澳门航线是外港客运码头楼顶直升机机场，平均每天来往 6 班，每班航程约 15 分钟。

二、运营的航空公司

2019 年，在该机场运营的航空公司 46 家。其中，国内 27 家，同比不变；国外 16 家，同比增加 3 家；港澳台 3 家，同比不变。如图 7.25 所示。

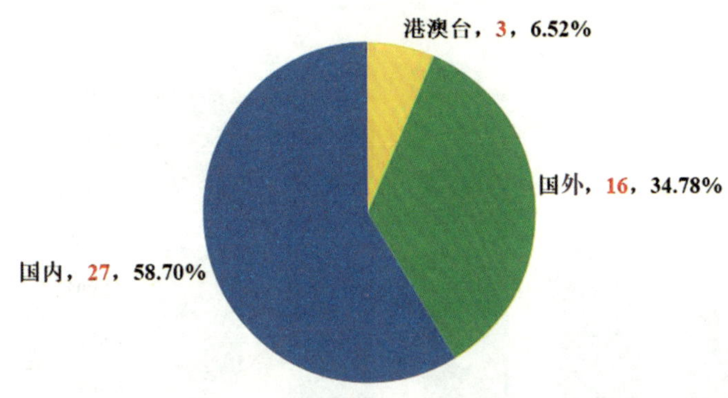

数据来源：OAG 数据库，项目组处理。

图 7.25　2019 年深圳宝安国际机场航空公司数量（个）及分布

2019 年，该机场可用座位投入以南方航空为主，占 25.59%，同比增长 0.13 个百分点，排名升至第 1 位；深圳航空占 25.53%，同比下降 0.57 个百分点，排名第 2 位；海南航空占 11.39%，同比增长 0.25 个百分点，排名第 3 位。其他 34 家航空公司可用座位份额均不足 10%。如图 7.26 所示。

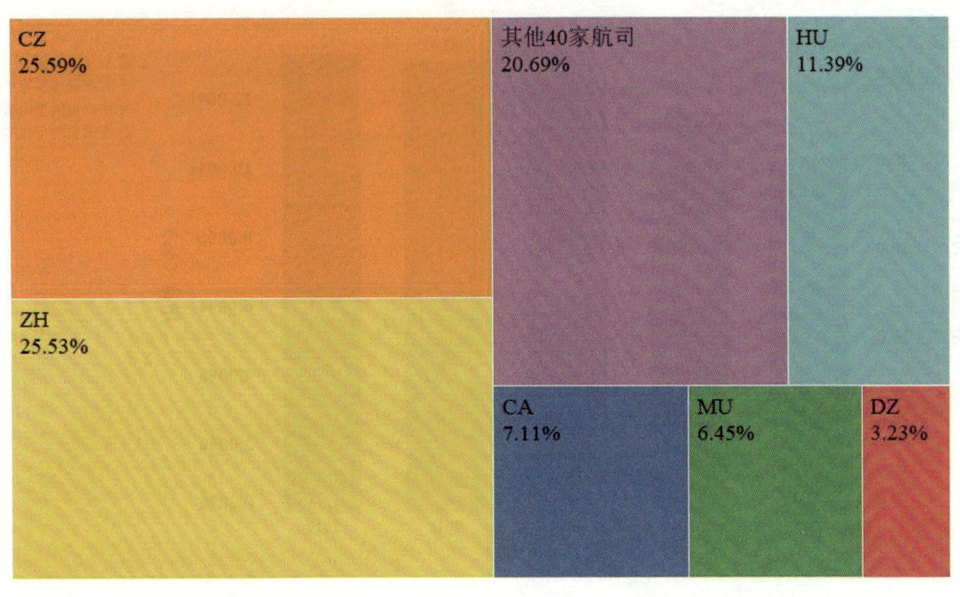

数据来源：OAG 数据库，项目组处理。

图 7.26　2019 年深圳宝安国际机场航空公司可用座位投入占比

第六节　郑州新郑国际机场

2019 年，郑州新郑国际机场旅客吞吐量 2 912. 9 万人次，同比增长 6. 56%，本区排名第 3 位，全国排名第 14 位。货邮吞吐量 52. 2 万吨，同比增长 2. 43%，本区排名第 3 位，全国排名第 7 位。

河南省高度重视发展航空产业，2016—2018 年该机场旅客吞吐量增速均高于本区和全国平均水平。2019 年旅客吞吐量增速下滑较大，但高于全国平均增速。2016 年，货邮吞吐量增速达到近年峰值后趋减，2018—2019 年增速低于本区和全国平均水平。如图 7. 27、图 7. 28 所示。

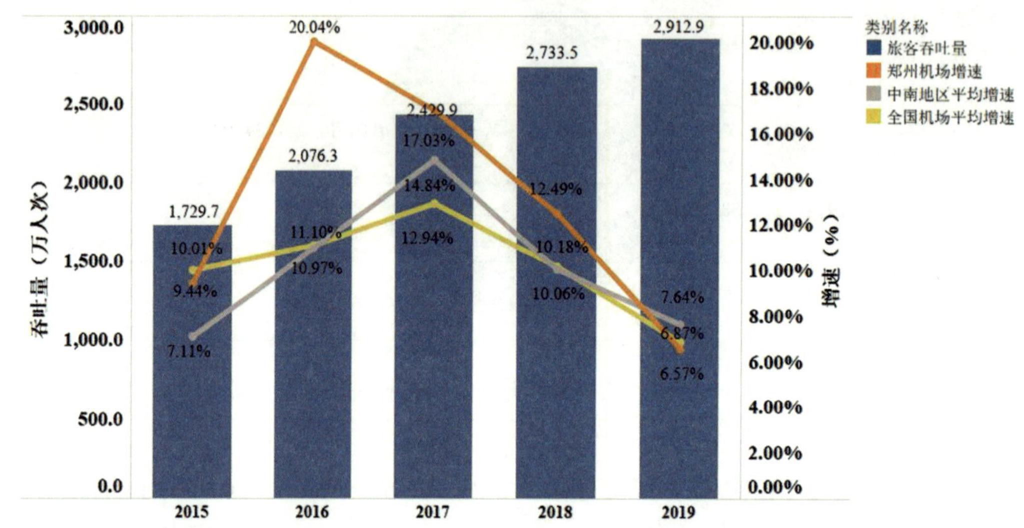

数据来源：全国机场生产统计公报。

图 7. 27　2015—2019 年郑州新郑国际机场旅客吞吐量变化

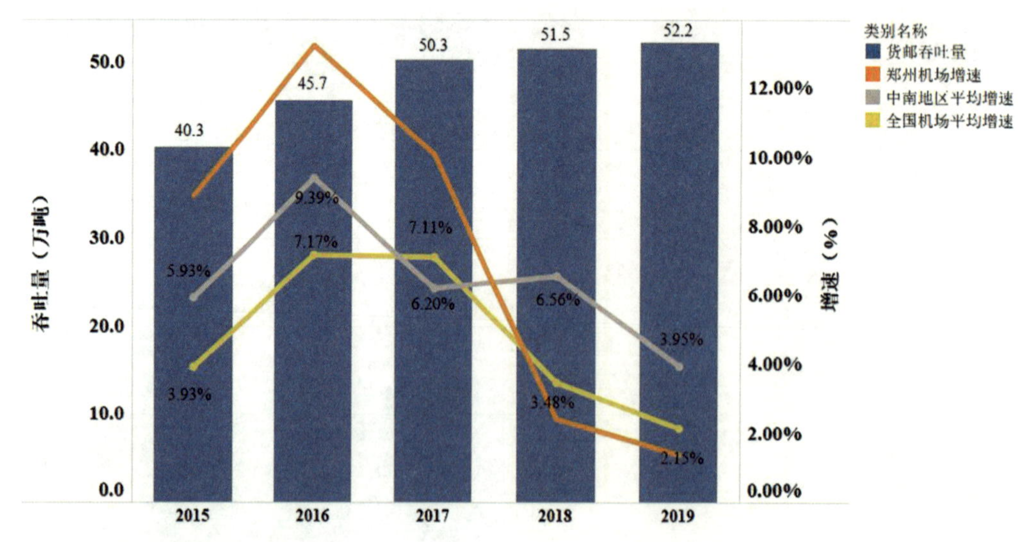

数据来源：全国机场生产统计公报。

图 7. 28　2015—2019 年郑州新郑国际机场货邮吞吐量变化

一、航线网络布局

按照航线统计口径，2019 年该机场拥有通航点 124 个。其中，国内 96 个，同比增加 2 个；国外 25 个，同比增加 2 个；港澳台 3 个，同比不变。如表 7-9 所示。

表 7-9 2019 年郑州新郑国际机场通航点数量及分布（按航线口径统计）

地域	通航点数量（个）
国内	96
国外	25
港澳台	3
总计	124

数据来源：OAG 数据库，项目组处理。

按照可直飞（无须经停）航线统计口径，2019 年该机场拥有通航点 116 个。其中，国内 89 个，国外 24 个，港澳台 3 个。国内出港可用座位占 94. 1%，国际占 4. 5%，港澳台占 1. 4%。平均日航班量国内 274. 1 班，国际 11. 2 班，港澳台 3. 6 班。如表 7-10 所示。

表 7-10 2019 年郑州新郑国际机场通点数量及出港可用座位投入（按无须经停的通达口径统计）

地域	通航点数量（个）	出港可用座位数（万个）	出港座位占比（%）	平均日航班量（班）	平均日频（次）	年航班量（班）
国内	89	1 667. 5	94. 1	274. 1	3. 1	100 064
国外	24	80. 1	4. 5	11. 2	0. 5	4 086
港澳台	3	24. 9	1. 4	3. 6	1. 2	1 318
总计	116	1 772. 5	100. 0	289. 0	2. 5	105 468

数据来源：OAG 数据库，项目组处理。

重点国内航线：2019 年，该机场前 30 条国内航线，直达航线 23 条，经停航线 7 条，可用座位占国内航线 44. 42%。由于 Top30 排名靠后的航线发展缓慢，运力集中度同比下降 1. 93 个百分点。郑州新郑—昆明长水（CGO-KMG）可用座位占 3. 73%，同比上升 0. 17 个百分点，仍然排名第 1 位。郑州新郑—广州白云（CGO-CAN）可用座位占 3. 65%，同比上升 0. 61 个百分比，升至第 2 位；郑州新郑—深圳宝安（CGO-SZX）可用座位占 3. 59%，同比上升 0. 38 个百分比，降至第 3 位。如图 7. 29 所示。

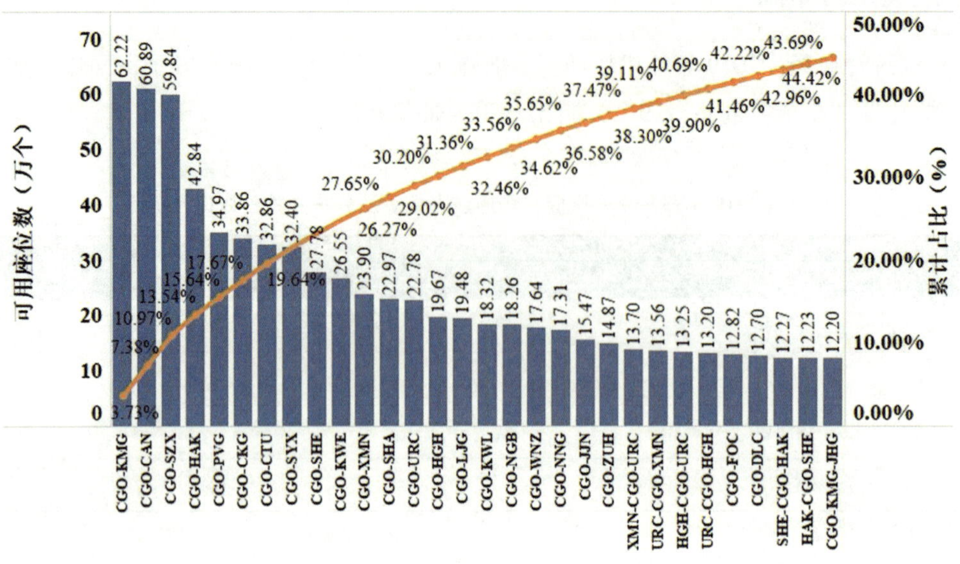

数据来源：OAG 数据库，项目组处理。

图 7.29　2019 年郑州新郑国际机场前 30 条国内客运航线出港可用座位分布

重点国际航线：2019 年，该机场前 15 条国际航线包括东南亚航线 10 条，东北亚航线 3 条，北美航线 1 条，西南太平洋航线 1 条；可用座位占国际航线 92.01%，由于郑州新郑—首尔仁川（CGO-ICN）可用座位上升幅度较大，运力集中度同比上升 4.43 个百分点。郑州新郑—曼谷廊曼（CGO-DMK）可用座位占 15.07%，仍然排名第 1 位。郑州新郑—首尔仁川（CGO-ICN）可用座位占 13.69%，升至第 2 位。郑州新郑—曼谷素万那普（CGO-BKK）可用座位占 13.28%，降至第 3 位。如图 7.30 所示。

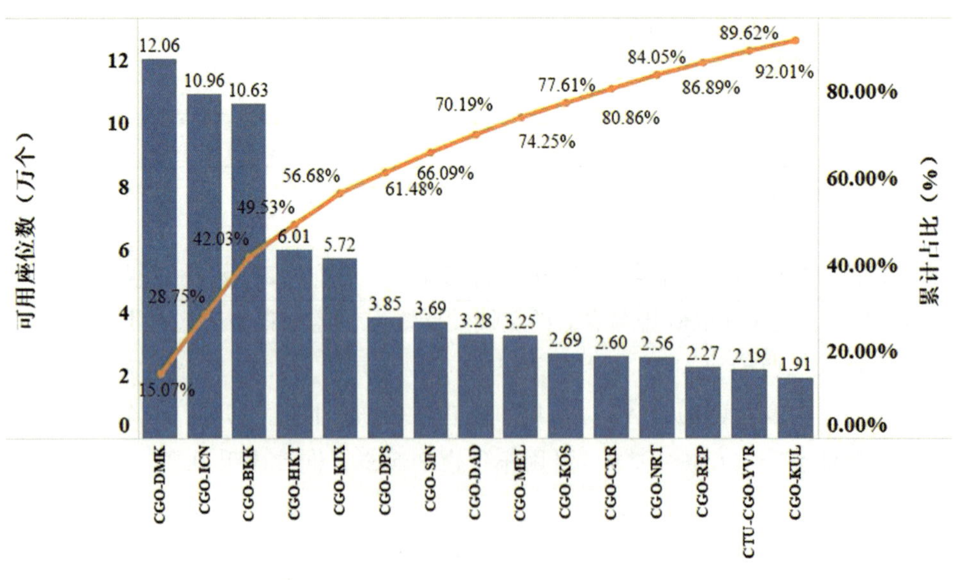

数据来源：OAG 数据库，项目组处理。

图 7.30　2019 年郑州新郑国际机场前 15 条国际客运航线出港可用座位分布

港澳台航线：2019 年，该机场港澳台航线 3 条，可用座位集中于台湾地区，郑州新郑—台北桃园（CGO-TPE）可用座位 12.1 万个，占港澳台航线 47.50%，份额最大。

二、运营的航空公司

2019 年，在该机场运营的航空公司 54 家。其中，国内 34 家，同比不变；国外 16 家，同比增加 1 家；港澳台 4 家，同比不变。如图 7.31 所示。

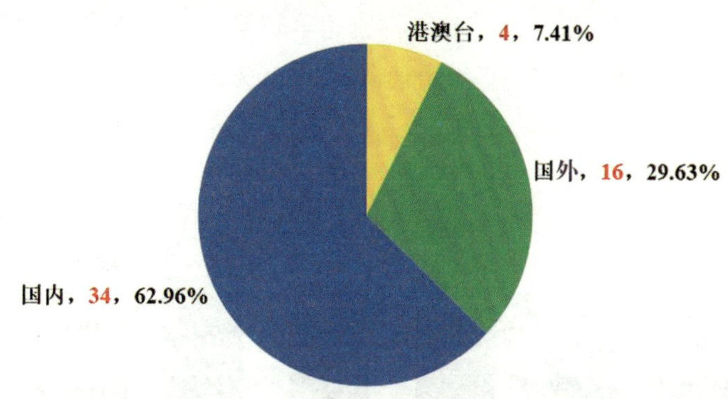

数据来源：OAG 数据库，项目组处理。

图 7.31　2019 年郑州新郑国际机场航空公司数量（个）及分布

2019 年，除南方航空外，其他航空公司可用座位份额较均衡。南方航空以该机场为主运营基地，可用座位占 24.02%，同比增长 0.10 个百分点。海南航空占 7.58%，同比降低 1.10 个百分点；西部航空占 7.70%，同比增长 0.94 个百分点。如图 7.32 所示。

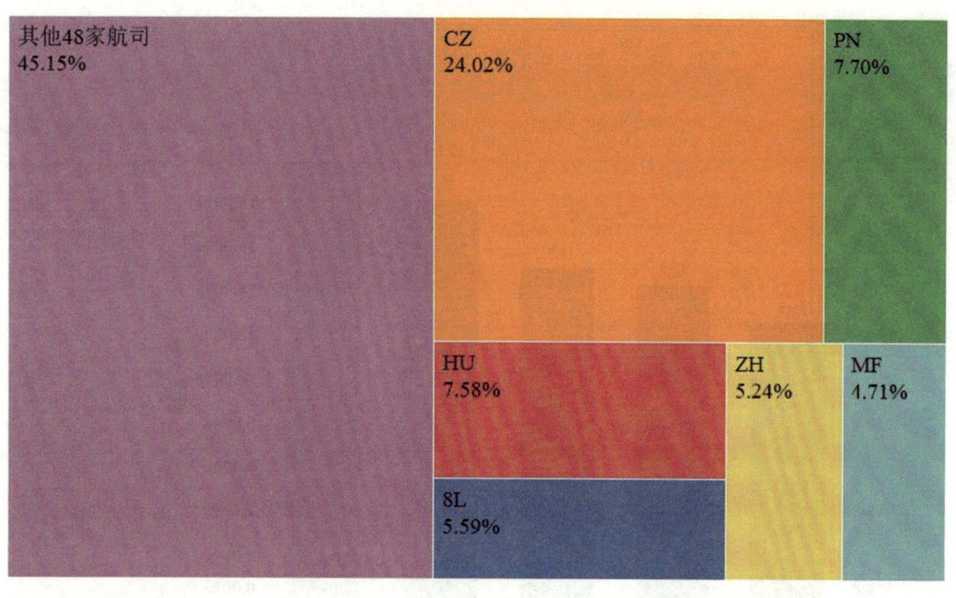

数据来源：OAG 数据库，项目组处理。

图 7.32　2019 年郑州新郑国际机场航空公司可用座位投入占比

第七节　武汉天河国际机场

2019 年，武汉天河国际机场旅客吞吐量 2715.0 万人次，同比增长 10.81%，本区排名第 4 位，全国排名第 16 位。货邮吞吐量 24.3 万吨，同比增长 9.76%，本区排名第 4 位，全国排名第 15 位。

2015 年，湖北机场集团重归地方政府管理，基础设施建设有了长足进展。2015—2018 年，旅客吞吐量连续 4 年低于全国平均水平。2019 年，旅客吞吐量增长 10.81%，高于本区和全国平均水平。2016 年，货邮吞吐量高速发展，由于航空物流竞争较激烈，2017 年增速减弱，2018 年货邮吞吐量超过 20 万吨，增速有所提高。2019 年增速降至 9.76%，高于全国平均水平。如图 7.33、图 7.34 所示。

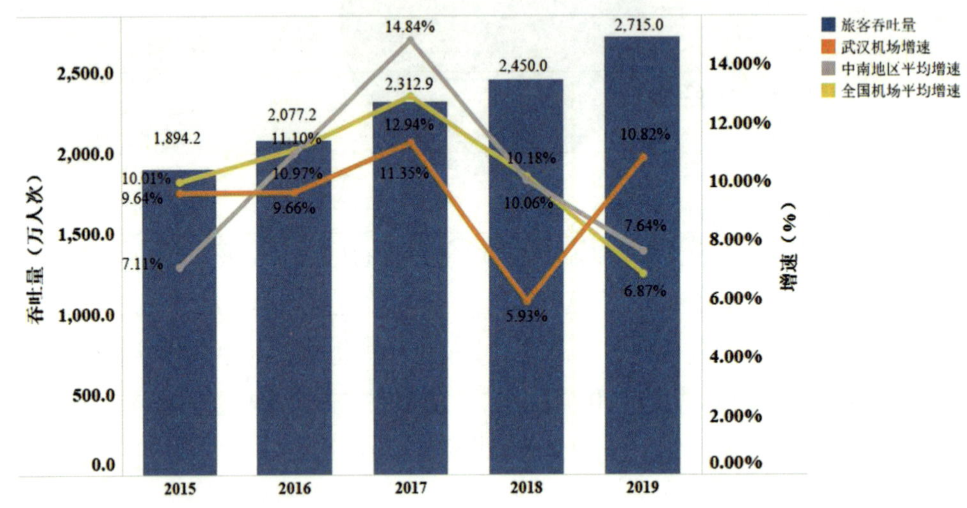

数据来源：全国机场生产统计公报。

图 7.33　2015—2019 年武汉天河国际机场旅客吞吐量变化

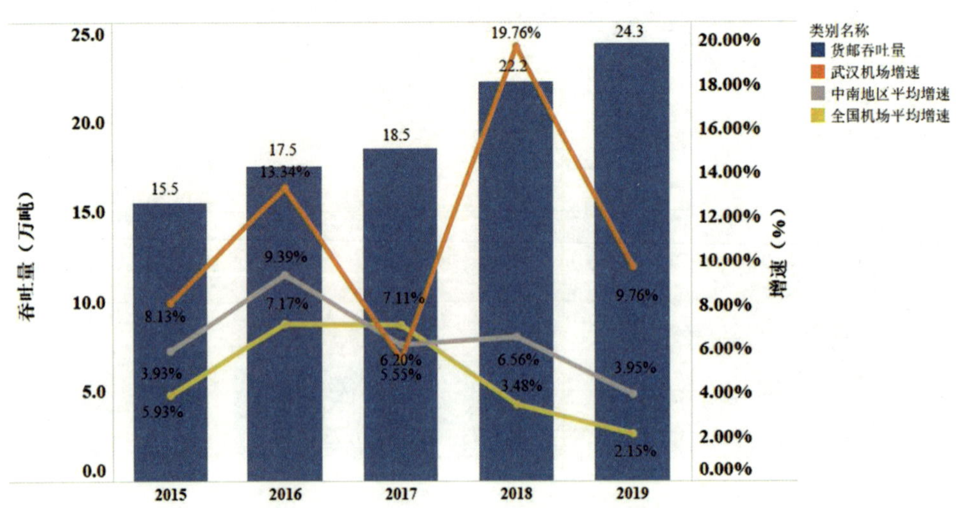

数据来源：全国机场生产统计公报。

图 7.34　2015—2019 年武汉天河国际机场货邮吞吐量变化

一、航线网络布局

按照航线统计口径，2019 年该区通航点 123 个。其中，国内 88 个，同比增加 8 个；国外 30 个，同比增加 2 个；港澳台 5 个，同比不变。如表 7-11 所示。

表 7-11 2019 年武汉天河国际机场通航点数量及分布（按航线口径统计）

地域	通航点数量（个）
国内	88
国外	30
港澳台	5
总计	123

数据来源：OAG 数据库，项目组处理。

按照可直飞（无须经停）航线统计口径，2019 年该机场通航点 117 个。其中，国内 83 个，国外 29 个，港澳台 5 个。出港可用座位国内占 89. 1%，国际占 8. 9%，港澳台占 2. 0%。平均日航班量国内 250. 4 班，国际 20. 2 班，港澳台 5. 4 班。如表 7-12 所示。

表 7-12 2019 年武汉天河国际机场通航点数量及出港可用座位投入（按无须经停的通达口径统计）

地域	通航点数量（个）	出港可用座位数（万个）	出港座位占比（%）	平均日航班量（班）	平均日频（次）	年航班量（班）
国内	83	1 513. 4	89. 1	250. 4	3. 0	91 387
国外	29	151. 3	8. 9	20. 2	0. 7	7 369
港澳台	5	34. 1	2. 0	5. 4	1. 1	1 972
合计	117	1 698. 8	100. 0	276. 0	2. 4	100 728

数据来源：OAG 数据库，项目组处理。

重点国内航线： 2019 年，该机场前 30 条国内航线，直达航线 20 条，经停航线 10 条。可用座位占 44. 12%，运力集中度同比下降 1. 09%。前 3 条国内航线同比无变化，其中，武汉天河—北京首都（WUH-PEK）可用座位占 6. 16%，同比下降 0. 76 个百分点，份额最大；武汉天河—成都双流（WUH-CTU）占 3. 40%，同比下降 0. 31 个百分点；武汉天河—上海虹桥（WUH-SHA）占 2. 82%。如图 7. 35 所示。

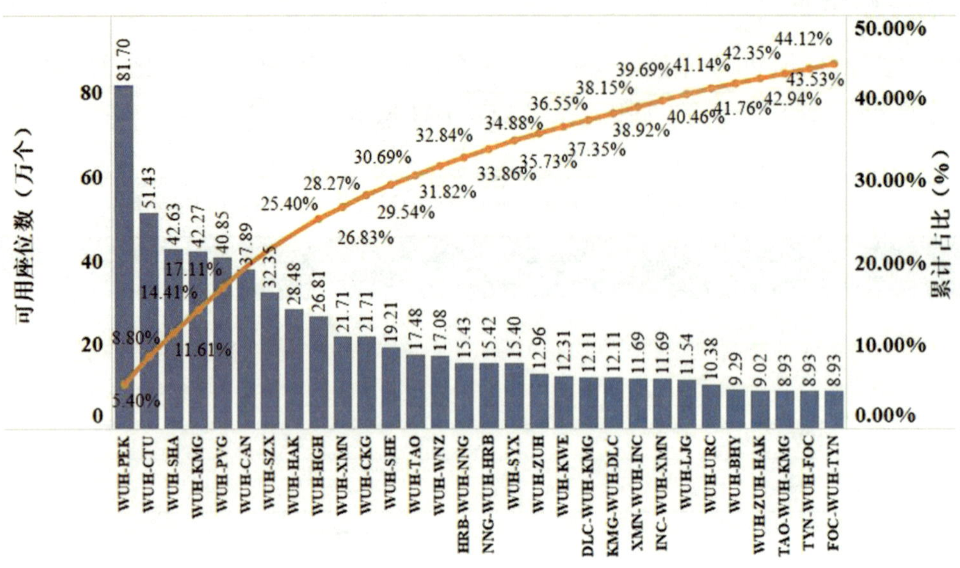

数据来源：OAG 数据库，项目组处理。

图 7.35　2019 年武汉天河国际机场前 30 条国内客运航线出港可用座位分布

重点国际航线：2019 年，该机场国际航线发展良好，可用座位分布较均匀。前 15 条国际航线包括东南亚航线 8 条，东北亚航线 3 条，欧洲航线 2 条，北美和中东航线各 1 条；可用座位占国际航线 80.65%，运力集中度同比增长 0.13 个百分点。武汉天河—泰国廊曼（WUH-DMK）可用座位 11.43%，份额最大；武汉天河—泰国素万那普（WUH-BKK）、武汉天河—东京成田（WUH-NRT）可用座位分别排名第 2、3 位。如图 7.36 所示。

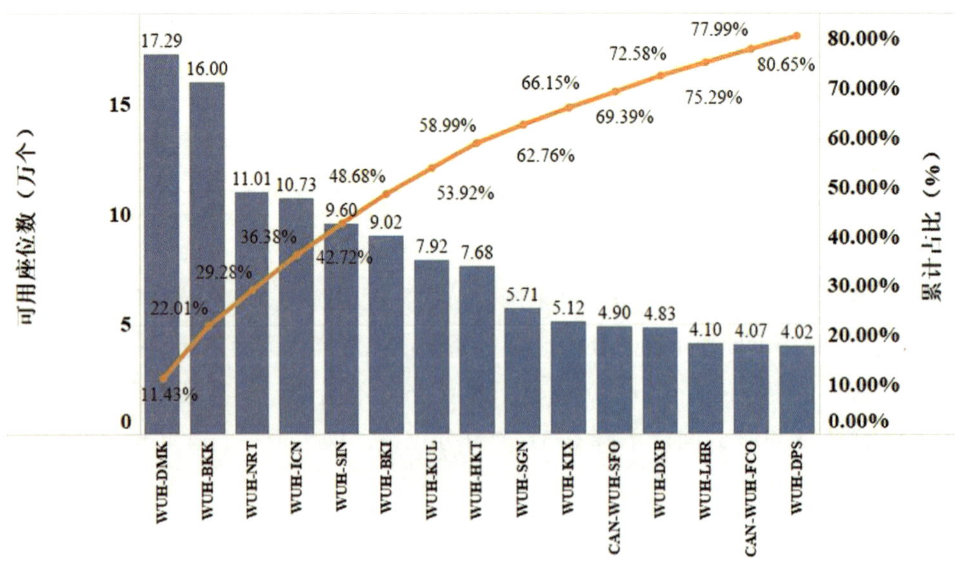

数据来源：OAG 数据库，项目组处理。

图 7.36　2019 年武汉天河国际机场前 15 条国际客运航线出港可用座位分布

港澳台航线：2019 年，该机场港澳台航线 5 条。其中，香港地区 1 条，台湾地区 3 条，澳门地区 1 条。香港、台湾、澳门地区航线可用座位分别占 47.25%、34.04%、18.71%。

二、运营的航空公司

2019 年，在该机场运营的航空公司有 49 家。其中，国内 30 家，同比增加 1 家；国外 16 家，港澳台 3 家，同比均无变化。如图 7.37 所示。

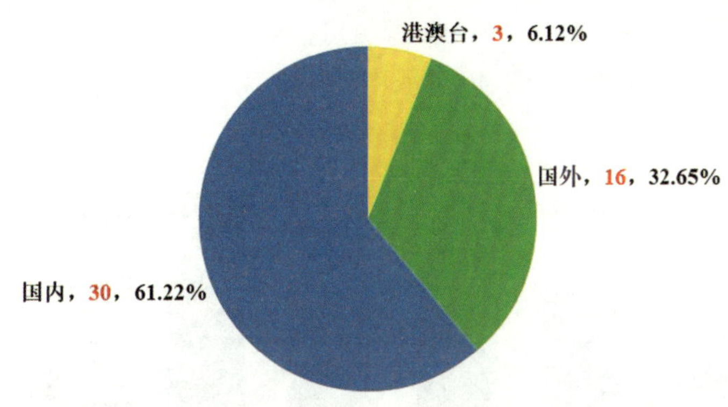

数据来源：OAG 数据库，项目组处理。

图 7.37 2019 年武汉天河国际机场航空公司数量（个）及分布

2019 年，该机场可用座位投入以南方航空、东方航空为主，2 家航空公司可用座位分别占 30.24%、20.89%。南方航空可用座位同比增长 0.29 个百分点，东方航空同比下降 0.03 个百分点。如图 7.38 所示。

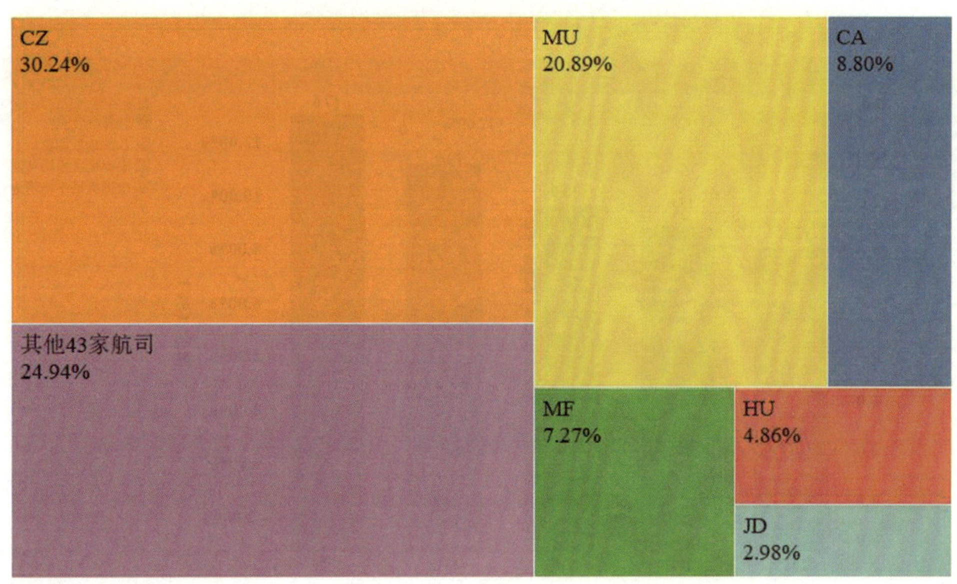

数据来源：OAG 数据库，项目组处理。

图 7.38 2019 年武汉天河国际机场航空公司可用座位投入占比

第八节 长沙黄花国际机场

2019 年，长沙黄花国际机场旅客吞吐量达到 2 691.1 万人次，同比增长 6.51%，本区排名第 5 位，全国排名第 15 位。货邮吞吐量达到 17.6 万吨，同比增长 13.00%，本区排名第 5 位，同比上升 1 位；全国排名第 13 位，同比上升 3 位。

近年，该机场客货业务增速一度低于本区和全国平均水平，但是高铁发展为该机场发展提供助力，空铁联运为旅客提供一站式服务，辐射客源更广；航空货运发展较快，2019 年增长 13.00%，远高于全国平均水平。如图 7.39、图 7.40 所示。

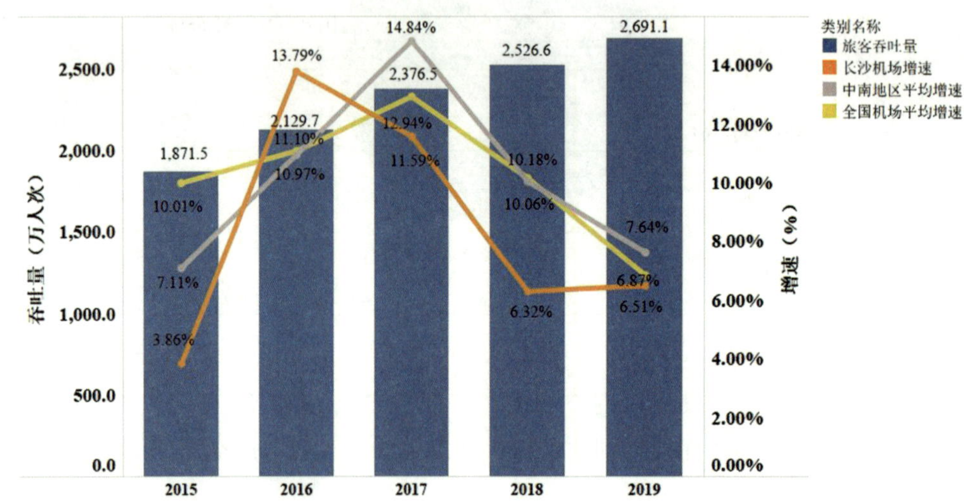

数据来源：全国机场生产统计公报。

图 7.39 2015—2019 年长沙黄花国际机场旅客吞吐量变化

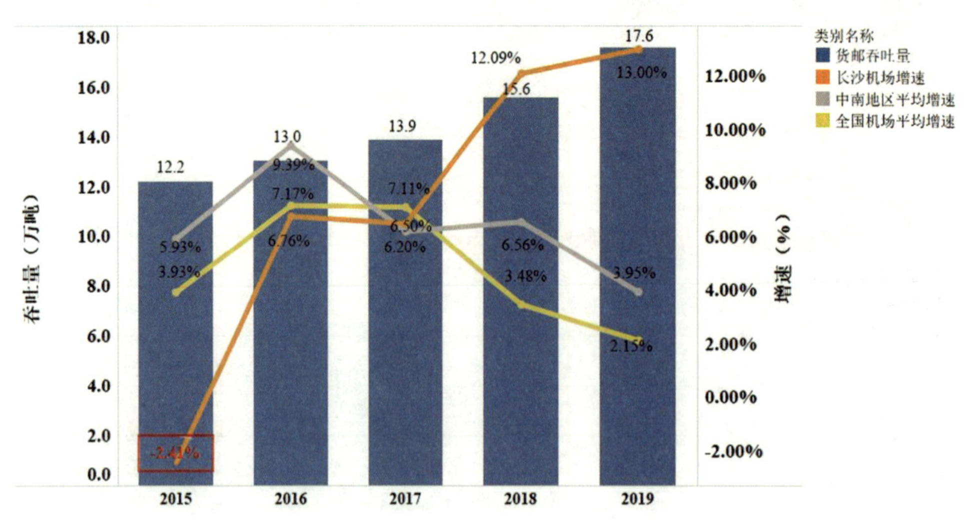

数据来源：全国机场生产统计公报。

图 7.40 2015—2019 年长沙黄花国际机场货邮吞吐量变化

一、航线网络布局

按照航线统计口径，2019 年该机场通航点 148 个。其中，国内 107 个，同比增加 7 个；国外 37 个，同比增加 3 个；港澳台 4 个，同比增加 1 个。如表 7-13 所示。

表 7-13 2019 年长沙黄花国际机场通航点数量及分布（按航线口径统计）

地域	通航点数量（个）
国内	107
国外	37
港澳台	4
总计	148

数据来源：OAG 数据库，项目组处理。

按照可直飞（无须经停）航线统计口径，2019 年该机场通航点 140 个。其中，国内 101 个，国外 35 个，港澳台 4 个。国内出港可用座位占 89.8%，国际占 9.0%，港澳台占 1.2%。国内平均日航班 243.1 班，国际 19.5 班，港澳台 2.8 班。如表 7-14 所示。

表 7-14 2019 年长沙黄花国际机场通航点数量及出港可用座位投入（按无须经停的通达口径统计）

地域	通航点数量（个）	出港可用座位数（万个）	出港座位占比（%）	平均日航班量（班）	平均日频（次）	年航班量（班）
国内	101	1 454.2	89.8	243.1	2.4	88 726
国外	35	145.1	9.0	19.5	0.6	7 117
港澳台	4	19.5	1.2	2.8	0.7	1 006
总计	140	1 618.8	100.0	265.3	1.9	96 849

数据来源：OAG 数据库，项目组处理。

重点国内航线：2019 年，该机场前 30 条国内航线调整较大，直达航线比重升至 80%，同比上升 30 个百分点。前 30 条国内航线可用座位占 40.08%，运力集中度同比下降 0.63 个百分点。其中，长沙黄花—北京首都（CSX-PEK）可用座位占 7.09%，同比下降 0.1 个百分点，份额最大；长沙黄花—上海虹桥（CSX-SHA）可用座位占 3.55%，排名第 2 位。Top2 之后单线可用座位份额均在 3%以下。如图 7.41 所示。

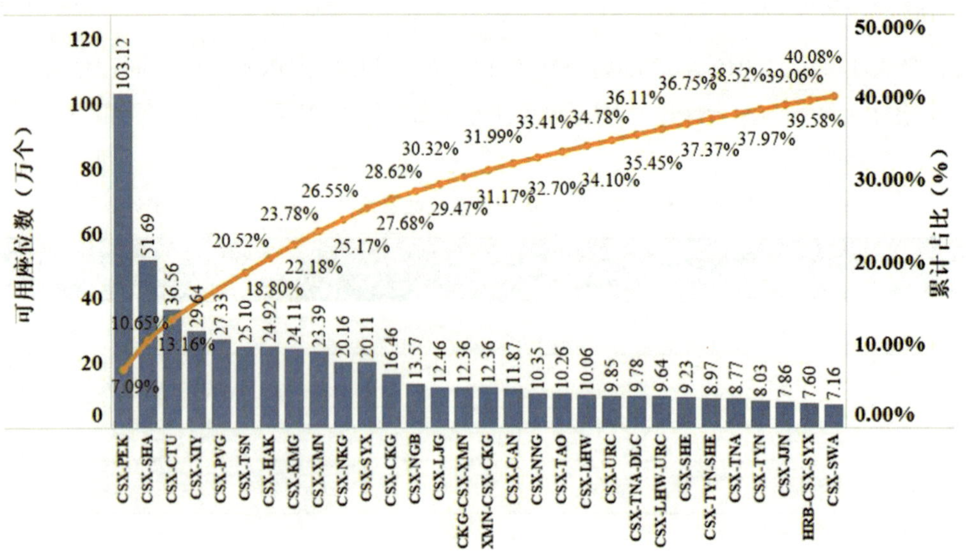

数据来源：OAG 数据库，项目组处理。

图 7.41　2019 年长沙黄花国际机场前 30 条国内客运航线出港可用座位分布

重点国际航线：2019 年，该机场前 15 条国际航线包括东南亚航线 11 条，东北亚航线 2 条，西欧航线 2 条；可用座位占国际航线 75.16%，运力集中度同比下降 0.35 个百分点。长沙黄花—首尔仁川（CSX-ICN）可用座位占 16.58%，同比上升 0.58 个百分点，份额最大。长沙黄花—曼谷廊曼（CSX-DMK）占 12.88%，同比下降 1.47 个百分点，排名第 2 位；长沙黄花—曼谷素万那普（CSX-BKK）占 5.40%，同比下降 1.71 个百分点，排名第 3 位。3 条航线排名同比不变，各自比重稍有变化。如图 7.42 所示。

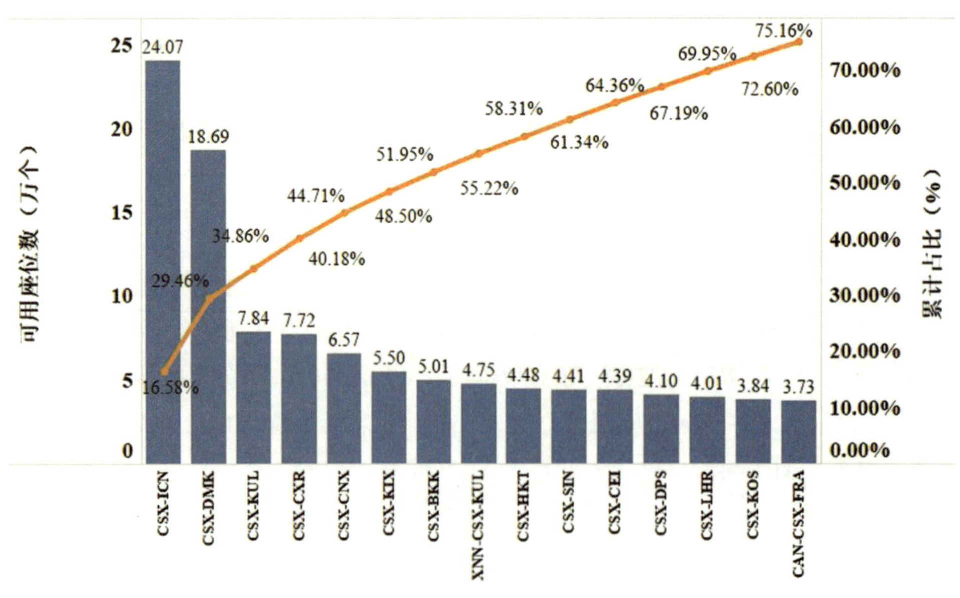

数据来源：OAG 数据库，项目组处理。

图 7.42　2019 年长沙黄花国际机场前 15 条国际客运航线出港可用座位分布

港澳台航线：2019 年，该机场有港澳台航线 4 条。其中，香港地区 1 条，澳门地区 1 条，台湾地区 2 条。香港、澳门、台湾地区航线可用座位分别占 31. 85%、4. 71%、63. 44%。

二、运营的航空公司

2019 年，在该机场运营的航空公司有 54 家。其中，国内 35 家，同比增加 2 家；国外 16 家，同比减少 1 家；港澳台 3 家，同比不变。如图 7. 43 所示。

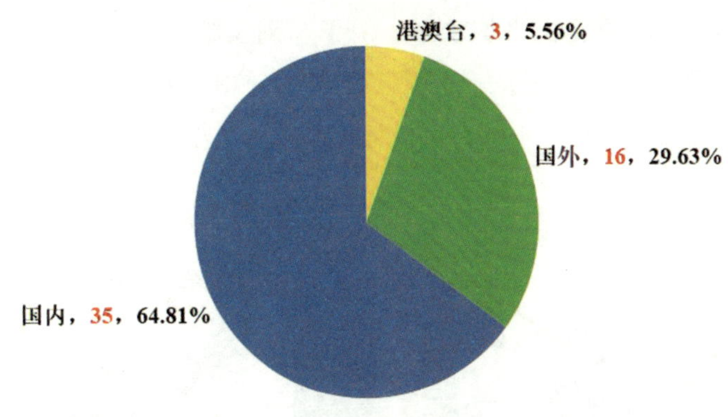

数据来源：OAG 数据库，项目组处理。

图 7. 43　2019 年长沙黄花国际机场航空公司数量（个）及分布

2019 年，该机场各航空公司可用座位份额较均衡。南方航空以该机场为主运营基地，可用座位占 21. 05%，同比增长 0. 33 个百分点。海南航空、厦门航空、东方航空可用座位同比变化不大。如图 7. 44 所示。

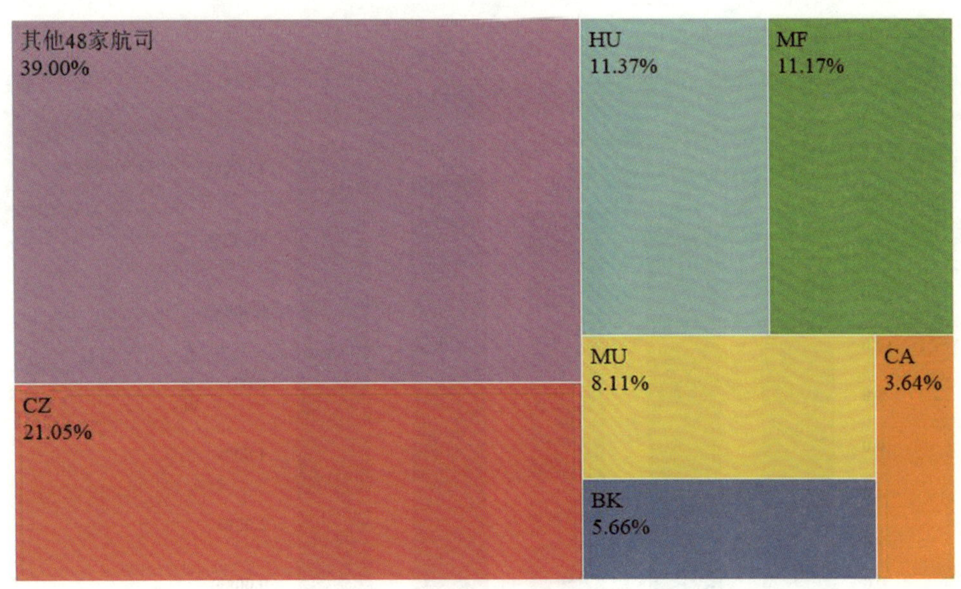

数据来源：OAG 数据库，项目组处理。

图 7. 44　2019 年长沙黄花国际机场航空公司可用座位投入占比

第九节　海口美兰国际机场

2019 年，海口美兰国际机场旅客吞吐量达到 2 421. 7 万人次，同比增长 0. 39%，本区排名第 6 位，全国排名第 19 位。货邮吞吐量达到 17. 6 万吨，同比增长 4. 12%，本区排名第 6 位，全国排名第 10 位。

近 5 年，受国际旅游岛政策利好及内陆城市雾霾污染影响，该机场旅客运输增速发展较快。2015—2017 年增速远高于本区和全国平均水平。由于基础设施制约，近 2 年增速有所下降。尽管省内制造业不发达，但海鲜、水果、药品等航空货源丰富。由于海陆运发展，部分货源向周边广州白云、深圳宝安等大型运输机场转移集散，该机场货邮吞吐量增长较缓，5 年增加 4 万吨左右。如图 7. 45、图 7. 46 所示。

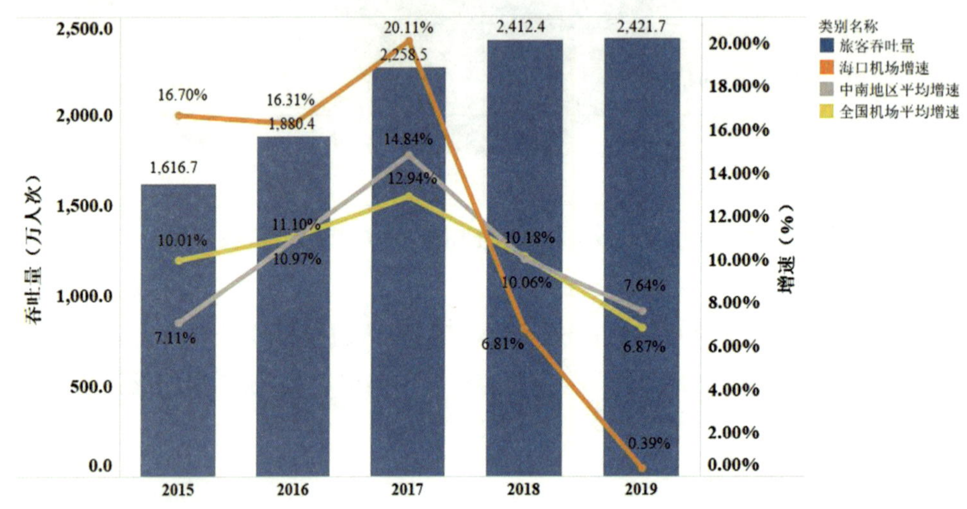

数据来源：全国机场生产统计公报。

图 7. 45　2015—2019 年海口美兰国际机场旅客吞吐量变 化

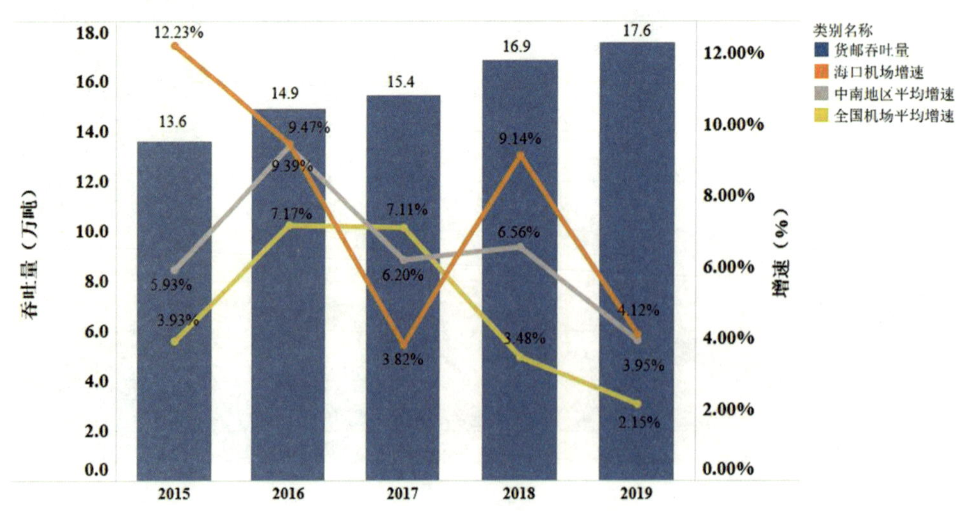

数据来源：全国机场生产统计公报。

图 7. 46　2015—2019 年海口美兰国际机场货邮吞吐量变化

一、航线网络布局

按照航线统计口径，2019 年该机场通航点有 154 个。其中，国内 116 个，同比增加 3 个；国外 34 个，同比增加 4 个；港澳台 4 个，同比不变。如表 7-15 所示。

表 7-15 2019 年海口美兰国际机场通航点数量及分布（按航线口径统计）

地域	通航点数量（个）
国内	116
国外	34
港澳台	4
总计	154

数据来源：OAG 数据库，项目组处理。

按照可直飞（无须经停）航线统计口径，2019 年该机场有通航点 136 个。其中，国内 100 个，国外 32 个，港澳台 4 个。国内出港可用座位占 94.1%，国际占 3.7%，港澳台占 2.1%。国内平均日航班量 212.7 班，国际 7.8 班，港澳台 5.0 班。如表 7-16 所示。

表 7-16 2019 年海口美兰国际机场通航点数量及出港可用座位投入（按无须经停的通达口径统计）

地域	通航点数量（个）	出港可用座位数（万个）	出港座位占比（%）	平均日航班量（班）	平均日频（次）	年航班量（班）
国内	100	1 352.3	94.1	212.7	2.1	77 641
国外	32	53.2	3.7	7.8	0.2	2 857
港澳台	4	30.9	2.1	5.0	1.3	1 835
总计	136	1 436.3	100.0	225.6	1.7	82 333

数据来源：OAG 数据库，项目组处理。

重点国内航线：2019 年，该机场前 30 条国内航线，直达航线 22 条，经停航线 8 条；可用座位占国内航线 58.42%，同比下降 0.13 个百分比。海口美兰—广州白云（HAK-CAN）是最繁忙航线，可用座位占 6.97%；海口美兰—北京首都（HAK-PEK）、海口美兰—深圳宝安（HAK-SZX）分别占 6.67%、5.05%。如图 7.47 所示。

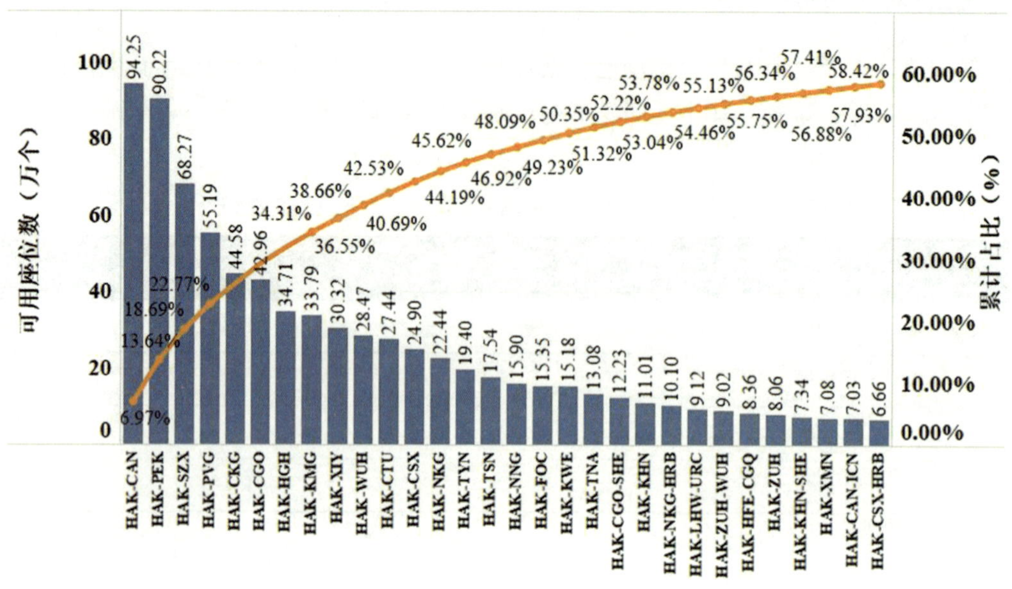

数据来源：OAG 数据库，项目组处理。

图 7.47　2019 年海口美兰国际机场前 30 条国内客运航线出港可用座位分布

重点国际航线：2019 年，该机场前 15 条国际航线包括东南亚航线 13 条，东北亚航线 2 条；其中，直达航线 13 条，经停航线 2 条。数据显示：前 15 条重点国际航线以东南亚地区为主，包括首尔仁川、新加坡樟宜、曼谷素万那普等大型国际航空枢纽以及印度尼西亚苏加诺—哈达、马来西亚吉隆坡等中小机场；可用座位占国际航线 91.03%，集中度同比下降 1.77 个百分点。如图 7.48 所示。

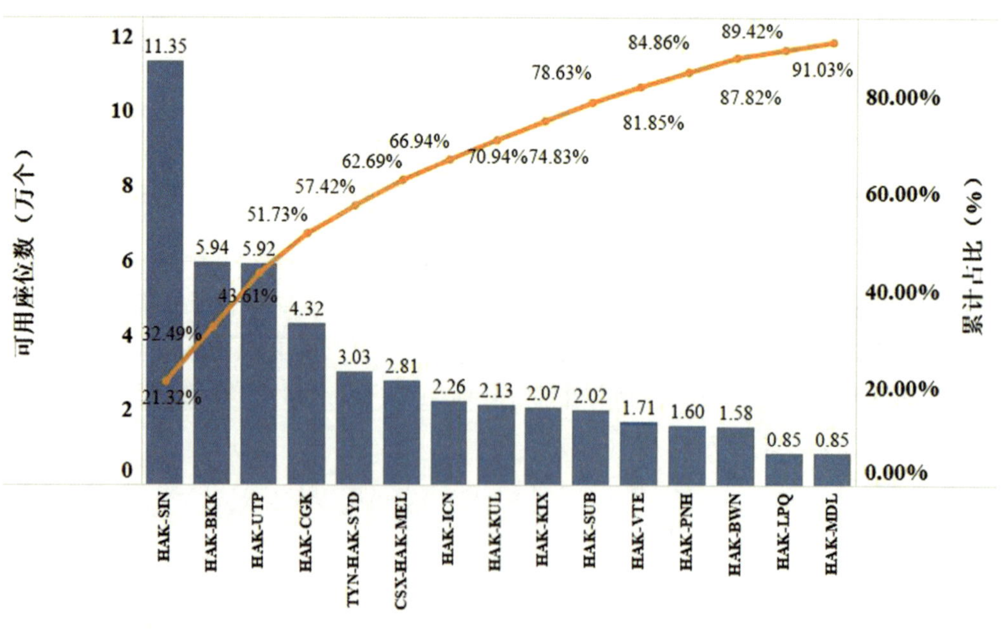

数据来源：OAG 数据库，项目组处理。

图 7.48　2019 年海口美兰国际机场前 15 条国际客运航线出港可用座位分布

港澳台航线：2019 年，该机场港澳台航线 4 条。其中，香港地区 1 条，台湾地区 2 条，澳门地区 1 条。香港、台湾、澳门地区航线可用座位分别占 59.49%、29.35%、11.16%。

二、运营的航空公司

2019 年，在该机场运营的航空公司 54 家。其中，国内 32 家，同比不变；国外 18 家，同比增加 3 家；港澳台 4 家，同比不变。如图 7.49 所示。

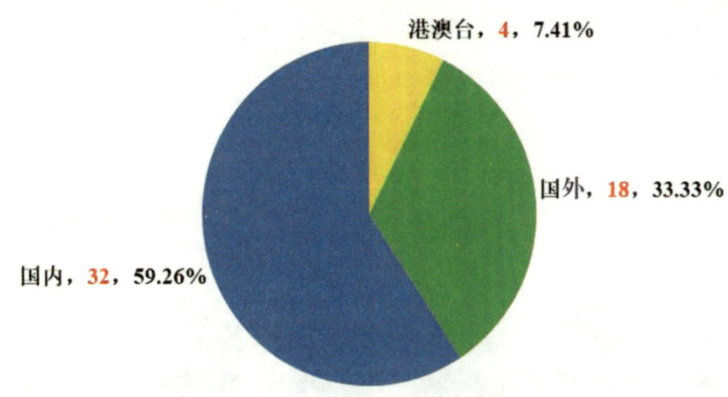

数据来源：OAG 数据库，项目组处理。

图 7.49 2019 年海口美兰国际机场航空公司数量（个）及分布

2019 年，该机场可用座位投入以海南航空、南方航空为主。其中，海南航空可用座位占 26.66%，份额最大。南方航空占 19.09%，同比相差不大。如图 7.50 所示。

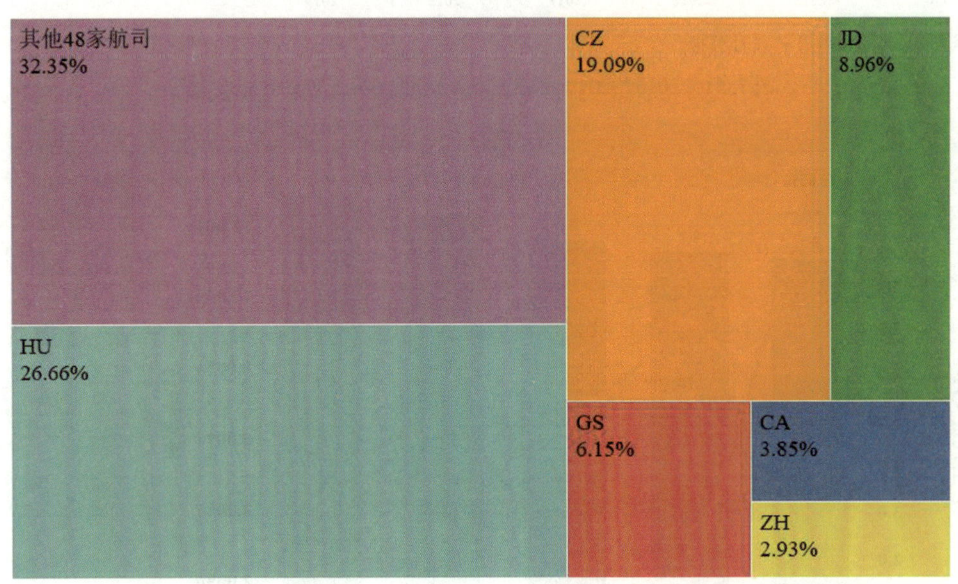

数据来源：OAG 数据库，项目组处理。

图 7.50 2019 年海口美兰国际机场航空公司可用座位投入占比

第十节 三亚凤凰国际机场

2019 年，三亚凤凰国际机场旅客吞吐量达到 2016.4 万人次，同比增长 0.62%，本区排名第 7 位，全国排名第 25 位。货邮吞吐量 10.0 万吨，同比增长 4.93%，本区排名第 8 位，全国排名第 30 位。

受基础设施保障能力制约——20 架次/小时容量日趋饱和，该机场每天 6 小时满负荷或超负荷运行，2016 年之后，该机场发展速度低于本区和全国平均水平。地方经济类型对货邮运输发展有多方面影响，近 2 年分别增长 6.75%、4.93%。如图 7.51、图 7.52 所示。

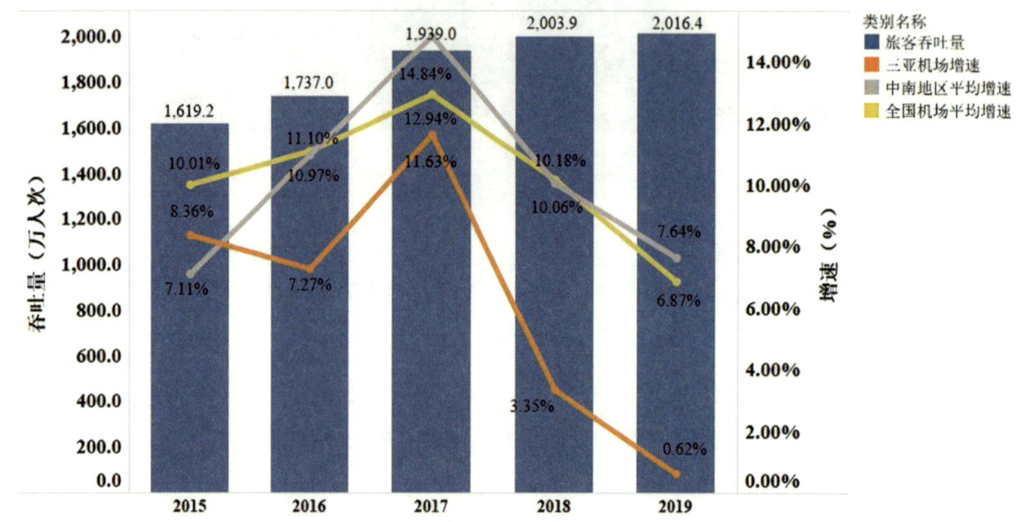

数据来源：全国机场生产统计公报。

图 7.51 2015—2019 年三亚凤凰国际机场旅客吞吐量变化

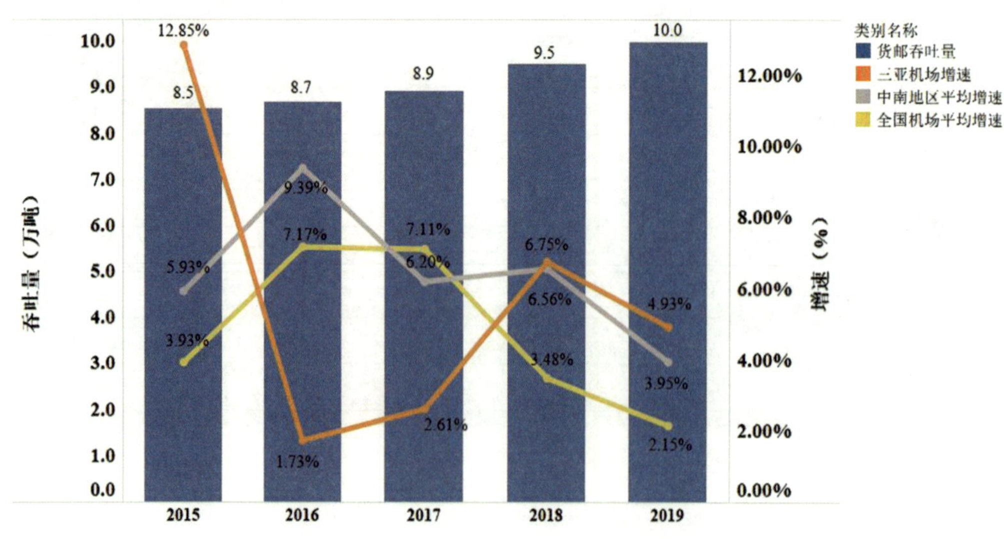

数据来源：全国机场生产统计公报。

图 7.52 2015—2019 年三亚凤凰国际机场货邮吞吐量变化

一、航线网络布局

按照航线统计口径，2019 年该机场有通航点 122 个。其中，国内 82 个，同比增加 8 个；国外 36 个，同比增加 10 个；港澳台 4 个，同比不变。如表 7-17 所示。

表 7-17　2019 年三亚凤凰国际机场通航点数量及分布（按航线口径统计）

地域	通航点数量（个）
国内	82
国外	36
港澳台	4
总计	122

数据来源：OAG 数据库，项目组处理。

按照可直飞（无须经停）航线统计口径，2019 年该机场有通航点 107 个。其中，国内 71 个，国外 32 个，港澳台 4 个。国内出港可用座位占 94. 7%，国际占 3. 8%，港澳台占 1. 5%。国内平均日航班 160. 0 班，国际 6. 3 班，港澳台 2. 8 班。如表 7-18 所示。

表 7-18　2019 年三亚凤凰国际机场通航点数量及出港可用座位投入（按无须经停的通达口径统计）

地域	通航点数量（个）	出港可用座位数（万个）	出港座位占比（%）	平均日航班量（班）	平均日频（次）	年航班量（班）
国内	71	1 103. 4	94. 7	160. 0	2. 3	58 411
国外	32	44. 1	3. 8	6. 3	0. 2	2 310
港澳台	4	17. 1	1. 5	2. 8	0. 7	1 023
总计	107	1 164. 4	100. 0	169. 2	1. 6	61 744

数据来源：OAG 数据库，项目组处理。

重点国内航线：2019 年，该机场前 30 条国内航线，直达航线 20 条，经停航线 10 条。可用座位占国内航线 68. 50%，运力集中度同比下降 0. 39 个百分点。其中，三亚凤凰—北京首都（SYX-PEK）可用座位占 10. 38%，份额最大。三亚凤凰—成都双流（SYX-CTU）、三亚凤凰—上海浦东（SYX-PVG）可用座位分别占 5. 60%、4. 67%。如图 7. 53 所示。

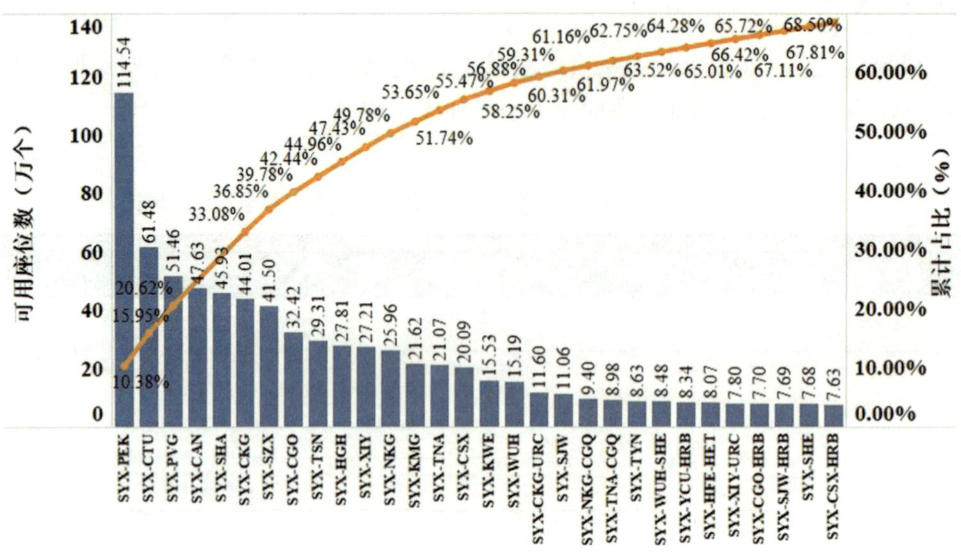

数据来源：OAG 数据库，项目组处理。

图 7.53　2019 年三亚凤凰国际机场前 30 条国内客运航线出港可用座位分布

重点国际航线：2019 年，该机场前 15 条国际航线包括中/东欧航线 6 条，东南亚航线 4 条，东北亚航线 4 条，南亚航线 1 条；可用座位占国际航线 87.21%，同比持平。可用座位排名前 3 位：三亚凤凰—首尔仁川（SYX-ICN）、三亚凤凰—曼谷素万那普（SYX-BKK）、三亚凤凰—釜山金海（SYX-PUS）的可用座位分别占 10.79%、9.80%、8.53%。如图 7.54 所示。

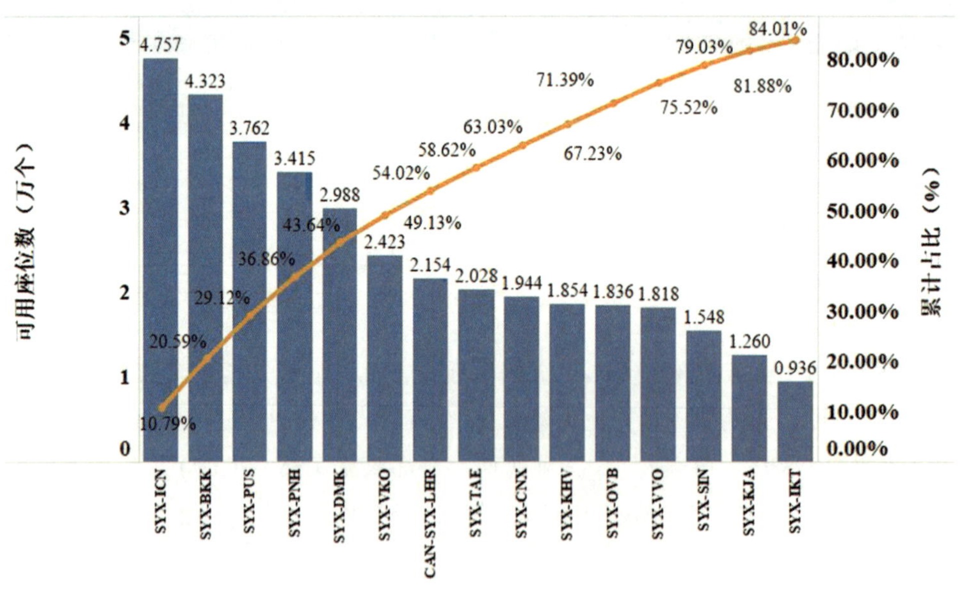

数据来源：OAG 数据库，项目组处理。

图 7.54　2019 年三亚凤凰国际机场前 15 条国际客运航线出港可用座位分布

港澳台航线：2019 年，该机场有港澳台航线 4 条。其中，台湾地区 2 条，香港地区、澳门地区各 1 条。香港航线可用座位占 58.95%，份额最大。

二、运营的航空公司

2019 年，在该机场运营的航空公司有 47 家。其中，国内 30 家，同比增加 1 家；国外 14 家，同比增加 2 家；港澳台 3 家，同比不变。如图 7.55 所示。

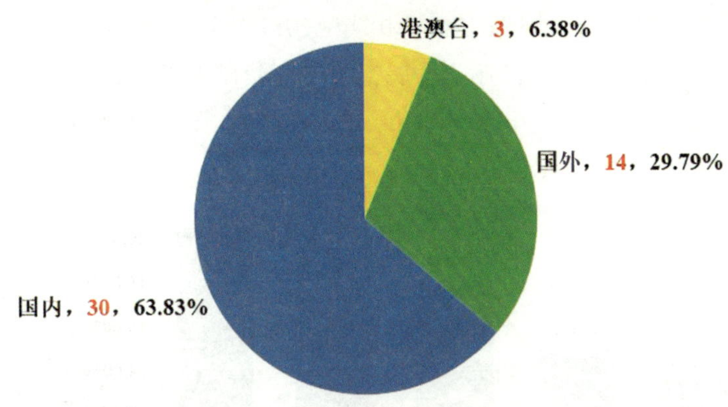

数据来源：OAG 数据库，项目组处理。

图 7.55　2019 年三亚凤凰国际机场航空公司数量（个）及分布

2019 年，南方航空、海南航空、首都航空是该机场主要航空公司，可用座位投入较大，可用座位份额同比无明显变化。如图 7.56 所示。

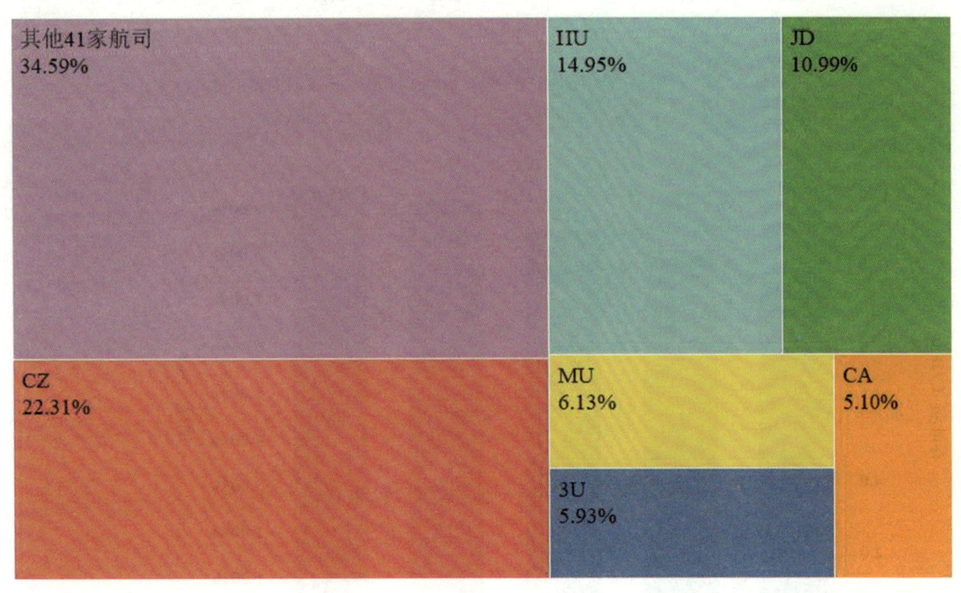

数据来源：OAG 数据库，项目组处理。

图 7.56　2019 年三亚凤凰国际机场航空公司可用座位投入占比

第十一节　南宁吴圩国际机场

2018 年，南宁吴圩国际机场旅客吞吐量达到 1 576.2 万人次，同比增长 4.45%，本区排名第 8 位，全国排名第 28 位。货邮吞吐量达到 12.2 万吨，同比增长 4.44%，本区排名第 7 位，全国排名第 27 位。

从 2014 年开始，该机场旅客吞吐量高速发展，2015 年进入千万级运输机场行列。2015—2016 年增速略高于本区平均水平，与全国平均水平相当。2017 年增长迅猛，2018—2019 年增速放缓。该机场积极推动南宁空港经济区物流产业园发展，2018 年货邮业务增速高于本区和全国平均水平，但仍有大量货物通过发达的陆路交通分流外省市。如图 7.57、图 7.58 所示。

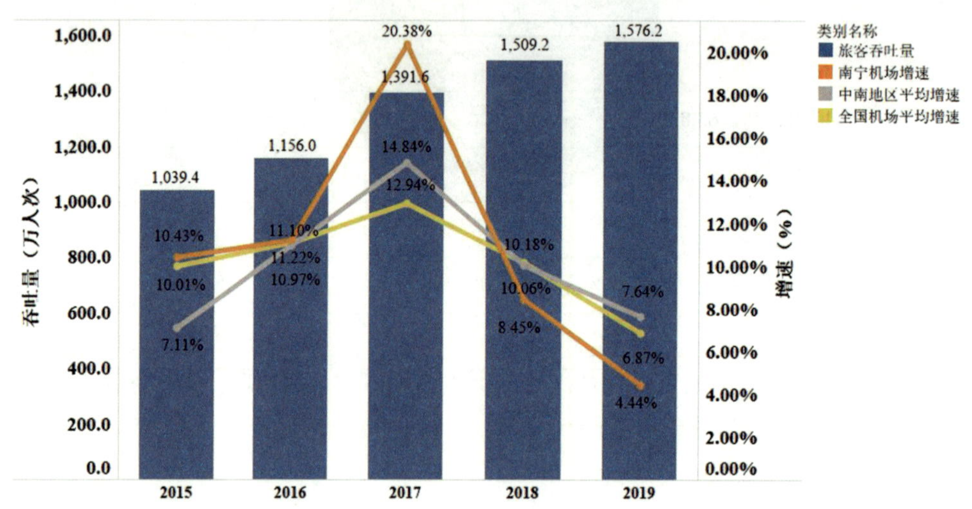

数据来源：全国机场生产统计公报。

图 7.57　2015—2019 年南宁吴圩国际机场旅客吞吐量变化

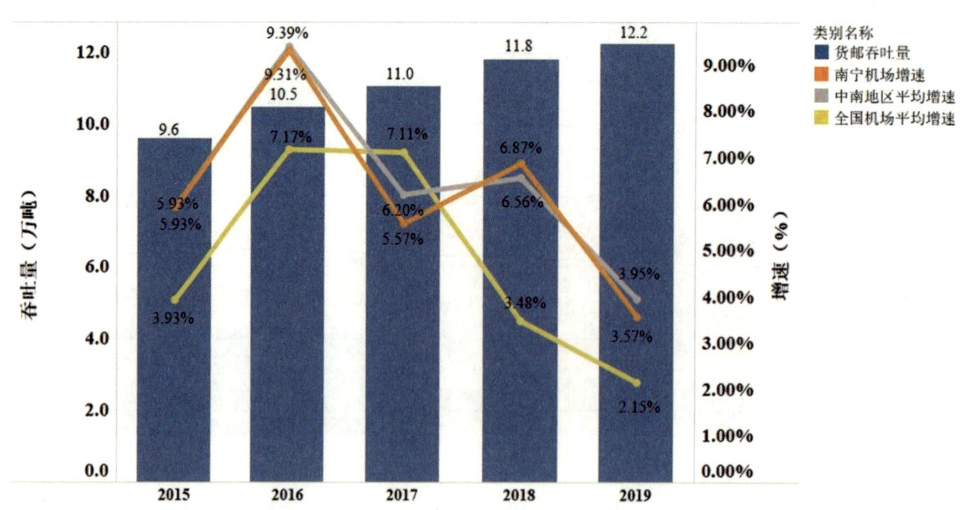

数据来源：全国机场生产统计公报。

图 7.58　2015—2019 年南宁吴圩国际机场货邮吞吐量变化

一、航线网络布局

按照航线统计口径，2019年该机场有通航点126个。其中，国内97个，同比增加12个；国外26个，港澳台3个，同比不变。如表7-19所示。

表7-19 2019年南宁吴圩国际机场通航点数量及分布（按航线口径统计）

地域	通航点数量（个）
国内	97
国外	26
港澳台	3
合计	126

数据来源：OAG数据库，项目组处理。

按照可直飞（无须经停）航线统计口径，2019年该机场有通航点116个。其中，国内88个，国外25个，港澳台3个。国内出港可用座位占90.2%，国际占8.0%，港澳台占1.7%。平均日航班量国内142.9班，国际11.8班，港澳台2.8班。如表7-20所示。

表7-20 2019年南宁吴圩国际机场通航点数量及出港可用座位投入
（按无须经停的通达口径统计）

地域	通航点数量（个）	出港可用座位数（万个）	出港座位占比（%）	平均日航班量（班）	平均日频（次）	年航班量（班）
国内	88	860.6	90.2	142.9	1.6	52 148
国外	25	76.5	8.0	11.8	0.5	4 321
港澳台	3	16.5	1.7	2.8	0.9	1 036
总计	116	953.6	100.0	157.5	1.4	57 505

数据来源：OAG数据库，项目组处理。

重点国内航线：2019年，该机场前30条国内航线中直达航线有24条，经停航线有6条；可用座位数占国内航线58.48%，运力集中度降低0.16个百分点。南宁吴圩—北京首都（NNG-PEK）可用座位占6.46%，同比增长0.23%；南宁吴圩—上海浦东（NNG-PVG）可用座位占4.16%；南宁吴圩—成都双流（NNG-CTU）占4.01%。如图7.59所示。

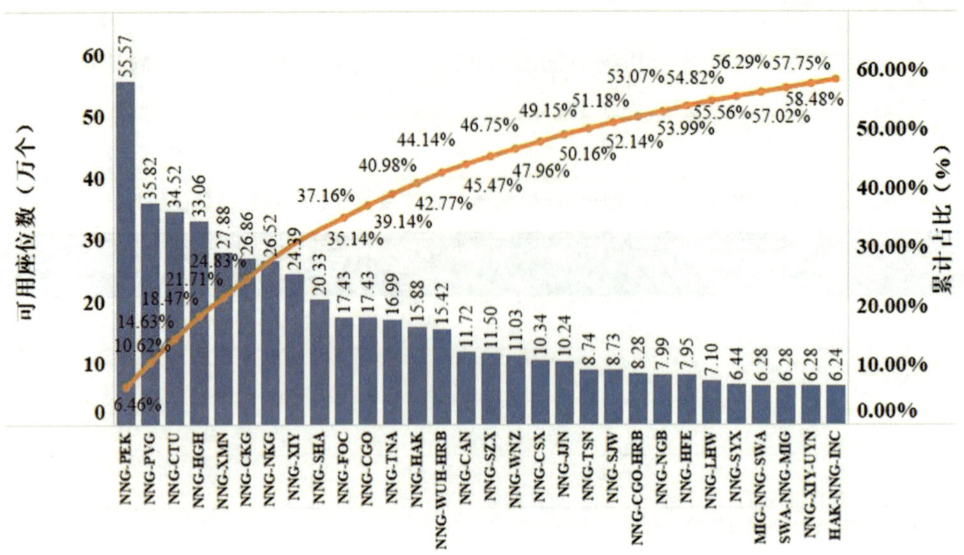

数据来源：OAG 数据库，项目组处理。

图 7.59　2019 年南宁吴圩国际机场前 30 条国内客运航线出港可用座位分布

重点国际航线：2019 年，该机场前 15 条航线均为东盟航线，航线网络布局与建设面向东盟门户枢纽机场目标较符合，规模有待拓展。可用座位占国际航线 87.29%，运力集中度同比上升 1.14%。如图 7.60 所示。

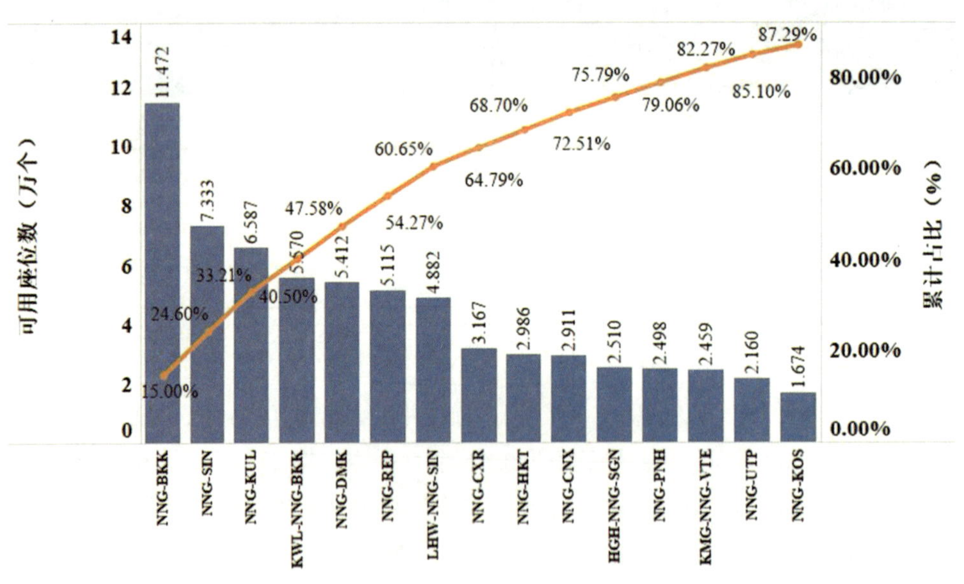

数据来源：OAG 数据库，项目组处理。

图 7.60　2019 年南宁吴圩国际机场前 15 条国际客运航线出港可用座位分布

港澳台航线：2019 年，该机场港澳台航线有 3 条。台湾、香港、澳门地区各 1 条。可用座位集中于台湾、香港航线，分别占 36.40%、38.50%。

二、运营的航空公司

2019 年，在该机场运营的航空公司有 47 家。其中。国内 31 家，同比不变；国外 13 家，同比增加 2 家；港澳台 3 家，同比增加 1 家。如图 7.61 所示。

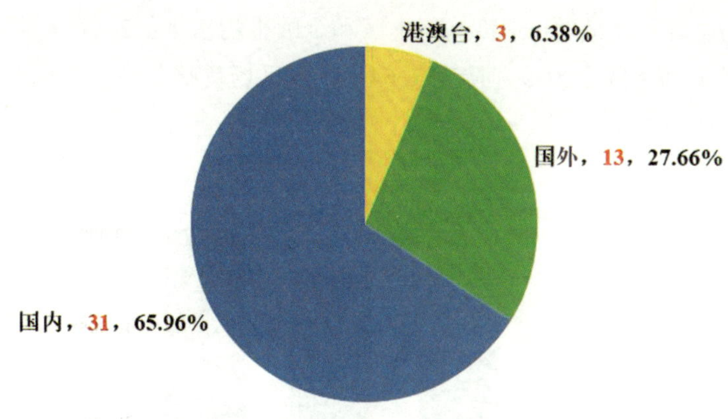

数据来源：OAG 数据库，项目组处理。

图 7.61　2019 年南宁吴圩国际机场航空公司数量（个）及分布

2019 年，该机场运力份额比较分散，没有份额明显较大的航空公司。其中，南方航空、深圳航空、北部湾航空 3 家合计占 42.15%，其他航空公司可用座位份额均不足 10%。如图 7.62 所示。

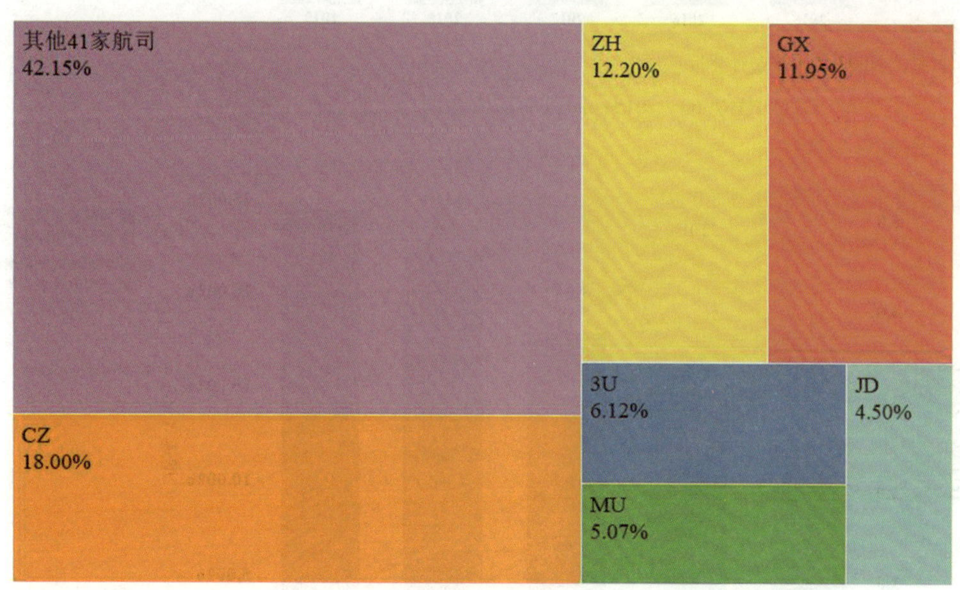

数据来源：OAG 数据库，项目组处理。

图 7.62　2019 年南宁吴圩国际机场航空公司可用座位投入占比

第十二节　珠海金湾机场

2019 年，珠海金湾机场旅客吞吐量达到 1 228.3 万人次，同比增长 7.64%，本区排名第 9 位，全国排名第 37 位。货邮吞吐量 5.1 万吨，同比增长 9.91%，本区排名第 9 位，全国排名第 40 位。

近 5 年，该机场旅客吞吐量增长速度高于本区和全国平均水平，2017 年增长 50.30%，增速达到高峰；2018 年增速有所下降，2019 年降至 7.64%。该机场货邮业务发展较快，近年增速高于本区和全国平均水平。如图 7.63、图 7.64 所示。

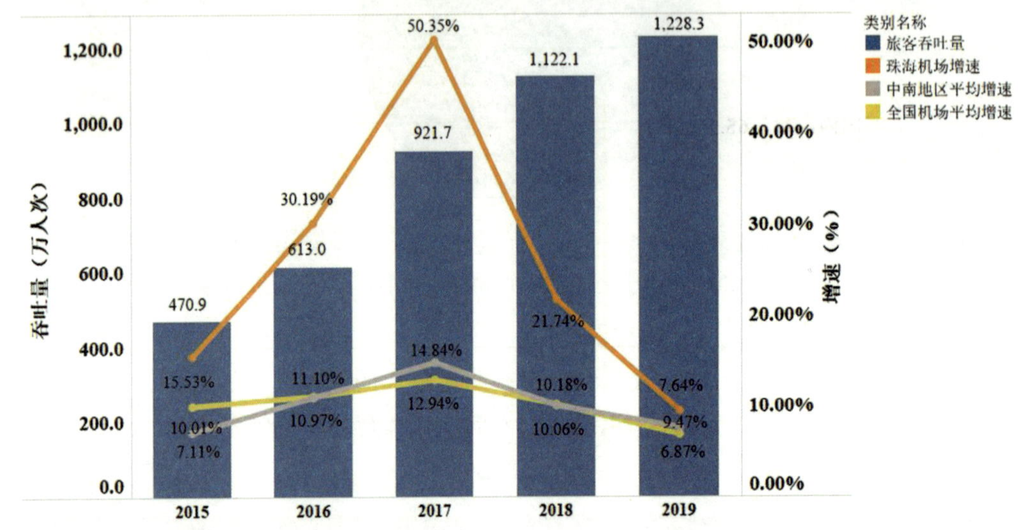

数据来源：全国机场生产统计公报。

图 7.63　2015—2019 年珠海金湾机场旅客吞吐量变化

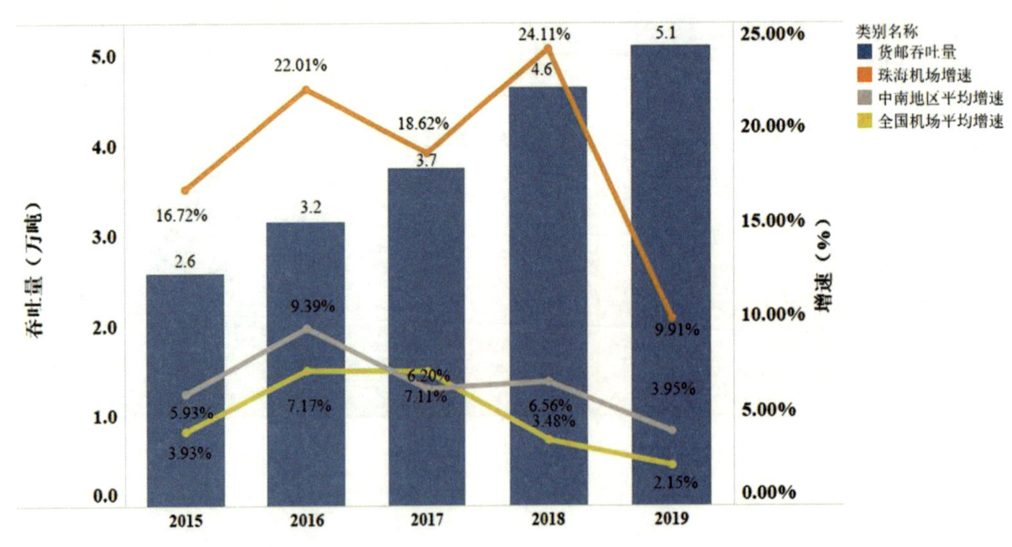

数据来源：全国机场生产统计公报。

图 7.64　2015—2019 年珠海金湾机场货邮吞吐量变化

一、航线网络布局

按照航线统计口径，2019 年该机场有通航点 86 个，均为国内通航点，同比增加 12 个。该机场暂时没有国外、港澳台通航点。如表 7-21 所示。

表 7-21 2019 年珠海金湾机场通航点数量及分布（按航线口径统计）

地域	通航点数量（个）
国内	86
国外	0
港澳台	0
总计	86

数据来源：OAG 数据库，项目组处理。

按照可直飞（无须经停）航线统计口径，2019 年该机场有通航点 78 个，均为国内通航点。国内平均日航班量 120.9 班。如表 7-22 所示。

表 7-22 2019 年珠海金湾机场通航点数量及出港可用座位投入（按无须经停的通达口径统计）

地域	通航点数量（个）	出港可用座位数（万个）	出港座位占比（%）	平均日航班量（班）	平均日频（次）	年航班量（班）
国内	78	741.3	100.0	120.9	1.5	44 118
国外	0	0	0	0	0	0
港澳台	0	0	0	0	0	0
合计	78	741.3	100.0	120.9	1.5	44 118

数据来源：OAG 数据库，项目组处理。

重点国内航线：2019 年，该机场前 30 条国内航线可用座位占国内航线 60.82%。其中，珠海金湾—北京首都（ZUH-PEK）、珠海金湾—上海虹桥（ZUH-SHA）分别占 7.70%、5.30%，排名前 2 位。Top10 之后其他国内航线份额均在 2%以下。如图 7.65 所示。

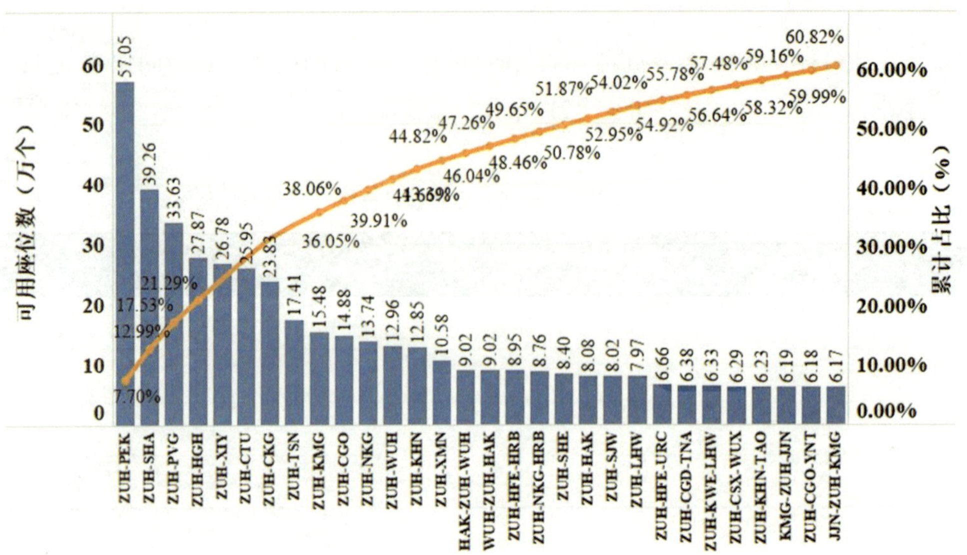

数据来源：OAG 数据库，项目组处理。

图 7.65　2019 年珠海金湾机场前 30 条国内客运航线出港可用座位分布

二、运营的航空公司

2019 年，在该机场运营的航空公司有 30 家，均为国内航空公司。如图 7.66 所示。

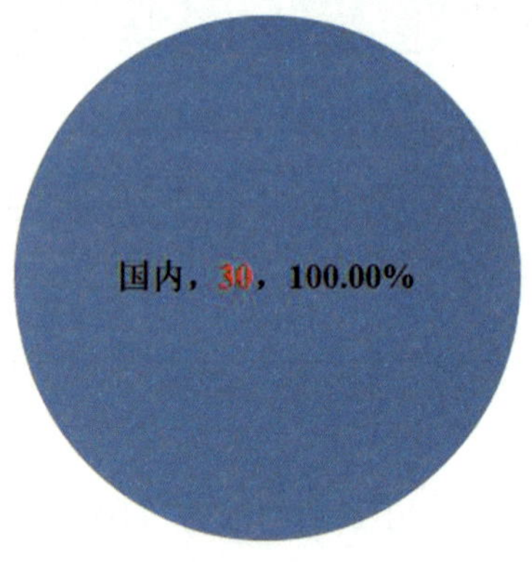

数据来源：OAG 数据库，项目组处理。

图 7.66　2019 年珠海金湾机场航空公司数量（个）及分布

该机场运力以南方航空为主，可用座位占 26.11%；其次是山东航空、国际航空，分别占 9.40%、8.13%，其他 28 家航空公司可用座位份额均低于 10%。如图 7.67 所示。

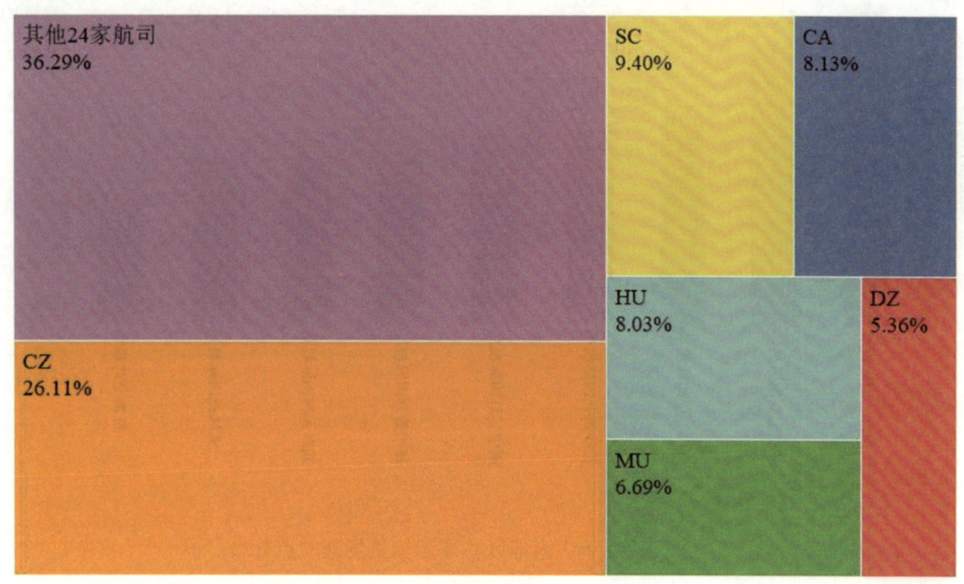

数据来源：OAG 数据库，项目组处理。

图 7.67 2019 年珠海金湾机场航空公司可用座位投入占比

第十三节 中南地区小结

近 10 年，该区各省、自治区 GDP 增速高于全国平均水平。进出口总额增长不稳定，入境人数逐年上升。该区主要运输机场基本实现与其他客运枢纽连通。

近 5 年，该区 22 个运输机场旅客吞吐量平均增速高于本区和全国平均水平。2019 年，9 个运输机场旅客吞吐量突破千万，合计旅客吞吐量 2.67 亿人次，占该区 85.80%。200 万~1 000 万人次运输机场 7 个，50 万~200 万人次运输机场 14 个，50 万人次以下运输机场 7 个。基础设施制约广州、海口、三亚等运输机场发展。

2019 年，该区 11 个运输机场货邮吞吐量超过 1 万吨，合计货邮吞吐量 465.09 万吨，占该区货邮吞吐量 98.98%，广州白云国际机场货邮吞吐量占该区 41%。

2019 年，该区通航点 341 个，如图 7.68 所示。其中，国内 201 个、国外 133 个、港澳台 7 个。在 7 个地区中，中南地区内地及港澳台地区网络覆盖范围排第 2 位；国际航线网络覆盖范围排名第 3 位。广州白云国际机场通达性最高，其国际通达性远高于该区其他主要运输机场。中部 3 个主要运输机场国内通达性欠佳，其中长沙黄花国际机场通达性较高。海口美兰国际机场通达性优于三亚凤凰国际机场。除珠海金湾机场外，其余 8 个主要运输机场港澳台通达性差别不大。

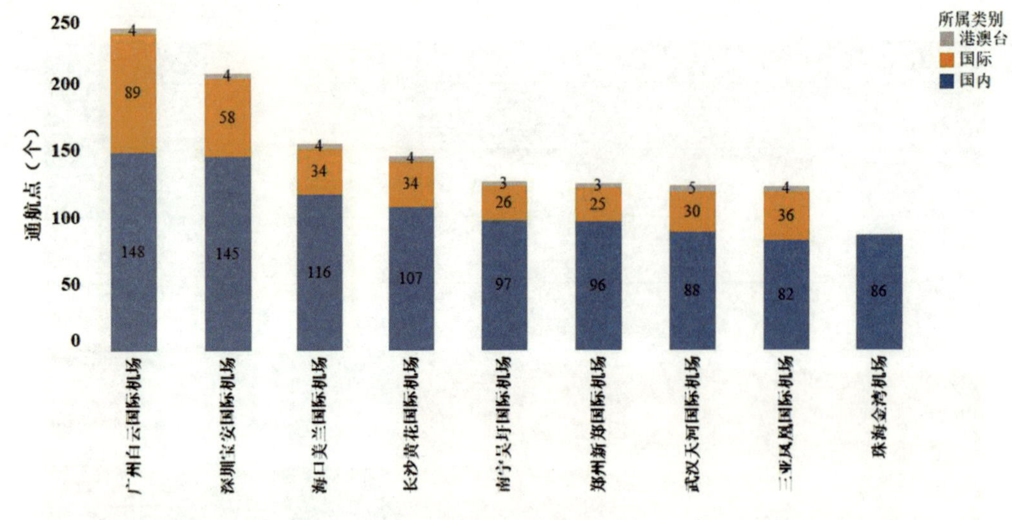

数据来源：OAG 数据库，项目组处理。

图 7.68　2019 年中南地区主要运输机场通航点分布

2019 年，该区国内航线可用座位占 88.642%，国际占 10.08%，港澳台占 1.27%，如图 7.69 所示。鉴于粤港澳大湾区世界级城市群需求，该区主要运输机场运力结构仍需要升级。广州白云国际机场国际运力份额最高，远高于第 2 位的深圳宝安国际机场；中部 3 个运输机场，以武汉天河国际机场国际运力份额最大；享有国际旅游岛政策的海南省的 2 个运输机场国际运力份额均不高。

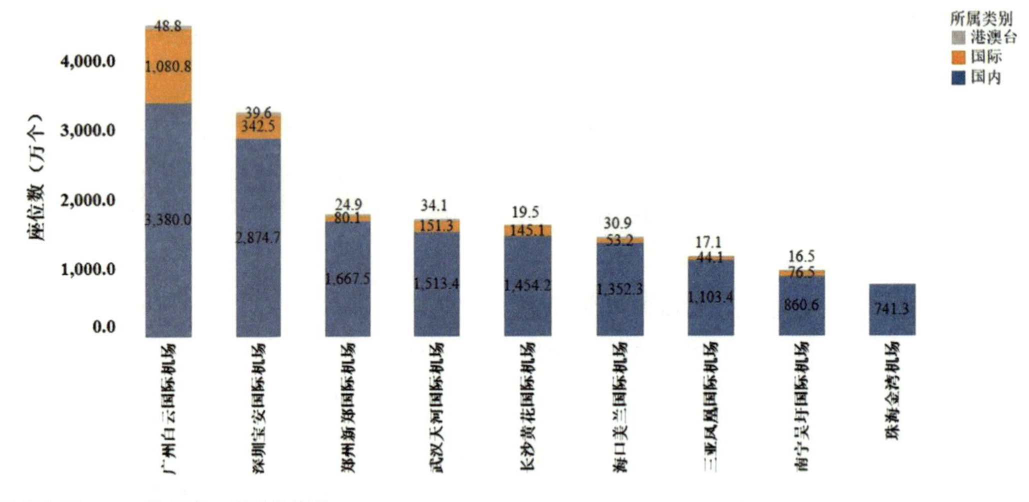

数据来源：OAG 数据库，项目组处理。

图 7.69　2019 年中南地区主要运输机场可用座位分布

2019 年，在该区运营的航空公司 140 家。其中，客运及客货混运 128 家、全客运 12 家。中国南方航空可用座位份额最大，在 7 个千万级运输机场占有最大份额。中国南方航空、深圳航空在深圳宝安国际机场运力投入相当，南航高出 0.06 个百分点。中国南方航空在海口美兰国际机场可用座位份额比海南航空低 7.57 个百分点。

第八章　西南地区

2019 年，西南地区运输机场 50 个，占全国运输机场 20.92%，同比增加 3 个。其中，云南省 15 个、贵州省 11 个、四川省 15 个、西藏自治区 5 个、重庆市 4 个。3 个新增运输机场即巴中恩阳机场、重庆巫山机场、甘孜格萨尔机场。该区运输机场分布如图 8.1 所示。

图片来源：天地图，项目组处理。

图 8.1　西南地区运输机场分布

第一节　运输机场运营概况

一、概况

2019 年，该区旅客吞吐量 22 016.27 万人次，7 个地区总量排名第 3 位，排名同比不变；旅客吞吐量增长 7.39%，高于全国平均水平，7 个地区增速排名第 4 位，同比上升 3 位，如表 8-1 所示。

2019 年，该区旅客吞吐量 1 000 万人次以上运输机场 4 个，同比不变，合计旅客吞吐量占该区 77.50%，同比下降 1.38 个百分点。200 万~1 000 万人次运输机场 6 个，同比增加 1 个[1]，合计旅

1　芒市机场。

客吞吐量占该区 11.72%，同比上升 0.83 个百分点。200 万人次以下运输机场 40 个，同比增加 2 个，合计旅客吞吐量占该区 10.78%，同比上升 0.54 个百分点。

2019 年，该区旅客吞吐量平均增速高于全国平均增速 0.52 个百分点。25 个运输机场增速高于全国平均水平，24 个运输机场增速高于本区平均水平，12 个运输机场负增长。4 个千万级机场中，贵阳龙洞堡国际机场增长 9.04%，增幅最大；昆明长水国际机场增长 2.10%，增幅最小。

近 5 年，该区旅客吞吐量平均增速略低于全国平均水平，但有 30 个运输机场增速高于全国平均水平，32 个运输机场增速高于本区平均水平。

表 8-1　2019 年西南地区运输机场旅客吞吐量规模与增速

运输机场	旅客吞吐量（万人次）	区域占比（%）	区域累计占比（%）	全国运输机场排名	2015—2019 年平均增速（%）	2019 年增速（%）
全国机场整体情况	135 162.85	—	—	—	10.25	6.87
西南地区机场整体情况	22 016.27	—	—	—	9.44	7.39
成都双流国际机场	5 585.86	25.37	25.37	4	7.24	5.49
昆明长水国际机场	4 807.60	21.84	47.21	6	6.39	2.10
重庆江北国际机场	4 478.67	20.34	67.55	9	8.43	7.67
贵阳龙洞堡国际机场	2 191.09	9.95	77.50	20	13.41	9.04
丽江三义国际机场	717.40	3.26	80.76	45	6.26	-4.73
西双版纳嘎洒国际机场	552.43	2.51	83.27	46	7.41	24.25
拉萨贡嘎机场	457.24	2.08	85.35	48	11.98	5.02
绵阳南郊机场	415.94	1.89	87.24	49	28.04	5.60
遵义新舟机场	225.71	1.03	88.26	69	28.16	10.99
芒市机场	212.30	0.96	89.23	71	12.54	17.04
泸州云龙机场[1]	186.14	0.85	90.07	78	—	—
大理荒草坝机场	177.39	0.81	90.88	79	8.87	-0.14
遵义茅台机场[2]	165.21	0.75	91.63	82	—	64.31
兴义万峰林国际机场	138.46	0.63	92.26	91	46.18	23.53
腾冲驼峰机场	136.75	0.62	92.88	93	19.77	16.86
保山云瑞机场	122.90	0.56	93.44	95	41.66	20.96
毕节飞雄机场	121.71	0.55	93.99	96	21.21	0.04
万州五桥机场	115.14	0.52	94.51	98	20.10	32.34
西昌青山机场	108.72	0.49	95.01	102	27.04	60.64
南充高坪机场	101.16	0.46	95.47	105	16.47	7.29
宜宾五粮液机场[3]	100.07	0.45	95.92	106	8.73	2.66

1　泸州云龙机场为泸州蓝田机场迁建机场，于 2018 年 9 月 10 日投入使用。

2　遵义茅台机场于 2017 年 10 月通航。

3　宜宾菜坝机场更名为宜宾五粮液机场，于 2019 年 12 月 5 日正式启用。

续表

运输机场	旅客吞吐量（万人次）	区域占比（%）	区域累计占比（%）	全国运输机场排名	2015—2019年平均增速（%）	2019年增速（%）
铜仁凤凰机场	92.45	0.42	96.34	108	28.13	-27.58
普洱思茅机场	62.10	0.28	96.62	128	16.93	-2.96
迪庆香格里拉机场	61.79	0.28	96.90	129	5.24	4.34
达州河市机场	57.13	0.26	97.16	134	11.66	11.25
林芝米林机场	55.79	0.25	97.42	136	9.83	15.14
攀枝花保安营机场	54.70	0.25	97.67	138	35.58	41.95
黔江武陵山机场	49.81	0.23	97.89	146	36.70	21.52
广元盘龙机场	49.13	0.22	98.11	147	22.95	92.30
临沧博尚机场	47.02	0.21	98.33	150	9.75	6.65
澜沧景迈机场[1]	45.34	0.21	98.53	153	—	94.77
昌都邦达机场	37.33	0.17	98.70	164	14.12	14.84
昭通机场	36.94	0.17	98.87	165	25.47	6.58
安顺黄果树机场	36.89	0.17	99.04	166	14.64	-16.42
沧源佤山机场[2]	33.72	0.15	99.19	169	—	—
六盘水月照机场	32.36	0.15	99.34	170	38.38	-24.91
稻城亚丁机场	22.63	0.10	99.44	185	0.34	-6.53
宁蒗泸沽湖机场[3]	21.59	0.10	99.54	188	127.84	31.96
巴中恩阳机场[4]	19.69	0.09	99.63	191	—	—
文山普者黑机场	16.54	0.08	99.70	195	12.01	3.55
日喀则和平机场	15.54	0.07	99.78	202	43.42	91.07
荔波机场	15.52	0.07	99.85	203	34.52	-15.05
凯里黄平机场	9.48	0.04	99.89	214	88.64	-33.00
阿里昆莎机场	9.09	0.04	99.93	215	10.49	21.15
康定机场	5.50	0.02	99.95	225	-15.11	-34.17
阿坝红原机场	3.95	0.02	99.97	229	32.65	39.83
九寨黄龙机场	2.05	0.01	99.98	233	-19.64	-5.01
黎平机场	2.01	0.01	99.99	234	-65.50	-60.46
重庆巫山机场[5]	1.34	0.01	100.00	236	—	—
甘孜格萨尔机场[6]	0.96	0.00	100.00	237	—	—

数据来源：全国机场生产统计公报。

1 澜沧景迈机场于2017年5月通航。
2 沧源佤山机场于2016年12月通航。
3 宁蒗泸沽湖机场于2015年10月通航。
4 巴中恩阳机场于2019年2月3日正式建成通航。
5 重庆巫山机场于2019年8月16日正式通航。
6 甘孜格萨尔机场于2019年9月16日正式通航。

2019 年，该区运输机场货邮吞吐量 174.51 万吨，7 个地区排名第 4 位，同比不变，如表 8-2 所示。货邮吞吐量增长 2.50%，高于全国平均水平，7 个地区排名第 5 位，同比下降 2 位。

2019 年，该区货邮吞吐量 1 万吨以上运输机场 7 个，同比不变，合计货邮吞吐量占 96.35，同比下降 0.5 个百分点。其中，成都双流国际机场、昆明长水国际机场、重庆江北国际机场合计货邮吞吐量占该区 85.88%，成都双流国际机场占 38.50%。

2019 年，该区货邮吞吐量平均增速高于全国平均水平。24 个货邮吞吐量增速高于全国平均水平，23 个高于本区平均水平，13 个负增长。货邮吞吐量超过 1 万吨的运输机场中，丽江三义国际机场增长 11.35%，增幅最大；昆明长水国际机场增长-2.92%。

近 5 年，该区 26 个运输机场货邮吞吐量平均增速高于全国平均水平，25 个运输机场增速高于本区平均水平；9 个运输机场负增长。

表 8-2　2019 年西南地区运输机场货邮吞吐量规模与增速

运输机场	货邮吞吐量（万吨）	区域占比（%）	区域累计占比（%）	全国运输机场排名	2015—2019 年平均增速（%）	2019 年增速（%）
全国机场整体情况	1 710.01	—	—	—	4.95	2.15
西南地区机场整体情况	174.51	—	—	—	5.66	2.50
成都双流国际机场	67.19	38.50	38.50	6	4.82	1.02
昆明长水国际机场	41.58	23.83	62.33	9	4.00	-2.92
重庆江北国际机场	41.09	23.55	85.88	10	6.55	7.53
贵阳龙洞堡国际机场	12.01	6.88	92.76	28	8.33	6.86
拉萨贡嘎机场	3.93	2.25	95.01	44	11.57	8.26
丽江三义国际机场	1.26	0.72	95.74	50	11.06	11.35
芒市机场	1.08	0.62	96.35	53	8.45	29.16
绵阳南郊机场	0.89	0.51	96.86	62	13.64	16.79
西双版纳嘎洒国际机场	0.84	0.48	97.34	66	1.68	-36.26
大理荒草坝机场	0.69	0.39	97.74	72	25.20	2.18
泸州云龙机场	0.66	0.38	98.12	74	23.37	—
遵义新舟机场	0.36	0.21	98.32	82	112.87	55.96
宜宾五粮液机场	0.34	0.19	98.52	83	4.20	5.30
腾冲驼峰机场	0.30	0.17	98.69	85	31.39	32.70
林芝米林机场	0.25	0.14	98.84	88	11.19	13.21
南充高坪机场	0.23	0.13	98.96	91	-6.56	-39.26
西昌青山机场	0.19	0.11	99.08	95	12.99	22.86
万州五桥机场	0.17	0.10	99.18	104	-8.54	-15.46
攀枝花保安营机场	0.17	0.10	99.27	105	41.81	27.76
保山云瑞机场	0.16	0.09	99.36	107	26.16	14.04
达州河市机场	0.14	0.08	99.44	108	1.23	7.13
兴义万峰林国际机场	0.14	0.08	99.52	109	59.38	19.77
昌都邦达机场	0.13	0.08	99.59	110	5.56	21.22

续表

运输机场	货邮吞吐量（万吨）	区域占比（%）	区域累计占比（%）	全国运输机场排名	2015—2019 年平均增速（%）	2019 年增速（%）
普洱思茅机场	0. 13	0. 07	99. 67	113	13. 38	8. 69
遵义茅台机场[1]	0. 10	0. 06	99. 73	126	—	—
迪庆香格里拉机场	0. 08	0. 04	99. 77	136	-2. 08	-26. 26
毕节飞雄机场	0. 07	0. 04	99. 81	137	-2. 26	-11. 00
临沧博尚机场	0. 07	0. 04	99. 85	139	4. 88	10. 62
日喀则和平机场	0. 04	0. 02	99. 88	149	18. 68	59. 77
广元盘龙机场	0. 04	0. 02	99. 90	155	11. 64	8. 29
安顺黄果树机场	0. 03	0. 02	99. 92	161	-25. 98	-52. 47
昭通机场	0. 03	0. 02	99. 94	164	14. 36	-30. 20
黔江武陵山机场	0. 02	0. 01	99. 95	174	17. 04	31. 06
澜沧景迈机场[2]	0. 02	0. 01	99. 96	176	—	—
稻城亚丁机场	0. 02	0. 01	99. 97	177	-2. 55	-24. 94
文山普者黑机场	0. 01	0. 01	99. 98	187	-17. 47	74. 76
沧源佤山机场[3]	0. 01	0. 01	99. 98	188	—	—
铜仁凤凰机场	0. 01	0. 01	99. 99	191	29. 95	-46. 30
宁蒗泸沽湖机场	0. 01	0. 00	99. 99	192	64. 72	42. 96
六盘水月照机场	0. 01	0. 00	99. 99	196	170. 14	-12. 83
荔波机场	0. 00	0. 00	100. 00	205	51. 34	—
九寨黄龙机场	0. 00	0. 00	100. 00	207	-45. 17	2. 00
阿里昆莎机场	0. 00	0. 00	100. 00	211	-19. 79	-34. 47
康定机场	0. 00	0. 00	100. 00	212	710. 98	-80. 88
凯里黄平机场[4]	0. 00	0. 00	100. 00	217	—	—
重庆巫山机场[5]	0. 00	0. 00	100. 00	219	—	—
巴中恩阳机场[6]	0. 00	0. 00	100. 00	221	—	—
甘孜格萨尔机场[7]	0. 00	0. 00	100. 00	225	—	—
阿坝红原机场[8]	0. 00	0. 00	100. 00	237	—	—
黎平机场	0. 00	0. 00	100. 00	239	—	—

数据来源：全国机场生产统计公报。

1 遵义茅台机场 2015—2017 年无货邮吞吐量。
2 澜沧景迈机场 2015—2016 年无货邮吞吐量。
3 沧源佤山机场 2015—2016 年无货邮吞吐量。
4 凯里黄平机场 2015—2016 年无货邮吞吐量。
5 重庆巫山机场 2015—2018 年无货邮吞吐量。
6 巴中恩阳机场 2016—2018 年无货邮吞吐量。
7 甘孜格萨尔机场 2015—2018 年无货邮吞吐量。
8 阿坝红原机场 2015—2019 年无货邮吞吐量。

2019 年，该区飞机起降 190.93 万架次，7 个地区排名第 3 位，同比不变，如表 8-3 所示。飞机起降架次增长 5.74%，高于全国平均水平，7 个地区排名第 4 位，同比上升 2 位。

该区 4 个千万级运输机场飞机起降 120.94 万架次，占该区飞机起降架次 63.34%。其中，成都双流国际机场占 19.22%，昆明长水国际机场占 18.70%。

2019 年，该区飞机起降架次增速高于全国平均水平。26 个运输机场飞机起降架次增速高于全国平均水平，25 个增速高于本区平均水平，12 个负增长。4 个千万级机场中，重庆江北国际机场增长 5.87%，增幅最大；贵阳龙洞堡国际机场增长 5.36%，位居第 2；昆明长水国际机场增长 -1.03%。

近 5 年，该区 31 个运输机场飞机起降架次平均增速高于全国平均水平，32 个运输机场增速高于本区平均水平。

表 8-3　2019 年西南地区运输机场起降架次规模与增速

运输机场	起降架次（万架次）	区域占比（%）	区域累计占比（%）	全国运输机场排名	2015—2019 年平均增速（%）	2019 年增速（%）
全国机场整体情况	1 166.05	—	—	—	8.02	5.16
西南地区机场整体情况	190.93	—	—	—	7.19	5.74
成都双流国际机场	36.688 7	19.22	19.22	5	5.73	4.19
昆明长水国际机场	35.708	18.70	37.92	6	4.42	-1.03
重庆江北国际机场	31.839 8	16.68	54.59	8	5.67	5.87
绵阳南郊机场	18.989 7	9.95	64.54	17	-1.17	7.56
贵阳龙洞堡国际机场	16.706 3	8.75	73.29	21	9.33	5.36
广元盘龙机场	5.493 6	2.88	76.17	58	121.31	78.14
丽江三义国际机场	5.425 5	2.84	79.01	59	4.25	-4.70
西双版纳嘎洒国际机场	4.303 4	2.25	81.26	64	5.67	23.56
拉萨贡嘎机场	3.906 5	2.05	83.31	67	8.92	7.84
遵义新舟机场	2.075 9	1.09	84.40	90	23.34	9.82
万州五桥机场	2.012 2	1.05	85.45	93	24.53	-20.50
泸州云龙机场	1.941 4	1.02	86.47	96	21.42	—
南充高坪机场	1.940 6	1.02	87.48	97	1.72	-53.04
芒市机场	1.816	0.95	88.43	100	12.77	16.95
遵义茅台机场	1.737	0.91	89.34	105	—	65.76
大理荒草坝机场	1.733 1	0.91	90.25	107	9.27	0.22
兴义万峰林国际机场	1.481 4	0.78	91.03	111	33.11	19.63
毕节飞雄机场	1.422	0.74	91.77	114	13.79	4.39
腾冲驼峰机场	1.254 2	0.66	92.43	120	15.99	17.31
文山普者黑机场	1.166 2	0.61	93.04	122	70.13	-10.87
保山云瑞机场	1.104 7	0.58	93.62	125	35.72	17.23
西昌青山机场	1.042 7	0.55	94.16	126	20.80	64.88
宜宾五粮液机场	1.011 6	0.53	94.69	128	7.33	5.01

续表

运输机场	起降架次（万架次）	区域占比（%）	区域累计占比（%）	全国运输机场排名	2015—2019年平均增速（%）	2019年增速（%）
铜仁凤凰机场	0.827 8	0.43	95.13	134	9.69	-38.71
普洱思茅机场	0.785 1	0.41	95.54	140	16.91	4.12
达州河市机场	0.693	0.36	95.90	143	15.05	18.95
林芝米林机场	0.689 4	0.36	96.26	144	10.77	29.93
迪庆香格里拉机场	0.685 2	0.36	96.62	145	7.12	2.54
安顺黄果树机场	0.683 6	0.36	96.98	146	9.82	-2.03
黔江武陵山机场	0.567 2	0.30	97.28	159	27.95	15.21
攀枝花保安营机场	0.566 8	0.30	97.57	160	31.08	42.20
澜沧景迈机场	0.507 6	0.27	97.84	168	—	—
临沧博尚机场	0.502 8	0.26	98.10	169	10.37	22.45
六盘水月照机场	0.450 2	0.24	98.34	173	23.95	-18.68
昭通机场	0.422	0.22	98.56	177	12.00	3.99
昌都邦达机场	0.421	0.22	98.78	178	17.70	25.15
黎平机场	0.365 1	0.19	98.97	181	28.24	223.67
沧源佤山机场	0.294 4	0.15	99.13	192	—	90.18
稻城亚丁机场	0.261 2	0.14	99.26	198	3.06	12.44
凯里黄平机场	0.259 6	0.14	99.40	199	15.36	-18.65
荔波机场	0.239 8	0.13	99.52	200	11.98	-31.49
宁蒗泸沽湖机场	0.216 8	0.11	99.64	208	121.54	33.66
日喀则和平机场	0.185 6	0.10	99.73	213	39.87	90.16
巴中恩阳机场	0.146	0.08	99.81	217	—	—
康定机场	0.129	0.07	99.88	224	-3.11	-10.66
阿里昆莎机场	0.106 6	0.06	99.93	225	5.39	10.12
阿坝红原机场	0.068 2	0.04	99.97	231	30.66	50.22
九寨黄龙机场	0.028 6	0.01	99.98	237	-61.41	-13.86
重庆巫山机场	0.018 4	0.01	99.99	238	—	—
甘孜格萨尔机场	0.010 4	0.01	100.00	239	—	—

数据来源：全国机场生产统计公报。

二、航空市场运营概况

2019年，该区国内航班可用座位12 533.4万个，国际航班可用座位814.3万个，如图8.2所示。近5年，该区国际、国内可用座位均呈上升态势。国际可用座位增速一直高于国内。2018年，国际份额增速缓慢上升，国内份额迅速下降。2019年，国际可用座位增速降至近5年最低值15.32%，国内可用座位缓慢升至7.61%，国际和国内运力增速差距缩小。

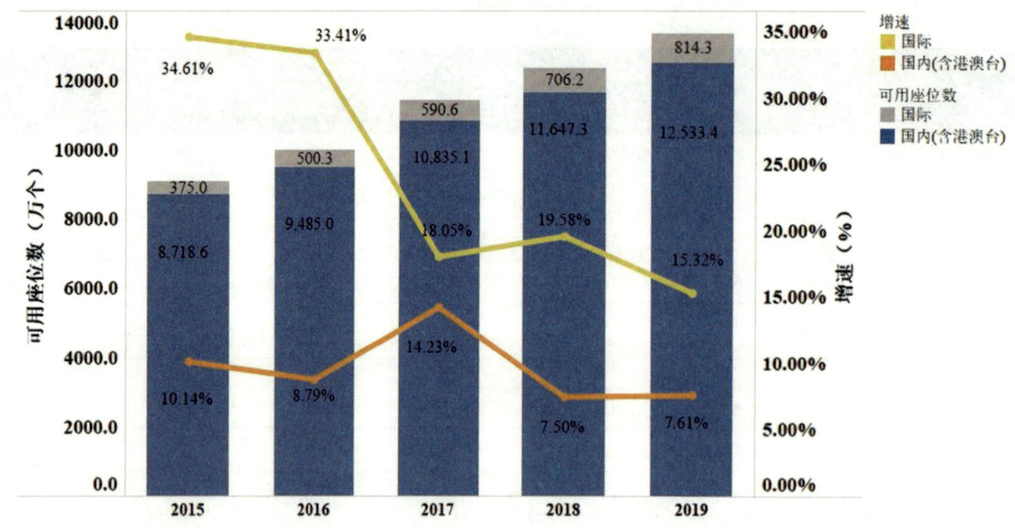

数据来源：OAG 数据库，项目组处理。

图 8.2 2015—2019 年西南地区运输机场国际国内出港航班可用座位变化

近 5 年，国内与国际航班频次整体呈上升趋势和反向变动，国际航班频次增速始终高于国内航班频次增速，如图 8.3 所示。2018 年，国际航班频次增速上升，国内航班频次增速呈下降趋势，二者差距增大。2019 年国际航班频次增速下降，国内航班频次增速有所上升。

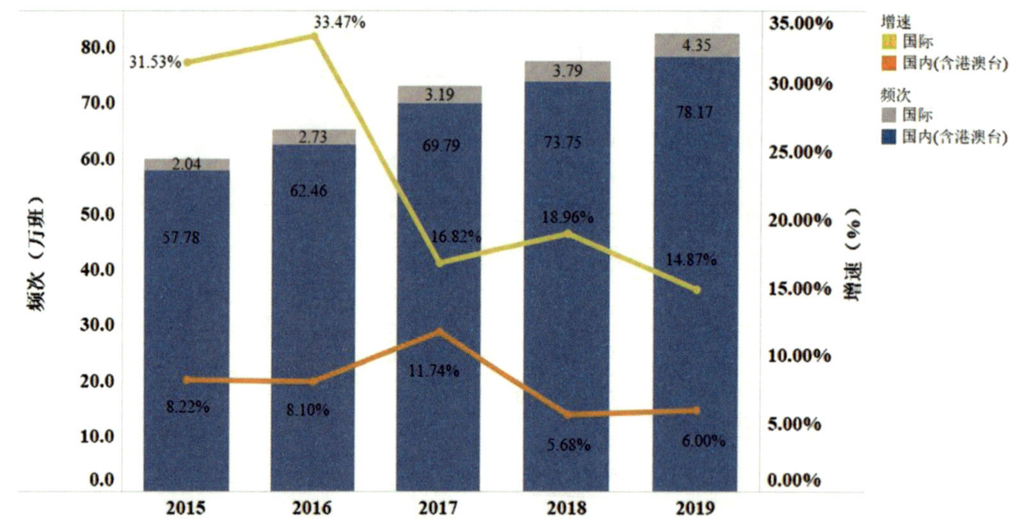

数据来源：OAG 数据库，项目组处理。

图 8.3 2015—2019 年西南地区运输机场国际国内出港航班频次变化

三、运输机场与综合交通

该区主要运输机场基本实现与城市交通相互衔接，如表 8-4 所示。从 2016 年 7 月 31 日起，重庆江北国际机场与公交集团共同运营机场快线。除拉萨贡嘎国际机场外，该区其他主要运输机场都有直接通往市区的公交线路。成都双流国际机场、昆明长水国际机场、重庆江北国际机场均有地铁与市区相连；成都双流国际机场、贵阳龙洞堡国际机场设有高铁站，换乘便捷。

表 8-4　西南地区主要国际机场与其他交通方式连通概况

主要运输机场	地铁（条）	高铁	专线巴士（市内）（条）	公交（条）	城际巴士（条）
成都双流国际机场	1	有	3	6	17
昆明长水国际机场	1	—	5	11	—
重庆江北国际机场	2	—	6	—	39
贵阳龙洞堡国际机场	—	有	5	2	—
拉萨贡嘎国际机场	—	—	1	—	2

数据来源：机场官网，项目组处理。

第二节　经济社会发展概况

一、国内生产总值（GDP）

近 10 年，该区 GDP 稳步增长，如图 8.4 所示。2019 年，该区 GDP 为 111 912.5 亿元，7 个地区排名第 4 位。该区各省、市、自治区 GDP 保持 10 年增长。2019 年，四川省 GDP 为 46 615.82 亿元，本区最高；云南省增速最快，是继四川省、重庆市之后，GDP 第 3 个超过 2 000 亿元省份；其他 2 个省、自治区 GDP 均低于 2 000 亿元。西藏自治区 GDP 为 1 697.82 亿元，与其他省份差距较大。

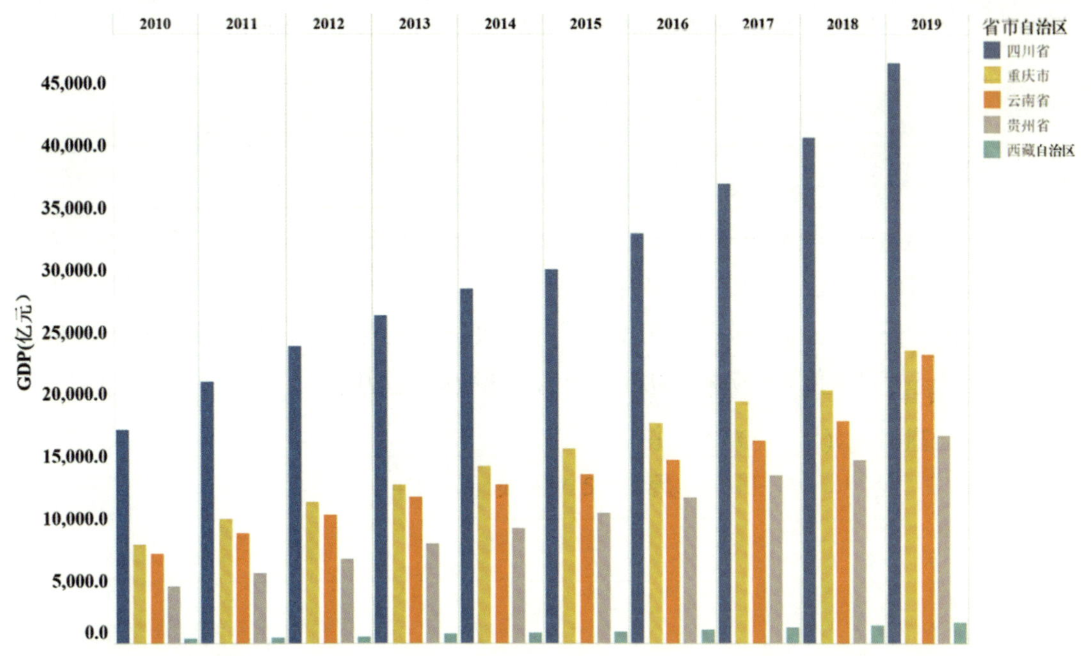

数据来源：国家统计局，项目组处理。

图 8.4　2010—2019 年西南地区各省、市、自治区 GDP 分布及变化

近 10 年，该区各省、市、自治区 GDP 增速呈下降趋势，但仍高于全国均增速，如图 8.5 所示。2018 年重庆市增速下滑，低于全国 GDP 平均水平，2019 年，增速回转至 6.3%，略高于全国增速。2019 年，贵州省、云南省和西藏自治区增速较高。

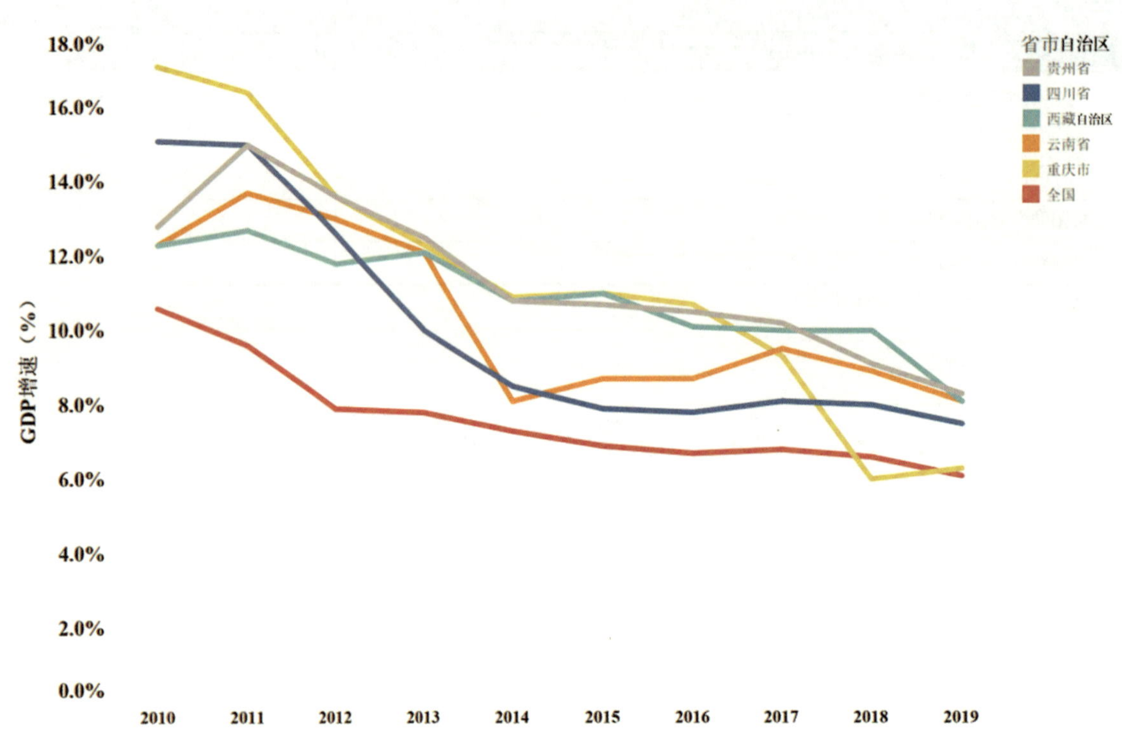

数据来源：国家统计局，地方政府工作报告，项目组处理。

图 8.5　2010—2019 年西南地区各省、市、自治区及全国 GDP 增速

二、进出口贸易

2018 年，该区进出口贸易总额 13 075.3 亿元，7 个地区排名第 4 位；增长 26.32%，7 个地区排名第 1 位，如图 8.6 所示。2013—2014 年，该区进出口贸易总额增速均高于全国平均水平。2015 年增速大幅下降，低于全国平均水平且负增长。2015 年之后迅速上升，2017 年增速再次超过全国水平，达到过去 5 年最大值 26.57%。2018 年该区增速略低于 2017 年，但高于全国水平。

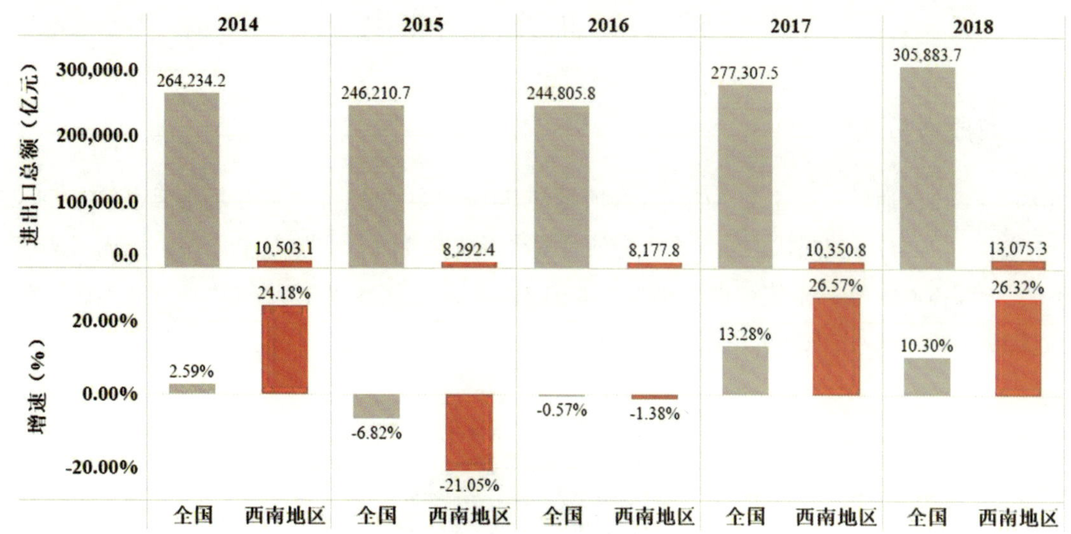

数据来源：国家统计局，项目组处理。

图 8.6 2014—2018 年西南地区及全国进出口总额变化

三、入境人数

2018 年，该区入境人数 1 027.1 万人次，7 个地区排名第 3 位；增长 10.99%，7 个地区排名第 3 位，如图 8.7 所示。2015 年，该区入境人数增速升至最大值 49.83%。2016 年明显下降，与全国平均水平保持一致。2018 年该区入境人数增速超过全国入境人数平均增速。

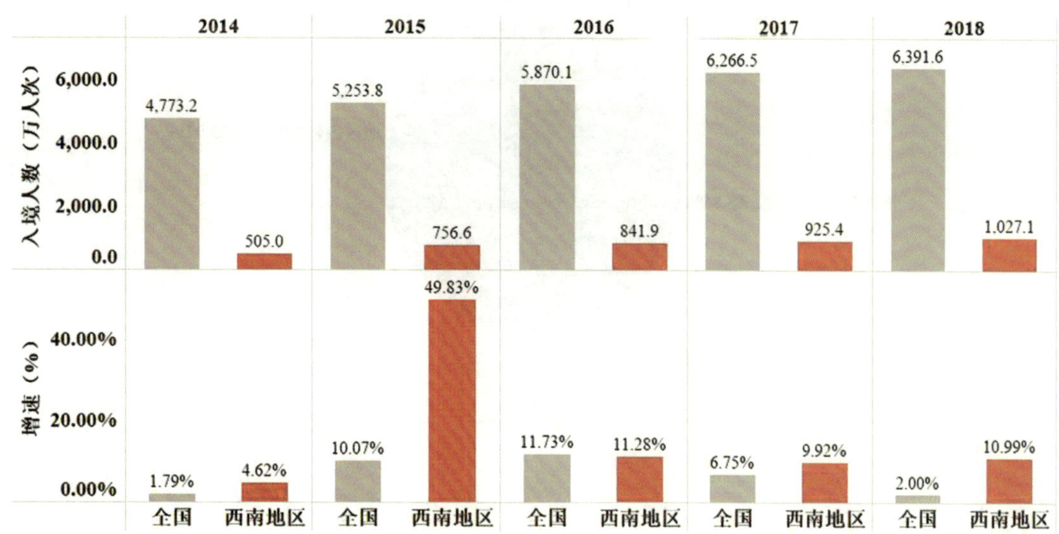

数据来源：国家统计局，项目组处理。

图 8.7 2014—2018 年西南地区及全国入境人数变化

第三节　航线网络布局

一、通航点分布

2019 年，该区通航点 285 个，如图 8.8 所示。其中，国内 195 个，同比增加 8 个，占 68.42%；国外 84 个，占 29.47%，同比增加 5 个；港澳台 6 个，占 2.11%，同比增加 1 个。国内可用座位占 92.83%，国际占 6.10%，港澳台占 1.07%，如图 8.9 所示。该区 48 个运输机场开通本区航线，可用座位 3 199.0 万个，占该区可用座位 23.97%。

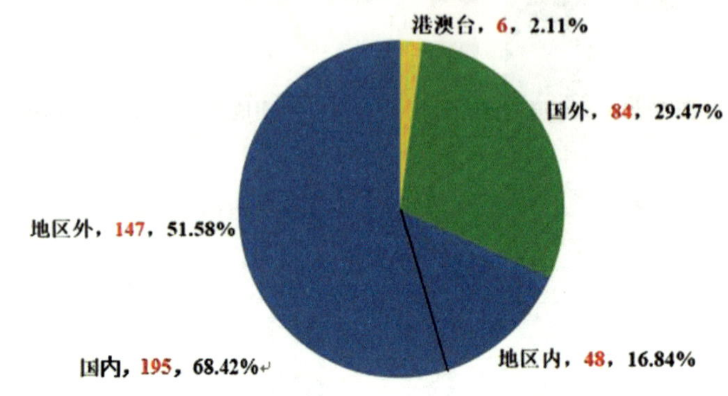

数据来源：OAG 数据库，项目组处理。

图 8.8　2019 年西南地区通航点数量（个）及分布

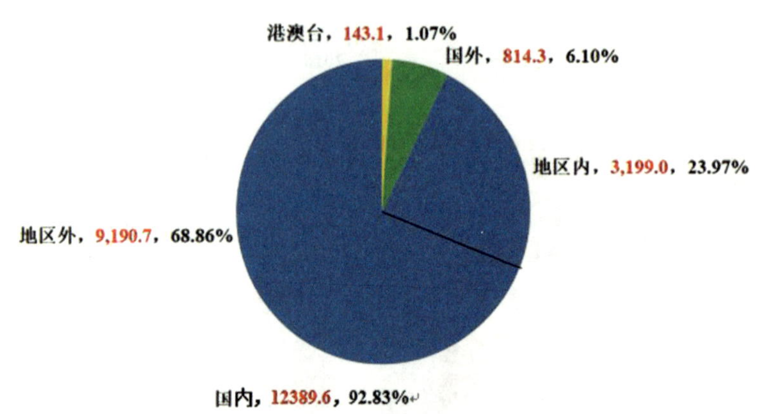

数据来源：OAG 数据库，项目组处理。

图 8.9　2019 年西南地区可用座位数（万个）及分布

2019 年，该区航线网络分 3 个梯队（图 8.10）：成都双流国际机场、昆明长水国际机场、重庆江北国际机场以远高于其他运输机场通航点和航班频次居第 1 梯队；贵阳龙洞堡国际机场居第 2 梯队；其他 44 个运输机场属于第 3 梯队。第 1 梯队、第 2 梯队运输机场数量同比不变，第 3 梯队增加 1 个。

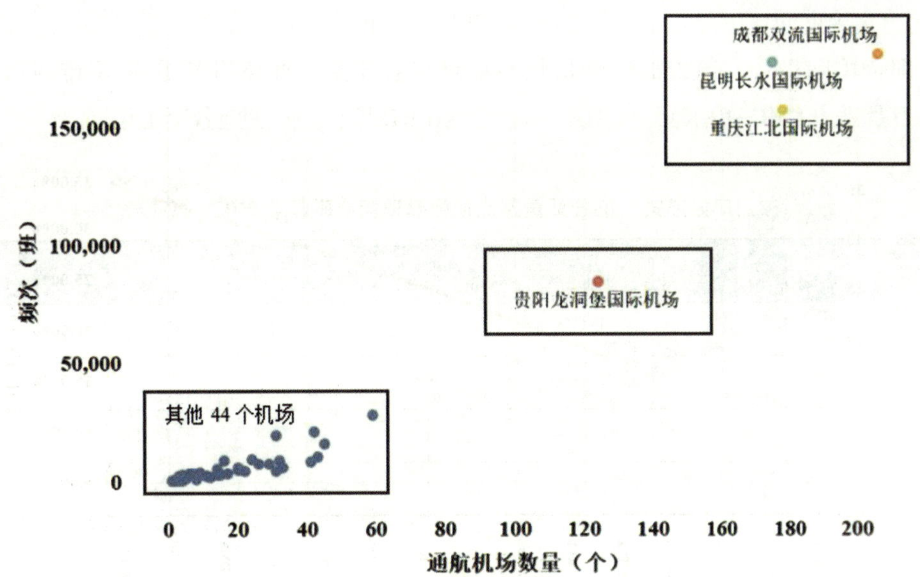

数据来源：OAG 数据库，项目组处理。

图 8.10 西南地区各运输机场通航点分布散点图

二、重点航线

2019 年，该区前 30 条国内航线可用座位占国内航线 25.15%，运力集中度同比持平，如图 8.11 所示。西双版纳—昆明长水（JHG-KMG）、大理—昆明长水（LUM-KMG）、拉萨贡嘎—成都双流（LXA-CTU）3 条本区航线位列其中。前 30 条国内航线可用座位集中于成都双流国际机场至北京首都、广州白云、深圳宝安等国内机场航线。其中，成都双流—北京首都（CTU-PEK）可用座位 301.2 万个，同比增加 3.8 万个，是该区可用座位份额最大的国内航线。

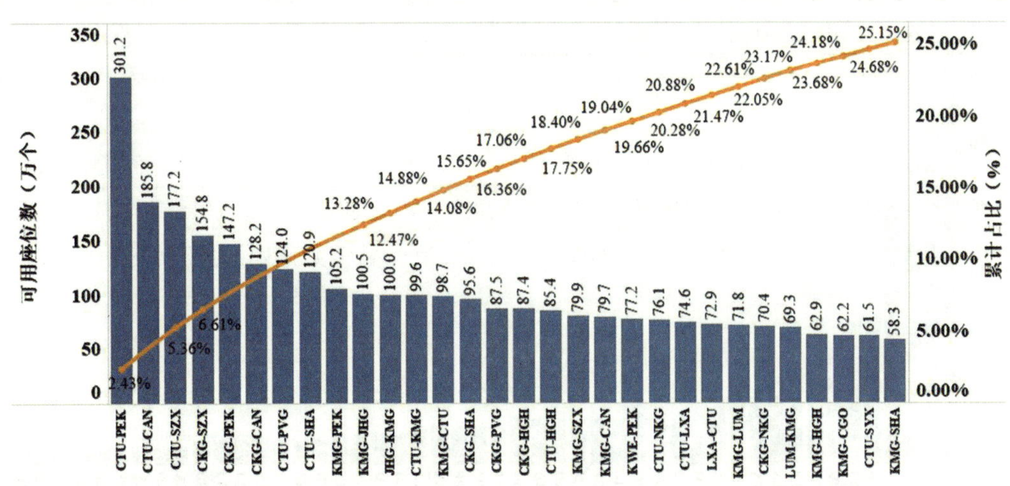

数据来源：OAG 数据库，项目组处理。

图 8.11 西南地区前 30 条国内客运航线出港可用座位分布

2019 年，该区前 15 条国际航线包括东南亚航线 13 条，东北亚航线 2 条；可用座位占国际航线 33.79%，运力集中度同比下降 3.14%，如图 8.12 所示。前 4 条国际航线均通达泰国运输机场，包括曼谷素万那普国际机场、普吉岛国际机场和廊曼国际机场。2018 年可用座位排名第 1 位的昆明—曼谷素万那普（KMG-BKK），可用座位净增约 6.57 万个，依然排名第 1 位。

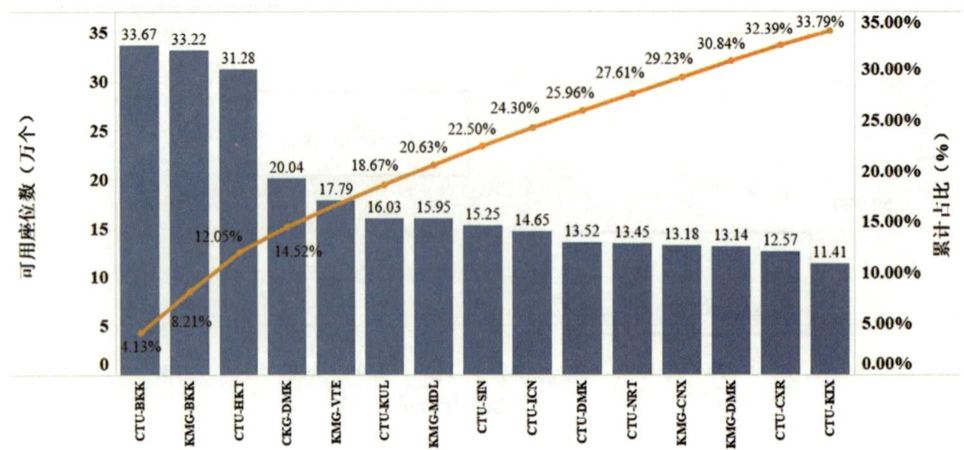

数据来源：OAG 数据库，项目组处理。

图 8.12　西南地区前 15 条国际客运航线出港可用座位分布

三、运营的航空公司

（一）航空公司分布

2019 年，在该区运输机场运营的航空公司 98 家，如图 8.13 所示。其中，全客运及客货混运 93 家，全货运 5 家。93 家客运航空公司呈 4 个梯队：成都双流国际机场、重庆江北国际机场居第 1 梯队；贵阳龙洞堡国际机场、昆明长水国际机场居第 2 梯队；西双版纳、绵阳南郊、丽江三义等 8 个运输机场居第 3 梯队；拉萨贡嘎、大理等 37 个运输机场航空公司少于 10 家，属于第 4 梯队。

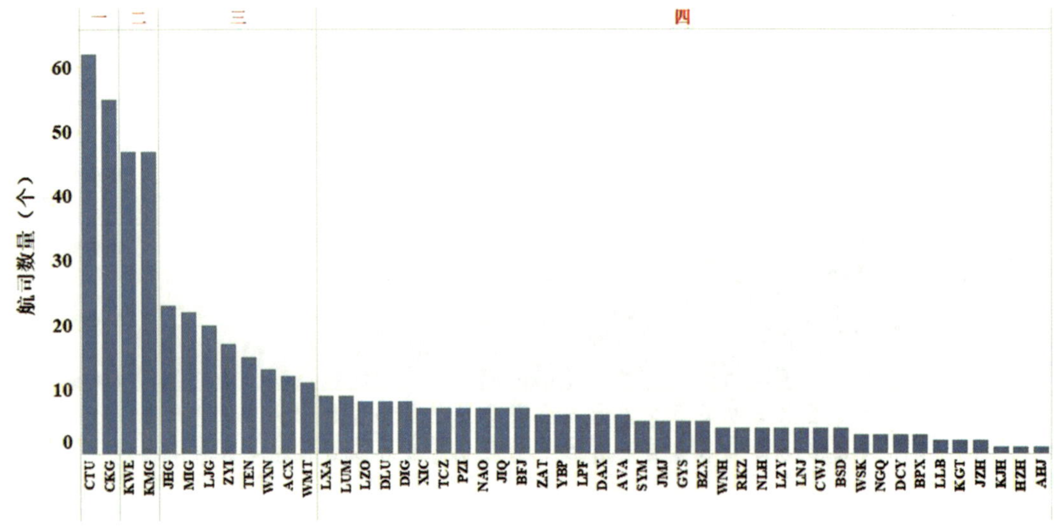

数据来源：OAG 数据库，项目组处理。

图 8.13　西南地区各运输机场运营航空公司数量及分布

（二）运力分布

东方航空、国际航空、四川航空是该区主要航空公司，3 家可用座位份额均在 10%以上，合计可用座位占该区可用座位 40.53%，如图 8.14 所示。

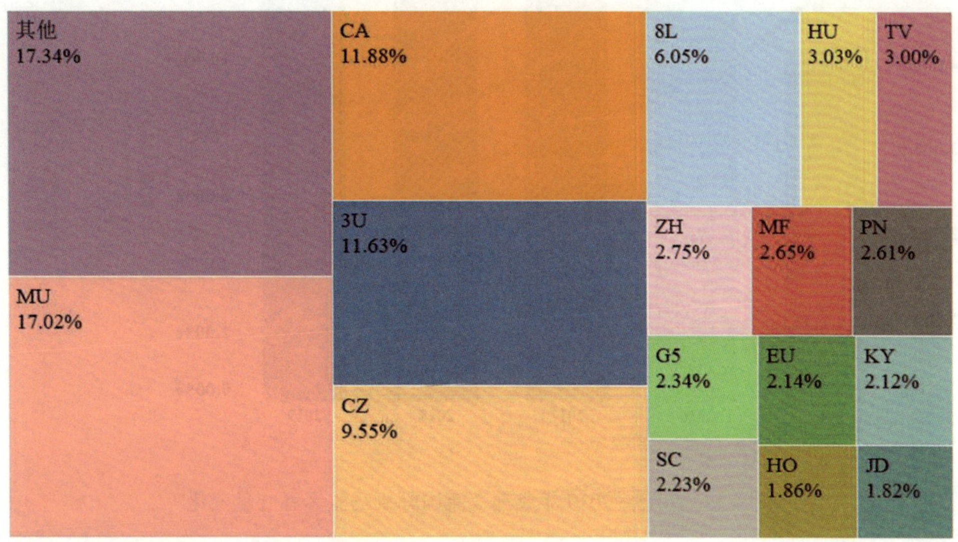

数据来源：OAG 数据库，项目组处理。

图 8.14　2019 年西南地区运输机场航空公司可用座位投入占比

第四节　成都双流国际机场

2019 年，成都双流国际机场旅客吞吐量 5 585.9 万人次，同比增长 5.50%，本区排名第 1 位，全国排名第 4 位。货邮吞吐量 67.2 万吨，同比增长 1.00%，本区排名第 1 位，全国排名第 6 位。

近年，受基础设施资源影响，该机场旅客吞吐量增速均低于本区平均水平。2015 年以来，该机场旅客吞吐量增速逐渐下降，低于全国平均水平，如图 8.15 所示。2016 年后，该机场货邮吞吐量增速呈下降趋势，始终低于本区和全国平均水平，如图 8.16 所示。2019 年 12 月 27 日，成都天府国际机场航站楼主体工程完工，预计 2021 年投入运营。

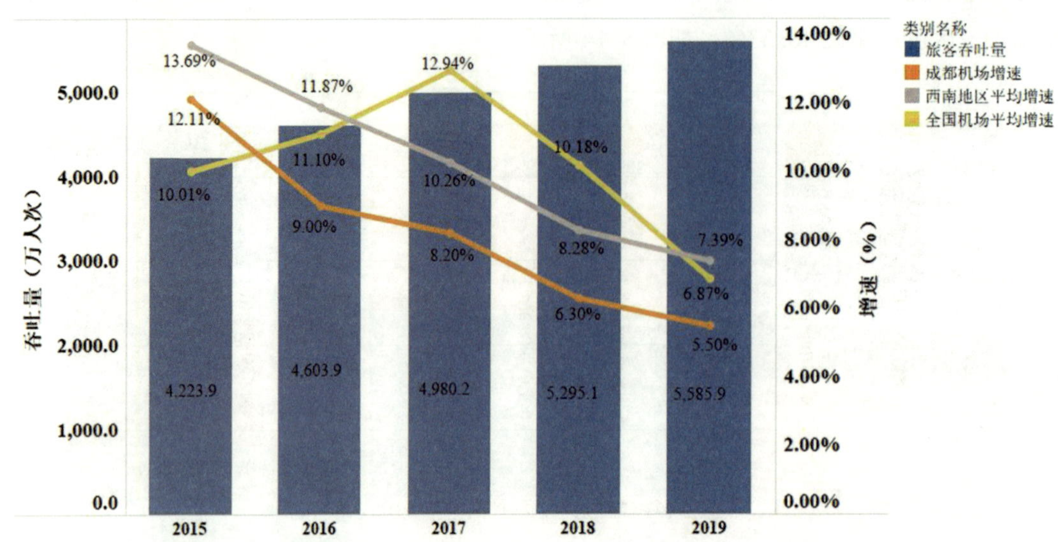

数据来源：全国机场生产统计公报。

图 8.15　2015—2019 年成都双流国际机场旅客吞吐量变化

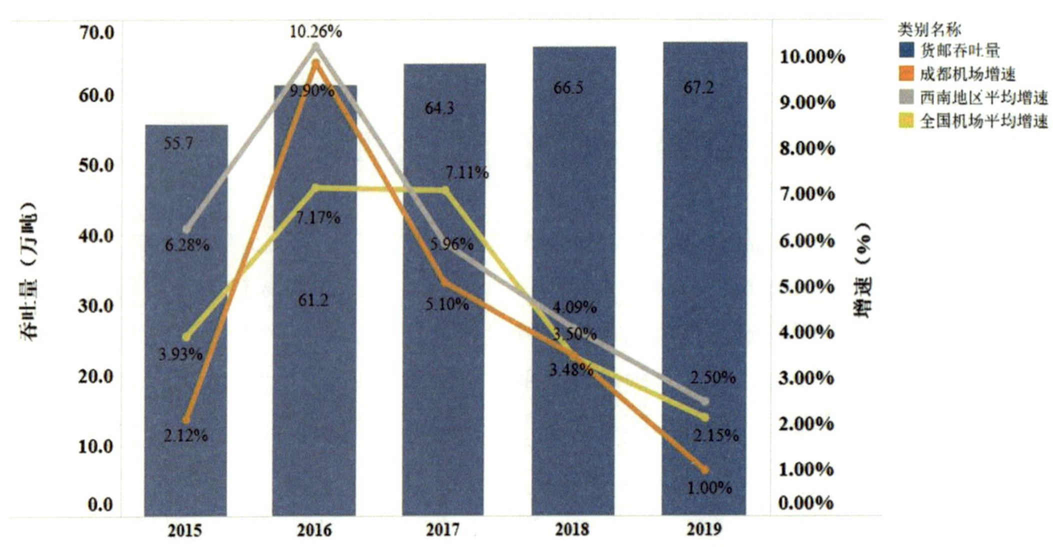

数据来源：全国机场生产统计公报。

图 8.16　2015—2019 年成都双流国际机场货邮吞吐量变化

一、航线网络布局

按照航线统计口径，2019 年该机场通航点 207 个，如表 8-5 所示。其中，国内 143 个、国外 60 个，港澳台 4 个。国内出港可用座位占 87.9%，国际占 10.2%，港澳台占 1.9%。平均日航班量国内 442.2 班，国际 44.8 班，港澳台 8.3 班。

表 8-5 2019 年成都双流国际机场通航点数量及分布（按航线口径统计）

地域	通航点数量（个）
国内	163
国外	66
港澳台	4
总计	233

数据来源：OAG 数据库，项目组处理。

按照可直飞（无须经停）航线统计口径，2019 年该区通航点 233 个，如表 8-6 所示。其中，国内 163 个，同比增加 14 个；国外 66 个，同比增加 5 个；港澳台 4 个，同比减少 1 个。

表 8-6 2019 年成都双流国际机场通航点数量及可用座位投入占比

（按无须经停的通达口径统计）

地域	通航点数量（个）	出港可用座位数（万个）	出港座位占比（%）	平均日航班量（班）	平均日频（次）	年航班量（班）
国内	143	2 895. 1	87. 9	442. 2	3. 1	161 421
国外	60	335. 7	10. 2	44. 8	0. 7	16 357
港澳台	4	63. 4	1. 9	8. 3	2. 1	3 025
总计	207	3 294. 2	100. 0	495. 4	2. 4	180 803

数据来源：OAG 数据库，项目组处理。

重点国内航线：2019 年，该机场前 30 条国内航线可用座位占国内航线 67. 84%，运力集中度同比下降 1. 75%，如图 8. 17 所示。其中，成都双流—北京首都（CTU-PEK）、成都双流—广州白云（CTU-CAN）、成都双流—深圳宝安（CTU-SZX）3 条航线可用座位均在 150 万个以上，同比均有所增加；排名第 1 位的成都双流—北京首都（CTU-PEK）可用座位高达 301. 17 万个，同比增加 3. 77 万个。

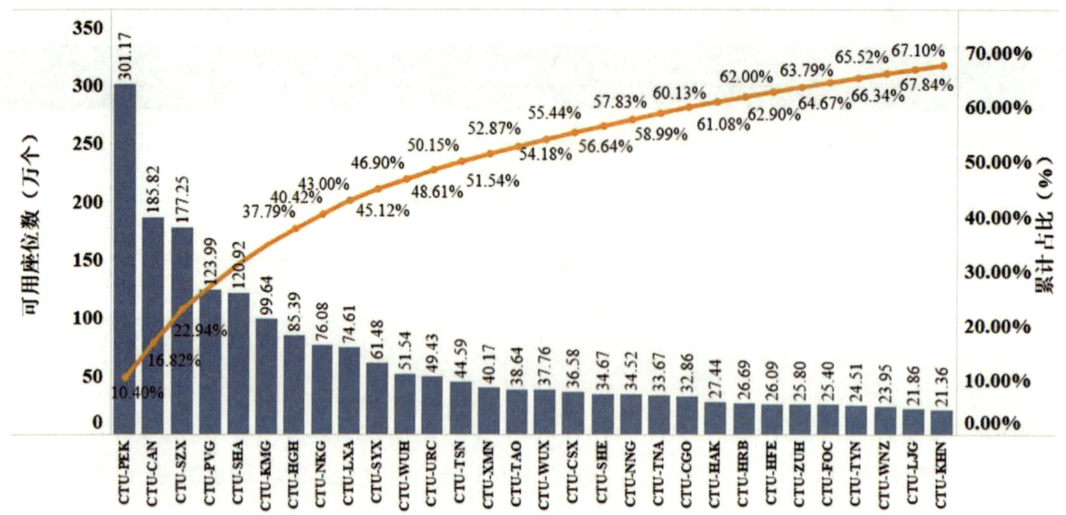

数据来源：OAG 数据库，项目组处理。

图 8.17　2019 年成都双流国际机场前 30 条国内客运航线出港可用座位分布

重点国际航线：2019 年，该机场前 15 条国际航线集中于东南亚、东北亚，包括东南亚航线 9 条，东北亚航线 3 条，南亚航线 1 条，中东航线 1 条，洲际航线 1 条；可用座位占国际航线 59.69%，运力集中度同比增长 6.78%，如图 8.18 所示。成都双流—曼谷素万那普（CTU-BKK）可用座位占 10.03%，份额最大。

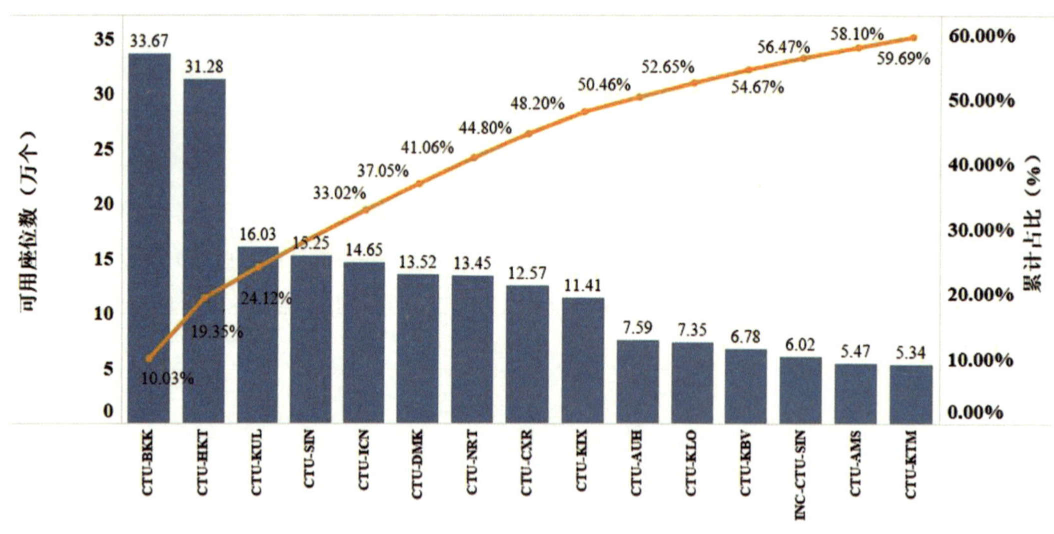

数据来源：OAG 数据库，项目组处理。

图 8.18　2019 年成都双流国际机场前 15 条国际客运航线出港可用座位分布

港澳台航线：2019 年，该机场港澳台航线 4 条，均为直达航线。其中，成都双流—香港赤鱲角（CTU-HKG）可用座位占港澳台可用座位 63.85%，同比增长 2.17%，份额最大。

二、运营的航空公司

2019 年，在该机场运营的航空公司 62 家，如图 8.19 所示。其中，国内 32 家，同比增加 3 家；国外 26 家，同比增加 3 家；港澳台 4 家，同比减少 2 家。

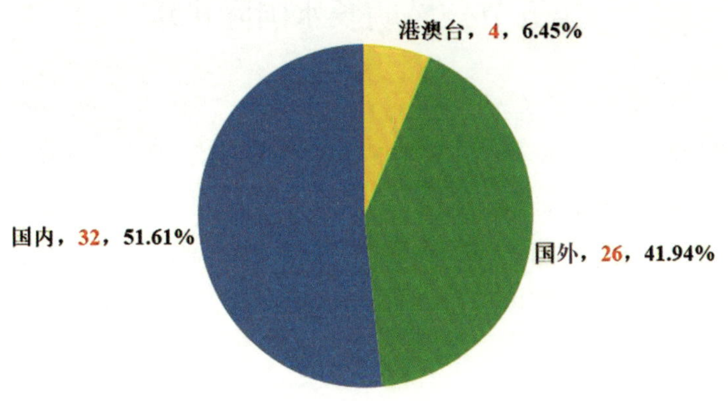

数据来源：OAG 数据库，项目组处理。

图 8.19　2019 年成都双流国际机场航空公司数量（个）及分布

2019 年，国际航空在该机场可用座位占 24.86%，同比降低 1.66%，份额最大；四川航空、南方航空份额居次，同比持平，如图 8.20 所示。

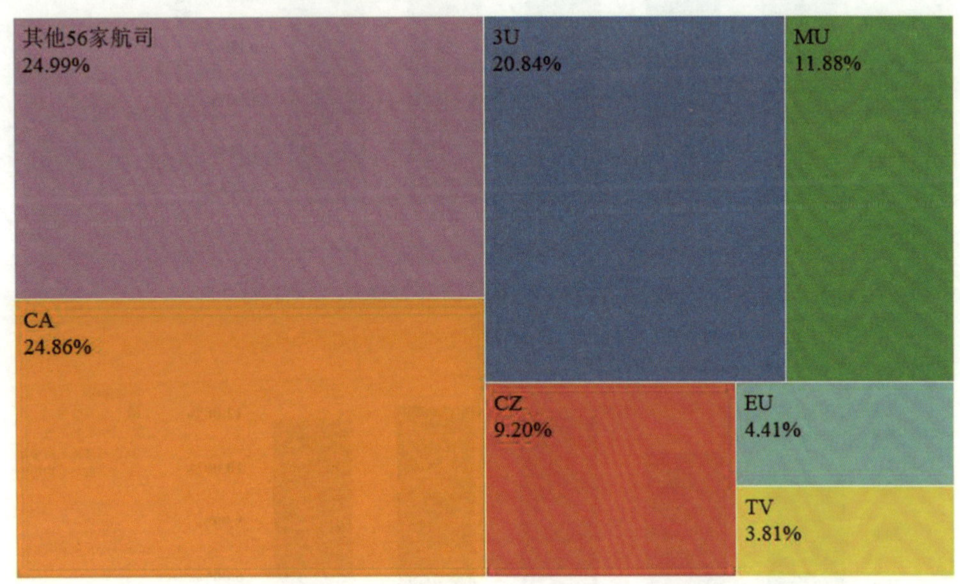

数据来源：OAG 数据库，项目组处理。

图 8.20　2019 年成都双流国际机场航空公司可用座位投入占比

三、综合交通

该机场连接的路网和轨道交通，实现 1 小时左右抵达市中心和各主要客运枢纽站，覆盖本市及四川省 17 个城市，辐射贵州省少量城市。1 条轨道交通地铁 10 号线与市中心互连互通，提供便捷、低成本出行及换乘方式。满足旅客市区—机场往返和 1 号、2 号航站楼摆渡或换乘。2 条高速铁路，成绵乐城际铁路途径绵阳、德阳、广汉、成都、双流机场、乐山等各站；成贵高铁直通该机场。3 条专线巴士线分别开往市中心、北站、东站，连接该机场与市区及主要客运枢纽。17 条城际大巴线通达全省 17 个主要城市。

第五节　昆明长水国际机场

2019 年，昆明长水国际机场旅客吞吐量 4 807. 6 万人次，同比增长 2. 10%，本区排名第 2 位，全国排名第 6 位。货邮吞吐量 41. 6 万吨，同比下降 2. 90%，本区排名第 2 位，全国排名第 9 位。

2016—2019 年，该机场旅客吞吐量增速持续下降，低于本区和全国平均水平，与近年云南多起旅游纠纷引发社会关注有关，如图 8. 21 所示。货邮吞吐量增速呈下降趋势，2019 年同比下降 1. 2 万吨，增速低至-2. 9%，低于本区和全国平均水平，如图 8. 22 所示。

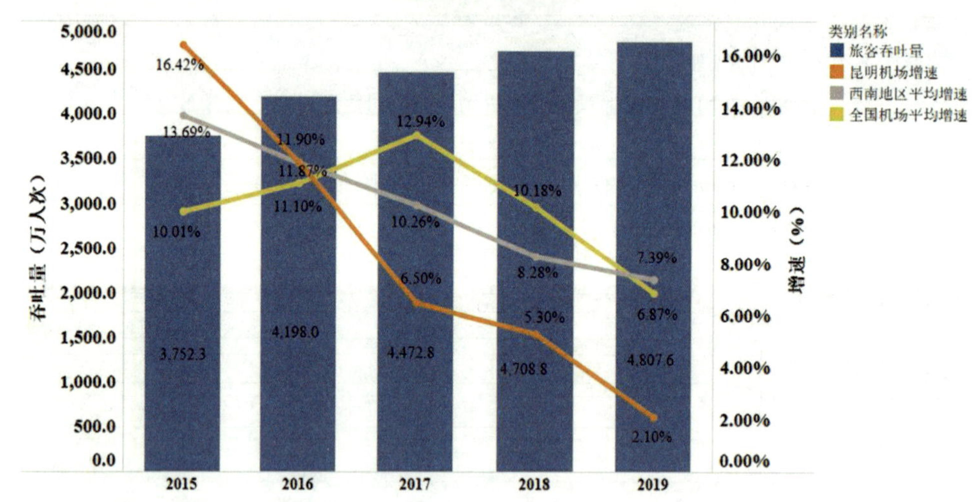

数据来源：全国机场生产统计公报。

图 8. 21　2015—2019 年昆明长水国际机场旅客吞吐量变化

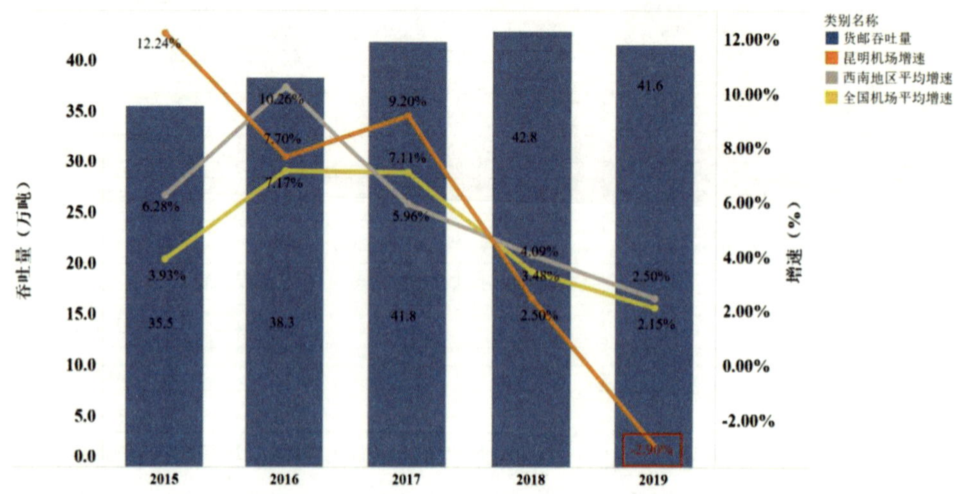

数据来源：全国机场生产统计公报。

图 8. 22　2015—2019 年昆明长水国际机场货邮吞吐量变化

一、航线网络布局

按照航线统计口径，2019 年该机场通航点 189 个，如表 8-7 所示。其中，国内 133 个，同比增加 7 个；国外 51 个，同比增加 5 个；港澳台 5 个，同比增加 1 个。

表 8-7　2019 年昆明长水国际机场通航点数量及分布（按航线口径统计）

地域	通航点数量（个）
国内	133
国外	51
港澳台	5
总计	189

数据来源：OAG 数据库，项目组处理。

按照可直飞（无须经停）航线统计口径，2019 年该机场通航点 175 个，如表 8-8 所示。其中，国内 122 个、国外 48 个、港澳台 4 个。国内出港可用座位占 89. 9%，国际占 9. 3%，港澳台占 0. 8%。平均日航班量国内 437. 8 班，国际 43. 7 班，港澳台 3. 5 班。

表 8-8　2019 年昆明长水国际机场通航点数量及出港可用座位投入
（按无须经停的通达口径统计）

地域	通航点数量（个）	出港可用座位数（万个）	出港座位占比（%）	平均日航班量（班）	平均日频（次）	年航班量（班）
国内	122	2 586. 5	89. 9	437. 5	3. 6	159 672
国外	48	268. 8	9. 3	43. 7	0. 9	15 957
港澳台	5	23. 2	0. 8	3. 5	0. 7	1 272
总计	175	2 878. 5	100. 0	484. 7	2. 8	176 901

数据来源：OAG 数据库，项目组处理。

重点国内航线：2019 年，该机场前 30 条国内航线可用座位占国内航线 53. 28%，运力集中度同比增长 1. 38%，如图 8. 23 所示。其中，昆明长水—北京首都（KMG-PEK）可用座位份额由 2018 年第 3 位跃居第 1 位，昆明长水—西双版纳（KMG-JHG）、昆明长水—成都双流（KMG-CTU）2 条航线可用座位同比不变。除前 3 条航线外，其他航线可用座位均在 80 万个以下。

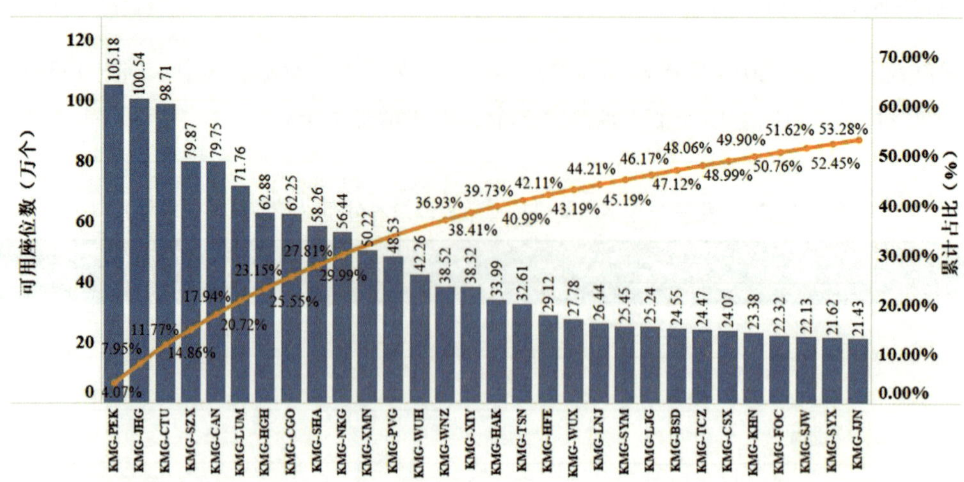

数据来源：OAG 数据库，项目组处理。

图 8.23　2019 年昆明长水国际机场前 30 条国内客运航线出港可用座位分布

重点国际航线：2019 年，该机场前 15 条国际航线集中于东南亚、南亚地区，包括东南亚航线 11 条，南亚航线 3 条，东北亚航线 1 条；可用座位占国际航线 61.21%，运力集中度同比提高 5.36%，如图 8.24 所示。昆明长水—曼谷素万那普（KMG-BKK）是该机场最繁忙国际航线。

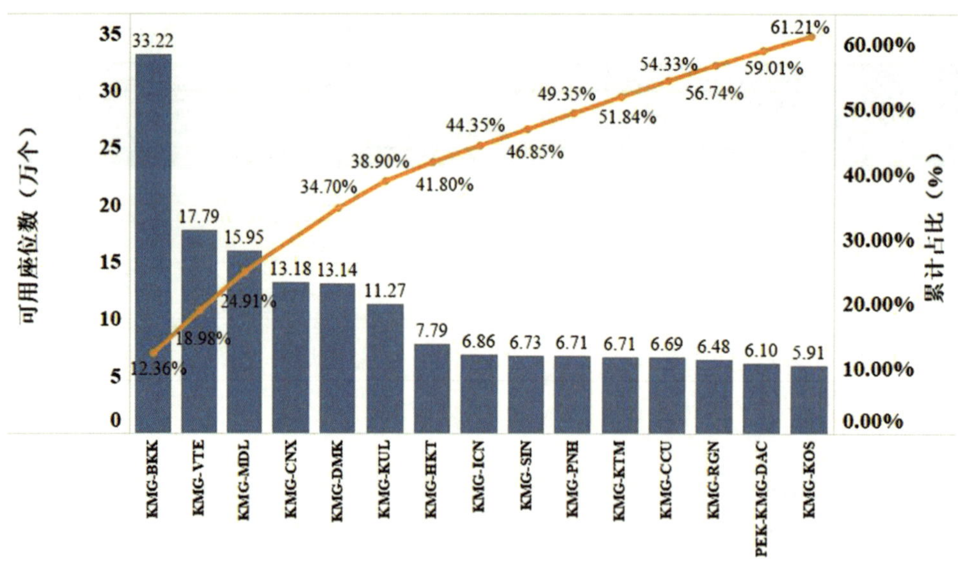

数据来源：OAG 数据库，项目组处理。

图 8.24　2019 年昆明长水国际机场前 15 条国际客运航线出港可用座位分布

港澳台航线：2019 年，该机场港澳台 6 条，其中直达航线 5 条，经停航线 1 条。昆明长水—香港赤鱲角（KMG-HKG）可用座位占港澳台运力 50.14%，同比下降 20.57%，是最繁忙地区航线。

二、运营的航空公司

2019 年，在该机场运营的航空公司 47 家，如图 8.25 所示。其中，国内 32 家，同比增加 2 家；国外 13 家，同比减少 1 家；港澳台 3 家，同比减少 1 家。

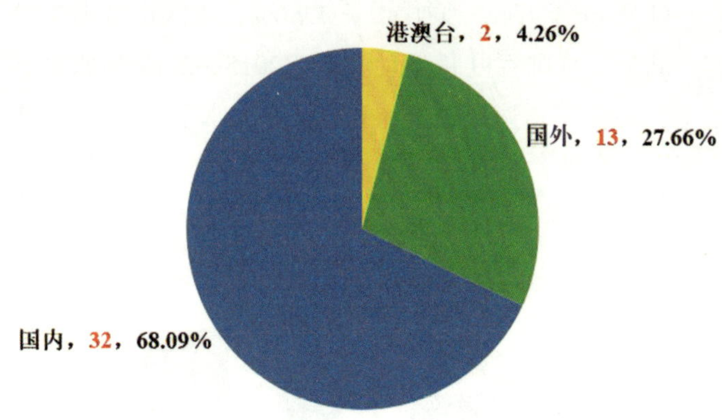

数据来源：OAG 数据库，项目组处理。

图 8.25　2019 年昆明长水国际机场航空公司数量（个）及分布

2019 年，东方航空在该机场可用座位占 37.93%，同比持平，份额最大；祥鹏航空、南方航空份额居次，分别为 12.79% 和 9.00%，同比持平，如图 8.26 所示。

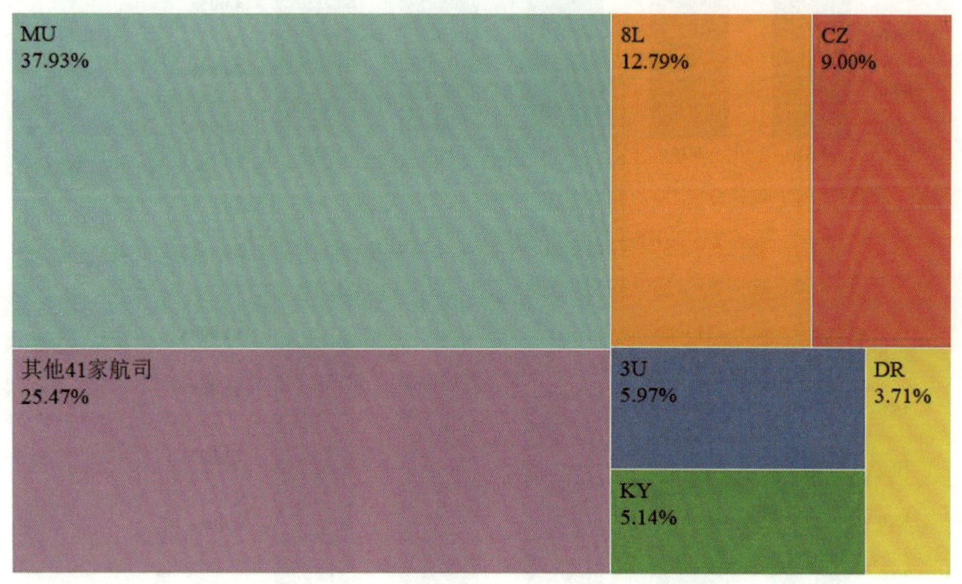

数据来源：OAG 数据库，项目组处理。

图 8.26　2018 年昆明长水国际机场航空公司可用座位投入占比

三、综合交通

该机场接入的路网和轨道交通 1 时左右抵达市中心和各主要客运枢纽站。1 条轨道交通，长水地铁 6 号线与市中心互连互通，提供便捷、低成本出行和换乘方式。11 条空港快线覆盖昆明市区、主要景点、火车站和客运站。城际巴士线路连接市区、火车站、客运站等主要客运枢纽。

第六节　重庆江北国际机场

2019 年，重庆江北国际机场旅客吞吐量 4 478. 7 万人次，同比增长 7. 70%，本区排名第 3 位，全国排名第 9 位。货邮吞吐量 41. 1 万吨，同比增长 7. 50%，本区排名第 3 位，全国排名第 28 位。

近年，该机场旅客吞吐量、货邮吞吐量波动上升。2015—2018 年旅客吞吐量增速下降，跌至低于本区和全国平均水平；2019 年增速超过本区和全国平均水平，如图 8. 27 所示。2017 年货邮吞吐量增速低于本区和全国平均水平，2018 年新增 43 条国际航线后增速回升，2018—2019 年高于本区和全国平均水平，如图 8. 28 所示。

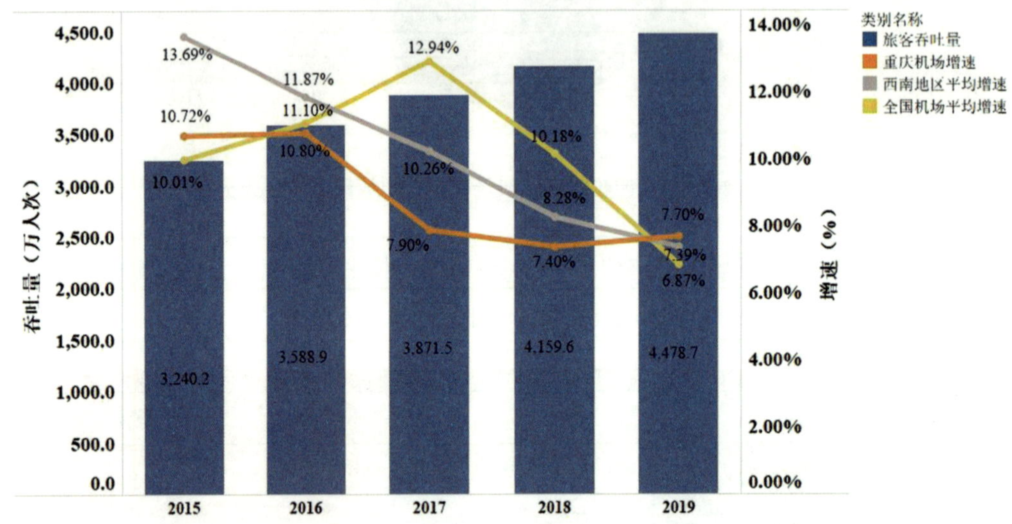

数据来源：全国机场生产统计公报。

图 8. 27　2015—2019 年重庆江北国际机场旅客吞吐量变化

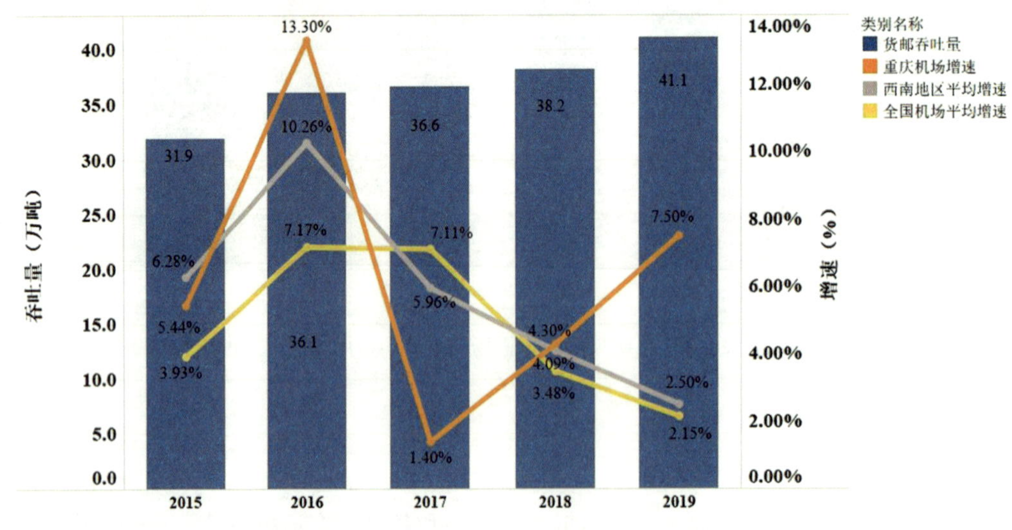

数据来源：全国机场生产统计公报。

图 8. 28　2015—2019 年重庆江北国际机场货邮吞吐量变化

一、航线网络布局

按照航线统计口径，2019 年该机场通航点 193 个，如表 8-9 所示。其中，国内 146 个，同比增加 3 个；国外 43 个，同比减少 3 个；港澳台 4 个，同比减少 1 个。

表 8-9　2019 年重庆江北国际机场通航点数量及分布（按航线口径统计）

地域	通航点数量（个）
国内	146
国外	43
港澳台	4
合计	193

数据来源：OAG 数据库，项目组处理。

按照可直飞（无须经停）航线统计口径，2019 年该机场通航点 178 个，如表 8-10 所示。其中，国内 136 个、国外 38 个、港澳台 5 个。国内出港可用座位占 92. 5%，国际占 6. 0%，港澳台占 1. 5%。国内平均日航班 401. 3 班，国际 22. 0 班，港澳台 6. 1 班。

表 8-10　2019 年重庆江北国际机场通航点数量及出港可用座位投入
（按无须经停的通达口径统计）

地域	通航点数量（个）	出港可用座位数（万个）	出港座位占比（%）	平均日航班量（班）	平均日频（次）	年航班量（班）
国内	136	2 420. 3	92. 5	401. 3	3. 0	146 481
国外	38	157. 1	6. 0	22. 0	0. 6	8 033
港澳台	4	38. 4	1. 5	6. 1	1. 5	2 216
总计	178	2 615. 7	100. 0	429. 4	2. 4	156 730

数据来源：OAG 数据库，项目组处理。

重点国内航线：2019 年，该机场前 30 条国内航线可用座位占国内航线 58. 81%，运力集中度同比减少 1. 14%，如图 8. 29 所示。其中，重庆江北—深圳宝安（CKG-SZX）、重庆江北—北京首都（CKG-PEK）、重庆江北—广州白云（CKG-CAN）3 条航线可用座位在 120 万个以上，同比持平。其他航线可用座位均在 100 万个以下。

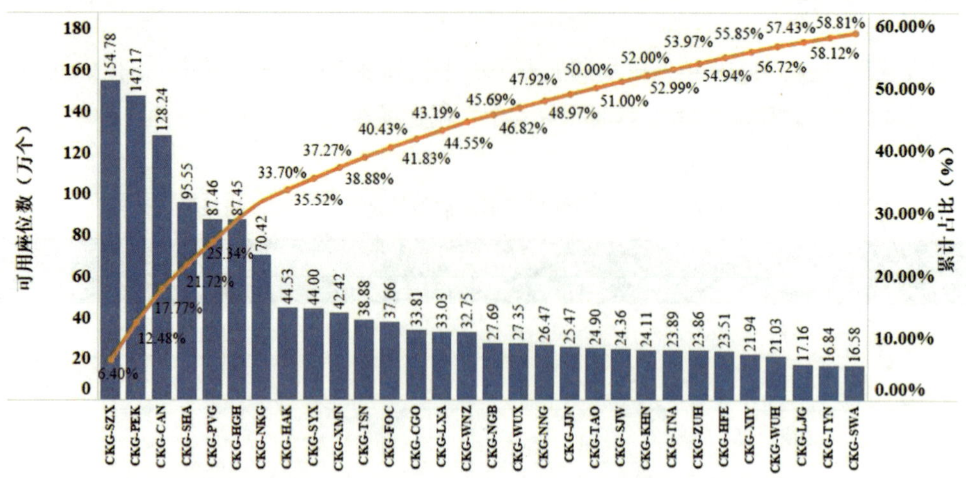

数据来源：OAG 数据库，项目组处理。

图 8.29　2019 年重庆江北国际机场前 30 条国内客运航线出港可用座位分布

重点国际航线：2019 年，该机场前 15 条国际航线集中于东南亚地区，包括东南亚航线 11 条，东北亚航线 2 条，中东航线 2 条；可用座位占国际航线 65.23%，航线集中度同比下降 1.92%，如图 8.30 所示。重庆江北—曼谷廊曼（CKG-DMK）可用座位占 12.76%，份额最大。

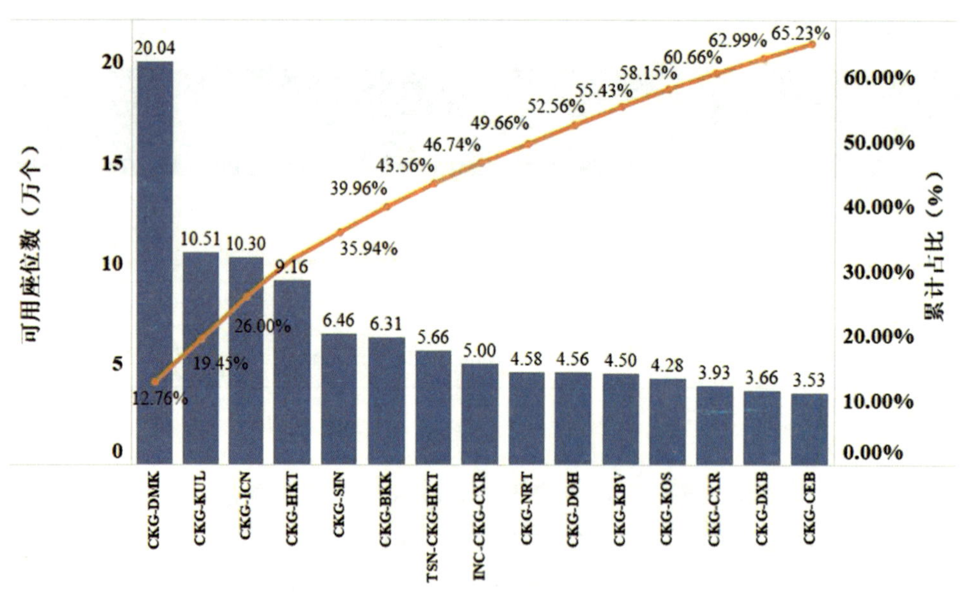

数据来源：OAG 数据库，项目组处理。

图 8.30　2019 年重庆江北国际机场前 15 条国际客运航线出港可用座位分布

港澳台航线：2019 年，该机场港澳台航线 4 条，均为直达航线。其中，重庆江北—香港赤鱲角（CKG-HKG）是最繁忙地区航线，可用座位占港澳台运力 48.15%，同比下降 1.76%。

二、运营的航空公司

2019 年，在该机场运营的航空公司 55 家，如图 8.31 所示。其中，国内 35 家，同比增加 1 家；国外 15 家，同比减少 3 家；港澳台 5 家，同比减少 1 家。

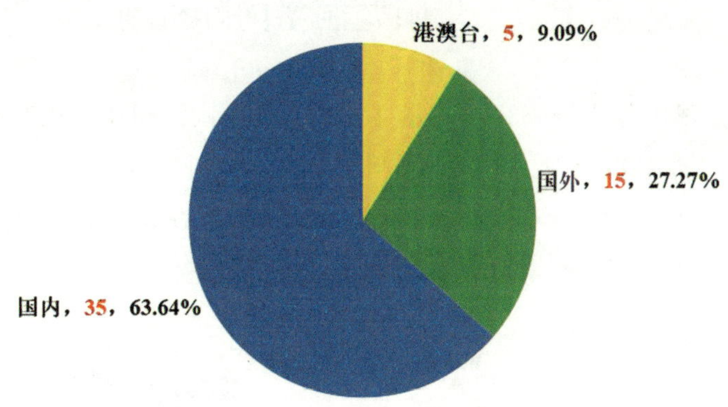

数据来源：OAG 数据库，项目组处理。

图 8.31 2019 年重庆江北国际机场航空公司数量（个）及分布

2019 年，该机场运力份额比较分散，没有份额明显较大的航空公司，如图 8.32 所示。其中，四川航空、国际航空、西部航空和南方航空合计占 44.57%，四川航空、国际航空 2 家航空公司投入可用座位分别占 13.08%、12.57%，同比持平。还有 55.43%的可用座位份额由 51 家其他航空公司投入。

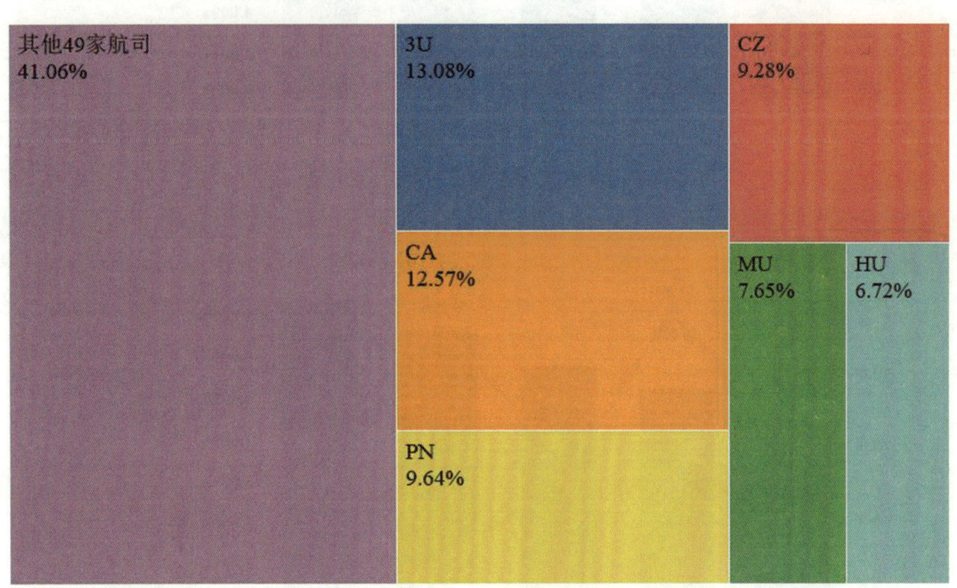

数据来源：OAG 数据库，项目组处理。

图 8.32 2018 年重庆江北国际机场航空公司可用座位投入占比

三、综合交通

该机场路网、轨道交通与市区、各主要客运枢纽站互联互通。地铁 10 号线、3 号线直通该机场。6 条公交快线全程运行 45~75 分钟，分别途径重庆北站、重庆西站、沙坪坝火车站、解放碑、大学城、瓷器口等重要站点。该机场开通 T1、T2、T3 之间免费摆渡车，方便旅客中转。长途客运换乘中心已开通直达远郊及邻省等 40 余个城市长途客线路，包括重庆远郊 19 条，四川省 19 条，贵州省 1 条。

第七节　贵阳龙洞堡国际机场

2019 年，贵阳龙洞堡国际机场旅客吞吐量 2 191.1 万人次，同比增长 9.00%，本区排名第 4 位，全国排名第 20 位，如图 8.33 所示。货邮吞吐量 12 万吨，同比增长 6.90%，本区排名第 4 位，全国排名第 27 位，如图 8.34 所示。2015 年以来，该机场旅客吞吐量增速均高于本区和全国平均水平。2018—2019 年，货邮吞吐量增速明显高于本区和全国平均水平。

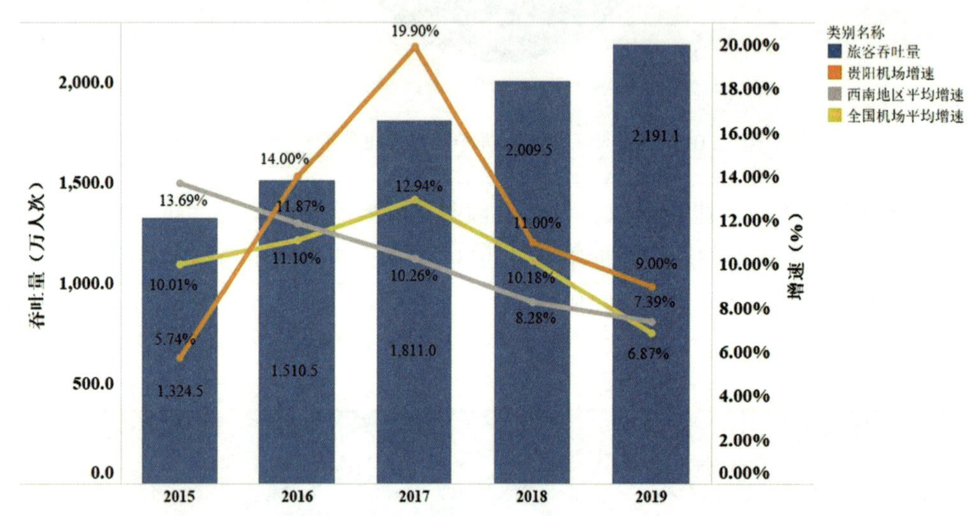

数据来源：全国机场生产统计公报。

图 8.33　2015—2019 年贵阳龙洞堡国际机场旅客吞吐量变化

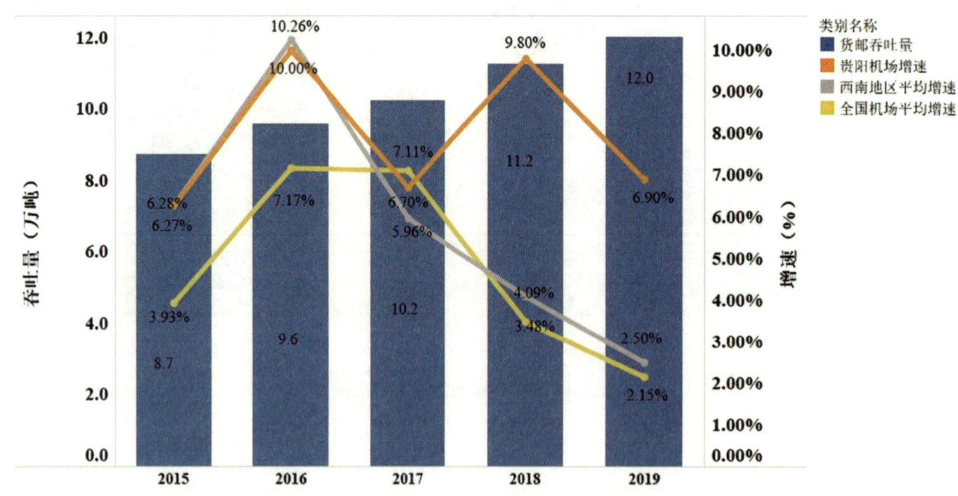

数据来源：全国机场生产统计公报。

图 8.34　2015—2019 年贵阳龙洞堡国际机场货邮吞吐量变化

一、航线网络布局

按照航线统计口径，2019 年该机场通航点 132 个，如表 8-11 所示。其中，国内 109 个，同比增加 10 个；国外 20 个，同比增加 4 个；港澳台 3 个，同比不变。

表 8-11 2019 年贵阳龙洞堡国际机场通航点数量及分布（按航线口径统计）

地域	通航点数量（个）
国内	109
国外	20
港澳台	3
总计	132

数据来源：OAG 数据库，项目组处理。

按照可直飞（无须经停）航线统计口径，2019 年该机场通航点 124 个，如表 8-12 所示。其中，国内 101 个，国外 20 个，港澳台 3 个。国内航线可用座位占 96.8%，国际占 2.1%，港澳台占 1.2%。国内平均日航班 224.2 班，国际 4.0 班，港澳台 2.6 班。

表 8-12 2019 年贵阳龙洞堡国际机场通航点数量及出港可用座位投入占比（按无须经停的通达口径统计）

地域	通航点数量（个）	出港可用座位数（万个）	出港座位占比（%）	平均日航班量（班）	平均日频（次）	年航班量（班）
国内	101	1 267.8	96.8	224.2	4.4	81 822
国外	20	26.9	2.1	4.0	1.7	1 459
港澳台	3	15.2	1.2	2.6	1.3	948
总计	124	1 309.9	100.0	230.8	3.3	84 229

数据来源：OAG 数据库，项目组处理。

重点国内航线：2019 年，该机场前 30 条国内航线可用座位占国内航线 57.57%，运力集中度同比持平，如图 8.35 所示。其中，贵阳龙洞堡—北京首都（KWE-PEK）可用座位 77.16 万个，同比持平，份额最大，是该机场最繁忙国内航线。

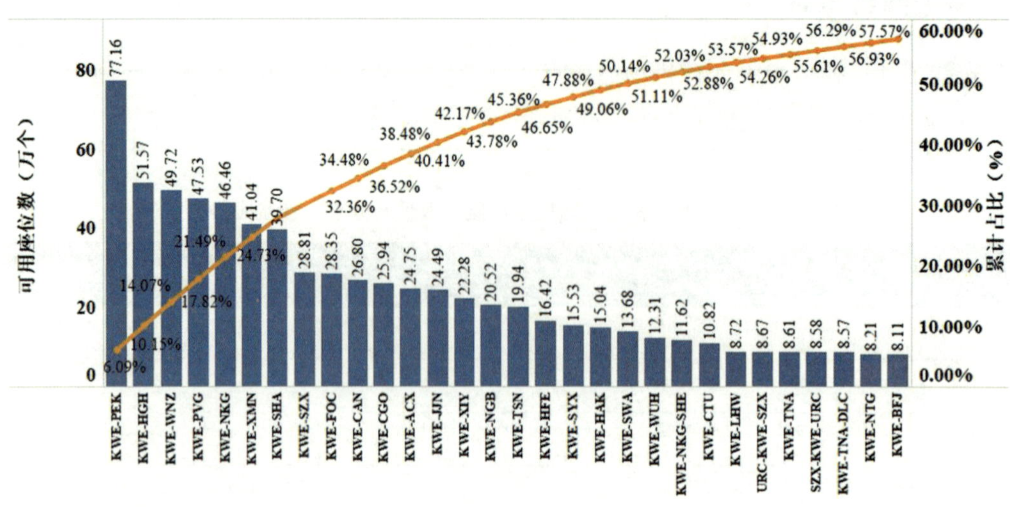

数据来源：OAG 数据库，项目组处理。

图 8.35　2019 年贵阳龙洞堡国际机场前 30 条国内客运航线出港可用座位分布

重点国际航线：2019 年，该机场前 15 条国际航线集中于东南亚地区，包括东南亚航线 10 条，东北亚航线 2 条，洲际航线 3 条；航线集中度较高，运力集中度同比下降 4.69%，可用座位占国际航线 94.86%，如图 8.36 所示。其中，贵阳龙洞堡—普吉岛（KWE-HKT）可用座位占 14.52%，份额最大，是该机场最繁忙国际航线。

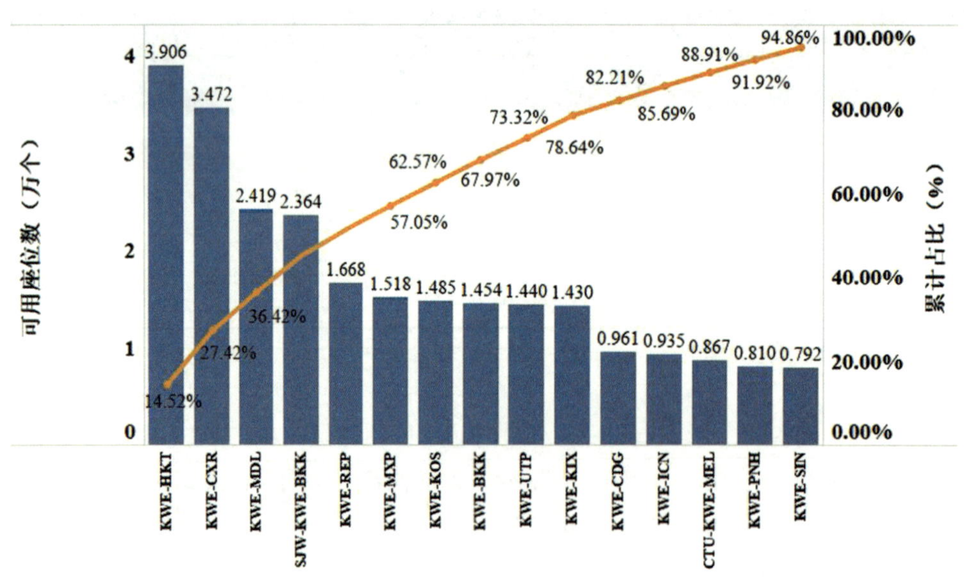

数据来源：OAG 数据库，项目组处理。

图 8.36　2019 年贵阳龙洞堡国际机场前 15 条国际客运航线出港可用座位分布

港澳台航线：2019 年，该机场港澳台航线 3 条，均为直达航线。香港赤鱲角、台湾桃园、澳门可用座位分别占 41.66%、38.71%、19.63%。其中，香港航线运力同比下降 3.24%

二、运营的航空公司

2019 年，在该机场运营的航空公司 47 家，如图 8.37 所示。其中，国内 33 家，同比减少 1 家；国外 13 家，同比增加 2 家；港澳台 1 家，同比减少 1 家。

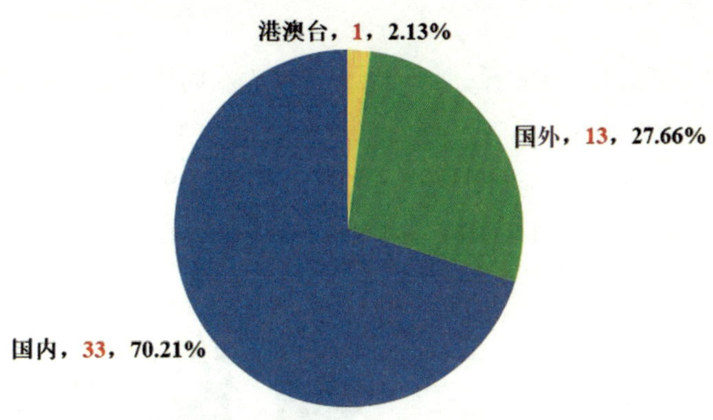

数据来源：OAG 数据库，项目组处理。

图 8.37 2019 年贵阳龙洞堡国际机场航空公司数量（个）及分布

2019 年，南方航空在该机场可用座位份额 21.65%，同比下降 0.81%，份额最大，如图 8.38 所示。国际航空可用座位占 7.13%，份额居次。

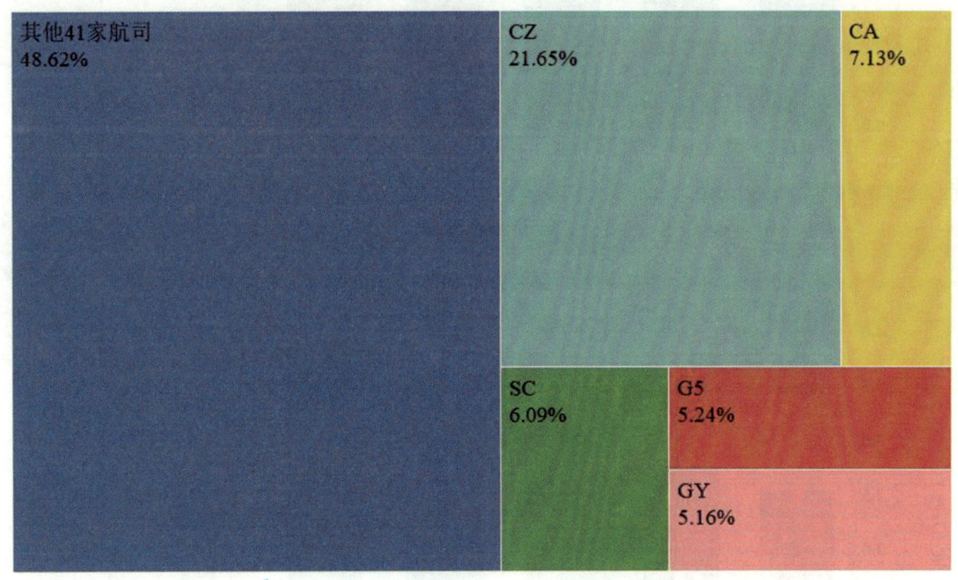

数据来源：OAG 数据库，项目组处理。

图 8.38 2019 年贵阳龙洞堡国际机场航空公司可用座位投入占比

三、综合交通

目前，该机场没有直通市区地铁，直接通达该机场的地铁 2 号线预计 2021 年通车。2 条公交线路连接市区；5 条城际巴士路线通达贵阳北站、贵阳东站、金阳客运站和火车站、花果园候机厅等重要站点。1 条高速铁路与该机场直接连接。

《贵州省综合交通运输“十三五”发展规划》明确提出：建设该机场综合客运枢纽，增强该机场与铁路、公路、公交运营线路、发车密度、运营时间一体化建设。

第八节　拉萨贡嘎国际机场

2019 年，拉萨贡嘎国际机场旅客吞吐量 457.2 万人次，同比增长 5.00%，本区排名第 7 位，全国排名第 48 位。货邮吞吐量 3.9 万吨，同比增长 8.30%，本区排名第 5 位，全国排名第 44 位。

2015—2019 年，该机场旅客货邮吞吐量动荡上升，如图 8.39 所示。除 2017、2019 年增速低于全国平均水平，其他年份高于全国平均水平。2016 年货邮吞吐量增速低于本区平均水平，其余年份均高于本区和全国平均水平，如图 8.40 所示。

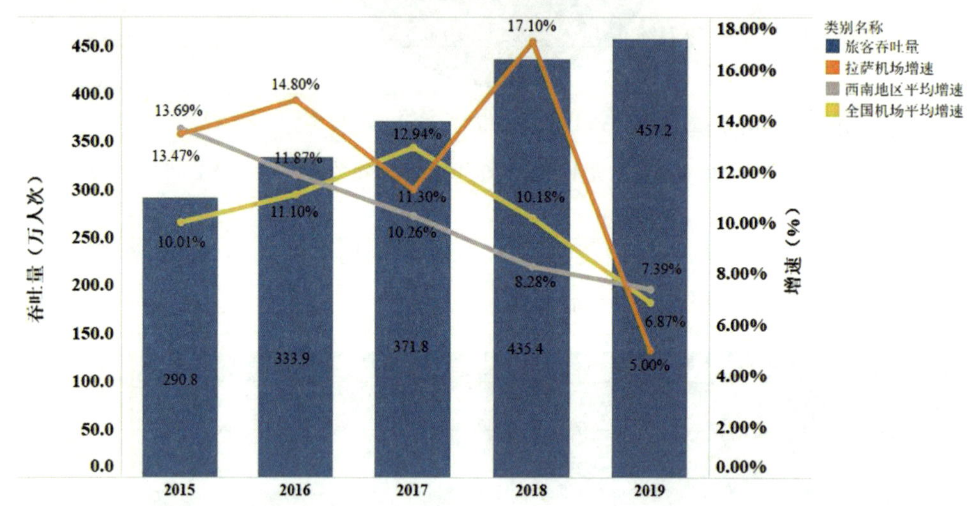

数据来源：全国机场生产统计公报。

图 8.39　2015—2019 年拉萨贡嘎国际机场旅客吞吐量变化

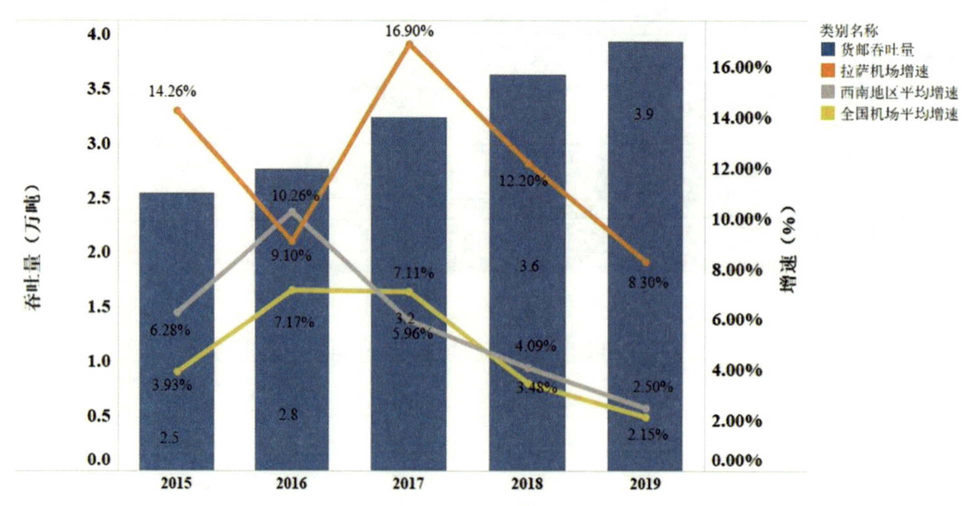

数据来源：全国机场生产统计公报。

图 8.40　2015—2019 年拉萨贡嘎国际机场货邮吞吐量变化

一、航线网络布局

按照航线统计口径，2019 年该机场通航点 48 个，如表 8-13 所示。其中，国内 46 个，同比增 5 个；国外 1 个，同比不变；港澳台 1 个，同比增 1 个。

表 8-13　2019 年拉萨贡嘎国际机场通航点数量及分布（按航线口径统计）

地域	通航点数量（个）
国内	46
国外	1
港澳台	1
总计	48

数据来源：OAG 数据库，项目组处理。

按照可直飞（无须经停）航线统计口径，2019 年该机场通航点 31 个，如表 8-14 所示。其中，国内 29 个，国外 1 个，港澳台 1 个。国内可用座位占 98.4%，国际占 0.1%，港澳台占 1.5%。平均日航班量国内 52.9 班，国外 0.04 班，港澳台 0.9 班。

表 8-14　2019 年拉萨贡嘎国际机场通航点数量及出港可用座位投入占比（按无须经停的通达口径统计）

地域	通航点数量（个）	出港可用座位数（万个）	出港座位占比（%）	平均日航班量（班）	平均日频（次）	年航班量（班）
国内	29	287.3	98.4	52.9	1.8	19 296
国外	1	0.2	0.1	0.0	0.0	16
港澳台	1	4.3	1.5	0.9	0.9	336
总计	31	291.9	100.0	53.8	1.7	19 648

数据来源：OAG 数据库，项目组处理。

重点国内航线：2019 年，该机场前 30 条国内航线可用座位占国内航线 87.90%，如图 8.41 所示，运力集中度同比下降 2.70%。拉萨贡嘎—成都双流（LXA-CTU）、拉萨贡嘎—重庆江北（LXA-CKG）可用座位均在 30 万个以上。其中，拉萨贡嘎—成都双流（LXA-CTU）可用座位 72.93 万个，同比增加 4.63 万个，份额最大，是该机场最繁忙国内航线。

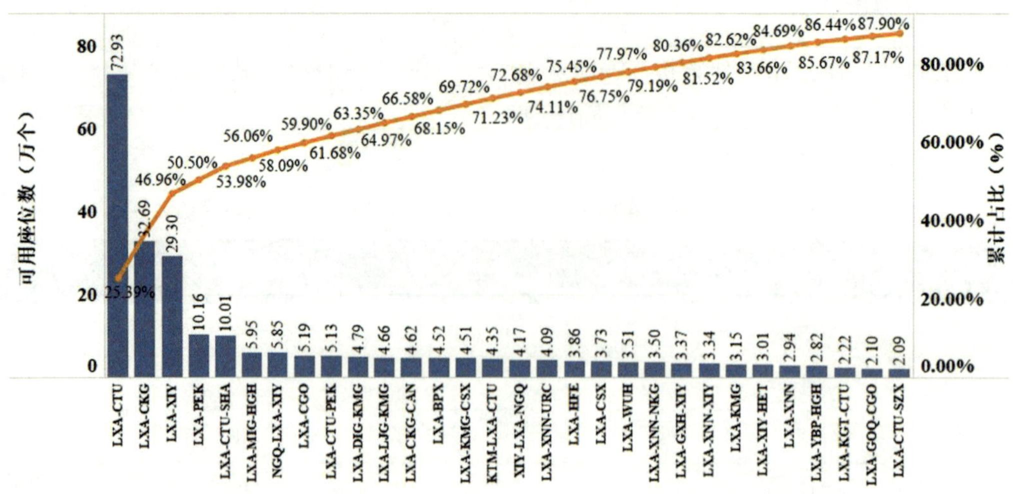

数据来源：OAG 数据库，项目组处理。

图 8.41　2019 年拉萨贡嘎国际机场前 30 条国内客运航线出港可用座位分布

重点国际航线：2019 年，该机场只有 1 条国际航线——成都双流—拉萨贡嘎—尼泊尔（CTU-LXA-KTM）经停航线，可用座位 4.348 万个，同比略有减少，如图 8.42 所示。

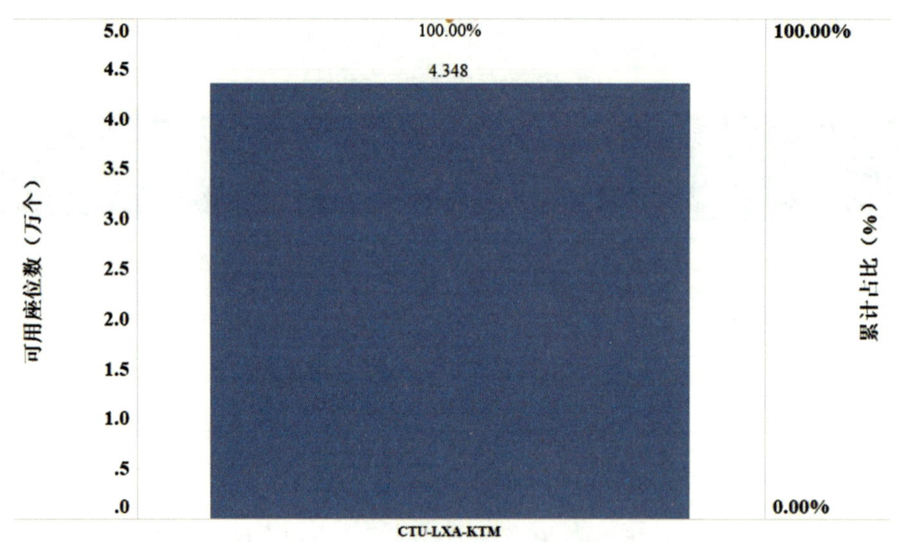

数据来源：OAG 数据库，项目组处理。

图 8.42　2019 年拉萨贡嘎国际机场前 15 条国际客运航线出港可用座位分布

港澳台航线：2019 年，该机场香港直达航线 1 条，是该机场新增也是唯一港澳台航线。

二、运营的航空公司

2019 年，在该机场运营的航空公司 9 家，均为国内航空公司，同比减少 1 家，如图 8.43 所示。

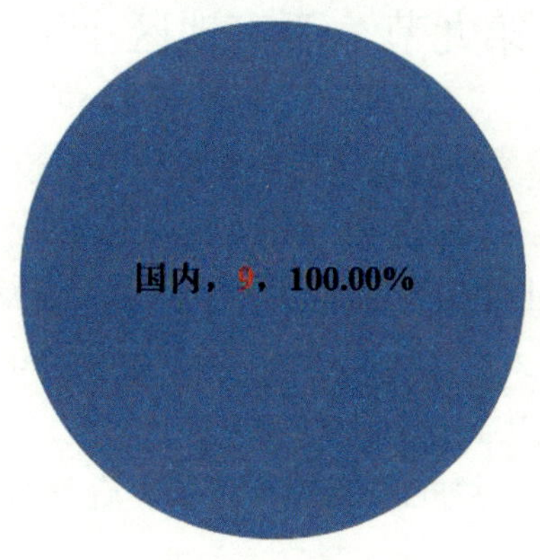

数据来源：OAG 数据库，项目组处理。

图 8.43　2019 年拉萨贡嘎国际机场航空公司数量（个）及分布

2019 年，该机场运力以西藏航空为主，可用座位占 41.27%，同比提高 1.15%；其次是四川航空，占 19.09%，同比下降 1.48%，如图 8.44 所示。

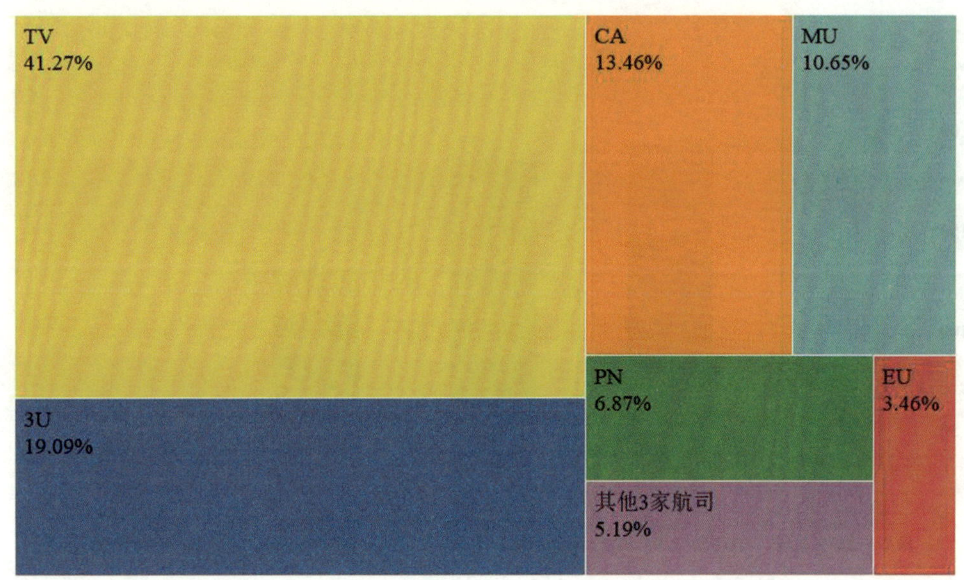

数据来源：OAG 数据库，项目组处理。

图 8.44　2019 年拉萨贡嘎国际机场航空公司可用座位投入占比

三、综合交通

该机场连接的路网与市中心及各主要客运枢纽站互联互通，目前没有直通市区地铁。1 条空港快线与市中心及各主要客运枢纽站互通；2 条公交线路通达市区。

第九节　西南地区小结

近 5 年，该区旅客吐量平均增速略低于全国平均水平，有 30 个运输机场增速均高于本区和全国平均水平。

2019 年，该区有 4 个旅客吞吐量上千万级运输机场，合计旅客吞吐量 17 063.22 万人次，占该区 77.50%。2 个 500 万～1 000 万人次运输机场，4 个 200 万～500 万人次运输机场，17 个 50 万～200 万人次运输机场，合计旅客吞吐量占该区 22.50%。

2019 年，有 5 个运输机场货邮吞吐量超过 1 万吨，合计货邮吞吐量 164.14 万吨，占该区 97.55%。成都双流国际机场占 38.50%。

2019 年，该区通航点 285 个。其中，国内 195 个、国外 84 个、港澳台 6 个。国外、国内网络覆盖范围及通达性方面，西南地区在 7 个地区中均排第 4 位；港澳台地区网络覆盖范围排名第 3 位。成都双流国际机场网络通达性最高，国内与国际网络通达性均高于该区其他主要运输机场；重庆江北国际机场、昆明长水国际机场大体相当。受地理位置、社会经济发展水平影响，拉萨贡嘎国际机场网络通达性较弱，如图 8.45 所示。

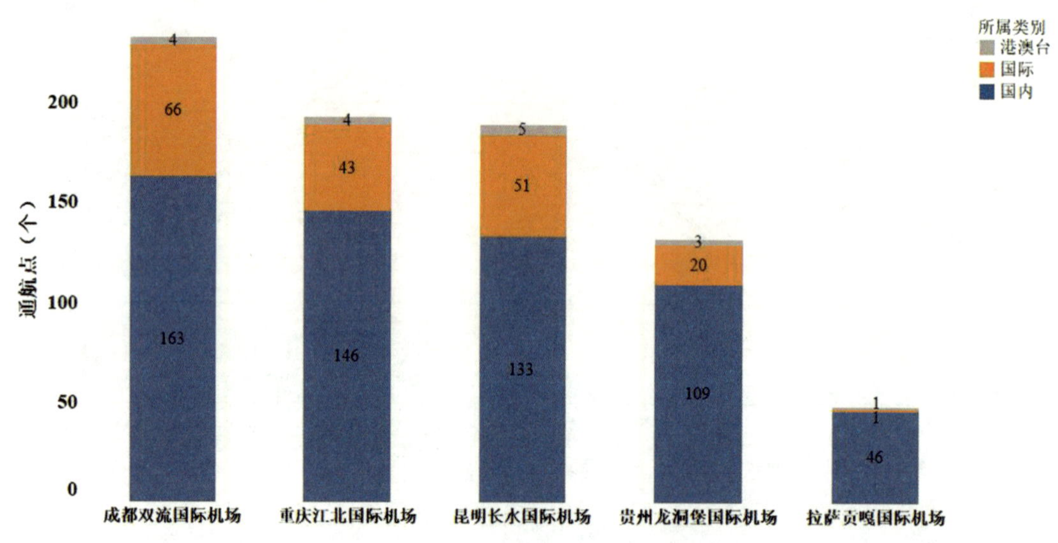

数据来源：OAG 数据库，项目组处理。

图 8.45　2019 年西南地区主要运输机场通航点分布情况

2019 年，该区国内航线可用座位占 91.02%，国际占 7.59%，港澳台占 1.39%。从主要运输机场运力分布看，如图 8.46 所示，成都双流国际机场国内可用座位份额最大，略高于第 2 位的昆明长水国际机场；成都双流国际机场国际、港澳台航线可用座位投入也最多；相对其他主要运输机场，拉萨贡嘎国际机场可用座位份额最小。

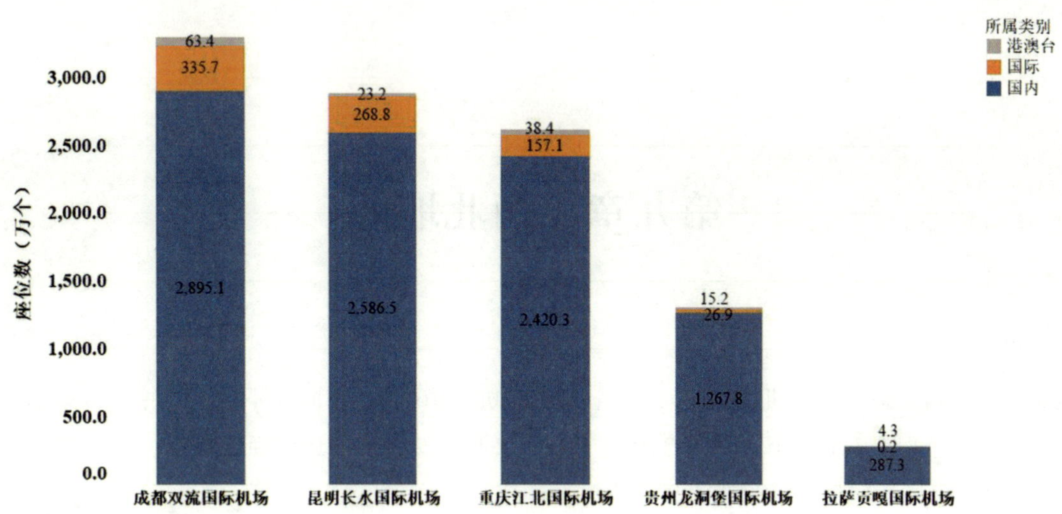

数据来源：OAG 数据库，项目组处理。

图 8.46 2019 年西南地区主要运输机场可用座位投入情况

2019 年，在该区运营的航空公司 98 家。其中，客货混运及全客运 93 家，全货运 5 家。东方航空、国际航空、四川航空是该区主要航空公司，合计可用座位占 40.53%。

第九章　西北地区

2019 年，西北地区运输机场 24 个，占全国运输机场 10.08%，同比不变。其中，陕西省 5 个，甘肃省 9 个，青海省 7 个，宁夏回族自治区 3 个。陕西省安康机场迁建尚未竣工，预计 2020 年 11 月投入使用。该区运输机场分布如图 9.1 所示。

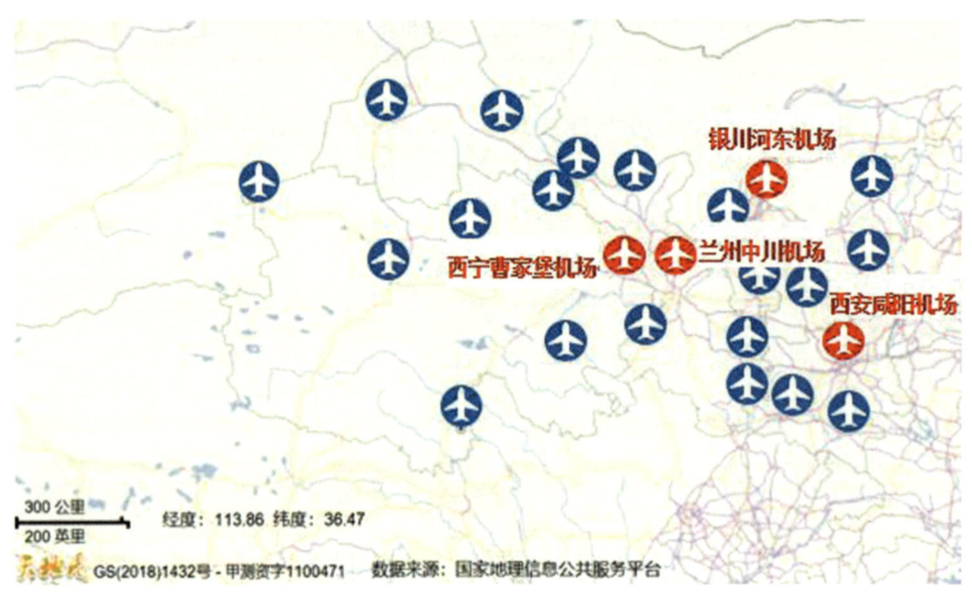

图片来源：天地图，项目组处理。

图 9.1　西北地区运输机场分布

第一节　运输机场运营概况

一、概况

2019 年，该区旅客吞吐量 8 868.74 万人次，7 个地区排名第 5 位；旅客吞吐量增长 10.05%，高于全国平均水平，7 个地区排名第 2 位，同比上升 3 位，如表 9-1 所示。

2019 年，旅客吞吐量 1 000 万人次以上运输机场 3 个，同比增加 1 个[1]，合计吞吐量占该区

1　银川河东国际机场。

82.42%，同比上升 9.81 个百分点。200 万~1 000 万人次运输机场 2 个，同比减少 1 个，合计旅客吞吐量占 11.00%，同比下降 10.56 个百分点。200 万人次以下运输机场 18 个，同比不变，合计旅客吞吐量占 6.57%，同比下降 0.74 个百分点。

2019 年，该区旅客吞吐量平均增速高于全国平均水平。15 个运输机场增速高于本区和全国平均水平。银川河东国际机场增长 18.23%，增幅最大；兰州中川国际机场增长 10.43%，位居其次；西安咸阳国际机场增长 5.75%，增幅较小。

近 5 年，该区旅客吞吐量平均增速高于全国机场平均水平。其中，19 个运输机场增速高于全国平均水平，18 个运输机场增速高于本区平均水平。

表 9-1　2019 年西北地区运输机场旅客吞吐量规模与增速

运输机场	旅客吞吐量（万人次）	区域占比（%）	区域累计占比（%）	全国运输机场排名	2015—2019 年平均增速（%）	2019 年增速（%）
全国机场整体情况	135 162.85	—	—	—	10.25	6.87
西北地区机场整体情况	8 868.74	—	—	—	13.23	10.05
西安咸阳国际机场	4 722.054 7	53.24	53.24	7	9.40	5.75
兰州中川国际机场	1 530.297 5	17.25	70.50	27	17.57	10.43
银川河东国际机场	1 057.539 3	11.92	82.42	38	18.35	18.23
西宁曹家堡机场	722.651 8	8.15	90.57	44	15.89	13.99
榆林榆阳机场	253.146 8	2.85	93.43	64	14.30	21.11
敦煌机场	90.196	1.02	94.44	110	22.76	19.04
延安南泥湾机场	68.624	0.77	95.22	124	34.04	77.53
汉中城固机场	65.128 4	0.73	95.95	126	50.21	31.58
嘉峪关机场	58.097 1	0.66	96.61	133	13.12	3.49
庆阳西峰机场	48.880 5	0.55	97.16	148	20.86	16.47
固原六盘山机场	37.941 8	0.43	97.58	162	61.36	67.71
玉树巴塘机场	31.871 4	0.36	97.94	172	13.37	5.26
陇南成县机场[1]	28.204 1	0.32	98.26	176	—	91.58
中卫沙坡头机场	26.565	0.30	98.56	178	29.74	9.09
格尔木机场	22.709 8	0.26	98.82	183	17.53	23.64
张掖甘州机场	21.371 4	0.24	99.06	189	26.36	20.85
天水麦积山机场	20.156 7	0.23	99.29	190	33.57	12.17
金昌金川机场	19.397 6	0.22	99.50	192	17.91	11.48
果洛玛沁机场[2]	13.512 5	0.15	99.66	208	—	7.98
海西德令哈机场	10.756 3	0.12	99.78	212	54.22	0.19
甘南夏河机场	8.609 1	0.10	99.88	216	17.05	-29.45
海西花土沟机场	7.875 3	0.09	99.96	219	262.51	2.17
祁连机场[3]	3.156 6	0.04	100.00	230	—	—
安康机场	—	—	—	—	—	—

数据来源：全国机场生产统计公报。

1　陇南成县机场于 2018 年 3 月正式通航。
2　果洛玛沁机场于 2016 年 7 月 1 日正式通航。
3　海北祁连机场于 2018 年 8 月正式通航。

2019 年，该区货邮吞吐量 57.82 万吨，7 个地区排名第 6 位；货邮吞吐量增速 22.45%，7 个地区排名第 1 位，同比不变，如表 9-2 所示。

2019 年，货邮吞吐量 1 万吨以上运输机场 4 个，同比不变，合计货邮吞吐量占该区 96.19%，同比下降 0.95 个百分点。西安咸阳国际机场占 66.04%，份额最大。

2019 年，该区货邮吞吐量平均增速高于全国平均水平。18 个运输机场增速高于全国平均水平，14 个运输机场高于本区平均水平，1 个运输机场负增长。

近 5 年，该区 16 个运输机场货邮吞吐量增速高于全国平均水平，13 个运输机场增速高于本区平均水平。其中，汉中城固机场货邮吞吐量平均增长 102.32%，排第 1 位。

表 9-2　2019 年西北地区运输机场货邮吞吐量规模与增速

运输机场	货运吞吐量（万吨）	区域占比（%）	区域累计占比（%）	全国运输机场排名	2015—2019 年平均增速（%）	2019 年增速（%）
全国机场整体情况	1 710.01	—	—	—	4.95	2.15
西北地区机场整体情况	57.82	—	—	—	15.52	22.45
西安咸阳国际机场	38.19	66.04	66.04	11	15.91	22.14
兰州中川国际机场	7.20	12.45	78.50	35	9.49	17.17
银川河东国际机场	6.12	10.59	89.09	36	16.43	20.72
西宁曹家堡机场	4.10	7.10	96.19	43	17.32	21.11
榆林榆阳机场	0.80	1.39	97.57	68	23.79	45.06
汉中城固机场	0.22	0.38	97.96	92	102.32	91.47
嘉峪关机场	0.18	0.31	98.27	98	1.87	28.89
玉树巴塘机场	0.18	0.31	98.57	101	33.04	96.27
格尔木机场	0.17	0.30	98.87	103	16.53	38.49
果洛玛沁机场	0.12	0.22	99.09	115	—	—
海西德令哈机场	0.12	0.21	99.30	116	73.68	66.17
延安南泥湾机场	0.12	0.20	99.50	117	59.15	99.50
敦煌机场	0.06	0.10	99.60	143	4.53	43.64
中卫沙坡头机场	0.04	0.07	99.68	151	55.68	135.63
张掖甘州机场	0.04	0.07	99.74	153	40.23	149.23
海西花土沟机场	0.03	0.06	99.80	162	—	152.76
甘南夏河机场	0.02	0.04	99.85	169	10.85	-23.12
庆阳西峰机场	0.02	0.04	99.89	172	66.44	243.45
天水麦积山机场	0.02	0.03	99.92	175	63.50	80.97
金昌金川机场	0.02	0.03	99.94	178	9.43	46.03
陇南成县机场	0.02	0.03	99.97	179	—	—
祁连机场	0.01	0.02	100.00	182	—	—
固原六盘山机场	0.01	0.01	100.01	194	—	—
安康机场	—	—	—	—	—	—

数据来源：全国机场生产统计公报。

2019 年，该区飞机起降 89.59 万架次，7 个地区排名第 5 位；飞机起降架次增长 10.83%，高于全国平均水平，7 个地区排名第 2 位，同比下降 1 位，如表 9-3 所示。

2019 年，该区 3 个千万级运输机场飞机起降 54.96 万架次，占该区机场飞机起降架次 61.35%。其中，西安咸阳国际机场占 38.59%，兰州中川国际机场占 13.3%，银川河东飞机国际机场占 9.46%。

2019 年，该区 17 个运输机场飞机起降架次增速高于全国平均水平，12 个运输机场增速高于本区平均水平，4 个运输机场负增长。

近 5 年，该区 15 个运输机场起降架次平均增速高于全国平均水平，13 个运输机场平均增速高于本区平均水平。

表 9-3　2019 年西北地区运输机场起降架次规模与增速

运输机场	起降架次（万架次）	区域占比（%）	区域累计占比（%）	全国运输机场排名	2015—2019 年平均增速（%）	2019 年增速（%）
全国机场整体情况	1 166.05	—	—	—	8.02	5.16
西北地区机场整体情况	89.59	—	—	—	12.11	10.83
西安咸阳国际机场	34.57	38.59	38.59	7	6.66	4.62
兰州中川国际机场	11.92	13.30	51.90	29	15.13	8.44
安康机场	10.94	12.21	64.10	33	—	33.73
银川河东国际机场	8.47	9.46	73.56	47	15.84	12.03
西宁曹家堡机场	6.12	6.83	80.39	54	15.28	11.18
中卫沙坡头机场	4.70	5.24	85.63	61	-5.28	21.25
固原六盘山机场	2.45	2.73	88.37	79	100.86	9.12
榆林榆阳机场	2.39	2.67	91.04	82	10.29	14.74
庆阳西峰机场	2.26	2.52	93.55	84	79.52	3.96
汉中城固机场	1.34	1.49	95.05	118	-1.46	-7.31
敦煌机场	0.82	0.92	95.96	136	13.16	7.05
延安南泥湾机场	0.68	0.76	96.72	147	11.88	80.19
嘉峪关机场	0.51	0.57	97.29	167	25.49	-3.27
玉树巴塘机场	0.36	0.40	97.69	183	22.10	-3.40
天水麦积山机场	0.35	0.39	98.08	186	-33.49	10.28
陇南成县机场	0.34	0.38	98.45	187	12.99	53.63
格尔木机场	0.32	0.36	98.81	189	29.62	32.36
金昌金川机场	0.22	0.25	99.06	205	28.01	9.12
海西德令哈机场	0.19	0.21	99.27	211	186.59	42.67
张掖甘州机场	0.19	0.21	99.48	212	3.61	16.44
甘南夏河机场	0.14	0.16	99.64	220	-49.15	-27.39
果洛玛沁机场	0.14	0.15	99.79	221	19.22	16.64
海西花土沟机场	0.14	0.15	99.94	222	—	52.54
祁连机场	0.05	0.06	100.00	235	—	—

数据来源：全国机场生产统计公报。

二、航空市场运营概况

2019 年，该区国内航班可用座位 5 423.3 万个，增长 10.98%。2015—2019 年，该区国际、国内航班可用座位均呈上升态势，如图 9.2 所示。2017 年国际航班可用座位增速断崖式下降后，2018 年迅速回升，国内航班可用座位下降。2019 年，国际航班可用座位增速回降，国内航班回升至 10.98%。

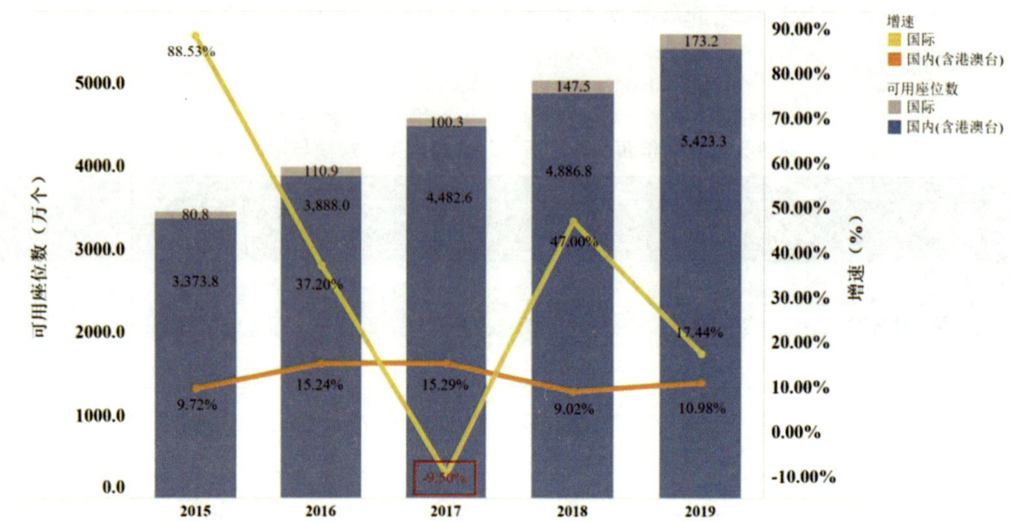

数据来源：OAG 数据库，项目组处理。

图 9.2　2015—2019 年西北地区运输机场国际国内出港航班可用座位变化

2017 年，该区国际航班频次增速断崖式下降，2018 年迅速回升，国内航班频次下降。2019 年，国际航班频次继续下降，国内航班频次回升至 8.48%，如图 9.3 所示。

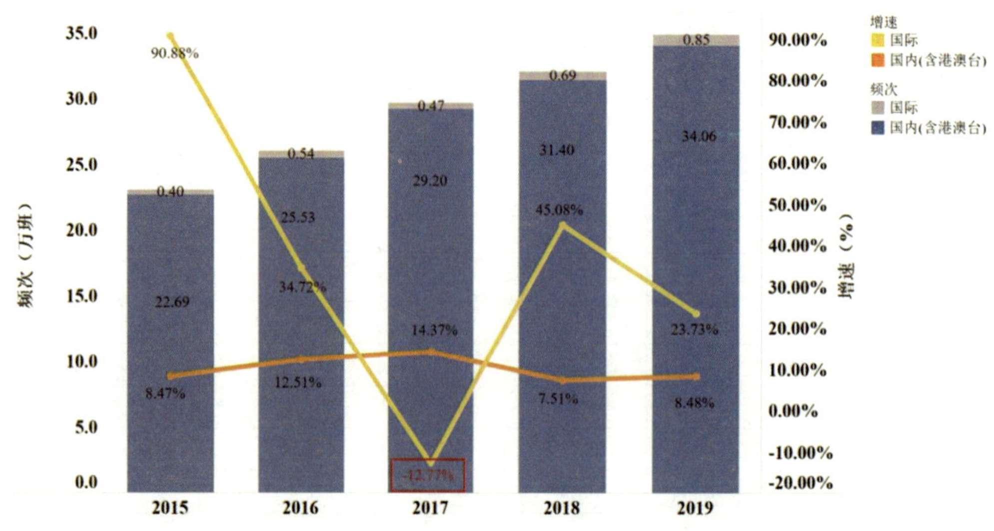

数据来源：OAG 数据库，项目组处理。

图 9.3　2015—2019 年西北地区运输机场国际国内出港航班频次变化

三、运输机场与综合交通

该区主要运输机场综合交通建设有待提升。目前主要运输机场均为引入轨道交通。除西宁曹家堡国际机场外，其他3个主要运输机场已与高铁、专线巴士和城际巴士连接。西安咸阳机场有28条城际大巴路线，覆盖范围最大，如表9-4所示。

表9-4 西北地区主要国际机场与其他交通方式连通概况

主要运输机场	高铁	专线巴士（条）	城际巴士（条）
西安咸阳国际机场	有	6	28
兰州中川国际机场	有	2	6
银川河东国际机场	有	2	3
西宁曹家堡国际机场	—	5	—

数据来源：各机场官网。

第二节 经济社会发展概况

一、国内生产总值（GDP）

2010—2019年，该区GDP保持稳步增长，如图9.4所示。其中，陕西省增速最明显。2019年，该区GDP总额41 225.9亿元，7个地区排名第6位。陕西省GDP总额25 793.17亿元，居本区第1位；其次是甘肃省、宁夏回族自治区，GDP总额分别为8 718.3亿元、3 748.48亿元；青海省GDP总额2 965.95亿元，排名第4位。

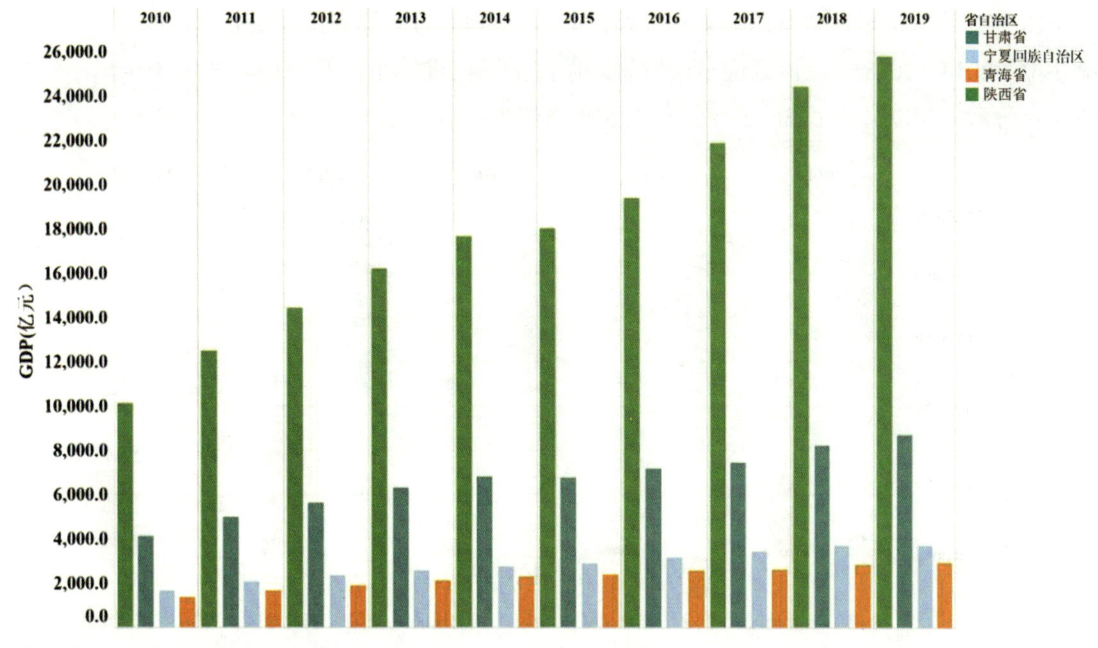

数据来源：国家统计局，项目组处理。

图9.4 2010—2019年西北地区各省、自治区GDP分布及变化

2010—2019年，各省、自治区GDP增长速度基本上保持相同变化态势。除甘肃省外，各省、区增速高于全国增速，如图9.5所示。2016年，甘肃省增速明显下降，2017年回升，但仍低于全国平均水平。2019年，甘肃省GDP增长6.2%，略高于全国平均水平。2019年，除陕西省略低于全国平均水平外，其他各省、区与全国增速基本相同。

数据来源：国家统计局，地方政府工作报告，项目组处理。

图9.5　2010—2019年西北地区各省、自治区及全国GDP增速

二、进出口贸易

2018年，该区进出口贸易总额4 193.7亿元，7个地区排名第6位；增长23.39%，7个地区排名第2位。2014—2018年，该区进出口贸易总额占全国比重较小，但平均增速高于全国平均水平，如图9.6所示，2017年增长36.22%，是近5年增速最高点。

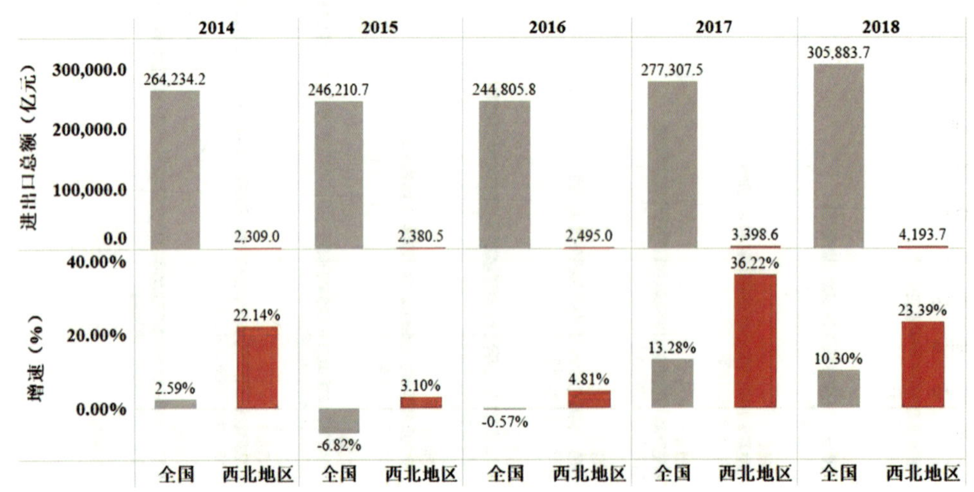

数据来源：国家统计局，项目组处理。

图9.6　2014—2018年西北地区及全国进出口总额变化

三、入境人数

2018 年，该区入境人数 321.8 万人次，7 个地区排名第 6 位；增长 16.88%，7 个地区排名第 2 位。2014—2018 年，该区入境人数保持增长，平均增速变化较大，如图 9.7 所示。2016 年增长 17.77%，达到历史最高。2016—2018 年增速均远高于全国平均水平。

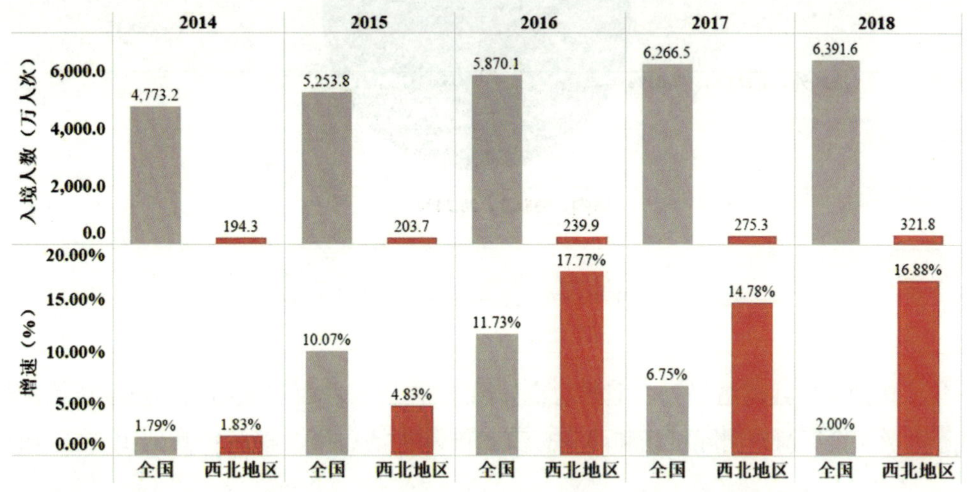

数据来源：国家统计局，项目组处理。

图 9.7 2014—2018 年西北地区及全国入境人数变化

第三节 航线网络布局

一、通航点分布

2019 年，该区通航点 243 个，如图 9.8 所示。其中，国内 185 个，占 76.14%，同比增加 7 个；国外 55 个，占 22.63%，同比增加 9 个；港澳台 3 个，占 1.23%，同比不变。国内航线可用座位占 96.24%，国际占 3.09%，港澳台占 0.66%。该区 23 个运输机场开通本区航线，可用座位 963.5 万个，占该区可用座位 17.22%，如图 9.9 所示。

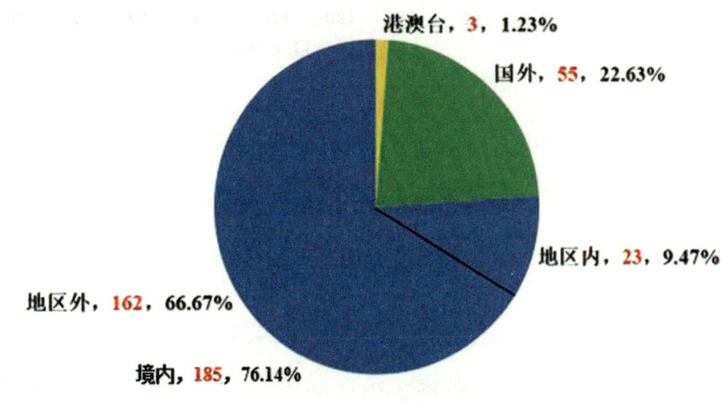

数据来源：OAG 数据库，项目组处理。

图 9.8 2019 年西北地区通航点数量（个）及分布

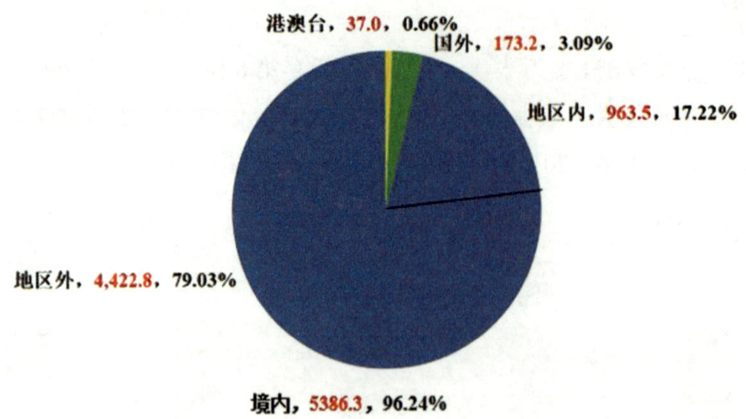

数据来源：OAG 数据库，项目组处理。

图 9.9　2019 年西北地区可用座位（万个）及分布

2019 年，该地区航线网络仍分 3 个梯队，如图 9.10 所示：西安咸阳国际机场居第 1 梯队；兰州中川国际机场、银川河东国际机场和西宁曹家堡国际机场居第 2 梯队；其他 19 个运输机场属于第 3 梯队。

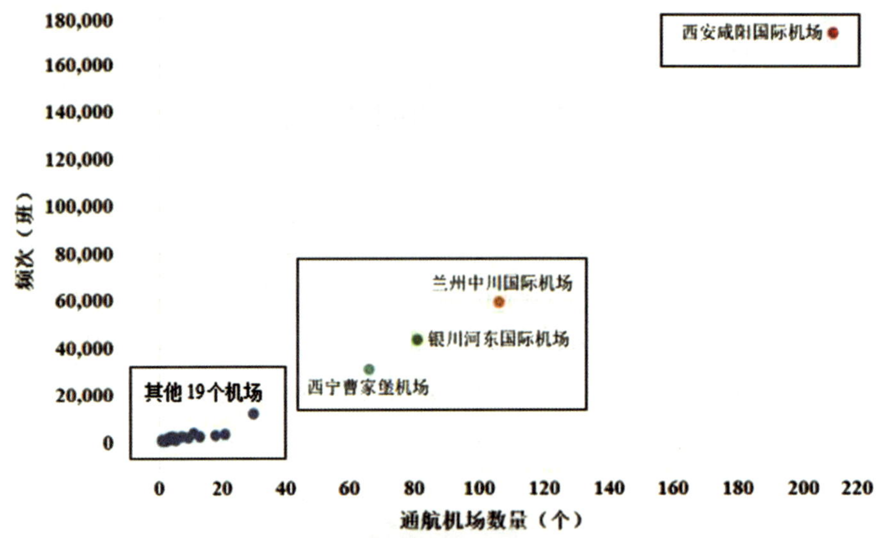

数据来源：OAG 数据库，项目组处理。

图 9.10　西北地区各运输机场点分布散点图

二、重点航线

2019 年，该区前 30 条国内航线可用座位占国内航线 24.16%，如图 9.11 所示，同比下降 1.77 个百分点。其中，通达北京首都国际机场航线 4 条；通达广州白云国际机场 2 条，同比减少 1 条。西安咸阳—北京首都（XIY-PEK）可用座位 141.2 万个，份额最大。

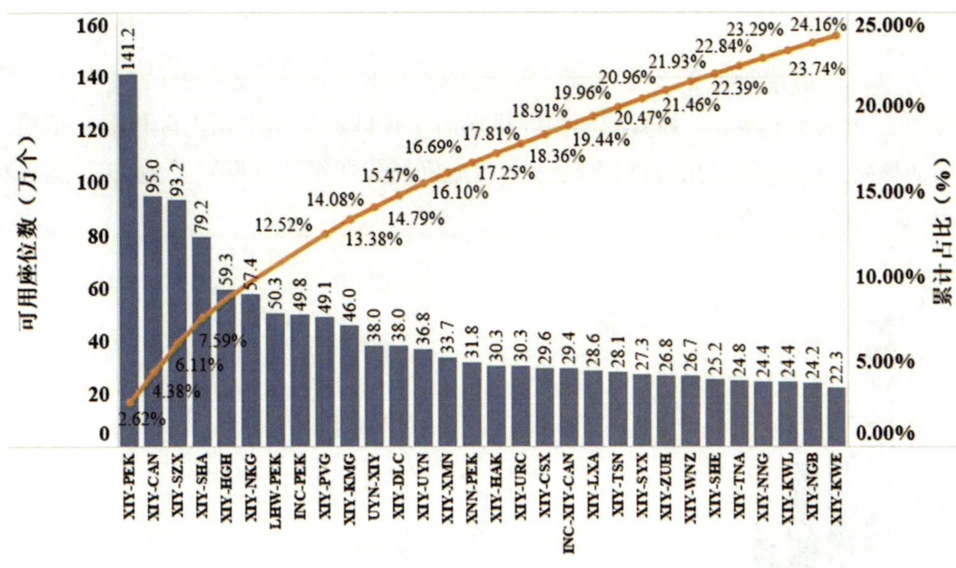

数据来源：OAG 数据库，项目组处理。

图 9. 11　2019 年西北地区前 30 条国内客运航线出港可用座位分布

2019 年，该区前 15 条国际航线可用座位占国际航线 62. 32%，如图 9. 12 所示，同比提高 7. 1 个百分点。西安咸阳—曼谷廊曼（XIY-DMK）可用座位同比略有减少，但仍是该区最繁忙国际航线。

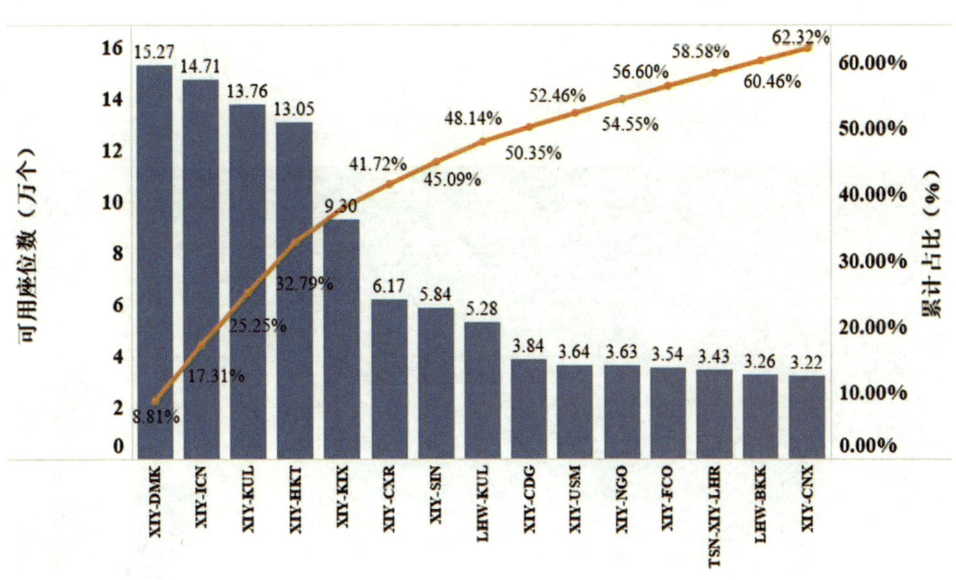

数据来源：OAG 数据库，项目组处理。

图 9. 12　2019 年西北地区前 15 条国际客运航线出港可用座位分布

三、合作航空公司

（一）航空公司分布

2019 年，在该区运营的航空公司 73 家，如图 9.13 所示。其中，客货混运 68 家，全货运 5 家。68 家客运航空公司呈 4 个梯队：西安咸阳国际机场居 1 梯队；兰州中川国际机场、银川河东国际机场位居第 2 梯队；西宁曹家堡国际机场等 3 个运输机场位居第 3 梯队；其他 17 个运输机场航空公司不足 10 家，属于第 4 梯队。

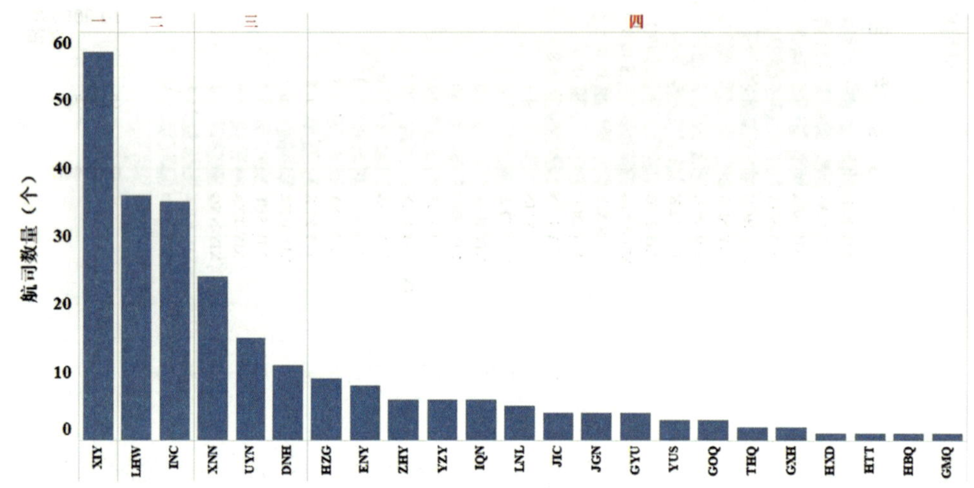

数据来源：OAG 数据库，项目组处理。

图 9.13　2019 年西北地区各运输机场运营航空公司数量及分布

（二）运力分布

2019 年，东航在该区可用座位份额最大，占 26.60%，同比减少 0.34%，如图 9.14 所示。东航、国航、南航、海航 4 家航空公司合计可用座位份额占 50.13%。

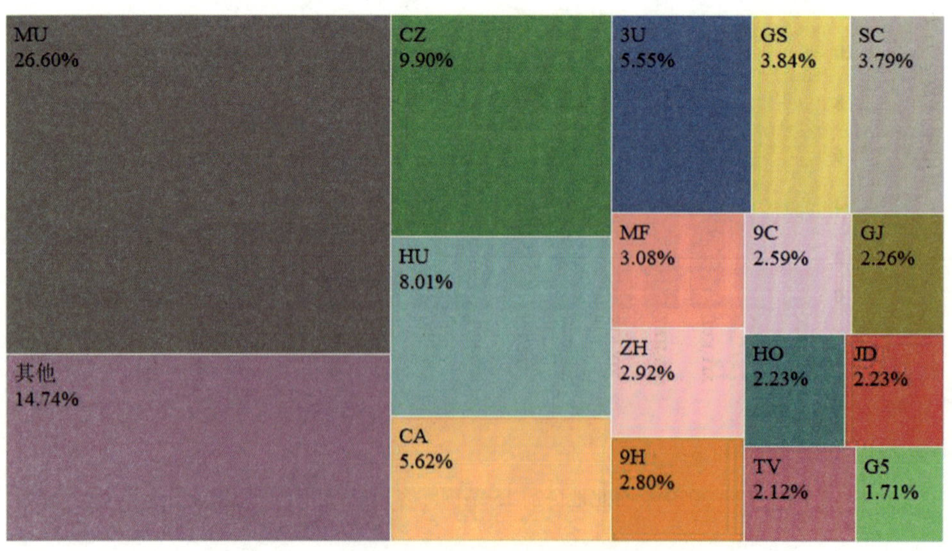

数据来源：OAG 数据库，项目组处理。

图 9.14　2019 年西北地区运输机场航空公司可用座位投入占比

第四节 西安咸阳国际机场

2019 年，西安咸阳国际机场旅客吞吐量 4 722.1 万人次，如图 9.15 所示，同比增长 5.70%，本区排名第 1 位，全国排名第 7 位，全国排名同比下降 2 位；货邮吞吐量 38.2 万吨，如图 9.16 所示，本区排名第 1 位，全国排名第 11 位，全国排名同比上升 1 位。

2015—2017 年，西安咸阳国际机场旅客吞吐量增速低于本区平均增速，高于全国平均水平；2018—2019 年增速继续下降，低于本区和全国平均水平。

近年，该机场货邮业务发展较快，圆通航空转运中心、顺丰速运西北航空枢纽先后投入运营，推动该机场货邮业务发展。2018—2019 年，货邮吞吐量增速超过 20%。

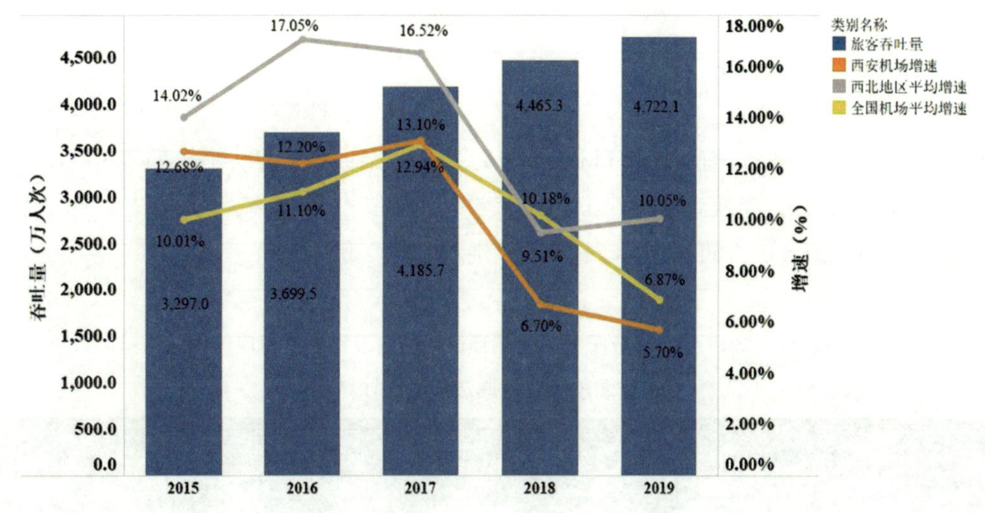

数据来源：全国机场生产统计公报。

图 9.15 2015—2019 年西安咸阳国际机场旅客吞吐量变化

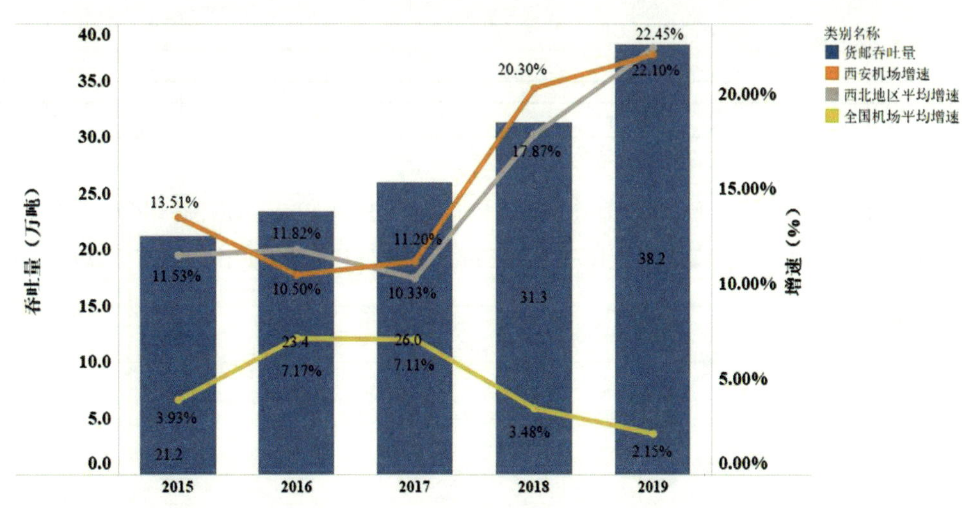

数据来源：全国机场生产统计公报。

图 9.16 2015—2019 年西安咸阳国际机场货邮吞吐量变化

一、航线网络布局

按照航线统计口径，2019 年该机场通航点 224 个，如表 9-5 所示。其中，国内 168 个，同比增加 6 个；国外 53 个，同比增加 10 个；港澳台 3 个，同比不变。

表 9-5　2019 年西安咸阳国际机场通航点数量及分布（按航线口径统计）

地域	通航点数量（个）
国内	168
国外	53
港澳台	3
总计	224

数据来源：OAG 数据库，项目组处理。

按照可直飞（无须经停）航线统计口径，2019 年该机场通航点 209 个，如表 9-6 所示。其中，国内 154 个，国外 52 个，港澳台 3 个。国内航线可用座位占 93.5%，国际占 5.5%，港澳台占 1.0%。国内平均日航班 448.8 班，国际 21.3 班，港澳台 4.2 班。

表 9-6　2019 年西安咸阳国际机场通航点数量及出港可用座位投入（按无须经停的通达口径统计）

地域	通航点数量（个）	出港可用座位数（万个）	出港座位占比（%）	平均日航班量（班）	平均日频（次）	年航班量（班）
国内	154	2 670.6	93.5	448.8	2.9	163 797
国外	52	156.3	5.5	21.3	0.4	7 780
港澳台	3	29.6	1.0	4.2	1.4	1 551
总计	209	2 856.5	100.0	474.3	2.3	173 128

数据来源：OAG 数据库，项目组处理。

重点国内航线：2019 年，该机场前 30 条国内航线可用座位占国内航线 45.08%，同比增长 0.14%，如图 9.17 所示，其中，西安咸阳—北京首都（XIY-PEK）可用座位占 5.29%，同比降低 0.46 个百分点，份额最大。

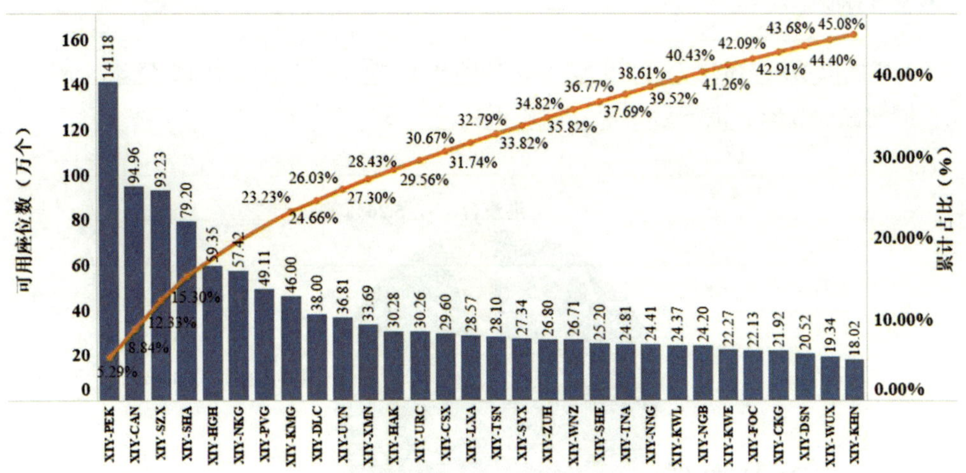

数据来源：OAG 数据库，项目组处理。

图 9.17　2019 年西安咸阳国际机场前 30 条国内客运航线出港可用座位分布

重点国际航线：2019 年，该机场国际航线可用座位同比变化明显，前 15 条国际航线包括东南亚航线 8 条，东北亚航线 3 条、洲际航线 3 条、南亚航线 1 条；可用座位占国际航线 67.54%，同比下降 1.54 个百分点，如图 9.18 所示。西安咸阳—曼谷廊曼（XIY-DMK）可用座位占 9.76%，是该机场最繁忙国际航线。

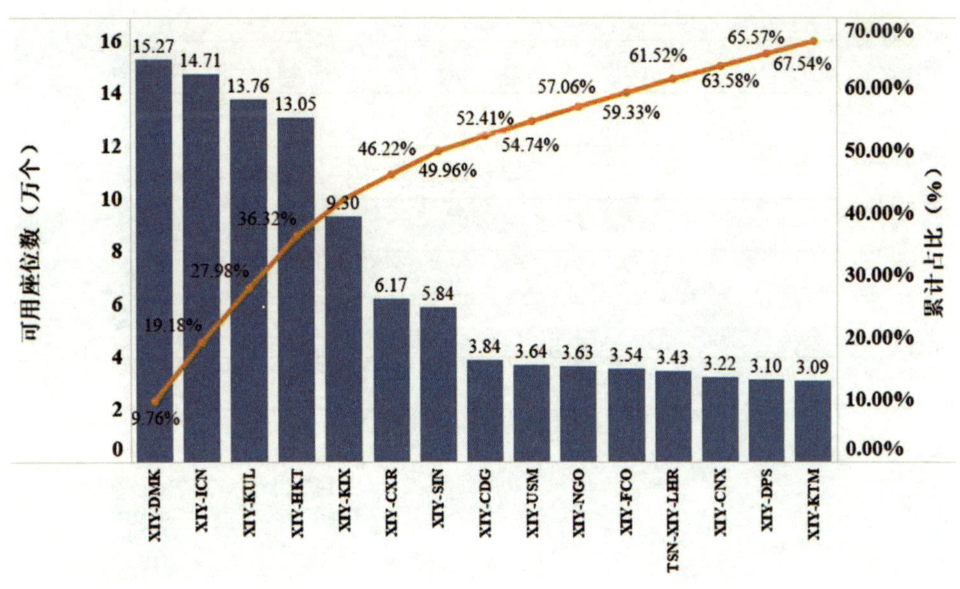

数据来源：OAG 数据库，项目组处理。

图 9.18　2019 年西安咸阳国际机场前 15 条国际客运航线出港可用座位分布

港澳台航线：2019 年，该机场港澳台航线 3 条，均为直达航线，分别通达香港、台北桃园、澳门等国际机场。可用座位集中于西安咸阳—香港赤鱲角（XIY-HKG）航线，可用座位占 51.82%，同比降低 11.35 个百分点。

二、运营的航空公司

2019 年，在该机场运营的航空公司 57 家，如图 9. 19 所示。其中，国内 35 家，同比增加 3 家；国外 19 家，同比减少 3 家；港澳台 3 家，同比不变。

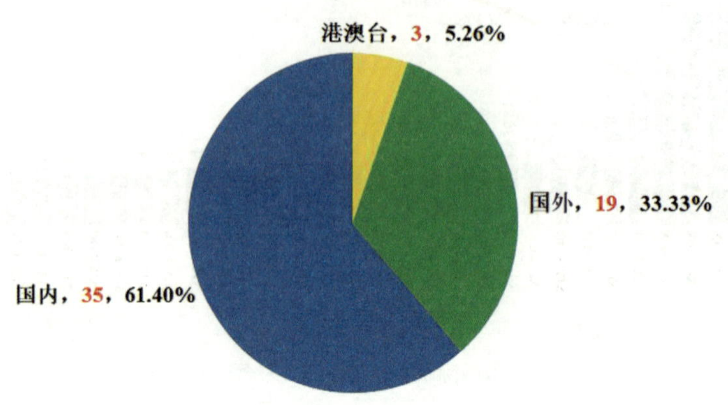

数据来源：OAG 数据库，项目组处理。

图 9. 19　2019 年西安咸阳国际机场航空公司数量（个）及分布

2019 年，该机场运力以东方航空为主，可用座位占 29. 63%，同比上升 0. 5 个百分点，如图 9. 20 所示。南方航空可用座位占 9. 80%，海南航空占 9. 65%。

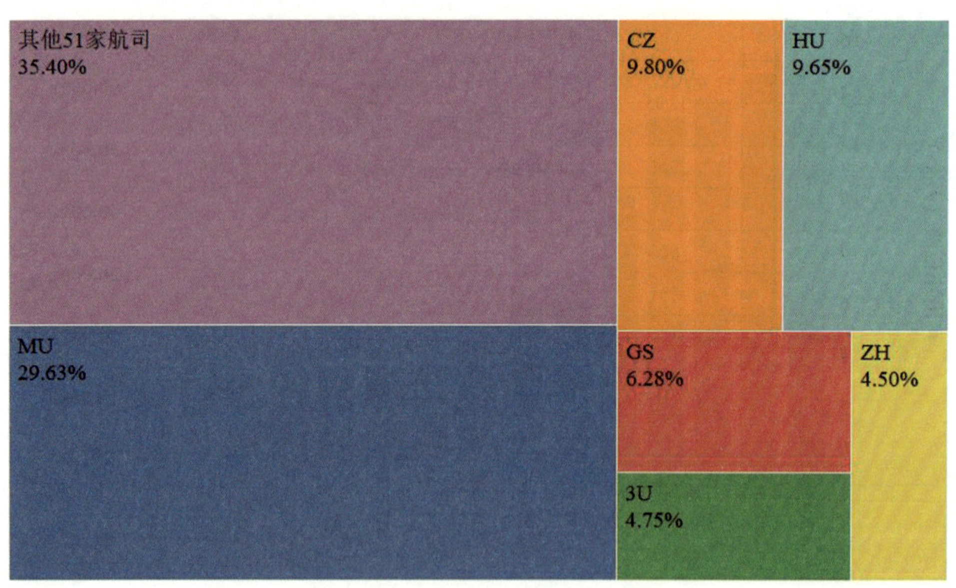

数据来源：OAG 数据库，项目组处理。

图 9. 20　2019 年西安咸阳国际机场航空公司可用座位投入占比

第五节 兰州中川国际机场

2019 年，兰州中川国际机场旅客吞吐量 1 530. 3 万人次，如图 9. 21 所示，同比增长 10. 40%，本区排名第 2 位，全国排名第 27 位，全国排名同比下降 2 位。货邮吞吐量 7. 2 万吨，本区排名第 2 位，全国排名第 35 位。

近 5 年，兰州市发达的铁路运输对航空客货运输产生一定影响。2015—2017 年，该机场旅客吞吐量增速始终高于本区和全国平均水平。2018 年增速降至 8. 10%，低于本区和全国平均水平。2019 年增速回升至 10. 4%，高于本区和全国平均水平。

该机场货邮吞吐量增速波动较大，2019 年货邮吞吐量增长 17. 20%，高于全国平均水平，低于本区平均水平，如图 9. 22 所示。

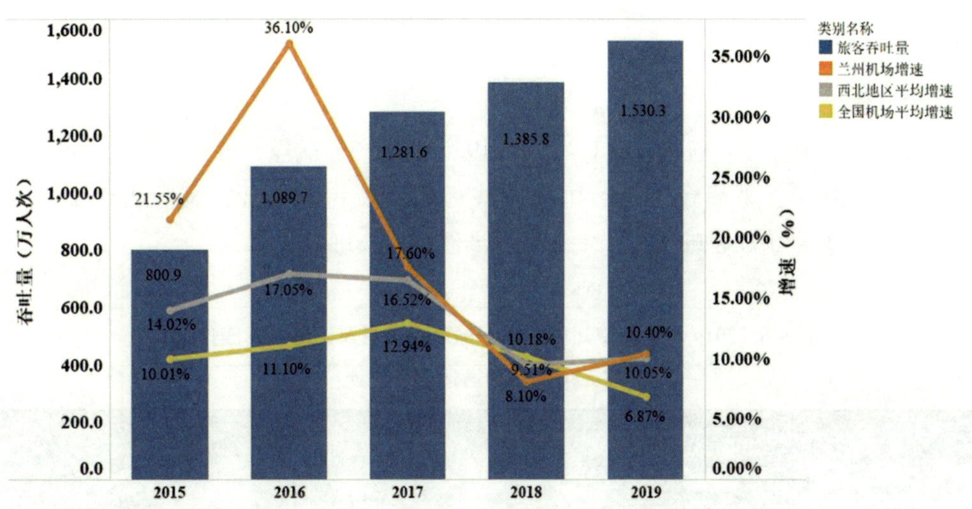

数据来源：全国机场生产统计公报。

图 9. 21 2015—2019 年兰州中川国际机场旅客吞吐量变化

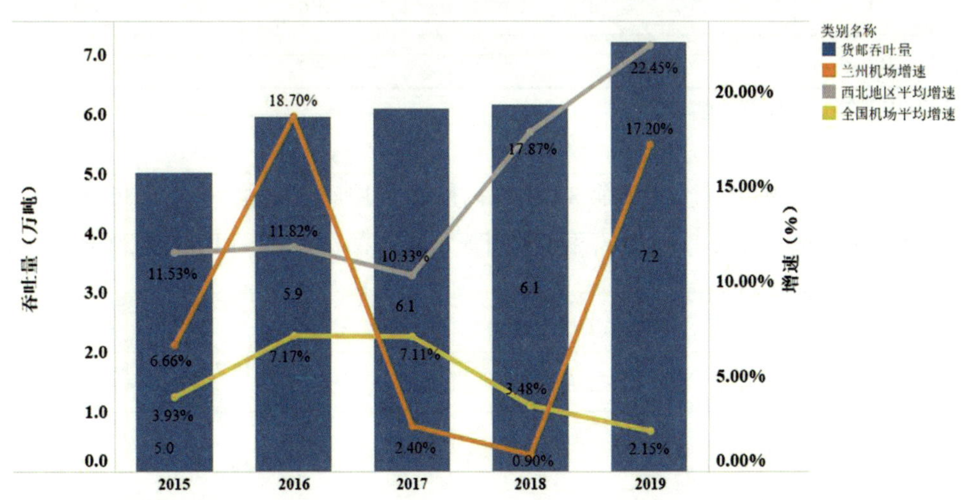

数据来源：全国机场生产统计公报。

图 9. 22 2015—2019 年兰州中川国际机场货邮吞吐量变化

一、航线网络布局

按照航线统计口径，2019 年该机场通航点 119 个，如表 9-7 所示。其中，国内 101 个，同比减少 1 个；国外 17 个，同比增加 7 个；港澳台 1 个，同比不变。

表 9-7　2019 年兰州中川国际机场通航点数量及分布（按航线口径统计）

地域	通航点数量（个）
国内	101
国外	17
港澳台	1
总计	119

数据来源：OAG 数据库，项目组处理。

按照可直飞（无须经停）航线统计口径，2019 年该机场通航点 106 个，如表 9-8 所示。其中，国内 95 个，国外 10 个，港澳台 1 个。国内航线可用座位占 98.5%，国际占 1.1%，港澳台占 0.4%。国内平均日航班 160.8 班，国际 1.2 班，港澳台 0.6 班。

表 9-8　2019 年兰州中川国际机场通航点数量及出港可用座位投入
（按无须经停的通达口径统计）

地域	通航点数量（个）	出港可用座位数（万个）	出港座位占比（%）	平均日航班量（班）	平均日频（次）	年航班量（班）
国内	95	954.8	98.5	160.8	1.7	58 698
国外	10	10.7	1.1	1.2	0.1	456
港澳台	1	3.4	0.4	0.6	0.6	216
总计	106	968.9	100.0	162.6	1.5	59 370

数据来源：OAG 数据库，项目组处理。

重点国内航线：2019 年，该机场前 30 条国内航线可用座位占国内航线 36.99%，同比减少 3.31 个百分点，如图 9.23 所示。其中，兰州中川—北京首都（LHW-PEK）航线最繁忙，可用座位占 5.27%，同比减少 1.35%。

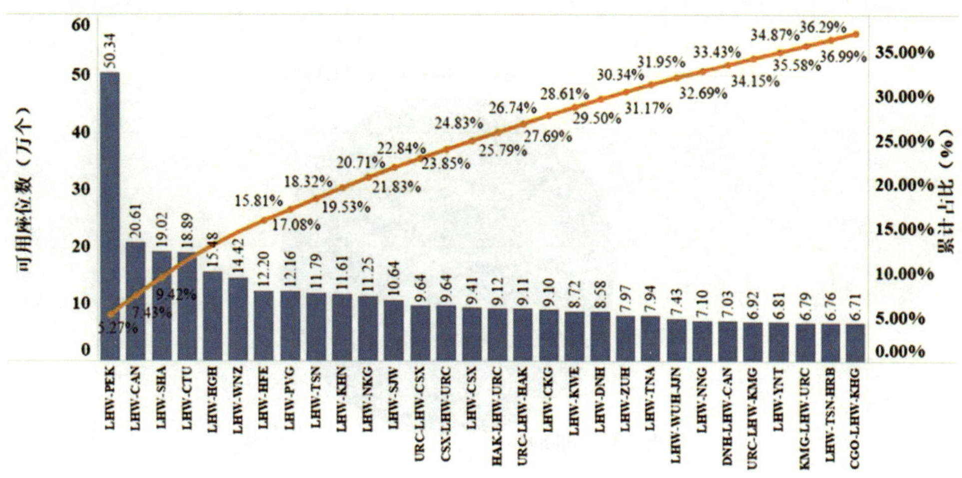

数据来源：OAG 数据库，项目组处理。

图 9. 23　2019 年兰州中川国际机场前 30 条国内客运航线出港可用座位分布

重点国际航线：2019 年，该机场国际航线 10 条，包括东南亚航线 9 条、洲际航线 1 条。其中，兰州中川—上海浦东—吉隆坡（LHW-PVG-KUL）最繁忙，可用座位占 49. 33%。

港澳台航线：2019 年，该机场港澳台航线 1 条，为兰州中川—台北桃园直达航线，投入 3. 4 万可用座位，如图 9. 24 所示。

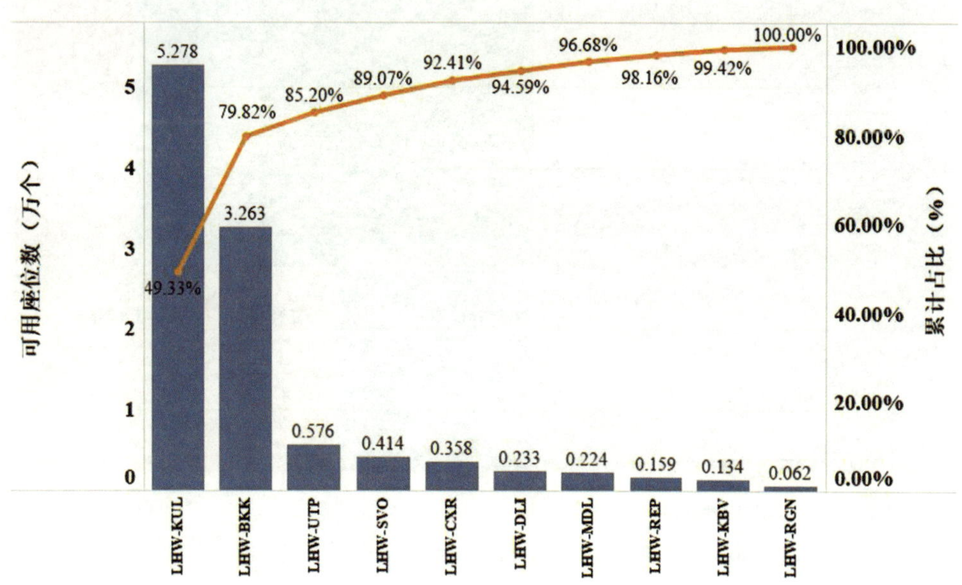

数据来源：OAG 数据库，项目组处理。

图 9. 24　2019 年兰州中川国际机场国际航线客运航线出港可用座位分布

二、运营的航空公司

2019 年，在该机场运营的航空公司 36 家，如图 9. 25 所示。其中，国内 32 家，同比增加减少

3 家；国外 4 家，同比增加 1 家。

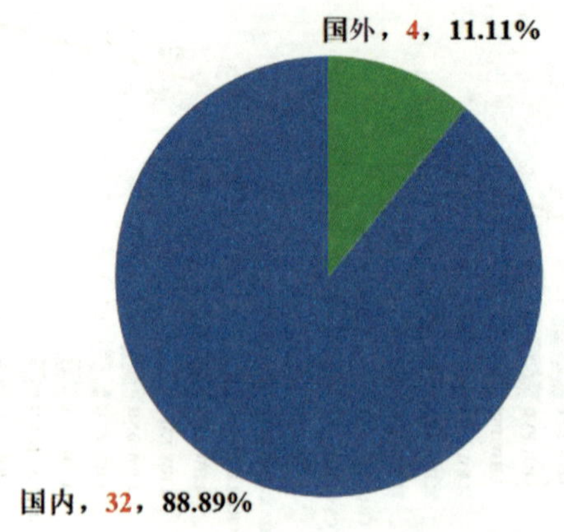

数据来源：OAG 数据库，项目组处理。

图 9.25　2019 年兰州中川国际机场航空公司数量（个）及分布

2019 年，该机场可用座位投入以东方航空为主，可用座位占 18.62%；海南航空、南方航空分别占 8.37%、8.11%，如图 9.26 所示。

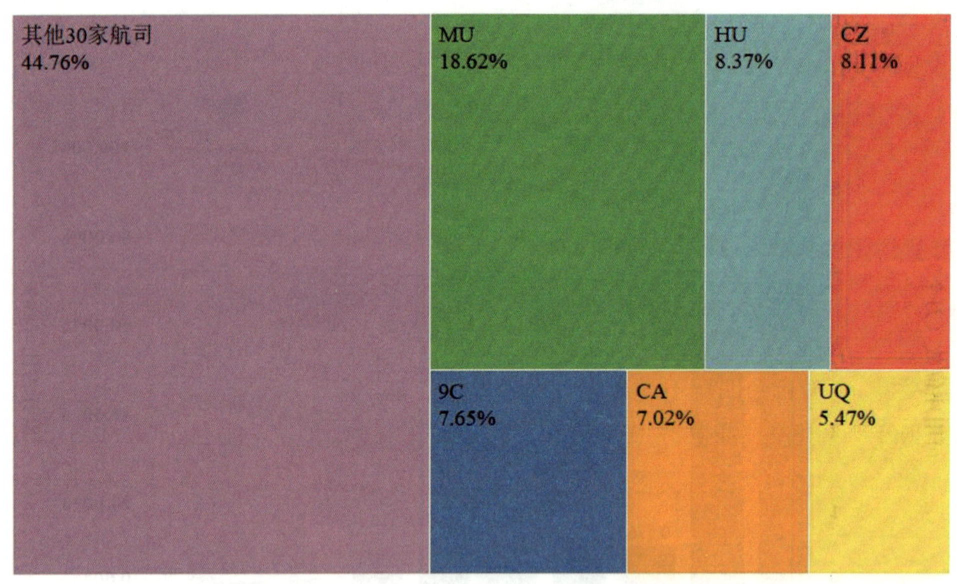

数据来源：OAG 数据库，项目组处理。

图 9.26　2019 年兰州中川国际机场航空公司可用座位投入占比

第六节　银川河东国际机场

2019 年，银川河东国际机场旅客吞吐量 1 057.5 万人次，同比增长 18.20%，本区排名第 3 位，全国排名第 38 位，如图 9.27 所示。货邮吞吐量 6.1 万吨，本区排名第 3 位，全国排名第 36 位，全国排名同比下降 2 位。

2015—2017 年，该机场旅客吞吐量增速保持上升态势，2018—2019 年有所波动，但仍高于本区和全国平均水平。近 5 年，该机场货邮吞吐量增速保持上升，2019 年增长 20. 70%，远高于全国平均水平，略低于本区平均水平，如图 9. 28 所示。

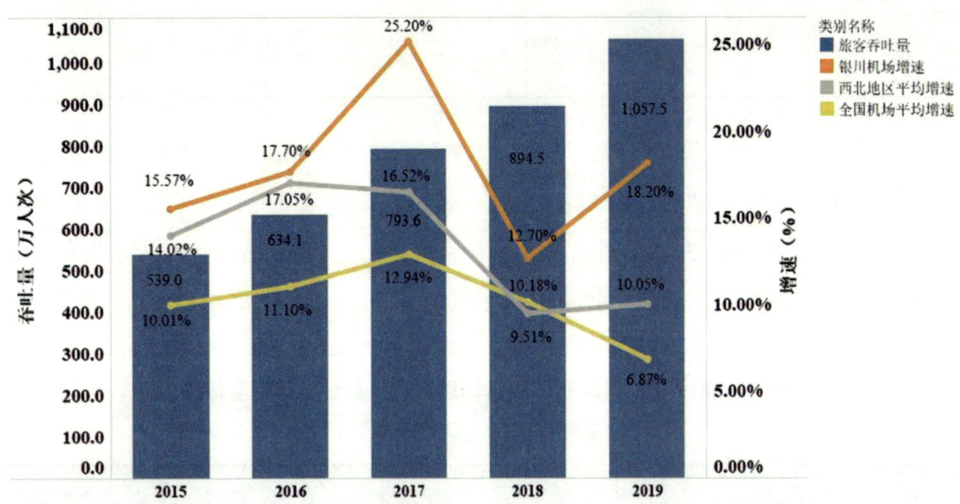

数据来源：全国机场生产统计公报。

图 9. 27 2015—2019 年银川河东国际机场旅客吞吐量变化

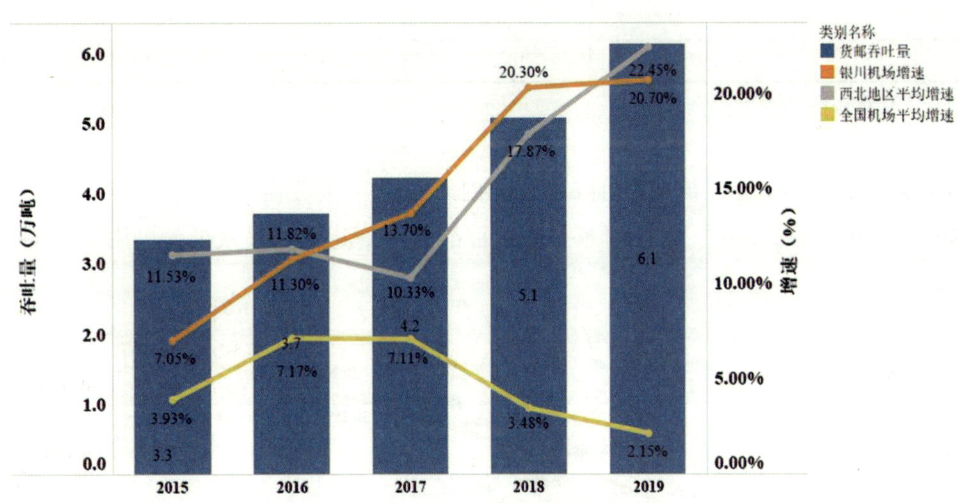

数据来源：全国机场生产统计公报。

图 9. 28 2015—2019 年银川河东国际机场货邮吞吐量变化

一、航线网络布局

按照航线统计口径，2019 年该机场通航点 88 个，如表 9-9 所示。其中，国内 79 个，同比不变；国外 7 个，同比减少 5 个；港澳台 2 个，同比增加 1 个。

表 9-9　2019 年银川河东国际机场通航点数量及分布（按航线口径统计）

地域	通航点数量（个）
国内	79
国外	7
港澳台	2
总计	88

数据来源：OAG 数据库，项目组处理。

按照可直飞（无须经停）航线统计口径，2019 年该机场通航点 81 个，如表 9-10 所示。其中，国内 75 个，国外 4 个，港澳台 2 个。国内可用座位占 98.9%，国际占 0.5%，港澳台占 0.6%。国内平均日航班 117.7 班，国际 0.3 班，港澳台 0.7 班。

表 9-10　2019 年银川河东国际机场通点数量及出港可用座位投入（按无须经停的通达口径统计）

地域	通航点数量（个）	出港可用座位数（万个）	出港座位占比（%）	平均日航班量（班）	平均日频（次）	年航班量（班）
国内	75	690.0	98.9	117.7	1.6	42 973
国外	4	3.5	0.5	0.3	0.1	127
港澳台	2	3.9	0.6	0.7	0.3	246
总计	81	697.4	100.0	118.8	1.5	43 346

数据来源：OAG 数据库，项目组处理。

重点国内航线：2019 年，该机场前 30 条国内航线可用座位占国内航线 46.45%，同比减少 6.18%，如图 9.29 所示。其中，银川河东—北京首都（INC-PEK）最繁忙，可用座位 49.78 万个。

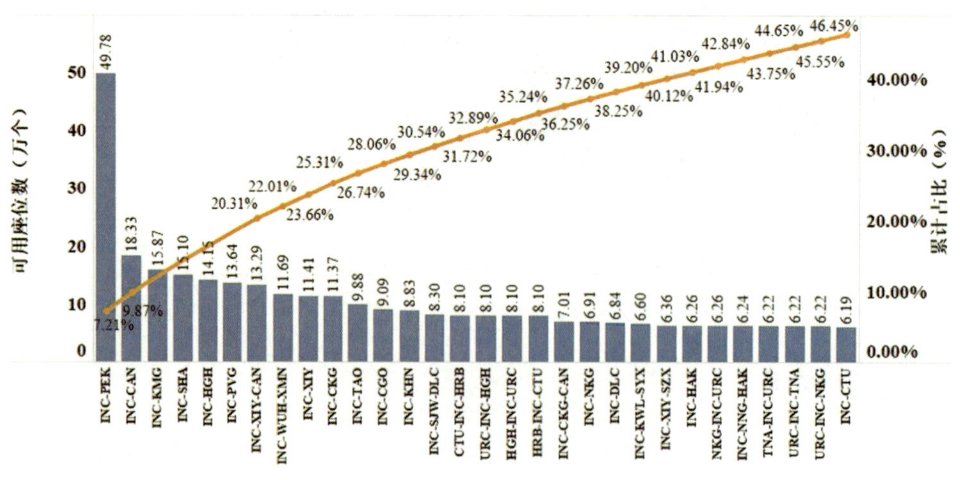

数据来源：OAG 数据库，项目组处理。

图 9.29　2019 年银川河东国际机场前 30 条国内客运航线出港可用座位分布

重点国际航线： 2019 年，该机场国际航线 4 条，包括东南亚航线 2 条，中东航线 2 条。成都双流—银川河东—迪拜（CTU-INC-DXB）是最繁忙国际航线，可用座位占 83.79%，如图 9.30 所示。由于该机场重点国际航线减少，该航线可用座位同比增长 75%。

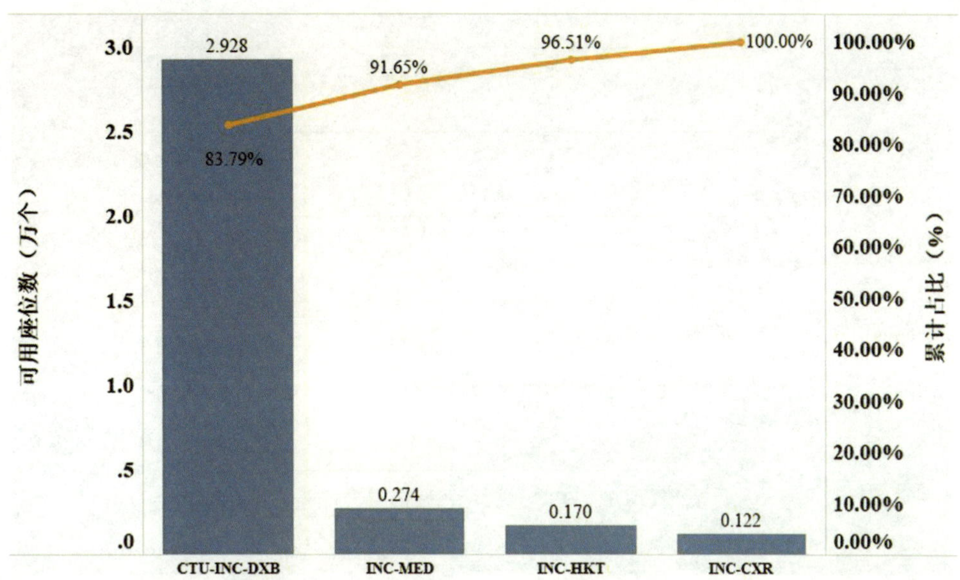

数据来源：OAG 数据库，项目组处理。

图 9.30 2019 年银川河东国际机场国际客运航线出港可用座位分布

港澳台航线： 2019 年，该机场港澳台航线 2 条，直达香港赤鱲角国际机场、台北桃园国际机场，2 条地区航线可用座位 3.95 万个，同比增加 2.15 万个。可用座位集中于银川河东—香港赤鱲角（INC-HKG）航线，占 58.93%。

二、运营的航空公司

2019 年，在该机场运营的航空公司 35 家，如图 9.31 所示。其中，国内 32 家，同比增加 1 家；国外 2 家，同比减少 2 家；港澳台 1 家，同比不变。

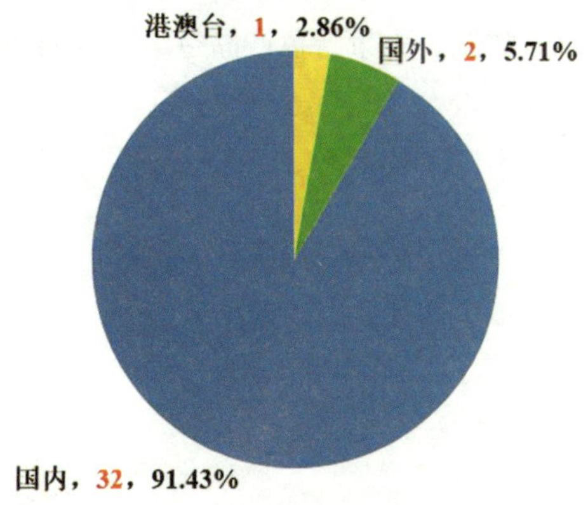

数据来源：OAG 数据库，项目组处理。

图 9.31 2019 年银川河东国际机场航空公司数量（个）及分布

2019 年，该机场运力投入以东方航空为主，可用座位占 19.69%；国际航空、南方航空、山东航空分别占 14.14%、12.23%、8.79%，如图 9.32 所示。东方航空、南方航空、山东航空份额同比有所下降，国际航空略微上升。

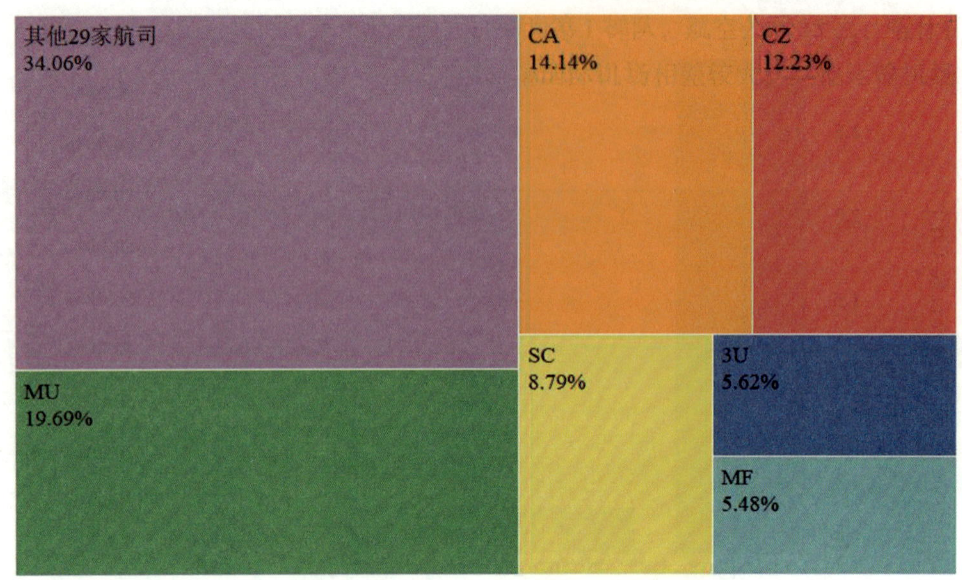

数据来源：OAG 数据库，项目组处理。

图 9.32　2019 年银川河东国际机场航空公司可用座位投入占比

第七节　西宁曹家堡国际机场

2019 年，西宁曹家堡国际机场旅客吞吐量 722.7 万人次，同比增长 14.00%，本区排名第 4 位，全国排名第 48 位，全国排名下降 2 位，如图 9.33 所示。货邮吞吐量 4.1 万吨，本区排名第 4 位，全国排名第 43 位，如图 9.34 所示。

近 5 年，该机场旅客吞吐量持续增长，但增速不稳定。2015—2017 年，旅客吞吐量增速持续提高；2017 年增长 20.20%；2018—2019 年增速有所波动，但仍高于本区和全国平均水平。

近 5 年，青海省积极发展航空物流，大量特色产品空运至全国各地，初步形成覆盖省内、通达全国的航空物流网络，该机场货邮吞吐量增速呈上升态势。2019 年增长 21.10%，增速有所回落，但明显高于全国平均水平，略低于本区平均水平。

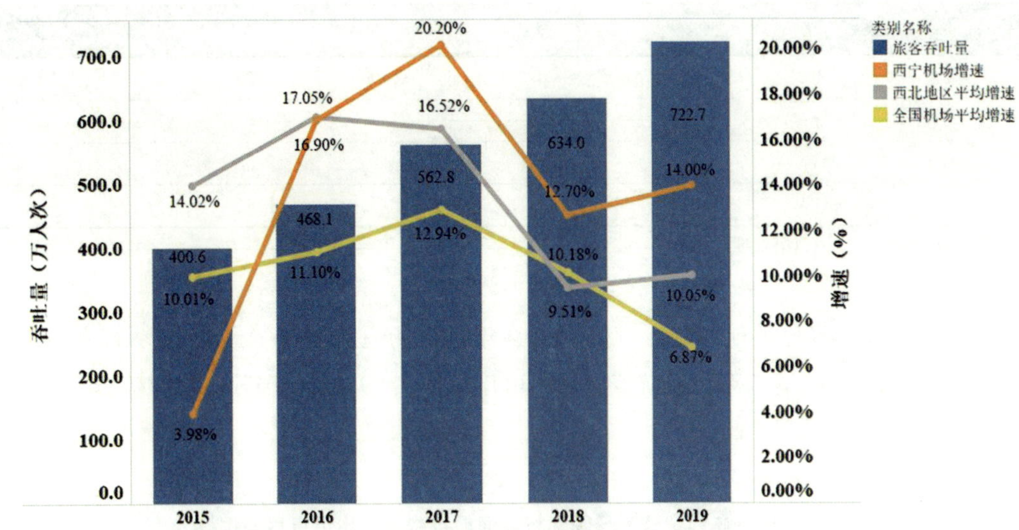

数据来源：全国机场生产统计公报。

图 9.33　2015—2019 年西宁曹家堡国际机场旅客吞吐量变化

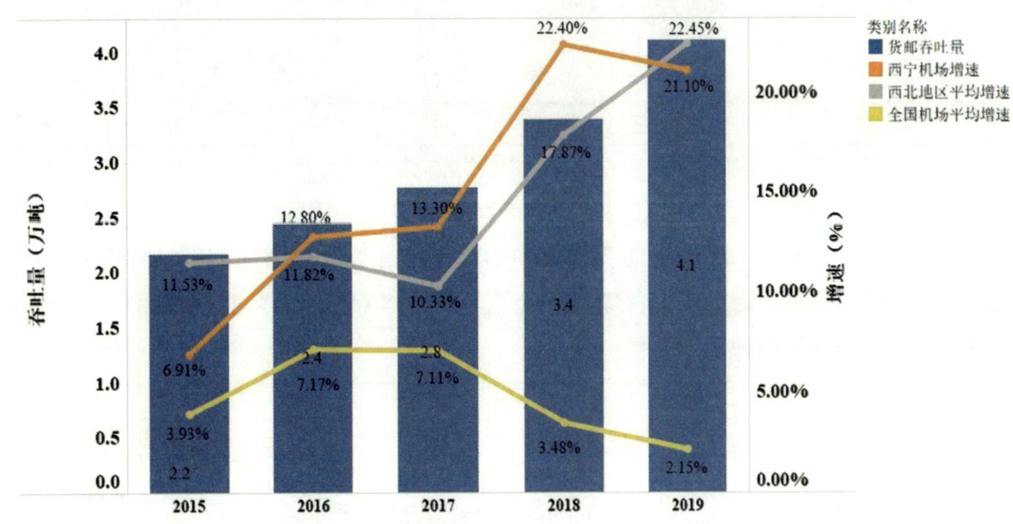

数据来源：全国机场生产统计公报。

图 9.34　2015—2019 年西宁曹家堡国际机场货邮吞吐量变化

一、航线网络布局

按照航线统计口径，2019 年该机场通航点 78 个，如表 9-11 所示。其中，国内 72 个，同比增加 10 个；国外 6 个，同比增加 1 个；港澳台通航点减少 2 个。

表 9-11　2019 年西宁曹家堡国际机场通航点数量及分布（按航线口径统计）

地域	通航点数量（个）
国内	72
国外	6
港澳台	0
总计	78

数据来源：OAG 数据库，项目组处理。

按照可直飞（无须经停）航线统计口径，2019 年该机场通航点 66 个，如表 9-12 所示。其中，国内 63 个，国外 3 个，没有港澳台通航点。国内可用座位占 99.6%，国际占 0.4%。国内平均日航班 83.7 班，国际 0.3 班。

表 9-12　2019 年西宁曹家堡国际机场通航点数量及出港可用座位投入（按无须经停的通达口径统计）

地域	通航点数量（个）	出港可用座位数（万个）	出港座位占比（%）	平均日航班量（班）	平均日频（次）	年航班量（班）
国内	63	457.7	99.6	83.7	1.3	30 551
国外	3	1.9	0.4	0.3	0.1	120
港澳台	0	0.0	0.0	0.0	0.0	0
总计	66	459.6	100.0	84	1.3	30 671

数据来源：OAG 数据库，项目组处理。

重点国内航线：2019 年，该机场前 30 条国内航线可用座位占国内航线 48.39%，同比下降 7.42 个百分点，如图 9.35 所示。西宁曹家堡—北京首都（XNN-PEK）航线最繁忙，可用座位占 6.94%，同比减少 2.56 个百分点。

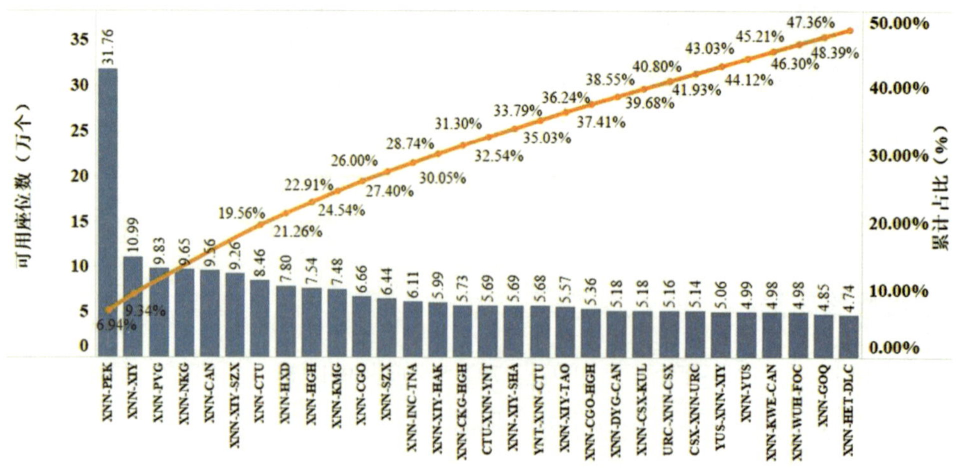

数据来源：OAG 数据库，项目组处理。

图 9.35　2019 年西宁曹家堡国际机场前 30 条国内客运航线出港可用座位分布

重点国际航线：2019 年，该机场国际航线 3 条，均为东南亚直达航线。相比 2018 年，总体减少两条航线，实际是新增一条航线，取消 3 条国际经停航线。新增西宁曹家堡—芽庄（XNN-CXR）航线，也是该机场最繁忙国际航线，可用座位占 81.67%，如图 9.36 所示。取消西宁曹家堡—成都双流—东京成田（XNN-CTU-NRT）、西宁曹家堡—长沙黄花—吉隆坡（XNN-CSX-KUL）、西宁曹家堡—昆明长水—麦地那（XNN-KMG-MED）3 条国际经停航线，可见西宁该机场腹地国际市场需求不足。

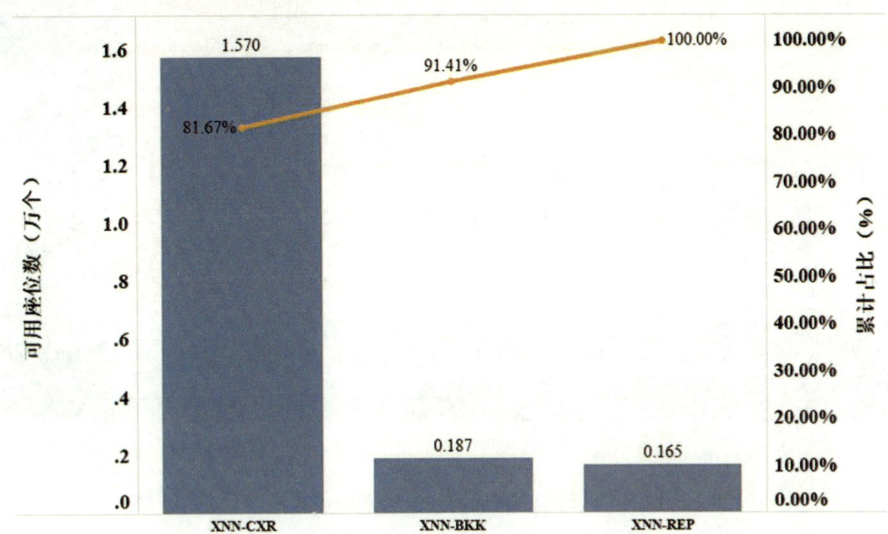

数据来源：OAG 数据库，项目组处理。

图 9.36　2019 年西宁曹家堡国际机场国际客运航线出港可用座位分布

港澳台航线：2019 年，该机场没有港澳台航线，西宁曹家堡—西安咸阳—香港赤鱲角（XNN-XIY-HKG）、西宁曹家堡—台北桃园（XNN-TPE）航线取消。

二、运营的航空公司

2019 年，在该机场运营的航空公司 24 家，如图 9.37 所示。其中，国内 23 家，同比增加 4 家；国外 1 家，同比减少 1 家。

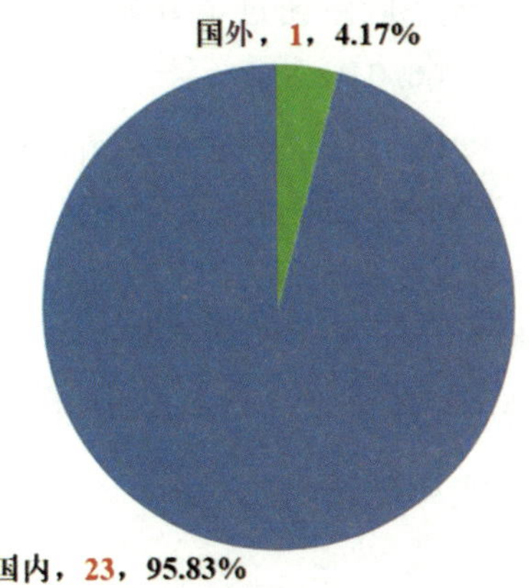

数据来源：OAG 数据库，项目组处理。

图 9.37　2019 年西宁曹家堡国际机场航空公司数量（个）及分布

2019 年，该机场运力以东方航空为主，可用座位占 28.06%，同比下降 0.18 个百分点；南方航空、四川航空分别占 18.49%、9.27%，分居第 2、3 位，如图 9.38 所示。

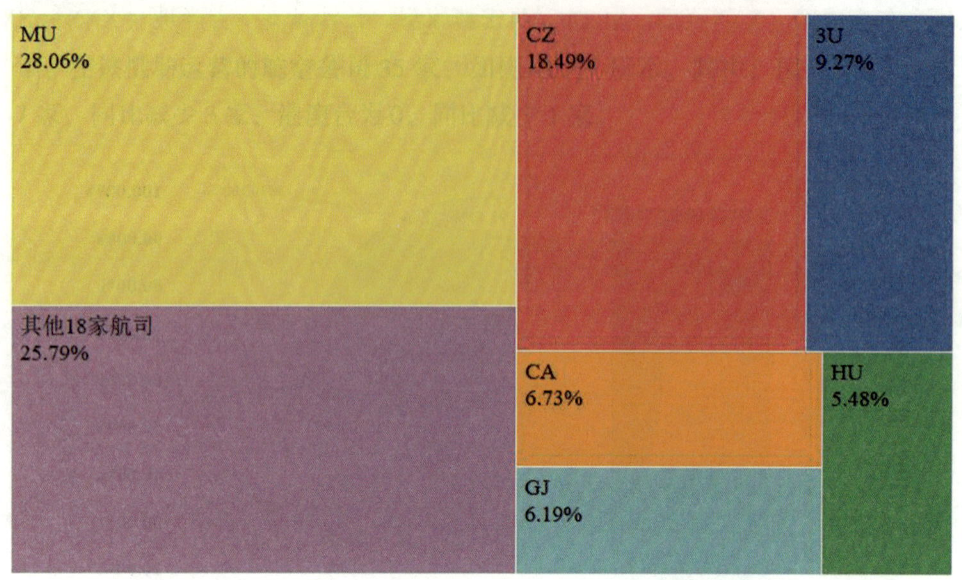

数据来源：OAG 数据库，项目组处理。

图 9.38　2019 年西宁曹家堡国际机场航空公司可用座位投入占比

第八节　西北地区小结

近 5 年，该区旅客吞吐量平均增速高于全国平均水平。17 个运输机场增速高于全国平均水平，15 个运输机场高于本区平均水平。

2019 年，该区旅客吞吐量上千万运输机场 3 个，同比增加 1 个；合计旅客吞吐量 7 309.89 万人次，占该区 82.42%。200 万～1 000 万人次运输机场 2 个，合计旅客吞吐量占 11.00%。200 万人次以下运输机场 18 个，合计旅客吞吐量占 6.57%。

2019 年，该区 4 个运输机场货邮吞吐量超过 1 万吨，合计货邮吞吐量 55.61 万吨，占该区 96.19%。其中，西安咸阳国际机场占 66.04%。

2019 年，该区通航点 243 个。其中，国内 185 个，国外 55 个，港澳台 3 个，如图 9.39 所示。该区国际、国内、地区航线网络覆盖范围及通达性，7 个地区均排名第 5 位。西安咸阳国际机场通达性最高，特别是国际航线通达性明显优于本区其他主要运输机场。银川河东国际机场、西宁曹家堡国际航线通达性大体相当。受地理位置、经济社会发展水平影响，西宁曹家堡国际机场航线通达性相对较弱，2019 年没有港澳台地区航线。

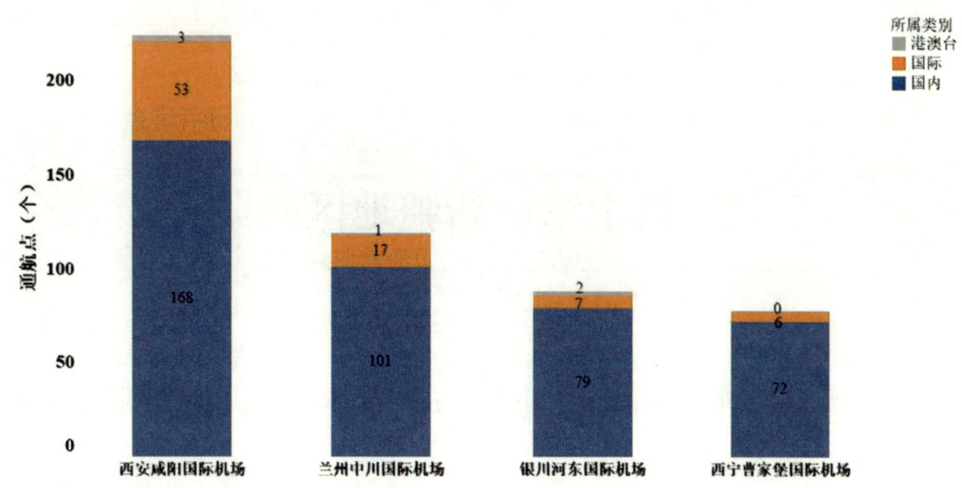

数据来源：OAG 数据库，项目组整理。

图 9.39　2019 年西北地区主要运输机场通航点分布

2019 年，该区国内航线可用座位占 95.37%，国际占 3.86%，港澳台占 0.77%，如图 9.40 所示。西安咸阳国际机场国内、国际及港澳台航线可用座位份额明显高于本区其他主要运输机场。银川河东国际机场国内、国际可用座位份额较小。

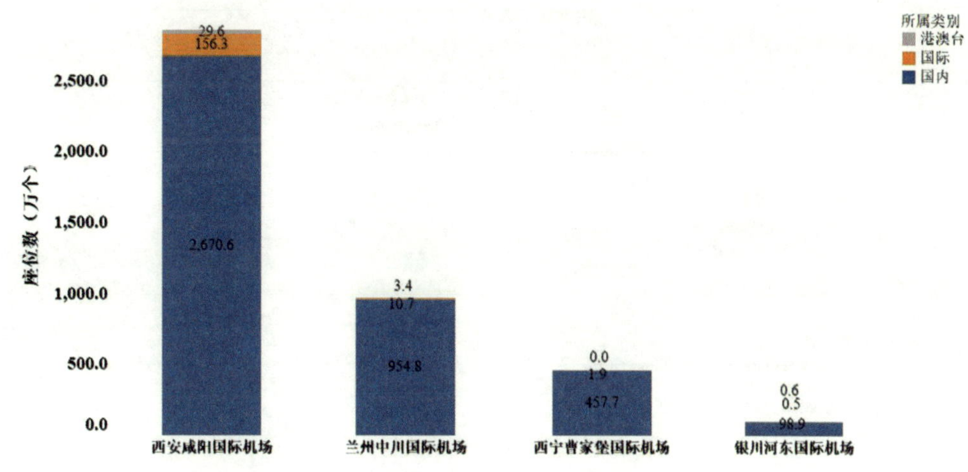

数据来源：OAG 数据库，项目组整理。

图 9.40　2019 年西北地区主要运输机场可用座位及分布

2019 年，在该区运营的航空公司 73 家。其中，客货混运 68 家，全货运 5 家。东方航空可用座位占 26.60%，份额最大。东方航空、南方航空、国际航空、海南航空可用座位合计占 50.13%。

第十章　新疆地区

2019 年，新疆地区运输机场 21 个，同比不变，占全国运输机场 8.82%。该区运输机场分布如图 10.1 所示。

图片来源：天地图，项目组处理。

图 10.1　新疆地区运输机场分布

第一节　运输机场运营概况

一、概况

2019 年，该区旅客吞吐量 3 758.4 万人次，7 个地区排名第 7 位，同比不变。增长 11.59%，高于全国平均水平，7 个地区排名第 1 位。

2019 年，该区旅客吞吐量 1 000 万人次以上运输机场 1 个，旅客吞吐量占该区 63.76%，同比下降4.61个百分点。200万~1 000万人次运输机场2个，同比增加1个，合计旅客吞吐量占12.33%。200万人次以下运输机场18个，合计旅客吞吐量占23.91%。

2019年，该区旅客吞吐量平均增速高于全国4.71个百分点。16运输机场旅客吞吐量增速高于全国平均水平，15个运输机场高于本区平均水平，2个运输机场负增长。

近5年，该区运输机场旅客吞吐量平均增速高于全国平均水平，13个运输机场增速同时高于本区和全国平均水平，如表10-1所示。

表10-1 2019年新疆地区机场旅客吞吐量规模与增速

运输机场	旅客吞吐量（万人次）	区域占比（%）	区域累计占比（%）	全国运输机场排名	2015—2019年平均增速（%）	2019年增速（%）
全国机场整体情况	135 165.1	—	—	—	10.25	6.88
新疆地区机场整体情况	3 758.5	—	—	—	10.33	11.59
乌鲁木齐地窝堡国际机场	2 396.3	63.76	63.76	18	6.67	4.06
喀什机场	243.3	6.47	70.23	66	8.85	18.11
库尔勒机场	220.2	5.86	76.09	70	16.90	26.30
阿克苏温宿机场	171.1	4.55	80.65	80	12.53	32.42
和田机场	159.6	4.25	84.89	83	22.03	31.11
伊宁机场	147.7	3.93	88.82	89	11.25	10.87
克拉玛依机场	86.8	2.31	91.13	115	56.00	47.04
阿勒泰机场	49.8	1.33	92.46	145	17.67	25.39
库车龟兹机场	42.5	1.13	93.59	156	11.98	32.23
吐鲁番交河机场	34.2	0.91	94.50	167	88.79	77.11
塔城机场	33.9	0.90	95.40	168	32.12	25.40
莎车叶尔羌机场[1]	32.0	0.85	96.25	171	50.17	50.71
博乐阿拉山口机场	30.4	0.81	97.06	174	24.93	79.75
哈密机场	28.3	0.75	97.82	175	37.29	-28.89
布尔津喀纳斯机场	16.5	0.44	98.25	197	22.62	146.53
图木舒克唐王城机场[2]	16.4	0.44	98.69	198	—	—
且末机场[3]	13.6	0.36	99.05	207	63.48	89.87
若羌楼兰机场[4]	13.1	0.35	99.40	209	—	—
那拉提机场	11.3	0.30	99.70	211	6.89	37.82
富蕴可可托海机场[5]	6.5	0.17	99.87	223	18.83	135.57
石河子花园机场[6]	4.9	0.13	100.00	227	-94.99	-71.24

数据来源：全国机场生产统计公报。

1 莎车机场于2017年8月通航。
2 图木舒克唐王城机场于2018年12月通航。
3 且末机场于2016年12月通航。
4 若羌楼兰机场于2018年3月通航。
5 富蕴可可托海机场于2015年8月通航。
6 石河子花园机场于2015年12月通航。2019年4月停航改造，10月27日成功复航。

2019 年，该区货邮吞吐量 21.69 万吨，7 个地区排名第 7 位；增长 12.99%，7 个地区排名第 2 位，同比上升 2 位，如表 10-2 所示。

2019 年，该区货邮吞吐量 1 万吨以上运输机场 2 个，同比增加 1 个；合计货邮吞吐量占 84.47%，同比降低 2.19 个百分点。乌鲁木齐地窝堡国际机场占 79.69%，货邮业务集中度较高。

2019 年，该区货邮吞吐量增长 12.99%，高于全国平均水平。12 个运输机场增速高于全国平均水平，其中 10 个增速高于本区平均水平。货邮吞吐量千吨以上有 7 个运输机场，6 个高于本区平均水平。

近 5 年，该区货邮吞吐量平均增速低于全国平均水平，14 个运输机场平均增速高于全国平均水平，14 个运输机场增速高于本区平均水平，3 个运输机场平均负增长。

表 10-2　2019 年新疆地区机场货邮吞吐量规模与增速

运输机场	货邮吞吐量（万吨）	区域占比（%）	区域累计占比（%）	全国运输机场排名	2015—2019 年平均增速（%）	2019 年增速（%）
全国机场整体情况	1 710.01	—	—	—	4.95	2.15
新疆地区机场整体情况	21.69	—	—	—	5.07	12.99
乌鲁木齐地窝堡国际机场	17.28	79.69	79.69	21	2.51	9.56
喀什机场	1.04	4.79	84.47	55	11.75	26.25
库尔勒机场	0.87	4.03	88.51	63	12.00	14.36
阿克苏温宿机场	0.83	3.81	92.31	67	23.51	24.41
伊宁机场	0.68	3.13	95.44	73	23.23	38.96
和田机场	0.57	2.63	98.07	79	48.44	74.85
莎车叶尔羌机场	0.11	0.50	98.57	120	—	—
哈密机场	0.08	0.37	98.94	134	24.40	-0.96
克拉玛依机场	0.07	0.32	99.26	140	27.87	66.80
库车龟兹机场	0.05	0.23	99.49	146	-4.43	3.94
阿勒泰机场	0.04	0.16	99.65	158	3.94	31.25
吐鲁番交河机场 [1]	0.03	0.12	99.77	167	-93.64	-53.20
塔城机场	0.02	0.11	99.88	171	95.75	74.98
图木舒克唐王城机场	0.01	0.06	99.93	185	—	—
博乐阿拉山口机场	0.004	0.02	99.95	200	26.97	-60.45
若羌楼兰机场	0.003	0.02	99.97	202	—	—
那拉提机场	0.002	0.01	99.98	209	-24.14	-71.70
石河子花园机场	0.002	0.01	99.98	210	75.67	-83.48
富蕴可可托海机场	0.002	0.01	99.99	213	25.35	0.64
布尔津喀纳斯机场	0.001	0.00	100.00	214	37.98	276.77
且末机场	0.001	0.00	100.00	215	38.92	2.14

数据来源：全国机场生产统计公报。

1　吐鲁番交河机场于 2016 年开始有货运吞吐量。

2019 年，该区飞机起降 44. 56 万架次，7 个地区排名第 7 位；增长 14. 85%，高于全国平均水平，7 个地区排名第 1 位，同比上升 4 位，如表 10-3 所示。

2019 年，乌鲁木齐地窝堡国际机飞机起降 17. 82 万架次，占本区 39. 99%，同比降低 5. 46 个百分点。15 个运输机场增速高于全国平均水平，14 个高于本区平均水平，3 个负增长。

近 5 年，本区飞机起降架次平均增速高于全国平均水平。16 个运输机场平均增速高于全国平均水平，15 个高于本区平均水平，1 个负增长。

表 10-3　2019 年新疆地区机场起降架次规模与增速

运输机场	起降架次（万架次）	区域占比（%）	区域累计占比（%）	全国运输机场排名	2015—2019 年平均增速（%）	2019 年增速（%）
全国机场整体情况	1 166. 05	—	—	—	8. 02	5. 16
新疆地区机场整体情况	44. 56	—	—	—	10. 22	14. 85
乌鲁木齐地窝堡国际机场	17. 82	39. 99	39. 99	19	3. 87	1. 07
博乐阿拉山口机场	5. 62	12. 60	52. 60	55	2. 76	-0. 62
富蕴可可托海机场	3. 91	8. 77	61. 37	66	284. 05	66. 78
库尔勒机场	2. 42	5. 44	66. 80	80	21. 81	35. 27
克拉玛依机场	2. 15	4. 82	71. 62	87	-11. 78	-28. 02
喀什机场	2. 07	4. 65	76. 27	91	10. 21	17. 54
阿克苏温宿机场	1. 74	3. 89	80. 17	106	14. 09	49. 75
和田机场	1. 45	3. 26	83. 42	113	23. 80	43. 45
伊宁机场	1. 38	3. 10	86. 52	117	10. 76	10. 62
石河子花园机场	1. 22	2. 74	89. 26	121	156. 81	354. 32
阿勒泰机场	0. 82	1. 83	91. 09	137	25. 03	20. 68
塔城机场	0. 77	1. 73	92. 82	141	53. 05	109. 12
吐鲁番交河机场	0. 62	1. 39	94. 21	149	77. 66	76. 69
库车龟兹机场	0. 58	1. 30	95. 51	156	15. 03	37. 86
莎车叶尔羌机场	0. 43	0. 96	96. 48	174	81. 88	81. 88
哈密机场	0. 38	0. 85	97. 33	179	31. 97	-20. 58
布尔津喀纳斯机场	0. 31	0. 69	98. 02	191	33. 75	104. 48
图木舒克唐王城机场	0. 24	0. 54	98. 55	201	—	—
若羌楼兰机场	0. 23	0. 51	99. 06	203	—	—
且末机场	0. 22	0. 49	99. 55	207	73. 48	104. 59
那拉提机场	0. 20	0. 45	100. 00	210	12. 81	100. 40

数据来源：全国机场生产统计公报。

二、航空市场运营概况

2019 年，该区国内航班可用座位 2 453. 0 万个，国际航班可用座位 50. 1 万个。近 5 年，该区国内可用座位均呈上升态势，国际整体呈下降趋势，2019 年国际可用座位降至近 5 年最低值，为 50. 1 万个，如图 10. 2 所示。2016—2019 年，该区国内（含港澳台）航线可用座位增速明显高于国际航线。近 5 年，该区的国内航班可用座位数增速较为平稳，均大于 10%，国际航班的增速变化较大，且近两年的增速均为负值。

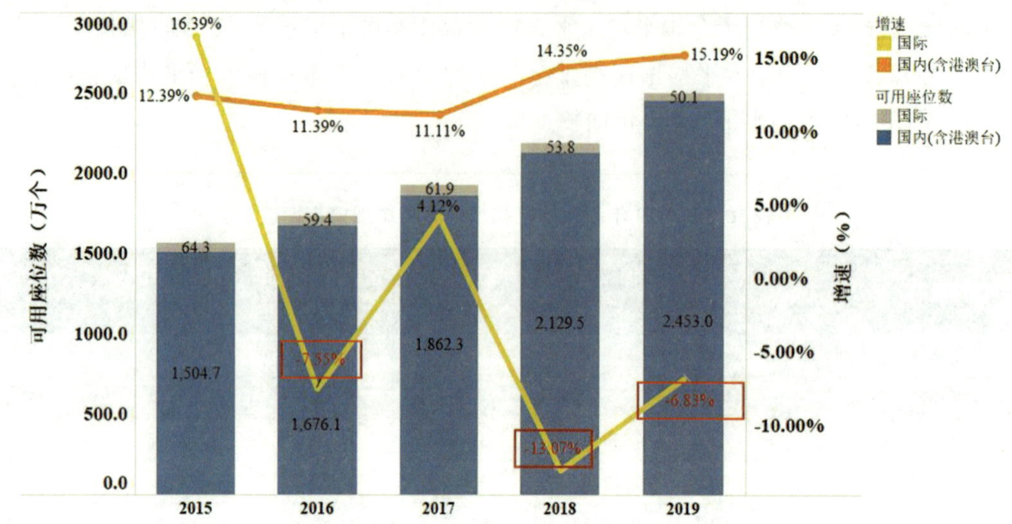

数据来源：OAG 数据库，项目组处理。

图 10.2　2015—2019 年新疆地区机场国际国内可用座位变化

2019 年，该区国内航班频次增速远远超过国际航班。近 5 年，该区国内（含港澳台）航班一直保持增长态势，2019 年增长迅猛。国际航班频次增速略有回升，但绝对值仍然减少，如图 10.3 所示。

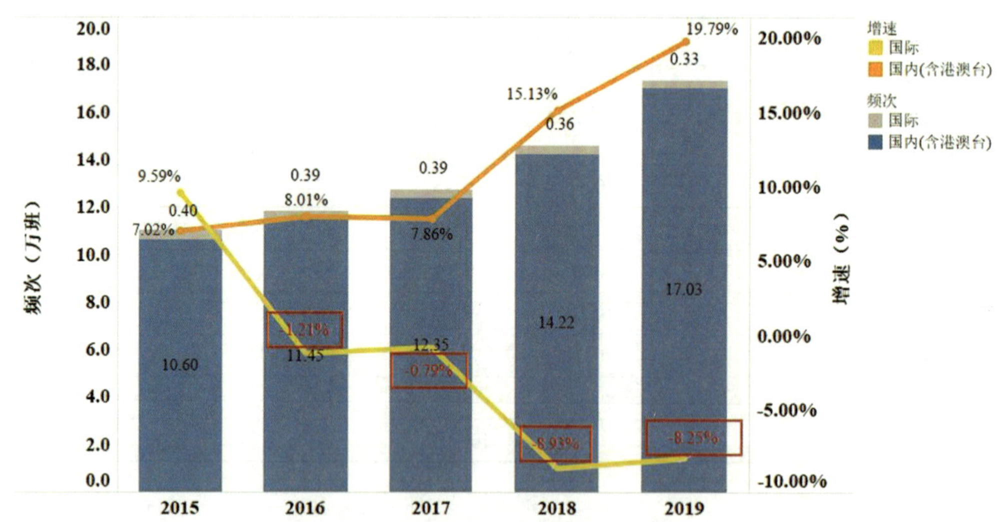

数据来源：OAG 数据库，项目组处理。

图 10.3　2015—2019 年新疆地区机场国际国内频次变化

三、运输机场与综合交通

乌鲁木齐地窝堡国际机场综合交通有所发展。常规公交、公交快线、地铁 1 号线，专线巴士等较发达，连接市区及其他客运枢纽，如表 10-4 所示。

依据规划，该区将以主要运输机场、铁路客运站为核心，建设充分衔接市内交通、城际交通、区域交通综合换乘枢纽，形成多式便捷互换的公共交通网络。

表 10-4 新疆地区主要国际机场与其他交通方式连通概况

主要运输机场	机场巴士（条）	公交（条）	公交快线（条）	机场快线（条）	地铁（条）
乌鲁木齐地窝堡国际机场	2	2	2	1	1

数据来源：机场官网。

第二节 经济社会发展概况

一、国内生产总值（GDP）

近 10 年，该区 GDP 增长稳定，近 2 年增速较快，如图 10.4 所示。2019 年，该区 GDP 为 13 780亿元，7 个地区排名第 7 位。

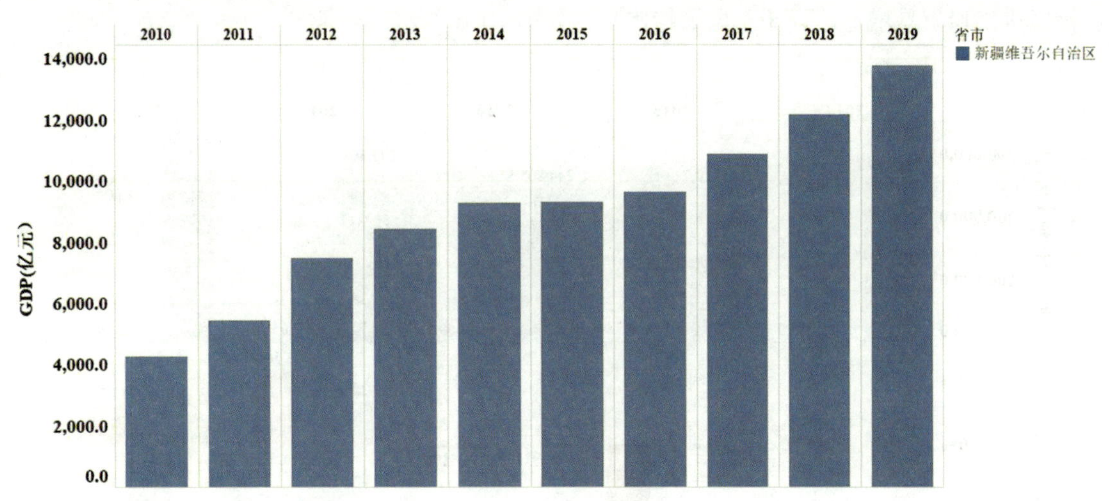

数据来源：国家统计局，项目组处理。

图 10.4 2010—2019 年新疆维吾尔族自治区 GDP 分布及变化

近 10 年来，该区只有 2017 年 GDP 增速低于全国平均水平，如图 10.5 所示。2018 年增长 6.2%，增速有所上升，略高于全国平均水平。2019 年增长 6.2%，高于全国平均水平。

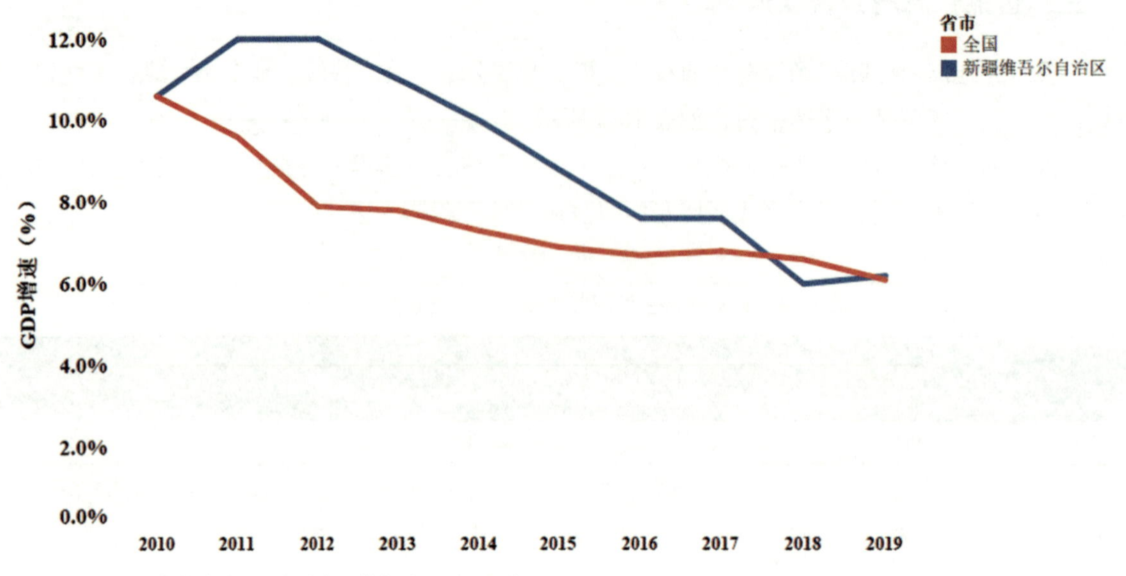

数据来源：国家统计局，地方政府工作报告，项目组处理。

图 10.5　2010—2019 年新疆维吾尔自治区及全国 GDP 增速

二、进出口贸易

2018 年，该区进出口贸易总额 2 296.5 亿元，7 个地区排名第 7 位。近年，该区进出口贸易总额增速呈波动状态，2018 年增长 11.93%，同比下降 11.63 个百分点，7 个地区排第 4 位。2018 年，该区进出口贸易增速略高于全国平均水平，如图 10.6 所示。

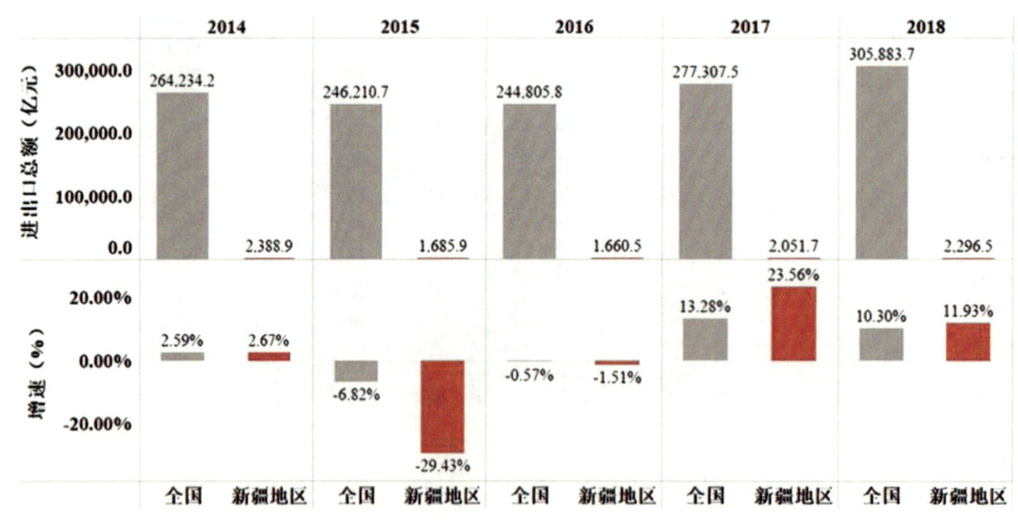

数据来源：国家统计局，项目组处理。

图 10.6　2014—2018 年新疆地区及全国进出口总额变化

三、入境人数

2018 年，该区入境人数 85.6 万人次，7 个地区排名第 7 位，增长 27.52%。近 5 年，该区出入境人数逐年上升，2018 年增速同比下降 2.74 个百分点，7 个地区仍然排名第 1 位，高于全国平均水平，如图 10.7 所示。

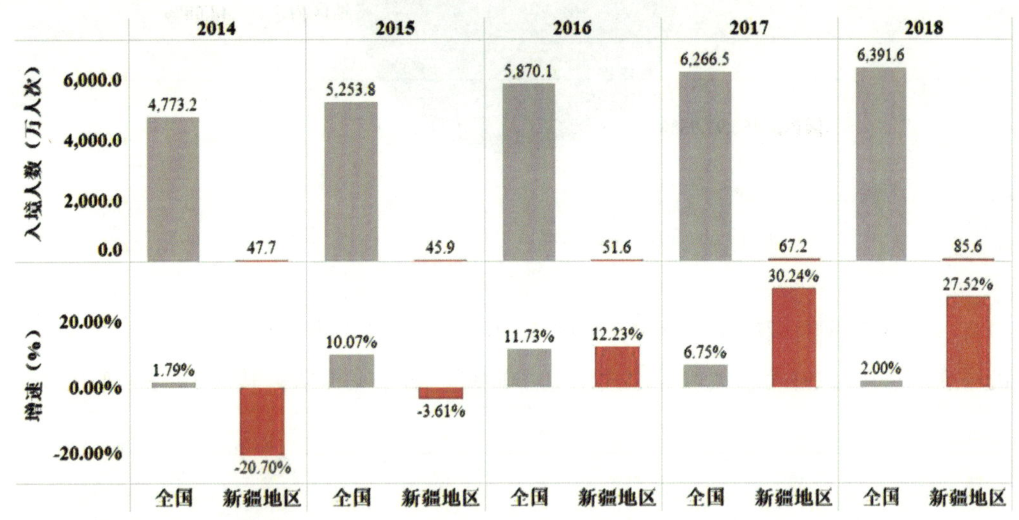

数据来源：国家统计局，项目组处理。

图 10.7 2014—2018 年新疆地区及全国入境人数变化

第三节 航线网络布局

一、通航点分布

2019 年，该区通航点 129 个，如图 10.8 所示。其中，国内 98 个，占 75.97%；国外 30 个，占 23.26%；港澳台 1 个，占 0.78%。区内通航点 21 个，占 16.28%；区外国内通航点 77 个，占通航点总数 59.69%。国内航线可用座位占 97.95%，国际占 2.00%，港澳台占 0.05%，如图 10.9 所示。

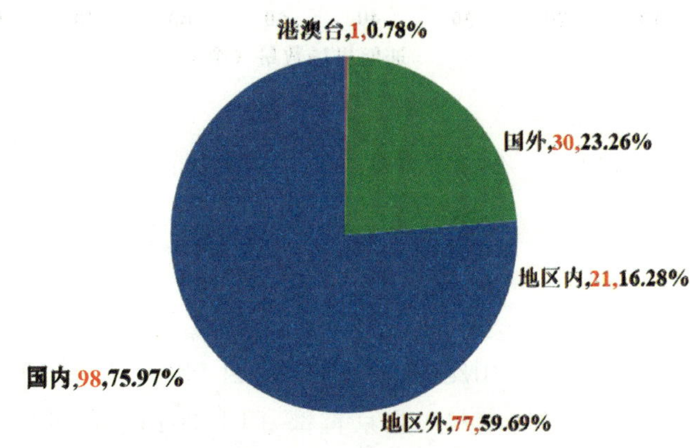

数据来源：OAG 数据库，项目组处理。

图 10.8 2019 年新疆地区通航点数量及分布

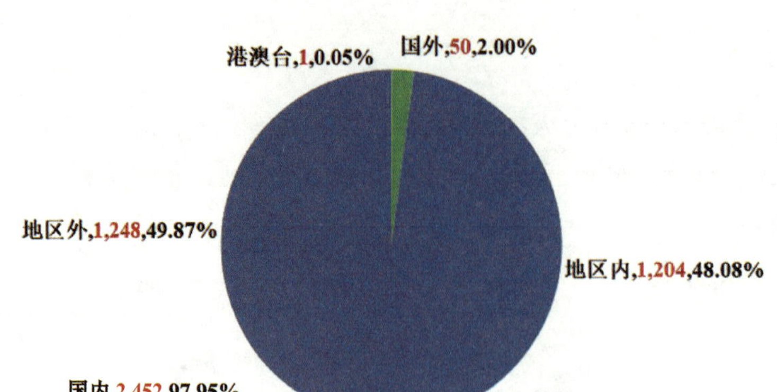

数据来源：OAG 数据库，项目组处理。

图 10.9　2019 年新疆地区可用座位（万个）及分布

2019 年，该区航线网络分 3 个梯队，如图 10.10 所示。乌鲁木齐地窝堡国际机场居第 1 梯队；库尔勒机场通航点接近 30 个，航班频次大于 10 000 班，居第 2 梯队；其他 19 个运输机场属于第 3 梯队。

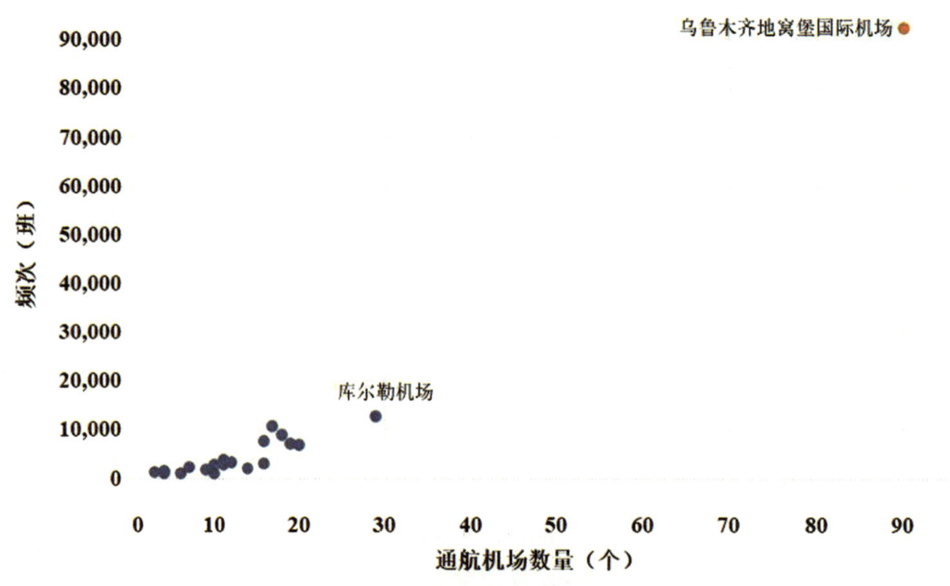

数据来源：OAG 数据库，项目组处理。

图 10.10　新疆地区各机场通航点广度分布散点图

二、重点航线

2019 年，该区前 30 条国内航线可用座位占国内航线 34.98%，如图 10.11 所示。重点国内航线中本区通航点 10 个。乌鲁木齐地窝堡—北京首都（URC－PEK）可用座位 83.24 万个，占 3.40%，份额最大。

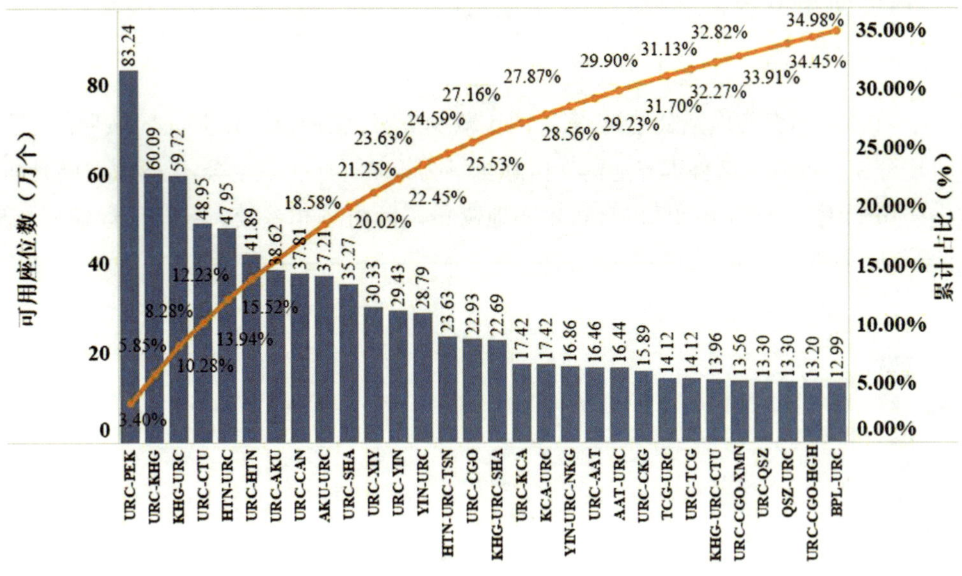

数据来源：OAG 数据库，项目组处理。

图 10.11 新疆地区前 30 条国内客运航线可用座位分布

2019 年，该区前 15 条国际航线可用座位占国际航线 86.60%，如图 10.12 所示。前 6 条国际航线可用座位均在 3 万个以上，分别通达哈萨克斯坦的阿拉木图机场、吉尔吉斯斯坦比什凯克机场、巴基斯坦伊斯兰堡机场、塔吉克斯坦杜尚别机场、乌兹别克斯坦塔什干机场、伊朗德黑兰机场。前 6 条国际航线合计投入可用座位数为 24.87 万个，累积占比 49.63%。

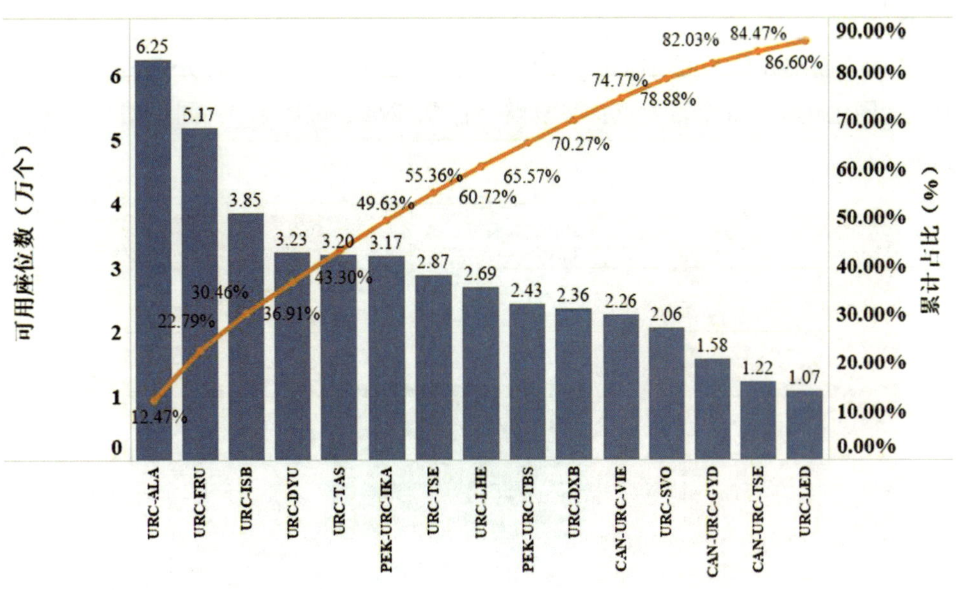

数据来源：OAG 数据库，项目组处理。

图 10.12 新疆地区前 15 条国际客运航线可用座位分布

三、运营的航空公司

（一）航空公司分布

2019 年，在该区运营的航空公司 36 家，同比减少 7 家，如图 10. 13 所示。按照航空公司数量，该区运输机场分 3 个梯队：乌鲁木齐地窝堡国际机场为第 1 梯队，航空公司 35 家；喀什机场居第 2 梯队，航空公司 11 家，与第 1 梯队的乌鲁木齐地窝堡国际机场相差较大；其他运输机场航空公司不超过 10 家，属于第 3 梯队。

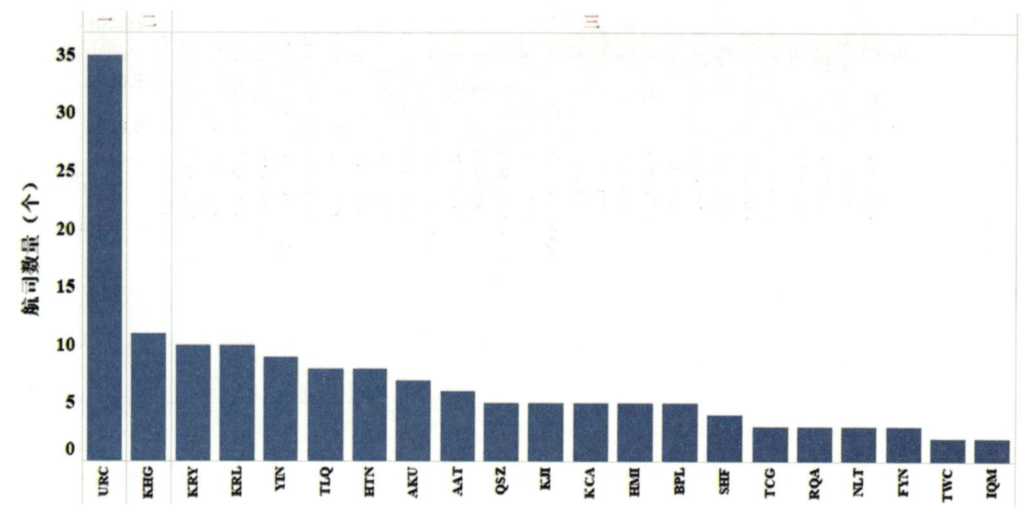

数据来源：OAG 数据库，项目组处理。

图 10. 13　新疆地区各运输机场运营航空公司数量及分布

（二）运力分布

2019 年，南方航空在该区可用座位占 37. 14%，同比减少 3. 29 个百分点，份额最大；天津航空占 10. 41%，同比减少 0. 6 个百分点；华夏航空占 9. 56%，位居第 3，同比增加 7. 12 个百分点，如图 10. 14 所示。

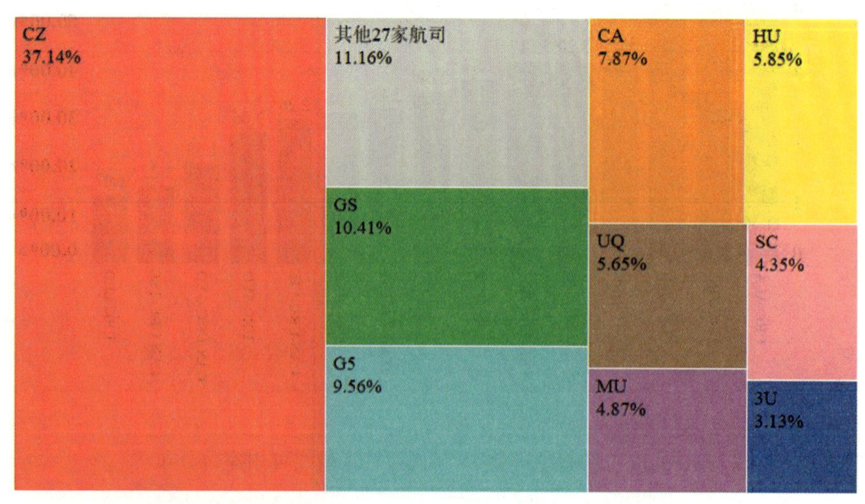

数据来源：OAG 数据库，项目组处理。

图 10. 14　2019 年新疆地区运输机场航空公司可用座位投入占比

第四节 乌鲁木齐地窝堡国际机场

2019 年，乌鲁木齐地窝堡机场旅客吞吐量 2 396. 3 万人次，同比增长 4. 1%，本区排名第 1 位，全国排名第 18 位。货邮吞吐量 17. 28 万吨，同比增长 4. 1%，本区排名第 1 位，全国排名第 21 位。

近 5 年，该机场旅客吞吐量稳步提升，但平均增速低于本区和全国平均水平，如图 10. 15 所示。2019 年货邮吞吐量提高 9. 56 个百分点，首次超过全国平均增速，但低于本区平均水平，如图 10. 16 所示。

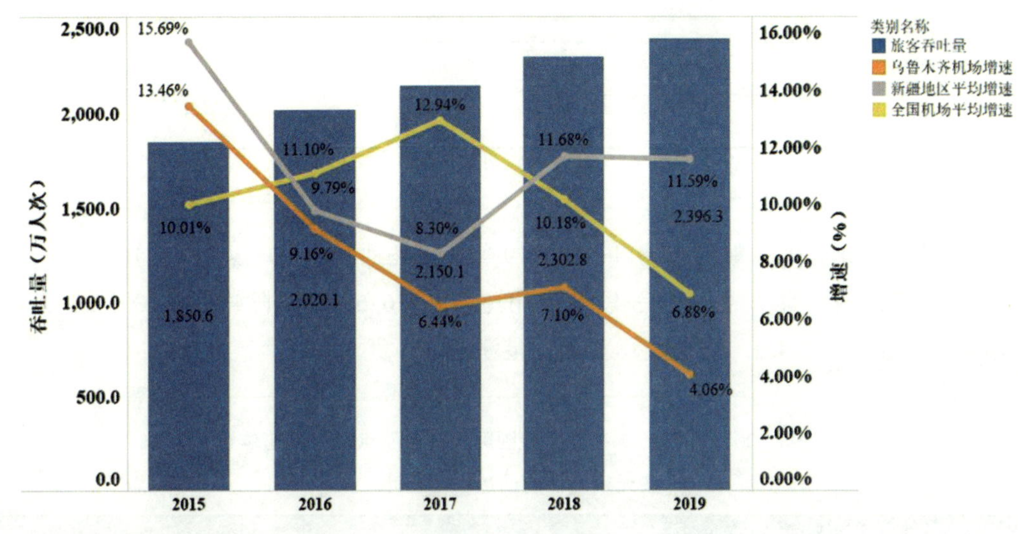

数据来源：全国机场生产统计公报。

图 10. 15 2015—2019 年乌鲁木齐地窝堡国际机场旅客吞吐量变化

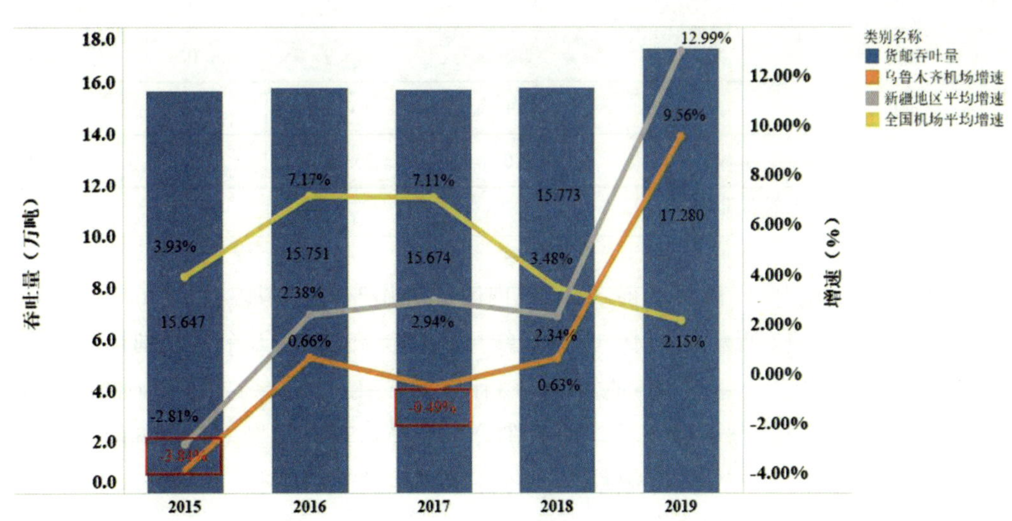

数据来源：全国机场生产统计公报。

图 10. 16 2015—2019 年乌鲁木齐地窝堡国际机场货邮吞吐量变化

一、航线网络布局

按照航线统计口径，2019 年该机场通航点 126 个，如表 10-5 所示。其中，国内 95 个，同比增加 8 个；国外 30 个，同比不变；港澳台 1 个，同比不变。

表 10-5　2019 年新疆地窝堡国际机场通航点数量及分布（按航线口径统计）

地域	通航点数量（个）
国内	95
国外	30
港澳台	1
总计	126

数据来源：OAG 数据库，项目组处理。

按照可直飞（无须经停）航线统计口径，2019 年该机场通航点 90 个，如表 10-6 所示。其中，国内 66 个，国外 23 个，港澳台 1 个。国内可用座位占 96.6%，国际座位占 3.3%，港澳台占 0.1%。国内平均日航班 244.1 班，国际 8.9 班，港澳台 0.1 班。

表 10-6　2019 年乌鲁木齐地窝堡国际机场通航点及可用座位投入
（按无须经停的通达口径统计）

地域	通航点数量（个）	出港可用座位数（万个）	出港座位占比（%）	平均日航班量（班）	平均日频（次）	年航班量（班）
国内	66	1 447.5	96.6	244.1	3.7	89 112
国外	23	50.1	3.3	8.9	0.4	3 257
港澳台	1	1.3	0.1	0.1	0.1	48
总计	90	1 498.9	100.0	253.2	2.8	92 417

数据来源：OAG 数据库，项目组处理。

重点国内航线：2019 年，该机场前 30 条国内航线可用座位占国内航线 46.85%，同比下降 2.18 个百分点，如图 10.17 所示。其中，4 条航线可用座位突破 40 万个，分别是乌鲁木齐地窝堡—北京首都（URC-PEK）、乌鲁木齐地窝堡—喀什（URC-KHG）、乌鲁木齐地窝堡—成都双流（URC-CTU）、乌鲁木齐地窝堡—和田（URC-HTN）。乌鲁木齐地窝堡—北京首都（URC-PEK）可用座位 83.24 万个，占 5.75%，份额最大；乌鲁木齐地窝堡—喀什（URC-KHG）可用座位 60.09 万个，占 9.90%，位居其次。

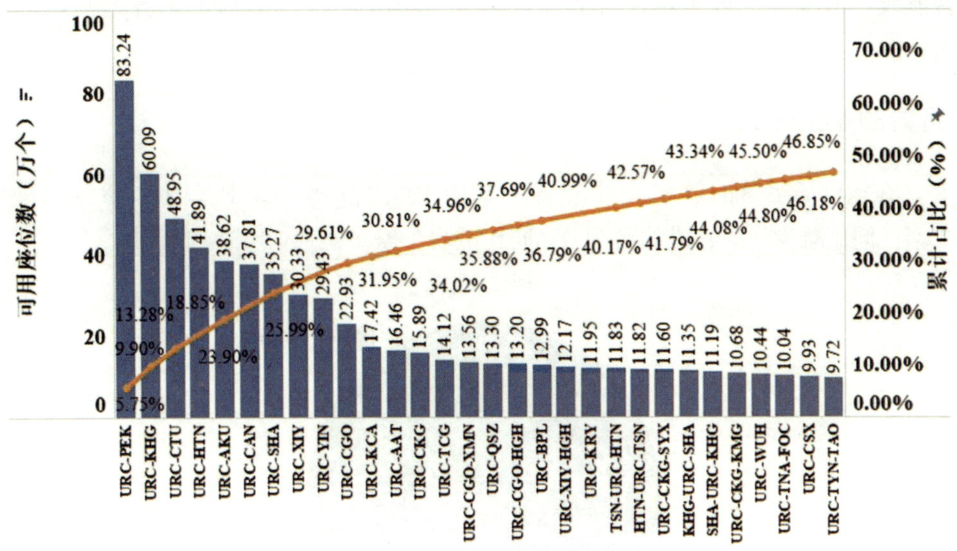

数据来源：OAG 数据库，项目组处理。

图 10.17 2019 年乌鲁木齐地窝堡国际机场前 30 条国内客运航线可用座位分布

重点国际航线：2019 年，该机场前 15 条国际航线可用座位占国际航线 86.60%，运力集中度同比上升 5.63 个百分点，如图 10.18 所示。其中，6 条航线可用座位突破 3 万个，分别是乌鲁木齐地窝堡—阿拉木图（URC-ALA）、乌鲁木齐地窝堡—比什凯克（URC-FRU）、乌鲁木齐地窝堡—伊斯兰堡（URC-ISB）、乌鲁木齐地窝堡—杜尚别（URC-DYU）、乌鲁木齐地窝堡—什干（URC-TAS）、北京首都—乌鲁木齐地窝堡—德黑兰（PEK-URC-IKA）。乌鲁木齐地窝堡—阿拉木图（URC-ALA）可用座位 6.25 万个，占 12.47%，份额最大；乌鲁木齐地窝堡—比什凯克（URC-FRU）可用座位 5.17 万个，位居其次。

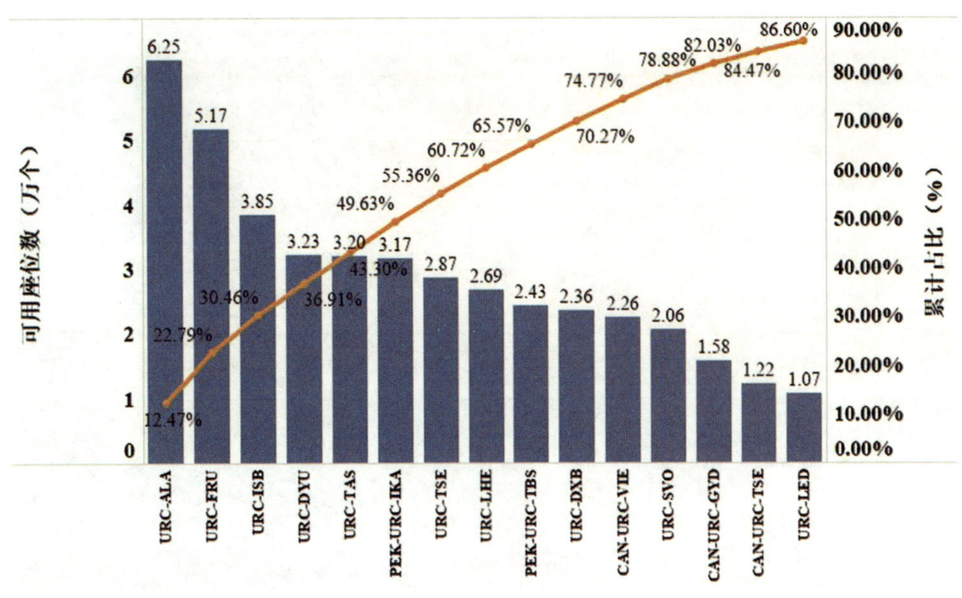

数据来源：OAG 数据库，项目组处理。

图 10.18 2019 年乌鲁木齐地窝堡国际机场前 15 条国际客运航线可用座位分布

港澳台航线：2019 年，该机场没有港澳台航线，2018 年唯一的乌鲁木齐地窝堡—台北桃园（URC-TPE）取消。

二、运营的航空公司

2019 年，在该机场运营的航空公司 35 家，如图 10.19 所示。其中，国内 28 家，同比增加 2 家；国外 7 家，同比减少 3 家；港澳台为 0，同比减少 1 家。

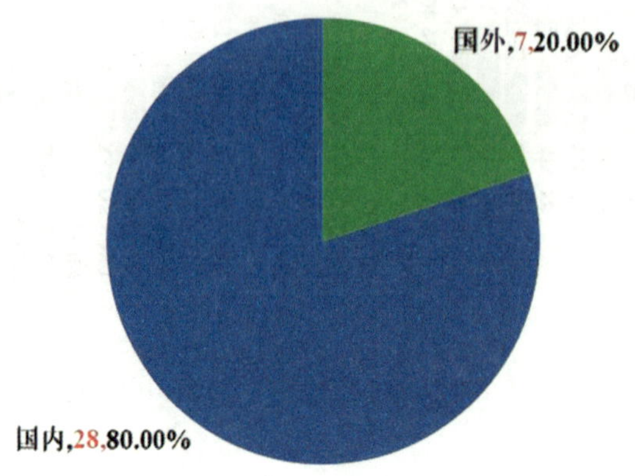

数据来源：OAG 数据库，项目组处理。

图 10.19　2019 年乌鲁木齐地窝堡国际机场航空公司数量（个）及分布

2019 年，该机场运力以南方航空为主，可用座位占 40.24%，同比下降 0.24 个百分点；天津航空占 9.90%，同比增加 0.18 个百分点；海南航空占 9.08%，同比下降 0.38 个百分点，如图 10.20 所示。

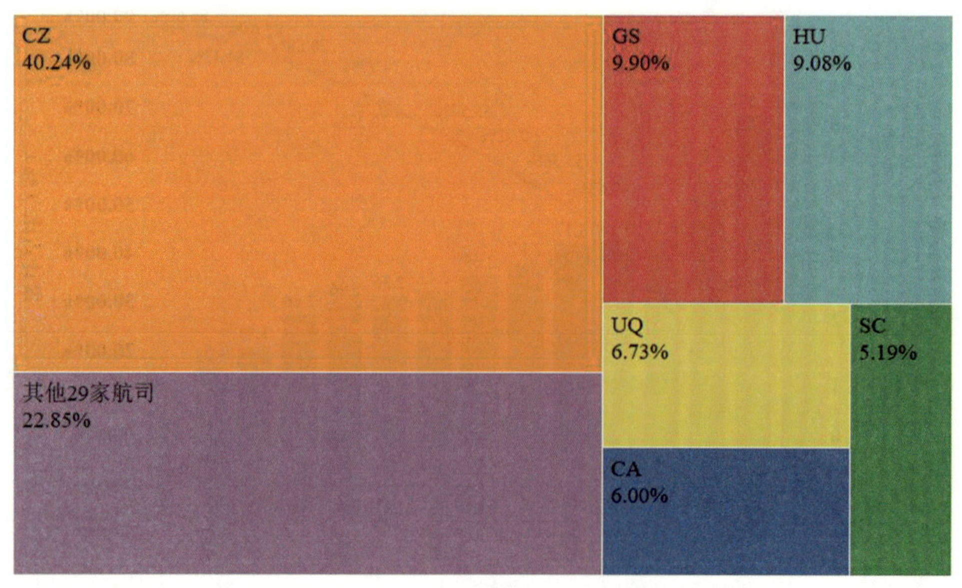

数据来源：OAG 数据库，项目组处理。

图 10.20　2019 年乌鲁木齐地窝堡国际机场航空公司可用座位投入占比

第五节 新疆地区小结

近5年，该区旅客吞吐量平均增速高于全国平均水平。2019年，17个运输机场旅客吞吐量增速高于本区和全国平均水平。

2019年，该区千万级运输机场1个，200万~500万人次运输机场2个，50万~200万人次4个，50万人次以下14个。乌鲁木齐地窝堡国际机场旅客吞吐量2 396.3万人次，占该区63.76%；货邮吞吐量17.28万吨，占该区79.69%。

2019年，该区通航点129个。其中，国内98个，国外30个，港澳台1个。国外、国内、港澳台航线网络广度及通达性，7个地区均排名第6位。该区国内航线可用座位占97.95%，国外占2.00%，港澳台占0.05%。

2019年，在该区运营的航空公司39家。其中，客货混运36家，全货运3家。南方航空可用座位占37.16%，份额最大。

专家视角

在更高起点上构建现代化国家机场体系

冯正霖

构建现代化的国家机场体系应把握以下要点。

一、现代化的国家机场体系规模是基础条件

现代化的机场体系应该具备一定的规模和网络，没有科学合理的机场网络就无法满足人民群众出行需求，就不能充分发挥航线网络效应，区域发展辐射带动作用也是有限的。10 年来，我国机场数量增长很快，但总量依然偏少，截至目前，共有颁证运输机场 238 个，为美国的 45%。每万平方公里仅有 0.25 个运输机场，远低于美国的 0.57、欧盟的 0.92 和日本的 2.59。当前，我国仅能覆盖全国 91.7%的地级行政单元，人均航空出行次数仅为 0.44。从这个角度讲，增加机场数量、建设机场网络依然是民航发展补短板的必然要求。

机场是支撑民航生产运行和高质量发展必不可少的基础设施。具有布局功能合理、国际航空枢纽及国内机场网络，更是民航强国的基本特征之一。因此，建设民航强国，就必须加快构建现代化的机场体系，加快建设运输机场、通用机场，增强基础设施供给。我们要争取到“十三五”末，运输机场数量达到 260 个，覆盖 100 公里范围内所有地级行政区；到 2035 年，运输机场数量达到 450 个左右，地面 100 公里基本覆盖所有县级行政区。

二、现代化的国家机场体系容量是关键资源

容量涉及空域、跑道、滑行道、机位、安检通道、联检单位、陆侧交通等众多保障资源要素，是机场保障能力的集中反映。决定一个机场能否新开航线、新增航班时刻，容量是最重要的依据指标。当前，我国大中型繁忙机场面临着大机队、大流量的直接冲击，旅客吞吐量排名前 50 位的机场，有 30 个已处于饱和甚至超饱和状态，这不仅带来航班正常率下降、旅客出行体验变差等一系列问题，甚至引发诸多安全风险，我们采取控总量、调结构的宏观调控措施，就是要在守住安全底线的前提下稳中求进，保持发展速度与保障能力相平衡。但是应该看到，这种平衡是动态的，也是变化的。关注需求的增长和保障能力的提升始终是我们推动民航高质量发展的重要动力。既不能僵化地固守安全底线，无视需求的增长，也不能不主动作为，面对需求增长，不能不去提高保障能力。守住安全底线，保持合理适度的增长速度和规模，以更好地服务国家发展战略，服务人民群众对民航安全、便捷的出行需求，就是我们的职责所在。

构建现代化的国家机场体系，必须把提升大中型机场容量工作放在重要地位，努力提升机场综合保障能力。在制约机场容量提升的诸多因素中，空域资源是瓶颈制约。针对这一问题，我们一方

面要按照中央要求加快落实国家空域体制改革方案；另一方面，也要加强空管自身改革，建设“强安全、强效率、强智慧、强协同”的现代化空管体系，进一步激发空管系统挖潜增效的内生动力。机场管理机构也不能把问题都归结为空域，也要聚焦自身保障能力短板，加大资金投入，完善保障设施，加强人力资源配备，为容量提升做好基础性工作。

三、现代化的国家机场体系结构是内在特征

结构决定系统的效能。功能单一的机场的数量再多，效能也不是最优的。当前，我国机场已经初步形成了“以枢纽机场为核心，大、中、小机场协调发展，运输、通用两翼齐飞”的机场发展格局。但是距离现代化机场体系的目标还存在不少差距，比如虽然我们制定了四大世界级机场群、10 个国际枢纽、29 个区域枢纽的建设规划，但大多都是客运枢纽，以货运功能为主的机场数量非常少。从今年华为产品供应链出现的问题可以看出，我国没有成熟的“航空货运枢纽+航空物流龙头企业”是一个突出的短板，对国家经济安全影响很大，引起了中央领导的高度重视。此外，虽然京津冀、长三角、粤港澳大湾区机场群建设取得了很大成绩，但全球竞争力仍然不强，距离世界级机场群还有较大差距。虽然目前颁证通用机场数量已达 240 个，首次超过了运输机场，但是距离打造通用航空新兴战略产业的要求还远远不够。虽然综合交通枢纽在机场体系中的数量越来越多，但距离满足人民群众出行需求还有很大提升空间。

下一步，要以编制民航“十四五”发展规划为契机，结合国家战略、区域经济社会、综合交通运输体系发展要求，统筹协调运输机场和通用机场布局建设，着力提升北京、上海、广州机场国际枢纽竞争力，加快建设成都、昆明、深圳、重庆、西安、乌鲁木齐、哈尔滨等国际航空枢纽，推进湖北鄂州等地以货运功能为主的机场建设，及时总结经验并综合全国航空货运基础设施使用状况，适时启动货运功能为主的机场布局规划和运行机制研究，建设若干国际航空货运枢纽，从而建成以世界级机场群、国际航空枢纽为核心、区域枢纽为骨干、非枢纽机场和通用机场为重要补充的国家综合机场体系。

四、现代化的国家机场体系定位是核心要求

（一）要明确机场功能定位

不可能所有机场都是大型国际枢纽机场，也不能所有机场都是门对门、点对点式的目的地机场。随着机场群的成熟发展，枢纽机场越来越多，随着航线网的织密，机场之间的联系也越来越紧密。只有推动差异化定位，适度错位经营，才能构建起布局完善、分工合理、定位清晰、效率优先的现代化机场体系。功能定位明确后，对于机场来说，如何引入与机场定位相适应的航空公司并实现机场和航空公司发展战略之间的互动，是促进机场发展的重要保证。对于航空公司来说，机场的选择和业务的开展也要符合市场和竞争的需要，根据机场区位、设施、服务及航权等因素确定自身的经营战略。

（二）要明确属性定位

《条例》起草时，民用机场的属性就是个比较有争议的问题。围绕机场属性定位，主要有两种观点：一种主张公共性，另一种主张营利性。《条例》明确了机场公共基础设施的定位，这与国际普遍认知是一致的。但是，《条例》发布以来，我们在落实机场公共基础设施定位方面并未取得预

期效果，这既有《条例》缺乏具体执行性条款支撑的问题，也有我们在这方面探索实践不足的问题。有的地方在机场管理工作中没有认识到机场公共基础设施的属性特点，往往把机场作为一个普通企业看待，更多关注其经营效益。应该看到，虽然机场具有公益性和收益性的双重特征，但机场绝不是单纯以经济效益为单一目标的一般意义上的企业，它从诞生之日起就是保障飞行活动的基础设施，不可能脱离飞行保障活动而单独创造价值。目前，欧美各主要枢纽机场虽然在机场属性、产权结构、管理模式、发展定位等方面存在不同，但都高度重视机场公益性和盈利能力的平衡，通过设计适宜的政策机制，较好地实现了机场的公益性。如政府通过与机场签订协议，明确资本支出与回报率，并对机场收费价格进行管制，确保机场不会因追求利益而损害公益。伦敦盖特威克机场作为私有制企业，政府与其每 7 年签订一次协议，限制机场使用费涨幅、明确机场核心服务标准，最新的协议条目达到 40 条；对协议的执行采取严格的考核惩处措施，若盖特威克机场未兑现服务承诺，则需向政府和航空公司支付补偿费用。为了确保机场公益性的实现，配套有效的激励性经济政策也很必要。以巴黎机场集团为例，政府对其公益性业务进行价格管制，如对机场在航空运营、陆侧交通等方面的收费价格进行管制，机场在履行好公益职责的基础上，能够保障其收回资本和运营支出成本，并有所盈余；对非公益性业务采取市场定价，如对机场商业、临空房地产等，由机场根据市场情况自行定价，实现较高的收益和股东投资回报。适度的竞争环境是确保机场公益性的外部激励。无论是同一机场管理机构所属的不同机场之间，还是不同机构管理的机场之间，适度的竞争环境迫使机场必须不断地改善旅客体验，以提高对旅客和航空公司的吸引力，从而实现机场的公益性。总之，我们构建现代化的国家机场体系，一定要借鉴这些经验，将机场公共基础设施的定位落实到位。

（三）要明确管理定位

由于历史的原因，我国大部分机场直接或者间接从事地面服务等经营活动，与航空公司在地面服务等业务上相互竞争，出现了相互关系不顺、经营业务重叠、设施重复投资以及资源浪费等问题。另外，双方在机场收费、航班延误处置、紧缺资源分配使用等方面，也存在着一些不同认识。10 年前发布的《条例》首次对机场有偿转让经营权做法进行了规定，目的是借鉴国外机场成功经验，在保证机场合理利益的条件下，推动机场从部分直接经营的业务中退出，使机场管理机构从直接经营型向管理型转变，变成一个真正的机场管理者，为机场内的所有业务主体提供一个协调、有序、公平的运营平台，以此理顺各方关系，营造公平竞争的市场环境，实现机场、航空公司以及地面服务商的协同运作、共同发展。10 年来，《条例》在这方面的规定执行并不到位，影响了机场运营效率的提升和改进。

下一步，民航局将抓紧制定这方面的管理规定，要在规定中对机场有偿转让经营权的范围、经营管理机制、各相关方的职责定位、收费标准等问题予以明确和规范。由于我国地区差异大、机场运营管理模式形式多样，在推进机场管理转型时不可能搞“一刀切”，我们也希望各地政府及主管部门和机场管理机构，积极探索、改革创新，走出一条符合我国机场管理实际的科学高效发展模式。

（作者系中国民用航空局局长）

正确认识和把握四型机场建设几个基本关系

董志毅

在贯彻落实、推进四型机场建设的过程中，要正确认识和把握好以下几个方面基本关系。

一、正确认识和把握好四个要素相互的关系

“平安、绿色、智慧、人文”四个要素相互联系，相辅相成，不可分割，其中，平安是基本要求，绿色是基本特征，智慧是基本品质，人文是基本功能。从实现路径看，“平安、绿色、人文”更多地体现“四型机场”状态特征，“智慧”则是关键的驱动和手段。当前，新一轮科技革命和产业变革正以前所未有的广度和深度改变着各行各业的发展模式，冯正霖局长强调，“要实施以智慧为牵引的发展战略”。我们要坚持以创新为驱动，以智慧建设为引领，全面推进“四型机场”建设，统筹推进建设安全可靠的更强安保体系、生态环保的更美绿色文明、科技支撑的更高运行效率、满足旅客出行需求的更好服务功能，促进民用机场高质量发展。

二、正确认识和把握好自主创新与吸收借鉴的关系

近年来，国际上很多民航组织及相关国家民航管理部门都提出了面向未来的机场发展战略或规划，在其他行业领域，智慧城市、智慧交通等研究与实践也已取得大量实践成果。我们要清晰地认识到，中国民航有自己独特的国情、制度与发展背景，我国民用机场发展面临的问题，单纯依靠“拿来主义”、重复引进套用，无法有效解决实际问题。我们要坚定“四个自信”，既要坚持以我为主，立足国情和现有基础条件，又要充分借鉴和吸收国际同业研究成果，充分借鉴和吸收其他行业相关的理论创新与实践经验，最终形成具有中国特色的民用机场发展之路。

三、正确认识和把握好改革发展与稳中求进的关系

一方面，要持续深入推进改革，鼓励和支持创新，勇敢试、大胆闯，找到正确路径。创新可能面临风险，甚至有可能失败，要建立制度保障，形成合理的容错和免责机制，给管理创新、技术创新预留空间。另一方面，要坚持稳中求进总基调，严守安全生命线，行稳致远。在立足实际、遵循客观规律基础上，对现有制度机制、规章标准逐步优化完善，对现行管理和运行模式逐步迭代改进，确保工作延续性和持续性。

四、正确认识和把握好一般要求与因地制宜的关系

不同规模、不同发展阶段的机场，功能定位、服务需求、规模结构、阶段特征等各不相同，要

在《纲要》统一指引下，从实际出发，着眼长远和全局，选择适合的发展路径。大型运输机场“四型建设”的重点是缓解资源约束、提高运行效能，充分发挥试点验证、示范引领、标准制定等突出作用，推动全行业改革创新与技术进步。中小机场“四型建设”的重点则是提升管理水平和弥补安全、服务短板，实现低投入高产出。新建和改扩建机场则要突出规划引领、方案先行。

五、正确处理好新技术应用与管理创新的关系

“四型机场”不等同于智慧机场，智慧机场不等同于新技术应用。要避免以新技术推广应用来代替“四型机场”建设的认识误区。既要坚持依靠科学技术，充分发挥科技创新引领作用，也要在新技术选择上，坚持合理评估投入产出效益，避免贪大求洋、好高骛远，要更加注重技术、设备与管理、机制、人员等现实条件的统筹考虑，管理创新有时候比科技支撑更加重要和有效。“四型机场”建设必须坚持新技术与管理、运行、服务等深度融合，培育新模式、新业态和新动能，以全方位创新实现“四型机场”全面发展。

（作者系中国民用航空局副局长）

推进中国通用航空业高质量发展

李 健

运输机场尤其是非繁忙运输机场，保障通航飞行既是要求，又是机遇；既要治标，又要治本。要进一步提升对通用航空产业属性、自身定位的认识，找准服务保障通航飞行及其产业链切入点，更好地促进通用航空“畅快飞”。2015 年 12 月 22 日建成通航的山东日照机场，仅用不到 3 年时间，其通用航空飞行量和飞行小时跃居华东地区运输机场第一位，挑起当地通用航空业发展大梁。

今年 5 月，民航局转发《关于日照机场保障通用航空发展情况的报告》，将其作为运输机场保障通航发展样板推广。目的是为了推动解决问题：机场是通用航空业发展基础设施，当前我国通用机场数量少、建设慢、保障能力弱，运输机场保障通航飞行是促进通用航空“飞起来”有力之举。今年 7 月，民航局又下发《关于加强运输机场保障通用航空飞行活动有关工作的通知》，主要解决运输机场通航服务意识不强、支持和保障不足、收费标准差异过大、通航飞机转场困难等突出问题。

一、保障通航飞行是运输机场公共属性重要体现

如同广场、道路、桥梁一般，民用机场是公共交通体系重要组成部分，是城市重要公共基础设施。公共基础设施最重要属性是不具有排他性，向社会开放，为公众服务。

《民用机场管理条例》第 3 条、第 33 条分别规定：民用机场是公共基础设施。机场管理机构统一协调、管理运输机场的生产运营，维护运输机场的正常秩序，为航空运输企业及其他驻场单位、旅客和货主提供公平、公正、便捷的服务。因此，在确保安全的前提下，无论是运输航空还是通用航空，运输机场对其服务保障应该一视同仁、公平公正，这是民用机场公共属性决定的。

在实际运行中，不少运输机场保障通航飞行活动的职责并未履行：部分运输机场忽视公共属性，以时刻繁忙、缺少机位、安全压力大为由，拒绝接收通航飞行；有的运输机场通保障通航飞行、特别是公务飞行捆绑报价、随意定价，收费项目偏多，收费偏高，价格不透明；有的运输机场服务流程不规范，职责缺乏衔接配合，严重影响服务质量。运输机场不愿提供通航飞行保障，主要源于：一是资源和能力不足，空域、地面以及人力资源短缺，无法满足通航发展需求；二是保障通航飞行收益低于运输航空飞行。

通用航空是国家重要战略性新兴产业，对促进经济转型升级、培育新兴航空消费市场、汇聚民航强国基本特征具有重要意义，在应急救援、航空医疗救护等方面具有不可替代的作用。据此，一方面，民航局大力深化“放管服”改革，降低通航飞行制度成本；社会各方面已经在低空空域改革、人力资源培训等方面发力。今年四川省获批全国首个低空空域管理改革试点，最大限度盘活低

空资源。另一方面，运输机场要充分履行保障通航飞行职责，要落实“发展为了人民”理念，进一步增强促进通航发展大局意识，不能单纯以经济效益衡量和决定保障资源分配。

二、运输机场保障通航飞行发展成果

与通用机场相比，运输机场保障通航飞行有其优势：更良好的空域环境与空中指挥系统；更完善的地面设施；更全面的保障能力，如航空器维修、油料设施等。因此，运输机场保障规模化、体系化的通航飞行活动具有明显优势，突出体现在通航短途运输、飞行训练方面。

通航短途运输是支线航空重要补充，也是不少支线机场着力开拓的业务领域。我国西北、东北和西南广大地区，人口较少，地形复杂，建设地面交通基础设施成本较高，通航短途运输能更快捷地完成旅客运输任务。今年 7 月 10 日，全国首条高高原短途运输航线：青海省海西蒙古族藏族自治州德令哈、格尔木、花土沟机场通航短途运输双向环飞航线正式运营，由空中国王 350 飞机执飞。该航线运营标志着青海高高原支线机场开展通航短途运输、实施基本航空服务计划方面取得新发展，也探索出了中小机场稳定运营之路。云南澜沧机场开通至普洱、西双版纳短途运输航线，为运输机场带来收益，为城市带来大量游客，带动了旅游业整体发展。

飞行训练是通用航空飞行重要组成部分。随着我国航空业不断发展，飞行员需求越来越大。截至目前，我国 141 部航校已有 34 家。运输机场凭借其完善的保障体系，成为航校飞行训练绝佳平台。山东日照机场构建了一个支线运输机场与若干个通用机场的“1+N”联动网络，吸引通航飞行训练，为其提供多种服务：依靠日照机场空管、通信、导航、气象等设施设备完成通用机场无法实施的夜航、仪表等科目飞行训练；积极推进远程塔台、气象“1+N”信息共享等项目，实现运输机场与通用机场无缝衔接。目前，日照机场吸引了 5 家通航企业进驻、45 架飞机驻场运行。今年 1—4 月，该机场通航飞行近 3 万架次，预计全年培养飞行员超过 150 人，获得通航训练收入 1 000 余万元。宁夏中卫机场积极引入通航企业建立基地，自 2010 年开始引入海航航校飞行员培训，年平均飞行时间 1.6 万小时以上，年均在册学员超过 100 人，获得很好收益。

上述运输机场以短途运输、飞行训练等规模化、常态化通航飞行活动为切入点，搭建了保障通航飞行良好平台，为当地通用航空业发展提供了有力支撑。2018 年 8 月 23 日，冯正霖局长在日照机场调研时指出：日照市确立的支线运输、通用航空、航空产业三位一体发展定位是正确的，“1+N”通航发展新模式走出了中小机场高质量发展成功路径。

三、通用航空“畅快飞”需要多方合力

随着通用航空新业态不断涌现，运输机场保障通航飞行活动也有了越来越多选择，有针对性地发展航空产业大有文章可做。

无人机物流是物流配送“黑科技”，具有成本低、速度快、效率高优势。2018 年 7 月，中卫机场以空域条件优越、配套设施完善等条件，引入顺丰速运旗下丰鸟航空。大型支线物流无人机在中卫机场开展试验验证飞行，计完成 5 架次飞行试验，各项保障工作平稳有序，为未来继续加强无人机物流飞行奠定了坚实基础。

依托运输机场平台，发展综合性航空产业同样是可取之路。日照市政府制订了《日照市通用航空产业集群发展方案》，聚焦飞行培训、飞机维修、航空教育等多产业项目，建设多业态融合发展航空产业链。与单独规划的通航产业园区、通航基地不同，运输机场以运输航空为支撑，在吸引

航空产业进驻方面更具优势。

随着私人飞行、“航空+旅游”快速发展以及航空文化普及，可以预见未来通航飞行活动越来越多，对运输机场保障提出更多要求。民航局在《关于加强运输机场保障通用航空飞行活动有关工作的通知》中明确规定，运输机场要充分发挥公共基础设施优势，为通用航空飞行活动提供合理、全面的地面服务保障和必要气象服务，不得随意以天气、机位、流控等理由拒绝通用航空器起降；在确保安全前提下，允许通用航空器密集停放，地锚设置可在通用航空企业评估认可后协商确定；依据区域通用航空发展需求，建设通用航空站坪、航空煤油或汽油保障等配套设施。明确民航空中交通管理部门管制范围和飞行计划审批程序，提升飞行情报和告警服务能力，建立管制服务“白名单”制度，不得超出管制权限管理通用航空飞行活动。

业内专家认为，就非繁忙支线机场而言，保障通航飞行是促进机场高质量发展关键一招。要积极推动地方通用机场建设，强化通用机场与运输机场联动发展，形成保障通航飞行合力。苦练内功，提升人员、设备、空域等资源使用效率和保障能力；要积极整合地方资源，丰富通航发展路径，对接航空新业态发展，譬如“通航+旅游”“通航+运动”“通航+应急救援”“通航+物流”等，实现民用机场可持续发展。

（作者系中国民用航空局副局长）

建设“四强空管”

车进军

根据规划，北京大兴国际机场要满足年旅客吞吐量1亿人次需求，2025年旅客吞吐量将达7200万人次，货邮吞吐量将达200万吨，飞机起降62万架次。民航空管系统按照民航局党组关于建设“强安全、强效率、强智慧、强协同”目标，为国家发展新动力源提供强空管保障支撑。

一、用强安全保障新动力源平安要求

安全是民航永恒主题，确保航空安全是空管基本职责。保障北京大兴国际机场平安，必须实现运行总量与保障能力、运行标准与安全裕度、安全管理目标与管理手段匹配。

民航空管系统坚持以构建一流空中交通管理体系的国际标准为目标，为“平安机场”提供强支撑。在管制指挥方面，塔台建设采用全国首创错落式管制席位布局，将主任管制员席位设置在明室中央并加高，拓宽主任管制员视野，指挥决策更安全。创新侧向跑道构型运行模式和管制方法，在国内首次应用到达起飞窗的方法，有效解决跑道之间起飞航班和复飞航班产生的冲突。在设备保障方面，北京大兴国际机场是全国首个符合CAT Ⅲ类B和HUD RVR 75米标准的运输机场，低能见度条件下，仪表着陆系统支持航班正常起降，增强应对恶劣天气能力。首次应用国产全数字有源相控阵多普勒天气雷达及全固态毫米波测云雷达，组成高精度立体探测网，使大兴国际机场气象探测系统处于国内领先水平。

二、用强效率满足新动力源绿色需求

效率是空管质量与价值重要体现。建设高效节能绿色机场，必须有强效率空管作支撑。

从全局着眼，截至目前中国民航完成了最大范围空域调整。全国调整航路航线超过200条，调整航线走向4000多条。大兴国际机场空域调整方案整体遵循单向循环设计思路，对部分航班量500架次以上的主干航路作了平行单向化改造，形成主要国际、国内干线航路“来去分开，隔离运行”格局。

从重点着手，启用全国最大终端管理中心——北京终端管制中心，统一协调指挥北京首都、北京大兴、天津滨海2地3场中低空航班运行，是全国首个在一个终端区内同时指挥3个千万级运输机场的终端管制中心。

从细节优化，创新保障设施设备运维模式。按照民航局空管局“五个体系”建设及“大运行、大岗位、大值班”改革思路，打破通信导航监视专业界限，实现运行监控与技术维修分离，提高了运行维护效率。

三、用强智慧支撑新动力源智慧诉求

智慧是创新发展驱动力，建设“智慧机场”是发展的时代要求。空管系统将世界先进主流技术，应用于大兴国际机场空管保障。启用全球规模最大的空管自动化系统，实现航班进离场自动排序。首次引入 AMAN/DMAN 功能，减少飞机盘旋和跑道等待。采用数据一体化方案，有效解决塔台空管系统之间信息孤岛问题。启用全国首例 4 级运行标准 A-SMGCS 系统，对各类飞行所需信息集成、分析、处理，自动规划最为合理的航空器滑行路由，并引导滑行。国内首次全场使用仪表着陆系统同频互锁技术，使仪表着陆系统频率利用率提高了一倍，有效缓解了京津冀机场群导航频率资源紧张。

四、用强协同实现新动力源人文追求

“人文机场”关注旅客出行体验，提供人本化服务。航班安全、正常是旅客出行基本要求。空管是运行中枢，涉及多元主体、多方利益，环境比较复杂，困难比较多，需要强协同支撑。

与机场协同，将空管流量管理系统与大兴机场 A-CDM 系统联合运行，场面管控与空管分配关键时间节点有效全方位融合，实现机场与空管航班服务信息化、智能化和数据交互标准化。

与军方协同，实现全国多个“首次”。首次采用“一址两场，天合地分”运行模式，实现军民机场同址运行、空域资源共享。首次按照“统一管制、统一指挥、统一放行、统一飞行方法和程序、统一技术标准和规范”原则，在北京终端区采用“军民航联合运行模式”，双方管制员在同一管制大厅为用户提供服务。首次在华北区域内大规模进行航路单向化改造，成为促进北京“一市两场”双枢纽建设均衡发展重要支撑，也为全国空域管理体制改革奠定了基础，创造了可复制、可推广范例。

（作者系中国民航局空中交通管理局局长）

运输机场收益能力分析视角与实践

王瑞萍

如何提高运输机场收益能力，是属地政府、机场管理机构始终关注的命题，也是困扰我国运输机场业发展的难题。大中型运输机场收益能力低于国际同类运输机场，小型运输机场长期大面积亏损，其背后隐藏着什么症结，也是运输机场业高质量发展求解之一。

20世纪90年代，我国业内引进国际关于运输机场业务分类标准。依据运输机场经济活动与航空器运行直接相关性，采用二分法将其划分为航空性业务与非航空性业务。在这里，运输机场经济活动是母项，划分母概念的逻辑标准是经济活动与航空器运行是否具有直接关系这一属性，有直接关系就是航空性业务，没有直接关系就是非航空性业务。

航空性收入与非航空性收入是针对运输机场资源潜力及收益能力这一特定认识目的对总收入所做的划分，它直接反映机场管理机构对运输机场资源综合开发能力和资源利用水平，业内关于运输机场提高收益能力研究，非常重视两类收入比重分析，为机场管理机构充分认识和挖掘资源价值发挥了引导作用。

但是，航空性收入与非航空性收入这一分析视角究竟为业内揭示什么规律？它是不是运输机场收益能力分析唯一视角？非航空性收入比重提高是不是提高收益能力唯一途径？运输机场收益能力是否完全取决于非航空性收入比重？第一视角为业内开拓的思维空间是否足够？诸如此类的追问和反思是我们多年来未曾顾及的，在高质量发展语境下，有必要做一个梳理。

一、航空性收入与非航空性收入

（一）航空性收入及其主要特征

1. 收益基础性

航空性收入绝对值直接反映航空业务量，是揭示运输机场收益能力及潜力的基础性财务指标。运输机场不能脱离航空性业务独立创造价值，非航空性收入直接源于航空业务量带来的人流、物流、信息流规模及流量结构。它从财务分析角度间接反映运输机场各类资源已然或潜在价值，它牵动运输机场商业资源价值呈正相关发展，在总收入中的比重与商业资源开发深度和广度成反比。航空发达国家及我国部分运输机场非航空性收入比重大于航空性收入，并不改变航空性业务的价值本源属性。非航空性业务资源市场价值最终取决于航空业务量大小，增加航空性业务量是提升商业资源价值和非航空性收入的基础。

2. 政府干预性

鉴于运输机场公共属性及自然垄断属性，航空性业务公共属性比非航空性业务突出，从收费标准及财务指标角度，它直接反映运输机场公共属性。航空性收费对标成本回收原则或政府定价是国际惯例，市场调节空间较小。2018 年，国际机场理事会（ACI）发布专题报告《创造私人投资民用机场的沃土》，介绍了 7 个不同方式的特许经营案例，绝大多数案例都以政府干预航空性收费价格为前提条件。不同国度、同等航空业务量条件下，航空性收入绝对值反映运输机场收费标准或体现公共属性的差异。在同等收费标准下，航空性收入绝对值大致反映运输机场对航空承运人的吸附能力。

3. 经济外部性

航空性业务及其收入具有鲜明的经济外部性。如果坚持成本对标标准，运输机场航空性收入仅仅满足公共基础设施投资部分回收及航空器保障服务费用补偿。其中，航空器使用基础设施收费应当覆盖基础设施固定资产折旧及维护费用；航空器保障服务收费应当覆盖运输机场保障服务的全部费用。市场化程度较高的运输机场，其商业资源收益比重较大，也是航空性业务经济外部性的一种表现形式。

4. 区域差异性

运输机场所在地区位及其自然地理条件、经济结构、经济类型、经济发展水平和社会综合条件是决定航空性收入水平的基础。这种地域差异不仅决定运输机场在基础设施网络中的功能，也直接决定航空业务量发展规模和潜力。源自航空器起降及保障服务的航空性收入，与航空业务量大小成正比。这是运输机场所有差异中最基础的因素。

（二）非航空性收入及其主要特征

1. 收益能力后发性

非航空性收入以航空业务量为基础。航空业务量带来的人流、物流、信息流及其结构是非航空性收入市场基础。按照国际经验，运输机场旅客吞吐量 3 000 万人次发展阶段，单位旅客边际运营成本趋零，航空业务量越大，非航空性收入潜力越大，运输机场对航空性收入依赖性越小，非航空性收入占据主导地位。

2. 流量结构的差异性

非航空性收入绝对值及比重与运输机场网络功能定位及流量结构相关。航空枢纽与支线机场、国际航空枢纽与区域航空枢纽、旅游城市与非旅游城市以及运输机场所在城市发展水平及特色对流量结构影响十分明显，不同的流量结构直接影响非航空收入渠道、种类、多样性、发展规模及收入水平，这是除航空业务量外影响非航空性收入又一重要因素。

3. 有差异的公共属性

非航空性收入中也含有一些公共属性要求。不同类别的非航空性业务公共属性要求有差异。国际民航组织《机场经济学手册》（Doc 9562 号文件）要求：与航空运输服务直接相关的特许经营活动的收费应该谨慎，甚至有必要对标成本回收原则予以限制。与航空运输直接相关的非航空性业务包括航空地面服务、机上配餐供应、飞机保洁服务以及特种车辆中的客梯车、摆渡车等。从这里也可以看出，之所以把非航空性收入中的航空地面服务、机上配餐等业务抽取出来，对其特许经营收费加以限制，是为了更充分地体现整个公共航空运输的属性。除此之外，运输机场非航空性收入大多是商业服务收入，这类非航空性业务的公共属性较弱，主要体现是“同城同质同价”，机场管理机构对供应商选择及资源出让应当尊重公共属性，建立公共服务理念，按照国际管理双方应当有价格契约。

4. 社会贡献性

非航空性业务发展给运输机场带来日益浓厚的商业色彩，引动社会资本流向运输及机场，以致国际上部分运输机场非航空性业务已经不限于航空出行服务，逐步形成以运输机场为轴心多业态的特色商圈。非航空性收入比重越大，运输机场及其带动的税收、就业机会等方面社会贡献率越大，运输机场经济外部性在内部性增强基础上更加明显。

5. 有条件的竞争性

非航空性业务并不必然具有市场竞争特征，竞争性仅仅是特定运行模式的产物。经营型模式下，机场管理机构以自然垄断为基础，以行政垄断为屏障，按照企业模式统揽非航空性业务经营活动，把集合多种业务的经济运行平台变成独占性国有企业，阻断了非航空性业务与市场联系，不论成本高低或质量优劣，都没有市场机制约束。只有在管理型模式下，运输机场非航空性业务向市场敞开大门，机场管理机构作为代表公共利益的第三方供应商裁判者和选择者，非航空性业务才能在每一个第三方供应商各自的专业领域依据市场规则展开竞争，非航空性业务经营者也才能受到市场机制约束。

（三）第一视角认识价值

为了论述方便，本文把航空性收入与非航空性收入成为运输机场收益能力分析“第一视角”。

逻辑标准划分概念总是依据人们特定认识对象或实践目的。运输机场经济活动与航空器运行关联的“直接性”与“非直接性”是一个特定业务属性，以此作为逻辑标准划分运输机场经济活动，其目的是认识运输机场资源价值及其潜力，提高运输机场收益能力。这个特定角度分类，直接产生了一个功能稳定的分析视角或框架，这个分析视角产生一系列分析方法和财务指标，带来一系列观念转变。这一分析视角或框架的运用，对指导业内提高收益能力发挥了积极作用。其历史和现实的认识价值及实践意义，主要包括 5 个方面。

1. 第一视角揭示了运输机场资源范围、类别、价值及潜力

引导机场管理机构重新认识运输机场流量价值，对运输机场经济活动范围及收益能力认识发生了根本变化。30 年来，机场管理机构积极开发、利用运输机场资源，拓展商业服务功能，重设运输机场业务活动架构，推动运输机场由单纯航空器运行保障向多样化、商业化客户服务转变，运输机场作为公共基础设施的经济属性更加凸显。

2. 第一视角揭示了运输机场客户现实和潜在需求

推动运输机场提高商业服务比重，服务业态趋向多样化。商业服务较充分开发，为各类客户提供较丰富消费供给，较好地满足了各类客户消费需求，市场特征日益显现，服务品质随之提高。调研数据显示，目前我国大型运输机场服务业态在 40 种左右，中小机场在 15~20 种左右。

3. 第一视角揭示了运输机场潜在收入来源

推动机场管理机构大力开展以商业服务为主的资源开发和利用，运输机场商业服务进入社会资本投资视野，基础设施资源利用率提高显著，收入来源不断拓宽，收入总量逐年增加，航空性收入与非航空性收入比重逐步改善，非航空性收入逐步成为收入主要来源，收益能力有所增强。数据显示：2018 年，部分大型运输机场非航空性收入在 50%左右，一些市场化程度较高的中小机场非航空性收入超过 50%；2019 年，有的国际航空枢纽非航空性收入达到 60%。

4. 第一视角为运输机场收益分析建立了特定角度分析方法和财务指标

非航空性收入比重成为引导机场管理机构分析和决策以及调整资源投入方向的重要指标，为我国与国际同类运输机场收益能力比较分析提供了一个坐标，为运输机场资源价值、潜力和管理水平评估提供了特定角度的依据。目前各类咨询、评估机构出具的分析报告，几乎100%采用这一分析视角。

5. 第一视角揭示了2类经济活动公共属性差异，为政府区别价格政策提供了依据

依据航空性业务与非航空性业务公共属性差异，运输机场经济活动公共属性逐渐趋向3个层次：

（1）航空性业务，公共属性最强；

（2）非航空性业务中的航空运输业务，公共属性次之；

（3）其他非航空性业务，公共属性最弱。

按照经济活动公共属性强弱，引领形成依次放开的价格管制——政府指导价、供需议价、市场调节价的价格体系轮廓。对从事2类业务需要使用或租赁的设施设备实行区别定价原则，公共属性最明显的航空性业务，其设施设备收费采用对标成本回收原则，由政府制定指导价，限制浮动幅度；公共属性较明显的非航空性业务，其设施设备收费采用政府指导价或议价；商业服务设施设备价格取市场价格。尽管这个价格轮廓还不够清晰完善，但其方向是比较明确的。

（四）第一视角局限性

上述5个方面认识价值及实践意义，对我国运输机场发展，特别是提高收益能力十分重要。它为我们拓展了运输机场通过非航空性业务提高收益能力视野，给出了运输机场商业收益项目及渠道，这比改革开放之初我们对运输机场经济属性的认识进了一大步，也是与国际认识接轨的重要成果。

但是，任何一个分析视角都有局限性，都不可能完全避免视角确定之处与生俱来的盲区。人们在设定或选择逻辑标准的时候，就已经内在地规定了认识范围和方向，也决定了这一逻辑标准及范围、方向的局限性。这就需要我们在认识同一事物的时候，借助多个分析视角，尽可能在主观上对自己所持认识工具局限性有自觉认识和敏感。

我国运输机场非航空性业务较快发展30年来，各类运输机场收益能力普遍低于国际及港澳同类运输机场，从第一视角分析非航空性业务及收入发展的文章很多，但对提高收益能力的引领功效渐行渐弱。当我们针对一个特定事物，应用认识成果久久为功却成效甚微的时候，除了需要反思实效或无效的种种因素之外，还有必要回寻认识视角的逻辑缺陷和盲区。第一分析视角没有揭示和导出如何解决与收益能力关联更密切的发展机制、资源组织方式、成本水平、成本结构及收益效率等更深一步问题，这些是第一视角无法回答的问题，其局限性主要包括3个方面。

1. 第一视角不能揭示制度设计对提升收益能力的基础性影响

航空性收入与非航空性收入反映的是2类收入比重关系，是用以衡量在一定航空业务量基础上非航空性收入发展程度、服务能力及潜力，它与资源组织方式、成本水平、成本结构及资产净收益效率等关键财务指标没有直接关系，与制度科学性或发展机制优劣也没有关系。它不要求公共服务与商业服务划分和界定，不能充分揭示运输机场公共管理或公共服务与商业服务的关系，不能直接反映我国运输机场收益能力与国际差距的制度和机制根源。机场管理机构为商户提供管理及服务也

是一种公共服务，我们这方面差距很大。由于缺乏公共属性认识，机场管理机构在企业定位下，公共服务与商业服务混杂不清，公共管理与经营活动相互牵制，运输机场为了获得高额租金，租金优先和价高者得的招商规则比较普遍。有资料显示，我国运输机场同城连锁餐饮高出同城价格 30%～50%，肯德基、麦当劳等快餐高出 15%左右。单纯第一视角推动的思维走向，使我们对公共基础设施本质属性、制度设计及运营模式的思考始终游离在正题边缘。

2. 第一视角不能揭示获得非航空性收入的微观效率如何解决

第一视角是经济活动与航空器运行关系的特定角度，它明明白白告诉我们运输机场收益从哪里来。但是，“收益从哪里来”与“收益怎样来”是两个不同的命题。后者涉及的问题更复杂，这是第一分析视角不能解决的。它无法回答运输机场获得非航空性收入的资源配置方式，以及由此带来的成本水平、成本结构、运行效率、产品质量等要素如何解决，也引导不出如何以公共属性为基础，通过选择科学运行模式、降低总成本、改善成本结构、从根本上提高运行效率、服务质量及收益能力制度性途径。它引导我们更多地扩展非航空性业务收益点，忽视制度性或模式化的成本控制机制。近 15 年，我国运输机场为提高收益能力做了大量工作，但由于制度性弊端，竭力发展非航空性业务的同时，也快速拉高了人工成本、现金流平衡点和盈亏平衡点，国有资本先天弊端传播到非航空性业务领域，成本结构不断恶化，多数运输机场人工成本成为第一大成本项，高成本、低效率机制带来的收益能力难以圈点。2019 年，新加坡樟宜国际机场旅客吞吐量 6 830 万人次，机场管理机构总定员 300 人，其中包括纯公益性消防机构 180 人。同年，美国亚特兰大哈兹菲尔德—杰克逊国际机场旅客吞吐量 1. 11 亿人次，22 年蝉联全球最繁忙运输机场，中转客流量占总量 70%，机场管理机构总定员 600 人，其中包括专门从事发展规划 200 人。

3. 第一视角不能揭示两种基本运行模式差异

航空性收入与非航空性收入从收入来源角度划分运输机场总收入，这对概念不揭示收入方式和运行模式。非航空性收入既可通过管理型模式获得，也可以通过经营型模式获得。譬如运输机场航空地面服务代理，运输机场可以采用部门制或公司制关联企业方式自营获得收入，也可以通过第三方供应商的服务获得，前者是经营性收入，后者是资源性收入。从运输机场收入总量看，前者大于后者；从成本水平、成本结构看，后者优于前者；从净利润看，后者大于前者；从发展、管理、约束机制和效果看，后者优于前者。

业内大多数研究使用第一视角研究运输机场收益能力的时候，更多的是作非航空性收入绝对值或比重比较，这是一个很容易忽视或很少关注成本水平、成本结构和净利润的比较。本文所说的运输机场收益能力不是简单的盈亏概念，而是合理净利润或合理净收益的含义。如果一个运输机场航空业务量长期停留在一个不足以弥补运营费用的水平，但其经济外部性得到较好实现，那么该机场即使亏损，它也具有获得合理收益能力，合理与否用亏损额说明。再如，一个运输机场航空业务量已经使其盈利，但其收益能力也未必合理，合理与否用净利润额说明。这是运输机场作为公共基础设施经济底线要求。

如果从扩大再生产投入角度分析收益能力，我国业内差距更大。2019 年 11 月，笔者考察西雅图塔科马国际机场得知，该机场 2019 年旅客吞吐量 4 600 万人次，同期我国旅客吞吐量 4 000 万人次以上运输机场 10 个。我们无从获得西雅图塔科马国际机场财务数据，但获悉西雅图港务局有一个 2027 年竣工、包括 30 个子项目的近期发展计划，总投资预算 40 亿美元，本期投资主要来自该机场收益，其收益能力可供参考。

当我们面对非航空性业务拓展到一定程度，实际收益能力提高不明显甚至亏损更加严重、成本结构进一步恶化、合理收益能力认识尚未建立起来等事实的时候，我们就需要借助另一个分析视角弥补认知缺陷。

二、资源性收入与经营性收入

本文把航空性收入与非航空性收入作为运输机场收益能力分析“第二视角”。

运输机场是公共基础设施，机场管理机构是提供公共管理的法定机构。基础设施公共管理也具有经济属性，公共基础设施投资收益能力是运输机场公共管理重要职能之一。

依据运输机场获得收入方式，我们把机场管理机构经济管理活动分为公共服务与商业服务两类。两类经济活动带来的收入分别是资源性收入与经营性收入，这也是二分法划分，按照这个逻辑标准划分运输机场收入，其总量也是非此即彼，概念也是周延的，与国际业内乃至国内其他产业语境也是接轨的。

可见，当人们依据认识或实践需要，针对同一事物另辟蹊径设立划分概念的逻辑标准之后，就会产生一个新的分析视角或框架，思维和实践的指向也会发生很大变化。资源性收入与经营性收入是目前业内尚未建立的分析视角，其比重分析也没有纳入财务分析，它们将为我们揭示什么规律、引导我们走向何方，是有待探讨的课题。

（一）资源性收入

运输机场资源性收入是机场管理机构作为公共基础设施管理者依法以特许经营或转让经营权方式向第三方专业化供应商提供自然垄断商业机会、出租设施设备及提供规则、管理、秩序等公共服务所获得的收入。以特许经营或转让经营权方式获得的资源性收入主要由 6 部分构成：

（1）设施设备租赁收入；

（2）自然垄断商业机会或经营权转让收入；

（3）与第三方供应商约定的经营收益分成；

（4）购买服务支出与服务项目收入差额；

（5）购买服务支出与自营总成本差额；

（6）提供公共服务收入及管理费收入。

运输机场资源性收入以设施设备使用权和提供自然垄断商业机会收入为主。运输机场自然垄断属性及公共属性，为这种收入提供物质基础、制度保障和法理支持。资源性收入通过机场管理机构公共管理活动获得，在公共基础设施平台上，这种公共管理活动也是公共服务；机场管理机构不涉定商业服务微观经营和市场竞争；其收入在契约中确定，与商业服务及产品不发生直接关系，客户享受的商业服务通过机场管理机构公共管理间接提供。

资源性收入与经营性收入是运输机场公共服务与商业服务概念的财务引申，是直接揭示运输机场制度设计和运行模式的财务指标，也是直接揭示机场管理机构在公共属性之下建立合理收益能力以及如何解决微观运行一系列难题的认识入口。当我们转换一个视角看待同一个问题，国际航空发达国家及港澳运输机场非航空性收入均在 60%~90%之间，从第二视角看，这部分收入几乎全部是资源性收入。这个视角分析出来的比重显而易见，它直接揭示制度设计、运行模式对收益能力的贡献率。

（二）资源性收入比重大的运输机场主要特征

资源性收入比重较大运输机场一般有以下 6 个特征。

1. 公共属性突出

公共服务与商业服务分野清晰。机场管理机构代表政府及公共利益对运输机场实施专业化公共管理；商业服务由非关联的专业化第三方供应商提供。机场管理机构与第三方供应商没有股权关系。

2. 市场配置资源

机场管理机构把运输机场作为汇集多种经营活动的经济大平台，商业服务资源以市场方式配置，服务项目及品牌选择以需求结构为依据；机场管理机构代表政府及公共利益裁判和选择市场资源，以公平、公正、公开的程序保证第三方供应商及其产品质量。

3. 公信力较高

资源性收入比重较大的运输机场公共管理职能清晰，标准监管与微观运行彻底分离，机场管理机构高度关注资源市场价值、收益及运行质量，追求基础设施投资收益与公共利益平衡；监管与纠错机制、效能、效率及公信力较高，提高服务质量和运行效率有坚实的制度保障，具有内在监督机制和防腐功能。

4. 微观经济活动很少

特许经营或转让经营权的业务范围具有广泛性。按照航空发达国家惯例，运输机场应当最大程度地向市场提供商业机会，获得资源性收入的业务范围不仅包括非航空性业务，也包括航空性业务。

5. 收益能力强而稳定

总收入受微观经济活动影响较小，抗风险能力较强；总成本较低，人工成本占比很低；成本结构比较合理，资产净收益率较高；财务计划可预见性较强，合理收益能力可准确评估，经济考核指标简化。

6. 高端人力资源比重大

机场管理机构职责管理密集，机构精简，定员精干，人才结构趋向知识密集，安全、工程、经济、财务、评估、法律及公共管理等高级职位比重较大，没有或基本没有劳动密集岗位，人工成本比重很低，平均薪酬水平较高。

（三）经营性收入

经营性收入是机场管理机构以公共基础设施公共事务管理者和商业资源自然垄断者双重身份开展各类经营活动获得的收入。依据我国业内现状及国际民航组织《机场经济学手册》（Doc 9562）关于特许经营业务分类，可以看出运输机场获得经营性收入的业务范围包括航空性业务和非航空性业务，主要由 2 部分构成：

（1）各种航空性业务收入；

（2）各种非航空性业务收入。

经营性收入直接来源于机场管理机构经营活动，机场管理机构直接提供服务与产品，收入与经营活动及产品直接关联。区分经营性收入与资源性收入的标准不在于是否实行“外包”，而是机场管理机构是否从事微观经营活动。目前，有些运输机场以持续的社会就业压力为依托，以国家劳动立法对劳务派遣制用工有限制认可为依据，以劳务派遣公司为资源渠道，以购买廉价劳动力为目的“岗位外包”，其收入仍然是经营性收入。这种模式下，机场管理机构并未退出经营活动，经营者身份及所涉及的法律关系没有改变。反之，在经营型模式或转型过渡期内，机场管理机构以业务外包——特许经营或转让经营权等方式，引进第三方供应商所获得的商业机会转让及设施设备租赁收入属于资源性收入。

（四）经营性收入比重大的运输机场主要特征

与资源性收入相对，经营性收入也是直接揭示运输机场制度设计和运行模式选择的概念，经营性收入比重较大运输机场，一般有以下 6 个特征。

1. 采取企业定位

外部表现是企业化程度较高，公共管理与商业服务不作界定或分野模糊，制度设计价值倾向是公共属性让位于企业属性及经营成果，事实上是以自身公共管理非专业化和公共利益为代价获得经营垄断权。

2. 封闭性明显

运输机场自然垄断属性为经营活动提供物质基础，机场管理机构借助自然垄断和行政垄断，统揽公共基础设施所有或大部分经营活动，微观经济活动与市场机制隔绝，发展活力缺乏基础性保证；监管与经营体内运行，缺乏解决问题原动力，一切资源发挥效能的基础随之丧失；纠错效能、效率及公信力较低，整体运行质量提升空间受到限制；客户及社会对公平、公正、质量的质疑较多。

3. 组织复杂低效

传统国有企业制度为经营性收入提供制度保障，组织结构及生产组织方式复杂低效。为了追求效率，有的运输机场把公共大平台上的经营活动组建成几个、十几个甚至几十个关联性公司。表面看起来提高了企业化程度，实际上是自我封闭，降低了市场化程度，阻碍市场配置资源，也丧失了服务产品选择权。这类关联性公司没有源自股权的稳定发展战略及目标，也没有关乎生死存亡的发展布局；既没有市场竞争外部压力，也没有自我发展内在需求；一切行为以不了解专业化市场信息和经营方略的机场管理机构的关注点为转移，时而以安置冗员为目的，时而以转移成本为义务，时而以拓展盈利点为目的，名义是公司，实质是部门，不可能成为真正的市场主体。

4. 资源质量不高

机场管理机构依靠微观手段组织各类资源。受资产性质和高端专业化资源限制，运输机场设立经营部门及关联性公司先天质量不高，缺乏高质量专业人才，没有大范围同业网络对接，经营活动游离于品牌和网络之外，难以提供高质量服务产品。实践证明，由于运输机场各类客户需求日益多样，需求结构日渐复杂，机场管理机构无论作为航空运输公共基础设施管理者，还是作为多元化发展的国有企业，都不可能具有组织市场化意义上的高端资源开展经营活动的能力。

5. 长期面对跨界困扰

机场管理机构作为运输机场公共事物专业化管理者，从公共管理职能及专业角度看，从事任何一项经营活动都是跨界的，都是在本职或专业之外进入一个新领域。当我们确定开展一个经营项目的时候，资源、制度、机制、契约、成本、效率、质量、指标、考核、监督等微观活动紧跟而来，封闭与开放、自营与市场、收入与成本、公共管理与商业服务等一系列冲突随即而至。机场管理机构需要在完全不同的多种经营活动中甄选经营者、整合人力资源、确定经济指标、控制经营成本、平衡分配机制乃至分配方案，克服各种机制障碍、破除制度与效率困扰、防范各种风险等原本可以由众多市场主体以市场方式化解的难题。在没有选择权条件下，无从设计淘汰或退出机制。这些繁琐且不可或缺的微观经济活动，与运输机场作为公共基础设施管理者的职责几乎不相干，事实上是把传统的“全能政府”观念移入机场管理机构。

6. 总体收益能力偏低

经营性收入比重过高的运输机场，必然承担多种经营活动全部成本。受资本属性及机制限制，总收入受变动成本等微观因素影响明显，总成本难以控制在合理水平，经营考核指标复杂低效，人才结构趋向劳动密集，普通工种定员比重较大。旅客吞吐量 2 500 万人次以上运输机场，地面服务人员多在 2 000 人左右；有的大型运输机场与机场管理机构建立劳动关系的公共保洁人员高达千人；人工成本居高不下，中小机场人工成本占比多在 50% 以上，甚至接近 70%，成为超过固定资产折旧第一大成本项，直接拉高了现金流平衡点和盈亏平衡点，航空性业务量各发展阶段收益能力难以准确评估，公共基础设施投资收益刚性指标无从建立。

（五）第二视角认识价值

如前所述，当我们转换一个视角，用收入方式划分运输机场总收入，或者按照第二视角分析收入结构的时候，运输机场资源性收入与经营性收入不同比重下的主要特征就发生变化，第一视角内在逻辑引导不出来的本质特征显现出来，这些特征是运输机场更重要的本质差异。资源性收入来自管理活动，经营性收入来自经营活动。两种本质上不同的经济活动内在逻辑是什么？能够帮助我们获得哪些规律性认识？这是建立第二分析视角的基本理由。

1. 第二视角直接揭示运输机场公共属性及机场管理机构职能设定

大比重经营性收入下多元化发展陷阱淹没了运输机场公共属性，人为地复杂了机场管理机构职能。两类收入不同比重揭示的机制、效率、质量、成本逻辑延伸下去，必然引导机场管理机构反思职能设定，严格划分和界定公共服务与商业服务，提示国有资本属性和机制不宜过多涉及微观经济活动的规律，把自身管理职能自觉回归公共管理和公共服务，使公共基础设施管理者职能规范方向得以端正。

2. 第二视角揭示运输机场总收入获取方式理性比较

两类收入不同比重提示出收益能力最强的运行模式，引导机场管理机构把贯彻公共属性与追求收益能力两个积极性融为一体。突出的公共属性与合理收益能力是一体两面，运行模式本质上是运输机场建立在公共属性基础之上的盈利模式。在公共属性约束和收益能力激励下，政府与机场管理机构一般会选择成本最低、收益最好、服务最优、监督最有效的运行模式。无论是追求公共基础设施投资收益等经济目的，还是国有资本防腐等政治要求，提高资源性收入比重是一个理性选择。从这个意义上看，或许第二分析视角引导出了公共基础设施收益能力又一个普遍规律，也揭示出运输机场寻求提高收益能力的出路。

3. 第二视角揭示了运输机场最经济高效的资源配置方式和提高市场化程度正确路径

业内应当走出“把运输机场推向市场”的误导，在第三方供应商选择和管理中提高市场化程度。第二视角回答了运输机场如何化解多种经营的资源、制度、机制、人才、契约、成本、效率、创新、质量、指标、考核、监督等难以逾越的困扰，找到各种举措之后最终走不出去的根本原因，引领机场管理机构跳出多种经营或多元化发展陷阱，把发展目光转向市场。在市场配置资源原则下，第三方专业化供应商成为首选方向，经营项目转变为管理项目，高成本经营性收入转为低成本资源性收入。大市场中第三方供应商之间较充分的竞争机制，让他们先天地最有创新动力，也最有提高效率、保证质量、降低成本和自主解决发展瓶颈的积极性，这是运输机场高质量发展最可靠、有力的制度保障。

4. 第二视角揭示了降低总成本、改善成本结构的制度性模式

资源性收入与经营性收入直接反映运输机场成本控制制度设计。运输机场素质或健康程度集中反映在资源收入比重这一指标上。国际实践证明，经营性收入比重较大运输机场，成本控制缺乏制度保障，控制重点因管理者主观认识而异；在控制重点相同条件下，控制方法及效果也因人而异。调研数据显示，同样都是旅客吞吐量 30 万~40 万人次左右的经营型模式中小机场，在编人员可以相差 300 人。有的旅客吞吐量 40 万甚至 10 万人次左右的支线机场，在编员工比旅客吞吐量 130 万~150 万人次的支线机场还多。航空业务量快速发展和基础设施扩建，必然对自营业务人员编制和人工成本产生大幅度拉动。无论采取多么严格的人力资源政策控制，传统核编定员都不可能遏制 2 个因素拉动的人工成本快速增长。资源性收入比重较高的运输机场，其人工成本基本不受 2 个因素影响，即便产生拉动也微乎其微。新加坡樟宜机场在 2 000 万~6 800 万发展过程中，收益总量大幅提升，人员编制保持 300 人不变，人工成本比重大幅下降，其奥秘无非 2 个：一是很高的市场化程度决定的资源性收入比重很高，二是资源性收入有管理型模式制度保障。

5. 第二视角很容易导入一系列新的财务数据比较

两类收入比重带来的显著差异，为政府及机场管理机构揭示出以简便模式得以稳定提高收益能力的途径。在这个分析视角下，诸如资源性收入成本率、经营性收入成本率等一系列财务数据将发生很大变化，第一视角所用的航空性收入与非航空性收入等收益分析数据也将发生明显变化，充分显示出两种收入方式生产耗费和收益能力差异，指引出获得最佳收益能力的途径。从资源性收入与经营性收入比重一个指标，就可以大致判定实现“合理经济成果”水平。经营性收入比重较大运输机场，资源使用效率受到各种先天不足微观因素影响，优良资源收益能力摇晃不定，即使盈利，其利润肯定不是“合理经济成果”。资源性收入比重较大的运输机场，只要航空业务量基本稳定或正常发展，基础设施资源市场价值就不会贬值。

6. 第二视角揭示机场管理机构理性决策方法

航空业务量增长以社会需求为基础，运输机场生产要素投入，特别是固定资产投入及其规模，并非完全依据其收益能力，也不取决于机场管理机构主观判断，主要取决于先导性、基础性社会需求，经济外部性很大程度上是其决定因素。但在人工成本投入中，边际分析方法仍然有效。事实证明，经营性收入比重较大的运输机场，人工成本是运输机场成本水平决定因素，人工成本是边际成本控制核心因素。航空业务量快速增长和基础设施改扩建条件下，边际人工成本以及由人工拉动的其他边际成本往往大于边际收入，边际分析理论认为，这种情况下的决策是非理性的。两类收入比重分析揭示了边际人工成本最小的运行模式。

7. 第二视角揭示了市场机制下提高服务质量的空间

两类收入比重分析在客观上引导机场管理机构认清产品选择权重要性及公共管理权威，认识监管与运行分离控制机制的内在功能，承认多元化经营难以铸造服务品牌。从质量提升机制角度看，第三方供应商没有自然垄断、行政指令、国有资本等资源背景保护，完全受市场机制约束和激励，

最有为客户提供优质和公平服务的积极性。运输机场商业服务品牌本质上是隐藏于背后的一整套优良的公共服务产品，其外在形态是大量专业化商业品牌汇集，公共基础设施服务品牌通过汇集高水准商业品牌群成就。诸多优秀品牌汇集在一套既定公共服务规则下，各自为客户提供最擅长的产品；客户直接享受的是专业化商业服务品牌，在其背后起支撑作用的则是公共服务品牌。机场管理机构是公共服务品牌设计者和铸造者，客户良好体验源自良好的公共管理及公共服务。

8. 第二视角揭示了同类运输机场本质差异

非航空性业务为运输机场开辟了收入渠道，揭示了运输机场资源价值，其收入绝对值及比重从财务数据角度直接反映运输机场各类资源开发程度和水平，也在一定程度上反映机场管理机构服务能力。但决定运输机场合理收益能力及运行质量的主要因素并不取决于非航空性收入比重大小，所以第一视角不能揭示同类运输机场全部、本质特征。但从第一视角分析，同类运输机场差异仅仅包括 3 个方面：

（1）非航空性收入比重大的运输机场，其商业服务项目比较齐全，服务业态种类多于非航空性收入小的运输机场；

（2）非航空性收入比重大的运输机场，其服务能力及满足客户需求程度好于航空性收入比重大的运输机场；

（3）非航空性收入比重较大的运输机场，其收益总量大于航空性收入比重大的运输机场。一般而言，非航空性收入比重越大，收益能力越强，运输机场发展对航空性收入依赖越小。

当我们引进第二视角对同类运输机场作比较分析的时候，运输机场在航空业务量大致相同、航空性收入与非航空性收入绝对值及比重大致相同条件下，由于制度设计及运行模式选择不同，其外部形态及内在特征都有较大差异，主要包括 5 个方面：

（1）公共属性对运输机场发展支撑力和控制力不同；

（2）市场机制对非航空业务及发展激励与约束不同；

（3）资源组织及运作方式和规模差异很大；

（4）公共服务能力及商业服务品质有较大差距；

（5）成本水平、成本结构及收益能力相差很大。

通过上述分析，资源性收入与经营性收入分析视角从诸多方面，特别是制度设计和成本水平角度揭示了运输机场收益能力理性选择，被航空性收入与非航空性收入长期掩盖的制度、模式、成本、机制、收益能力等问题浮现出来，循着第二视角及两个视角综合应用的方向追索，管理型模式就成为理性选择，由此或许可以找到运输机场高质量发展入口。

（六）第二视角局限性

第一视角是侧重资源范围和收益渠道分析，第二视角侧重制度设计和成本水平及结构分析。前者长处正是后者短处，主要表现在 2 个方面：

（1）第二视角不反映航空性与非航空性两大业务领域及其收入比重，不能引导机场管理机构识别运输机场资源范围、类别、流量价值及潜力，对发现和挖掘现实、潜在收入来源引导功能较弱；

（2）第二视角不反映 2 类经济活动属性差异，不揭示运输机场各类客户现实和潜在需求，不具有推动运输机场提高商业服务比重和服务业态多样化引导功能。

三、两个视角内在利弊启示

航空性收入与非航空性收入、资源性收入与经营性收入都是评价运输机场收益状况的分析视角，都是认识运输机场经济活动规律的思维工具，它们按照各自的内在蕴意导引我们进入两个不同视野，逐步展开、深化对运输机场收益能力认识。实践需求不同决定认识目的不同；认识目的不同决定划分标准不同；划分标准不同决定两个视角分工不同；分工不同决定认识成果不同，揭示的规律也不同。

两个视角下运输机场收入呈现不同性质比重，不同性质收入比重折射出运输机场不同特征，不同特征最终归结为收益能力。揭示这些差异是两个分析视角内在功能，也可以通过两个视角内在功能发现各自局限性。当我们论及运输机场基本属性、管理体制、发展路径、运行模式、机场管理机构性质和职责、市场化程度及收益能力等问题的时候，资源性收入与经营性收入比重分析引导我们思路步入正轨；当我们论及资源分类、拓展商业项目及服务功能、满足旅客需求甚或投资收益能力的时候，应当关注航空性收入与非航空性收入比重。在这里，两个视角分析方向有一个共同内容——收益能力，这一共同指向说明，运输机场收益能力不仅与资源开发、商业服务拓展有关，也与制度设计、运行模式、成本逻辑、市场化程度及发展机制有关，而且后者是基础性的。事实上，我们的分析视角和实践探索中没有后者。

改革开放 40 年来，业内关于提高运输机场收益能力的研究中，没有建立以资源性收入与经营性收入为基本范畴的分析视角或框架，也没有资源性收入或经营型收入比重分析的实践，单一视角遮蔽了最大短板，使我们的思维和认识游离在发展瓶颈或关键点的边缘，发展实践跟随发展速度步步深陷似是而非的泥淖。

运输机场高质量发展的深层问题，只能通过第二视角才能得到揭示。当第二视角纳入研究视野的时候，一些曾被忽视的短板清晰地浮现出来，一系列相关概念的含义、重要性及关注程度将重新洗牌，几个并不复杂的常用数据比较和分析，十分简单地呈现出差别巨大的收益能力，逻辑延伸必然导出一些新的规律性认识。

（一）综合运用两个视角与契合国家深化改革方向

运输机场管理及收益方式应当与国家深化改革战略方向吻合，尽快改变局方高度接轨与中端以下脱轨现状。政府投资建设运输机场、设立机场管理机构和管理公共基础设施，具有法律和经济上的正当性、合理性及合法性。但是，作为代表政府管理公共基础设施的机场管理机构统揽运输机场经营活动，过深涉入微观经济活动，其正当性、合理性与合法性事实上会受到深化改革国策及实践的质疑，也违背了公共基础设施发展及公共管理规律。国际民航组织《机场经济学手册》（Doc 9562）认为，运输机场经营性业务属于特许经营范畴，运输机场特许经营业务分为 2 类……其实质是从运输机场公共属性出发提出的制度及运行模式选择。

（二）综合运用两个视角与高质量发展认知

由于我们长期偏执于第一视角，忽视揭示关乎公共基础设施收益制度的、更为重要的第二视角，以致长期以来关于运输机场经济分析只采用单一框架。单一视角屏蔽了运输机场公共属性、国际惯例及发展方向认识视野，关注点和分析思路产生较大偏颇，甚至导致思想方法路径依赖，与运输机场传统运行模式交互作用，引发一系列认识误区，形成全局性思维滞涨，日复一日地把破题收益能力之路步步引向、最终凝固于“经营活动”，严重局限了提高运输机场收益能力有效途径探索，极大阻碍了对运输机场高质量发展“短板”认识，困滞了从公共属性、制度、模式、成本等视角寻求出路。

一些业内人士至今认为，我国运输机场收益能力不强，特别是中小机场亏损的主要原因是获取非航空性收入能力偏低。这个观点正是因为缺少第二视角陷入偏颇，没有看到问题实质，也没有看到其他一些更重要的因素对收益能力的影响，忽视了发展中以下事实。

近 15 年，我国运输机场在第一视角引导下，高度重视发展非航空性业务，商业资源得到较充分开发，非航空性收入比重大幅提升，资源使用范围及业务范围已近极致，部分旅客吞吐量 200 万~300 万人次的支线机场，非航空性收入已接近或超过 50%，大部分运输机场非航空性业务拓展范围与航空性业务量基本匹配。与任何事物一样，非航空性业务及其收入功效也是有条件的，会受到多种因素制约，其发展也有一定限度。当一定航空性业务量水平下的非航空性业务或商业资源开发较充分，而现金流平衡点或盈亏平衡点却远远高于国际同类运输机场的时候，业内应当把目光转向第二视角，寻求提高金流平衡能力或盈亏平衡能力新出路。如果说目前还有部分运输机场，或运输机场还有部分非航空性业务发展不充分，其主要原因也是经营型模式遏制了市场化程度，市场机制接入范围过窄过小，抑制了非航空性业务开发能力和质量。

近 15 年，非航空性业务发展并未缩小同类运输机场收益能力国际差距，也未让中小机场走出困境。我国几乎所有运输机场，与国际同类运输机场比较，其整体收益能力仍有较大差距，这是单纯第一视角认识的实践表现。所谓“收益能力”就是企业定位下说的“经济效益”。“经济效益”是资源投入与经营成果之比，经营成果中最有意义的不是总收入，而是净利润或净收益，一个运输机场收益能力是否合理，不以净利润正负论定。在提高运输机场收益能力或解决中小机场亏损严重的命题下，我们需要第一分析视角。较高的非航空性业务资源开发程度及收入比重，与运输机场收益能力有很大关系。但是，单纯通过提高这个收入比重提高收益能力，特别是缩小中小机场亏损面则远远不够。它不能发现、回答或解决与收益能力相关的全部重要问题，特别是对收益能力有直接意义的成本水平、成本结构等问题。

中小机场非航空性收入比重偏低，主要原因是航空性业务量及流量结构对商业资源市场价值推力不足。就中小机场而言，非航空性收入中大比重经营性收入带来的收益能力比大型运输机场更低。20 世纪 90 年代，我们曾提出“大中型运输机场从经营型向管理型转变”，这个观点有些偏颇，提高资源性收入比重对中小机场更为重要。

近 15 年，我国运输机场在非航空性收入屏蔽下，提高资源性收入比重制度保障尚未建立，除商业零售、餐饮服务外，其他服务领域的资源性收入获取方式未见明显拓展，大量劳动密集的非航空性业务仍由机场管理机构自营，各种需要专业化资源的非航空性业务缺乏提高空间，运营成本奇高，只见收入，不见利润。现阶段，我国运输机场不论航空业务量规模大小，也不论航空性收入与非航空性收入比重孰高孰低，提高收益能力的障碍是共同的。仅就非航空性业务收益能力看，收益偏低的主要原因是经营性收入向资源性收入转移远远不够。

近 15 年，运输机场成本水平、成本结构困扰日益突出。有业内人士认为“我国运输机场成本控制能力较弱”，原因是“重建设、轻运营；重投资、轻成本”。这个看法也不是事实。民用机场管理体制改革后，业内研究几乎都在企业语境下展开，企图引导机场管理机构在现行模式下寻求降低成本。从机场管理机构实践看，每一个机场管理机构都做了大量努力，对人工成本关注度越来越高，甚至采取不满足岗位需要的强行控制措施。但是控制成效不显著。在航空性业务量快速发展、基础设施改扩建以及拓展非航空性业务 3 个因素拉动下，人工成本越来越高，成本结构恶化趋势难以遏制。第二视角告诉我们，问题症结不是成本控制意识和能力的“重与轻、强与弱”，而是制度性缺陷，人工成本未能实现制度性、结构性调整。高成本制度选择如何能控制出低成本？我们之所以需要建立运输机场收入分析 2 个视角，其目的就是从不同视角充分认识运输机场经济活动规律，寻求获得最佳收益能力途径。缺少一个视角都将导致困境。这是多年来我们的探讨久久为功并无实效的主要根源。

这些都是我国运输机场发展事实，其解决路径在第二视角下显而易见。无论是提高现有非航空性业务收益能力，还是进一步拓展新的非航空性业务，都需要依靠市场化程度提高。认识偏差带来实践弯路，两个方面交互推动，使我们对运输机场收益能力探索长期游离在根本之外，总是与发展正途的认知若即若离、擦肩而过，苦苦追求经济效益的结果恰恰是丧失了收益能力，长期探求中小机场解困之路反而在解困措施中越陷越深，反复强调提高服务质量的结果恰恰是扼杀了提升服务质量的机制，苦思冥想高质量发展的结果恰恰是堵死了高质量发展的空间。

（三）综合运用两个视角与制度设计反思

第一视角没有运行模式与成本内涵，不揭示运行模式利弊。综合运用两个视角，可以导出提高收益能力新途径。运输机场商业服务提供方式决定收入方式，收入方式是区别运行模式基本标志，也是判定收益能力的基础标准。航空性收入与非航空性收入可以通过不同方式获得。资源性收入与经营性收入直接反映运行模式选择。当经营性收入比重较大的时候，运输机场偏重经营型模式；当资源性收入比重较大的时候，运输机场趋向管理型模式；当资源型收入比重占据绝对优势的时候，运输机场是管理型模式。

运输机场非航空性业务发展到一定水平后，运行模式就成为影响收益能力乃至非航空性业务资源深度开掘的决定因素，资源性收入背后是广阔的生产要素市场，这个市场为非航空性业务资源深度开掘提供制度、机制和生产要素资源保障。与运行模式直接关联的是成本水平、成本结构及收益能力，大比重资源性收入下，非航空性收入与收益能力呈正相关关系；大比重经营性收入下，非航空性收入与成本水平、成本结构合理性及抗风险能力呈负相关关系，由此与资源性收入比重大的同类航空业务量收益能力呈负相关关系。

（四）综合运用两个视角逻辑依据

本文强调依据“收益能力”这一认识需要综合运用两个分析视角，充分铺开提高收益能力途径认识领域。

从形式逻辑角度看，两个视角以两对概念为基础展开，它们是按照不同逻辑标准划分运输机场总收入。两组概念外延或任意两个概念外延之间，都不是全同关系，而是交叉关系：航空性收入与非航空性收入中，既包含资源性收入，也包含经营性收入；资源性收入与经营性收入中，既包含航空性收入，也包含非航空性收入。两组概念相互交叉的逻辑关系，事实上也是我国运输机场业收入结构现状。两组概念不过是对同一收入总量，运用不同逻辑标准的划分和不同视角的分析，综合分析结果得出两个不同质比重，对运输机场收益管理及决策具有不同角度的指导意义。在这个综合比较分析牵动下，民用机场公共属性怎么贯彻？机场管理机构是什么性质？机场管理机构职能怎么设定？公共服务与商业服务怎么区分？成本控制及收益制度怎么建立？运输机场运营体系怎么构造或改造？这都是一目了然的。

综合运用两个视角得出简单结论：

（1）决定合理收益能力基本因素；

（2）运输机场收益能力和收入方式以公共属性为基础，决定运输机场合理收益能力的 3 个因素：①航空业务量发展规模：核心是提高运输机场通达性；②两类业务发展水平：核心是全方位拓展非航空性业务；③选择低成本运行模式：核心是提高资源性收入比重，降低经营性收入比重。

（3）提高收益能力制度保障。

运输机场在《民用机场管理条例》第三条规范下提高收益能力，需要 4 个制度保障：

（1）严格划分公共管理或公共服务与商业服务；

（2）依据公共属性重设或调整机场管理机构职能；

（3）资源性收入是运输机场基本收入方式；

（4）立法为运输机场提高收益能力提供制度规范。

我国运输机场资源性收入与经营性收入比重不合理状况，全面制约发展质量。正如业内一位资深学者所说：“我国民用机场业知识体系还没有构建起来。”这个看法是否符合业内现状值得深思。在一个零碎、残缺和充满误导思想环境中，大量培训资源传播功效就要重新考量了。

（作者系中国民用机场协会理事长）

东北亚国际航空枢纽之争

李艳伟

20 世纪 90 年代以来，我国出境游市场呈现爆发式增长。日本是中国重要出境游目的地国家，也是仅次于韩国位居第二位的入境游旅客来源地，中日国际航空运输市场呈稳步增长趋势。

一、中日通航点

2018 年，中国开通日本航线运输机场 38 家，开通日本航线 195 条，通航日本 23 个运输机场。通航日本运输机场数量最多的中国运输机场是上海浦东国际机场，达到 21 个；其次是大连周水子国际机场，开通 7 个通航点；天津滨海国际机场开通 7 个通航点；首都国际机场开通 6 个通航点；杭州萧山国际机场开通 5 个通航点。

从中日航空运输市场运力投入看，主要以上海浦东国际机场和北京首都国际机场开通的通航点为主，2 家运输机场中日航线可用座位数占全国中日航线座位总数 58.73%。2018 年，上海浦东机场中日航线出港座位数 439 万个，北京首都国际机场中日航线出港座位数 160.6 万个。

日方大阪关西国际机场、东京成田国际机场和名古屋国际机场是日方在中日市场的主力机场。关西国际机场通航中运输机场 28 个，东京成田国际机场通航 20 个，名古屋国际机场通航 8 个，其他运输机场则相对较少。日本主要运输机场中日航线出港座位数：

（1）关西国际机场：309.5 万个；

（2）成田国际机场：249.6 万个；

（3）羽田国际机场：203.9 万个；

（4）名古屋国际机场：99 万个；

（5）福冈国际机场：40.3 万个。

上述运力投入占日方中日市场运力总投入的 84.43%。

二、中日市场运营情况

（一）上海浦东国际机场

2018 年，上海浦东国际机场日本航线 35 条，占到中日航线总数 32.3%，运力总投入占中日航线运力总投入 43%。从每条航线上运力投入看，排名前 4 分别是关西、成田、羽田、名古屋等通航点。上海浦东—大阪关西平均日 19 班，媲美于国内快线产品频次；上海浦东—东京成田平均日 13 班；上海浦东—东京羽田 7 班。4 条航线运力投入占该机场中日市场运力总投入 63.7%。

上海浦东国际机场运营中日航线航空承运人 11 家，其中国内航空承运人 6 家，占两国运力总投入 72%。东方航空投入座位 305. 1 万个，份额最高，占 34. 75%，运营中日航线 24 条，其中独飞航线 17 条。

（二）北京首都国际机场

2018 年，北京首都国际机场日本航线 16 条，运力总投入占我国中日市场运力总投入 15. 7%。从每条航线上运力投入看，排名前 4 分别是羽田、关西、成田、名古屋等通航点。北京首都—东京羽田平均日 8 班，北京首都—大阪关西平均日 5 班，北京首都—东京成田平均日 3 班，北京首都—名古屋平均日 2 班。4 条航线运力投入占该机场日本市场运力总投入 75%。

北京首都国际机场运营中日航线航空承运人 8 家，中方航空承运人投入座位 195. 4 万个，占 60. 85%，明显大于外航运力投入。其中，国航投入座位 153. 8 万个，占 47. 9%，份额最高；其次是全日空航空，投入座位 63. 4 万个，占 19. 74%。国航在北京首都机场运营中日航线 9 条，其中独飞航线有 5 条。

三、中日航空市场运力投入

运营中日航线的航空承运人 24 家，其中国内航空承运人 16 家。单从航空承运人数量看，我国已超过日本。从 2018 年两国投入可用座位数看，我国提供可用座位数 1 418. 4 万个，占 69. 45%；国外航空承运人提供可用座位数 623. 9 万个，占 30. 55%。可以看出，我国航空承运人座位总投入远远高于外航座位总投入。我国航空承运人主要以东航、国航、南航和春秋航为主，投入可用座位数合计 1 061. 9 万个，占我国座位总投入 74. 8%。其中，东航投入座位 443. 5 万个、国航 323. 3 万个、南航 177. 6 万个、春秋航 117. 5 万个。

日方运营中日航线以全日空和日本航空为主。全日空投入可用座位数 346. 5 万个，占绝对优势，全日空航空航班运行频次、航线数量、通航点数量、承运旅客量和 ASKs 都是最高。日本航空排名第二，投入可用座位数 184. 4 万个。作为低成本航空的日本春秋航空，其可用座位数、航班频次、航线数量和通航点数量也具有一定规模，位居第三。

四、中日两国公民互访增长特征

我国统计年鉴及日本政府观光局（JNTO）统计数据显示，中日两国公民互访市场有不同特点。

2009—2017 年，中国访问日本旅客人数增长经历了从波动期到稳定增长期的变化。2009 年，中日互访人数 432. 35 万人次，2013 年 419. 15 万人次，这期间增长率出现波动。2014—2015 年两国互访人数出现爆发式增长，2014 年 512. 66 万人次，2015 年 749. 17 万人次。2016—2017 年增长率继续维持在 2 位数高增长，其中 2017 年互访人数达到 1003. 9 万人次。从日方看，2006—2015 年期间，日本访问中国人数整体处于向低趋势。2006 年日本访问中国人数 374 万人次，2015 年降到 249. 77 万人次；2016—2017 年有所回升，2017 年 268. 3 万人次。

2008—2013 年期间，日本访问中国人数多年占据主要份额，但中国访问日本游客人数份额逐渐上升。2014 年，中国访日人数 240. 9 万人次，日本访中人数 271. 6 万人次。2017 年中国访日 735. 6 万人次，超过日本访中 286. 3 万人次规模。

从历年我国出境日本人数看，近几年呈现爆发式增长，考虑文化和语言等影响因素，我国航空承运人在服务上更具优势，有利于在中日航空运输市场上进一步发展。

五、东北亚航空枢纽发展现状

地缘政治等因素使中日航空运输市场短期出现震荡，但从长期发展考察依然表现出稳步增长趋势。

从通航点数量考察，我国 38 个运输机场通航日本 23 个通航点，航线网络通达性较好。中方无论从连通日本通航点数量，还是运力投入看，上海浦东国际机场具有压倒性优势地位，其投入座位占我国中日航线 43%；在浦东机场运营东方航空，也成为中日市场份额最高的航空承运人。首都国际机场在我国中日航线投入作为位居第二，市场份额 15.7%，与第一位的上海浦东国际机场相差悬殊。日本关西国际机场成为日方在中日航线上份额最高、航班密度最大的运输机场，成田国际机场次之。

从中日游客互访看，中方游客占比已超过日方，近 5 年呈稳步增长趋势。中方旅客增长已经成为中日航空市场发展主要驱动力量，也为我国航空承运人该区域发展提供了基础。

北京首都国际机场、上海浦东国际机场与东京成田国际机场在东北亚国际航空枢纽的竞争从未停止过。

从旅客运输规模看，2018 年首都国际机场旅客吞吐量为 10 098.3 万人次，其中国际旅客吞吐量 2 450.7 万人次，占 24.27%；上海浦东国际机场旅客吞吐量 7 400.6 万人次，其中国际旅客吞吐量 3 106.4 万人次，占 41.97%。同年，东京成田机场旅客吞吐量 4 260.1 万人次，其中国际旅客吞吐量 3 535.2 万人次，占 82.98%。虽然两国运输机场都受到基础设施与空域资源饱和影响，但北京、上海、东京 3 个航空枢纽国际航空运输业务都呈稳步增长趋势。

从航线网络布局看，2018 年北京首都国际机场国际通航点 139 个，日平均航班频次 1.12 班。上海浦东国际机场国际通航点 117 个，日平均航班频次 1.94 班。东京成田国际机场国际通航点 133 个，其中中国通航点 26 个，日平均航班频次 1.81 班。

从国际通航点覆盖面看，北京首都国际机场已经高于东京成田国际机场，上海浦东国际机场与东京成田国际机场基本持平。

从航线网络厚度看，上海浦东国际机场略高于东京成田国际机场。一直以来，东京成田国际机场凭借其优良的基础设施条件、北美航线网络布局以及便捷的中转流程，对我国大陆地区北美方向国际旅客形成较大吸引作用。但是随着我国国际航空枢纽建设升级，这种吸引作用逐渐降低。

从全球范围看，按照国际不同区域考察 3 个航空枢纽在各通航点运力投入可以发现，上海浦东国际机场在东南亚、西欧、北美等重点国际航线上的运力投入已经超过东京成田国际机场，显示出较强的国际竞争力。

在东南亚曼谷素万那普国际机场、新加坡樟宜国际机场、吉隆坡国际机场等航空枢纽，上海浦东国际机场运力投入高于东京成田国际机场；北京首都国际机场在东南亚枢纽机场运力投入略低于东京成田国际机场。

在马尼拉、河内、胡志明、雅加达、宿务等东南亚二、三线市场，东京成田国际机场有一定优势。

在北美地区，3 个航空枢纽各有其优势。东京成田国际机场在洛杉矶、芝加哥、达拉斯、亚特兰大等通航点略有优势；上海浦东国际机场、北京首都国际机场在旧金山、温哥华、多伦多、纽约肯尼迪等通航点运力投入多于东京成田国际机场。

在西欧法兰克福、巴黎戴高乐、伦敦希思罗等国际航空枢纽运力投入水平，北京与上海 2 个航空枢纽，与东京成田国际机场相比具备明显竞争优势。综上可以看出，目前，东京成田国际机场除在北美地区个别市场有一定竞争力外，其他国际航线运力投入弱于北京、上海 2 个航空枢纽。

航线网络中转衔接机会，北京、上海 2 个航空枢纽的国际转国际衔接机会仍然弱于东京成田国际机场，但在中国大陆与国际互转衔接机会则强于后者。从中转效率看，东京成田国际机场国际转国际 MCT 小于 60 分钟，北京、上海 2 个航空枢纽无论国际转国际，还是国内与国际互转，以 MCT 为考量指标的中转效率不具备竞争力。

大型国际航空枢纽发展水平是一国运输机场管理与发展的高端标志。在东北亚国际航空枢纽竞争中，我国航空枢纽竞争能力逐渐提升，特别是上海浦东国际机场，在北美、欧洲、东南亚等市场的航线网络布局及航班频次，已经超过东京成田国际机场。北京首都国际机场在国际通航点数量及欧洲网络布局等方面，也已经显示出一定竞争力。虽然北京、上海枢纽旅客吞吐量规模超过成田机场，但是，在中转衔接机会及流程效率上，北京、上海 2 个航空枢纽仍然需要进一步提升。从国际航空枢纽发展不同阶段看，北京、上海已经完成第一阶段航线网络扩张任务，下一步应当在中转比例、流程效率等方面下功夫。

（作者系中国民航大学经济管理学院教授）

全球主要国际航空枢纽主基地承运人市场份额启示

陈文来

主基地航空承运人是建设国际航空枢纽主体，其市场份额与枢纽网络品质紧密相关。本文研究全球主要航空枢纽基地承运人市场份额及其发展规律，结合我国实际提出相关建议，对我国航空枢纽由粗放式“量的增长”向“枢纽品质”转变，推动民用机场业高质量发展具有重要意义。

一、主要航空枢纽基地航空承运人市场份额

2017 年，全球旅客吞吐量排名前 50 位运输机场主基地航空承运人平均市场份额 41%，如图 1 所示。按市场份额划分，主基地航空承运人市场份额在 30%～40%之间数量最多，约占 1/3；超过 50%的有 13 个，其中 8 个为美国运输机场；78%运输机场主基地航空承运人市场份额超过 30%，仅有东京成田国际机场主基地航空承运人低于 20%。

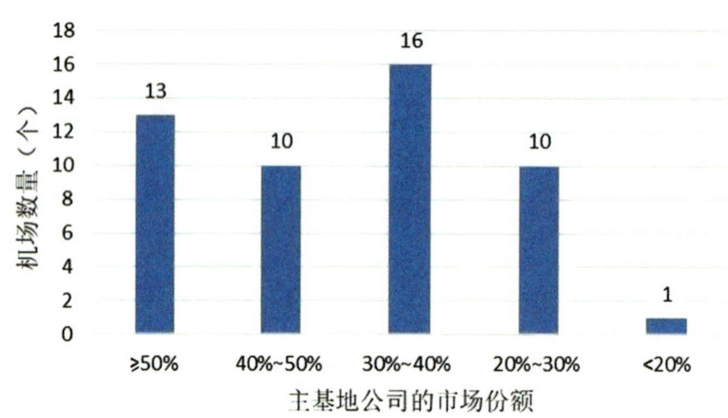

图 1　全球前 50 大运输机场主基地航空承运人市场份额分布

二、主基地航空承运人市场份额影响因素

依据全球前 50 位运输机场主基地航空承运人分析，航空枢纽主基地航空承运人份额与市场需求结构特点以及所在国大型航空承运人数量和战略布局相关，需求结构主要是中转旅客比例和国际业务比例，市场需求结构特点本质影响因素是地理区位条件和城市发展水平。

（一）中转旅客比例影响

主基地航空承运人市场份额与中转旅客比例存在相关性。2017 年全球前 50 位运输机场数据回

归统计结果表明，主基地航空承运人市场份额平均每增加 10 个百分点，中转旅客比例上升约 7.4 个百分点，如图 2 所示。中转旅客比例 30%以上的运输机场，其主基地航空承运人市场份额通常超过 40%。不同区域市场，受旅客出行习惯及航空承运人运营组织模式影响，同一主基地航空承运人份额对应的中转率存在较大差异，我国运输机场中转率普遍较低，欧美运输机场、特别是美国运输机场中转比例相对较高。

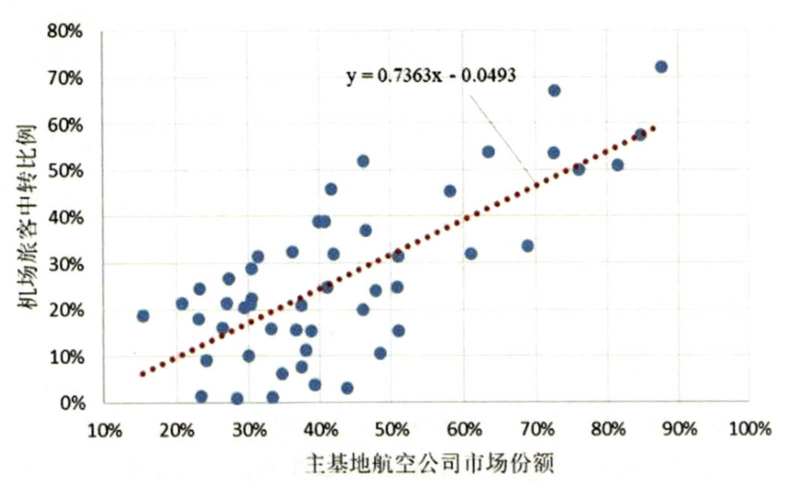

图 2　主基地航空承运人份额与中转率回归统计关系

按照中转旅客比例，可以将航空枢纽分为两类。

（1）始发终到型（OD）：本地市场需求旺盛，被多家航空承运人视为重要枢纽，航空承运人间竞争激烈，主基地航空承运人市场份额不高，如美国洛杉矶国际机场，美国四大航空承运人均以该机场为航空枢纽或重要运输机场，市场份额较为均衡，份额最大的美航仅占 20%。

（2）中转衔接型（Hub）：具有优越地理区位条件，有较强腹地市场支撑，大型网络型航空承运人将该运输机场作为中转枢纽，占据较高市场份额，构建中枢轮辐式航线网络，中转比例高，制约其他航空承运人进入，如美国亚特兰大国际机场、丹佛国际机场。

（二）国际航线业务比例影响

按照航权开放对等原则，国际业务量比例较高的运输机场，通常外航所占市场份额也较高，特别是对于本地市场需求旺盛且国际业务比例较高的运输机场，国内外航空承运人均视该运输机场为重要机场，航权资源得到充分利用，主基地航空承运人市场份额一般不高。

（三）大型航空承运人数量和战略布局影响

截至 2017 年底，全球有 51 家客运机队大于 100 架的航空公司承运人。拥有较多大型航空承运人的国家或国家联盟分别是美国、欧盟和中国。欧盟成员国间基本实现航空自由化，但在战略格局上，由于历史发展等原因，多数航空承运人以所在国首都或主要城市运输机场为核心枢纽，占据较高市场份额。我国和美国航空承运人区域性特征较明显，一般以总部所在城市运输机场为核心枢纽，占据较高市场份额，都对被兼并的航空承运人的主基地作了优化整合，建立若干个次级航空枢纽。

拥有 2 家以上规模较大、实力接近的航空承运人的国家，由于市场容量有限，通常仅有 1～2

座航空枢纽，航空承运人战略趋同，航空枢纽由 2 家以上航空承运人主导，单一基地航空承运人市场份额不高，如东京成田国际机场、印度新德里国际机场、孟买国际机场等。国土面积较小的国家，通常仅有 1 家规模较大的航空承运人，由其主导航空枢纽发展，通常也是该国首都机场，市场集中度较高。

三、发展趋势和启示

（一）航空承运人间广泛合作保持市场竞争优势

1. 航空系合作模式

欧美多数大型航空承运人由于品牌运行需要，旗下一般设有低成本航空公司、支线航空公司；部分航空承运人在兼并重组后保留各自原有品牌运营。我国大型航空承运人通常与各地方合作，共同出资成立地区性航空承运人。这些同一航空系（集团）旗下的多家航空承运人在运营上一般具有协同性，对提升航空枢纽功能具有积极作用。按照航空系市场份额进行计算（母公司与控股子公司份额合并），航空枢纽主基地航空承运人市场份额普遍有不同程度上升。

2. 航空联盟合作模式

为了弥补各方国际航线网络通达性不足的缺陷，克服政府间双边协定和多边协定限制，从 20 世纪 80 年代开始，不同国家间航空承运人纷纷组建航空联盟，通过包租舱位、代码共享、航线联营、投资参股等方式，优化自身航线网络，提高竞争优势。截至 2018 年底，全球性航空联盟主要有 3 家，分别是：

（1）星空联盟：28 家成员航空承运人；

（2）天合联盟：19 家成员航空承运人，不含南航；

（3）寰宇一家：13 家成员航空承运人。

3 家航空联盟执飞航班量约占全球 32%，提供 39%可用座位数。按照航空联盟计算（同一航空联盟航空承运人市场份额合并），全球前 50 大运输机场主导航空联盟或非联盟型主基地承运人平均市场份额达 47%，有 34 个运输机场由三大联盟之一主导，除迪拜国际机场和西雅图塔科马国际机场外，其余运输机场均由所在国低成本航空公司主导，按照市场份额划分，超过 50%的运输机场达 19 家，如图 3 所示。

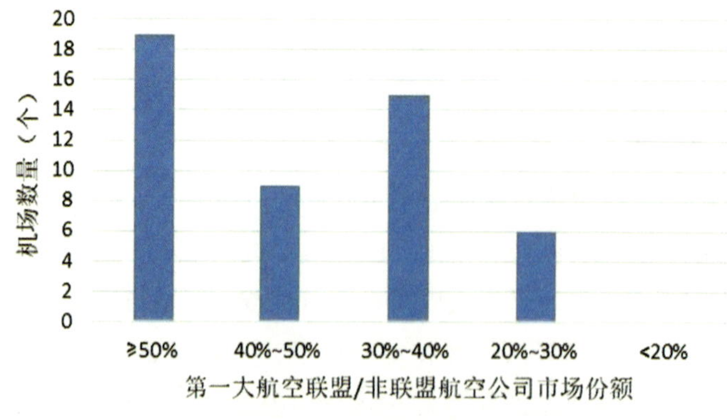

图 3　2017 年全球前 50 大运输机场主基地航空承运人市场份额（按照航空联盟分）

3. 跨联盟合作

跨联盟合作已成近年航空业新的发展趋势。除同一航空系（集团）或航空联盟内部航空承运人之间开展代码共享外，非同一联盟的航空承运人为拓展航线网络，也通过股权投资和航线联营等途径，提升网络通达能力和市场控制能力，如汉莎航空与国泰航空在香港—澳新航线上合作，中国南航与美国航空在中美航线上合作等。此外，非联盟航空承运人也与传统航空承运人开展合作，如我国华夏航空在重庆江北国际机场与国航、重航开展代码共享，推出“云上公交”中转产品，美国最大支线航空承运人天西航空与达美航空、美航、美联航以及阿拉斯加航空开展全方位合作和代码共享。

（二）兼并重组和时刻置换提升市场控制力

以美国航空市场为例，美国航空运输已进入成熟阶段，业务增速保持较低水平，商业机场即我国运输机场，年旅客登机人数由 2006 年 7.4 亿人次增长至 2017 年 8.6 亿人次，年均增速仅 1.3%。

由于全球金融危机影响以及低成本航空快速发展对传统航空承运人的冲击，美国航空运输业发生了一系列兼并重组。截至 2017 年底，按航班量计算，美国前四大航空承运人——美航、达美航、美西南、美联航，控制了全国 73%市场份额，相比 2007 年份额提升 24 个百分点。美国主要航空枢纽基地承运人市场份额变迁分析表明：

（1）达美航空、美国航空分别通过战略重组巩固了各自核心枢纽优势，市场份额均有不同程度提高；

（2）全球低成本航空行业典范——美西南航空，以其稳健、经典的低成本模式保持连续盈利，在多个航空枢纽强势崛起，市场份额明显提升。

（三）低成本航空蓬勃发展和低成本联盟出现

1. 全球低成本航空蓬勃发展

近 10 年，低成本航空市场份额由 2007 年 18%提升至 2017 年 25%左右。全球大型航空承运人相继成立自己的低成本子公司，如法荷航的天巡航空、德国汉莎航空的德国之翼等，以保持中短程航线竞争优势。全球前 50 大运输机场中，由低成本航空承运人主导的 11 家。从世界各区域低成本航空市场份额看，欧洲最高，约 30%；北美 23%，亚洲 24%，其中中国仅 6.1%，尚无一家航空枢纽由低成本航空承运人主导，存在巨大发展潜力，如图 4 所示。

图 4　2017 年全球各区域低成本航空市场份额

2. 低成本航空联盟化运营趋势显现

欧洲低成本航空公司协会成员航空承运人已在探索通过代码共享等方式开展网络化运营，以期实现航空资源高效利用。瑞安、易捷航空也在尝试与传统网络型航空承运人开展合作，为国际远程航线提供支线客流。2016 年，我国海航旗下香港快运航空、祥鹏航空、乌鲁木齐航空以及西部航空成立优先联盟。此后，亚洲的酷航、香草航空等 8 家低成本航空承运人成立价值联盟，在机票销售、联程联运等方面开展深入合作。

3. 低成本航空承运人开始涉足洲际远程航线

2017 年，欧洲低成本航空承运人开通 87 条远程航线。亚洲地区，亚航 X 开通吉隆坡—大阪—檀香山远程航线，云南祥鹏航空开通昆明—莫斯科航线。

上述低成本航空承运人三大趋势，为建设低成本航空主导的国际航空枢纽创造了可行路径。

（四）基地航空承运人与航空枢纽建立紧密合作关系

国际上成功的航空枢纽、基地航空承运人和运输机场之间往往形成责任明晰、分工明确、团结协作的良好机制。机场方面主要负责基础设施和设备维护，协调政府建设配套公共设施。一些运输机场采用将航站楼、停机坪交给航空承运人自主经营和管理的模式，航空承运人可以根据自身枢纽运行需求来设计流程和投资设备设施。

这类模式不仅减少了运输机场硬件投入，也使航空承运人设备设施使用效率大幅提高。运输机场从与航空承运人竞争关系中脱离，实现从经营者向管理者身份转变，为航空承运人搭建更公平、优质的公共服务平台。基地航空承运人则致力于枢纽网络建设，持续提升服务质量和效率。

四、关于我国国际航空枢纽基地承运人发展的建议

依据《新时代民航强国建设行动纲要》，我国将着力提升北京、上海、广州 3 个国际航空枢纽竞争力，加快建设成都、昆明、深圳、重庆、西安、乌鲁木齐、哈尔滨等国际航空枢纽。这 10 个国际航空枢纽主基地承运人平均市场份额占 33%，低于全球主要航空枢纽 41% 平均水平，成都、重庆、哈尔滨等航空枢纽基地承运人市场份额较分散，如图 5 所示。为进一步提升我国国际航空枢纽发展品质，依据国际经验和启示，提出如下发展建议。

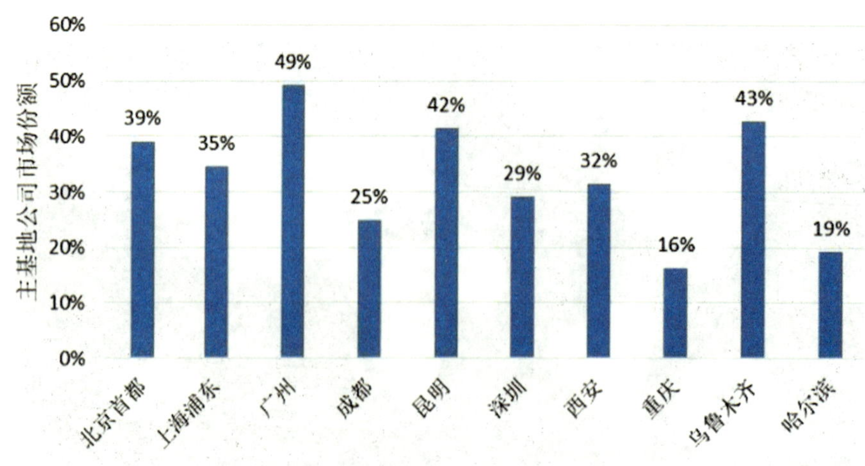

图 5　2017 年我国国际航空枢纽主基地市场份额

（一）提高主基地航空承运人市场份额促进旅客中转

主基地航空承运人市场份额每增加 10 个百分点，中转旅客比例上升约 7.4 个百分点。我国除北京、上海、广州之外其他 7 个国际航空枢纽，尚处国际远程航线培育初期。由于本地市场需求不足，普遍依赖政府补贴维持运营。通过培育提升主基地航空承运人市场份额，有利于提高国际—国内中转比例，将国际航线客座率提升至盈亏平衡点以上，减少或取消政府补贴，对促进国际航空枢纽向高质量发展转变具有重要意义。

（二）探索航空枢纽时刻分配和交换机制

我国行业管理部门已启动时刻分配市场化改革，做了一些有益探索。建议重点针对航空枢纽建设，进一步完善分配机制，坚持市场在资源配置中的决定性作用，坚持竞争原则，将有限新增时刻资源分配给有利于提高枢纽竞争力的航空承运人。逐步建立航空承运人同一枢纽机场时刻交换机制和不同运输机场批量时刻置换机制，推动航空枢纽时刻资源分布更趋合理。

（三）推动与航空枢纽建立命运共同体关系

航空枢纽要最大限度满足主基地航空承运人运营需求，从战略规划层面加强与航空承运人协作关系，在整体规划、功能布局、中转流程设计、基础设施建设等方面，积极主动征询主基地航空承运人意见，主动配合航空承运人向行政机关申请配套政策，协助航空承运人优化保障链条。主基地航空承运人应当借鉴国际先进经验，不遗余力地加大枢纽运力投入，持续优化航线网络布局，积极拓展国际通航点，提高服务质量和航班正常率。

（作者系中国民航科学技术研究院民航发展规划研究院机场规划副研究员）

建设国际航空枢纽五个着力点

宿百岩

国际航空枢纽是国际航空运输区域中心，具有联结所在国与其他国家以及全球航空运输功能，可以在国际航线之间、国际航线与国内航线之间组织高效率、高集中度的联程联运。

国际航空枢纽通常占据较好地理区位，拥有较好市场腹地，在主基地航空承运人支撑下，形成高效汇聚航空客货流的航空服务网络。建设国际航空枢纽将占领全球运输网络制高点，提升国际竞争力，支撑我国由民航大国向民航强国转变；通过合理运力投放，可提升航线网络通达性和市场覆盖，以最少资源实现大众化航空服务。建设国际航空枢纽应当把握五个着力点。

一、基础设施先行

基础设施规模、资源质量及保障能力，是建设国际航空枢纽首要条件。大型国际机场均为多航站楼、多跑道复杂运行繁忙机场，其基础设施能力主要表现在航站楼、跑道等设施可保障容量和运行效率。

目前，全球航空业务量排名靠前的运输机场都是国际航空枢纽，都具有较高运行效率。但由于航站楼、跑道等基础设施限制，运行效率提升空间有限，不同程度面临增容压力。2019 年，美国亚特兰大哈兹菲尔德-杰克逊国际机场旅客吞吐量 1. 11 亿人次，22 年蝉联全球最繁忙运输机场，中转客流量占总量 70%。为了应对容量增长，该机场已启动第 6 跑道前期论证。伦敦希斯罗国际机场 2019 年旅客吞吐量 8 090 万人次，2 条跑道运行，多年处于极限状态，为了缓解容量瓶颈，也已将新建第 3 跑道提上日程。

从我国规划的 10 个国际枢纽机场，经历“十三五”运量增长之后，飞行区、航站区有的接近饱和，有的超负荷运行，都在加快改建、扩建和新建。根据运量增长态势，预计北京大兴国际机场投入运行及成都天府国际机场建成后，能够以较充足的基础设施资源适应航空业务量发展需求。上海、广州等国际航空枢纽仍不同程度地受飞行区或航站区等基础设施制约，补齐硬件短板，加快基础设施建设是我国国际航空枢纽未来几年必然选择。

二、协同基地航空承运人

全球典型国际航空枢纽发展历程表明，主基地航空承运人是国际航空枢纽构建全球通达的国际航线网络之关键，需要国际航空枢纽与航空公司形成紧密战略合作伙伴关系。

从全球范围看，主要国际航空枢纽也是大型航空承运人运营枢纽。美国亚特兰大哈兹菲尔德-杰克逊国际机场是全球业务量最大国际航空枢纽，也是达美航空运营枢纽，航班份额占 63. 6%。

伦敦希斯罗国际机场是欧洲航空业务量最大国际航空枢纽，也是英国航空运营枢纽，航班份额占51.6%。北京首都机场是亚洲航空业务量最大国际航空枢纽，也是中国国际航空公司运营枢纽，北京大兴国际机场投入运营之前，其航班份额占40%以上。东航在上海浦东、虹桥2个国际机场，南航在广州白云国际机场，都对作为主运营基地国际航空枢纽建设具有关系成败支撑功能。

近年，中东地区国际航空枢纽快速崛起，这离不开阿联酋、卡塔尔、阿提哈德等航空承运人全球网络布局及运力投入，更离不开迪拜、多哈、阿布扎比等国际航空枢纽与这些网络型航空承运人之间“命运共同体”般的合作关系。正是由于航空承运人与国际枢纽达成战略共识，协同发展合力，共同建设了极富竞争力的中东三大国际航空枢纽。

从国内看，国航致力于北京、成都国际航空枢纽建设；南航以广州为主、乌鲁木齐为辅构建了运营网络；东航以上海为主基地开展运作。其他几个国际航空枢纽在主基地航空承运人培育及运力投入方面仍有较长的路要走，这对于提升国际航空枢纽航线网络服务广度和密度将起到决定作用。国际航空枢纽建设中，机场管理机构应当在基础设施、时刻容量、业务流程、服务水平等方面给予主基地航空承运人全方位支持。美国亚特兰大、德国法兰克福、伦敦希斯罗等世界级国际航空枢纽，50%以上时刻资源由主基地航空公司占有。

三、完善航线网络

发达的国际国内航线网络是国际航空枢纽必要条件，网络通达性是国际航空枢纽服务能力和竞争力核心指标。国际航空枢纽的航线服务网络，不仅要实现国际各地区重点城市通达，还要满足国际/国内、国际/国际的客货流中转衔接，设施设备和业务流程应当按照国际中转流程优化设计。

从航线网络布局和业务比重看，国际航空枢纽航线网络通达范围较广，国际航班业务量比重较高。新加坡樟宜国际机场、阿联酋迪拜国际机场、香港赤鱲角国际机场、荷兰阿姆斯特丹国际机场、伦敦希斯罗国际机场、德国法兰克福国际机场、巴黎戴高乐国际机场等国际航空枢纽，其所在国家或地区市场规模较小，但国际航线网络规模较大，有的国际航空枢纽国际航班份额超过80%。中东、欧洲及东南亚地区的国际航空枢纽国际航班份额平均值79.7%。由于北美、中国大陆国内航空市场规模较大，纽约肯尼迪国际机场、亚特兰大哈兹菲尔德—杰克逊国际机场、洛杉矶国际机场、上海浦东国际机场、北京首都国际机场等国际航空枢纽的国际航班份额相对较小，北美、中国大陆、日本等国际航空枢纽国际航班份额平均值21.2%。

综合我国规划中10个国际航空枢纽看，北京、上海、广州的国际、国内航线网络成熟度均相对较高，其他仅国内航线网络较成熟，国际航线网络有待进一步构建。国际航空枢纽可依据区位优势，以建设所在区域枢纽网络为起点，后续逐步发展远程航线网络。如昆明长水国际机场可集中精力建立面向东南亚、南亚的航线网络，乌鲁木齐地窝堡国际机场则侧重建立面向中亚、西亚的航线网络。

四、综合交通保障

地面交通网络是国际航空枢纽拓展服务区域航空市场的基础。高速铁路、城市轨道、高速公路等多种交通方式汇集在国际航空枢纽，必然促进以国际枢纽机场为核心的综合交通枢纽快速形成和发展。

德国法兰克福国际机场、巴黎戴高乐国际机场等，依托连接国际航空枢纽的高速铁路，展开

“空铁联运”服务，极大地拓展了国际航空枢纽地面服务范围。荷兰阿姆斯特丹国际机场、韩国仁川国际机场、香港赤鱲角国际机场等，通过完善地面路网，发挥国际航空枢纽对区域经济带动作用，大力发展临空经济，实现了国际航空枢纽周边地区土地资源高效开发。

在我国，2010 年上海虹桥综合交通枢纽成功实践，为我国运输机场综合交通发展给出示范。“十三五”期间，国内各航空枢纽综合交通规划和建设均取得重大进步，铁路、地铁、高速公路等多种交通方式与航空枢纽呈现融合趋势。

我国国际航空枢纽综合交通，需要同步构建好“道路网”和“轨道网”。道路网需要结合周边城市快速路网及高速公路网，互联互通，实现快速便捷集疏运；轨道网需要依据国际航空枢纽市场覆盖范围，引入合适轨道交通系统，轨道系统作为辐射工具，可以实现类似于支线机场支撑航空枢纽的功能。

五、提升服务品质

高效运营、优质服务是衡量国际航空枢纽竞争力重要指标。国际航空枢纽基础设施规模大，航站楼、飞行区等运行流程复杂，提高运行效率既是提升容量客观要求，也是服务能力重要体现。

国际航空枢纽服务面向始发、终到、中转等细分市场，需要优化与需求相应的进出港、中转等服务流程，配置完善的服务设施，实行较高服务标准，构建高效服务管理体系。国际知名国际航空枢纽，不仅网络通达性满足旅客出行需求，也非常关注提升旅客航空出行体验。

国际机场理事会（ACI）和 Skytrax，开展全球运输机场服务质量评价排名，主要评价指标包括：出港和中转服务、环境整洁、安全水平、海关效率、餐饮购物、网络设施等。2017 年，全球运输机场 ACI 服务排名中，旅客吞吐量 4 000 万人次以上运输机场，北京首都国际机场、上海浦东国际机场并列第二；旅客吞吐量 2 500 万～4 000 万人次运输机场，重庆江北国际机场位列第二。2017 年，Skytrax 评选新加坡樟宜国际机场、东京羽田国际机场、首尔仁川国际机场、德国慕尼黑国际机场、香港赤鱲角国际机场等为全球五星服务运输机场。

总体看，我国国际航空枢纽硬件设施提升较快，服务品质软实力还需努力。其中，中转服务是关键，一则需要完善中转服务设施，提高中转服务对旅客吸引力；另则需要确定合理中转 MCT，尤其是提高航班正常率，确保前后衔接。

2019 年，我国规划中 10 个国际航空枢纽，有 8 个年旅客吞吐量达到 4 000 万人次以上，其他 2 个超过 2 000 万人次，航空业务量基础良好，航线网络日渐成熟，处于国际航空枢纽快速发展阶段。建设成熟的国际航空枢纽是一项系统工程，不仅需要把握以上五个着力点，还需要在空域资源释放、政策支持及人才培养等多方面支持。

（作者系民航机场规划设计研究总院有限公司三院副院长）

大型航空枢纽货运区功能布局与规划

周力行

受传统规划理念影响，或由于对发展预估不足，航空枢纽货运区规划普遍表现出货运区功能布局分散。如何在货运吞吐量不断增长条件下，保持货运区相对集中，便于货物中转和海关监管，是一个值得深入研究的问题。

一、机场货运区规划

（一）我国运输机场货运区规划

纵观国内航空枢纽货运区功能布局和规划，通常都是近邻跑道一线排开。不够用了，则另选一地再建一个货运区。普遍问题是布局分散，造成大量货物需要驳运，多处监管，基本不考虑国际、国内互转需要。

（二）航空枢纽货运区功能布局现状

我国大型航空枢纽货运区功能布局大同小异。从北京大兴国际机场看，国际、国内中转需要短驳才能完成，南航货站、机场货站而言，驳运距离更远。上海浦东国际机场 3 个货站分布在不同地点，一期货站、东区货站、西区国际货站等 3 个货站相距甚远，短驳距离更长，造成货物二次装卸、二次安检等问题，制约了货物国际—国内中转发展，更不用说浦东国际机场—虹桥国际机场国际、国内货物中转。广州白云国际机场也有类似问题。

传统规划布局缺陷：

（1）货运区一旦建成，吞吐量达到设计规模，再无拓展空间；

（2）没有考虑货物国际、国内中转便利；

（3）设施分散，造成监管、查验分散，很不方便；

（4）设施不能灵活变通，不能适应多种货运运营模式。

（三）航空枢纽货运区选址

针对上述缺陷，笔者以为航空枢纽货运区设在跑道端头比较合适，主要有三个优点：

（1）周边发展空间较大，货运区可以随着货物处理量增长拓展、延伸。货机坪、货站设施、海关监管货运区、非监管区域、自贸区可以按照规划方向拓展、延伸；

（2）即使机场货运吞吐量不断增长，也可以保持货运区完整性；

（3）货运区布局在跑道端头，方便腹舱货短驳客机停机坪，不用绕道跑道端点。

二、大型枢纽机场货运区功能布局规划

国内航空枢纽做货运区功能布局规划的时候，往往对标韩国仁川国际机场、日本成田国际机场、香港赤鱲角国际机场、新加坡樟宜国际机场、美国孟菲斯国际机场。但前面 4 个航空枢纽基本上是国际货运业务，几乎没有国内货物。孟菲斯国际机场则相反，主要是国内货物，很少国际货物。因此，这些国际机场货运区布局相对简单，对国内运输机场、特别是国际与国内货物比重相当的货运区功能布局参考意义不大。

北京、上海、广州作为国内三大门户国际航空枢纽，不仅有大量国际货物，也有不少国内货物。货运区功能布局要充分考虑国际—国内互转，还要考虑海关监管便利。此外，国内航空枢纽往往又实行多个货站同时运营，也是货运区功能布局需要考虑的因素。

上海浦东国际机场进、出口货物，国内段主要以陆运方式完成，一般不是空—空中转方式，这与货运区规划未充分考虑国际—国内中转通道不无关系。

（一）货运区功能布局重构

与国内传统运输机场货运区横向布局不同，停机坪、货站、普通仓库、自贸区（保税区/监管仓库）为横向布局，货机停机坪深嵌货运区内部。这样布局主要优点：

（1）无论以何种方式中转，都能非常便捷、高效，无须长距离驳运；

（2）保持国际货站、国内货站、查验区相对集中，满足海关监管、查验要求；

（3）如果某种货量规模足够大，诸如跨境电商、快件、邮政、冷链等设施都可以转化为一级设施，即专业货站，以适应未来发展需要；

（4）如果将来政策许可，可以进行调整，满足多货站、多种运营模式要求。

（二）浦东国际机场新货站结构

国内货站通常采用平面布局。为了适应功能需求，新货站采用立体结构，主体分地下通道，地面一层，地面二层。

（1）地下层：地下通道将不同功能区连接起来，主要用于货物在不同区域之间短驳，以及对外运输通道。

（2）地面一层：主要处理散货、腹舱货进、出港。

（3）地面二层：主要功能是处理整板（T 货）、ULD 货物进、出港。

货站地面二层中转通道将国际货站、国内货站连接成一个整体。地面二层主要处理整板货、ULD 货进、出港以及国际—国际货物中转；国际—国际、国际—国内均设有海关。

货机辊道类似客机廊桥，用于全货机装卸货，装卸效率比升降机高。货运区地面单向交通，与地下隧道连通，可以满足大流量地面交通。

这样布局主要优点：

（1）极大方便各种类型中转，特别是国际—国内互转；

（2）海关监管设施布局集中，便于监管；

（3）提高建筑容积率，节约土地使用，降低货站建造成本，减少投资；

（4）货站立体结构有利于实现货站自动化运行，提高货站运行效率。

三、货站运营模式对货运区规划影响

货站运营模式和海关监管要求，对大型航空枢纽货运区功能布局至关重要。货物类型不同，货站运营模式不尽相同。海关监管政策对货运区功能布局及规划有决定性影响，规划需要充分考虑海关需求。

（一）货站运营模式

国内大型航空枢纽货运区国际货站主要有 3 种运营模式，如图 1 所示。各运输机场不尽相同，有单一模式，有多种模式混用，主要是客户需求不同，大客户喜欢自己打板，小客户一般委托货站代理打板。

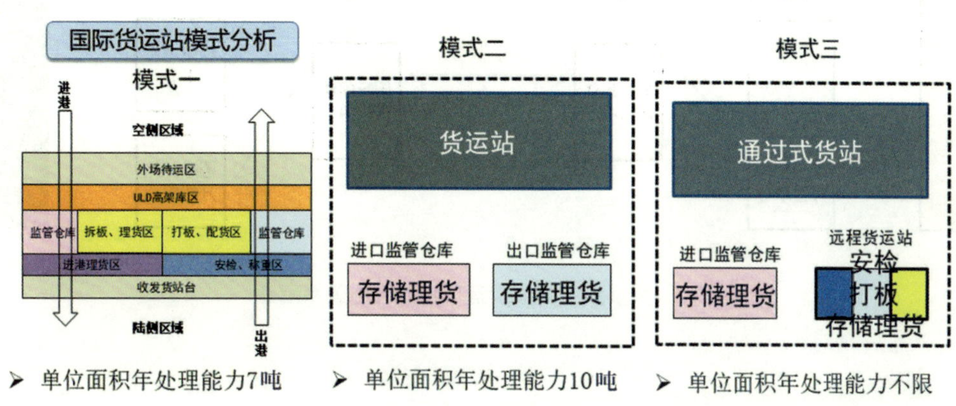

图 1　大型航空枢纽货站运营模式及处理能力

国内运输机场货站运营模式与国际基本相同，区别在于国内货站、仓库不具备海关监管功能。特别是国际货，货站运营模式对货站单位面积货物处理量影响较大。货站运营模式选择，配合货运区新型功能布局及规划，货物处理量变得很有弹性。可以根据货运吞吐量发展调整货站运行模式，又不会引起远距离短驳、二次装载、二次安检等问题。

上海浦东国际机场快件基本上是模式一、模式二，目前没有采用模式三。之所以采取这种模式，主要是相关政策所限，除浦东国际机场货站和东航货站外，一级货运设施空侧没有对其他运营商开放。

（二）货运区功能设施级别与关系

运输机场货运区需要哪些功能设施，其层级和关系也是货运区功能布局和规划需要充分考虑的，可以根据需要调整其功能布局，如图 2 所示。

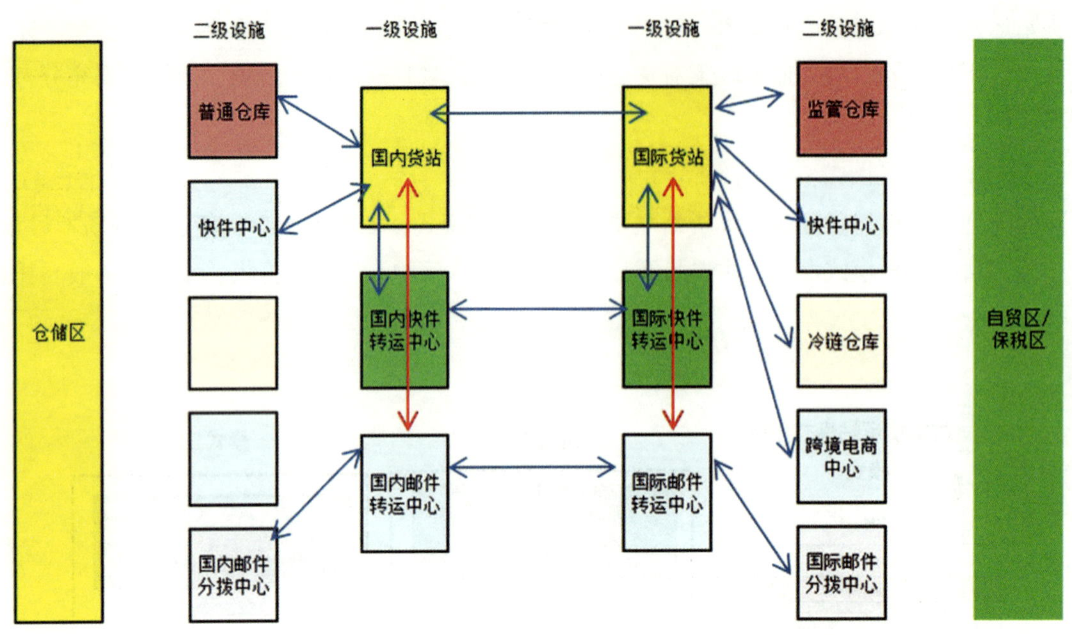

图 2　大型航空枢纽货运区功能设施关系示意

四、新货运区货物流程

上海浦东国际机场新货站并没有对现有货物流程进行调整，只是通过功能布局调整，使货站运行变得更有效率，货物各种中转非常便利。

（一）进港货物简要流程

腹舱货从空侧第一层进入货站，整板货从第二层进入货站，经货站、海关处理后，提货或者中转。

（二）出港货物简要流程

货物可以由 2 个路径进入货站。打好板的货物，或从陆侧进入货站，或从普通仓库（监管仓库）经过机坪交接进入货站；散货只能从陆侧进入货站。

货物经货站、海关处理后，腹舱货短驳到机坪待装；整板货则上货站二层待装。

（三）货物中转简要流程

1. 货物中转类型及监管要求

航空货物中转类型和中转流程如图 3 和图 4 所示。

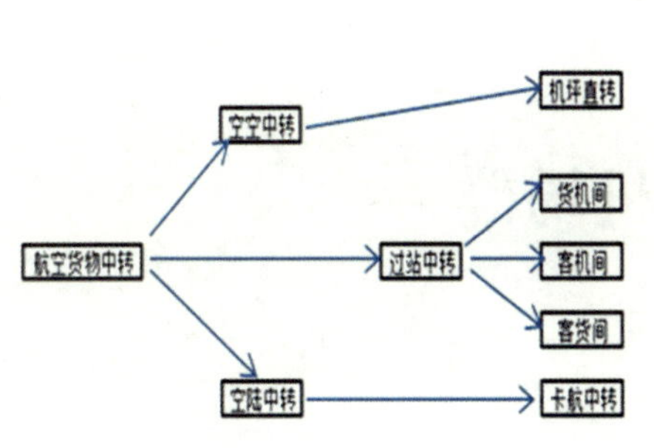

注：机坪直转不经过货站处理，直接有地服完成操作；过站中转须经货站处理。

图 3　航空货物中转关系图

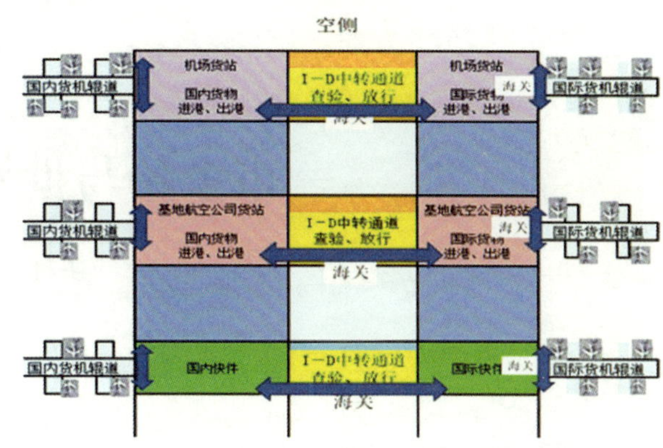

图 4　中转流程示意图

2. 货物中转流程

国内—国内在国内货站完成；

国际—国际在国际货站完成；

国内—国际互转在货站二层中转通道完成；

机坪直接中转整板货物，在第二层经海关查验过辊道完成，不用升降机；

散货、腹舱货在第一层完成理货、打板后，经货梯到第二层中转通道完成国际—国内互转。

不同转运模式下海关监管、查验要求如表 1 所示。

表 1　不同中转范围涉及的监管

转运范围	海关	检验检疫	转运范围	海关	检验检疫
国际—国际	涉及	不涉及	国内—国际	涉及	涉及
国际—国内	涉及	涉及	国内—国内	不涉及	不涉及

可以预见，大型航空枢纽航空业务量将持续快速增长。按照国家《交通强国建设纲要》关于建设中全球 123 快货物流圈规划，国内 1 天送达，周边国家 2 天送达、全球主要城市 3 天送达，这个发展要求非航空运输莫属。

浦东国际机场货运区比较分散有其历史原因，包括对货运发展估计不足。可以抓住建设上海自贸区新片区契机，纠正货运区功能布局分散现状，把新货运区与自贸区新片区融为一体，促进上海国际航运中心建设。

（作者系上海机场集团有限公司货运枢纽推进事业部综合办公室主管）

一市多场与世界级机场群

任利民

一、国际一市多场发展借鉴

（一）国外一市多场成因

国外绝大多数一市多场体系的雏形形成于 20 世纪。一市多场的形成原因很多，大多数带有非常强烈的政治、经济和历史痕迹。单从运输机场角度看，一市多场成因主要是容量不足和运输机场转型两方面。2 个成因对我国的借鉴效应很大。航空市场扩大，运输机场数量增多，直接带来运输机场之间分工。国外早期一市多场体系分工模式是主要通过市场的长期磨合调节形成的，形成较晚的一市多场体系分工模式更需要政府干预。

（二）国外一市多场市场分工

从世界主要大城市经验来看，“一市多场”发展模式一般经过多次变迁才能明晰起来，主要是考虑通航区域、国内与国际、航空承运人、业务类别等因素。大致分为“均衡模式”与“互补模式”2 种基本类型。

通过 30 多个著名一市多场体系研究，发现 70%以上的一市多场体系都是具有突出的互补性特征，即便是均衡模式，其业务也越来越显现出差异化发展趋势。运输机场通过合作运营、差异化发展，为不同类型航空承运人、不同需求旅客和货邮运营商提供服务。差异主要体现在主运营航空承运人、通航点侧重以及运价、时刻、服务标准等方面。可见，2 种基本模式之间并没有严格界限，各种模式之间交叉和转变融合比较明显。譬如纽约一市四场体系，4 个机场之间既有双枢纽均衡运营，也带有互补型分工色彩。

大型运输机场基地航空承运人对航空枢纽建设具有关键作用，也对航空枢纽功能定位及一市多场体系运营模式具有重大影响。无论互补模式或均衡模式，都呈现出基地航空承运人运营特征，这种特征均衡模式比互补模式更突出。

（三）国外一市多场主要管理模式

国际案例显示，国外一市多场协调管理重点在于运输机场建设。单一机场管理机构统一管理模式下，各运输机场之间易于实现建设投资和航空市场合理分配。据统计，较大规模一市多场体系中，80%以上采取统一管理模式；60%以上跨地区一市多场体系由于行政区划和权属等原因，采取多个机场管理机构分管模式。分管模式下，运输机场建设协调和优化分工依靠市场调节实现，市场机制按照需求调节各运输机场之间分工和资源分配。对服务腹地高度重合的一市多场实行统一管理，有利于一市多场体系协调运行，但这种模式需要关注航空承运人和旅客权益保障。失去市场调作用条件下，往往需要政府干预，通过立法或政策实现各运输机场之间合理分工和资源分配。

二、我国一市多场发展特点

2019 年，我国千万级以上运输机场 39 个，比 2010 年增加了 19 个，预计 2025 年左右，我国年旅客吞吐量超 2 000 万人次运输机场将达到 30 个。目前我国已经或正在形成上海、北京、成都 3 个一市多场体系，其特点如下。

（1）以满足需求为目标。我国一市多场具有高市场预期和大始发客流量特征，2 场分工基于传统航空运输市场，业务分工特征不明显。

（2）运输机场大型化特征明显。第 2 机场启用初期，就分担千万以上年旅客吞吐量，没有经历较从少到多适应市场的渐变过程。

但是，我国一市多场案例存在着极大差异，特征明显，不可复制。随着一市多场增多，影响一市多场决策的因素更为突出，带动区域经济发展及完善综合交通运输体系成为影响多场体系构建的重要因素。

三、我国构建一市多场体系要点

（一）慎重平衡角色定位

我国“一市多场”城市在 2 场分工上非常慎重。上海虹桥国际机场与浦东国际机场，属于按照主辅分工“互补模式”，虹桥国际机场主营国内业务，但是基于强大区位优势，虹桥国际机场呈现出越来越强烈的再国际化趋势。北京首都国际机场与大兴国际机场的分工也经历了复杂博弈过程。如何定位才能既保持原有运输机场市场地位，又能够充分满足新需求？定位保持怎样的界限？是否会成为未来定位演变的制约？这些问题都是分工重要课题。

一市多场分工初期，原有基地航空公司必将经历一段阵痛期。新机场投入使用，会在基础设施、服务流程、服务标准、扩大市场规模等方面带来新机遇。但如果分工模式要求同一航空承运人 2 场运行，航空承运人运力投放及其他资源投入，会导致成本增加。也有一定时期内削弱大型基地航空承运人在原有运输机场实力的可能。

上海 2 场运行初期，基地航空承运人——东航不支持双场运营。上海市政府和局方通过行政手段，分割了 2 场国际国内业务。成都 2 场分工阶段，各单位做了大量咨询、研究和论证。一方面，担心切割会损害成都双流国际机场的地位，另一方面，实力都不雄厚的各基地航空承运人也十分担心自己未来能否成功实施 2 场经营，也不想丧失已经在双流建立的市场地位。2 场分工带来的巨利益变化，成为一市多场分工一个巨大难题。研究认为，应当借鉴国际经验，无论怎样分工，都要体现一定差异化特征，差异化发展是一市多场体系成功的重要标志，也应当预设市场调节分工机制。

（二）科学选择管理方式

目前，北京、上海、成都等地新机场，均由各运输机场集团统一管理，都是在不改变隶属关系和产权前提下，与原运输机场归属同一管理机构。这种管理方式有利于整体发展规划和有序运行。运行协调重点是地面集疏运协调。

一市多场应当充分融入综合交通运输体系，提升多场体系交通便捷性，支持中转需求，推进航空枢纽溢出业务向次级运输机场转移。

完善综合交通集疏运体系，与城市轨道交通、城际铁路、高速铁路无缝衔接，加强机场群与城际高速公路网对接，增强旅客在多个机场间出行选择便捷度，提升机场间合理分工自由度，推动“空铁联运”等交通基础设施一体化运营模式建设。

合理配置航权、时刻、一关两检等国家资源，为多场体系营造协调发展平台。

这些都是在一市多场体系发展中需要长期关注和重点解决的问题。笔者认为，协调管理应以综合利益最大化为目标，以更有利于地面、航权、时刻等资源合理配置和优化衔接，为一市多场体系协调发展奠定基础。

（三）发挥政府干预作用

国内已经运行“一市多场”的有上海和北京。虹桥国际机场和浦东国际机场从定位到有序分工运作，都经历了政府干预和调控。2 场运营初期，确实本着由市场发挥主导作用的思路，但是运行 2 年仍不理想，主要原因：

（1）我国航空运输市场体制不够完善；

（2）生产要素市场发展不充分；

（3）市场机制发挥作用不畅。

上海市政府通过行政手段以及补贴航空公司、修建通往浦东国际机场的磁悬浮等措施，较好地引导 2 场分工。北京和成都的 2 场分工，都牵涉了太多资源和利益平衡，完全依靠市场调节难以实现资源优化配置。从我国 3 个一市 2 场案例看，2 场运行初期，市场调节能力对于航权、时刻等紧缺资源的配置还难以起到决定作用。研究认为，政府干预应该在分工初期充分发挥作用，但是随着运营成熟，应当有一个将调节作用逐步交给市场的转换。

四、现阶段我国机场群发展主要问题

我国机场群是在相距较近的城市逐步发展为城市群的过程中形成的。随着城市群地面交通和经济高度融合，运输机场服务腹地不断重叠交叉，应当关注机场群协同发展。

根据民航“十三五”规划，我国正在着力提升北京、上海、广州 3 个国际航空枢纽竞争力，推动与周边运输机场优势互补、协同发展，建设与京津冀、长三角、珠三角三大城市群相适应的世界级机场群，明确区域内各运输机场定位与分工，与其他交通运输方式深度融合、互联互通，探索与三大城市群相适应的世界级机场群协同发展。

京津冀机场群以北京首都国际机场为核心，但是，首都国际机场资源严重紧缺，保障能力严重不足，群内其他运输机场仍然客源不足，发展梯度相差较大。

长三角机场群有 16 个运输机场，跨越 3 省 1 市 21 万平方公里广阔地域，航空市场需求旺盛，出现了上海、南京、杭州 3 个中心，机场群总体保障能力亟须提升，群内各运输机场发展关系需要研究。

粤港澳大湾区机场群分布密度高，大型运输机场数量多，空域结构复杂，整体保障能力不能满足湾区出行需求，航空枢纽向中小机场业务外溢明显。

三大机场群之间航路均已饱和，机场群之间空管保障能力与运行需求之间矛盾突出；航空枢纽时刻资源饱和，航班正常性形势依然严峻；三大机场群内运输机场管理方式复杂，协调难度高。为了促进一市多场体系合作关系，从更高层面上着眼机场群为地区发展服务，应当探索适应各自地区运输机场协同发展模式。

五、我国建设世界级机场群建议

（一）世界级机场群需要世界级市场协同

借鉴一市多场国际经验，以市场为基础创新各层面合作模式，形成相对差异化的发展战略。有效解决区域内不同级运输机场的定位模糊，推动区域内机场群协调发展。以粤港澳大湾区机场群为例，该区是重点落实“粤港澳大湾区合作发展和民航供给侧改革”核心区域。2017 年 7 月 1 日，香港、澳门、国家发改委以及广东省三地共同在香港签署了《深化粤港澳合作推进大湾区建设框架协议》，三地将完善创新合作机制，促进互利共赢合作关系，共同建设国际一流湾区和世界级城市群。2018 年 1 月 12 日，民航局与上海市、江苏省、浙江省、安徽省共同签署《关于共同推进长三角地区民航协同发展努力打造长三角世界级机场群合作协议》。未来，更多的航空运输、公务机、通用航空等业务合作将快速发展，作为公共基础设施的运输机场，其建设及管理应当在更大范围、更深层次融入世界级城市群发展。

（二）世界级机场群需要世界级资源配给

1. 空域资源

我国航空枢纽都面临空域资源配给瓶颈，掣肘大型国际航空枢纽和世界级机场群发展。建设世界级机场群必须解决资源制约，否则充分的地面资源难以充分发挥效能。

除了机场群区域构建统一空域管理外，机场群外围航路资源也是重大制约条件。我国最繁忙航路是连接京津冀、长三角和粤港澳大湾区的航路，航班正常率低、旅客出行体验差，已经成为我国世界级机场群未来发展最大限制。随着机场群体量扩大，空中瓶颈将在更大层面上影响全国飞行秩序。因此，解决三大机场群空域问题是建设世界级机场群一个核心。航路优化和资源供给涉及空域划设、管理与使用、军民航协调、空管技术应用等多方面，方方面面都有待改善提升。

建议借鉴美国建设新一代航空运输体系思路，利用新模式和新技术——星基导航、监视及网络系统等，组成通信、监视、导航和空中交通管理 4 个部分，提高空域资源使用效率，确保航空安全，提升航班正常率。这里有 2 个要点：

（1）建立一个统一设备、统一标准和一个单位统一指挥区域内所有军民航飞行；

（2）在新一代航空运输体系下，航空器按照自身 GPS 进行最短航线选择，以提高飞行自由度，缩短空中飞行时间和绕航。

在此基础上，改进传统空域资源管理方法，对空域用户合理分类，按空域实际需要划分空域结构以发挥最大效益。

目前，有关部门正在推进国家空域管理体制改革，积极推进中南、华东、华北等空域精细化管理改革，重点对珠三角、京津冀地区空域结构实施科学规划；推动利用国际航路运行国内航班；加快完成全国航班运行协同决策系统建设。上述多方努力，将为世界级机场群发展更进一步优化空间。

2. 地面资源

契合我国城镇化发展，需要地面资源合理配给。应强调运输机场在城市群中合理分布，在机场群中选址新建运输机场应充分考虑经济拉动效应，形成机场群和城镇群协同发展。

机场群与综合交通运输体系合理布局，能够密切航空运输与城市发展关系，有利实现公共基础设施充分利用，提高城镇化水平。较大城市运输机场与综合交通运输基础设施网络建设更加注重城市定位、功能、发展目标等因素，城市首位度越高，对航空运输依赖性越强；某一资源优势明显的城市，譬如旅游资源开发等级为最主要影响因素，其旅游资源等级越高，对航空运输需求越高。

长三角、珠三角机场群分化出多个航空枢纽及次级运输机场，不断拉动区域发展。特别是长三角地区，随着 3 个中心城市辐射扩展，16 个运输机场构成的机场群供 26 个城市使用，带动 3 个城市之间的苏州、嘉兴、无锡、常熟、镇江、常州等多个城市发展。运输机场之间的高速公路、高速铁路、城际铁路等交通基础设施，大大加强了城镇之间连通性。珠三角已经显示了这种连通性价值，成为我国城镇化水平最高的城市群。随着机场群内运输机场布局及综合交通无缝衔接，机场群带动区域发展功能将日益明显。

（三）世界级机场群需要世界级航空承运人

借鉴国际一市多场发展经验，基地航空承运人对腹地重合度较高的一市多场发展具有重要意义。鼓励建设具有全球竞争力的世界级超级承运人，依靠超级承运人推动世界级机场群发展。

1. 建设多航空枢纽的机场群

机场群中可能包含多个航空枢纽。超级承运人应当拥有在机场群中多枢纽运营实力。基于对机场群所在地区航空市场充分熟悉和判断，超级承运人更加明确各运输机场依赖的细分市场，能够在机场群多个航空枢纽之间实现有差异的均衡模式运作，在市场磨合中形成群内航空承运人主营业务差异化和机场定位差异化。

2. 推动机场群区域航空市场多元发展

随着大型城市群发展以及机场群中多层级运输机场支撑，更适合孕育包括支线航空、低成本航空、私人航空、货运航空、通用航空等在内机场群发展。长三角和粤港澳大湾区已经显示市场多元需求。上海正在寻求在周边发展第三机场，用于公务机、私人飞行等通用航空业务；港深等地通用航空、公务机业务正在寻求依托珠海等机场发展。

（四）建设世界级机场群需要世界级行业管理

我国机场群建设具有较强的“后发优势”。借鉴国际先进经验，机场群建设和发展，需要从国家战略的高度，整合中央政府与地方政府政策资源，落实“创新、协调、绿色、开放与共享”发展理念，引领利益相关方发展意愿，依法规范各级政府发展政策。

1. 引领航空运输业务分化

通过制定或修订市场规则提升市场管理水平，促进差异化发展。例如，按现行收费政策，运输机场向航空承运人收取的旅客过港服务费，航程越短，单程票价越低，旅客过港服务费占票价比例越高，支线承运人负担较重。类似问题应当调整有关政策，促进航空运输业务分化。

2. 鼓励运输机场建设融资多元化

加强民间投资运输机场业指导、服务和规范管理。进一步引导和鼓励多种融资渠道投资和建设机场群中次级机场需要的非航空性业务设施，譬如航站楼、商业设施、停车场、客运服务等，支持民间资本宽领域、多方式投资运输机场业，改变单一的政府投资模式，更多地与市场机制接轨。

3. 改善地方政府政策支持

在财政税收政策方面，应当进一步在改革运输机场管理模式基础上完善财政补贴政策，也可以借鉴航空发达国家经验，实行运输机场免税政策。在发展规划方面，应当引导机场群中各运输机场与综合交通运输体系网络布局配套，推进“多规合一”，把机场群建设、临空经济发展融入城市群规划，增强区域规划之间协调性，以区域经济战略合作为依托，在更高层面上建设世界级机场群。

（作者系中国民航机场建设集团有限公司副总经理、中国民航工程咨询公司党委书记、总经理）

关于航站楼旅客服务几点思考

司瑞玲　高　阳

“人文机场”是“四型机场”建设重要部分，“人文”之核心是“以人为本”。旅客服务“人文”属性，决定了一切从旅客出行体验出发，是“人文机场”建设出发点和归宿。运输机场客流量不断增加意味着航空运输正在走向大众化，大众出行需求为“人文机场”建设提供了广阔空间。

旅客出行舒心背后是运输机场化解焦虑的能力。航空旅客出行之前，或多或少处于焦虑状态。出发前考虑地面路线怎么走，途中会担心堵车，进入航站楼会考虑遇到各种问题能否及时解决，托运行李会担心客流高峰，排队过长会担忧影响登机等。焦虑给旅客出行体验带来负面影响，也表明影响旅客出行的因素越来越多，旅客对出行舒心需求越来越高。关注旅客焦虑点，发展和完善多元便利服务，是建设“人文机场”应当长期关注的课题，每一个焦虑点都是服务改善点。

一、发展多式联运服务

运输机场应当积极推动所在城市发展航空—铁路、航空—地铁联运线路，加快完善以运输机场为中心向辐射区域分布的高铁线路。运输机场所在城市应当重点建设地铁线路，以旅客能够乘坐地铁直接或转乘到达始发运输机场为最优路线，减少地面交通焦虑。

二、发展行李代寄服务

多数旅客乘机需要托运行李，携带行李较多的旅客会花费较长时间。代寄行李服务减轻了旅客劳顿，节省再次排队时间，让旅客轻松出行。

三、随机精准答询服务

选择航空出行的旅客每天都在增加，不少旅客是第一次乘坐航班，对乘机流程不熟悉，对航站楼构造和各项设施设备位置不清楚，会多次或较长时间向工作人员问询；有的旅客没能赶上航班，也会咨询解决方法和维护自己利益；航班延误、目的地行李晚到或丢失会引起旅客焦躁。针对诸如此类焦虑点，答询服务就成为一种看不见的工作量。运输机场除专设问询柜台外，应当注重随机答询质量和义务规范，楼内工作人员应当具备随机精准答询业务素质。所谓“随机精准答询”是指航站楼内任何一位工作人员都能在任何时间、地点为任何旅客、任何事由提供准确答询服务。答询越精准，问询次数越少，焦虑化解越快，出行体验越好。

四、多元便捷自助服务

我国运输机场自助服务已有较快发展，但较之国际水准还有一定差距。航站楼应当在合理范围内尽可能多设自助值机柜台，适度宣传自动值机设备使用方法，提高设备使用率，减少值机柜台拥挤。提高航站楼科技应用水平，借助新技术发展网上值机、手机值机、远程值机，二代身份证/护照扫描值机，有条件时开展无值机试点，旅客凭借身份证便可乘机，提高出行便捷度。

五、突破行李服务瓶颈

行李运输差错率居高不下是提升航空服务品质瓶颈之一。2018 年 6 月，民航局运输司、消费者事务中心和中国航空运输协会受理消费者对境内航空承运人投诉 1 398 件，其中行李运输差错 140 件，占 10.01%；7 月，受理消费者对境内航空承运人投诉 1 729 件，其中行李运输差错 148 件，占 8.56%。行李运输安全性、准确性直接影响旅客出行满意度。问题主要出在航空承运人，但运输机场也牵涉其中，应当进一步分清行李运输收运、分拣、装卸、查询等环节的问责机制，哪个环节了出问题，则应当由哪一个环节承担责任。

六、改善特殊旅客服务

特殊旅客服务已成为航站楼旅客服务重点，特殊旅客服务体现运输机场服务“人文”水平。国际上已有先进的特殊旅客服务，我国相关服务还没有完善。为老人、病人、残疾人、孕妇等特殊旅客提供良好服务的前提是有足够的无障碍设施。我国运输机场缺少足够适用的无障碍设施设备。大部分特殊旅客在出行信息占有上还是弱势群体，主动提供咨询服务更为重要。

七、落实同城同质同价

餐饮服务是航站楼不可或缺的服务，服务优劣直接影响出行体验。局方多次要求推动运输机场餐饮“同城同质同价”，这是运输机场公共属性底线。美国运输机场引入第三方供应商重要条件之一，是第三方承诺“同城同质同价”，这个承诺要写进双方签订的特许经营合同。如果第三方价格需要略高于同城同类商品，供应商应当提供合理解释，而且不能超过规定幅度。这也是国际惯例。机场管理机构应当从公共利益出发，为“同城同质同价”提供物质基础和制度保障。对此类服务，机场管理机构可以约定一些细节要求，譬如餐饮店应当在保证质量前提下提高效率，减少等待时间，告知旅客准备餐饮所需时间，以防等待时间较长与旅客登机时间冲突。

八、尽可能完善服务细节

出行体验是以感觉为主的综合评价，完善服务项目固然重要，在一定意义上已有服务项目细节完善更重要。例如，为了满足旅客未携带充电宝或充电宝已托运充电需求，大部分运输机场航站楼都设置快速充电站。从目前情况看，至少有 3 个细节值得关注：①充电站或充电插座数量偏少，高峰时段或航班大面积延误，不能满足需求；②充电站附近没有座位，站着或坐在地上为手机充电都会增加疲劳感，降低出行体验；③充电插座设置过于密集，旅客会担心个人信息泄露。据此，提出 3 点建议：

（1）增加充电站及插座数量，满足高峰需求；

（2）充电站附近设置座位或是可移动座椅，提高舒适度；

（3）充电站或插座适度分散设置，避免区域拥堵，净化快速充电站，阻挡捆绑软件，确保系统安全性，提高安全感。

航站楼服务直接反映“人文机场”建设水平，旅客满意度是“人文机场”建设水平最好评价。及时化解“焦虑”就是舒心，最好的服务是把自己放在一个普通旅客位置上，设身处地为旅客着想。

（作者系中国民用航空飞行学院机场工程与运输管理学院助教）

四个转变与高质量发展

彭 峥

改革开放40年，我国民用机场发展取得举世瞩目的成就，基本满足大众日益增长的航空出行需求。发展高速度和大规模却并没有与之相适应的高效率和优质量。粗放增长模式下，资源要素简单投入对增长的边际贡献率逐步递减，多年积累的诸多没有得到根本解决的制约可持续发展的系统性影响已经显现，已经不能满足国家发展新战略、人民美好生活新需求。面向未来，必须加快转变发展理念和发展方式，提高发展的全要素生产率，实现质量变革、效率变革和动力变革，推进我国民用机场业步入高质量发展轨道。

一、转变“速度规模”为主的发展理念

改革开放初期，中国民用机场业面临人民日益增长的航空出行需求与供给不足的矛盾，亟须解决“有没有”。经过40年发展，通过资源要素持续高强度投入，注重发展速度和规模，实现了基础设施、保障能力显著提升，基本实现航空市场供需总量平衡。但在资源使用效率、运行品质、服务质量及节能环保等方面，积累了较多历史欠账，主要表现为以下三点。

（一）行业自身发展质量不高

运行效率不高，管理水平还有差距。随着规模快速扩张，很多方面发生本质性变化。目前，全国民用机场一天完成的吞吐量远远超过改革开放之初的一年总量，航空承运人一年引进飞机可以装备一家大中型航空公司。航空公司向网络型、谱系化发展，运输机场向多跑道、多航站楼巨系统演进，空管向大终端运行、协同管理变革。我们更需要苦练内功，强化科技支撑，加快提升行业发展质量和运行效率。

（二）服务能力和水平不高

服务产品体系、服务质量及旅客满意度跟不上社会发展。诸如国内与国际、客运与货运、干线与支线、东部与西部、运输与通用等结构性问题长期存在，发展软实力“弱势”地位尚未得到有效转变。经济全球化、产业现代化和消费多元化，对航空运输品质提出了更高要求，解决“好不好”的问题日益迫切。发展缺陷的存量与增量交织，严重制约高质量发展。需要着力推进模式转变、结构优化，促进优化产品体系。

（三）管理水平相对粗放

目前，外部环境变化日新月异，全球航空市场处于新旧格局转换期，国内高铁成网对运输市场产生结构性影响，大数据、人工智能等新技术产业应用，民用机场业发展面临前所未有的机遇和挑

战，应当转变服务发展理念，突出公共属性、科技应用、服务品牌价值导向，加快提高运输机场市场化程度，更加充分地调动市场主体积极性，加快不断深化航空服务高质量发展内涵。

二、转变“简单模仿”为主的发展路径

民用机场业发展成就是改革开放、借鉴国际有益经验的成果。如果说过去快速增长发挥了“后发优势”，那么当前日益突出的结构性矛盾以及我国所独有、无法参考借鉴的问题，使“后发优势”效应逐步递减，“后发劣势”效应则日益显现。

（一）自主创新能力不足

前 40 年与国际接轨，自主创新能力明显不足，主要规章、标准借鉴欧美国家，一些问题知其然不知其所以然。我们不否认发达国家发展经验对我国发展借鉴意义，但也应当清晰地看到，欧美国家地理环境、人口规模、经济体量、交通系统结构、制度环境、资源禀赋等方面与我国有诸多差异，其经验适用性值得深入研究。我国航空运输规模体量全球第二，运行环境复杂程度和地理环境条件在全世界都是独一无二的。超大型运输机场规划建设运营、与综合交通运输体系融合及运行、复杂空域条件下超高流量运行管理等，也是世界运输机场业发展难题。这需要我们立足自身独特需求，深入研究问题，自主创新，填补空白。在核心装备和运行技术领域，我国自主创新能力严重滞后，关键性核心技术和产品还存在“卡脖子”现象。

（二）制度层面有待深化改革

改革开放 40 年，通过深化管理体制改革，逐步与市场机制接轨，极大地调动了各类主体发展民用机场的积极性，解放了生产力。坚定不移地深化市场导向制度改革，既是中国民航发展宝贵经验，也是推进高质量发展基本路径。我国民用机场业市场制度建设需要大力推进，现代政府治理能力和治理体系建设有待进一步完善，必须深化制度性改革，切实破除制约生产力发展的制度藩篱，促进民用机场业高质量发展。

三、转变“被动跟随”为主的发展状态

我国航空运输持续高速发展，一直面临基础设施、空域资源、专业人才等核心资源短缺问题。当前资源瓶颈突显，已成为制约高质量发展“短板”。基础设施容量、服务保障能力和人才队伍建设，需要资源持续投入和长期积累，这是影响发展的长期变量。尽管我们一直持续加大发展投入，但全系统保障水平和专业能力增长水平均低于市场增长预期。航线里程年均增长 4%，空域结构没有根本改善，每年新增 10 条跑道，200 多个左右停机坪，供需矛盾不断加大，保障资源缺乏裕度，长期处于满负荷状态，安全基础仍然薄弱。相对于市场需求快速增长，“被动跟随”发展态势不但没有扭转，还有更进一步加剧态势。因此，仅靠资源要素简单投入，忽视同步提升全要素生产率，提升运行效率和服务质量只能是“空谈”。

随着城镇化、工业化进程持续推进，土地、资金、人才等要素资源稀缺性日益突出，民用机场业发展所需空间和资源条件面临前所未有挑战。近年，我国大多数运输机场新建、改建、扩建工程，均在不同程度上面临与城市、产业发展、空域资源协调的矛盾。这种矛盾既是我国经济社会发展的必然，也是实现可持续发展需要直面的现实挑战。随着“绿色发展”理念深入人心，民用机场发展对社会经济带来的负外部效应也日益受到公众关注。特别是大型运输机场噪声影响，航空器

飞行温室气体排放等环境因素，日益成为发展的外部刚性约束。民用机场业应当主动作为，积极应对外部环境新变化、新趋势，创新绿色发展路径，更好地实现国土空间有效衔接，积极构建噪声、排放等负效应有效治理机制，不断提升和丰富高质量发展绿色内涵。

四、转变“要我服务”为主的服务理念

我国社会主要矛盾已经转化为人民日益增长的美好生活需要和不平衡、不充分的发展之间的矛盾。这个判断体现在民用机场业发展层面，意味着人民群众对服务产品种类、服务范围、服务能力和服务品质有了更高要求，关注重点已经从“有没有”转向“好不好”。市场需求变化要求服务理念要加快从“要我服务”向“我要服务”转变。

要充分发挥民用机场基础性、行业先导性作用。国家实施全面开放和构建现代经济体系战略，要求构筑更加通达的国际运输网络，促进产业高端化发展，增强动力源功能。目前，我国民用航空产业辐射能力不强，国际竞争力不足，国际影响力和话语权有待进一步提升。只有立足民用机场业公共属性，积极引领体制、管理、运行、服务乃至产业变革，加速新兴技术应用，才能系统提升民用机场业基础支撑力、先导引领力和经济带动力。

民用机场业应当加速融入现代综合交通运输体系，积极发展“航空+多式”服务新模式。我国已有全球最庞大高铁网络，已经具备发展“航空+多式”联运技术条件。积极融入综合交通运输体系，实现多种交通方式优势互补、协同发展和一体化服务，为社会提供“人享其行，物通其流”的高效便捷服务，将成为我国交通领域模式、技术、服务及进一步优化交通运输结构主要创新点，对促进我国区域协同发展，支撑交通强国建设，提升国家综合竞争力具有重大意义。

（作者系中国民航科学技术研究院民航发展规划研究院战略规划室主任）

加快构建国际航空枢纽发展政策体系

彭 峥

《全国民用机场布局规划》给出全国十大国际航空枢纽布局规划。航空枢纽是以大型运输机场为核心，融航空运输网络和地面交通网络于一体的综合交通服务系统。国际航空枢纽在一国航空运输业发展中占有重要地位，也是航空运输业深化改革重点领域，通常占据良好地理区位，是全球航空网络重要节点，具有更加完善国际航空网络，服务国际航空客货运输功能突出。建设具有竞争力的国际航空枢纽是民航强国建设重要内容，针对国际枢纽建设面临的现实问题，加快构建国际航空枢纽发展政策体系，加强国际航空枢纽建设政策指导，对加快民航强国建设具有重大意义。

一、构建政策体系必要性

（一）国际枢纽是民航强国战略的重要支撑

国际航空枢纽位于国家运输机场体系顶层，其发展水平反映一国或地区航空运输业综合实力。业务量规模大，辐射带动能力强是其占据重要地位的基础指标。

从航空业务规模上看，我国大型运输机场规模国际排名显著提升。2019 年，北京首都国际机场旅客吞吐量全球排名第二位，货邮吞吐量第十六位；上海浦东国际机场旅客吞吐量全球排名第九位，货邮吞吐量第三位；广州白云国际机场旅客吞吐量全球排名第十一位，货邮吞吐量第十七位。2015 年，我国旅客吞吐量千万级以上运输机场 26 个，旅客吞吐量占全国 78%；2019 年，旅客吞吐量千万级以上运输机场 39 个。“十三五”末，全国千万级以上运输机场将超过 40 个。可以预见，我国运输机场进入全球前列的数量将快速增加，民用机场业已步入航空枢纽大发展阶段。

但是，从功能上看，我国航空枢纽国际业务仍是短板。2015 年，上海浦东国际机场国际旅客吞吐量全国排名第一位，但仅位列全球第 25 位。国际航空服务能力不强，国际业务量比重偏低，运行效率和服务水平不高等，已成为国际航空枢纽建设突出问题，也是我国现阶段“大而不强”症结。

国家需要富有国际竞争力的航空枢纽，不仅业务规模位列前茅，还要在服务功能上占据竞争优势。鉴于国际航空枢纽对支撑全行业发展和服务国家战略的重要作用，应当加强政策指导，加快推进具有国际竞争力的国际航空枢纽建设。

（二）建设国际枢纽需要加强国家宏观引导

国际航空枢纽是一个多功能复合体，既是航空网络核心节点，也是构建现代综合交通运输体系重要支撑，还是带动区域经济开放发展动力源。国际航空枢纽建设涉及面广，对接协调比较复杂，不仅包括大型运输机场、航空承运人、地面交通系统以及口岸等驻场单位，还涉及中央和地方政府战略引导和政策协调。应当从国家层面构建国际航空枢纽建设顶层设计，完善体制机制，破除发展瓶颈，加强宏观战略指导。

我国正处于转方式、调结构时期，国际航空枢纽建设也面临诸多挑战。

(1) 三大国际航空枢纽虽建设多年，但国际化水平仍低于发展预期，需要进一步提升国际航空枢纽功能；

(2)《全国民用机场布局规划》新增加 7 个国际航空枢纽，机场管理机构及地方政府对国际航空枢纽建设战略缺乏准确认知，对其建设及一市多场运行等缺乏必要技术储备；

(3) 空域、土地等资源制约趋紧，国内较大运输机场均面临容量饱和，未来 2~3 年，快速增长国际航空需求与基础设施保障能力之间的矛盾将更加突出；

(4) 国内航空承运人市场竞争力、多枢纽格局下航线网络建设和高效协同能力亟待提升；

(5) 海湾国家网络型航空和周边地区低成本航空快速发展，进一步加剧我国国际航空枢纽建设外部竞争。

据此，有必要从促进行业发展角度，完善相关技术政策指导和优化行业资源配置机制，加快国际航空枢纽建设。

(三) 国际枢纽建设是深化改革重要领域

所谓“深化改革”，就是要解决制约高质量发展的制度性障碍。国际航空枢纽建设涉及基础资源及区域协同等多方面问题。这不仅是国际航空枢纽建设核心内容，也是航空运输业进一步深化改革的关键。

突破国际航空枢纽空域资源瓶颈，特别是京津冀、长三角和珠三角等区域，迫切需要改革空域管理体制，全面推进军民融合发展，实现空域资源共享、共用和共同发展。

为了满足国际航空枢纽建设要求，需进一步优化时刻资源配置和使用机制，提高新增时刻配置效率和存量时刻使用效率。

推进航权扩大开放，进一步完善航权安排政策，更好地服务于十大国际航空枢纽为支撑的开放发展体系。

以三大世界级机场群建设为着力点，深化分工协作，积极推进“一区多场”“一市多场”等协同发展机制。

处理好市场与政府关系，处理好航空运输与其他交通运输方式关系，发挥各方力量推进国际航空枢纽建设积极作用。

国际航空枢纽建设与民航重点领域改革紧密相关，需要加强国家及行业政策引导和统筹协调。

二、政策体系构建思路

全球先进国际航空枢纽发展经验表明，国际航空枢纽建设是国家意志体现。具有全球竞争力的国际航空枢纽离不开政府战略引导和政策支持。针对我国国际航空枢纽建设面临的现实问题，政策体系构建应当突出以下几个方面。

(一) 坚持顶层设计，战略引领

突出国家对外开放战略意志，把国际航空枢纽建设纳入国家战略层面，形成多部门、多层级深度参与和权责明晰的战略协调机制和政策支撑体系，为加快国际航空枢纽建设奠定制度基础。

（二）坚持深化改革，突破瓶颈

着力破除体制机制障碍，更好发挥市场配置资源的决定性作用，更好发挥政府立法及战略引领作用。在基础资源诸多方面突破发展瓶颈。

（三）坚持统筹兼顾，共建共享

强调协调发展理念，积极推进国际航空枢纽与周边城市、综合交通运输体系及军民航融合协调发展，引领航空承运人、空管系统及驻场联检机构深度协同。发挥地方政府国际航空枢纽建设主导作用，凝聚社会合力建设国际航空枢纽。

（四）坚持目标导向，长远结合

充分借鉴国际惯例和先进标准，制定具有未来竞争力的国际航空枢纽发战略和方案，规划适度超前基础设施建设方案。应当立足现实条件，做好未来 3~5 年大型运输机场改扩建期间国际航空枢纽建设过渡期方案，提升存量资源使用效率，培育国际航空枢纽功能，构建适合国际航空枢纽运行特点的安全管理体系和应急处置机制。

三、建设国际航空枢纽政策建议

（一）构建国际化发展战略体系

加快研究制定航空运输国际化国家战略。建议国家层面出台国际化发展战略性指导文件，制定以十大国际航空枢纽为支撑的国际化发展战略体系，明晰中央与地方建设国际航空枢纽职责分工，完善民航与军队、海关、国土、交通等其他部门政策协调和保障机制。

加快制定航空运输国际化发展路线图。按照国家对民用航空业战略定位和开放发展总体战略要求，加快制定国际化发展实施路线图，突出以国际枢纽建设为重点的国际化发展体系，进一步完善规划建设、航权时刻、服务质量等方面行业政策，强化立法规范、政策引领和技术指导。

加快完善国际航空枢纽发展规划体系。建议国际航空枢纽及地方政府坚持全球视野，尽早开展发展战略和总体规划修编等工作，切实保护好发展用地和净空环境；结合区位、市场、运力及综合交通运输体系布局等合理定位，完善基础设施功能，满足国际航空枢纽发展要求。

（二）推进重点领域改革

积极推进国家空域管理体制改革。建议民航局联合发改委、交通运输部推动国家空管委加快实施国家空域管理体制改革，落实中央关于军民融合发展精神，重点解决国际航空枢纽发展面临的空域资源瓶颈，创新繁忙机场空域军民航一体化发展管理体制、运行机制和技术手段。

以机场群协同发展支持国际航空枢纽建设。机场群协同发展目标是要构建以国际航空枢纽为核心，分工协作，层次分明、运行高效的区域多场协同发展体系。这需要打破行政区划和行业分割，涉及地方、民航、交通、海关、军队等多方面。建议以三大世界级机场群建设为改革重点，全面推进空域管理、规划建设、航线网络、航权时刻、综合交通、运营管理等制度改革。

（三）完善国际航空枢纽资源配置机制

优化国际航权分配机制。按照航空运输国际化发展战略部署，建议制定优化航权资源配置指导性文件，确立国际航空枢纽优先原则，国际洲际远程航线和“一带一路”等战略性航线优先配置给十大国际航空枢纽。在实施机制上进一步完善航权申请竞争和退出机制，在一定范围探索航权资源可转让的市场机制，提高航权使用效率。

优化国际航空枢纽时刻分配机制。建议进一步优化和完善国际航空枢纽时刻分配机制，充分考虑地方和国际航空枢纽建设需求，新增时刻资源配置突出国际航空枢纽建设的政策导向，优先向国际航线和主基地航空承运人倾斜。借鉴国内外时刻资源市场化配置经验和教训，探索国际航空枢纽时刻交易机制，发挥市场对存量时刻资源再配置功能。

完善国际航空发展财经扶持政策。合理区分中央和地方在扶持国际航空发展的事权和责任。建议中央预算资金重点关注国家对外开放具有战略意义的航线，对国家征用航空器开展国际运输给予政策性补偿，适当加大对国际航空枢纽基础设施和安全设施建设资金补贴力度。鼓励社会资本以 PPP 等方式参与国际航空枢纽建设。

（四）推进国际航空枢纽区域融合发展

推进国际航空枢纽与综合交通融合发展。建议地方政府应当积极完善以轨道交通为骨干的国际航空枢纽地面交通网络，规划建设以国际航空枢纽为中心的综合交通枢纽，实现多式交通无缝衔接。国际航空枢纽应当在发展战略、技术标准、安全政策、信息互联等方面与其他交通方式深度融合，实现多式交通信息平台互联互通，为一体化“空地联运”奠定环境。

强化国际航空枢纽对区域经济辐射功能。建议地方政府完善国际航空枢纽周边土地开发和产业规划，充分发挥国际航空枢纽对人流、物流、信息流等产业资源集聚功能，大力发展航空指向性强的战略性新兴产业。

加强安全管理和应急体系建设。地方政府应当将把运输场纳入当地公共安全和应急管理范围。民航行政机关重点加强航空安全监管和技术指导，使国际航空枢纽安全品质达到国际先进水平。

加强服务质量监管。监管重点是消费者投诉处理、航班不正常服务及和无障碍服务等。鼓励国际航空枢纽应用新技术，改造服务流程，创新服务产品，提升旅客体验。鼓励和支持行业协会通过市场化机制开展国际航空枢纽服务质量评价，建设中国机场服务品牌。

（作者系中国民航科学技术研究院民航发展规划研究院战略规划室主任）

我国运输机场管理模式转型基本条件

王云访

2003 年，局方提出“引导和推进机场建立新的管理模式”，我国运输机场管理模式转型、机场业务实行特许经营探索与实践已走过近 20 年历程，各级政府、机场管理机构以及相关利益主体都做了很大努力，虽然取得一定成绩，但效果并不显著。其间，国务院颁布了《民用机场管理条例》，明确民用机场公共基础设施定位，设立了有偿转让经营权制度，但执行中依然困难重重。当前，民用机场业进入高质量发展时期，运行模式成功转型成为民航强国建设重要内容。本文主要从理念、制度、治理 3 个方面简要分析转型基本条件。

一、在高质量发展理念基础上建立共识

运输机场管理模式转型的目标模式是机场管理机构脱身于经营性业务，专司运输机场公共服务和统一协调管理，完成从经营型向管理经营型转变。在这个变革中，实施特许经营或有偿转让经营权，把经营性业务转给专业化公司经营是实现这一目标模式的有效途径。

在推进运行模式转型实践中，关于特许经营的争论与分歧始终如影随形。只要提到特许经营，尤其是涉及航空地面服务业务特许经营，业内认识比较混乱。一方面，机场管理机构认为，通过特许经营或转让经营权方式引进第三方供应商会导致利益受损；另一方面，航空承运人被特许方均不同程度地认为这是一种利益分割与资源重新分配，或者说是为机场管理机构又设立一个收费名目。因此从一开始推行，特许方与被特许方就处于一种意识相左和利益胶着状态，这是多年来运输机场运行模式转型之路始终磕磕绊绊的重要原因之一。

运输机场成功转型，首先应当依据高质量发展理念要求，重新审视与判断构造“管理型”机场管理机构的时代意义以及从政府层面推进特许经营的价值选择，以求在新的认识基础上形成相关利益主体思想共识与行动合力。

（一）管理型模式是保证运输机场公平协调发展的制度安排

特许经营是运输机场业务经营权一种行使方式。按照机场管理机构参与程度，运输机场业务经营权行使方式可以分为自主经营、关联公司经营、特许经营 3 种类型。机场管理机构对哪些业务采取何种经营方式，具有根据自身发展战略和商业运作能力进行选择的权利。选择自营或关联公司经营的，属于经营型模式；选择特许经营的，属于管理型模式。从政府层面提倡并推行运输机场业务特许经营，其最重要的意义是保证与促进运输机场公平竞争与协调发展。

我国以企业形式组建的机场管理机构身兼社会与企业双重职责，这是我国运输机场业一大弊

端。作为公共基础设施管理者，应当按照公平原则实施运输机场安全运营、统一协调管理、普遍服务等社会职责；作为国有资本运营者，则按照竞争原则提升运输机场资产运营效率及经济效益。企业定位下的机场管理机构，既是裁判员，又是运动员，双重使命使其在职责履行中极易错位。良好公共服务与合理经济收益能力 2 个目标都很难实现。大量经营活动妨碍了正常市场秩序，高额人工成本降低了公共基础设施收益能力。如果不建立一套公正、公平的运输机场管理制度，具有业主优势的机场管理机构很难理顺与其他市场主体的关系。解决这一困境的最好制度选择就是实行特许经营模式。

运输机场特许经营是机场管理机构将公共基础设施上的经营性业务面向市场，以公开招标方式特许给有相应资质和资信的专业化第三方供应商，由中标者向用户和消费者提供服务，机场管理机构则依据法律和契约对第三方专业化公司行使管理职能，收取特许经营费及设施设备租金。在这一模式下，机场管理机构退出经营性业务，切断不公平竞争根源，通过收取特许经营费和设施设备租金等资源性收入，实现运输机场资产保值增值。

（二）特许经营是新发展理念具体体现

特许经营是运输机场现代化运营模式。运输机场发展初期，运行目的是以满足航空承运人、旅客、货主需求为中心，机场管理机构提供运行保障业务。随着航空业务量增多，作为具有稳定人流、物流的集散区域，运输机场业务范围日益扩大，服务功能趋向综合化，发展模式随之发生变化。机场管理机构主要精力由直接从事经营活动转向专业化公共管理，将经营项目或商业机会转让于专业化公司，向其出租场地和设施设备，开启了特许经营运作。在当代运输机场收入体系中，由租金、特许经营费等资源性收入构成的非航空性收入比重越来越大。

无论从理论逻辑，还是从发展规律看，运输机场特许经营是加大业务开放、破除经营垄断、提升公共性体验的先进运行方式，符合并体现我国新时期“开放、创新、协调、共享、绿色”的高质量发展理念。相对于运输机场运营的相关利益主体，机场特许经营是一种多赢的、用最少资源创造最大价值的业务经营模式。作为特许人的机场管理机构通过市场化机制，提供公开、公平、公正的机场运作平台，开展良性竞争；利用受许人专业化公司的专业优势，提升机场服务效率、效益以及服务质量。第三方专业化公司则利用运输机场丰富的资源平台，获取专业成长与经济效益。更为重要的是，作为运输机场用户的航空公司和消费者，既获得了公平竞争环境，也增加了选择服务提供者范围；既保证了自身合法权益，也享受到了优质、高效和具有成本效益的服务。因此无论是运输机场业务的特许方还是被特许方，都是这一管理模式受益者，双方需要在这一认识前提下，共同为实现行业的公平协调发展，提升我国民航竞争力贡献力量。

二、在现有法律环境下创新制度

当前在我国实施运输机场业务特许经营存在法律缺失、模糊以及制度障碍是不争的事实。但法律法规的制定、修订都需要一定的程序与时间，因此现阶段要成功实施运输机场业务特许经营，关键任务还是在现有法律框架内进行相应的制度完善与创新。

（一）完善运输机场业务经营权制度

在运输机场特许经营法律关系中，机场管理机构具有机场业务经营权是最基本前提。然而由于相关法律法规的不完善，致使实践中遇到的一个现实且尴尬的问题就是如何证明运输机场业务的经营权属于机场管理机构。这一问题得不到确定，运输机场业务实施特许经营则缺乏合法性。

通过政府授权与委托来赋予机场管理机构经营权。运输机场是公共基础设施，因此我国大部分运输机场都是由政府承担全额或部分投资建设的，运输机场所有权自然也全部或部分归属于政府。机场管理机构是机场设施的运营者与管理者，代表政府行使管理责任，为了保证合法履职，需要政府通过法律授权或所有权委托赋予其对运输机场的行政管理权与机场业务经营权。有些大型机场，如上海、深圳、重庆等城市，均由地方法规完成这一法律程序。但国内大多数运输机场，尤其是隶属于民航局所属的首都机场，即使出台了相关地方立法，但没有对此进行规定。虽然运输机场资产的法人所有权与经营权已由《公司法》确定，但这属于物权范畴，其业务经营权还需要政府予以授权与确认。

通过划拨土地变性设定运输机场土地使用权基础上的经营权。我国运输机场用地根据其公共性质大部分依划拨方式取得，划拨土地不能从事经营活动，划拨土地使用权之上也不能设立经营权，这是运输机场业务经营权确认中的最大法律困境，需要通过制度创新予以合规突破。可选途径或者通过改革，争取政府授权经营；或者通过协议出让、地方政府作价入股等，转换划拨土地权使用属性。尽管依据运输机场建设项目法人制度，机场管理机构并不能拥有完整的运输机场土地使用权，履行统一管理职责存在瑕疵。但划拨土地使用权的变性，起码从法理角度明确了机场管理机构对自己土地使用权范围内的业务经营权，并可以依法进行规划、管理与转让。

（二）完善机场有偿转让经营权制度

《民用机场管理条例》以引导性条款设立了运输机场有偿转让经营权制度，对转让主体、转让业务范围、转让双方需建立契约关系、机场管理机构的选择权、关联企业禁止等内容进行了规定，对保证机场管理机构履职、促进机场管理模式转型具有非常重要的指导意义。

但其中也有无法执行的制度遗憾，主要是禁止关联企业的经营。尽管此规定的初衷是为了保证运输机场实施特许经营的公正性，却也形成了无法落地的法规障碍。因为实践中大部分运输机场是通过或者向集团公司转让股权、或者设立子公司、或者与专业化公司成立合资公司的方式，开启运输机场管理模式转型之路的。目前我国运输机场提供地面服务业务的机构有相当一部分是机场管理机构的关联公司或部门，都属于被禁止的范围。为了能够推动运输机场有偿转让经营权制度的实施，在坚持机场管理机构禁止条款基础上完善这一条款。

（三）构建机场建设运营一体化制度

伴随机场业务量的增加，新运输机场建设与现有运输机场改扩建已成为我国民航发展的常态。在运输机场建设时期植入专业化经营理念，或者通过机场建设项目的 PPP，以转让运输机场经营权的方式引入专业化公司投资建设并运营该机场；或者通过服务配套设施项目的 BOT，通过转让项目土地使用权或业务经营权引入专业化公司投资建设、经营、期满无偿交还运输机场设施和该业务的经营权，以此既能保证运输机场建设投资、实施运营期的专业化经营，更重要的是能够保证运输机场运营者在投资建设之初即获取了运输机场业务经营权。如果在大量社会资本进入运输机场基础设施建设的潮流中得以引导更多专业化公司资本，将会在更高层次和更广阔领域推动我国机场管理模式的转型。

三、在新型管理模式中提升机场治理能力

通过运输机场业务特许经营实现机场管理模式转型，其实质是构建一种基于新型相关利益主体

运营行为关系的机场治理体系。在这一治理关系中，政府与机场管理机构、机场管理机构与相关业务主体之间的控制与协调关系是其主要内容，治理能力则是实现这种控制与协调关系的方式方法、策略与手段。

（一）机场管理机构科学管理机场的能力

在管理型机场管理模式下，运输机场管理关系发生了实质性变化，其管理手段与管理能力也必须要体现、适应、符合这种变化。

提升对法律政策的把握与执行能力。运输机场业务特许经营包含对部分公共基础设施保障业务的有偿转让，其中受法律法规、政策规定、程序标准等规范、约束与调控的内容较多。管理型机场管理机构的一项重要能力体现就是对现行法律法规、政策规定以及标准规则体系的深刻理解、全面执行与合法性监督与自查。

提升契约管理能力。契约管理是通过合同约定机场管理机构与航空运输企业及其他相关服务提供主体之间的权利义务、行为标准、实现途径、结果状态、违约责任等，以规范各相关主体行为，保证运输机场运行的高效与协调。但由于契约管理是行为实施前的预先设定条款，需要机场管理机构具有对机场运行发展规律、利弊关系、运行标准规范、未来发展的认识与预判能力，对运输机场运行危机事件与生态变化的技术与法律处置能力。

提升制度、规范、标准以及运行规则管理的能力。管理型机场管理机构主要是通过制定运输机场运营规章制度、服务规范以及运行规则对运输机场运营实施管理，以确保所有运行主体的行为统一到共同的制度规范体系之中，运行规则平台之内。

提升信息化管理与平台化运作的能力。运输机场运营主体间建立信息共享机制，是法规赋予机场管理机构的重要责任，也是保证航班正常性关键要素。机场管理机构通过搭建信息协同平台，整合机场内各运营主体的运营资源信息，建立信息资源数据库，实现信息资源共享和运营协同，提高运行决策能力。

（二）政府实施精准监管的能力

在管理型机场管理模式下，机场管理机构与其他运营主体的协同发展关系主要建立在政策法律、合同契约以及运行规则等基础上，因此政府的政策与规则制定、过程监管与调控是保证机场治理关系正确发展的重要条件。运输机场业务实施特许经营是一项代表公共利益、范围广泛的公共事务管理行为，政府要实施有重点、有针对性地精准监管。

分类实施监管。根据机场经营性业务分类，可以实施特许经营的业务包括“航空地面服务”和“机场商业活动”两大类，政府在机场特许经营上的精准监管就是根据运输机场服务业务的性质分类，将有限的监管资源投入到关系行业发展的重要环节和重要事项。由于“航空地面服务”特许经营涉及机场管理机构与航空公司等运营主体的协调发展关系，其运营效果直接关系航空运输的安全、效率、服务品质等社会公共问题，是行业主管部门重点监管的领域。“机场商业活动”特许经营主要涉及机场管理机构与商业服务提供者之间的经营关系，可以通过商业特许经营管理规定以及安全运营契约予以规范与监督。

有针对性地制定监管规范。精准监管的核心是通过政府他律和公共服务机构自律的协调配合，全面提高特许经营运作的合法、合规水平。制定运输机场特许经营管理规则与规范，明确各相关主体行为依据，是政府精准监管的前提。目前我国推行运输机场业务特许经营问题之一是缺乏规则，特别是在运输机场地面服务领域，诸如特许经营费标准、收取方式等涉及相关利益领域还缺乏行业规则的引导、支持与约束。当前政府精准监管的重要内容则是对有偿转让经营权制度中相对模糊的区域与事项进行明确且有针对性的规定。

此外，特许经营是现代运输机场专业化运营方式之一，专业化公司作为特许经营活动受许方，其专业技术能力、经营收益能力、市场资源获取能力也是实现机场管理模式转型的重要成功条件。

（作者系中国民航管理干部学院教授）

关于大型运输机场数字化转型的思考

邹建军

第四次工业革命如期而至，各国开启了“工业 4.0”或是“制造业复苏”的战略征程，纷纷围绕“智能工厂”“智能生产”“智能物流”等展开新的产业布局。第四次工业革命实质是通过智能传感和人工智能技术，实现全息全过程数据自动采集、互联网络联动、基于深度学习的数据自动处理、大数据技术平台的海量数据存储、云计算，推动产业由规模经济转向范围经济，构建异质化、定制化的生产与商业模式。我国经济已由高速增长阶段转向高质量发展阶段，正处在转变发展方式、优化经济结构、转换增长动力的攻关期，必须坚持质量第一、效益优先，以供给侧结构性改革为主线，推动经济发展质量变革、效率变革、动力变革，提高全要素生产率。由此局方提出“智慧民航”发展战略和建设要求。

一、数字化转型起源与要求

在“智慧民航”建设和总体要求指引下，民航局机场司发布了《中国民航四型机场建设行动纲要（2020—2035 年）》（民航发〔2020〕1 号），明确指出“智慧机场是生产要素全面物联，数据共享、协同高效、智能运行的机场”，以及建设智慧机场推动转型升级 4 个任务：

（1）加快信息基础设施建设，实现数字化统筹；

（2）推进数据共享与协同，实现网络化；

（3）推进数据融合应用，实现智能化；

（4）切实保障信息安全等。

由此可见，智慧机场建设的核心是数字化转型。这就意味着，大型运输机场必须加快运营管理变革，使其管理架构与组织行为完全适应数字时代的需要，其要点有 3 个。

实现管理思维的转变，树立快速迭代升级管理理念，围绕生产模式、管理模式与商业模式的创新和效率变革推动数字化建设，加快组织结构、生产与管理流程的再造、重组与机器智能的取代，使之适合数字时代的包容并蓄、开放互联、协同创新的根本要求和商业逻辑。

充分运用智能传感、人工智能、大数据、云计算、物联网、区块链、移动互联网等技术，推动机场生产保障系统、安全管理系统与运营管理系统的自动化和智能化，构建联接开放和动态优化的机场生态平台，从而实现产品、服务、商业模式与综合价值的全面创新。

有效区分转型与优化的区别，以“变革与重塑”为指导思想，实施全面、系统的包括管理与技术的规划、设计、改造和升级，实现机场运行、服务与管理的标准化、平台化和生态化。

二、转型目标与数字化建设内容

区别于其他企业，大型机场受相关利益方的影响巨大，由此承担不同功能。譬如运输机场通常被看作城市名片，必然会按照城市所在地政府要求完成窗口形象建设；运输机场是航空运输的节点，必然会受到行业主管部门的严格监管，既要保证生产运行的安全高效性，又要保证商业环境的公平性；运输机场是航空服务的组成部分，则恰如其分地点明了运输机场运行管理和航空服务代理的矛盾角色定位。但不管怎样，必须明确的是，大型运输机场的最终产品还是服务，而且是在高度管制环境中运行，具有明显的国际化要求和可持续发展的需要，以及随时触发突发事件的可能性，如图 1 所示。因此，大型机场数字化转型的目标可以概括 4 点：

（1）增强运行安全；

（2）提升客户体验；

（3）提高运营效率；

（4）驱动收入增长。

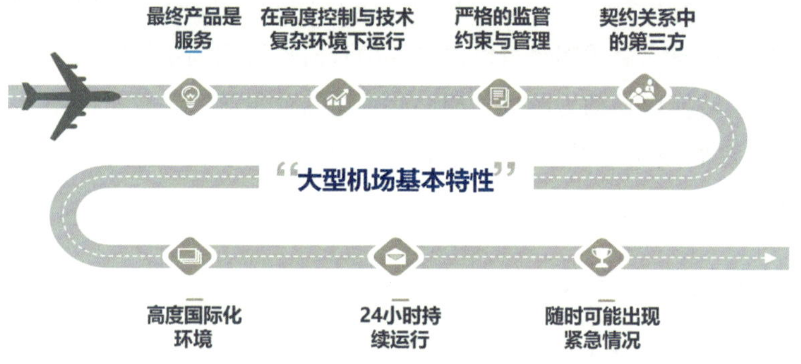

图 1　大型运输机场基本特性

当然，也正是运输机场这种角色的多重性与复杂性，致使其数字化转型更复杂，建设内容也更加丰富。一般而言，大型运输机场数字化建设，除了数据与技术基础系统如地理信息系统、立体模型与仿真系统、技术标准与管理系统等之外，生产与运营管理层面的建设内容至少包含生产运行系统、非航业务系统、公共管理系统、综合管理系统、管理决策支持系统和生态平台系统等 6 个方面，如图 2 所示。

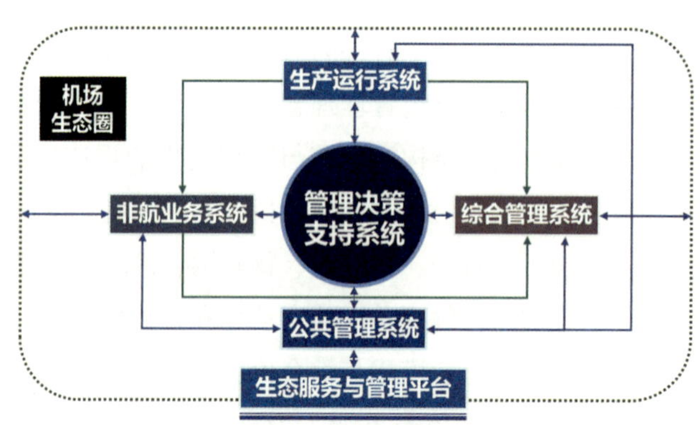

图 2　大型运输机场生产与运营管理系统示意图

（一）生产运行系统

按照“区域管理、专业支持”管理模式，大型运输机场生产运行系统可能包括：

（1）运行指挥系统，一般由运行管控中心、运行指挥中心、航站楼管控、飞行区管控、公共区管控等组成；

（2）协同决策系统，理论上应该属于运行指挥系统，但由于建设主体与管理模式明显区别于机场自身系统，独立性强而自成体系；

（3）现场生产层面的系统，包括航显广播系统、旅客离港系统和安检管理系统等；

（4）楼宇管理系统，尤其是绿色发展的要求下，楼宇管理系统基本上从生产支持的幕后而走向台前，与生产运行系统紧密相连，譬如旅客自助查询与寻址，就可能出现楼宇设备物联网的贡献。

（二）非航业务系统

既可能是非航业务的生产运行系统，也可能是经营管理系统。一般来说，大型运输机场的非航业务系统可能包括综合交通中心生产与运营管理系统；包括酒店、地面交通、会展与景区等服务的旅游查询与预订系统；商务贵宾服务与管理系统；货站物流生产运行与经营管理系统；物业服务与运行保障管理系统等。

（三）公共管理系统

该系统是面向政府、旅客、航空公司等机场生态圈的服务管理系统。通常，大型运输机场的公共管理系统可能包含面向多类用户的客户服务中心系统；客户关系管理系统；为特许经营模式提供服务的业务外包支持系统；面向运输机场生态圈提供管理支持的公共服务平台；面向政府与不同客户的政策资源管理系统等。

（四）综合管理系统

可以简单地理解为传统职能管理系统，但又更加强调数据的融合，包括航空安全与服务质量管理系统；战略规划与财务管理系统；人力资源管理与员工支持系统；行政办公管理和后勤支持管理系统等。

（五）管理决策支持系统

这是数据挖掘与机器学习技术的集中体现，生存解决非结构化问题，服务于高层决策，融合管理的计划、组织、指挥、协调和控制等五大职能，是自动规划、智能搜索、定理证明、博弈、智能控制、机器人学、遗传编程、语言和图像理解等人工智能技术的核心应用。既可以应用于战略规划和重大事件决策，也可应用于应急救援管理策略设计与实时指挥等。

（六）生态服务与管理平台

这与国内一些大型运输机场“同一个空港，同一个梦想”的管理理念相吻合。即在充分考虑互联、共享、协同的基础上，构建一个服务于运输机场生态圈内所有企业数字化转型的平台系统，能够提供统一数据标准定义、数据传递与交换、数据存在与处理、信息统一发布等基础性功能与服务。

需要说明的是，这些建设内容只是数字化转型的功能表象，其本质内容应该是不同系统间互联互通、数据共融共享和生产支持与管理决策智能化，由此推动运输机场运营质量变革、动力变革与效率变革，从而实现航空安全、效率与价值的全面提升。

三、数字化转型的路径、挑战与建议

目前大多数运输机场数字化转型，都是延续以往信息化工作基本思路，大量继承历史上业务信息系统和管理信息系统建设成果，在完成业务流程与管理流程自助化基础上，实施业务运行与运营管理的自动化与智能化，这在很大程度上能够大量节省数字化转型成本，但也带来明显弊端，如不同信息系统之间技术标准与数据接口的不统一带来的“信息孤岛”问题；管理流程自动化过程中局部决策如何转换到运营管理智能化要求系统性决策问题；适应数字时代消费需求特征知识库建立和知识管理问题等。

（一）数字化转型路径

理论上，数字化转型路径首先是充分理解如何满足数字时代客户价值问题，包括产品与服务的创新、销售与支付的策略、客户体验优势的建立以及设施与流程的再造等。譬如，传统的机场商业零售业务开始大量与线上平台和线下快捷、定制化物流服务的结合；机坪管理的无人化与智能化等。其次是选择几乎完全不同于过去信息化的数字技术，如物联网、云存储、云计算、大数据分析与移动互联网等；利用生物识别技术（人脸、指纹等）验证旅客身份，提升值机、安检与登机效率等；为旅客探索航站楼设施提供定位和导航服务；引入数字化娱乐提升旅客候机期间的舒适度和娱乐体验；运用机器人辅助为旅客提供指引、行李运输和托运服务，或者自动泊车服务等；通过无线网络、射频识别 FRID、蓝牙技术和全球移动通信系统实施客流追踪，提供包括行李定位与跟踪查询以及为地勤服务提供包括实时位置跟踪、作业时间预警等。最后则是采取数字分析与优化技术，提供自助与智能服务，实施运营模式的变革与创新，简化运营管理体系，打好转型的战略基础，全面提升运营管理效力同，如图 3 所示。

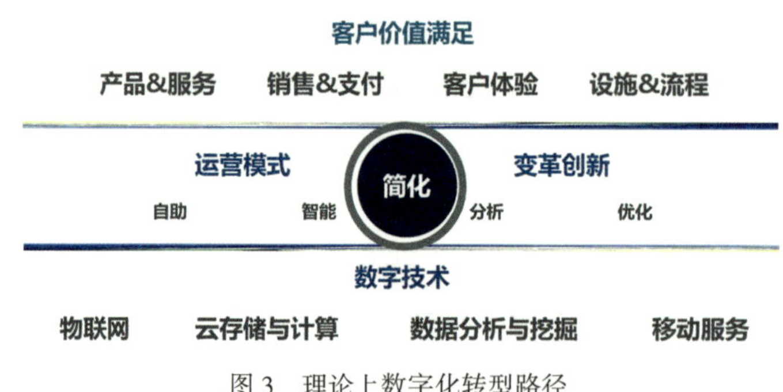

图 3　理论上数字化转型路径

在具体实践中，由于各大型运输机场运管管理模式的差别以及信息化、自助化与智能化的进程不同，实施数字化转型战略基础不可避免地存在着巨大差异，如图 4 所示，在具体路径选择上也必然有着诸多不同，有的大型运输机场借助新建或大型改扩建工程实施生产运行系统的全面规划与重新设计，如北京大兴机场国际机场、深圳宝安机场国际机场；有的则可能是选择某一业务环节、某一场所，或某一特定对象实施基于提升服务体验的升级，如航站楼内的商业零售、问询导航，综合交通中心的自动泊车或寻址服务等。

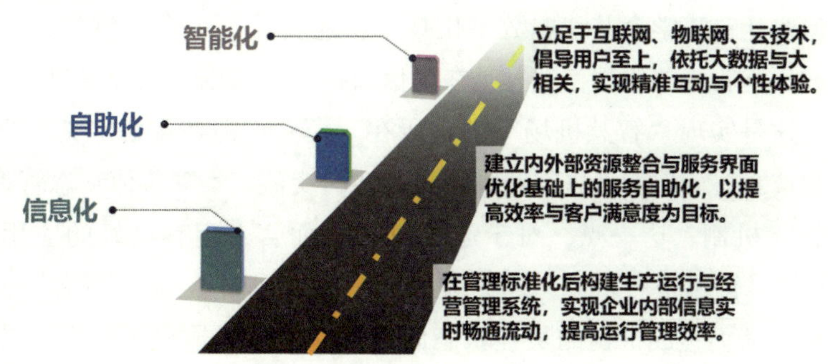

图 4　运输机场战略基础与目标

（二）数字化转型挑战

这些实践给运输机场安全与服务带来了一定好处，如客户对自助服务的满意度提升、协同决策带来的延误管理能力提高等。尽管如此，当前大型运输机场数字化转型仍然面临三大挑战。

首先，智能技术与管理理念对抗性挑战。这个问题，是大型运输机场数字化转型的最大挑战，也是成败关键所在。例如，智慧机场建设可能面临原有信息系统需要推倒重来；现有信息保障系统需要彻底更新换代；生产运行管理，尤其是安全质量管理，需要由事中和事后管理全面转向事前和事中管理；航空安全与服务质量全面融合等。这些，都需要从上至下进行全面变革，确保机场数字化转型系统性与完善性。

其次，智能技术与人力资源的匹配性挑战。数字化转型是对运输机场生产运行管理的全面变革和升级，推动的并非只是技术与运营流程重构，也包括组织知识体系重构，最终表现为人力资源全面升级与换代。简单地说，我们现有人力资源知识体系不能满足数字化转型要求。从当前国内“智慧机场”建设实践看，或多或少都面临着“智能化风险更高”等现实性问题，其根本原因就在于现有人力资源难以适应智能化知识要求，导致新技术应用带来的运行风险难以管控。

最后，智能技术与规制创新的冲突性挑战。这里的规制，可以大到行业整体运行管理体系，也可能小到单个运输机场制度标准。我们可以简单地展现几个应用场景来描述这种挑战。例如，航空公司销售服务，不同销售渠道数据与服务不能共享；航空公司商务与运输机场地服流程与标准存在差异性；不与第三方 APP 融合等实质性问题。再如，行业规制在大小运输机场理解与应用不同，致使自动化服务效率下降等问题，以及由于信息保障系统封闭性造成运输机场不同服务系统数据孤岛等。

（三）数字化转型策略建议

由此可见，大型运输机场数字化转型并不能一蹴而就，需要遵循系统规划、渐进实施的原则，这显然需要机场管理机构认真思考，有效解决好以下 3 个问题。

自上而下的理念变革。这种理念变革，可能突破机场管理机构自身管理的边界而涉及外部监管机制。也就是说，这种理念变革至少会体现在 4 个方面，即①由最高决策者发起的高度重视与全员参与机制；②行业监管规制与运输机场运行规制的创新；③运输机场运行组织体系数字化变革，即组织结构重组与知识体系升级等；④现场生产服务理念与运行技术手段的创新与迭代等。

自内而外的知识与价值管理升级。将员工视为核心生产力，这是前提。但在数字化技术应用中，首先，给予员工知识体系升级换代与改造是必不可少的，至少要保证员工具备数字化思维能力。也就是说，不但要让员工学会并掌握数字化技术，还要让员工在思维方式上实现数字化。其次，畅通生产服务或运行管理的流程，尤其是在确保数据安全基础上充分实现数据共享，甚至是向第三方共享与开放，这是实现“智慧机场”关键所在。最后，则是重新定义客户价值，设计全新触点，应用智能感知技术，确保触点之间清晰逻辑与实时交流，实现价值动态管理。

建立创新“容错”机制。这一点，对于运输机场业而言，应有良好的应用基础，如目前的“无后果违章管理”和“自愿报告机制”等。在任何一个组织中，都会面临“人—机—料—法—环”的断磨合与适应，从而达成平衡的最佳状态的过程。大型运输机场数字化转型，肯定需要不断尝试新技术，持续寻找数字化技术与行业运营管理以及服务保障间的关联。正如，创新与发明，总是在一定数量失败基础上获得成功一样。所不同的是，对于大型运输机场而言，航空安全永远是其生存与发展的生命线，必须在确保这个底线基础上实施数字化转型。

具体来说，大型运输机场数字化转型可以遵循如下工作路径。

（1）确保把数字化嵌入到组织运行全流程，这种嵌入不是简单的投资新技术和提供数字产品或服务，而是要建立起能够且“勇于自我否定的适应性商业模式”，改变整个运输机场组织与运营模式。

（2）让运输机场全方位感知客户，树立起“极致用户导向”的管理理念，将旅客、航空公司、航空器、货物、作业设施与员工等都纳入客户概念，在运输机场各环节设置足够多的感应器与信标，从而有效实现运行状态感知、精准定位导航，以及实时智能决策等。

（3）充分保证数据共享与安全，明确平台管理思维，开发并管理数据平台，通过 API 与第三方实施共享，构建运输机场生态圈。

（4）断尝试新技术应用实验，寻找与运输机场运营管理、安全运行与服务保障的关联，有效提升航空安全与服务体验。

（5）关注员工在数字化转型过程中成长，加快数字化技术培训，全面调整和优化机场生产运行业绩评价体系和绩效激励机制，推动全体员工向数字化思维方式转变。

（作者系中国民航管理干部学院教授）

运输机场研究中有关问题几点思考

王瑞萍

一、关于航空性业务与非航空性业务划分

目前，航空性业务与非航空性业务划分还有争议，主要集中在航空地面服务归类。中国民用机场协会在运输机场基础数据统计中，也发现机场管理机构收入归类多有差异。主要原因是对2类业务划分逻辑标准掌握宽严的差异，也有对国际组织有关文件理解差异。

航空性收入与非航空性收入是逻辑上的“二分法”划分。“二分法”是依据划分对象是否具有某种属性所做的分类。运用这种逻辑方法划分运输机场总收入，其划分结果是所有收入来源非此即彼，唯此概念才能周延。

航空性业务与非航空性业务是依据经济活动与航空器运行是否具有直接关系这一逻辑标准划分的2类业务。其中航空性业务是与航空器运行直接相关的业务，非航空性业务是与航空器运行不直接相关的业务。这里的关键是区分“航空”与“航空运输”的不同。航空器有多种用途，一架航空器从准备开始到起飞，与该航空器具体用途无关。航空地面服务属于运输业务一部分，它有自己相对独立的运行规则。只有当航空器用于载客载货的时候，运输业务与航空性业务才产生融合需要。在运输业务中，有无客货、客货多少及客货位移方向，与航空器运行并无直接关系。即使运输机场把航空器运行与运输业务两套规则融合之后，事实上也没有改变运输业务与航空器运行之间的非直接关系，两种业务边界十分清晰。

据此，严格界定航空性业务应当撇开航空器具体用途，与航空器运行“直接”和“非直接”关系是业务归类边界。在宽泛的航空地面服务概念中，有一部分业务是航空性的，譬如飞机过站维修、与客货无关的特种车服务等，都是航空性业务。航空地面服务中的运输业务都属于非航空性业务。同理，中国民用航空总局、国家发展和改革委员会发布的《民用机场收费改革实施方案》（民航发〔2007〕159号）文件中的旅客服务费、安全检查费、配通集旅行收费等，其实是航站楼基础设施使用收费或运输业务收费，应当归于非航空性收入。159号附件7《内地航空公司内地航班地面服务项目》中除第八节“飞机勤务”外，其他如一般代理服务、配载和通信、集装设备管理、旅客与行李服务、货物和邮件服务、客梯装卸和地面运输服务、飞机服务等，都是非航空性业务，其收入属于非航空性收入。

应当注意国际组织文件的理解。国际民航组织《机场经济学手册》（Doc 9562）把运输机场特许经营业务分为2类：第1类是与航空运输服务直接相关的特许经营，如燃油、地面服务和机上配餐等；第2类是与航空运输服务没有直接相关的特许经营，如餐馆、酒吧、自助餐厅等。这里概念

划分的逻辑标准是“航空运输”，而不是“航空”。在第 1 类特许经营业务中，分别包含了航空性业务与非航空性业务，与“航空”直接相关业务如航油供应，与“航空”不直接相关业务如航空地面服务、机上配餐等。该《手册》要求，与航空运输服务直接相关的特许经营活动的收费应该谨慎，甚至有必要使用对标成本回收原则予以限制。从这里也可以看出，把非航空性收入中的航空地面服务、机上配餐等业务抽取出来，对其特许经营收费加以限制，是为了更充分地体现运输机场及公共航空运输的属性。两个划分目的和用途不同，逻辑标准也不同。鉴于这种现状，笔者认为对运输机场经济活动的航空性与非航空性有必要进一步厘清和界定。

二、关于航空性收入资源化的表现形式

第一视角是以收入来源为逻辑标准划分运输机场总收入，第二视角是以收入方式为逻辑标准划分运输机场总收入，2 个视角引导的着眼点、思路及结论完全不同。

航空性业务具有较强的公共属性，主要体现在政府控制收费标准。但航空性业务也具有商业属性，这就决定了航空性业务可以通过市场供给，应当与机场管理机构公共管理或公共服务严格区分和界定。国际实践表明，运输机场市场化程度高低不取决于 2 类业务划分，2 类业务之间没有能否市场供给鸿沟，主要取决于公共基础设施管理体制、运行模式选择及市场专业化发展水平。在第二视角下，同样是航空性收入，机场管理机构直接提供航空性保障服务所获航空性收入是经营性收入，反之，机场管理机构以购买服务或提供商业机会方式由第三方供应商提供保障服务所获收入是资源性收入。航空性业务形成资源性收入途径有 2 种方式。

（1）航空承运人、航空运营人向第三方供应商直接支付费用的航空性业务，机场管理机构的航空性收入表现为提供商业机会收取的特许经营费、设施设备租赁费及其他相关收入。

（2）航空承运人、航空运营人没有或不便向第三方供应商直接支付费用，或者采取一揽子方式付费的航空性业务，如飞行区及场道维护等，机场管理机构航空性收入表现为航空承运人、航空运营人向其支付费用与购买服务支出差额。

三、关于资源性收入两种形态

划分运输机场 2 类业务引进第三方供应商的方式的逻辑标准是除机场管理机构外，第三方供应商有无收入来源。有收入来源的采用特许经营或转让经营权方式，没有收入来源的则采取购买服务方式。现阶段，机场管理机构以购买服务方式引进第三方供应商的航空性与非航空性业务范围如下。

（1）非航空性业务：航站楼设备维修服务、楼内广播问询及失物招领服务、政要贵宾服务、网络运行维护服务、安全保卫服务、园林管理服务、物业管理服务、能源管理服务、公共保洁服务、停车场管理服务、特种车辆维修服务、飞行区割草、驱鸟及围界管理服务等。

（2）航空性业务：飞行区及场道维护服务等。

机场管理机构以购买服务方式引进第三方供应商的价格原则是总支出低于或等于自营总成本。培育和扶持地域性或全国性的运输机场各业务领域的专业化连锁供应商，是局方政策需要关注的导向。在实现规模化之前，为运输机场提供服务的第三方供应商往往难以覆盖成本。

四、关于公共属性对资源性收入约束

运输机场资源性收入应当受到公共属性约束。作为公共基础设施，运输机场是汇集多种经营活

动的经济运行平台。追随运输机场自然垄断及公共属性，运输机场经济平台上的商业机会及商业服务背后也隐藏着一定公共属性，“同城同质同价”是基本要求。这种公共属性需要通过机场管理机构的公共管理及服务实现。这一点美国运输机场有很好体现。

商业服务及产品并不具有公共属性，其价格主要通过市场调节，“同城同质同价”本身也并不体现公共属性。商业服务及产品“同城同质同价”是与运输机场自然垄断属性相伴产生的。自然垄断环境中的商业服务及产品价格高于一般市场，各相关利益方逐利倾向不言而喻，也是我国运输机场贯彻公共属性必须解决的现实问题。从根本上说，这一问题是运输机场过高的商业资源、商业机会转让价格造成的。当机场管理机构注重公共属性，让渡凭借自然垄断获得的资源性收入，为“同城同质同价”提供物质基础的时候，公共属性才注入其中。“同城同质同价”不是道德表现，本质上是公共基础设施属性要求，也是机场管理机构公共管理结果。国际实践证明，“同城同质同价”的经济结果，并不一定牺牲运输机场收益能力，客户消费增加同时为机场管理机构、商业服务供应商、客户带来更大利益。

（作者系中国民用机场协会理事长）

附录一

《中国民用机场发展蓝皮书2020》数据来源与使用说明

本报告编写所涉及的数据来源，包括：

（1）中国民用航空局有关生产统计公报、安全信息统计报告、航班正常情况通报、通用航空产业发展报告；

（2）国际机场理事会（ACI）与中国民用机场协会相关统计报告；

（3）国家与地区经济社会发展统计公报、经济社会发展规划类政策文件、综合交通发展规划类政策文件；

（4）相关政府官网、民用机场官网与官方微信平台；

（5）上市运输机场年报、OAG 商业数据库；

（6）中国民航空中交通管理局、中国民用机场协会（CCAA）关于中小机场管制员结构及发展需求调研数据。

本报告编写所涉及的数据作说明如下：

（1）本蓝皮书采用 OAG 数据库数据均为单向航线数据。

（2）2019 年 OAG 数据库中包含中国大陆地区 236 个机场，OAG 数据库尚未收录 5 个运输机场数据，包括东北地区长海大长山岛机场、中南地区三沙永兴机场、西北地区安康机场、华北地区秦皇岛山海关机场、华东地区九江庐山机场。

（3）由于处理数据时小数位保留采取四舍五入方法，本文图表的一些数据加总并不一定等于 100%。

（4）无特殊说明情况下，通航点数量计算口径说明：均基于航线数据。例如，对银川河东机场（INC），航线“INC-CTU-SIN”给其带来两个通航点，分别是成都双流国际机场（CTU）与新加坡樟宜国际机场（SIN）。

（5）国际或港澳台可用座位口径说明：对经停的国际或港澳台航线不重复计算国内座位运力。例如，国际经停航线“INC-CTU-SIN”，在此航线中将座位运力归于国际座位运力，计算国内座位运力时不再重复计算。

（6）进出口贸易总额说明：指按境内目的地和货源地分的货物进出口总额。

（7）入境人数说明：指接待入境过夜外国旅客人数（不含一日游），按照每入境 1 次统计 1 人次。

本报告所用数据在正文中均已标注。由于时滞性或统计口径不同等问题，各项公布数据与实际生产活动难免出入。欢迎各机场管理机构及业内专家就统计数据准确性等事项，积极与编委会联系，以便在未来编写中能够更准确、更翔实地反映我国民用机场发展概况。

附录二

中国民用机场协会（CCAA）会员名录

（排序不分先后）

中国民用机场协会（CCAA）会员单位名录			
运输机场集团会员			
1	首都机场集团公司	15	湖北机场集团有限公司
2	河北机场管理集团有限公司	16	湖南省机场管理集团有限公司
3	山西航空产业集团有限公司	17	广东省机场管理集团有限公司
4	内蒙古自治区民航机场集团有限责任公司	18	深圳市机场（集团）有限公司
5	辽宁省机场管理集团有限公司	19	珠海机场集团公司
6	大连国际机场集团有限公司	20	广西机场管理集团有限责任公司
7	吉林省民航机场集团公司	21	海航机场集团有限公司
8	黑龙江省机场管理集团有限公司	22	重庆机场集团有限公司
9	上海机场（集团）有限公司	23	四川省机场集团有限公司
10	东部机场集团有限公司	24	贵州省机场集团有限公司
11	安徽民航机场集团有限公司	25	云南机场集团有限责任公司
12	元翔国际航空港集团（福建）有限公司	26	西部机场集团有限公司
13	江西省机场集团公司	27	甘肃省民航机场集团有限公司
14	河南省机场集团有限公司	28	新疆机场（集团）有限责任公司
运输机场会员			
29	北京首都国际机场股份有限公司	41	内蒙古自治区民航机场集团有限责任公司呼和浩特分公司
30	首都机场集团公司北京大兴国际机场	42	内蒙古扎兰屯民航机场有限责任公司
31	天津滨海国际机场	43	乌兰浩特义勒特机场公司
32	石家庄国际机场分公司	44	内蒙古自治区民航机场集团有限责任公司阿尔山分公司
33	秦皇岛北戴河机场	45	通辽机场公司
34	张家口机场有限公司	46	内蒙古赤峰民航有限责任公司
35	承德机场公司	47	锡林浩特机场公司
36	邯郸机场管理有限公司	48	二连浩特赛乌素机场管理有限公司
37	太原国际机场有限责任公司	49	包头机场公司
38	长治机场有限责任公司	50	内蒙古巴彦淖尔民航机场有限责任公司
39	大同机场有限责任公司	51	内蒙古乌海民航机场有限责任公司
40	吕梁机场有限责任公司	52	阿拉善左旗巴颜浩特机场

续表

中国民用机场协会（CCAA）会员单位名录			
53	阿拉善额济纳旗桃来机场	90	扬州泰州国际机场投资建设有限责任公司
54	阿拉善右旗巴丹吉林机场司	91	无锡苏南国际机场集团有限公司
55	鄂尔多斯机场管理集团有限公司	92	杭州萧山国际机场有限公司
56	沈阳桃仙国际机场股份有限公司	93	宁波机场与物流发展集团有限公司
57	丹东机场	94	温州机场集团有限公司
58	锦州机场	95	普陀山机场有限公司
59	朝阳机场	96	浙江省台州机场管理有限公司
60	鞍山机场管理有限公司	97	浙江省义乌机场管理有限公司
61	大连周水子国际机场	98	安徽民航机场集团有限公司合肥机场分公司
62	大连长海机场有限公司	99	黄山机场
63	营口机场有限公司	100	池州九华山机场分公司
64	长春龙嘉机场	101	阜阳市民用航空局
65	延吉机场公司	102	元翔（厦门）国际航空港股份有限公司
66	长白山机场公司	103	元翔（福州）国际航空港有限公司
67	通化机场公司	104	元翔（龙岩）冠豸山机场有限公司
68	白城机场公司司	105	元翔（武夷山）机场有限公司
69	哈尔滨太平机场	106	福建三明机场有限公司
70	齐齐哈尔机场	107	泉州晋江国际机场股份有限公司
71	牡丹江机场分公司	108	南昌昌北机场
72	佳木斯分公司	109	赣州机场公司
73	黑河机场	110	吉安井冈山机场
74	漠河古莲机场	111	九江庐山机场
75	大庆萨尔图机场管理有限公司	112	景德镇罗家机场
76	伊春机场	113	江西省机场集团公司宜春机场分公司
77	鸡西兴凯湖机场	114	山东机场集团有限公司
78	加格达奇机场	115	青岛国际机场集团有限公司
79	抚远东极机场管理有限责任公司	116	威海国际机场集团有限公司
80	建三江湿地机场管理有限公司	117	烟台国际机场集团有限公司
81	五大连池德都机场管理有限公司	118	临沂市国际机场有限公司
82	上海国际机场股份有限公司	119	济宁曲阜机场有限公司
83	上海虹桥国际机场公司	120	河南郑州新郑国际机场有限公司
84	南京禄口机场分公司	121	洛阳北郊机场
85	徐州市观音国际机场有限公司	122	武汉天河机场有限责任公司
86	常州机场集团有限公司	123	恩施机场公司
87	连云港市白塔埠机场有限公司	124	襄阳机场公司
88	淮安民用机场有限责任公司	125	神农架机场有限公司
89	盐城南洋机场有限责任公司	126	宜昌三峡机场有限责任公司

续表

中国民用机场协会（CCAA）会员单位名录			
127	长沙黄花国际机场分公司	164	四川九寨黄龙机场有限责任公司
128	张家界荷花机场	165	宜宾机场
129	常德桃花源机场	166	四川康定机场集团有限责任公司
130	永州零陵机场	167	稻城亚丁机场
131	衡阳南岳机场有限责任公司	168	阿坝红原机场有限责任公司
132	邵阳武冈机场有限责任公司	169	贵阳龙洞堡国际机场股份有限公司
133	广州白云国际机场股份有限公司	170	贵州省机场集团有限公司黎平机场分公司
134	揭阳潮汕机场公司	171	黔东南州凯里黄平机场有限责任公司
135	湛江机场公司	172	遵义机场有限责任公司
136	梅县机场公司	173	贵州遵义茅台机场有限责任公司
137	惠州机场公司	174	毕节飞雄机场有限责任公司
138	深圳市机场股份有限公司	175	昆明长水国际机场有限责任公司
139	珠海市珠港机场管理有限公司	176	西双版纳机场
140	南宁吴圩国际机场	177	丽江机场
141	桂林两江国际机场	178	大理机场
142	广西机场管理集团公司北海机场	179	德宏芒市机场
143	广西机场管理有限责任公司柳州机场	180	迪庆香格里拉机场
144	梧州机场有限责任公司	181	保山云端机场
145	百色机场有限责任公司	182	普洱思茅机场
146	广西机场管理集团有限责任公司河池分公司	183	昭通机场
147	海口美兰国际机场有限责任公司	184	临沧机场
148	三亚凤凰国际机场有限责任公司	185	云南机场集团有限公司文山普者黑机场
149	安庆天柱山机场有限责任公司	186	云南腾冲驼峰机场开发管理有限公司
150	海南博鳌机场管理有限公司	187	西安咸阳国际机场股份有限公司
151	松原查干湖机场管理有限公司	188	宁夏机场有限公司
152	重庆江北国际机场有限公司	189	西部机场集团宁夏机场有限公司中卫分公司
153	重庆市万州机场有限责任公司	190	西部机场集团宁夏机场有限公司固原分公司
154	重庆市黔江武陵山机场	191	青海机场有限公司
155	重庆巫山神女峰机场有限公司	192	格尔木机场
156	成都双流国际机场股份有限公司	193	西部机场集团青海机场有限公司花土沟分公司
157	西昌青山机场	194	西部机场集团青海机场有限公司玉树机场分公司
158	达州河市机场	195	西部机场集团青海机场有限公司德令哈机场分公司
159	广元盘龙机场	196	西部机场集团青海机场有限公司果洛机场分公司
160	攀枝花保安营机场有限责任公司	197	西部机场集团青海机场有限公司祁连机场分公司
161	泸州机场	198	榆林机场有限公司
162	绵阳机场（集团）有限公司	199	延安机场有限公司
163	南充高坪机场有限责任公司	200	汉中固城机场有限公司

续表

中国民用机场协会（CCAA）会员单位名录			
201	安康富强机场有限公司	213	和田机场
202	甘南夏河机场分公司	214	阿勒泰机场
203	兰州中川机场公司	215	库车机场
204	敦煌机场公司	216	克拉玛依机场
205	嘉峪关机场公司	217	博乐阿拉山口机场
206	庆阳机场公司	218	石河子机场管理有限公司
207	金昌金川机场管理有限公司	219	拉萨贡嘎国际机场
208	张掖甘州机场管理有限公司	220	林芝机场
209	天水机场有限公司	221	昌都邦达机场
210	乌鲁木齐机场分公司	222	日喀则和平机场
211	库尔勒机场	223	阿里昆莎机场
212	阿克苏机场	224	澳门国际机场专营股份有限公司
通用机场与通航公司会员			
225	郑州上街通用机场	238	万丰通用机场（万丰航空工业有限公司）
226	重庆江南机场有限公司	239	北京密云穆家峪机场 （北京华彬蓝天投资管理有限公司）
227	盘锦陈家通航机场 （盘锦中澳航空科技有限公司）	240	舟山岱山直升机场 （舟山市海丰通用航空服务有限公司）
228	铁岭腰堡通用机场 （辽宁天丰航空产业发展有限公司）	241	舟山衢山直升机场 （舟山市海丰通用航空服务有限公司）
229	于洪全胜通用机场 （辽宁天丰航空产业发展有限公司）	242	舟山嵊泗直升机场 （舟山市海丰通用航空服务有限公司）
230	牡丹江航空护林站	243	舟山桃花直升机场 （舟山市海丰通用航空服务有限公司）
231	根河敖鲁古雅通用机场 （根河敖鲁古雅民航机场管理有限责任公司）	244	舟山东极直升机场 （舟山市海丰通用航空服务有限公司）
232	东阳横店通用机场 （浙江横店航空产业有限公司）	245	新巴尔虎右旗宝格德通用机场 （新巴尔虎右旗宝格德通用机场管理有限责任公司）
233	厦门厦金湾直升机场 （正阳通用航空机场投资有限公司）	246	乌拉特中旗海流图通用机场 （乌拉特通用机场管理有限责任公司）
234	福州竹岐机场 （正阳通用航空机场投资有限公司）	247	阿鲁科尔沁机场 （阿鲁科尔沁民航机场有限责任公司）
235	东莞正阳田尾直升机场 （东莞市正阳通用航空机场投资有限公司）	248	自贡凤鸣通用机场 （自贡通航机场发展有限公司）
236	上海金桥直升机场 （舟山市海丰通用航空服务有限公司）	249	洛带机场 （四川驼峰通用航空有限公司）
237	独山县 A3 通用机场 （贵州西南飞虎通用航空有限公司）	250	永川大安机场 （重庆城投通用航空产业发展有限公司）

续表

中国民用机场协会（CCAA）会员单位名录			
251	德清莫干山通用机场 （德清莫干山机场管理有限公司）	269	辽宁天丰航空产业发展有限公司
252	苏州澄湖通用机场 （苏州澄湖爱上飞行航空营地有限公司）	270	中国航空规划设计研究所总院有限公司
253	河北平泉机场 （河北拓源通用航空服务有限公司）	271	通航空港建设投资管理有限公司
254	镇江大路通用机场 （镇江大路通用机场管理有限公司）	272	内蒙古民航机场集团公司
255	江苏建湖通用机场 （江苏建湖通用机场有限公司）	273	北京易云空间航空科技公司
256	武汉汉南通用机场 （广州市海翼航空运营管理有限公司）	274	重庆城投通用航空产业发展有限公司
257	雁鸣湖通用机场 （中牟雁鸣湖通用机场建设管理有限公司）	275	北京华彬蓝天投资管理有限公司
258	九江威家直升机场 （九江市庐山直升机旅游有限公司）	276	海丰通航科技有限公司
259	九江庐山直升机场 （九江市庐山直升机旅游有限公司）	277	盘锦中澳航空科技有限公司
260	宁夏盐池县通用机场	278	万丰航空工业有限公司
261	迁安五重安机场 （唐山联旺通用航空有限公司）	279	浙江凯晟通用航空技术有限公司
262	建德千岛湖通用机场 （建德通用机场管理有限公司）	280	郑州市啸鹰航空有限公司
263	安吉天子湖通用机场 （（全泰）安吉机场有限公司）	281	重庆通用航空产业集团机场有限公司
264	河北沧州中捷通用机场 （沧州中捷机场管理有限公司）	282	北京天空之缘航空科技有限公司
265	富蕴通用机场 （河北拓源通用航空服务有限公司）	283	重庆英诺博恒航空旅游投资开发有限公司
266	布尔津通用机场 （河北拓源通用航空服务有限公司）	284	正阳通用航空机场投资有限公司
267	日照市岚山通用机场	285	中飞水陆通用航空有限公司
268	兰坪丰华通用机场	286	北京翔宇通用航空有限公司
科研院校会员			
287	中国民航大学	290	中国民航管理干部学院
288	滨州学院	291	四川泛美教育投资集团有限责任公司
289	中国民航科学技术研究院		

续表

中国民用机场协会（CCAA）会员单位名录			
企事业单位会员			
292	中国航空油料集团公司	328	深圳乐可得航旅科技股份有限公司
293	中国民航信息集团公司	329	北京博能科技有限公司
294	中国航空器材集团有限公司	330	华航信息技术（绍兴）有限公司
295	中国民航机场建设集团有限公司	331	南京亚派科技股份有限公司
296	中国民用航空局第二研究所	332	同方威视技术股份有限公司
297	庞巴迪运输工程服务（北京）有限公司	333	德电（中国）通信技术有限公司
298	威海广泰空港设备股份有限公司	334	华宇空港（北京）科技有限公司
299	中国民航工程咨询公司	335	重庆微标科技股份有限公司
300	北京中航筑诚机场建设顾问有限公司	336	空港善瑞（北京）航空技术服务有限公司
301	中国建筑西南勘察设计研究院有限公司	337	云华教育科技有限公司
302	中设设计集团北京民航设计研究院有限公司	338	欧思航空科技发展（北京）有限公司
303	中铁第五勘察设计院集团有限公司	339	四川青霄信息科技有限公司
304	北京中航空港建设工程有限公司	340	北京此时此地信息科技有限公司
305	北京中航弱电系统工程有限公司	341	海南太美航空股份有限公司
306	北京京航安机场工程有限公司	342	浙江大华技术股份有限公司
307	黑龙江民航建筑安装工程有限公司	343	深圳星标科技股份有限公司
308	四川中奥建设工程实验检测有限责任公司	344	北京纳兰德科技股份有限公司
309	浙江明德建设有限公司	345	北京华航海鹰新技术开发有限责任公司
310	中铁城建集团北京工程有限公司	346	中国联合网络通信有限公司网络技术研究院
311	中国电建集团航空港建设有限公司	347	东软集团股份有限公司
312	中航凯迪恩机场工程有限公司	348	南京榕树自动化系统有限公司
313	四川华西安装工程有限公司	349	北京世纪竹邦能源技术股份有限公司
314	张家港市鹏程航空设备有限责任公司	350	中资国际新能源储能动力科技有限公司
315	安徽太平洋电缆股份有限公司	351	中尚能源科技有限公司
316	江苏天一机场专用设备有限公司	352	北京安捷通航空地面服务股份有限公司
317	中安（天津）航空设备有限公司	353	北京欣亚中物业服务有限公司
318	深圳腾龙航天器材服务有限公司	354	沈阳恒艺航空服务有限公司
319	四川九洲电器集团有限责任公司	355	重庆泛美新程航空服务有限公司
320	天津航大航空设备有限公司	356	辽宁省航空运输协会
321	北京博维航空设施管理有限公司	357	中航空港（北京）技术培训中心
322	杭州电缆股份有限公司	358	广东万事通航空地勤服务有限公司
323	施耐德电气（中国）有限公司上海分公司	359	中运达机场地面服务有限公司
324	北京金色世纪商旅网络科技股份有限公司	360	北京外航服务公司
325	大连宗益科技发展有限公司	361	北京融德人才咨询服务有限责任公司
326	北京东方空港信息技术有限公司	362	新疆中际华铁人力资源管理有限公司
327	飞友科技有限公司	363	广东美华航空地面服务有限公司

续表

中国民用机场协会（CCAA）会员单位名录			
364	蓝盾智慧（深圳）安防咨询有限公司	375	深圳机场商务发展有限公司
365	北京市安博会展有限公司	376	河北空港贵宾服务有限公司
366	上海豪柳贸易发展有限公司	377	内蒙古空港贵宾服务有限公司
367	平安银行交通金融事业部	378	成都双流国际机场航空地面服务有限公司
368	拉格代尔商业（上海）有限公司	379	北京华龙商务航空有限公司
369	北京致高视点传媒股份有限公司	380	杭州萧山国际机场公务航空地面服务有限公司
370	中国航空运输协会	381	南山公务机有限公司
371	华为技术有限公司	382	首都公务机有限公司
372	上海市建筑科学研究院（集团）有限公司	383	山东太古飞机工程有限公司
373	广东省澳舒健家具制造有限公司	384	香港商用航空（中国）有限公司
374	北京物联网智能技术应用协会		

附录三

中国民用机场协会（CCAA）部分会员标识

（排序不分先后）

运输机场集团类

首都机场集团公司

河北机场管理集团有限公司

山西航空产业集团有限公司

内蒙古自治区民航机场集团有限责任公司

辽宁省机场管理集团有限公司

大连国际机场集团有限公司

吉林省民航机场集团公司

黑龙江省机场管理集团有限公司

上海机场（集团）有限公司

东部机场集团有限公司

安徽民航机场集团有限公司

元翔国际航空港集团（福建）有限公司

江西省机场集团公司

河南省机场集团有限公司

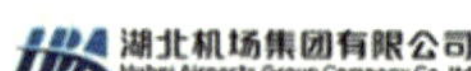

湖北机场集团有限公司

湖南省机场管理集团有限公司

广东省机场管理集团有限公司

深圳市机场（集团）有限公司

珠海机场集团公司

广西机场管理集团有限责任公司

海航机场集团有限公司

重庆机场集团有限公司

四川省机场集团有限公司

贵州省机场集团有限公司

云南机场集团有限责任公司

西部机场集团有限公司

肃省民航机场集团有限公司

新疆机场(集团)有限责任公司

运输机场类

北京首都国际机场股份有限公司

首都机场集团公司北京大兴国际机场

天津滨海国际机场

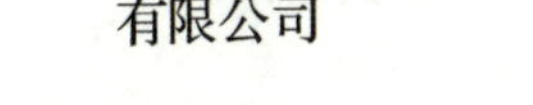

邯郸机场管理有限公司

内蒙古自治区民航机场集团有限责任公司呼和浩特分公司

通辽机场公司

内蒙古赤峰民航有限责任公司

锡林浩特机场公司

二连浩特赛乌素机场管理有限公司

包头机场公司

内蒙古巴彦淖尔民航机场有限责任公司

鄂尔多斯机场管理集团有限公司

沈阳桃仙国际机场股份有限公司

丹东机场

锦州机场

朝阳机场

鞍山机场管理有限公司

大连周水子国际机场

大连长海机场有限公司

营口机场有限公司

长春龙嘉机场

延吉机场公司

上海国际机场股份有限公司

上海虹桥国际机场公司

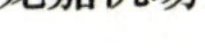

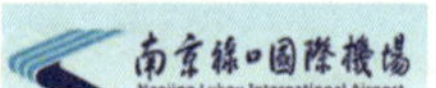

南京禄口机场分公司有限公司

徐州市观音国际机场有限公司

常州机场集团有限公司

连云港市白塔埠机场有限公司

淮安民用机场有限责任公司

盐城南洋机场有限责任公司

扬州泰州国际机场投资建设有限责任公司

无锡苏南国际机场集团有限公司

杭州萧山国际机场有限公司

宁波机场与物流发展集团有限公司

温州机场集团有限公司

普陀山机场有限公司

浙江省台州机场管理有限公司

浙江省义乌机场管理有限公司

安徽民航机场集团有限公司合肥机场分公司

池州九华山机场分公司

阜阳市民用航空局

元翔（厦门）国际航空港股份有限公司

元翔（福州）国际航空港有限公司

元翔（龙岩）冠豸山机场有限公司

元翔（武夷山）机场有限公司

福建三明机场有限公司

泉州晋江国际机场股份有限公司

赣州机场公司

山东机场集团有限公司

青岛国际机场集团有限公司

威海国际机场集团有限公司

烟台国际机场集团有限公司

临沂市国际机场有限公司

济宁曲阜机场有限公司

河南郑州新郑国际机场

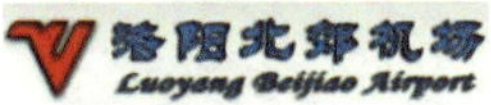

洛阳北郊机场

武汉天河机场有限责任公司

恩施机场公司

襄阳机场公司

神农架机场有限公司

宜昌三峡机场有限责任公司

张家界荷花机场

常德桃花源机场

广州白云国际机场股份有限公司

揭阳潮汕机场公司

湛江机场公司

梅县机场公司

惠州机场公司

深圳市机场股份有限公司

珠海市珠港机场管理有限公司

南宁吴圩国际机场

桂林两江国际机场

广西机场管理集团公司北海机场

广西机场管理有限责任公司柳州机场

梧州机场有限责任公司

百色机场有限责任公司

广西机场管理集团有限责任公司河池分公司

海口美兰国际机场有限责任公司

三亚凤凰国际机场有限责任公司

海南博鳌机场管理有限公司

成都双流国际机场股份有限公司

西昌青山机场

广元盘龙机场

攀枝花保安营机场有限责任公司

泸州机场

绵阳机场（集团）有限公司

四川九寨黄龙机场有限责任公司

四川康定机场集团有限责任公司

阿坝红原机场有限责任公司

遵义机场有限责任公司

贵州遵义茅台机场有限责任公司

毕节飞雄机场有限责任公司

昆明长水国际机场有限责任公司

西双版纳机场

丽江机场

大理机场

德宏芒市机场

迪庆香格里拉机场

保山云端机场

普洱思茅机场

昭通机场

临沧机场

云南机场集团有限公司文山普者黑机场

云南腾冲驼峰机场开发管理有限公司

西安咸阳国际机场股份有限公司

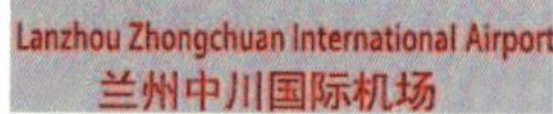

兰州中川机场公司

敦煌机场公司

嘉峪关机场公司

金昌金川机场管理有限公司

张掖甘州机场管理有限公司

澳门国际机场专营股份有限公司

通用机场类

重庆江南机场

盘锦陈家机场

辽宁天丰

正阳通用航空机场投资有限公司

海丰通航科技有限公司

万丰航空工业有限公司

乌拉特中旗通用机场

自贡通航机场发展有限公司

成都洛带通用机场

德清莫干山通用机场

苏州澄湖爱上飞行航空营地有限公司

河北平泉机场

镇江大路通用机场管理有限公司

广州市海翼航空运营管理有限公司

雁鸣湖通用机场

迁安市五重山机场

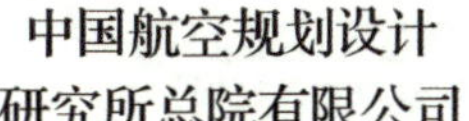
中国航空规划设计研究所总院有限公司

通航空港建设投资管理有限公司

北京易云空间航空科技公司

浙江凯晟通用航空技术有限公司

郑州市啸鹰航空有限公司

重庆通用航空产业集团机场有限公司

北京天空之缘航空科技有限公司

北京翔宇通用航空

科研院校

中国民航大学

滨州学院

中国民航科学技术研究院

中国民航管理干部学院

四川泛美教育投资集团有限责任公司

企事业单位类

中国航空油料集团公司

中国民航信息集团公司

中国航空器材集团有限公司

中国民航机场建设集团

中国民用航空局第二研究所

庞巴迪运输工程服务（北京）有限公司

威海广泰空港设备股份有限公司

中国民航工程咨询公司

北京中航筑诚机场建设顾问有限公司

中国建筑西南勘察设计研究院有限公司

中设设计集团北京民航设计研究院有限公司

中铁第五勘察设计院集团有限公司

北京中航空港建设工程有限公司

北京中航弱电系统工程有限公司

北京京航安机场工程有限公司

黑龙江民航建筑安装工程有限公司

四川中奥建设工程实验检测有限责任公司

浙江明德建设有限公司

中铁城建集团北京工程有限公司

中国电建集团航空港建设有限公司

中航凯迪恩机场工程
有限公司

四川华西安装工程
有限公司

安徽太平洋电缆股
份有限公司

江苏天一机场专用设备
有限公司

中安（天津）航空
设备有限公司

深圳腾龙航天器材
服务有限公司

四川九洲电器集团
有限责任公司

天津航大航空设备
有限公司

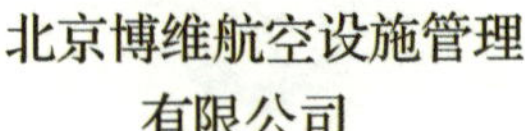

北京博维航空设施管理
有限公司

杭州电缆股份有限
公司

施耐德电气（中国）有限
公司上海分公司

北京金色世纪商旅网络
科技股份有限公司

大连宗益科技发展
有限公司

北京东方空港信息技术
有限公司

飞友科技有限公司

深圳乐可得航旅科技
股份有限公司

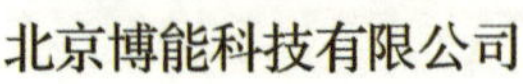

北京博能科技有限公司

华航信息技术（绍兴）
有限公司

南京亚派科技股份
有限公司

同方威视技术股份
有限公司

华宇空港（北京）科技
有限公司

重庆微标科技股份
有限公司

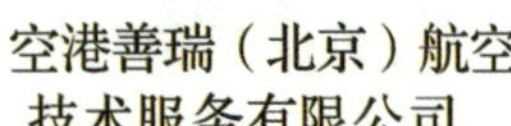

空港善瑞（北京）航空
技术服务有限公司

云华教育科技有限
公司

欧思航空科技发展（北京）
有限公司

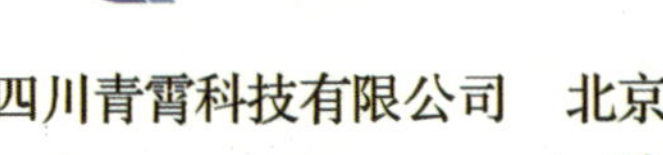

四川青霄科技有限公司

北京此时此地信息
科技有限公司

海南太美航空股份
有限公司

浙江大华技术股份有限公司

深圳星标科技股份有限公司

北京纳兰德科技股份有限公司

北京华航海鹰新技术开发有限责任公司

中国联合网络通信有限公司网络技术研究院

Neusoft

东软集团股份有限公司

南京榕树自动化系统有限公司

北京世纪竹邦能源技术股份有限公司

中资国际新能源储能动力科技有限公司

中尚能源科技有限公司

北京安捷通航空地面服务股份有限公司

北京欣亚中物业服务有限公司

沈阳恒艺航空服务有限公司

重庆泛美新程航空服务有限公司

辽宁省航空运输协会

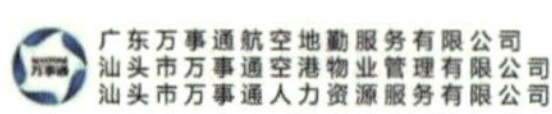

广东万事通航空地勤服务有限公司

中运达机场地面服务有限公司

北京外航服务公司

北京融德人才咨询服务有限责任公司

新疆中际华铁人力资源管理有限公司

广东美华航空地面服务有限公司

蓝盾智慧（深圳）安防咨询有限公司

北京市安博会展有限公司

上海豪柳贸易发展有限公司

平安银行交通金融事业部

拉格代尔商业（上海）有限公司

中国航空运输协会

华为技术有限公司

上海市建筑科学研究院（集团）有限公司

广东省澳舒健家具制造有限公司

北京物联网智能技术应用协会

深圳机场商务发展有限公司

河北空港贵宾服务有限公司
Hebei Airport VIP Service Co., Ltd.

河北空港贵宾服务有限公司

内蒙古空港贵宾服务有限公司
Inner Mongolia Airports VIP Service Co.,Ltd.

内蒙古空港贵宾服务有限公司

成都双流国际机场航空地面服务有限公司

北京华龙商务航空有限公司

杭州萧山国际机场公务航空地面服务有限公司

南山公务机有限公司

首都公务机有限公司

山东太古飞机工程有限公司

香港商用航空（中国）有限公司

中国第一国门——北京首都国际机场

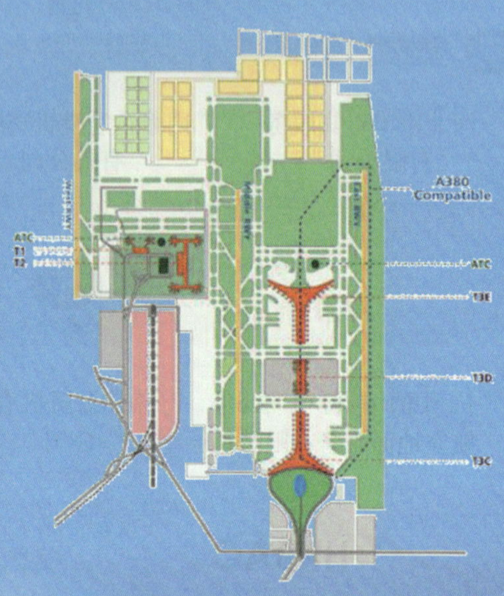

北京首都国际机场（以下简称首都机场）位于北京市区东北方向顺义区境内，距离天安门广场25公里，被誉为“中国第一国门”，是向世界展示中国形象的重要窗口，也是中国运输生产最繁忙的大型国际航空港。首都机场现拥有三座航站楼、三条跑道、两座塔台，381个机位，航站楼总面积约141万平方米，飞行区总面积约1368公顷。2019 年底，首都机场通航 65 个国家和地区的 294 个航点，国际航点 133 个。

旅客吞吐量连续第二年突破**1**亿人次

完成货邮吞吐量**195.5**万吨

飞机起降**59.4**万架次

旅客吞吐量连续两年破“亿”

2019年首都机场“四型机场”新成绩

未来，首都机场将紧密围绕北京“双枢纽”发展战略，积极服务好北京市“四个中心”定位，通过“提质增效、再造国门”，努力将首都机场打造成为超大型机场的“平安机场、绿色机场、智慧机场、人文机场”标杆。

不平凡的 2019 不止步的上海机场

2019 年，上海浦东、虹桥机场共保障航班起降 784774 架次，同比增长 1.71%（其中，浦东机场 511846 架次，虹桥机场 272928 架次）；完成旅客吞吐量 12179.14 万人次，同比增长 3.53%（其中，浦东机场 7615.35 万人次，虹桥机场 4563.79 万人次）；完成货邮吞吐量 405.78 万吨，实现逆势企稳。

持续完善两场基础设施

浦东机场三期扩建主体工程暨卫星厅于 2019 年 9 月 16 日启用，开启“航站楼 + 卫星厅”的机场运营新模式，成为上海航空枢纽建设新的里程碑。虹桥机场完成了飞行区绕滑道系统安全改造项目“三通一平”工程。

着力改善枢纽运行品质

航线网络航班时刻持续优化。浦东机场新增国际客运航点 3 个、加密国际中远程航线 3 条，旅客中转率超过 12%。虹桥机场完成民航局 2% 时刻增量奖励有效落地，港澳航线实现加密，快线数量增至 14 条。2019 年在上海两大机场运营的航空公司达 108 家，通航 51 个国家；通航点总数达 314 个，其中国际通航点 142 个，国内通航点 172 个（含港澳台通航点 5 个）。

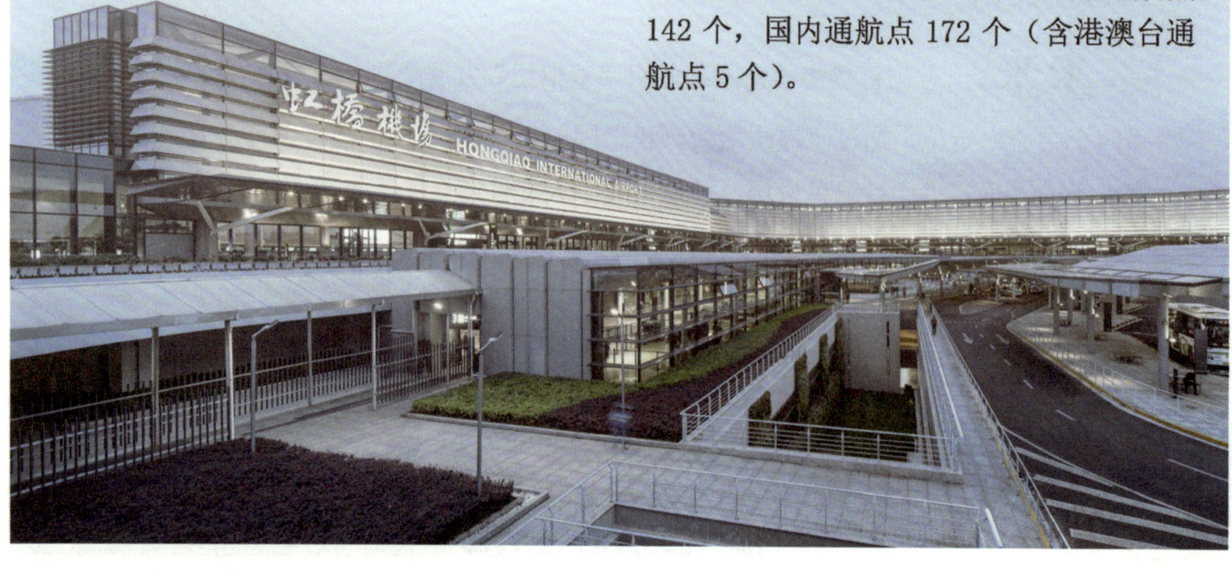

多方施策逆势提振货量

上海机场在政府部门支持下，与航空公司、集成商等货运企业加强通力协作，开展提振货量专项行动，止住了货量的逆势下跌，实现了企稳回升。

持续提升旅客出行体验

上海机场在建设民航“四型机场”、打响上海“四大品牌”持续提升等方面频频发力。智慧服务、自助服务设施更加普及，两场均已实现旅客自助办理临时乘机身份证明，自助办理登机手续、自助验证、自助通关、刷脸登机、国内航班全流程“无纸化”便捷出行等智慧机场服务。

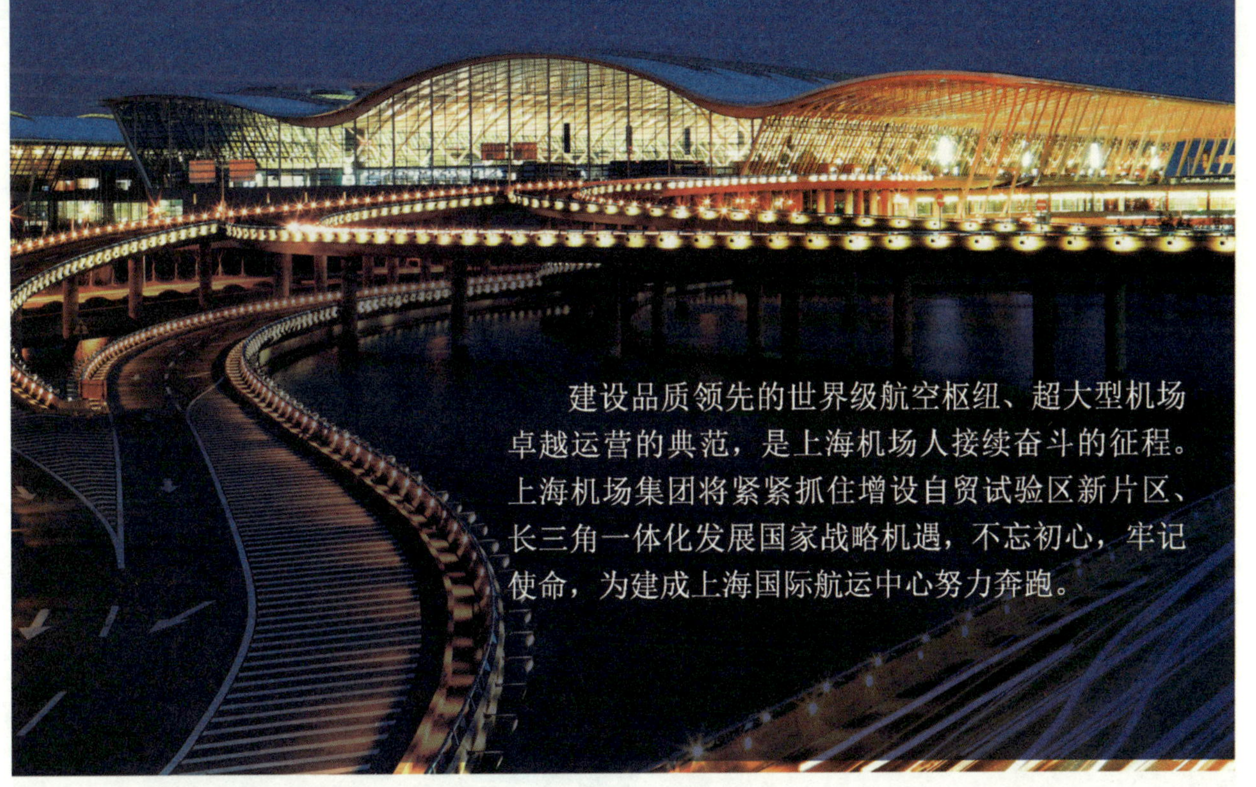

建设品质领先的世界级航空枢纽、超大型机场卓越运营的典范，是上海机场人接续奋斗的征程。上海机场集团将紧紧抓住增设自贸试验区新片区、长三角一体化发展国家战略机遇，不忘初心，牢记使命，为建成上海国际航运中心努力奔跑。

广州白云国际机场

广州白云国际机场是国内三大航空枢纽之一，始建于上世纪30年代。2004年8月5日转场以来，各项业务得到迅猛发展，转场当年旅客吞吐量超过了2000万人次。2010年起连续多年跻身国际机场协会全球机场旅客满意度测评“世界十佳服务机场”。2018年4月26日二号航站楼投入使用，2019年实现旅客吞吐量7338万人次、货邮吞吐量192万吨、航班起降49万架次，旅客吞吐量位居全球机场第11位。

目前，广州白云国际机场拥有2座航站楼、3条跑道。航线网络已覆盖全球230多个通航点，其中国际及地区航点超过90个，拥有航线超过300条，辐射包括29个“一带一路”沿线国家共50个城市，与国内、东南亚主要城市形成“4小时航空交通圈”，与全球主要城市形成“12小时航空交通圈”。

为落实《粤港澳大湾区发展规划纲要》“建设世界级机场群”要求，推动广东民航高质量发展，白云机场大力推进三期扩建工程，主要工程包括T3航站楼和2条跑道、T2航站楼东4西4指廊等。本期建设目标年为2030年，按照年旅客吞吐量1.2亿人次、年货邮吞吐量380万吨、飞机起降量77.5万架次规划建设。

鲲鹏展翅，飞向苍穹之巅；白云启航，连接寰宇世界。新时代新征程，白云机场人将以“自信担当”的企业精神，向着“人文智慧白云、世界一流空港”的愿景奋勇前进！

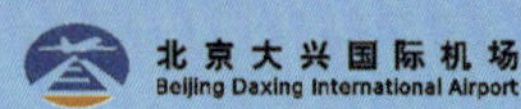

展翅的凤凰——北京大兴国际机场

顺利开航投运，为祖国献礼

2019 年，北京大兴国际机场顺利实现“6・30”工程竣工和“9・25”投运开航，以中国速度、中国品质实现了“精品工程、样板工程、平安工程、廉洁工程”目标，以“新世界七大奇迹”之首的姿态，甫一亮相即令全球瞩目、令世界惊叹，向新中国成立 70 周年献上了最特殊、最隆重的厚礼。

经营业绩优良，实现“开门红”

——安全生产平稳有序：机场运行、工程建设均保持“零事故、零失误、零投诉”；圆满完成新中国成立 70 周年大庆等重大运输保障任务。

——运行保障优质高效：2019 年共运行 98 天，航班正常性达到 31 天“双百”；航班放行正常率 96.92%、始发正常率 95.17%，在旅客吞吐量占全国 0.2%（含）以上机场、旅客吞吐量占全国 1%（含）以上机场以及 22 个时刻协调机场中均排名第 1 位。

——运输生产稳步提升：2019 年共完成旅客吞吐量 313.8 万人次，保障飞机起降 2.1 万架次，完成货邮吞吐量 0.74 万吨。

打造“四型机场”，开启新篇章

按照习总书记嘱托，打造平安、绿色、智慧、人文的“四型机场”：

——启用旅客、货物智能安检系统，应用 FOD、A-SMGCS、毫米波安全门等新技术，强化“科技兴安”；

——国家三星级绿色建筑超 280 万平米，雨水收集率 100%，场内车辆综合电动化率 75%，新能源及可再生能源综合利用率>16%；

——广泛应用大数据、云计算、人脸识别、人工智能等信息技术，通过 19 个平台 68 个系统实现业务全面智能化；

——打造无缝换乘的综合交通、样板式无障碍设施、100% 同城同质同价的餐饮零售服务，实现无纸化智能登机、行李全流程跟踪，获得 IATA“便捷旅行”项目“白金标识”认证。

提升自身潜力，促凤凰展翅

大兴机场远期规划年旅客吞吐量 1 亿人次以上，卫星厅及配套设施工程的前期工作正在推进。作为北京新国门及地跨京冀两地的大型国际枢纽，大兴机场将促进京津冀协同发展，成为国家发展一个新的动力源。

avitec 中国民航技术装备有限责任公司
CHINA CIVIL AVIATION TECHNOLOGY AND EQUIPMENT CO.,LTD.

卓越的民航地面综合服务及新技术供应商

中国民航技术装备有限责任公司是中国航空器材集团有限公司的全资子公司，是国资委确定的“双百行动”入选企业，致力于成为卓越的民航地面综合服务商与新技术供应商。

公司的理念是聚焦一个目标（成为民航业具有重要地位和影响力的公司），启动两个引擎（机场建设和机场服务两个经济发展引擎），利用三种创新（技术创新、管理创新、商业模式创新），夯实四个平台（机场咨询规划平台、机场服务平台、信息技术和装备制造平台、基础数据运维平台），打造五种能力（凝聚力、发展力、领导力、执行力和创造力），走出一条新形势下创新、开放、合作、绿色的可持续发展新道路。

公司现有多家全资、控股和参股公司：中航材国际招标有限公司、中国航空器材新疆有限责任公司、中航材导航技术（北京）有限公司、中国航材集团北京华诺航空服务有限公司等。

招标咨询服务全资子公司中航材国际招标有限公司成立于2003年，是民航系统第一家招标代理机构，目前已发展成为民航业内集工程咨询、造价及招标咨询为一体的专业服务机构。

招标公司具有多项资质证书，可为用户提供从项目立项、报批、编制可研报告、编制招标文件、编制工程量清单、主持招标、评标、开标活动、合同谈判、签订和执行等全方位、全过程的咨询服务。

公司曾先后代理北京首都国际机场、上海浦东国际机场、广州白云国际

中华人民共和国政府采购代理机构

甲级资格证书

CERTIFICATE(GRADE A)
FOR GOVERNMENT PROCUREMENT INTERMEDIARY
IN THE PEOPLE'S REPUBLIC OF CHINA

证书编号：政采代（甲）字第 0804 号

机构名称：中航材国际招标有限公司
法定代表人：周新红
业务代理范围：政府采购法规定的货物、工程和服务的政府采购项目代理业务及政府采购咨询服务业务
有效期限从：2012 年 7 月 12 日
有效期限至：2015 年 07 月 12 日

发证机关：
2012 年 07 月 12 日

政府采购代理机构甲级资格证书
Grade A qualification certificate of government procurement agency

中华人民共和国国际招标机构

甲级资格证书

CERTIFICATE (GRADE A)

机电产品国际招标甲级资格证书
Grade A qualification certificate of International Tendering of mechanical and electrical p

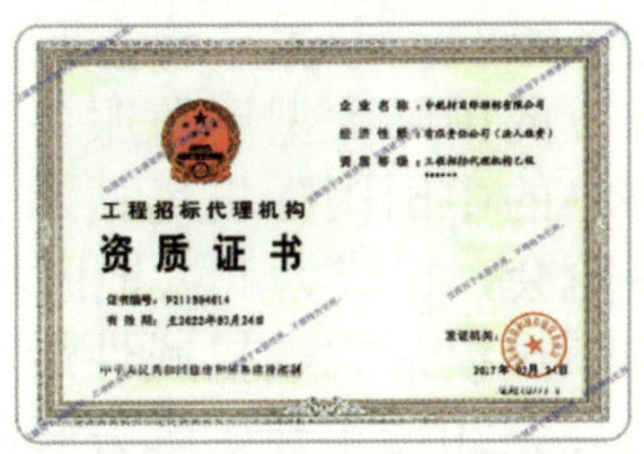

工程招标代理机构

资质证书

工程招标代理机构乙级资格证书
Grade B qualification certificate of engineering bidding agency

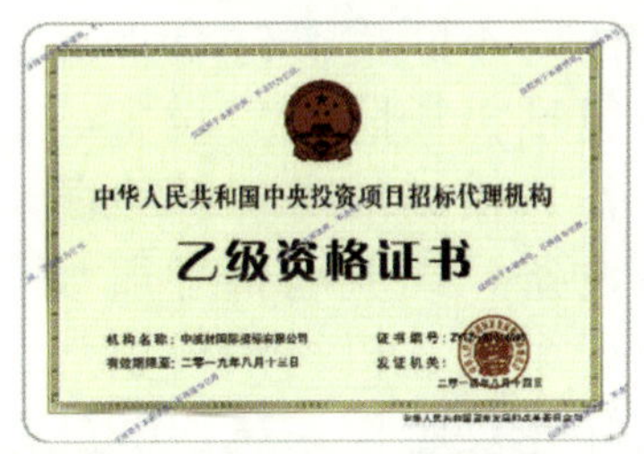

中华人民共和国中央投资项目招标代理机构

乙级资格证书

中央投资项目招标代理机构乙级资格证书
Grade B qualification certificate of the agency of the projects invested by the central government

公司招标资质

机场、成都双流国际机场、重庆机场、天津滨海国际机场等国内大中型机场建设项目的招标工作，业务范围覆盖全国各干线、支线机场，民航局、空管局及民航各科研院校等领域。

导航数据服务控股企业中航材导航技术（北京）公司是国家高新、双软认证企业，混合所有制企业。是从事民航飞行管制系统及航行情报系统软件开发和数据服务的专业化公司。主要产品有EFB电子飞行包、AIM（情报中心生产自动化核心系统）、全球AIP管理查询系统、本地导航数据库、航行通告系统、航线规划系统、全球航图系统、机载数据对比系统、ARINC424导航数据、

导航公司航行通告系统

民航情报数据增值服务等。公司坚持“公司、客户、员工一起成长”理念，努力储备人才、积累能力，坚持永续经营、快速和稳定的发展。

2019年导航技术公司集中力量保障民航局空管局情报服务中心AIM项目、国航性能情报系统、顺丰自动签派放行系统、昆明航空EFB、山东航空EFB、校飞中心EFB、成都航空EFB（二期）、内蒙古航空EFB等重点项目有序推进，情报数据服务数据质量大幅提升。

销售代理服务技术装备公司长期从事机场地面保障设备及新技术的引进和销售工作，不断提高综合保障能力。经营产品包括机场除冰雪设备、机场机务保障设备、机场场务保障设备、机场消防救援设备、民航通信导航设备、机场气象自观系统、机场泊位引导系统、机场助航灯光及监控系统、GBAS地基增强系统、飞机登机廊桥、机场新能源车辆等民航专用设备。

2019年技术装备公司集中力量确保大兴国际机场顺利投运。公司中标了北京大兴国际机场调光器、单灯监控、助航灯光监控系统、除冰扫雪车及水射流除胶车等一批重大项目。为保障机场建设进度，技术装备公司铭记央企社会责任与使命，集中力量，克服时间紧、任务重、经济环境恶化和中美贸易摩擦加剧等诸多不利因素，确保了各类设备的如期交付，有力保障了北京大兴国际机场建设顺利进行。

机场保障服务技术装备公司会展部致力于为客户提供专业的活动策划与会务组织，专注品牌会展活动并提供全方位的国际大型展览服务。自2004年起举办的中国国际机场技术、设备和服务展览会，已成为亚太地区机场建设设备领域规模最大、权威性最高的顶级国际展会。2012年开始举办每年一届的澳门公务航空展，此会一经举办便成为澳门迄今为止规模最大、参展公务机最多、

技术装备公司为北京大兴、天津滨海等机场提供除雪设备

专业化程度最高的公务机专业展会。2019年成功举办首届民航技术装备及服务展及澳门公务航空展。展会的成功举办为行业发展搭建了专业化交流平台，并打造了专业会展品牌。

技术装备公司控股公司中国航材集团北京华诺航空服务有限公司成立于2008年，多年来专业从事航空器内外清洁业务、公务机内饰修复和翻新业务及展会服务，拥有美国湾流宇航、庞巴迪OEM以及多家航空公司授权，在北京飞机清洁保养服务市场处于绝对龙头地位，其航空展会服务及设备出租业务也占有国内航空展会服务市场70%的份额。2019年华诺公司通过与各地FBO建立深入合作成为指定清洁供应商的经营模式，先后成为首都机场公务机公司独家航空器清洁服务供应商，广州机场指定的公务机清洁供应商，树立了行业服务标杆。

疫情期间华诺公司保证航班清洁消毒

卓越服务，引领技术，中国民航技术装备有限责任公司期待与您合作、共同开创未来！

2019民航技术装备及服务展